주요 국가의 변호사 윤리규범

—영국 · 독일 · 프랑스 · EU · 일본—

곽명덕 기금 법조윤리 총서 2

주요 국가의 변호사 윤리규범

—영국·독일·프랑스·EU·일본—

박 준 이상원 이효원 박준석 윤지현

小花

| 차례 |

| 서문 |

법학전문대학원 제도의 도입으로 법조인 양성 체제의 변화와 변호사 공급의 증가와 더불어 법조 일원화가 추진되고 있고, 자유무역협정의 체결로 법률시장의 개방을 목전에 두고 있다. 사법제도에서 변호사가 담당하는 역할이 점차 더 중요해질 것으로 예상된다. 사법제도에 대한 국민의 신뢰를 지탱하여 주는 기둥이라고 할 수 있는 법조윤리, 특히 변호사윤리에 대한 연구에 더 깊은 관심을 기울여야 할 때이다. 2008년 김건식 서울대학교 법학전문대학원 초대원장이 법조윤리 및 법조 직역에 관한 연구와 기초 자료 축적의 필요성을 역설하고, 이에 뜻을 같이한 서울대학교 법학전문대학원 교수 5명이 힘을 모아 장기 계획을 세워 법조윤리에 관한 기초 자료를 축적하는 작업을 시작하였고, 이 책은 법조윤리에 관한 외국의 기초 자료 정비 작업의 첫 결실이다.

영국, 독일, 프랑스, 유럽연합, 일본의 변호사 윤리규범을 번역한 것이다. 미국의 변호사윤리규범은 이미 좋은 번역본이 출간되어 있어 제외하였다. 주요 외국의 변호사 윤리규범을 파악하고 비교함으로써 우리나라 변호사 윤리규범을 재점검하는 데 참고가 될 것으로 믿는다. 번역은 다음과 같이 분담하였고 박 준은 전체를 총괄하였다.

이상원: 제1부(영국) II. 잉글랜드 및 웨일즈 법정변호사 행위규범, III. 법정변호사 업무수행을 위한 성문기준, 제4부(유럽연합)
이효원: 제1부(영국) I. 사무변호사 행위규범 제14장부터 제25장까지, 제2부(독일)
박준석: 제1부(영국) I. 사무변호사 행위규범 제1, 2, 5, 6, 8, 9, 13장, 제5부(일본)
윤지현: 제1부(영국) I. 사무변호사 행위규범 제3, 4, 7, 10, 11, 12장, 제3부(프랑스)

번역자들이 애를 썼지만, 원고를 다시 볼 때마다 개선해야 할 용어나 표현이 계속 눈에 띈다. 미흡한 점이 있음을 알지만 변호사윤리와 법조 직역 연구에 조금이라도 도움이 될까 하는 생각에서 출간을 서둘렀다.

이 책은 곽명덕 연구기금의 지원을 받아 출간한다. 고 곽명덕 변호사는 우리 법조계의 원로로 대한변호사협회장을 역임한 바 있다. 법조 직역의 체계적 연구를 위한 기금을 출연해 주신 고 곽명덕 변호사 유족분들(한자영 여사, 곽성현 교수와 곽성희 교수)께 이 자리를 빌려 다시 한 번 깊이 감사드린다. 곽명덕 연구기금 지원으로 이 책에 이어 미국의 변호사윤리 관련 주요 판례를 정리하여 법조윤리 총서 제3권으로 출간할 예정이다.

이 책을 준비하는 과정에서 방학 중 귀중한 시간을 내어 번역에 많은 도움을 준 서울대학교 대학원 박사과정에 재학중인 김익성, 조은희, 서울대학교 법학전문대학원에 재학중인 김수현, 김정연, 윤민아, 윤세종, 이민경, 이지륜, 이태윤, 황경환, 서울대학교 법과대학에 재학중인 이예하 그리고 지금은 사법연수원에 입소한 고유강, 김기홍, 박보미, 홍성균 등 여러 학생들에게 감사한다. 끝으로 이 책의 출판을 기꺼이 맡아준 도서출판 소화에 감사드린다.

2011년 6월
역자들을 대표하여

박 준

일러두기

1. 사무변호사 행위규범(Solicitors' Code of Conduct 2007)은 영국사무변호사규제기관(Solicitors Regulation Authority)의 웹사이트에 게시되어 있다.
   http://www.sra.org.uk/rules/
   사무변호사 행위규범(Solicitors' Code of Conduct 2007)의 번역 출간에 대하여는 2010. 12. 14. The Law Society of England and Wales의 허가를 얻었다.
   The Solicitors' Code of Conduct 2007 ⓒ The Law Society of England and Wales

2. 잉글랜드 및 웨일즈 법정변호사 행위규범(Code of Conduct of the Bar of England and Wales)과 법정변호사 업무수행을 위한 성문 기준(Written Standards for the Conduct of Professional Work)은 법정변호사준칙이사회(Bar Standards Board) 웹사이트에 게시되어 있다.
   http://www.barstandardsboard.org.uk/standardsandguidance/codeofconduct/section1codeofconduct/
   http://www.barstandardsboard.org.uk/standardsandguidance/codeofconduct/writtenstandardsfortheconductofprofessionalwork/

3. 독일의 연방변호사법(Bundesrechtsanwaltsordnung), 변호사 보수에 관한 법률(Rechtsanwaltsvergungsgesetz), 직무규칙(Berufsordnung), 전문분야 변호사규칙(Fachanwaltsordnung)은 연방변호사회(Bundesrechtsanwaltkammer, BRAK) 웹사이트에 게시되어 있다.
   http://www.brak.de/seiten/06.php

4. 프랑스의 변호사 직무에 관한 전국적 내부규칙(Réglement Intérieur National de la profession d'avocat, RIN)은 변호사회 전국평의회 웹사이트에 게시되어 있다.
   http://cnb.avocat.fr/Reglement-Interieur-National-de-la-profession-d-avocat-RIN_a281.html

5. 유럽변호사 행위규범(Code of Conduct for European Lawyers)과 주석은 유럽변호사협회협의회(CCBE: Conseil des barreaux européens-Council of Bars and Law Societies of Europe)가 2008. 1. 31. 발간한 "Charter of Core Principles of The European Legal Profession and Code of Conduct for European Lawyers"에 포함되어 있으며 아래 웹페이지에 게시되어 있다.
   http://www.ccbe.org/fileadmin/user_upload/NTCdocument/EN_Code_of_conductp1_1306748215.pdf

6. 일본의 변호사 직무 기본규정(弁護士職務基本規程)은 일본변호사연합회(日本弁護士連合会)의 웹사이트에 게시되어 있다.
   http://www.nichibenren.or.jp/ja/jfba_info/rules/data/rinzisoukai_syokumu.pdf
   변호사 직무 기본규정의 번역 출간에 대하여는 2011. 1. 19. 일본변호사연합회로부터 동의를 얻었다.

7. 위에 언급한 웹페이지는 모두 2011. 5. 31. 확인하여 그때까지 개정된 내용을 번역에 반영하였다.

제1부 영국

I. 사무변호사 행위규범
(The Solicitors' Code of Conduct 2007)

15.07 광고(규칙 제7장)
15.08 보수 분배(규칙 제8장)
15.09 사건의 소개(규칙 제9장)
15.10 제3자와의 관계(규칙 제10장)
15.11 소송과 변호(규칙 제11장)
15.12 변호사 업무의 전체적인 구조(규칙 제12장)
15.13 해외 사내법률업무(규칙 제13장)
15.14 공인된 단체(규칙 제14장)
15.15 예치금 이자
15.16 유럽 국경간 업무(규칙 제16장)
15.17 도산 업무(규칙 제17장)
15.18 부동산매도(규칙 제18장)
15.19 금융서비스(규칙 제19장)
15.20 법률 업무 수행의 권리와 의무(규칙 제20장)
15.21 별도 사업(규칙 제21장)
15.22 적용면제(규칙 제22장)
15.23 규칙의 적용(규칙 제23장)
15.24 해석(규칙 제24장)
15.25 효력발생개시와 폐지(규칙 제25장)
15.26 전문직 손해배상책임
15.27 회계

규칙 제16장: 유럽 국경간 업무

16.01 정의와 적용
16.02 법률 업무와 양립할 수 없다고 여겨지는 직업들
16.03 비변호사들과의 보수 분배
16.04 다른 유럽변호사협회협의회(CCBE) 국가의 변호사들 간의 협력
16.05 다른 유럽변호사협회협의회(CCBE) 국가의 변호사들 간의 교신
16.06 비변호사에 대한 소개비 지불
16.07 다른 회원국들 내의 변호사들 간의 분쟁

규칙 제17장: 도산 업무

17.01

규칙 제18장: 부동산매도

18.01 부동산매도서비스의 표준
18.02 비용에 대한 명세서
18.03 이익충돌
18.04 적용면제

서문: 행위규범(Preamble: Code of Conduct)

서문

이 규칙들은 1974년 사무변호사법 제2부 및 1985년 사법행정법 제9조와 제9A조에 따라 2007년 3월10일자로 제정되어 2007년 7월1일 시행됨.
1974년 사무변호사법 제32조와 제33A조, 1985년 사법행정법 제9조 및 2007년 법률서비스법 부록 22 16항에 따른 Master of Rolls의 동의, 2007년 법률서비스법 부록 22 16항에 따른 대법원장(Lord Chanceller)의 동의 및 1990년 법원과법률서비스법 부록 4에 따른 장관의 승인을 받았음.
사무변호사와 그들의 피고용자들, 등록유럽변호사들과 그들의 피고용자들, 등록외국변호사들, 공인된 단체들 및 그들의 경영자들과 피고용자들을 규율함.

이 규칙들과 함께 발행된 지침과 설명용의 소개문(The guidance and explanatory introductions)은 의무적인 것이 아니고, 변호사 행위규범을 구성하지도 않는다. 그러나 변호사나 그 밖에 위 규칙의 적용을 받는 다른 자들이 지침을 따르지 않은 때에는 지침을 따르지 않았음에도 불구하고 규칙을 준수하였음을 입증할 것을 요구받을 수 있다.

규칙 제1장: 핵심적 의무

규칙

1.01 정의와 법의 지배
변호사는 법의 지배와 사법의 적정한 집행을 유지하여야 한다.

1.02 청렴성
변호사는 청렴하게 행동하여야 한다.

1.03 독립성
변호사는 변호사의 독립성을 위태롭게 하여서는 안 된다.

1.04 의뢰인의 최선의 이익
변호사는 각 고객에 대하여 최선의 이익이 되도록 행동하여야 한다.

1.05 서비스의 수준
변호사는 훌륭한 수준의 서비스를 변호사의 고객에게 제공하여야 한다.

1.06 공중의 신뢰
변호사는 공중(公衆)이 변호사나 법조 직역에 대하여 갖는 신뢰를 손상시킬 수 있는 행동을 하여서는 안 된다.

규칙 제1장에 대한 지침—핵심적 의무

일반

1. 근대 사법 사회에서는 높은 수준의 청렴성과 직업의식을 갖춘 법조인을 필요로 한다. 변호사와 법률사무소, 그리고 그 안에서 일하는 사람들은 의뢰인과 사회에 봉사한다. 사회에 봉사함에 있어, 변호사는 법의 지배와 사법의 적정한 집행을 유지하여야 한다. 의뢰인에게 봉사함에 있어, 변호사는 의뢰인의 일에 최우선적인 관

심을 가지고 그와 협력하여 일하여야 한다. 규칙 1에 포함된 핵심적 의무는 의뢰인과 사회의 요구를 모두 만족시키는 기준을 설정하여 준다. 본 규칙의 핵심적 의무는 변호사, 등록유럽변호사, 등록외국변호사, 공인된 단체, 공인된 단체의 경영자나 피고용자, 공인된 단독개업변호사의 피고용자에게 적용된다.

2. 위의 핵심적 의무는 다음과 같은 기능을 수행한다.
   (a) 변호사의 직업적 성격을 형성해야 하고, 직업적 행동에서 나타나야 하는 가치를 정의한다.
   (b) 행위규범의 나머지 부분의 더 상세하고 구체적 상황에 합치하는 규칙을 이해할 수 있는 근본적인 체제를 구성함으로써, 그러한 의무의 본질을 조명하고 변호사가 행위규범에 따를 수 있도록 돕는다.
   (c) 어떠한 법도 법률사무에서 발생하는 모든 윤리적 갈등상황을 예측하거나 다룰 수는 없으므로 핵심적 의무는 상세한 규칙들에서 다루어지지 않은 상황에서 변호사의 행동을 인도할 수 있도록 돕는다.
   (d) 핵심적 의무는 근본적인 규칙이다. 이를 위반하면 제재가 부과될 수 있다.

3. 두 개 이상의 핵심적 의무들이 충돌될 경우, 우선순위를 정하는 요소는 공익이 되어야 하고, 특히 사법의 집행에 있어서의 공익이 되어야 한다. 핵심적 의무 및 다른 모든 규칙의 준수보다는 규칙에 우선하는 법적 의무의 준수가 우선한다.

4. 변호사가 다른 사람으로 하여금 변호사를 대신하여 핵심적 의무를 지킬 변호사의 능력을 위태롭게 하거나 손상시키는 어떠한 일이라도 하도록 허용한다면 이는 규칙 1 위반이다.

정의와 법의 지배—1.01

5. 변호사는 의뢰인뿐만 아니라 변호사가 고객을 대신하여 관계를 가지는 법원과 제3자에게도 의무를 진다—특히 규칙 제10장(제3자와의 관계)과 규칙 제11장(소송과 변호)을 볼 것.

청렴성—1.02

6. 개인적 청렴성은 고객이 신뢰하는 조언자로서의 변호사의 역할에 핵심적인 것이

며, 변호사의—고객과의, 법원과의, 다른 변호사와 일반 대중과의—직업적 관계를 특징지어야 한다.

독립성—1.03

7. "독립성"은 변호사와 그 소속 법률사무소의 독립성을 의미하며, 단지 고객에게 독립적인 조언을 하는 능력만을 의미하지 않는다. 변호사의 독립성을 위태롭게 할 만한 상황의 예시는 다음을 포함한다.
   (a) 소속된 법률사무소에 대한 특정한 부대조건이 부가된 금융계약이나 대여;
   (b) 소속 법률사무소를 외부의 단체에 종속시킴으로써, 가령 그 단체의 재량으로 소속 법률사무소가 사실상 업무를 하지 못하도록 할 수 있는 금융계약;
   (c) 사건소개자 또는 자금제공자와의 계약상 사실상 법률사무소의 지배권을 외부 단체에 양도하는 계약조건;
   (d) 변호사의 소속 법률사무소에 대한 지분을 명목적인 가격으로 매수할 수 있는 매수선택권의 부여;
   (e) 변호사의 고객에 관한 비밀정보에 제3자가 접근하도록 허용하는 것;
   (f) 독립적인 당사자 관계가 아닌 외부 단체와의 관계, 또는 법률사무소가 독립한 법률사무소가 아닌 그 외부 단체의 일부분 또는 자회사에 가까운 것을 시사하는 외부 단체와의 관계;
   (g) 규칙 제8.02조에서 허용하는 범위를 넘어서는 보수 분배 협정;
   (h) 제3자가 법적조치에 대한 자금을 제공하는 합의로서, 자금제공자의 적법한 이익을 초과하여 당해 사건처리에 제약을 주는 합의;

   또한 규칙 제3장(이익충돌)과 규칙 제9장(사건의 소개) 참조

의뢰인의 최선의 이익—1.04

8. 변호사는 항상 선의(good faith)로 행동하여야 하며 변호사의 각 의뢰인을 위하여 최선을 다하여야 한다. 다음은 변호사가 준수하여야 할 가장 중요한 것들이다:
   (a) 의뢰인에 대한 비밀유지 의무—규칙 제4장(비밀유지와 고지 · 공개) 참조
   (b) 이익충돌과 관련된 의무—규칙 제3장(이익충돌) 참조
   (c) 지위를 이용하여 고객으로부터 불공정한 이익을 취하지 않을 의무—규칙 제10.01조(불공정한 이익을 취하지 않기) 참조

서비스의 수준—1.05

9. 변호사는 변호사의 능력, 기술, 성실성을 다하는 것을 포함하여 훌륭한 수준으로 의뢰인 배려와 업무를 제공하여야 한다. 이 의무위반이 경미하고 단발적인 경우에는 징계조치가 항상 뒤따르지는 않는다.

공중의 신뢰—1.06

10. 일반 대중은 변호사를 신뢰할 수 있어야 한다. 이러한 신뢰를 훼손하는 변호사의 직무 내 또는 밖에서의 행동은 변호사뿐만 아니라 법조 직역 전체의 사회봉사 능력을 손상시킨다.

규칙 제2장: 의뢰인과의 관계

도입

규칙 제2장은 변호사와 그의 의뢰인들이 서로의 기대와 책임을 이해하는 것을 도와줄 수 있도록 구성되어 있다. 특별히 제2.02조(의뢰인 배려)와 제2.03조(비용에 관한 정보)의 목적은 의뢰인들이 자신들의 사건을 계속 진행할 것인지 그리고 어떻게 진행할 것인지에 대한 적절한 결정을 내릴 수 있도록 필요한 정보를 제공하는 것을 확실히 보장하는 것에 있다. 규칙 제5장(사업관리)에 따라, 공인된 단체, 공인된 단체의 대표자와 공인된 단독개업변호사는 감독권을 행사하고 규칙 제2장의 준수를 위한 관리 장치를 갖추어야 한다. 이 규칙은 외국에서의 업무수행에는 적용되지 않으나 그 경우에는 제15.02조를 준수하여야 한다.

규칙

2.01 의뢰인으로부터의 수임

(1) 변호사는 일반적으로 특정 의뢰인으로부터 수임할 것인가의 여부를 자유롭게 결정할 수 있다. 다만, 아래와 같은 경우에는 의뢰인을 대리하는 것을 거부하거나 중단하여야 한다:

(a) 대리로 인해 변호사가 법률위반 또는 변호사행위규범의 규칙을 위반하게 될 경우;

(b) 사건을 처리할 수 있는 자원이 부족하거나 능력이 부족한 경우;

(c) 의뢰인이 아닌 다른 사람이 수임요청을 하거나 공동사건에서 한 명의 의뢰인이 다른 의뢰인을 대신하여 수임요청 한 경우에는 모든 의뢰인이 그러한 수임요청에 동의하는 것을 확인하기 전까지는 변호사는 일을 진행하여서는 안 된다.

(d) 강박 또는 부당한 영향으로 인해 수임요청이 영향을 받음을 변호사가 알고 있거나 그렇게 영향을 받는다고 믿을 합리적인 근거가 있는 경우, 그러한 수임요청이 의뢰인들의 의사에 따른 것이라는 점을 변호사가 확인하기 전에는 변호사는 이러한 수임요청에 따라 행동하여서는 안 된다.

(2) 상당한 이유가 있고 합리적인 통지가 이루어진 경우를 제외하고는 의뢰인 대리를 중단할 수 없다.

2.02 의뢰인 배려

(1) 변호사는,

(a) 의뢰인을 위해 수행해야 할 업무와 관련하여 의뢰인의 목적을 분명하게 규명해야 한다;

(b) 관련된 쟁점과 의뢰인이 선택할 수 있는 대안에 대해 의뢰인에게 명확한 설명을 해주어야 한다;

(c) 다음 단계에 취해야 할 조치들에 대해 의뢰인과 합의하여야 한다;

(d) 별도의 합의가 없는 한 진행상황을 의뢰인에게 알려야 한다.

(2) 사건 수임 시와 그리고, 필요한 경우, 사건 진행중 변호사는,

(a) 적절한 서비스 수준에 대해 합의하여야 한다;

(b) 변호사의 책임 범위를 설명하여야 한다;

(c) 의뢰인의 책임 범위를 설명하여야 한다;

(d) 사건을 맡고 있는 사람의 성명과 직위, 그리고 전체적인 감독 책임이 있는 사람의 성명을 의뢰인이 서면으로 전달받을 수 있도록 해야 한다;

(e) 제3자(예컨대 자금제공자, 보수 분배자, 소개인)와의 관계에 따라 의뢰인을 위한 조치를 취함에 있어 영향을 줄 수 있는 제약이라든가 조건에 대해 설명하여야 한다.

(3) 변호사가 정황상 위 요건의 일부 또는 전부를 충족하는 것이 부적절하였음을 입증하는 경우 제2.02조 위반이 아니다.

2.03 비용에 관한 정보

(1) 사건 수임 시와, 경우에 따라, 사건 진행중 예상되는 전체 비용에 대해 가능한 최선의 정보를 의뢰인에게 제공하여야 한다. 특히 다음의 사항을 준수하여야 한다:

(a) 의뢰인에게 보수 청구의 기준과 조건을 알려야 한다;

(b) 보수율이 인상될 예정이면 이를 의뢰인에게 알려야 한다;

(c) 변호사 또는 의뢰인이 다른 사람에게 지급해야 할지도 모르는 금액이 있을 경우 이를 의뢰인에게 알려야 한다;

(d) 의뢰인이 어떻게 지급할 것인지, 특히 다음 사항에 대해 의뢰인과 협의하여야 한다.

(i) 의뢰인이 공공기금 이용자격이 있는지 여부와 이를 신청해야 할지 여부; 그리고

(ii) 의뢰인 자신이 부담할 비용이 보험으로 부보되는지 또는 다른 사람 예컨대 고용주 또는 노동조합에 의해 지급될 수 있는지 여부;

(e) 미지급된 비용에 대해 변호사가 유치권을 행사할 수 있는 경우가 있음을 의뢰인에게 알려야 한다;
(f) 의뢰인이 다른 당사자의 비용에 대해 잠재적으로 책임을 질 수 있음을 알려야 한다;
(g) 변호사는 다른 당사자의 비용에 대한 의뢰인의 책임이 기 가입된 보험에 의해 보호받을 수 있는지 또는 새로 특별한 보험에 가입해서 보호받을 수 있는지를 의뢰인과 협의하여야 한다.

(2) 조건부 보수약정(집단적인 조건부 보수약정을 포함함)에 따라 의뢰인을 대리하는 경우 위의 제2.03조(1)을 준수하고 다음의 제2.03조(5)와 (6)을 준수하는 것에 더하여 사건 수임 시와, 경우에 따라 사건 진행중 다음 사항을 설명해야 한다;
(a) 의뢰인이 변호사가 지출한 비용에 대해 책임을 지는 상황과 변호사가 의뢰인으로부터 이들 비용을 상환 받을 권리가 있는 경우 상환을 청구할 것인가의 여부;
(b) 변호사가 지출하는 비용의 일부 또는 전부에 대해 의뢰인으로부터 지급받고자 한다면 이들 비용에 대해 의뢰인이 평가할 수 있는 권리가 있음을 알려야 한다; 그리고
(c) 보수 분배약정에 따라 의뢰인의 상대방 또는 다른 제3자로부터 비용조로 지급받은 금액을 자선단체에 지급해야 하는 경우 그 사실을 알려야 한다.

(3) 공공기금으로부터 지원 받는 의뢰인을 대리하는 경우 위의 제2.03조(1)과 아래의 제2.03조(5)와 (6)을 준수함에 더하여 사건 수임 시점에 아래 사항을 설명해야 한다:
(a) 변호사 비용에 대해 의뢰인들이 책임을 지는 경우;
(b) 법령에 따른 부과의 효과;
(c) 평가에 따라 의뢰인이 지급해야 할 의무가 있는 고정된 또는 주기적인 금액과 이를 지급하지 않을 경우의 결과; 그리고
(d) 의뢰인이 승소하는 경우에도 상대방이 소송비용을 지급하도록 하는 판결이 나오지 않거나 상대방이 이를 지급할 입장에 있지 않을 수 있다는 점.

(4) 제8.01조(h)에 따라 보수를 자선단체와 분배하는 것에 동의하는 경우 처음부터 당해 자선단체의 이름을 의뢰인에게 알려야 한다.

(5) 비용에 관한 모든 정보는 명확해야 하고 서면으로 확인되어야 한다.

(6) 변호사는 당해 법률 사건의 잠재적인 결과에 비추어 볼 때 비용지출 또는 경우에 따라 상대방 당사자의 비용을 지급해야 하는 위험을 포함하여 관련된 위험을 부담하는 것이 옳은가의 여부를 의뢰인과 협의하여야 한다.

(7) 변호사가 정황상 위의 제2.03조(1)과 (5)의 일부 또는 전부의 요건을 충족하는 것이 부적절하였음을 입증하는 경우 제2.03조 위반이 아니다.

2.04 성공보수

(1) 제정법 또는 보통법에 따라 허용되는 경우를 제외하고는 잉글랜드와 웨일즈의 법원, 영국 군사법원 또는 중재장소가 영국과 웨일즈에 있는 중재인 앞에 계류된 분쟁 절차에서 원고 또는 피고를 위한 소송행위에 대해 성공보수약정을 맺지 못한다.

(2) 해당국의 변호사에게 허용되는 범위를 제외하고는, 외국법원 또는 중재장소가 외국에 있는 중재인 앞에 계류된 분쟁 절차에서 원고 또는 피고를 위한 소송행위에 대해 성공 보수약정을 맺지 못한다.

2.05 민원 처리

(1) 변호사가 공인된 단체이거나, 공인된 단체의 경영자이거나 공인된 단독개업변호사인 경우 다음 사항을 확실하게 해야 한다:

(a) 법률사무소가 서면으로 된 민원 처리절차를 갖고 있고 그에 따라 불만이 신속하고, 공정하고, 효과적으로 처리할 것;

(b) 의뢰인에게 사건 수임시(또는 기존 의뢰인인 경우에는 다음의 적절한 기회에) 다음 사항들을 서면으로 통보할 것;

(i) 문제가 있을 경우 의뢰인은 불만을 제기할 권리를 갖는다는 것;

(ii) 의뢰인이 누구에게 어떻게 불만을 제기하면 되는지;

(iii) 당해 법률사무소의 청구서에 대한 불만을 포함한다는 점;

(iv) 법률사무소가 민원처리절차를 가지고 있고, 요청시 그 사본이 제공될 수 있다는 점;

(v) 법률사무소의 민원처리절차 종결시 의뢰인이 법률옴부즈만에게 민원을 제기할 권리, 그렇게 하기 위한 기간과 법률옴부즈만에게 어떻게 연락할 수 있는지에 대한 상세한 사항;

(vi) 1974년 사무변호사법(Solicitors Act) 3부에 따라 위 청구서의 금액산정을 법원에 신청함으로써 위 청구서에 이의할 권리를 획득할 수 있다는 것;

(vii) 청구서의 전부 또는 일부가 미지급되었을 경우 법률사무소는 이자를 청구할 수 있다는 것;

(c) 의뢰인이 요청할 경우 민원 처리절차의 복사본이 주어진다는 것; 그리고

(d) 불만이 제기될 경우, 불만을 제기하는 사람은 서면으로 다음의 사항을 통지받는다는 것:

(i) 불만이 어떻게 처리될 것인지; 그리고

(ii) 최초의 그리고/또는 실질적인 답변이 언제까지 주어질 것인지.

(e) 법률사무소의 민원처리절차 종결시 의뢰인이 법률옴부즈만에게 민원을 제기할 권리, 그렇게 하기 위한 기간과 법률옴부즈만에게 어떻게 연락할 수 있는지에 대한 상세한 사항을 의뢰인에게 알릴 것

(2) 변호사가 정황상 일부 또는 전부의 요건을 충족하는 것이 부적절하였음을 입증하는 경우 제2.05조 위반이 아니다.

(3) 변호사는 민원 처리 비용을 의뢰인에게 청구할 수 없다.

2.06 중개수수료

공인된 단체이거나, 그 대표자이거나 또는 공인된 단독개업변호사인 경우, 변호사의 법률사무소가 20파운드 이상의 중개수수료를 받는 경우 반드시 이를 의뢰인에게 지급하여야 한다. 다만 의뢰인이 그 금액을 통보받거나 정확한 금액을 알 수 없는 경우 대략적인 금액 또는 금액이 계산되는 방식을 통보받은 후에 변호사의 법률사무소가 중개수수료를 가져도 좋다고 동의한 경우는 그러하지 아니하다.

2.07 계약에 의한 민사책임 제한

공인된 단체이거나 공인된 단독개업변호사인 경우 의뢰인에 대한 모든 책임을 계약으로 면제받거나 면제받으려고 시도해서는 안 된다. 하지만, 책임제한이 다음의 요건을 모두 충족할 경우, 책임을 제한하는 것이 가능하다:

(a) 사무변호사배상책임보험규칙에서 요구하는 최소한도의 부보 기준을 하회하지 않아야 한다;

(b) 의뢰인에게 알려야 한다;

(c) 서면으로 이루어져야 한다.

규칙 제2장에 대한 지침—의뢰인과의 관계

일반 사항

1. 규칙 2의 요건들은 의뢰인에 대한 변호사의 의무들을 모두 열거한 것은 아니다. 의뢰인의 신임을 받는 조언자로서, 변호사는 의뢰인의 최선의 이익을 위해 행동하여야 하며(제1.04조 참조) 의뢰인의 나이, 무경험, 건강 악화, 교육 부족, 사무 경

험 부족, 감정적 또는 다른 결함을 악용하여 관계를 남용하거나 착취하지 말아야 한다.

2. 제2.02조, 제2.03조 또는 제2.05조 위반이 반드시 수임계약을 집행 불가능한 것으로 하려는 의도가 있는 것은 아니다. 이 규칙의 도입에서 언급하고 있듯이, 제2.02조와 제2.03조의 목적은 의뢰인들이 자신들의 사건을 진행할지 그리고 어떻게 진행할 것인지에 대한 적절한 결정을 내리는 데 필요한 정보를 제공하도록 하는 데에 있다. 규칙의 이 부분들은 제2.05조와 결합하여 변호사가 의뢰인에게 일정한 정보들을 제공하도록 요구하고 있다. 규칙들 제2.02조(3), 제2.03조(7) 그리고 제2.05조(2)는 규칙의 목적에 부합하기 위해 이러한 정보를 제공하는 것이 반드시 항상 필요한 것은 아니라는 점을 인지하고 있다. 마찬가지로 의뢰인에게 제공할 것이 요구되는 정보는 그 자체로 또는 개별적인 의뢰인과 수임계약에 따라서 중요성을 달리한다. 그 결과 위반의 심각성의 정도에 비례하여 규칙은 강제력을 갖게 된다. 예컨대 변호사가 제2.03조(1)(f)에 위반하여 의뢰인에게 그들이 다른 당사자의 비용을 지불할 책임이 있게 됨을 알리지 못할 경우, 이것은 제2.03조(1)(e)에 위반하여 미지급 비용에 대해 변호사가 담보권을 가지고 있음을 의뢰인에게 알리지 못한 것보다 심각한 위반으로 취급될 가능성이 높다.

사건 수임—2.01

3. 규칙 제2.01조는 변호사가 의뢰인의 대리를 거부하거나 이미 대리하고 있다면 이를 중단해야 하는 상황들을 제시하고 있다. 수임계약은 계약관계이고 법적 고려의 대상이다. 제3자에게 서비스를 제공하도록 계약할 경우 누가 의뢰인인지에 대하여 변호사의 법적 지위를 확실히 할 필요가 있다. 예컨대 변호사가 매도인을 위하여 주택정보서류철(Home Information Pack: HIP)의 전부 또는 일부를 부동산 중개인 또는 HIP 제공인에게 제공하도록 동의하는 경우 변호사는 부동산 중개인/HIP 제공인 또는 매도인 중에서 누가 변호사의 의뢰인인지에 대하여 합의를 보도록 확실하게 하여야 한다.

4. 변호사가 수임하지 않기로 결정할 수 있는 권리는 다음을 포함한 일정한 제약을 받는다:
   (a) 변호사는 규칙 제6장(평등과 다양성)을 위반하는 이유로 수임을 거절할 수 없다.
   (b) 사무변호사 또는 등록유럽변호사가 소송대리변호사(advocate) 업무를 수행함에

있어 언제 의뢰를 거부할 수 있는지에 대하여 규정하고 있는 규칙 제11장(소송과 변호)

(c) 변호사가 공공기금의 지원을 받는 의뢰인의 형사사건에서 대리를 거절하거나 중단할 수 있는 경우에 대한 제약조건들에 대해 주의할 것

5. 사내 사무변호사 또는 사내등록유럽변호사(in-house REL)는 이 규칙들의 목적상 변호사의 의뢰인에 해당하는 고용주와 이미 계약관계에 있다. 따라서 그러한 변호사는 법률사무소에 있는 사무변호사 또는 등록유럽변호사처럼 의뢰를 자유롭게 거절할 수 없고, 제2.01조를 적용함에 있어 자신의 전문가적인 판단을 활용해야 한다.

6. 규칙 제2.01조는 의뢰를 거절하거나 필요한 경우 대리를 중단해야 하는 상황들에 대한 기준을 제시하고 있다. 이러한 상황들은 다음의 경우들을 포함한다:

(a) 법률이나 규칙 위반

(i) 변호사와 의뢰인 사이에 또는 둘 이상의 의뢰인 사이에 이익충돌이 있는 경우—규칙 제3장(이익충돌) 참조;

(ii) 자금세탁이 의심되는 경우 대리 중단의 자유는 박탈된다(2002년 범죄절차법, 2007년 자금세탁규정, 다른 관련법과 명령, 그리고 관련된 주제에 대해 사무변호사규제기관(SRA)이사회가 발행한 지침서 참조); 그리고

(iii) 2005년 정신능력법에서 정의된 정신적 능력을 보유하지 못하고 있는 의뢰인 또는 아동인 의뢰인과 업무를 함에 있어서는 특별한 상황이 적용된다. 염두에 두어야 할 것은 여기서의 능력은 이루어져야 하는 특정 결정에 관한 것이고 따라서 예컨대 어떤 사람이 어떤 결정들을 내릴 능력은 없지만 다른 것들에 대해서는 사무변호사에게 수임요청/지시를 할 능력을 갖고 있는 상황이 전적으로 가능하다. 변호사가 법을 준수하기 위해서는 위 법률의 조항과 관련 행위규범을 유념할 필요가 있다.

(b) 불충분한 자원

새로운 사건을 수임하기에 앞서 변호사는 그 소속 법률사무소가 의뢰인을 적절하게 대리하기 위해 필요한 지원을 제공하기 위한 자원—지식, 자격, 전문성, 시간, 충분한 사무직원, 그리고 필요한 경우 중개인과 법정변호사와 같은 외부적인 전문가에의 접근 가능성—을 갖고 있는지를 고려해야 한다. 이러한 의무는 지속적인 것이고 상황이 바뀌더라도 적절하거나 합의된 수준의 서비스가 제공될 수 있도록 해야 한다.

(c) 강박과 부당한 영향

의뢰인들이 자유롭게 의뢰를 하고 있음을 확인하는 것은 중요하다. 어떤 의뢰인들, 예컨대 연로한 경우, 언어 또는 학습 장애가 있는 경우, 장애자인 경우는 다른 이들로부터의 압력에 특히 취약하다. 만약 의뢰인의 수임요청/지시가 부적절한 영향에 따른 것이라고 의심되는 경우 변호사는 의뢰인의 이익을 위해 계속 진행할 것인지에 대한 판단을 내려야 한다. 예컨대 의뢰인과 동반하는 친구 또는 친척이 부적절한 영향력을 행사한다고 의심될 경우 의뢰인을 단독으로 만나거나 필요한 경우 독립된 제3자 또는 통역인과 함께 만나도록 주선하여야 한다. 부적절한 영향이 실제로 있다는 증거가 없지만 의뢰인이 자신의 최선의 이익에 반하게 행동하려고 할 때는 의뢰인의 수임요청/지시의 결과들을 설명하고 의뢰인이 계속 그렇게 진행하기를 원하는지 확인하는 것으로 충분할 수 있다. 증거 목적을 위해서라면, 이러한 확인은 서면을 통해 받는 것이 현명할 것이다.

7. 훌륭한 업무수행의 문제로서, 변호사는 의뢰인이 다른 법률사무소에 위임한 사건은 그 법률사무소의 동의가 없는 한 수임하지 말아야 한다. 만약 제2의 의견을 제공할 것을 요청받는 경우 그렇게 해도 무방하지만 그 사건을 적절하게 다룰 수 있는 충분한 정보를 가지고 있어야 한다.

대리의 중지

8. 의뢰인은 변호사에 대한 사건 위임을 언제든지 어떤 이유로든 끝낼 수 있다. 변호사가 의뢰인과의 관계를 끝내기 위해서는 상당한 이유가 있어야 하고 합리적인 통지를 해야 한다. 상당한 이유의 예는 변호사와 의뢰인의 신뢰관계가 붕괴된 경우, 그리고 변호사가 적합한 지시를 받지 못하는 경우를 포함한다.

9. 만약 대리를 중단할 상당한 사유가 있으면 변호사는 의뢰인에게 합리적인 통지를 하여야 한다. 어떤 것이 합리적인 통지에 해당하는지의 여부는 경우에 따라 달라질 수 있다. 예컨대 의뢰인이 다른 소송대리인을 찾는 것이 불가능한 경우에 법원에서의 심리를 바로 앞두고 대리를 중단하는 것은 통상 합리적이지 않을 것이다. 그러한 경우에 즉각적으로 대리를 중단하는 것 외에 다른 대안이 없을 경우, 변호사는 법원에 나가서 상황을 설명해야 한다—규칙 제11장(소송과 변호) 참조. 아무런 통지를 하지 않는 것이 합리적일 경우도 있을 수 있다.

10. 변호사와 그 의뢰인 사이의 관계는 법에 의해 자동적으로 종료될 수 있다. 예컨대 의뢰인의 파산 또는 심신무능력이 이에 해당한다{지침 6(a)(iii) 참조}.

11. 의뢰인 대리를 중단하는 경우, 변호사는 서류작업과 관련해 무엇이 이루어져야 하는지 고려해야 한다. 요청이 있는 경우 변호사는 즉각적으로 의뢰인의 서류들을 넘겨주어야 하지만 미결제 비용이 있는 경우 유치권을 행사할 수 있다. 변호사는 의뢰인의 지위가 침해되지 않도록 노력하여야 하며, 1998년 정보보호법에 따른 의뢰인의 권리를 염두에 두어야 한다. 가능하다면 비용을 확보할 수 있는 확약을 유치권 행사에 대한 대안으로 활용해야 한다. 경우에 따라서는 유치권을 행사하는 것이 합리적이지 않을 수 있다. 예컨대 미결제 금액이 소액이고 사건의 가치나 중요성이 클 경우 그러할 수 있다. 서류의 소유권에 대한 분쟁이 있는 경우 법에 따라 해결해야 한다. 유치권에 대한 법 또는 서류의 소유권에 대한 추가 설명은 "Cordery on Solicitors" 또는 다른 참고 서적들을 통해 찾을 수 있다.

의뢰인 배려—2.02

12. 제2.02조의 목적은 의뢰인에게 통상적으로 주어져야 하는 정보의 종류를 제시함에 있다. 이러한 정보는 분명하고 쉽게 접근할 수 있는 형태로 제공되어야 한다.

13. 규칙 제2.02조는 개별 사건에 따라 주어져야 할 정보의 정도에 대해 탄력성을 두고 있다. 과도하게 복잡하거나 장문의 조건을 사용한 사무용 편지들은 도움이 되지 않을 수 있다.

14. 제공되어야 할 "서비스의 수준"에 대해서는 사건 수임 시점에 합의가 있어야 한다. 예컨대 의뢰인은 정기적인 서면 보고를 원할 수 있다. 또는 그와 달리 의뢰인이 최초의 수임요청을 한 후에는 미리 합의된 시점에 도달할 때까지 아무런 보고도 원하지 않을 수 있다. 이는 사건의 예상 비용들에 영향을 줄 것이다.

15. 의뢰인이 선택 가능한 대안들을 고려함에 있어서{제2.02조(1)(b)}, 만약 수임사건이 의뢰인과 제3자 사이의 분쟁에 관련된 경우 변호사는 조정 또는 다른 재판외 분쟁해결이 소송, 중재 또는 다른 공식적인 절차보다 더 적절할 것인지의 여부를 의뢰인과 협의하여야 한다. 당사자 일방이 재판외 분쟁해결을 거절할 경우 비용에 대한 제재가 있을 수 있다—Halsey v Milton Keynes NHS Trust and Steel

and Joy [2004] EWCA(Civ) 576을 참조. 더 많은 정보는 사무변호사협회의 실무 조언서비스(Law Society's Practice Advice Service)에서 구할 수 있다.

16. 규칙 제2.02조(2)(e)는 변호사와 제3자의 관계에서 발생하는 변호사의 대리에 대한 제약들과 조건들을 설명할 것을 요구한다. 그러한 관계가 어떤 의뢰인 정보를 제3자와 공유하는 것과 관련된 경우 의뢰인에게 알리고 동의를 얻어야 한다. 그렇지 않을 경우 의뢰인과의 신뢰관계 위반(규칙 제4장(비밀유지와 고지·공개) 참조)이고 1998년 정보보호법 위반일 가능성도 있다. 제3자, 예컨대 규칙 제9조(사건소개)의 소개인들 또는 규칙 제8장(보수 분배)에서의 보수 분배자들과의 합의로 인하여 변호사가 의뢰인의 사건을 수행하는 방법이 제약을 받을 수 있다.

17. 그러한 합의들 때문에 발생하는 제약들은 다음 범주들의 하나에 속할 수 있다.
   (a) 합당한 제약이면서 의뢰인에게 알릴 필요가 없는 경우가 있다. 이러한 것들은 통상 의뢰인의 문의를 특정 시간 내에 처리하는 것, 특정의 컴퓨터 소프트웨어, 통신 시스템, 광고 매체 또는 특정한 연수 조항을 사용하는 것에 대한 서비스 표준들이다.
   (b) 합당한 제약이지만 의뢰인에게 알려야 하는 경우가 있다. 일부 제3자는 의뢰인 사건의 진행 과정과 그것이 다루어지는 방법에 대한 법적인 이익을 보유할 수 있다—예컨대 의뢰인 사건의 처리비용을 제공하는 제3자와 보험회사. 그들이 제시하는 제약들, 예컨대 자금제공자의 승인 없이 절차를 진행하지 않는다는 것과 같은 사항은 의뢰인의 최선의 이익을 해하지 않는 한 합당하나 그 내용을 의뢰인에게 알려야 한다.
   (c) 합당하지 않은 제약들은 의뢰인에게 알린다고 할지라도 그 하자가 치유될 수 없다. 변호사의 독립성과 의뢰인의 최선의 이익을 위해 행동할 능력을 손상하는 제약들이 이에 해당한다. 변호사는 그러한 제약들과 관련된 합의를 수용하여서는 안 된다. 그러한 제약들에는, 예컨대 의뢰인이 받을 권리가 있는 정보를 의뢰인에게 알리지 않도록 하거나, 의뢰인의 최선의 이익에 반하는 조언 또는 변호사가 동의하지 않는 내용의 조언을 하거나, 법원을 기망하거나 제3자에게 거짓말을 하도록 요구하는 것이 포함될 수 있다.

18. 변호사는 사건 수임에 동의한 후 가능한 한 빨리 필요한 정보를 의뢰인에게 제공하여야 한다. 그러고는 의뢰인에게 사건의 진행 과정을 알려야 하고 당초의 합의에 영향을 줄 수 있는 변화들에 대해서도 알려야 한다.

19. 의뢰인을 상대하는 사람의 지위는 법적 윤리적인 이유 때문에 절대적으로 명확해야 한다. 예컨대 사무변호사가 아닌 사람의 경우 명시적으로 또는 묵시적으로 사무변호사라고 표시되어서는 안 된다. 안내 데스크, 전화 교환원, 그리고 비서진을 포함하여 의뢰인과 접촉하는 모든 직원에 대해 이 점을 알려야 한다.

20. 법률사무소의 구성의 변화에 의해 영향을 받는 모든 의뢰인은 개인적으로 그 사실을 통지받아야 한다. 사건을 담당했던 사람이 법률사무소를 떠날 경우, 문제된 의뢰인은 바람직하게는 사전에, 자신의 사건을 새로 담당하게 되는 사람의 성명과 지위를 통보받아야 한다.

21. 규칙 제2.02조(2)(d)는 사건의 전체적인 감독에 책임을 지는 사람을 지칭한다. 감독 요건은 규칙 제5장(사업관리)에서 다루어지고 있으며 누가 감독할 수 있는지에 관한 지침은 거기에서 찾을 수 있다.

22. 제2.02조에서 요구하는 정보의 전부 또는 일부를 제공하는 것이 부적절한 경우가 있을 수 있다. 특정 상황에서 준수가 왜 적절하지 않았는지에 대한 입증책임은 변호사에게 있다. 예컨대 단 한 번만의 조언을 요청받거나 오랜 고객이어서 그 소속 법률사무소의 운영방식에 익숙하고 사건을 다루는 사람의 지위를 알고 있어서 이러한 정보가 반복적으로 제시될 필요가 없을 수 있다. 하지만 제2.02조의 다른 부분들은 준수되어야 하고 의뢰인에게 최신의 상황을 알려야 하며 변화가 있을 경우 이에 대해서도 통지하여야 한다.

23. 사내 사무변호사이거나 사내등록유럽변호사일 경우 제2.02조의 상당 부분은 변호사가 고용주를 위해 일함에 있어서는 부적절할 것이다. 하지만 고용주가 아닌 다른 사람을 대리하는 경우 규칙 제13장(사내법률업무 등)에 따라 제2.02조의 측면들을 준수하는 것이 필요할 수 있다.

24. 만약 의뢰인이 아닌 다른 사람으로부터 의뢰를 받는다면, 변호사는 제2.02조에 따라 그 경우에도 의뢰인에게 정보를 주어야 한다. 하지만 여기에는 예외가 있다. 예컨대 의뢰인이 보호법원(Court of Protection)에 등록된 효력이 지속되는 위임장에 의해 선임된 변호사 또는 마찬가지로 등록된 영속적인 위임장의 수증자 또는 자금관리인을 둔 경우 제2.02조에 의해 요구되는 정보는 그 변호사, 수증자 또는 자금관리인에게 제공되어야 한다. 하지만, 권리 능력의 문제는 내려져야 하

는 특정 결정과 관련되기 때문에(어떤 사람이 2005년 정신능력법(Mental Capacity Act)에서 일부 결정을 내릴 능력 또는 자격이 없다고 해서 다른 사건에서 사무변호사에게 수임요청을 할 수 없는 것은 아니다), 변호사는 위 법률의 조항과 관련 행위규범을 유념할 필요가 있고 위 법률 조항에 해당하는 사람이더라도 위임장 또는 대리인의 권한 범위를 벗어나는 부분에 대해서까지 변호사에게 수임요청할 능력이 없다고 단정해서는 안 된다.

25. 필수 사항은 아니지만 제2.02조 준수 사실을 입증할 수 있도록 정보를 서면으로 제공하는 것을 고려할 필요가 있다.

26. 변호사가 소속 법률사무소의 의뢰인이 되는 경우—예컨대 사망한 자의 재산을 집행하는 집행자로서 또는 신탁재산의 수탁자로서—이해관계 있는 당사자들에게 어떠한 정보를 제공할 것인지 고려하여야 한다. 예컨대 유언 또는 신탁의 수익자가 의뢰인처럼 취급받아야 한다는 요건은 없다. 하지만 일부 정보를 제공하는 것이 바람직할 수 있다—예컨대 어떤 업무가 수행될 것인지와 대략적인 기한들.

비용에 관한 정보—2.03

27. 제2.03조의 목적은 의뢰인에게 비용 관련 정보가 제공되고 분명하게 표현되는 것을 확보함에 있다. 비용에 관한 정보는 의뢰인에게 적합하게 표현되어야 한다. 모든 비용 정보는 서면으로 주어져야 하며 정기적으로 업데이트되어야 한다.

28. 규칙 제2.03조는 요구되는 정보의 전부 또는 일부를 제공하는 것이 부적절한 상황이 있을 수 있음을 인지하고 있다. 특정 상황에서 준수가 왜 적절하지 않았는지에 대한 입증책임은 변호사에게 있다. 예컨대 그 소속 법률사무소는 정기적으로 의뢰인을 위한 반복적인 업무를 합의된 약정에 따라 행할 수도 있고 의뢰인은 반복적인 비용 정보를 필요로 하지 않을 수 있다. 하지만 예컨대 법률사무소의 보수율이 변경되는 경우에는 의뢰인은 이를 통지받아야 한다.

29. 만약 변호사가 사내 사무변호사 또는 등록유럽변호사라면 제2.03조의 상당 부분은 변호사가 고용주를 대리함에 있어 불필요할 것이다.

30. 이 지침은 청구서의 형식, 마지막과 중간의 청구서들, 그리고 언제 청구서가 전달

될 수 있으며 언제 그리고 어떻게 법률사무소가 청구서에 대해 소송을 제기할 수 있는지를 다루지 않는다. 이러한 것들은 복잡한 법률 조항들에 의해 규율되며, 회사와 의뢰인들에게 도움을 줄 수 있는 많은 저작물들이 있다. 비용에 관한 일부 측면에서의 조언은 '사무변호사협회 실무조언서비스'에서 찾을 수 있다.

31. 변호사는 보통 비용과 지급방법에 대해 의뢰인과 자유롭게 협상할 수 있을 것이다. 통상 의뢰인에게 비용약정에 대해 별도의 조언이 불필요하다. 다른 비용 대안들은 의뢰인에게 있어 다른 의미를 가질 수 있다—예컨대 조건부 보수약정과 공공기금 지원 신청 사이에서 선택하여야 할 경우.
이러한 상황들에서 의뢰인들은 선택 가능한 대안들의 각각의 의미에 대해 알 수 있어야 한다.

32. 규칙은 변호사가 의뢰인에게 변호사가 미지급 비용에 대해 유치권을 행사할 수 있는 상황들에 대해 알릴 것을 요구한다. 이에 대한 더 많은 정보는 위의 주석 11 참조.

33. 의뢰인이 자금제공계약을 이미 체결한 단계에서 변호사에게 사건이 소개될 수 있다—규칙 제9장(사건의 소개)도 참조. 변호사는 그러한 자금제공의 의미(자금제공계약과 관련된 부과금을 소송의 다른 당사자로부터 전보 받을 수 있는 정도를 포함함)에 대해 충분히 설명해야 한다.

34. 의뢰인이 제안 내용에 대해 별도의 자문을 고려하여야 하는 특이한 약정이 있을 수 있다—예컨대 비용 대신에 변호사가 새로운 회사의 주식을 받는 경우. 소개받은 의뢰인에 대한 의무의 상세한 내용에 대해서는 규칙 제3장(이익충돌)과 제9.02조(g)를 추가로 참조.

35. 규칙 제2.03조는 가능한 모든 형태의 비용 부과약정 또는 이를 규율하는 법을 전부 다루지는 못한다. 하지만 선택한 옵션에 대해서는 최대한 충분히 의뢰인에게 설명할 것을 요구한다. 또한 변호사가 보수의 전부 또는 일부분을 규칙 제8장(보수 분배)에 따라 자선단체에 지급하기로 합의한 경우 사건 수임 시점에 의뢰인에게 당해 자선단체의 이름을 알려야 한다.

36. 종종 사건 수임 시점에서 전체 비용이 얼마인지 추산하는 것이 불가능하다. 규칙

제2.03조는 이를 감안하여 가능한 최대한의 정보를 의뢰인에게 사건 수임 시점에 제공하고 진행상황을 수시로 의뢰인에게 알리도록 하고 있다. 만약 사건 수임 시점에 정확한 수치가 제공될 수 없다면, 변호사는 그 이유를 의뢰인에게 설명하고 최대금액 또는 재검토할 날짜들에 대해 합의해야 한다.

37. 특정 정보들은 의뢰인의 사건처리의 특정 단계에서 관련이 있게 된다. 변호사는, 예컨대 화해안이 비용에 어떠한 의미를 가지는지에 대해 의뢰인이 이해하도록 해야 한다. 화해 제안이 이루어진 경우 의뢰인은 비용 측면에서 얼마나 공제되어야 하는지와 그 수치가 어떻게 계산된 것인지에 대해 충분한 정보를 제공받아야 한다. 그러한 상황에서 변호사는 의뢰인들이 변호사의 비용에 대하여 평가할 권리가 있음을 알려야 한다.

38. 잠재적인 의뢰인이 사건을 위임할 생각으로 변호사와 접촉할 경우 변호사는 요청받으면 항상 그 사건의 예상 비용에 대한 정보를 제공하는 데에 도움을 주어야 한다.

조건부 보수약정 또는 공공기금으로 지원받는 의뢰인과의 업무

39. 규칙 제2.03조(2)와 (3)은 업무가 조건부 보수약정 또는 공공기금 지원방식에 의해 이루어질 경우 의뢰인에게 설명되어야 하는 추가적인 정보를 제시한다. 조건부 보수약정은 법에 따른 요건의 적용을 받으며 모든 약정은 이에 따라야 한다. 변호사가 조건부 보수약정을 체결하고 또한 보수 분배약정에 따라 의뢰인의 상대방 또는 다른 제3자로부터 비용조로 받는 보수를 자선단체에게 지급할 의무를 부담하는 경우, 의뢰인은 사건 수임 시점에 그 자선단체의 이름을 통보받아야 한다.

다른 사람들에 대한 지급

40. 변호사는 사건 수임 시점에 의뢰인에게 그가 지급해야 할 여지가 있는 것들에 대해 설명해야 한다. 이러한 것들은 법원 비용, 조사 비용, 감정 비용, 법정변호사 비용 등을 포함한다. 가능한 경우 변호사는 예견 가능한 비용의 구체적인 내용을 알리고, 만약 이것이 가능하지 않은 경우 의뢰인과 함께 이러한 비용들과 그 필요성을 비용이 발생할 가능성이 높은 시점에 근접할 때 검토할 것을 약정해야 한다.

성공보수—2.04

41. "성공보수"는 성공한 경우에만 지급하는 일체의 금액(고정되었든 또는 승소가액의 비율 기타 방식으로 계산되든지 간에)으로 규칙 제24장(해석)에 정의되어 있다.

42. 만약에 변호사가 합법적인 성공보수약정을 의뢰인과 체결하는 경우, 어떤 것이 "성공"에 해당하는지에 대해서는 약정에 들어가기에 앞서 변호사와 그의 의뢰인 사이에 합의가 이루어져야 한다.

43. 규칙 제24장(해석)에 따르면 "분쟁 절차"(contentious proceedings)는 1974년 사무변호사법 제87조 "분쟁적 사무"(contentious business)의 정의와 동일하게 해석되어야 한다.

44. 조건부 보수는 성공보수의 한 형태이다. 잉글랜드와 웨일즈 지역에서는 일정한 유형의 소송에서 조건부 보수 약정이 법에 의해 허용된다. 더 많은 정보를 위해서는 {1999년 사법절차접근법(Access to Justice Act) 제27조에 의해 개정된} 1990년 법원과 법률서비스법(Courts and Legal Services Act) 제58조와 위의 제2.03조(2)를 참조.

45. 비분쟁적 사건(1974년 사무변호사법 제87조 "비분쟁적 사무"의 정의 참조)에서 성공보수약정을 하는 것도 허용되나 강제력이 있기 위해서는 성공 보수약정이 비분쟁적 사무약정에 포함되어 있어야 한다.

46. 분쟁적 사건의 경우에도 절차의 진행 개시까지는 비분쟁적인 것으로 존속한다. 따라서 예컨대 법적인 절차가 시작되기 전에 의뢰인의 채권을 성공적으로 추심한 데 대하여 수수료를 받기로 하는 성공보수약정을 체결할 수 있다.

민원 처리—2.05

47. 제2.05조의 목적은 의뢰인이 민원을 제기할 권리와 어떻게 민원을 제기할 수 있는지, 또한 그의 민원이 합당하고, 공정하고, 효과적이고 의뢰인에게 효과적인 보호장치를 제공하는 절차에 따라 처리됨을 알 수 있도록 하는 데 있다. 의뢰인이 민원을 제기할 권리는 중요한 공공의 보호수단이고 규칙에서 요구하는 정보가 단

순히 법률사무소의 계약조건에 표시되어 있는 것으로는 불충분하다. 그 정보에 대하여 특별히 의뢰인의 주의를 끌도록 할 필요가 있다.

48. 소속 법률사무소의 민원처리절차의 내용은 법률사무소가 정할 문제이지만 절차는 서면으로 작성되어야 하고 법률사무소가 민원을 신속하고, 공정하게 그리고 효과적으로 처리할 수 있도록 하여야 한다. 민원을 공정하게 처리하기 위하여 절차는 명백하고 의뢰인이 이용하기 쉬워야 하고 민원이 어떠한 합리적인 방법으로도 제기될 수 있도록 허용하여야 한다. (이것은 취약하거나 장애가 있는 의뢰인과 관련하여 특히 중요하다). 어떠한 절차도 제6장(평등과 다양성)을 준수하여야 한다. 민원 처리를 효과적으로 하기 위하여 결정은 민원에 이르게 된 상황에 대한 합당한 조사에 기초하여야 하고 의뢰인에게 적정한 구제와 시정을 제공하여야 한다. 민원이 신속하게 처리되도록 하기 위하여 절차는 각 절차의 여러 단계에 소요되는 시간을 포함하여야 한다.

49. 민원이 법률옴부즈만 또는 사무변호사규제기관(SRA)에게 제기된 경우, 법률사무소는 그 민원이 정당하지 않다고 간주하더라도 그 민원을 합당하게 처리하였음을 보여 줄 수 있을 필요가 있다. 민원이 법률옴부즈만에게 제기되지 않고 법률사무소 차원에서 효과적으로 처리될 수 있다면 의뢰인이나 법률사무소 모두에게 유익할 것이다. 따라서 변호사는 그의 웹사이트 또는 홍보자료에 표시하는 등의 방법을 포함하여 민원처리절차가 잘 홍보되도록 하여야 한다.

50. 법률사무소에 있는 모든 사람은 이 규칙상의 법률사무소의 의무에 대하여 알아야 하고 민원처리절차에 정통하여야 한다.

51. 이 규칙은 변호사가 사건수임시 및 민원이 제기된 경우에는 법률사무소의 절차가 종결된 때 의뢰인에게 법률옴부즈만에 대한 정보를 제공할 것을 요구한다. 이 정보는 법률옴부즈만의 상세한 연락처와 민원을 제기할 수 있는 시한에 대한 상세한 내용을 포함하여야 한다. 이러한 정보는 www.legalombudsman.org.uk.에서 구할 수 있다.

52. 의뢰인이 변호사의 청구서에 불만이 있을 경우 변호사의 서비스에 대한 다른 민원과 마찬가지로 취급해야 한다. 그러한 경우에 불만에 반응함에 있어 청구서에 대한 자세한 설명을 제공하여 어떻게 비용들이 발생하였는지 의뢰인이 명확하게

이해할 수 있도록 하는 것이 도움이 될 수 있다. 법률옴부즈만에 청구서에 대한 민원이 제기된 경우 변호사는 법률옴부즈만에게 그러한 설명을 제공하도록 요구받을 수 있다. 변호사는 의뢰인에게, 그가 법원에 청구서의 금액산정을 법원에 신청한 경우, 법률옴부즈만이 청구서에 대한 민원을 처리하지 않을 수 있음을 알려 주어야 한다.

53. 일정한 상황에서는 당해 법률사무소가 나중에, 만일 민원을 제기하고자 하는 경우 법률사무소의 민원 처리절차상 담당자가 누구인지의 정보를 의뢰인에게 환기시키는 것(또는 법률사무소가 나중에, 만일 의뢰인이 처음에 통지받지 않았던 경우라면, 의뢰인에게 위와 같은 정보를 통지하는 것)이 필요하다. 다음과 같은 상황이라면 이런 환기나 통지가 필요하다.
(a) 당해 의뢰인이 특히 취약한 자인 때;
(b) 당해 의뢰인이 개인이고 변호사가 최초 정보를 전달한 때로부터 2년 이상 지난 시점에 청구서를 송달하였을 때;
(c) 변호사가 의뢰인계좌에 예치된 금전으로부터 비용을 징수하고 있고, 그때까지 위 정보를 제공한 적이 없는 때;
(d) 변호사가 청구서에 기한 소송을 제기한 상태이고 그때까지 위 정보를 제공한 적이 없는 때;
변호사나 법률사무소가 사실상 의뢰인의 지위에 있는 경우—가령 사망자의 유언집행자이거나 또는 신탁의 수탁자인 경우와 같은 때라면, 변호사는 청구서에 대한 불만에 관한 정보를 청구서에 의해 영향 받을 수 있는 일체의 제3자에게 통보할지를 고려해보아야 한다.

54. 규칙 제2.05조(3)은 변호사가 의뢰인에게 민원 처리 비용을 청구하는 것을 방지한다. 불만을 합당하게 다루는 것은 전문적인 사무에서 빠질 수 없는 부분이다. 관련된 비용은 법률사무소의 간접비의 일부를 구성하며, 불만 제기인에게 별도로 청구하여서는 안 된다.

55. 규칙 제2.05조(2)는 요구되는 모든 정보를 제공하는 것이 부적절한 경우를 허용하고 있다.

중개수수료—2.06

56. 규칙 제2.05조는 사무변호사가 사무변호사-의뢰인 관계를 통해 은밀한 이익을 얻는 것을 방지하는 법적 논거를 반영한다.

57. 수수료는:
   (a) 사무변호사와 의뢰인 관계의 과정에서 그것을 이유로 얻는 금전적인 이익이다; 그리고
   (b) 제3자와 의뢰인을 연결시켜주는 배경에서 발생한다(The Law Society v Mark Hedley Adcock and Neil Kenneth Mocroft [2006] EWHC 3212(Admin) 참조).

58. 수수료를 해당하는 예로는 주식과 지분의 매입 시 주식중개인으로부터 받는 지급액, 보험회사 또는 중개인으로부터 보험계약 체결이나 갱신시 받는 지급액, 은행계좌 개설시 은행 또는 주택금융공제 조합으로부터 받는 지급액 등을 들 수 있다. 또한, 의뢰인을 제3자에게 소개하여 변호사가 받는 지급액(소개가 의뢰인을 위해 행하고 있거나 행한 특정 사건과 관련 없는 경우는 제외함)도 수수료에 해당한다.

59. 반면에 제품의 할인이나 리베이트(예컨대 조사비용의 리베이트)는 변호사의 의뢰인을 제3자에게 소개하여 발생하는 금액이 아니기 때문에 수수료에 해당하지 않는다. 그러한 지급은 사건처리비용이고 의뢰인이 할인 또는 리베이트로 인한 수혜를 받아야 한다.

60. 변호사가 다음과 같이 한 경우에만 의뢰인은 충분한 정보를 받은 후의 동의를 할 수 있다:
   (a) 금액과 관련하여 자세한 내용을 제공하고; 그리고
   (b) 의뢰인이 동의를 보류할 수 있음을 명백히 하고, 그러한 경우 변호사가 받은 수수료가 그에게 귀속됨을 명백히 했을 때.

61. 받은 수수료는 제2.05조에서의 조건들이 준수되고 약정이 다음과 같이 의뢰인의 최선의 이익을 위한 것일 때만 그대로 보유될 수 있다:
   (a) 비용에 대한 청구서를 차감하기 위해 사용되거나,
   (b) 변호사가 보유를 정당화할 수 있어야 한다—예컨대 사무 과정에서의 업무에 대해 청구할 수 있었으나 청구하지 않은 비용을 대신하여 수수료를 보유할 수 있다.

62. 변호사가 수수료를 선물이라는 명목으로 받는 것은 고객의 최선의 이익을 위한 것이라 할 수 없다. 법률사무를 수행하기로 하는 합의와 같은 합당하고 공정한 법적 약인이 있어야 한다. 그 결과, 수수료가 비용 청구에 충당되는 경우를 제외하고는:
    (a) 수수료의 수령에 앞서 동의가 있어야 하는 것이 중요하다(그리고 가능하면 수수료의 지급으로 이어지는 업무를 수행하기 전에);
    (b) 제2.05조에 따르기 위해서 수수료를 받은 이후에 보유하겠다는 동의를 의뢰인으로부터 얻는 것은 허용될 수 없다. 동의가 미리 주어지지 않으면, 법적인 약인이 있을 수 없으며 따라서 돈은 의뢰인에게 속한다; 그리고
    (c) 만약 동의를 받았으나 실제 수령한 금액이 의뢰인에게 제시한 예상 금액을 상당히 초과할 경우 소급적으로 초과금을 보유하겠다는 동의를 얻을 수 없다. 초과분은 의뢰인에게 속하며 그렇게 취급되어야 한다.

63. 있을 수 있는 혼란과 오해의 발생을 최소화하고, 변호사와 의뢰인 양자를 모두 보호하기 위해서 수수료에 대한 상세한 내용을 담은 합의는 서면으로 할 것을 권고한다.

64. 변호사가 처음부터 수수료를 비용 청구서 상계 목적으로 사용할 의도였다면 (수수료의 사용에 대한 구체적인 지시가 전혀 없다는 전제하에) 수수료는:
    (a) 청구서가 발급되기 전에 받았다면 의뢰인 계좌에 비용에 충당할 돈으로 입금하거나; 또는
    (b) 청구서가 이미 발급된 경우에는 사무실 계정으로 바로 입금하여야 한다.

65. 변호사가 수수료를 비용을 대신하여 보유하고자 하고 의뢰인이 제2.05조에 따라 동의를 표시하였다면 돈은 받는 순간 사무실 계정으로 입금될 수 있다. 의뢰인의 동의를 요청했으나 거절된 경우 수수료는 수령 즉시 의뢰인에게 속하며 의뢰인 계좌로 입금되어야 한다. 그 다음에 고객에게 지급되거나 위의 지침 60에 따라 비용 청구와 상계될 수 있다. 더 많은 정보를 위해서는 1998년 사무변호사계정규칙 참조.

66. 변호사가 단독 수탁자 또는 단독 변호인이거나 오직 사무변호사들과 공동으로 수탁자 또는 변호인인 경우 자격의 교환을 꾀함으로써 수수료 보유에 적합한 동의를 할 수 없다. 더 나아가 변호사는 법에 의해 부여된 신인 의무에 반하여 행동할 가능성이 높다.

67. 수수료를 취급하는 것과 관련하여 더 많은 정보를 얻으려면 2001년 '사무변호사 금융서비스(범위) 규칙'{Solicitors' Financial Services (Scope) Rules} 참조.

계약에 의한 민사책임 제한—2.07

68. 현재 요구되는 보험 범위에 대해서는 사무변호사배상책임보험규칙 참조.

69. 제한의 상세는 서면으로 작성되어 의뢰인에게 전달되어야 한다. 그러한 제한이 변호사와 의뢰인 사이의 합의의 핵심이므로 변호사는 의뢰인이 제한에 대해 알고, 변호사가 보기에 그 효과를 이해하도록 해야 한다. 따라서 제한을 "수임사무 조건" 서신에 포함하면서 의뢰인에게 특별히 그에 대해 주의를 환기시키지 않는 것은 적절하지 않을 것이다.

70. 변호사가 의뢰인을 위한 신탁 증서를 준비하고 있고 그 증서가 수탁자 예정자의 과실 책임을 제한하는 조건을 포함하고 있을 경우 변호사는 신탁이 설정되기 전에 의뢰인이 그 조건의 의미와 효과를 이해할 수 있도록 합리적인 조치를 취해야 한다. 변호사 또는 그 소속 법률사무소와 관계되어 있거나 소속되어 있는 사람이 신탁에서의 유급 수탁자이거나 추후 될 가능성이 높을 경우 특별한 주의가 필요하다.

71. 변호사 또는 그 소속 법률사무소와 관계되어 있거나 소속되어 있는 사람이 유급 수탁자로 활동하는 것을 고려하고 있는 경우 변호사는 신탁이 설정되기 전에 위탁자가 해당 조항의 의미와 효과에 대해 인지하고 있음을 보증하기 위한 합리적인 조치들을 취하지 않은 채 과실에 대한 책임을 배제하거나 제한하는 효과를 가지는 조항이 신탁계약서에 포함되도록 하여서는 안 된다.
다음의 양자를 확보하는 것이 현명할 것이다:
(a) 적절한 조치를 취했음에 대한 증거가 있을 것; 그리고
(b) 그 증거는 신탁이 존재하는 한 계속 유지되고 그 이후에도 적정한 기간 동안 지속될 것

72. 규칙 제2.07조는 법리의 제약을 받는다. 다음의 점들을 주의해야 한다. 사무변호사규제기관(SRA)은 변호사가 스스로 조사를 하고/하거나 이 영역에서의 일반법에 관한 적합한 자문을 구할 것을 기대할 권리가 있다. 이 지침에만 의존하는 것은 법의 준수를 확보하기에 충분하지 않을 수 있다.

(a) 사기 또는 전문적 의무에 대한 '무모한 부주의'(reckless disregard)로 인한 책임은 제한될 수 없다.

(b) 현존하는 법적 제한들은 무시할 수 없다. 특히, 법원은 의뢰인과의 불공정한 합의를 변호사에게 유리하게 강제하지 않을 것이다.

(c) 1974년 사무변호사법의 제60조(5)와 1985년 사법행정법(Administration of Justice Act) 부록 2 24항에 따라 회사가 과실에 대해 책임이 없다고 규정하거나 당해 조항이 없었더라면 책임을 지게 될 내용을 면제하는 것을 내용으로 하는 분쟁적 사무처리계약조항은 무효이다.

(d) 1977년 불공정약관법(Unfair Contract Terms Act) 제2조(2)에 따라 과실에 대한 책임을 배제하려고 하는 약관은 동법 제11조에 규칙된 합리성 요건을 충족하지 않는 한 효력이 없다. 제11조는 구체적으로 계약이 이루어질 당시에 당사자들이 예상하였거나 알고 있었거나 알 수 있었던 상황에 비추어 약관이 공정하고 합리적이어야 한다고 규정하고 있다. 동법 부록 2는 약관의 합리성 충족 여부를 심사하는 과정에서 고려되어야 할 요인들에 대한 지침을 제시하고 있다.

(e) 1977년 불공정약관법 제11조(4)는 계약서의 조항이 책임을 제한하고자 할 경우 합리성 요건을 충족했는가의 문제에 있어 책임을 이행하기 위한 목적으로 이용 가능한 자원과 보험이 가능한 한도에 대해서도 고려하여야 한다고 하고 있다.

(f) 변호사의 의뢰인이 소비자이고 문제된 약관이 개별적으로 협상되지 않은 경우, 1999년 '소비자 계약에서의 불공정 약관규정'(Unfair Terms in Consumer Contracts Regulations, SI 1999/2083)은 책임의 제한이나 배제와 관련하여 1977년 불공정계약 약관법과 유사한 효과를 갖는다. 1999년 규정 제3조(1)은 소비자를 그 규정이 적용되는 계약에서 상거래, 영업, 직업 외적인 목적으로 행동하는 자연인으로 정의한다. 규정 제5조(2)는 사전에 초안이 작성되고 소비자가 그로 인해 약관의 구성에 영향을 줄 수 없었던 경우 언제나 개별적으로 협상되지 않은 것으로 간주될 것임을 명시하고 있다. 규정 제5조(1)은 선의의 요건과 반대로 당사자의 권리와 의무에 있어서 심각한 불균형을 야기하는 경우 약관이 불공정하다고 한다. 규정의 부록 2는 불공정한 것으로 간주될 수 있는 계약 조건의 목록을 예시하고 있다. 이 규정에 의한 공정성 심사는 1997년 불공정약관법에서의 합리성 심사와 동일하지 않다.

(g) 수임계약이 외국법에 의해 영향을 받을 수 있는 경우, 위의 사항들은 계약에 적용되는 법에 따라 고려될 수 있다.

73. 변호사가 또한 알아둘 것은 변호사가 법률사무소의 책임을 최소한의 보험가입금액을 상회하는 수준으로 제한함과 동시에 추가보험의 부보 범위 내에 있도록 하고자 할 경우 변호사는 추가보험이 문제의 사건에서 야기되는 손해배상청구를 충분히 부보할 수 있는지의 여부를 고려할 필요가 있을 것이다. 예컨대:
   (a) 만약 그 소속 법률사무소가 책임이 4백만 파운드를 초과하지 않도록 의뢰인과 합의하고, 추가보험이 연단위 총액 기준으로 계산될 경우, 여러 클레임이 이미 제기되었다면 부보액이 충분할 것인지에 대한 보장이 없다.
   (b) 특정의 손해배상청구를 부보할 수 있는 보험 범위는 손해배상청구가 처음으로 이루어진 해 또는 보험자가 관심을 갖게 된 손해배상청구를 야기할 수 있는 상황을 통지받았을 때 확정되기 때문에 손해배상청구가 제기되었을 때(또는 그 상황에 대한 통지가 이루어진 때)의 추가보험 부보금액은 계약이 이루어진 당시와는 같지 않을 수 있다.

74. 책임이 그 소속 법률사무소에만 있고 원래 책임을 질 수 있는 지위에 있는 피고용자, 이사, 구성원 또는 주주의 책임을 면제하도록 의뢰인과 합의하는 것은 제2.07조 위반이 아니다. 하지만 그러한 합의에 대해서는 1974년 사무변호사법 제60조의 (5), 1977년 불공정계약 약관법 그리고 1999년 소비자 계약에서의 불공정약관 규제가 적용된다.

75. 규칙 제2.07조는 해외에서의 업무와 관련해서는 적용되지 않는다. 하지만 단독개업변호사이거나 공인된 단체일 경우 제15.02조(3)는 변호사의 민사 책임 수준을 제15.26조(전문직 손해배상책임)를 준수하기 위해 필요한 최소한의 기준을 하회하는 수준으로 제한하려고 시도하는 것을 금한다.

76. 변호사가 Hedley Byrne & Co Ltd v Heller & Partners Ltd [1964] AC 465에서 제시된 원칙에 따라 의뢰인이 아닌 사람들에 대한 책임을 제한하거나 배제하는 계약조건을 둔다고 하여 제2.07조를 위반하는 것이 아니다. 하지만 그러한 계약조건에 대해서는 1974년 사무변호사법 제60조(5), 1977년 불공정약관법 그리고 1999년 소비자 계약에서의 불공정 약관 규정이 적용될 수 있다.

규칙 제3장: 이익충돌

도입

규칙 제3장은 이익충돌과 관련된 규정들을 다룬다. 개인이나 법률사무소가 두 명 또는 그 이상의 의뢰인에 대해 부담하는 비밀유지 의무와 고지 또는 공개 의무의 충돌은 규칙 제4장(비밀유지와 고지 · 공개)에서 다루어질 것이다.

규칙 제3.01조 내지 제3.03조는 이익충돌에 관련된 일반적 사항을 다룬다.

규칙 제3.04조 내지 제3.06조는 특히 의무위반의 위험이 발생할 가능성이 높은 상황에서의 이익충돌—의뢰인으로부터의 증여, 충돌을 유발하는 관직 또는 공직, 재판 외 분쟁해결(ADR)을 다루고 있다.

규칙 제3.07조 내지 제3.22조는 부동산양도에서의 충돌을 다룬다. 제3.07조 내지 제3.15조(매도인과 매수인 양자를 위한 수임)와 제3.16조 내지 제3.22조(대출자와 차입자 양자를 위한 수임)에서의 '변호사'의 특별한 의미에 유의하라. 부동산매도 업무의 제공에 적용되는 부가적인 요건들을 설명하는 제18.03조도 함께 참조.

규칙 제3.23조는, 누구에게도 제3.01조 내지 제3.05조의 적용을 배제할 수 있는 권한은 존재하지 않음을 규정한다.

규칙 제3.07조 내지 제3.22조는 양도되는 부동산이 잉글랜드와 웨일즈 지방에 위치하지 않는 한, 해외에서의 업무에는 적용되지 아니한다.

규칙

3.01 수임하지 않을 의무

(1) 이익충돌이 있을 때에는 수임해서는 안 된다(제3.02조에서 다루어지는 제한된 경우는 예외).

(2) 다음 중 어느 하나와 같은 경우에는 이익충돌이 있다.

(a) 변호사나 소속 법률사무소가 동일한, 또는 관련 사건에서 둘 이상의 의뢰인 각자의 최선의 이익을 위하여 업무를 수행할 별개의 의무를 부담하고 있고, 그러한 의무끼리 충돌하거나 또는 충돌할 상당한 위험이 있는 경우

(b) 의뢰인의 최선의 이익을 위해 업무를 수행할 의무가 그 사건이나 관련 사건에서 변호사 자신의 이익과 충돌하거나 충돌할 상당한 위험이 있는 경우

(3) 제3.01조(2)와 관련하여, 동일한 자산이나 부채와 관련된 모든 사건들은 '관련사건'의 범위에 포함된다.

3.02 수임하지 않을 의무의 예외

(1) 변호사나 소속 법률사무소는 이익충돌 또는 충돌 가능성이 있는 사건의 경우에도 다음과 같은 경우에는 둘 또는 그 이상의 의뢰인을 위해 수임할 수 있다.

(a) 상이한 의뢰인들이 사건이나 또는 그 사건의 특정 측면에 대해 상당히 공통된 이해관계를 가지고 있고,

(b) 관련된 모든 의뢰인들이 변호사나 소속 법률사무소의 수임에 대해 충분한 정보를 제공받은 후 서면으로 동의한 때

(2) 변호사의 소속 법률사무소는 이익충돌 또는 충돌 가능성이 있는 사건의 경우에도 다음과 같은 요건들이 모두 충족되는 상황에서는 둘 또는 그 이상의 의뢰인을 위해 사건을 수임할 수 있다.

(a) 어느 의뢰인이 먼저 취득했을 때 다른 의뢰인들은 취득할 수 없게 되는 동일한 자산을 얻기 위해 의뢰인들이 경쟁하고 있을 것

(b) 그 사건에 관하여 의뢰인들 간에 다른 이익충돌이나 상당한 충돌가능성이 없을 것

(c) 해당 법률사무소가 그 동일한 자산을 얻기 위해 경쟁하는 둘 이상의 의뢰인들을 위해 수임하고 있다는 점을 인지하고 있으면서도 의뢰인들이 서면으로 그 법률사무소가 수임하기를 원한다고 확인하였을 것

(d) 의뢰인들이 특별히 동의하지 않는 이상, 해당 법률사무소의 어떠한 개인도 둘 이상의 의뢰인을 위하여 업무를 처리하거나 감독할 책임을 지고 있지 않을 것

(3) 규칙 제3.02조(1)이나 (2)에 따라 수임하는 경우, 변호사 또는 소속 법률사무소가 그 모든 의뢰인들을 위하여 사건을 수임하는 것이 모든 상황 하에서 합리적인 것이어야 한다.

(4) 규칙 제3.02조(1)이나 (2)에서 규정한 예외에 따라 행동하는 경우에는 다음의 요건들이 모두 충족되어야 한다.

(a) 변호사는 반드시 의뢰인들이 수임에 동의하기 전에 (만일 이미 수임하여 업무를 처리하고 있던 도중이라면 충돌이 발생한 시점에 또는 합리적으로 가능한 즉시) 모든 관련 문제들에 대해서 주의를 환기시켜야 하고, 이는 의뢰인들이 관련 문제와 위험을 잘 이해할 수 있는 방법으로 이루어져야 한다.

(b) 의뢰인들이 관련 문제들을 이해하였다는 변호사의 합리적인 믿음이 있어야 한다.

(c) 변호사가, 의뢰인들이 동의할 수 있는 충분한 권리/행위 능력을 갖추었다는 점에 대해 합리적으로 확신할 수 있어야 한다.

3.03 이미 수임하고 있을 때 충돌이 발생한 경우

변호사나 소속 법률사무소가 한 사건에서 둘 이상의 의뢰인을 위해 수임한 경우, 관련 업무의 수행 과정에서 둘 또는 그 이상의 의뢰인들의 이익충돌이 발생한 때에는, 다른 의뢰인에 대한 비밀유지의 의무가 위협받지 않는 경우에 한해서 그중 한 의뢰인(또는 상호 간에 이익충돌이 없는 복수의 의뢰인들)을 위해서만 수임 업무를 계속하는 것이 가능하다.

3.04 의뢰인으로부터의 증여의 승낙

의뢰인이 다음 중 어느 하나에 해당하는 자에게, 또는 그들의 이익을 위해서, 생전증여나 사망 시에 효력이 발생하는 증여를 제안한 경우, 증여가 그 자체로, 또는 의뢰인의 유산의 크기와, 그 유산으로부터의 장래의 수익자들의 합리적인 기대를 고려하였을 때 상당한 액수라면, 그 의뢰인이 수익자의 가족이 아닌 한 의뢰인에게 증여에 관하여 독립적인 법적 조언을 얻으라고 조언하여야 한다. 변호사는 의뢰인이 이를 거절할 경우, 증여와 관련하여서는 의뢰인을 위한 수임 업무를 중단하여야 한다.

(a) 변호사 본인

(b) 소속 법률사무소의 경영자와 소유자 또는 피고용자

(c) 위 (a) 또는 (b)에 열거된 자의 가족

3.05 이익충돌을 유발하는 관직 또는 공직

변호사나 그 가족, 또는 소속 법률사무소의 경영자, 소유자나 피고용자가 어떤 공직에 취임함으로 인하여 다음 중 하나의 결과가 발생할 경우 수임해서는 안 된다.

(a) 이익충돌이나 상당한 충돌 가능성이 나타나는 경우

(b) 일반인이 변호사나 소속 법률사무소가 의뢰인의 이익을 위해 그 관직이나 공직을 이용했을 것이라 합리적으로 결론지을 수 있는 경우

(c) 의뢰인에게 적절하고 공정하게 조언할 변호사의 능력이 제한되는 경우

3.06 재판 외 분쟁해결(ADR)

변호사가 재판 외 분쟁해결 업무를 수행하는 경우에는 다음과 같은 행위를 하여서는 안 된다.

(a) 당해 변호사나 그 소속 법률사무소의 누구라도 조정인으로 활동하고 있거나 활동한 적이 있는 분쟁과 관련하여, 그 일방 당사자에게 조언하거나 그를 위하여 수임하는 행위
(b) 당해 변호사나 소속 법률사무소의 누구라도 어느 당사자를 위해 수임했던 적이 있는 사건과 관련해 재판 외 분쟁해결 업무를 수행하는 행위
(c) 당해 변호사나 소속 법률사무소의 누구라도 해당 사건의 일방 당사자를 위해 조정과 무관한 쟁점과 관련하여 수임했던 적이 있음에도 불구하고 재판 외 분쟁해결 업무를 수행하는 행위. 다만 이러한 사실이 당사자들에게 고지되고 당사자들이 변호사의 수임에 동의한 경우는 그러하지 아니하다.

3.07 부동산양도, 부동산매도, 저당권 관련 업무에서 매도인과 매수인 양자를 위한 수임

(1) 규칙 제3.07조 내지 제3.15조는 토지의 유상 양도 또는 임차권 기타 토지에 관한 권리를 유상으로 설정하거나 이전하는 행위에 적용된다. 상업용 또는 주거 관련 부동산양도거래도 적용 범위에 포함된다. 여기서 '매도인'과 '매수인'이라는 용어는 임대인과 임차인을 포함한다. '변호사'는 제23.01조에 정의되어 있지만 제3.07조 내지 제3.15조에서는 '관련 기업'{associated firm, 규칙 제24장(해석) 참조}을 포함한다.
(2) 변호사는, 제3.08조 내지 제3.15조에서 허용되어 이에 따르는 경우를 제외하고는, 부동산양도, 부동산매도, 또는 저당권 관련 업무에 관하여 둘 이상의 당사자를 위해서 사건을 수임할 수 없다. '부동산매도'란 매도인을 위해 매도 협상을 하는 것을 의미하고, '저당권 관련 업무'는 매수인을 위해 저당권에 관한 조언을 하거나 저당권 설정을 주선하는 것, 또는 매수인을 위해 저당권부 대출 관련 업무를 수행하는 것을 뜻한다. '저당권'은 '재저당권'(remortgage)을 포함하는 개념이다.

3.08 독립된 당사자가 아닌 당사자 간에서 이루어지는 부동산양도 거래

제10.06조의 (3) 및 (4)의 금지조항의 제한 하에서, 변호사는 당사자가 서로 대등하지 않은 관계에 있는 거래에 관하여 매도인과 매수인의 양자를 위하여 수임할 수 있으나, 이는 이익충돌이나 상당한 충돌 위험성이 없는 경우에 한한다.

3.09 독립된 당사자 간의 부동산양도 거래

제10.06조의 (3) 및 (4)의 금지조항의 제한 하에서, 변호사는 제3.10조에서 제시되는 요건들이 충족되고 다음 중 하나가 적용되는 경우 매도인과 매수인의 양자를 위하여

수임할 수 있다.

(a) 양 당사자가 모두 계속적 거래관계에 있는 의뢰인인 경우
(b) 거래 대가(consideration)가 10,000파운드 이하이며 임차권을 설정(grant of a lease)하는 거래가 아닌 경우
(c) 매도인과 매수인이 서로 다른 지역에 위치한 별개의 두 사무소에 의해 각각 대리되는 경우

3.10 제3.09조의 규정 하에서 수임하기 위한 요건

제3.09조의 규정 하에서 변호사가 매도인과 매수인의 양자를 위하여 수임하기 위해서는 다음과 같은 요건들이 모두 충족되어야 한다.

(a) 양쪽 당사자의 서면 동의를 획득하여야 한다.
(b) 이익충돌이 존재하거나 발생하지 않아야 한다.
(c) 매도인이 건축업자나 개발업자로서 매도하거나 임대하는 것이 아니어야 한다.
(d) 매도인과 매수인이 다른 지역에 존재하는 별개의 두 사무소에 의하여 각각 대리될 때에는, 다음의 요건들이 모두 충족되어야 한다.
  (i) 통상 각각의 사무소에서 근무하고 있는, 관련된 권한을 위임받은 서로 다른 개인이 매도인과 매수인을 위해 각각 업무를 수행하거나 감독할 것
  (ii) 해당 법률사무소(또는 관련 기업)의 어떤 사무소도 그 거래 관련 업무를 수행하는 사무소에게 해당 의뢰인을 소개하지 않았을 것

3.11 부동산매도와 저당권 관련 업무

제10.06조(3) 및 (4)의 금지조항의 제한 하에서, 변호사는 제3.13조에서 제시되는 요건들이 충족되고 다음 중 어느 하나가 충족되는 경우 매도인과 매수인 양자를 위하여 수임할 수 있다.

(a) 매수인을 위하여 수행하는 것이 오직 저당권 관련 업무인 경우
(b) 매도인을 위하여 수행하는 것이 오직 변호사부동산중개회사(Solicitors' Estate Agency Limited, SEAL)를 통한 부동산매도 관련 업무인 경우

3.12 변호사부동산중개회사(SEAL)와 참여 법률사무소

변호사부동산중개회사(SEAL)는 다음과 같은 요건들을 모두 갖춘 공인된 단체를 의미한다.

(a) 회사일 것
(b) 부동산양도 거래를 수행하지 않을 것

(c) 관련 기업을 제외한, 적어도 4개 이상의 참여 법률사무소에 의해 공동 소유될 것
(d) 어느 특정 참여 법률사무소가 다수결에 의한 지배를 가지지 않을 것
(e) 참여 법률사무소 중 적어도 하나는 공인된 단체이거나 공인된 단독개업변호사일 것
(f) 참여 법률사무소들과 물리적으로 분리되어 있고 명확히 구별되는 시설에서 경영될 것

'참여 법률사무소'란 공인 단독개업변호사나 공인된 단체 또는 인가받은 비SRA법률사무소로서 변호사부동산중개회사(SEAL)의 경영자이거나 소유자일 것, 또는 그 경영자나 소유자 중 한 명 이상이 변호사부동산중개회사(SEAL)의 경영자이거나 소유자인 것을 의미한다.

3.13 제3.11조에 따라 수임하기 위한 요건

제3.11조에 따라 매도인과 매수인의 양자를 위하여 수임하기 위해서는 다음과 같은 요건들이 모두 충족되어야 한다.

(a) 양 당사자들의 서면동의를 얻을 것
(b) 이익충돌이 없거나 발생하지 않을 것
(c) 매도인이 건축업자나 개발업자로서 매도하거나 임대하는 것이 아닐 것
(d) 매도인과 매수인의 양자를 위하여 각각 서로 다른 개인이 업무를 수행해야 하며, 이 개인들에 대한 감독이 필요한 경우 그에 대한 권한을 부여받은 각각 다른 개인에 의해 감독될 것
(e) 변호사는 부동산매도를 처리하는 내용의 수임 이전에 소속 법률사무소 또는 관련 기업을 통해 매도인을 위하여 수행할 수 있는 모든 업무에 관하여 매수인에게 서면으로 통지할 것
(f) 매수인이 양자 모두를 위한 수임에 동의하기 전에 매수인에게 다음을 설명할 것
  (i) 이로 인하여 발생하는 이익충돌의 결과
  (ii) 해당 매매에 관한 변호사 자신의 경제적 이해관계
  (iii) 매도인을 위해서도 수임하고 있는 변호사부동산중개회사(SEAL)를 통해 매수인을 위하여 저당권 관련 업무를 수행하기로 한 경우, 변호사가 매수인에게 당해 매수행위의 실체법적 내용에 대해 조언할 수 없다는 점

3.14 부동산매도 및 부동산양도와 관련된 특별한 상황들

제3.09조에 제시된 상황들 (양 당사자가 모두 계속적 거래관계에 있는 의뢰인인 경우, 거래의 대가가 10,000파운드 이하이며 임차권을 설정하는 거래가 아닌 경우, 매도인과 매수인이 서

로 다른 지역에 위치한 별개의 두 사무소에 의해 대리되는 경우) 중 어느 하나가 존재하는 경우, 제10.06조의 (3) 및 (4)의 금지에 저촉되지 않고 제3.10조와 제3.13조에서 제시된 요건들이 충족된다면, 변호사는 부동산을 매도할 수 있고, 저당권 관련 업무를 수행할 수 있으며, 부동산양도 거래에서 매도인과 매수인의 양자를 위하여 수임할 수 있다.

3.15 매도인과 매수인의 양자를 위하여 수임하고 있을 때의 충돌 발생

변호사가 둘 이상의 당사자를 위하여 수임한 거래의 진행 도중 이익충돌이 발생한 때에는, 변호사는 어느 한 당사자에 대한 비밀유지 의무가 위협받지 않는 한도 내에서, 다른 당사자를 위해 수임 업무를 계속할 수 있다.

3.16 부동산양도 거래에서 대출자와 차입자의 양자를 위한 수임

(1) 규칙 제3.16조 내지 제3.22조는 토지 저당권의 설정에 대해 다루고 있으며 이익충돌의 회피를 의도하고 있다. '저당권'은 '재저당권'(remortgage)을 포함하는 개념이다. 상업적 또는 주택 관련 부동산양도 거래 모두가 적용 범위에 포함된다. '변호사'는 제23.01조에 정의되어 있지만 제3.16조 내지 제3.22조에서는 관련 기업{규칙 제24장(해석) 참조}을 포함한다.

(2) 다음 중 어느 하나의 경우, 변호사는 토지 저당권 설정과 관련해 대출자와 차입자의 양자를 위하여 수임할 수 없다.

(a) 이익충돌이 존재하거나 발생하는 경우

(b) 독립된 당사자 간에서 토지 '개별저당권'(individual mortgage)을 설정하는 경우

(c) 차입자의 개인 주거지로만 사용되는 재산에 관하여 '표준저당권'(standard mortgage)을 설정함에 있어서, 대출자의 저당권 관련 지시가 제3.19조와 제3.21조에서 정한 한계를 벗어나거나 제3.20조에서 요구하고 있는 소유권증명서(certificate of title) 사용을 허용하지 않을 경우

(d) 기타 '표준저당권'을 설정함에 있어서, 대출자의 저당권 관련 지시가 제3.19조와 제3.21조에서 정한 한계를 벗어난 경우

3.17 표준저당권과 개별저당권

(1) '표준저당권'(standard mortgage)은 다음의 모두에 해당하는 경우를 말한다.

(a) 대출자의 통상적인 사업 활동 과정에서 설정될 것

(b) 금전 대여가 대출자의 사업 활동 중 상당한 부분을 차지할 것

(c) 표준적인 거래조건의 저당권일 것

'개별저당권'(individual mortgage)은 그 이외의 모든 저당권을 의미한다.

(2) 저당권 거래와 관련 있는 서류상의 중요한 거래조건들이 대출자와 차입자의 변호사들에 의해서 저당권 설정과 동시에 협상되었다면, 그 저당권은 표준적인 거래조건의 저당권에 해당하지 않는다. 상거래에 있어서 협상의 요소는 저당권증서 그 자체보다는 아마도 주로 금융제공약정이나 금융제공계약과 관련되어 있을 것이다.

(3) 당사자의 변호사들이 중요한 거래조건들에 관해서 저당권 설정과 동시에 협상하지 않았다면, 대출자가 소정의 양식에 따른 저당권증서를 사용한 경우는 표준적인 거래조건에 따른 저당권에 해당한다. 수탁 저당권설정자(trustee mortgagor)의 책임을 제한하는 통상의 문구와 같은 사소한 변형은 중요한 것으로 간주되지 아니하며 거래조건들의 표준적인 성격에 영향을 미칠 수 없다.

(4) 통상의 표준적 거래조건들 외에도 대출자는 등록사회주택임대인(Registered Social Landlord, RSL) 등 특수한 유형의 차입자에게만 적용 가능한 표준적인 거래조건들을 가지고 있을 수 있다. 제3.16조 내지 제3.22조의 목적을 고려했을 때, 대출자가 해당 특수한 유형의 모든 차입자들에게 이를 동등하게 적용하는 경우나, 대출자와 어느 특수한 유형의 차입자가 그들 사이의 모든 거래에 있어 이들을 적용할 수 있다고 합의한 경우에 있어서는 이러한 거래조건들이 표준적인 거래조건을 구성한다.

(5) 독립된 당사자의 관계에 있는 대출자와 차입자는 개별저당권의 설정과 관련해 각각 따로 대리되어야 한다{제3.16조(2)(b) 참조}. 이런 경우 규칙 제3.16조 내지 제3.22조는 적용될 수 없다.

(6) 변호사는 표준저당권에서 다음의 요건이 모두 충족되는 경우 대출자와 차입자의 양자를 위하여 수임할 수 있다{제3.16조(2)(c)와 (d) 참조}.
  (a) 이익충돌이 없을 것
  (b) 저당권 관련 지시(수임요청)가 제3.19조에서 제시된 제한을 벗어나지 않을 것
  (c) 오직 차입자의 개인 주거로만 사용되는 재산의 경우, 규칙 제3장의 부록에 제시된 승인된 소유권증명서(certificate of title)가 사용될 것

(7) 제3.19조의 제한은 대출자와 차입자가 각각 개별적으로 대리되는 표준저당권에도 적용된다{소유권증명서(certificate of title)를 포함하는 제3.22조의 (1) 참조}. 그러나 제3.22조의 (2)는 오직 차입자의 개인 주거로만 사용되는 재산에 대한 거래가 아닌 경우, 차입자의 변호사가 사무변호사규제기관 이사회(SRA Board)에 의해 공인된 모든 양식의 소유권증명서(certificate of title)를 교부하는 것을 허용하고 있다. 변호사는 또한 이 규칙에 부합하는 다른 형식의 권리증서도 자유롭게 교부할 수 있다.

(8) 저당권 설정의 청약과 완료 사이의 시간 차(예를 들어 새로운 재산이 추가되었을 때)로 인하여 예전에 통용되던 형식의 공인된 증명서가 사용되는 경우가 있는데, 이는 허용된다.

3.18 차입자에 대한 일정한 상황의 통지

(1) 토지 표준저당권의 설정과 관련해 대출자와 차입자의 양자를 위하여 수임하기 위해서는, 변호사는 다음의 (a)나 (b)에 해당하는 경우 먼저 대출자에게 다음과 같은 상황을 서면 통지하여야 한다.
  (a) 장래의 차입자가 다음 중 어느 하나에 해당하는 상황
    (i) 소속 법률사무소, 그리고 그 경영자나 소유자, 또는 그들의 직근가족의 구성원
    (ii) 관련 기업, 그리고 관련 기업의 경영자나 소유자, 또는 그들의 직근가족의 구성원
    (iii) 거래 관련 업무를 수행하거나 감독하는 개인, 또는 그들의 직근가족의 구성원
  (b) 변호사가 동일한 거래에서 변호사가 매도인, 매수인, 그리고 대출자를 위한 수임을 제안한 상황
(2) '직근가족'이란 배우자, 자녀, 부모, 형제, 자매를 의미한다.

3.19 수용 가능한 수임요청의 유형

표준저당권에서 대출자와 차입자의 양자를 위하여 수임하고 있는 경우, 변호사, 그리고 거래를 수행 또는 감독하는 개인은 다음과 같은 한정된 사항에 관해서만 대출자로부터의 수임요청을 수용하거나 그 수임요청에 근거해 행동할 수 있다.
  (a)
    (i) 차입자(그리고 저당권증서나 저당권과 관련된 서류에 서명할 것이 요구되는 기타 인물)의 신원을 대출자가 특정한 문서나 문서들(예컨대 여권)을 참조해 조사하기 위한 합리적인 절차를 밟는 것
    (ii) 사무변호사협회(Law Society)나 사무변호사규제기관(SRA)의 재산 사기와 자금세탁에 관한 지침을 따르는 것
    (iii) 매도인의 부동산양도대리인(conveyancer)이 현재 법조인 명부에 실려 있거나 해당 전문가 단체로부터 발행받은 개업증명서를 가지고 있는지 여부를 조사하는 것
    (iv) 차입자와 합리적으로 근접한 거리 내에 지점 사무소를 보유하고 있지 않

은 대출자의 경우, 대출자가 서면으로 특정한 바와 같은 자금세탁 여부의 조사 수행

(b) 재산과 관련된 공공 등기부의 적절한 조사(예를 들어 지방자치단체대상 조사, 공공토지등록 조사, 광산 조사)와, 대출자가 지정하였거나 대출자에 불리한 영향을 끼칠 것이라 생각되는 결과의 보고 또는 조사보험에 관한 계약 체결

(c) 대출자가 합리적으로 특정한 재산 관련 법적 문제에 대한 질의와, 그 답변의 보고

(d) 재산양도계약에서 정하여진 매입가격의 액수와 차입자의 매입자금 (저당권부 대출 실행 외의 것) 마련방법에 관한 보고, 또한 매매대금 전액(부동산대리인에게 지급된 보증금, 건설업자나 개발업자에 지급된 예약금 외의 것)의 지불을 변호사가 통제할 수 있는지 여부의 보고

(e) 만일 매도인이나 차입자(재산이 이미 차입자의 소유인 경우)가 최소 6개월 이상 해당 재산을 소유하지 않았거나 소유자로 등록되지 않았던 경우 그 보고

(f) 대출자가 스스로 보험 문제를 해결하지 않는 경우, 적어도 대출자가 요구하는 금액에 대한 건물보험계약이 존재하고 대출자가 특정한 위험을 담보하기에 적절한 보험이 존재한다는 충분한 증거를 수령했는지 확인하는 것; 보험자에게 대출자의 이해관계를 통지하고 만일 보험자가 보험계약을 갱신하지 않거나 취소하는 경우 대출자에게 통지할 것임에 대한 확인을 요구; 그리고 대출자에게 보험의 상세한 내용과 가장 최근의 보험료납입금 영수증을 제공하는 것

(g) 재산에 대한 소유권 관계의 조사와 종된 권리의 조사; 발견된 모든 하자의 보고, 그 결과로서의 제정법상 선언과 배상책임보험의 필요성에 대한 조언, 그리고 대출자가 요구하는 경우 손해담보약정의 승인 및 체결; 해당 재산권을 이용 또는 향유하기 위해 필요한 다른 토지상의 권리들에 대해 변호사가 인식하고 있는지 여부에 관한 보고

(h) 조사와 질의를 통해 드러난, 그 부동산을 담보로 한 모든 금융담보(예를 들어 개량이나 수리 보조금, 주택법에 따른 가격 할인)로서 저당권 설정 완료 후 재산권에 영향을 미칠 수 있는 것에 관한 보고:

(i) 임대차 재산의 경우

(i) 그 임대차가 대출자가 계약조건으로서 요구한 사항들을 모두 포함하고 대출자가 수용할 수 없다고 명시한 어떤 조건도 포함하고 있지 않음을 확인

(ii) 임대차 조건들이 만족스럽지 못한 경우 적절한 권리의 변경(deed of variation)이나 배상책임보험을 획득

(iii) 매도인이나 차입자(이미 차입자가 재산을 소유하고 있는 경우)에게, 임대인, 또는 그 상위 임대인에 의한, 이미 알려진 계약위반(breaches of covenant)이 존재하는지에 대한 질의를 하는 것과 그러한 위반의 사실을 대출자에게 보고

(iv) 변호사가 임대인의 부재나 파산(지불불능)을 인지한 경우 보고

(v) 임대차계약 하에서 책임을 지는 관리회사에 관하여 회사조사를 하고 최근 3년간의 공시된 회계정보를 조사

(vi) 만일 차입자가 관리회사의 주주가 되어야 하는 경우 주권, 차입자의 서명이 있는 백지 주식양도 양식, 회사 정관 1부의 획득

(vii) 양도와 저당권 설정에 필요한 모든 동의나 사전 승낙의 확보

(viii) 임대료와 관리비의 최종 납부에 관한 명확한 영수증 확보

(ix) 임대인에게 양도와 저당권 설정 사실 통고

(j) 공동소유 가구의 경우

(i) 공유 부분에 관한 보험이 적어도 대출자가 요구하는 금액이나 대출자가 특정한 위험을 담보하기에 적절하다는 충분한 증거를 수령했는지 확인하는 것

(ii) 공동소유약정(commonhold community statement)이 대출자가 특정한 조건들을 포함하고 있으며 대출자가 수용할 수 없다고 명시한 점유와 사용에 대한 어떤 제한도 포함하고 있지 않음을 확인하는 것

(iii) 매도인(또는 재산이 이미 차입자의 소유인 경우 차입자)과 공동소유 조합(commonhold association)에게, 공동소유 조합이나 어떤 가구주가 공동소유약정에 위배한 사실이 알려진 것이 있는지에 관한 질의를 하고 그러한 위반사실이 있다면 이를 대출자에게 보고하는 것

(iv) 공동소유 조합이 실존하며 등록되어 있는지, 또한 곧 해산될 것임을 드러내는 등록부상의 기재는 없는지를 검증하기 위한 회사 조사

(v) 공동소유 조합의 최근 3년간의 공시된 회계정보를 획득하고 조합과 관련되어 드러나 있는 모든 문제들을 대출자에게 보고하는 것

(vi) 공동소유 가구 증명서(commonhold unit information certificate)의 획득

(vii) 공동소유 조합에 공동소유 가구의 양도와 저당권 설정 사실을 통고

(k) 당해 재산이 임대되어 있는 경우, 임대의 유형과 거래조건들이 대출자의 요구와 부합하는지 여부를 조사하는 것

(l) 차입자나 기타 법적 권리가 귀속된 모든 사람, 그리고 보증인에 관하여 파산조사를 포함해 적절한 '거래 완료 전 조사'를 하는 것

(m) 저당권부 대출 실행을 받는 것, 지급 및 송금, 여기에는 필요한 최종 검사의 요구와 일부 금액의 계속보유 및 환수 등을 처리하는 것이 포함된다.

(n) 차입자, 법적 권리가 귀속된 자, 그리고 보증인과 같이 (a)항 하에서 대출자의 요구사항에 맞게 신원이 확인된 사람들에 의하여 적합한 저당권증서와 보증 양식이 작성되도록 확보하는 것; 재산의 사용, 점유, 물리적 상태와 관련해 대출자가 요구한 약속의 양식상에 그들의 서명을 획득하는 것; 위임 하에서 문서의 작성이 이루어지는 경우 대출자의 요구사항에 따르는 것

(o) 저당권에 관한 지시나 청약에서의 거주자에 대한 정보가 모두 정확한지 차입자에게 확인하는 것; 17세 이상으로서 대출자가 지정했거나, 또는 변호사가 인식한 현존하는 또는 장래의 부동산 점유자로부터 대출자가 요구하는 형식의 동의를 획득하는 것

(p) 차입자가 서명해야 하는, 대출자가 필요로 하는 서류상의 거래조건들에 대해 차입자에게 조언하는 것

(q) 그 서류에 기재된 조건상 서류에 서명해야 하는 기타의 자에게 조언하는 것, 또는 그와 차입자 사이에 또는 대출자와의 사이에 이익충돌이 있는 경우, 그에게 별도의 법적 조언을 받을 필요가 있다고 조언하고 위 사람들에게 다른 독립된 부동산양도대리인(conveyancer)을 만나도록 주선하는 것

(r) 저당권설정자에 대한 재산권의 법적 양도의 확보

(s) 다음에 열거된 것들의 소멸을 확실히 하는 것
  (i) 변호사가 인식하고 있는, 모든 관련된 매도거래의 대상이 되는 재산상 존재하는 저당권
  (ii) 신원이 알려진 대출자에 의하여 식별된 계좌 번호나 부동산 주소가 통지된 경우, 그 대출자에 의해 형성된 잉글랜드나 웨일즈 내에 위치한 재산에 의하여 담보된 모든 다른 저당권

(t) 해당 부동산에 존재하는 현존 저당권들을 소멸시키거나 순위를 강등시키는 것. 그리고 저당권을 대출자가 요구하는 우선순위에 따라 등기하는 것

(u) 양로보험과 같은 담보 또는 국립주택건설협의회(National House Building Council: NHBC) 서류와 같이 부동산의 물리적 현황에 관한 담보 또는 보증에 관하여 행정적으로 주선하는 것

(v) 양도와 저당권을 등기

(w) 제3.19조에 따라 보고된 모든 사항에 관하여 법적 조언을 하는 것, 대출자에게 가능한 행동방침을 제안하는 것, 그리고 앞으로 수행될 업무와 관련하여 대출자의 지시에 따르는 것

(x) 변호사 자신과 차입자 사이에 대출자가 특정한 관계가 존재한다면 이를 고지하는 것
(y) 소유권증서(title deeds)와 서류를 등기시까지 안전하게 보존하고, 이를 대출자에게 또는 대출자의 지시에 따라 전달
(z) 부동산양도 업무파일에 수록된 정보를 적어도 저당권 설정일로부터 6년간 보존하는 것

3.20 승인된 소유권증명서(certificate of title)의 사용

이에 더하여, 오직 차입자의 개인적인 거주지로만 사용되는 재산에 관한 표준저당권과 관련하여 대출자와 차입자의 양자를 위하여 수임했을 경우,
(a) 아래의 규칙 제3장의 부록에 제시된 소유권증명서(certificate of title, '승인된 증서')를 사용해야 하고,
(b) 대출자가 자신의 저당권 관련 수임요청이 제3.19조와 제3.21조의 제한을 받음을 증명하지 않는 한, 변호사는 대출자에게서 수임요청을 받는 즉시, 승인된 증서가 사용될 것이며 변호사의 대출자에 대한 의무는 그 승인된 증서에 기재된 사항들에 한정될 것임을 고지하여야 한다.

3.21 규칙의 우선 적용

위에서 제시된 제3.16조부터 제3.20조의 내용들은 대출자의 수임요청이 불명료하거나 대출자의 수임요청과 제3.19조 사이에, 또는 승인된 증서 사이에 차이가 있을 때 우선하여 적용된다.

3.22 회피방지(Anti-Avoidance)

(1) 아래 (2)항에 따르는 한도 내에서, 부동산 표준저당권과 관련해 오직 차입자만을 위하여 수임한 경우, 변호사는 제3.19조의 한계를 벗어나 약속, 보증(warranty, guarantee), 기타의 방법으로 대출자, 대출자의 변호사 또는 다른 대리인의 요구사항을 수락하거나 그에 따른 업무를 처리하여서는 안 된다.
(2) 부동산이 오직 차입자의 개인주거로만 사용되는 것이 아닌 경우, 위 (1)항은 변호사가 사무변호사규제기관 이사회(SRA Board)에서 그때그때 공인한 다른 형식의 소유권증명서(certificate of title)를 교부하는 것을 금지하지 않는다. 개별 거래에서 발생하는 부가 및 수정사항은 공인된 증서의 본문에 포함시킬 수 있으나, 의무를 증가시키거나 추가하는 경우에는 제3.19조에 제시된 제한을 벗어나지 않아야 한다.

3.23 적용면제

제22.01조(1)(적용면제)에도 불구하고, 사무변호사규제기관 이사회(SRA Board)는 제3.01조 내지 제3.05조의 규정의 적용을 면제할 권한이 없다.

〈부록(Annexes)〉

소유권증명서(Certificate of Title)

세부 사항 난(Details Box)

○○귀하: (대출자)
대출자의 명칭이나 계좌번호:
차입자: 대상 재산:
권리 번호: 대출권부 대출 실행:
양도계약에서 특정된 매매대금:
이전 완료 일자:
부동산양도대리인(conveyancer)의 성명과 주소:
부동산양도대리인(conveyancer)의 명칭:
부동산양도대리인(conveyancer)의 은행, 분류부호와 계좌번호:
의뢰날짜:

우리 부동산양도대리인들(Conveyancers)은 다음을 증명합니다.

(1) 그러한 지시가 있었던 경우에, 차입자(및 저당권증서(mortgage deed)나 기타 저당권과 관련된 증서에 서명할 것이 요구되는 모든 사람)의 신원을 정확히 귀하가 지정한 문서나 문서들을 참조하여 조사하였습니다.

(2) 귀하에게 서면으로 달리 고지한 경우를 제외하고는:

(i) 우리는 해당 재산의 소유권을 조사하였으며, 저당권 설정 완료 후 해당 재산이 담보하고 있는, 해당 재산에 영향을 끼칠 어떤 금융담보도 발견하지 못하였습니다. 또한 저당권 설정 완료 시점에서 귀하와, 문단 (1)에 따라 신원 조사가 완료된 저당권설정자는 선순위 저당권이나 부담 기타 담보권(onerous encumbrances)으로부터 자유로운, 그리고 절대적 권리로서 등기되는 유효하

고 양도 가능한 재산권과 종된 권리를 보유하게 될 것입니다.

(ii) 우리는 귀하가 제공한 도면상에 나타나는 해당 재산의 한계를, 이에 상당하는 권리증서(title deeds)상의 도면, 그리고(또는) 귀하가 제공한 모든 감정평가서상의 재산에 대한 기술과 비교해 보았으며, 이들 사이에 중대한 모순이 존재하지 않는다고 결론지었습니다.

(iii) 귀하께서 우리에게 제공한 모든 감정평가서 상의 권리(보유기간, 지역권, 사용의 한계와 범위)에 대한 감정평가사의 가정은 모두 정확합니다.

(iv) 해당 재산이 임차권(leasehold)인 경우, 임대차계약의 거래조건은, 임대인, 그리고(또는) 관리회사에 의한 계약조항, 그리고(또는) 해당 재산이 일부를 이루는 건물의 골조, 외부 및 공용 부분에 대한 보험, 보수 및 유지에 관한 상호약정의 증서(deed of mutual covenant)에 따른 계약조항에 관하여 귀하가 요구한 모든 사항들을 포함하여 귀하의 지시 내용과 일치합니다. 그리고 우리는 이미 임대료와 관리비 최종 납부 영수증을 확보하였거나 저당권 설정 완료와 동시에, 또는 그 전에 이를 확보할 것입니다.

(v) 부동산이 공동소유 가구일 경우, 공동소유약정(commonhold community statement)은 귀하가 특정한 거래조건들을 포함하고 있으며 귀하가 수용할 수 없다고 명시한 점유와 사용에 대한 어떤 제한도 포함하고 있지 않습니다. 그리고 우리는 이미 공동소유 가구 증명서(commonhold unit information certificate)를 획득하였거나 저당권 설정 완료와 동시에 또는 그 전에 확보할 것입니다.

(vi) 우리는 현재, 또는 저당권 설정 완료의 시점에 건물보험이 귀하가 요구하는 금액이나 거래조건에 적당하다는 충분한 증거를 수령하였습니다.

(vii) 차입자가 해당 재산을 매수하는 경우:

 (a) 저당권 설정의 완료 시점에서 매매계약은 해당 재산을 점유하고 있는 자가 없을 것을 규정하고 있습니다.

 (b) 매도인은 적어도 6개월 이상 해당 재산을 소유하였거나 소유자로 등기되어 있었습니다.

 (c) 우리는 매도인을 위하여 수임하고 있지 않습니다.

(viii) 저희는 다음의 것들을 보유하고 있습니다.

 (a) 지방자치단체대상 조사의 결과나 지방자치단체대상 조사 관련 보험 중 어느 하나

 (b) 해당 재산, 저당권설정자와 보증인에 적합한, 각 경우에 있어서 귀하의 지시에 부합하는, 기타의 조사와 조사 관련 보험

(ix) 저희의 조사와 질의의 결과, 해당 재산의 점유자에 의한 거주 목적의 사용을

방해하는 어떤 요소도 발견된 바 없습니다.

(x) 이 증명서를 교부하는 본인이나 소속 회사의 어떤 개인, 또한 그 배우자, 자녀, 부모, 형제자매도 해당 재산과 관련해 (단독 또는 타인과 공동으로) 저당권 설정자로서의 이해관계를 갖고 있지 않습니다.

우리는:

(a) 저당권부 대출 실행으로 받은 돈의 이용 전에, 차입자, 법적 권리가 귀속된 자, 그리고 보증인으로서 위 문단 (1)에 따라 신원이 확인된 사람들에 의해 적절하게, 귀하가 요구하는 형식에 따라 작성된 저당권증서(mortgage deed)와 보증을 획득할 것을 약속하고, 만일 귀하가 요구한다면 다음과 같은 사항을 약속합니다.

  (i) 해당 재산의 사용, 점유, 물리적 상태와 관련해 귀하가 요구하는 형식의 약속을 담은 서면상에 위 사람들의 서명을 획득하는 것

  (ii) 귀하의 저당권 관련 지시나 청약에서의 점유자에 대한 정보가 모두 정확한지 차입자에게 확인하는 것

  (iii) 귀하가 지정했거나 또는 우리가 인식한, 현존하는 또는 장래의 17세 이상의 재산 점유자로부터 귀하가 요구하는 형식의 동의를 획득하는 것

(b) 문단 (2)(i)을 정당화하기 위해 필요한 파산조사, 토지등기부(Land Registry)조사 또는 토지부담조사 등을 수행하였거나 장래에 수행할 것입니다.

(c) (b)항에서 언급된 조사들에 의해 부여된 보호기간 동안에 다음의 사항을 수행할 것입니다.

  (i) 저당권 설정을 완료하는 것

  (ii) 적절한 경우 인지세 토지 증명서의 발급 문제를 해결하는 것

  (iii) 토지등기소(Land Registry)에 귀하에게 유리한 저당권과 그와 관련된 예전의 거래들을 등기하기 위해 필요한 서류를 전달하는 것

  (iv) 귀하의 저당권자로의 이익을 보호하기 위해 필요한 다른 등기를 완료하는 것

(d) 귀하가 정한 양식에 따라 작성된 목록을 통해 요구한 해당 재산과 관련 있는 증서와 서류를 요구한다면, 우리가 토지등기소에서 권리 정보 서류를 수령한 지 10 영업일 이내에 귀하에게 그러한 서류들을 신속히 발송할 것입니다.

(e) 해당 재산이 저당권 설정 완료 시점에 귀하의 지시와 어긋나게 전부 또는 부분 점유되어 있다는 점을 저당권 설정 완료 전에 알게 된 경우에 저당권 대출금을 누구에게도 교부하지 않을 것이며 귀하의 요구가 있는 경우에는 귀하에게 반환할 것입니다.

(f) 귀하가 서면으로 동의한 경우를 제외하고, 귀하에게 권리 정보 서류를 발송하기 전에는 해당 재산이나 그 일부와 관련해 임대차(lease or tenancy) 계약을 준비하라는 지시를 수용하지 않을 것입니다.

(g) 저당권설정자에게 해당 재산이 이전되기 전, 또는 그와 동시에 다음의 권리들이 소멸될 것이라는 점이 명확하게 되지 않는 이상, 저당권 대출금을 사용하지 않을 것입니다.

  (i) 변호사가 인식하고 있는, 모든 관련된 매도거래의 대상이 되는 재산상 존재하는 저당권

  (ii) 신원이 알려진 대출자에 의하여 식별된 계좌 번호나 부동산 주소가 통지된 경우, 그 대출자에 의해 형성된 잉글랜드나 웨일즈 내에 위치한 재산에 의하여 담보된 모든 다른 저당권

(h) 저당권 설정 완료 전에 위 증명서를 진실이 아니거나 부정확하게 만드는 문제의 발생을 인식한 경우 서면으로 귀하에게 통지할 것입니다. 또한 그러한 상황에서 귀하가 속행할 권한을 위임할 때까지 저당권 설정의 완료를 연기할 것이며, 귀하의 요청이 있는 경우 귀하에게 저당권 대출금을 반환할 것입니다.

(i) 다른 모든 측면에서, 또한 2007년도 영국 사무변호사 행위규범(Solicitors' Code of Conduct 2007)의 제3.19조(이익충돌―수용 가능한 수임 또는 지시의 유형)에 포함된 제한을 넘지 않는 범위 내에서, 귀하의 지시를 준수하였거나 준수할 것임을 확인합니다.

우리의 귀하에 대한 의무는 이 증서에서 설명된 문제들에 한정되며, 저희는 그 이상의 채무나 책임을 지지 않습니다. 저당권 대출금이나 그 일부의 우리에 대한 지급(어떤 방법으로든)은 이러한 책임 제한에 대한 동의를 의미하며, 차입자가 우리에 대하여 가질 수 있는 어떠한 소송 관련 권리의 귀하에의 양도는 이 책임 제한에 종속되는 범위 내에서만 효과를 발생할 것입니다.

서명란

부동산양도대리인(conveyancers) 대표: (서명)
권한을 위임받은 서명자의 성명:
권한을 위임받은 서명자의 자격:
서명날짜:

규칙 제3장에 대한 지침—이익충돌

이익충돌의 정의—3.01

1. 이익충돌이란 둘, 또는 그 이상의 다른 의뢰인들의 최선의 이익을 위해 업무를 수행할 의무 간의 충돌, 또는 변호사 자신의 이익과 의뢰인의 이익 간의 충돌을 의미한다. 그 정의는 규칙 제3.01조(2)에 마련되어 있다. 이는 사건에서 한 의뢰인의 최선의 이익을 위하여 업무를 수행하는 것이 그 사건 또는 그와 관련된 사건에서 다른 의뢰인에게 불이익이 되는 모든 상황을 망라한다.

2. 제3.01조(2)에서 말하는 이익충돌의 정의는 언제 사건들이 '관련'되어 있는지에 대한 판단을 요구한다. 규칙 제3.01조(3)은 두 사건이 동일한 자산이나 채무와 관계되어 있다면 이들이 서로 '관련'되어 있음을 분명히 하고 있다. 따라서 만일 변호사가 소설의 출판을 위해 출판업자와 협상중인 의뢰인을 위해 일을 수행하고 있는 중이라면, 그 소설이 표절이며 저작권을 위반한 것이라 주장하는 다른 의뢰인으로부터의 수임은 관련 사건이 된다.

3. 그러나 이익충돌이 발생하기 위해서는 합리적인 정도의 견련관계가 필요하다. 만일 변호사가 회사 자동차 수리비용에 대해 정비소와 다투고 있는 회사를 위해 수임하고 있다면, 그 변호사가 소속된 법률사무소는 그 회사의 잠재적인 입찰자를 위해 사건을 수임할 수 있으며, 이는 회사 자동차가 회사의 자산 중 하나로 구매내역에 포함되더라도 마찬가지이다. 만일 변호사가 사업을 매도하는 의뢰인을 위해 수임하고 있다면, 그 변호사가 소속된 법률사무소는 매수인의 기업집단 내의 모든 기업체에 대하여 적용되는 종업원지주제도의 설치에 관하여 수임할 수 있다고 결론지을 수 있고, 이는 위 매도대상 사업이 장래 위 종업원지주제도의 적용범위에 포함될 것이 요구되고 이로 인해 특별한 문제가 발생하는지에 대한 고려가 요구된다 하더라도 마찬가지이다.

4. 각 경우에, 변호사는 사실에 대해 평가를 내려야 할 필요가 있다. 이러한 평가를 내릴 때 변호사는 현재의 의뢰인에게 직무상 문제를 제기할 수 있는 경우라면 그러한 현재의 의뢰인의 입장도 고려하기를 원할 수도 있다. 변호사는 또한 소속 법률사무소이, 새로운 수임과 관련이 있는, 현재의 의뢰인의 비밀정보를 보유하고 있는지에 주의해야 하며, 만일 그렇다면 규칙 제4장(비밀유지와 고지 · 공개)에 확

실히 따라야 함에도 주의를 기울여야 한다.

변호사나 소속 법률사무소는 적절한 안전장치가 존재하는 다음과 같은 특정한 충돌 상황에서는 의뢰인의 동의를 얻어 수임할 수 있다.

5. 이는 변호사나 소속 법률사무소이, 사소하고 잠재적인 충돌이 있음에도 불구하고, 충분한 정보 제공 후의 동의를 한 둘, 또는 그 이상의 의뢰인을 위해 수임하며 이들 모두의 최선의 이익을 위해 업무를 수행할 수 있는 상황이 있을 수 있다는 사실을 반영한 것이다. 이익충돌에도 불구하고 변호사가 수임할 수 있는 상황은 제3.02조에 제시되어 있다.

6. 제3.02조(1)과 (2)에는 두 다른 상황이 설명되어 있다.

(a)

(i) 규칙 제3.02조의 (1)은 의뢰인들이 '공통된 이해관계'를 가진 경우에 그들 모두가 한 사람의 변호사가 수임 업무를 계속하기를 바라고 있으며, 예를 들어 비용과 일반적인 혼란의 측면에서, 의뢰인들에게 각각 별개의 변호사를 선임하라고 요구하는 것이 적당하지 않은 경우에 대해 다루고 있다.

(ii) '공통된 이해관계'가 있기 위해서는 명확히 공통되는 목적과 그 목적을 어떻게 성취할 것인지에 대한 강력한 합의가 있어야 한다. 그러나 '공통된 이해관계'가 있는지, 또 과연 수임하는 것이 적절한지에 대해서는 변호사가 각각의 사건에서 사실관계에 근거하여 객관적으로 결정해야 한다. 이러한 결정을 내릴 때 변호사는 항상 각 의뢰인의 지시에 대등한 비중을 두면서 각 의뢰인을 공평하게 대리할 수 있는지 여부를 고려해야 한다.

(iii) '공통된 이해관계'는, 예를 들어 어느 한 가족의 가사에 관해서 그 가족의 여러 구성원을 위해 수임하고 있거나, 회사설립에 관해서 다양한 개인을 위해 수임하고 있는 경우 발생할 수 있다. 모든 의뢰인에게 있어 이익충돌은 어떤 범위에서든 그들의 공통의 목적보다 별로 중요하지 않은 것이어야 하고, 예컨대 공통의 목적의 성취방법에 대한 사소한 관점의 차이와 관련될 수 있다. 변호사는 그러한 차이들을 의뢰인들과 함께 검토하며, 과연 공평하고 열린 태도로 그 누구의 이익도 해치지 않고 의뢰인들 모두를 대리하는 것이 더 이상 불가능한 시점에 이르렀는지 판단할 의무가 있다.

(iv) 다수 당사자가 연관된 복합적인 상거래에서, 공통의 목적을 가지고 있으

며 경험과 지식이 많은 의뢰인들이, 사건의 효율적인 처리(거래를 신속히 완결지려는 욕구, 필요경험과 전문지식의 활용 가능성, 전반적인 비용 등 그 밖의 요소들을 고려했을 때)를 이유로 하나의 법률사무소가 둘 또는 그 이상의 당사자 모두를 위해 수임하기를 바라는 경우가 있다. 사실 많은 경우에 법률사무소들이 이런 방식으로 수임하는 것을 이미 승인된 거래상 관습이라고 볼 수도 있다. 각 청구권의 순위, 각각의 의무들의 내용과 관련 상업상의 문제들에 대해 이미 합의되거나 일반적으로 이해된 구조가 존재하는 금융거래에 참여함에 있어서, 다른 계층의 대출자들{예를 들어 선순위 대출자와 혼합후순위대출자(mezzanine lenders)}, 그리고 다른 당사자들{예를 들어 주선기관, 인수기관(underwriters), 채권/담보수탁회사} 모두를 위해 수임하는 것이 그 예이다.

(v) 승인된 거래상 관습은 적절한 공동의 목적이 존재하는지에 대한 판단의 한 요소가 될 수 있으나, 변호사와 소속 법률사무소는 제3.02조에 따라 수임을 제안할 때 항상 주의를 기울어야 하며 제3.02조(3)에서 제시한 보충적인 합리성 기준을 염두에 두어야 한다.

(vi) 어떤 경우에, 변호사는 이익충돌이 있는 영역에 관해서는 그 변호사 선임이, 독립적인 조언을 구하는 의뢰인들과의 이익충돌이 없는 범위 내로 한정된다고 판단할 수 있다. 이러한 제한적 선임은 이익충돌이 가장 중요한 공통의 목적을 위태롭게 하지 않는 경우에만 가능하다(제한적 선임에 관한 추가적인 지침은 아래 참조).

(vii) 어떤 경우에, 비록 이익충돌로 인하여 변호사가 그 사건과 관련된 모든 측면에서 다른 당사자를 위해 수임하는 것이 금지되어 있지만, 공통의 목적이 존재하는 특정 문제에 한정된 위임이 가능할 수도 있다. 회사소유자가 회사 매각에 대한 조언을 구하기 위해 변호사를 선임한 경우가 그 예이다. 이러한 경우 변호사는 일반적으로는 회사 매입에 관련하여 다른 당사자에게 조언을 할 수 없다. 그러나 회사 매각의 성공을 희망하고 또 예측하고 있으며 경험과 지식이 많은 의뢰인인 매도인은, 변호사가 장래의 구매자에게 두 사업이 결합되는 경우 요구되는 경쟁법적 목적상의 신고와 관련해 경쟁법 관련 조언을 하는 것에 한정된 선임을 받아들이는 것에 동의할 수 있다.

(viii) 이러한 예외에 따라 수임할 때, 특히 복수 당사자들이 가족인 경우, 변호사는 법리가 발전하고 있음을 고려해야 한다. 법원은 나이나 다른 상황을 고려했을 때 취약한 상태에 있는 일방당사자가 다른 당사자에게 신

임과 신뢰를 부여한 경우 부당한 영향력의 존재를 추정할 가능성이 높다. 의심의 여지가 있는 상황이라면 별도로 변호사를 선임하도록 하는 것이 의뢰인의 최선의 이익을 위한 것이 될 수 있다.

(b)

(i) 규칙 제3.02조(2)는 이미 경험과 지식이 많은 의뢰인들이, 그 변호사들이 경쟁관계에 있는 다른 이익을 위해서 수임하고 있다는 것을 잘 알면서도 변호사를 새로 물색하기보다는 이미 평상시에 조언을 받던 변호사를 이용하리라 결론지을 것이라 여겨지는, 법률서비스의 특정한 영역에 적용될 것으로 의도되었다. 여기서 '자산'은 반드시 물질적인 것일 필요는 없으며 계약이나 사업의 기회를 포함한다. 이 예외가 적용될 수 있는 예들은 다음을 포함한다.

(A) 도산 관련 수임의 경우 법률사무소가 둘 이상의 채권자를 위해 행동할 수 있는 경우

(B) 입찰을 통한 사업매각에서, 서로 경쟁관계에 있는 입찰 참가자들, 그리고(또는) 입찰 참가자의 재원마련과 관련된 자들을 위하여 수임하는 것

(C) 계약의 이행과 관련하여, 입찰에 참가한, 서로 경쟁관계에 있는 입찰 참가자들을 위하여 수임하는 것

(ii) 제3.02조(2)의 문구는 의뢰인들이 동의를 해 줄 수 있는 상업적인 분야의 다른 거래 업무들을 허용할 만큼 충분히 광범위하다. 이미 승인된 거래 관습상 수임이 인정되지 않는 업무 분야와 관련하여 제3.02조(2)에 따라 수임을 제안할 때 변호사와 소속 법률사무소는 고도의 주의를 기울여야 한다.

(iii) 규칙 제3.02조(2)는 회사 구조조정과 도산의 상황에서의 자산에 관한 분쟁 이외의 자산에 대한 분쟁에는 적용될 수 없다.

7. 합리성(reasonableness)은 제3.02조에서 중요한 추가적 고려사항이다. 제3.02조에 부합함에도 불구하고 여전히 수임이 합리적이지 못한 경우가 있을 수 있다. 당사자 간의 명백한 불공정한 교섭 지위, 당사자 중 한 명의 정신적 안정성에 대한 우려, 자녀의 사업상 대출에 대해 부모가 보증하는 가족 내 협의, 그리고 소속 법률사무소에게 한 의뢰인이 매우 중요한 위치에 있는 경우에 변호사는 양쪽 또는 모든 당사자를 위하여 수임을 거절하여야 하는 상황이 될 수 있다. 수임을 승낙하는 경우 변호사는, 양쪽 또는 모든 의뢰인을 위해 공평히 업무를 처리하고, 특정한 변호사 선임과 관련하여 정하여진 모든 제한들을 고려했을 때, 일방 의뢰인을 희생

시켜 다른 의뢰인의 이익을 추구하지 않을 것임을 확신할 수 있어야 한다.

8. 합리성 판단의 기준은 개별적으로 대리되지 않음으로 인해 한 의뢰인이 해를 입을 위험에 처했는지 여부이다. 제3.02조의 규정에 따라 둘 또는 그 이상의 의뢰인에 대해 수임을 제안하는 모든 상황과 관련해서, 의뢰를 받을 당시 모든 의뢰인을 위하여 수임하는 것이 왜 합리적인지 증명할 책임은 변호사에게 있다. 특히 변호사는 규칙 위반에 대한 우려나 또는 어느 일방에 대한 선호 없이 의뢰인에게 자유롭게 조언할 수 있다는 것을 확신하여야 한다. 또한 변호사는 그들을 위해서 수임 업무를 계속하는 것이 합리적인지 여부에 대해 끊임없이 검토해야 한다. 변호사는 또한 변호사가 각 의뢰인의 최선의 이익을 위해 업무를 수행해야 한다는 제1.04조(의뢰인들의 최선의 이익)의 규정을 존중해야 한다.

9.

(a) 규칙 제3.02조(4)는 변호사나 소속 법률사무소가 의뢰인 모두를 위해 수임 업무를 계속할 때의 가능한 결과에 대해 의뢰인들과 의논할 의무를 부과한다. 변호사는 의뢰인들이 쟁점들을 이해하고 있고 독립적이며 자유롭게 동의하였다는 점을 확신하고 있어야 한다. 변호사는 사업상 서신에 제시된 최초 거래조건에서, 이익충돌과 관련하여 논의된 쟁점들과 그것들이 사건 진행 과정에서 양쪽 또는 모든 의뢰인을 대리하는 변호사의 능력에 어떻게 영향을 끼치는지에 대해 제시하는 방안을 고려해야 한다. 비록 '무능력자를 위한 법정소송대리인'이 무능력자를 위하여 업무를 처리하고 있는 경우 그 무능력자를 대신해서 동의할 수도 있겠지만, 의뢰인 중 한 명이 정신건강, 언어 또는 기타 관련 쟁점에 관한 이해력에 영향을 끼칠 수 있는 문제로 인하여 특히 취약한 경우에는 극도의 주의가 요구된다. 이와 비슷하게, 변호사는 의뢰인이 강요나 부당한 억압에 의해 동의하는 상황에 대해 항상 주의해야 하며, 만일 그러한 상황이라면 반드시 개별적 대리를 주장하여야 한다. 불확실함을 피하기 위해서, 그리고 증거를 남기기 위한 목적으로, 변호사는 의뢰인들을 위한 수임의 가능한 결과에 대한 의뢰인과의 모든 의논사항을 서면 기록으로 남겨야 한다. 변호사는 이러한 예외에 따라 수임하는 때에는 항상 각각의 경우에 대해 모든 의뢰인들의 서면 동의를 받아야 한다.

(b) 제3.02조(1)(b)에 따라 충분한 정보제공 후의 동의를 구할 때에는, 변호사는 변호사나 소속 법률사무소가 수임을 제안한 다른 의뢰인들의 신원을 성명을 통하여 밝히거나 그들의 신원이 밝혀졌을 때 이를 밝힐 수 있어야 한다. 변호

사가 이를 행하고 제3.02조(4)의 요건을 따랐다는 조건하에서 비로소 제3.02조(1)에서 말하는, 충분한 정보 제공 후의 동의를 획득할 의무가 충족된 것이다. 제3.02조(2) 하에서 동의를 얻고자 하는 경우 변호사는 제3.02조(4)의 요건에 따라야 하지만 변호사나 소속 법률사무소가 수임하기로 제안한 다른 의뢰인들의 신원을 성명을 통해 제시할 필요는 없다.

10. 한 사건, 또는 관련 사건에서 둘 이상의 의뢰인을 위해 수임하고 있을 때, 한 의뢰인 또는 두 의뢰인 모두에 대해 수임 업무를 중단해야 하는 경우가 있다. 이는 수임을 승낙할 시에는 충돌이 명백하지 않았으나 그 후에 충돌이 발생한 경우, 또는 예외 중 하나에 따라 사건을 수임하였지만 제3.02조에 제시된 요건들을 충족시키는 것이 불가능해진 경우 등이다. 이러한 상황에서는 필연적으로 의뢰인들에게 발생할 혼란을 줄이기 위해 노력하는 것이 중요하다. 이를 위한 하나의 방법은 애초에 의뢰인들과 이익충돌이 발생하는 경우 무슨 일이 일어날지에 대해 의논 및 합의하고, 가능한 경우 그중 어떤 의뢰인을 위해 소속 법률사무소가 계속 대리할 수 있는가에 대해 합의하여 두는 것이다.

11. 비록 이익충돌의 상당한 위험이 있는 경우 변호사는 수임할 수 없다는 점을 분명히 하고는 있으나, 이 규칙은 잠재적 또는 장래의 이익충돌에 관하여는 다루지 않고 있다. 그러므로 변호사는 항상 장래의 이익충돌을 일으킬 가능성이 명백한 수임에 대해 주의를 기울여야 한다. 그러한 위험은 미래에 개별적 대리가 필요하게 됨으로써 발생할 문제와 비용을 포함해 의뢰인들에게 설명되어야 한다.

제한적 또는 특정적 변호사 선임

12. 둘 이상의 의뢰인을 위해 수임하고 있을 경우, 그들에 대해 조언을 계속하는 것은 적절하지만, 변호사가 조언을 할 수 없는, 특정된 이익충돌의 영역이 있으며 이들 중 하나나 그 이상에 대해서는 개별적 조언이 필요하다는 점을 명확히 해야 할 필요가 있는 경우가 있다. 이러한 상황이 발생한 경우 의뢰인에 의한 해당 변호사의 선임은 그러한 업무나 조언의 영역을 제외한 것으로 제한될 필요가 있다. 그러나 의뢰인들이 다음을 이해하고 있다는 점을 확실히 하도록 주의를 기울여야 한다.
    (a) 해당 의뢰인들을 위해서 정확히 어떤 문제를 처리하겠다고 제안하고 있는 것인지

(b) 이익이 서로 경합하여 변호사 선임의 범위에서 제외되어야 하는 영역들

13. 제한적 변호사 선임은 의뢰인 중 한 명이 다른 의뢰인에 대해서 어떤 식으로든 불리한 상황 하에 놓인 경우에는 적합하지 않을 것이다. 이는 불평등한 협상지위나 어떠한 형식의 무능력에 의한 것일 수 있다. 어떤 상황에서든 변호사가 둘 이상의 의뢰인을 위해 제한적 변호사 선임을 통하여 수임하는 경우에는 사건의 수임 업무를 계속하는 것이 적절하다는 점을 확실히 하기 위하여, 모든 진전상황을 계속 검토하는 것이 중요하다.

직업상 곤혹스러움(professional embarrassment)

14. 비록 규칙 제3장에 정의된 현실적인 이익충돌은 없지만, 변호사가 어떤 형태의 직업상 '곤혹스러움'(professional embarrassment)으로 인해 의뢰인의 최선의 이익을 위하여 업무를 수행할 수 없다고 느끼는 경우에는 수임을 거절해야 한다. 예컨대 변호사가 과거에 어떤 의뢰인을 위해 수임했었는데 새로운 의뢰인을 위하여 종전 의뢰인을 상대로 수임하는 경우, 변호사는 종전 의뢰인과의 과거의 관계 때문에 그 새로운 의뢰인의 최선의 이익을 위하여 업무를 수행하기 힘들다고 느낄 수 있다. 만일 그렇다면 새 의뢰인을 위한 수임을 거절하여야 하고 그렇지 않으면 제1.03조(독립성)과 제1.04조(의뢰인의 최선의 이익)의 핵심의무를 위배하는 것이 된다.

15. 규칙 제4장(비밀유지와 고지 · 공개)에 따라 정보차단장치를 사용해 의뢰인의 동의하에 변호사나 소속 법률사무소가 수임을 의뢰받았으나, 변호사가 보유하고 있으나 의뢰인에게는 고지 또는 공개할 수 없는 정보가, 그러한 정보를 소속 법률사무소가 보유하고 있었다는 것이 사후적으로 밝혀질 경우 소속 법률사무소에게 심각한 '곤혹스러움'을 가져올 수 있는 성질의 것인 경우가 있다. 예를 들어, 어떤 의뢰인이 기업인수에 관하여 수임을 의뢰하였는데, 변호사의 소속 법률사무소가 그 사업의 회계장부에 심각한 문제가 있다는 비밀정보를 가지고 있는 경우를 들 수 있다. 이와 유사하게, 회사가 보유한 비밀정보상 사기로 조사받고 있는 개인을 고용할 계획을 가진 회사로부터 고용계약을 준비해줄 것을 부탁받은 경우가 있다. 그러한 상황에서 변호사와 소속 법률사무소는 그들이 알고 있는 의뢰인이, 만일 이들이 보유한 정보를 알고 있었더라면 당연히 원하지 않았을 결과를 위하여 법률 비용을 낭비하고 있음에도 이러한 의뢰인을 위하여 수임하는 것에 대해 '곤혹스러움'을 느낄 것이다. 이러한 경우 변호사가 의뢰인의 최선의 이익{제1.04조(의

뢰인의 최선의 이익) 참조}을 위해 업무를 수행하지 않고 있다든지, 또는 변호사에 대한 공중의 신뢰{제1.06조(변호사에 대한 공중의 신뢰) 참조}를 훼손하고 있다는 주장이 가능할 것이다.

16. 직업상 '곤혹스러움'이 한 요소가 아니고 제4.03조(다른 사건 수임으로 비밀정보를 누설할 우려를 발생시키지 않을 의무)에 따라 변호사가 수임하는 것을 금하는 다른 상황이 발생하지 않는다면, 다른 의뢰인이나 종전 의뢰인의 이해에 반하여 수임할 것인지에 대한 여부는 순수하게 상업적인 결정이 될 것이나, 다만 이는 제3.01조나 제3.02조에 규정된 이익충돌이 없는 경우에 한한다.

사내변호사 업무

17. 사내변호사로 고용된 경우 고용주가 변호사의 의뢰인이다. 이러한 관계는 그 성질상 문제를 야기하는데, 이는 사내변호사가 법률사무소와 동일한 수임 거절의 자유를 가지지 못하기 때문이다. 예를 들어 사내변호사와 고용주의 이해관계가 충돌하거나 잠재적 충돌이 일어나는 상황에서 고용주가 사내변호사에게 조언을 요청 받는 경우가 있을 수 있다. 이는 다음의 경우들을 포함한다.
   (a) 피고용자로서의 변호사의 개인적인 이익이, 예컨대 사내변호사 자신의 정리해고로 이어질 수 있는 합병과 같이, 피고용자인 사내변호사에게 해로울 수 있는 상황 진행 하에서 조언을 구하는 고용주의 이익과 충돌하는 경우
   (b) 고용주가 사내변호사에게 변호사로서의 직업윤리 의무에 위배되는 행위를 할 것을 요구하는 경우, 예를 들어 법원에 거짓 정보를 담은 서류를 제출하도록 하는 경우
   (c) 고용주가 사내변호사의 조언에 반해서 행동할 수도 있는 경우, 또한, 예를 들어 범죄행위에 연관되어 있는 경우와 같이 사내변호사가 고용주의 이익에 반하는 조치를 취해야 하는 경우

18. 변호사의 개인적인 이익이 고용주에 의해 제안된 상황 진행과 충돌하는 경우에도 사내변호사가 반드시 고용주에게 조언을 할 수 없는 것은 아니다. 고용주는 대개의 경우 변호사가 그 제안들에 의해 어떤 영향을 받게 될지 알고 있으며, 사내변호사가 변호사의 전문지식이 필요한 법적 문제에 대해 객관적인 조언을 할 수 있다면 사내변호사는 자유롭게 그리 할 수 있다. 그러나 고용주가 요구한 조언에 의해 변호사가 그 객관성과 독립성이 해쳐질 정도로 큰 영향을 받는 경우가 있을

수 있는데, 그러한 상황에서 변호사는 고용주에게 내부적 또는 외부적으로 다른 조언을 구할 것을 요청해야 한다. 이러한 상황에서 중요한 것은 변호사의 이익에 관해 투명성이 있어야 한다는 것이다. 그 밖에도 변호사는 조언을 할 때 필요한 객관성을 지니고 있다고 느끼고 있는지에 대하여 판단하여야 한다.

19. 고용주가 변호사의 이익에 대해 모르고 있다면—따라서 충돌의 가능성도 존재한다—이는 다른 문제가 된다. 만일 예를 들어 변호사가 다른 회사의 주식을 다량 가지고 있고 고용주가 그 주식의 가격에 불리한 영향을 줄 수 있는 조치를 제안한 경우 변호사는 자신의 이익을 고지하거나 이익충돌로 인하여 그 문제에 대해서 조언할 수 없다는 점을 설명해야 한다.

20. 변호사로서의 직업윤리 의무에 반하여 행동할 것을 요구받은 경우 변호사는 자신이 처한 상황 때문에 이러한 의무에 위반하여서는 안 되며, 비록 그 결과 직업을 잃게 되게 되더라도 위와 같은 결과를 가져오는 지시의 수행을 거절해야 한다.

21. 고용주가 자금세탁에 관여하거나, '내부자고발' 의무가 있는 때와 같이 변호사가 고용주의 이익에 반하는 조치를 취할 적극적인 법적 의무가 있는 경우가 있을 수 있다. 이런 성질을 가진 법적 쟁점들은 이 지침의 임무를 넘어서는 것이다. 이러한 상황들은, 변호사와 고용주의 관계가 사내변호사 자신의 지위에 대해 법적 조언을 구하는 것이 타당한지 여부를 고려해야 할 단계에 도달한 것이다.

22. 마지막으로, 사내변호사는 규칙 제13장(사내법률업무) 하에서 한정된 수의 다른 단체나 개인을 위해 수임할 수 있다. 예를 들어 회사에 고용된 상태라면 변호사는 그 회사의 지주회사, 관계회사, 자(子)회사를 위하여 수임할 수 있을 것이다. 그렇게 하는 경우 변호사는 고용주와, 역시 수임하고 있는 또 다른 회사(제13.01조 및 제13.03조 참조)의 이익이 서로 충돌하는 경우에는 수임해서는 안 된다는 점을 확실히 해야 한다. 이와 유사하게, 지방정부에 고용된 상태에서 변호사는, 규칙 제3장에 따르는 한, 일정한 상황에서 지방의원들을 위하여 수임할 수 있다.

공동피고인

23. 공공 단체에서 보수를 지급하는 사건들의 경우, 관련 법규는 법률구조 사건에서 이익충돌이 있거나 그러한 가능성이 있지 않는 한 한 명의 변호사가 모든 공동피

고인들을 위하여 수임하도록 하고 있다. 이는 공동피고인들을 한 명의 변호사가 대리하는 것이 적절한 경우 이를 보장함으로써 공공자금의 경제적 사용을 보장하는 것이 그 목적이다. 이익충돌과 관련한, 변호사로서의 직업윤리상 행위 의무는 두 명 또는 그 이상의 의뢰인 간의 이익 상호 간에 충돌이 있거나 충돌의 상당한 위험성이 있는 경우, 항상 변호사나 법률사무소가 두 명 또는 그 이상의 의뢰인들을 위해 수임하는 것을 금해 왔다. 하지만 충돌이 문제되지 않는 경우에는 한 명의 변호사가 공동피고인들을 위하여 수임할 수 있다. 그러나 잠재적 이익충돌을 포착하고 그것이 수임을 거절해야 할 만큼 충분히 실재하는 것인지 여부를 결정하는 데에는 종종 어려움이 있다.

24. 변호사는 항상 의뢰인의 최선의 이익을 위해 업무를 수행해야 한다는 근본적인 직업상 의무를 출발점으로 삼아야 한다. 변호사는 각 의뢰인에 대해 이러한 의무를 이행할 수 있는가? 이는 우선 각 의뢰인에게 그들 상호간의 실제 또는 잠재적인 이익충돌에 대해 인식하고 있는지를 물어보고, 만일 그들이 그러한 충돌이 없다고 하는 경우, 변호사 스스로 한 의뢰인에게 하고 싶은 조언이나 그 의뢰인의 편에서 취하고자 하는 행동에 관하여, 변호사가 다른 공동피고인을 위하여서도 수임하고 있기 때문에 발생하는 제약이 있다고 느끼고 있는지를 스스로에게 물어보아야 한다.

25. 이익충돌은 지침 24에서 언급한 것과 같은 종류의 제약이 있는 경우에는 항상 발생한다. 예를 들어, 다음과 같은 행위가 의뢰인 A의 최선의 이익을 위한 것인 경우에 그러하다.

(a) 의뢰인 B에게 불리한 증거를 제공하는 것
(b) 의뢰인 B가 유죄임을 뒷받침하는 진술을 하는 것
(c) 의뢰인 B를 경찰 신문에 연루되게 하는 것
(d) 수사관에게 의뢰인 B에 대해 불리한 정보를 제공하는 것
(e) 의뢰인 B의 신빙성을 의심케 할 만한 방법으로 반대신문을 하는 것
(f) 의뢰인 B의 동의 없이 B가 제공한 비밀정보에 의존하는 것
(g) 수임하는 동안 잠재적 또는 현실적으로 의뢰인 B를 해하는 소송전략을 쓰는 것

26. 두 명 또는 그 이상의 의뢰인을 위해 사건을 맡고 있을 때 만일 이러한 의무들의 충돌이 일어난다면 변호사는 한 당사자 또는 종종 양쪽 모두에 대해서 수임 업무를 중단하여야 한다. 이는 중요한 혼란과 비용 발생을 초래할 수 있는데, 바로 이

때문에 이 규칙은 변호사는 이러한 상황이 발생할 상당한 위험이 있는 경우 수임을 받아들여서는 안 된다고 규정하고 있는 것이다.

27. 많은 형사사건 의뢰인들은 물론 경찰 신문 전에 경찰서에서 변호사를 선임하게 되는데, 이들은 아직 그 단계에서는 피고인은 아니다. 위에서 언급된 의무들은 이러한 초기 단계에도 적용되며, 변호사가 경찰 신문 전에 어떤 의뢰인을 위해 수임을 승낙하는 것 역시 경찰 신문을 받게 될 다른 의뢰인과의 관계에서의 이익충돌을 유발하지 않을 것이라는 점에 관하여 확신을 가져야 한다. 변호사가 양 의뢰인 모두를 위해 수임할 수 있는지에 대해 평가하기 위해서는, 변호사가 의뢰인들과의 면담을 동시에 하지 않는 것, 그리고 두 번째 의뢰인과 실질적인 접촉이 이루어지기 전에 첫 번째 의뢰인으로부터 가능한 한 상세하고 충분한 지시를 받아두는 것이 중요하다. 그러나 어디까지나 그 결정은 변호사 자신이 내려야 하는 것이므로, 변호사는 이익충돌이 있다고 스스로 생각한 경찰이 변호사가 두 번째 의뢰인을 만나는 것을 방해하게 내버려 두어서는 안 된다.

28. 경찰서에서 수임하는 상황, 특히 즉각적인 이익충돌 존부의 조사가 불가능한 근무시간 외의 경우, 소속 법률사무소가 이미 그 사건의 다른 피고인을 위해 사건을 수임하고 있거나 경찰서에서 획득한 정보가, 위의 수임과는 관련 없는 사건의 다른 의뢰인과 연관되어 있을 수 있다는 점도 고려해야 한다. 예를 들어 이미 소속 법률사무소가 아내 측에서 남편의 폭력을 주장하는 이혼소송을 수임하고 있는 경우, 남편이 폭력 관련 범죄 혐의를 받고 있다는 정보는 관련이 있는 것이므로 더 이상 아내 측을 위하여 수임할 수 없게 되는 경우가 있다. 이는 가능한 한 가장 이른 기회에 이익충돌 조사를 하는 것의 중요성을 강조해주는 사례이다.

29. 변호사가 동일한 사건에 관해 한 명 이상의 의뢰인으로부터의 수임을 승낙하는 것을 고려할 경우, 그러한 수임이 처음부터 이익충돌의 소지가 있는 것인가에 대한 검토뿐 아니라 업무수행중 차후 일방 또는 쌍방 당사자 모두에 관하여 수임업무를 계속할 수 없게 되는 경우가 발생할 가능성이 있는지에 대한 평가가 필요하다. 대부분의 사건에서 의뢰인들의 지시에는 차이가 있게 마련인데 그것이 불러올 이익충돌의 위험이 상당한 것이 아닌 이상 이 규칙은 수임을 방해하지 않는다. 이익충돌의 위험 정도를 평가하는 것은 쉽지 않을 때가 많다. 공동피고인들을 위하여 수임을 승낙하였을 때에는 사건이 진행되는 과정에서 생겨날 수 있는 이익충돌에 항상 유의하는 것도 중요하다.

30. 예를 들어 의뢰인들이 해당 범죄사건의 중요한 관련 상황에 대해 이견을 갖거나 그중 한 명이 기소 내용에 대한 답변을 변경할 가능성이 높은 것처럼 보인다면 그것은 이익충돌이 존재함을 암시하는 표지라 할 수 있다. 보다 간접적인 표지로 일방이 자신의 의사가 아닌 타방의 의사에 영향을 받아 행위하는 등 공동피고인들 사이가 명백히 대등하지 않을 때를 예로 들 수 있다. 이 경우 만약 공동피고인 모두를 위하여 수임한다면 관련 쟁점들에 관하여 의뢰인들과 각각 같은 수준에서 의논하는 것은 힘들어질 수 있다. 한쪽을 도와주는 것이 다른 한쪽을 불리한 처지에 두는 것일 수 있기 때문이다. 변호사는 의뢰인 중 어느 한쪽을 위하여 수임하는 것이 다른 쪽을 불리하게 하는 것이 아닌가 하는 점이 우려된다면 오직 한 의뢰인만을 위하여 수임을 승낙하여야 한다.

31. 장래의 이익충돌 가능성은 현실적으로 존재하는 분쟁보다 평가하기 더 어렵다. 예를 들어, 두 의뢰인 모두가 무죄를 주장하고 사실관계에 관한 증거에 관하여도 전적으로 동의하는 상황이 있을 수 있다. 두 사람이 모두 유죄라면, 다른 피고인의 이익을 해함 없이 자유롭게 어느 피고인에 대하여 양형변론을 할 수 있을 것인가를 처음부터 고려해야 한다. 만약 한 의뢰인이 비교적 전과기록이 많을 뿐 아니라 나이도 많다면, 상대적으로 전과기록이 적고 나이가 어린 의뢰인은 범죄를 하도록 유도되었거나 압박을 받았을 수 있고 그 의뢰인은 양형변론에서 변호사가 이 사실을 강조해 주기를 바랄 수 있다. 이러한 상황이 발생할 가능성이 높을 경우 변호사는 의뢰인들 양쪽으로부터 수임을 승낙하여서는 안 된다.

32. 같은 사건에서 둘 이상의 의뢰인들의 지시를 받을 때 주의를 기울인다 하더라도 사후적으로 불가피하게 이익충돌이 발생할 수 있다. 이는 한 피고인이 기소 내용에 대한 답변이나 증거 관련 진술을 변경할 때 자주 볼 수 있는 현상이다. 이 경우 나머지 한 명만을 위하여 변호를 계속하는 것과 두 피고인 모두 새로운 변호사를 찾도록 하는 것 중 어떤 것이 적절할 것인가에 대한 결정이 내려져야 한다. 여기서 변호사는 이처럼 변화된 상황에서 나머지 한 명의 의뢰인에게 사건과 관련된 모든 정보를 고지해야 할 법적 의무가 다른 한 명의 의뢰인에 대한 비밀유지 의무를 위반하는 결과를 낳는지를 고려해야 한다. 다시 말해서, 수임 업무가 중단되는 의뢰인에 대한 비밀이 수임 업무가 계속되는 의뢰인에 대해서도 관련이 있는지 결정해야 한다. 만약 이와 같은 비밀정보가 존재한다면 두 의뢰인 중 누구를 위하여서도 수임 업무를 계속할 수 없다.

33. 공공 단체에서 보수를 지급하는 사건에 영향을 미치는 관련 규제법규들이 변화됨에 따라 몇몇의 변호사들은 이익충돌의 명백한 위험이 있는 사건에 관해서도 법원 서기들로부터 공동피고인들을 변호하라는 압력을 받은 바 있다고 보고한 바 있다. 경찰 신문 전에 경찰서에서도 경찰관들에 의하여 유사한 종류의 압력이 가하여져 왔다. 하지만 변호사직업윤리규칙에 따르면 위와 같은 상황에서 두 의뢰인 모두를 위하여 수임할 수 없고, 이러한 종류의 사건들에 관한 관련 법규 역시 변호사들이 직업적 책임을 위반하면서까지 행동할 것을 요구하는 것은 아니다. 법원이 두 피고인을 모두 변호할 수 없는 이유를 물어볼 경우 의뢰인에 대한 비밀유지 의무를 위반할 만한 정보를 제공해서는 안 된다. 이는 통상 그 후의 수임업무 계속이 직업윤리에 어긋나지 않을 범위의 내용만을 답변할 수 있다는 것을 의미한다.

34. 의문을 피하기 위해 분명히 하여 두자면, 다른 법률사무소나 법정변호사(counsel)에게 일방 의뢰인의 변호를 맡겨 이익충돌의 상황을 해결하는 것은 허용되지 않는다. 소속 법률사무소의 다른 구성원에게 업무를 넘길 수 없음도 마찬가지이다. 이 규칙은 하나의 법률사무소가 이익이 충돌하는 의뢰인들을 위하여 수임할 수 없음을 명백히 하고 있다.

35. 공동피고인들을 위하여 수임한다거나 하지 않는다는 결정은 그에 대한 간단한 이유와 함께 기록되어야 한다.

조정

36. 당사자들 간 분쟁이 있을 경우 변호사가 조정인으로 행동하는 것에는 아무런 문제가 없다. 그러나 이 경우 영국 사무변호사협회에서 수시로 발하는 적절한 업무수행 규범을 따라야 한다. 이러한 규범은 중개자로서 분쟁을 조정하는 상황에 관한 상세한 지침을 제공한다.

지방정부 의뢰인(Local Authority Client)

37. 지방정부를 의뢰인으로 하는 사건을 수임하고자 할 경우, 변호사의 소속 법률사무소는 그 범위의 일이 얼마나 자주 지방정부와 기존 의뢰인들 사이에 이익충돌을 유발할 가능성이 있는지 고려해야 한다. 주택이나 양육 관련 사건에서 법률사

무소가 지방정부를 상대로 수임하는 경우를 그 예로 들 수 있다.

도산 업무

38. 도산 업무 면허를 받은 자의 경우, 해당 변호사 또는 소속 법률사무소가 의뢰인 또는 다른 사람들과 가지는 관계가 변호사의 독립성에 영향을 미칠 수 있는지, 그리고 파산재단 또는 도산절차의 관리인으로서의 선임을 승낙하는 것을 금지하는 이익충돌을 발생시키지는 않는지 고려해야 한다. 규칙 제17장(도산 업무) 참조

변호사 자신의 이익과 의뢰인의 이익 간의 충돌—3.01(2)(b)

39. 변호사의 이익과 의뢰인의 이익이 충돌할 경우에는 그 의뢰인을 위하여 수임할 수 없다. 이익이 서로 충돌하는 둘 이상의 의뢰인들을 위하여 수임할 수 있는 상황을 제시한 제3.02조는 이러한 경우에 적용되지 않는다. 이는 변호사가 의뢰인을 이용하여 이익을 얻거나 의뢰인과 변호사 자신의 이익이 서로 충돌할 경우 또는 잠재적으로 충돌할 가능성이 있을 경우 수임을 금지하는 신인관계가 변호사와 의뢰인 사이에 존재하기 때문이다. 이하는 그 예들이다.

40. 변호사가 변호사 아닌 개인적 지위에서 의뢰인과 매도, 매수, 대출 또는 차입 거래를 할 때 이익충돌이 일어날 수 있다. 위 모든 경우 의뢰인에게 독립적인 법적 자문을 구할 것을 권해야 하며, 만약 의뢰인이 거절할 경우 그러한 거래를 더 이상 진행하여서는 안 된다.

41. 변호사는 그 사건의 종료 전에, 의뢰인 또는 잠재적인 의뢰인과 사이에, 해당 사건과 관련하여 출판에 관한 어떠한 권리를 취득할 수 있는 어떠한 합의 또는 양해에도 도달해서는 안 된다. 이는 비쟁송(非爭訟)사건에도 동일하게 적용된다.

42. 변호사는 업무 처리 비용과 관련하여 담보권(charge)을 취득할 수 있으나, 이와 관련하여 법원이 의뢰인에 대한 부당한 영향력이 존재하였다고 인정할 가능성이 있음에 유의해야 한다. 따라서 의뢰인의 재산에 대한 담보권(charge)을 실제로 취득하기 전에, 의뢰인에게 독립적인 법적 자문을 구하는 것을 고려하도록 제안하는 것이 바람직하다. 이러한 조언은 변호사가 제안한 담보권의 내용이 특히 부담스럽거나 변호사에게 어떠한 이례적인 혜택이나 이익을 주는 것이 아닌 이상 필

요불가결한 것은 아니다. 하지만 의뢰인이 담보권이 설정되었다는 사실과 그로 인한 결과를 이해하는 것은 항상 중요하다.

43. 만약 변호사가 비용에 관하여 의뢰인의 재산에 대한 1순위 담보권(charge)을 취득하는 것으로 인하여, 채권자로서 규제된 저당권 설정계약을 체결하는 것에 해당한다면, 변호사는 이러한 담보권을 취득할 수 없다. 규제된 저당권 설정계약은 영국 금융규제청(FSA, Financial Services Authority)에 의해 규제되는 투자이다. 이는 채권자가 개인이나 수탁자에게 신용을 제공하고, 그 채권이 전체 면적의 최소 40%가 차입자(차입자가 수탁자인 경우 신탁의 수익자 또는 관련된 자도 포함)에 의하여 거주 목적으로 사용중이거나 사용될 영국 내의 토지에 설정된 1순위 저당권에 의하여 담보되는 경우를 의미한다. 변호사는 이 방법으로 비용의 지급을 확보하기 위해서는 영국 금융규제청의 허가를 받아야 한다. 이와 관련된 구체적 지침은 변호사직업윤리지도팀의 책자 『금융서비스와 변호사들(Financial Services and Solicitors)』에서 찾아볼 수 있다.

44. 변호사는 의뢰인을 위하여 수임한 경우 관련 거래에서 자신에게 발생한 또는 발생할 모든 개인적인 이익이나 혜택을 완전한 정직성을 가지고 고지해야 한다. 변호사는 이러한 경우 의뢰인에게 반드시 독립적인 자문을 받을 것을 강력히 주장해야 한다.

45. 독립적인 자문은 법률적 자문뿐만 아니라 적절한 경우 다른 분야에 종사하는 전문가{예컨대 공인 재산검사인(chartered surveyor)}로부터의 유용한 자문도 포함한다.

46. 이 규칙에 언급된 변호사의 이익이란 직접적인 것(예컨대 의뢰인에게 매도하거나 대출 또는 의뢰인으로부터 매수하거나 차용하는 것)일 수도, 간접적인 것(예컨대 변호사의 사업적 이익을 위해 의뢰인에게 특정 사안에 투자할 것을 권유하는 것)일 수도 있다.

47. 따라서 이 규칙은 변호사가 해당 거래에 관하여 개인적으로 이해관계를 갖고 있는 경우뿐 아니라, 소속 포럼에서 근무하는 다른 사람이, 해당 변호사가 알고 있는 이해관계를 갖고 있고 이러한 상황이 그 변호사가 독립적이고 공정한 조언을 할 수 있는 능력을 저해하는 경우에도 적용된다.

48. 이 규칙이 전제하는 '이익'(또는 '이해관계')은 단순히 주로 경제적인 성질을 가진

것에 국한되지 않는다. 예를 들어 변호사는 의뢰인과 성적(性的) 관계를 가졌을 경우 이 때문에 자신의 이익이 의뢰인과의 이익과 서로 충돌하게 될 것인지 또는 의뢰인의 최선의 이익을 위하여 업무를 수행할 능력이 저해될 것인지에 대해 고려해야 한다.

49. 변호사가 자신이 수임한 회사의 이사이거나 그 주식을 소유하고 있을 경우, 회사가 밟았거나 밟아야 할 단계에 관하여 조언하도록 요청 받았을 때에는 자신이 이익충돌의 상황에 놓여 있는 것이 아닌지 고려해야 한다. 이러한 경우에는 때때로, 이사회로부터 아예 사임하거나, 변호사 자신의 이익이 충돌을 일으키거나 충돌을 일으킬 위험이 있는 특정 사안의 경우 다른 사무변호사(적절한 경우에는 같은 소속 법률사무소에 근무하는 다른 사무변호사)로 하여금 해당 회사에 조언할 수 있도록 하는 것이 필요할 수 있다. 개인적 이익이 관련된 회사를 위하여 수임할 경우, 변호사는 그로 인하여 독립적이고 공정한 조언을 제공할 능력이 저해되지 않도록 확실히 해야 한다.

50. 변호사가 의뢰인으로부터 대리권을 받았을 경우에는, 그가 만약 의뢰인에 대한 전문적 조언자였다면 전혀 무관한 제3자에게 허용할 수 없었을 혜택을 스스로 얻기 위해 그 권한을 사용해서는 안 된다. 이는 예컨대 기부자의 돈을 변호사가 자기 자신에게 빌려줄 수 있느냐의 문제에 관한 법적 입장에 관계없이 두루 적용된다.

51. 변호사는 비용 기타 수임조건에 대해 의뢰인과 자유롭게 협상할 수 있다. 여기에는 실정법에 따른 규제를 받는 조건부 보수에 대한 협상도 포함된다. 이러한 협상은 변호사가 의뢰인을 위해 행하는 직무가 아니다. 그러나 수임조건이 특별히 예외적인 것일 때는 의뢰인이 독립적인 조언을 구하도록 권하는 것이 신중한 행동이 될 것이다. 변호사가 받는 보수의 일부 또는 전부가 의뢰인을 대신해서 설립하는 회사의 지분일 때가 그 예가 될 것이다.

52. 변호사는 조건부 보수에 대한 합의가 해당 변호사의 보험계약의 주선 또는 보험계약 체결 후 조언과 같은 보험조정 활동과 관련이 있는지를 고려해야 한다. 보험조정 사무를 맡은 변호사는 '2001년 변호사 금융 업무(범위)에 관한 규칙'(Solicitors' Financial Services (Scope) Rules 2001)을 준수하거나 금융규제청(FSA)의 허가를 받아야 한다. 이와 관련된 구체적 지침은 변호사직업윤리지도팀의 책자 『금융서비

스와 변호사들(Financial Services and Solicitors)』에서 찾아볼 수 있다.

53. 변호사는 성공보수를 조건으로 의뢰인의 사건에 대한 화해를 하거나 비쟁송사건에 대한 조언을 할 경우, 그러한 화해나 조언이 변호사 자신의 보수를 얻기 위함이 아니라 의뢰인의 최선의 이익을 위한 것이라는 점을 확실히 하여야 한다.

54. 변호사의 손해배상책임을 발생시킬 수 있는 작위나 부작위의 사실을 발견하였을 때 변호사는 의뢰인에게 이를 고지하고 독립적 조언을 얻을 것을 반드시 권유해야 한다. 의뢰인이 변호사에게 손해배상을 요구하거나 요구할 의사를 알렸을 경우에도 독립적 자문을 구해야 한다는 점을 역시 알려야 한다. 만약 의뢰인이 독립적 자문을 구하기를 거부한다면 변호사는 이익충돌이 없음을 확인하지 않는 한 수임 업무를 계속하여서는 안 된다. 제20.09조(클레임에 대한 대처) 참조

의뢰인으로부터의 증여의 승낙—3.04

55. 변호사는 규칙 제3.04조에 따라 의뢰인으로부터 증여를 받을 수 있으나, 그 규모가 절대적으로 상당하거나 또는 의뢰인의 가능한 유산의 크기나 장래 예상되는 그로부터의 수익자들의 합리적인 기대에 비추어 상당한 수준일 경우 의뢰인에게는 독립적 자문을 구할 것이 요구된다.

56. 변호사는 의뢰인에게 독립적 자문을 구할 것을 요구하지 않고도 규칙 제3.04조에 따라, 자신에 대한 상당한 증여를 포함하는 내용의 유언장을 가족 중 일원을 위해 작성할 수 있다. 그러나 이와 같은 상황에서는 독립적이고 감정에 좌우되지 않는 조언을 할 능력이 가족 및 그 외의 사람들과의 관계에 의해 저해될 수 있으므로 변호사는 반드시 극도로 세심한 주의를 기울여야 한다. 따라서 여기서의 이익충돌 발생의 위험은 매우 크다. 만일 변호사가 유산 중 상당한 부분을 증여 받게 되어 있다면, 다른 장래의 수익자들(아마도 변호사의 친척일 것이다)의 합리적인 기대를 고려해야 한다. 이러한 합리적인 기대를 감안할 때 자신에게 주어지는 증여가 어떤 의미에서도 과다하다면 변호사는 그 증여에 대해 의뢰인이 확실히 별도의 자문을 받을 수 있게 해야 한다. 이 규칙에서 '장래의 수익자들'이라 함은, 의뢰인과의 관계로 인하여 혜택을 볼 수 있을 것으로 합리적으로 기대되는 다른 자들을 가리키고, 그들의 합리적 기대의 크기는 그러한 관계의 멀고 가까움에 따라 달라진다. 불만발생시 합리성에 관하여는 객관적 기준이 적용된다.

57. 변호사가 가족 중 일원을 위해 자신도 혜택을 볼 유언장을 작성하고자 할 때 고려해야 할 또 다른 사항들이 존재한다. 가까운 가족 중 일원으로서도 유언장에 제안하고자 하는 내용을, 개인적으로 이해관계가 없고 관련된 어떠한 제안에 의해서도 이익을 침해받지 않을 다른 사람과 함께 검토한다면 일처리가 훨씬 쉬워질 것이다. 끝으로, 변호사의 친척의 증여는, 그 유언장이 전적으로 독립되어 있고 그로부터 혜택을 볼 것이 없는 사람에 의하여 작성되었을 때 부당한 영향에 기하여 작성된 것이 아닌가 하는 의심으로부터 안전하다. 규칙 제3.04조는 그 적용에 유연함을 주기 위하여 '가족 중 일원'을 따로 정의하고 있지 않다. 동거인들은 혈연 및 혼인 또는 입양으로 맺어진 관계보다 법적으로 불안정한 위치에 놓여 있기 때문에 독립적인 자문을 구해야 하는 경우에 관한 예외가 될 수 없다.

58. 규칙 제3.04조의 '상당한 액수'는 각 사건마다 다른 상황을 고려해야 하므로 하나의 수치로 나타내는 것이 불가능하다. 그렇지만 일반적으로 감사의 표시를 넘어서는 증여는 상당한 수준이라 볼 것이다. 따라서 만약 변호사가 별개의 자문을 받지 않은 의뢰인으로부터(규칙 제3.04조에서 허용된 가족 중 일원을 위하여 수임하는 경우를 제외하고) 감사의 의미 이상의 금액을 받는다면 위반행위에 해당하는 것이 아닌가 하는 의심의 대상이 될 수 있다.

59. 증여가 '상당한 수준'인가를 평가 할 때, 유산의 크기는 서류 작성의 일자를 기준으로 한다.

60. 같은 법률사무소의 파트너들에게 각각 £1,000의 금액이 지급될 때와 같이 한 법률사무소의 한 명 이상의 구성원에게 증여가 주어졌을 경우, 이것이 '상당한' 수준인가를 판단할 때는 각자에게 주어진 것을 모두 합산한 금액을 기준으로 평가한다.

61. 변호사의 소속 법률사무소의 모든 구성원에게는, 변호사 해당 여부를 막론하고 의뢰인으로부터 지시를 받는 이상, 제3.04조의 결과가 분명히 주지되어야 한다. 이의 준수를 확보하기 위해서는 적절한 감독이 중요하다.

62. 비밀신탁(secret trust)과 같이 변호사가 금전 또는 재산을 다른 사람을 위해 분배해야 할 경우, 규칙 제3.04조의 '증여'로 간주되지 않는다. 그러나 그러한 과정을 잘 기록하는 일과 해당 거래가 돈세탁의 가능성을 가진 것에 해당하지 않는다는

것을 확실히 하기 위하여 주의를 기울여야 한다.

이익충돌을 유발하는 관직 또는 공직—3.05

63. 규칙 제3.05조의 적용을 받는 관직이나 공직의 사례는 다음과 같다.
   (a) 지방의원(local councillor)
   (b) 사법부의 공직
   (c) 재판관 또는 재판관 서기관(justices' clerk)
   (d) 영국 도박관리위원회(the Gambling Commission)
   (e) 검시관
   (f) 경찰관
   (g) 법률서비스위원회(Legal Services Commission) 산하 지방법률서비스위원회(Regional Legal Services Committees)
   (h) 형사피해보상기관(Criminal Injuries Compensation Authority)

64. 변호사(또는 소속 법률사무소나 그 가족 중 구성원)가 문단 63에 제시된 것이나 그와 유사한 관직이나 공직에 있는 경우, 변호사는 모든 경우에 다음의 사항들에 관하여 고려하여야 한다.
   (a) 해당 관직이나 공직에서 비롯된 정치적 또는 기타 이익이 의뢰인의 최선의 이익을 위하여 업무를 수행할 의무(불편부당하고 독립적으로 조언할 수 있는 능력 포함)와 충돌하거나 영향을 주는가?
   (b) 해당 관직이나 공직으로부터 발생하는 의무가 의뢰인이 최선의 이익을 위하여 업무를 수행할 의무와 충돌하거나 영향을 주는가?
   (c) 해당 관직이나 공직의 재직조건 또는 법률 규정이 특정 사안에 관하여 변호사의 업무 처리 능력을 제한하는가?
   (d) 해당 관직이나 공직으로 인하여 변호사나 소속 법률사무소가 의뢰인을 위하여 불공평한 이득을 얻었으리라는 대중의 인식이 생겨날 가능성이 있는가?

65. 법률사무소 또는 가족의 구성원이 공직을 수락했음을 인식한 경우 변호사는 이로 인해 자신의 법률사무소가 의뢰인에게 불공평한 이득을 가져다주고 있다는 대중의 인식이 생겨날 가능성이 있는지에 대해 고려하는 것이 중요하다.

재판외 분쟁해결(ADR)과 이익충돌—3.06

66. 변호사는 변호사 업무의 일부분으로서 또는 별도 사업으로 재판외 분쟁해결 업무를 수행할 수 있다. '별도 사업'에 관하여는 규칙 제21장 참조

67. 규칙 제3.06조는 별도 사업을 통해 재판 외 분쟁해결 업무를 수행할 경우에도 적용된다.

68. '재판외 분쟁해결 업무'란 예컨대 조정인, 중재자나 알선인으로서 독립적이고 중립적인 입장에서 업무를 수행할 때 변호사에 의하여 제공되는 서비스를 의미한다.

69. 사무변호사규제기관 이사회(The SRA Board)는 재판 외 분쟁해결 업무를 수행할 경우 영국 사무변호사협회(Law Society)의 '민상사 조정 업무지침'(Law Society's Code of Practice for Civil and Commercial Mediation)과 '가사 조정 업무지침'(Code of Practice for Family Mediation)에 따를 것을 권한다.

부동산양도, 부동산매도 및 저당권 관련 업무에서 매도인과 매수인 양자를 위한 수임

70. 규칙 제3.07조 내지 제3.15조는 부동산양도, 부동산매도 및 저당권 관련 업무에서 둘 이상의 당사자를 위하여 수임할 수 있는 제한적인 상황을 규정한다. 이 규정들은 해당 부동산의 주거 목적 또는 사업적 목적 여부를 막론하고 모든 종류의 부동산양도에 적용된다.

71. 부동산양도는 당사자 간 이익충돌이 일어날 위험이 높고 그러한 충돌이 연결된 부동산양도 거래의 사슬에 영향을 줄 수 있기 때문에, 개별적 대리가 요구된다는 것이 일반적인 원칙이다.

72. 어떠한 거래가 '독립한 당사자들 사이에서 이루어졌는지 여부를 판단할 때 변호사는 양 당사자 간의 관계와 거래의 전후 사정을 살펴야 한다. 어떠한 거래는 심지어 시가에 따라 이루어지고 그것이 독립된 당사자 간에서 이루어졌다고 명시되었다고 하더라도, 독립된 당사자 사이에서 이루어진 것으로 간주되지 않을 수 있다. 거래 당사자들이 다음에 해당하는 경우 그 거래는 통상 독립된 당사자들 사이의

거래가 아닐 것이다.

(a) 당사자 간 혈연, 입양, 혼인 또는 동거의 사실이 있는 경우
(b) 신탁의 설정자(settlor)와 수탁자
(c) 신탁의 수탁자와 수익자 또는 수익자의 친척
(d) 유산관리인과 수익자
(e) 한 가족을 위한 별개의 신탁들의 수탁자들
(f) 개인 사업자 또는 동업자들과 그들이 사업을 법인의 형태로 영위하기 위하여 설립한 주식회사
(g) 1985년 회사법(Companies Act 1985)에 규정된 지주회사와 자회사 사이의 관계나 또는 관계회사 간의 관계
(h) 지방 정부와 규칙 제13.08조(c)가 규정하는 것과 같은 회사

73. 규칙 제10.06조(3)과 규칙 제10.06조(4)는 둘 이상의 장래의 매수인을 위하여 수임하거나, 둘 이상의 장래의 매수인이 존재할 때 매도인과 매수인의 양자를 위하여 수임하는 것에 관한 금지를 다루고 있다. 이 조항들은 둘 이상의 장래의 매수인 또는 매도인과 여러 명의 장래의 매수인 중 한 명을 위하여 수임하는 것을 불가능하게 하는 이익충돌이 생겨날 수밖에 없음을 인정한다. 이미 매도인과 매수인을 위하여 수임하고 있는데(매도인, 매수인 모두 계속적 거래관계에 있는 의뢰인일 때 등) 도중에 다른 잠재적인 매수인이 거래 도중에 참여한다면, 변호사로서는 더 이상 매도인과 매수인의 양자를 위하여 수임 업무를 계속할 수 없을 것이다. 이 상황에는 상당한 이익충돌이 이미 내재되어 있다. 예를 들어, 만약 다른 잠재적인 매수인과 거래를 하는 것이 매도인에게 가장 큰 이익을 주는 것이라면 두 의뢰인의 이익을 조화시키는 것은 불가능할 것이다.

74. 어떤 의뢰인이 계속적 거래관계에 있는 의뢰인에 해당하는지 여부를 판단하는 기준은 객관적인 것이다. 즉 특정인을 그러한 의뢰인이라고 간주하는 것이 합리적인지 여부를 묻는 것이다. 처음으로 그 변호사에게 지시하는 매도인 또는 매수인은 계속적 거래관계에 있는 의뢰인이 아니다. 또 종전 의뢰인이 반드시 계속적 거래관계에 있는 의뢰인이 되는 것도 아니다. 계속적 거래관계에 있는 의뢰인이 되기 위해서는, 일정 기간에 걸쳐 의뢰인이 계속하여 변호사에게 구체적 사건 처리에 관한 지시를 하고 미래에도 그러한 지시가 있을 가능성이 높다는 등 변호사와 의뢰인 사이에 일정 수준 지속적인 관계가 유지되어야 한다. 계속적 거래관계에 있는 의뢰인과 함께 살고 있거나 혈연, 입양, 혼인관계를 가진 자도 계속적 거

래관계에 있는 의뢰인으로 간주된다. 계속적 거래관계에 있는 의뢰인과 공동으로 매도 또는 매수하는 자도 마찬가지이다.

75. 거래의 대가가 10,000파운드 또는 그 이하인지 여부를 판단함에 있어서는, 받은 현금 외에도 교환이나 부분 교환의 목적이 된 재산의 가치가 아울러 감안되어야 한다.

76. 건축업자나 개발업자가 부분교환에서 재산을 대가로 받아 개발을 하지 않고 바로 매도할 경우, 이는 규칙 제3.10조(c)와 규칙 제3.13조(c)에서 말하는 "건축업자 또는 개발업자로서" 매도한 것으로는 볼 수 없다.

77. 규칙 제3.07조 내지 제3.15조에 따라 매도인과 매수인의 양자를 위하여 수임함에 있어서, 거래 도중 이익충돌이 발생하게 된다면 변호사는 최소 한 명의 의뢰인에 관하여 수임 업무를 중단해야 한다. 의뢰인들이 서면동의를 하기 전 이로 인해 초래될 혼란과 추가적인 비용 및 개별적 대리로 인한 이점을 숙지하도록 하여야 한다.

78. 등록외국변호사는 부동산양도 거래에 책임지고 착수할 수 없다. 등록유럽변호사는 '2000년 유럽공동체(변호사업무)규정' 규칙{the European Communities(Lawyer's Practice) Regulations 2000(SI 2000/1119)} 제12조에 의해 허용된 경우에만 그러한 거래를 수행할 수 있다.

79. 규칙 제3.11조의 효과는 다음과 같다.
   (a) 변호사가 소속 법률사무소 또는 사무변호사부동산중개회사(SEAL, 그 정의에 관해서는 규칙 제3.12조 참조. 이 규정은 허가 받은 비SRA법률사무소의 참여를 허용하지만, 적어도 하나의 참여 법률사무소가 공인된 단체이거나 단독개업변호사일 것을 요구한다)를 통하여 매수인을 위한 저당권 관련 업무를 수행하고 있다면, 매도인에게 소속 법률사무소 또는 SEAL을 통해 부동산매도 관련 업무를 수행하고 매도인의 부동산양도를 할 수 있다.
   (b) 변호사의 소속 법률사무소가 아닌 SEAL을 통해 부동산매도 업무를 수행하는 경우, 변호사는 매수인을 위하여 소속 법률사무소 또는 SEAL을 통해 저당권 관련 업무를 수행하고 매도인의 부동산양도를 할 수 있다.

80. 하나의 SEAL이 매도인을 위하여 수임하고 저당권 관련 업무를 수행할 수 있다. 즉 SEAL 중 하나의 참여 법률사무소가 매도인의 부동산양도 업무를, 다른 참여 법률사무소가 매수인의 부동산양도 업무를 담당하는 것이다.

부동산양도 거래에서 대출자와 차입자의 양자를 위한 수임

81. 대출자가 그 저당권(mortgage) 관련 지시와 그러한 지시에 따라 송부된 문서들이 규칙 제3.19조와 규칙 제3.21조의 제한을 받음을 증명하고 그 후속 지시들과 서류들에 관하여도 동일한 증명을 할 경우, 규칙 제3.16조(2)(c)와 (d) 또는 규칙 제3.19조의 위반은 존재하지 않는다. 오직 차입자의 개인주거로만 사용될 재산에 관한 담보권(charge)을 포함하는 거래에서 업무를 수행할 때 관한 업무에서 이와 같은 증명이 없다면, 변호사는 대출자에게 승인된 소유권증명서(Certificate of Title)가 사용되리라는 것과, 대출자에 대한 변호사의 의무가 이에 따라 제한될 것임을 알려야 한다(규칙 제3.20조(b) 참조). 다른 종류의 거래에서 변호사는 대출자에게 규칙 제3.19조와 제3.21조에 대해 주의를 환기시키고 규칙 제3.19조에 규정된 것 이상의 지시에 대해서는 업무를 수행할 수 없음을 밝혀야 한다.

82. 각각의 거래가 있을 때마다 승인된 증명서를 출력하는 대신 대출자가, 인용의 방식에 의하여 승인된 소유권증서 원본의 내용을 포함하고 있는 약식 소유권증명서를 사용해도 무방하다. 약식의 증서는 다음의 사항들을 순서대로 포함하고 있어야 한다.
   (a) 제목: "소유권증명서"(Certificate of Title)
   (b) 승인된 증명서에 기재된 순서대로, 세부 사항 난에 열거된 내용들(두 개의 단으로 나누어 작성하여도 무방). 다만 필요적 기재사항이 아닌 것들은 어둡게 표시하거나 필요적 기재가 아니라는 점을 표시
   (c) "위에 명기된 성명의 부동산양도대리인들(conveyancers)은 2007년도 영국 사무변호사 행위규범(Solicitors' Code of Conduct 2007)의 규칙 제3장의 부록에 제시된 사항들이 모두, 그에 포함된 제한들 하에서 기재된 경우와 동일하게 이 '소유권증명서'(Certificate of Title)를 교부한다.

   이어서 수표의 발행 요청 등의 행정적 세부 사항을 추가할 수 있다.

83. 승인된 증명서는 차입자가 그 재산을 개인 주거로 이용할 경우에만 요구된다. 따라서 승인된 증명서는 아파트 건물과 같은 상점과 같은 영업용 건물(거주용 시설

이 부속되어 있더라도)과 같은 투자재산이나, 소유자 자신의 점유가 의도되지 않은 '임대를 주기 위한 담보권 설정부 매수'에 있어서는 사용할 필요가 없다.

84. 변호사는 대출자가 변호사 선임 여부를 결정할 수 있도록 반드시 규칙 제3.18조에 따라 제반 상황에 관하여 대출자에게 알려야 한다.

85. 대출자의 수임요청은(규칙 제3.19조(x) 참조), 규칙 제3.18조가 요구하는 것보다 더 넓은 범위에서 변호사의 현재 상황에 관한 고지를 요구할 수도 있다. 이에 변호사는 그 상황이 이익충돌을 유발할 만한 것인지에 대해 판단해야 한다. 예를 들어 변호사가 대출조건의 협상에 관여한다면, 대출자와 대출자 사이에 이익충돌이 발생할 것이다. 변호사나 변호사의 법률사무소가 차입자의 채권자이거나 채무자 또는 동업자나 동거인이라는 등의 관계로 인해 이익충돌이 발생할 수도 있다.

86. 규칙 제3.22조(2)와 관련하여, 규칙 제3.19조에 의한 제한은 공인된 증명서가 요구하는 정보의 추가적 삽입에 대해서는 적용되지 않는다. 예를 들어 공인된 증명서가 부동산 임대차계약 당사자 간의 수리의무에 대한 세부 사항을 요구한다면, 변호사는 제3.19조(i)에 포함된 일반적인 제한에 불구하고, 임대차의 중요한 거래조건들의 요약본을 제공할 수 있다. 그러나 특정 거래에 적합하도록 하기 위하여 공인된 증명서의 본문에 추가 또는 수정하는 사항들은, 의무를 증가시키거나 추가적인 의무를 발생시키는 한도 내에서는 규칙 제3.19조의 제한을 벗어나서는 안 된다.

87. 많은 대출자들은 변호사 또는 허가 받은 부동산양도대리인들(conveyancers)에게 법인 차입자의 권한과 저당권의 유효성을 확보하기 위한 올바른 절차가 행해졌다는 것을 확인할 것을 요구한다. 규칙 제3.19조(n)은 대출자들이 저당권의 설정이나 보증채무의 인수에 관련하여 변호사 또는 허가 받은 부동산양도대리인들(conveyancers)에게 의무를 지울 수 있게 한다. 이러한 맥락에서 대출자가 변호사에게 상황에 따라 대출자, 물상보증인 및 보증인의 행위 능력 또는 문서의 작성과 관련하여 필요한 정보를 수집하도록 요구하는 것은 너무나 당연하다. 등록 외국회사의 담보나 보증의 유효성과 강제집행 가능성에 관하여, 해당국 내의 변호사로부터의 의견서를 받거나 회의록의 인증사본을 받는 것을 예로 들 수 있다. 변호사가 회의록이나 이사회의 의결서의 작성을 통해 법인 의뢰인들을 보조하는 것은 가능하다. 그러나 변호사는 회의에 직접 참석하여, 관련된 요건들이 엄격히

준수되는 가운데 회의가 소집되고 진행되었다는 사실을 확인하지 않는 한 결의안의 효력이나 통과 여부를 증명할 수 없다.

88. 변호사는 규칙 제3.19조(u)에 따라 대출자로부터 담보와 관련된 행정적 사항의 처리를 수임할 수 있다. 이러한 행정적 사항들은 관련된 채무증서(associated debentures), 하자담보(collateral warranties), 2순위 담보(second charges), 임대료양도, 임대료에 대한 담보, 우선순위증서(deeds of priority) 등을 포함한다. 이러한 행정적 사항들은 관련 문서의 준비와 작성 및 뒤이은 등기를 필연적으로 포함한다.

규칙 제4장: 비밀유지와 고지 · 공개

도입

규칙 제4장은 의뢰인의 비밀정보의 보호와, 의뢰인에 대하여 부담하는 고지 의무에 관한 규정들을 담고 있다.

규칙

4.01 비밀유지 의무

변호사와 소속 법률사무소는 현재 또는 종전 의뢰인의 일을 비밀로 하여야 한다. 다만 법 또는 해당 의뢰인에 의하여 공개가 요구되거나 허용된 경우는 예외이다.

4.02 고지 의무

변호사 기타 보수획득자는, 그가 단독으로 또는 단체의 일원으로서 업무를 수행하고 있거나 또는 그 업무의 수행을 감독하고 있는 당해 의뢰인에게, 변호사가 알고 있고 그 의뢰인의 사건에 대하여 중요한 정보는 그 출처에 관계없이 고지하여야 한다. 다만 다음의 경우는 예외이다.

(a) 위 제4.01조에서의 비밀유지 의무는 항상 정보 공개 의무에 우선한다.

(b) 다음 중 어느 하나의 경우에는 고지 의무가 없다.

  (i) 법이 그 고지 또는 공개행위를 금지하는 경우

  (ii) 명시적으로 고지 의무가 없다는 점 또는 고지에 관하여 다른 기준이 적용된다는 점에 관하여 합의된 경우

  (iii) 당해 정보를 의뢰인에게 고지할 경우 누군가에게 심각한 신체적 또는 정신적 손해가 발생할 것이라고 합리적으로 믿은 경우

4.03 다른 사건 수임으로 비밀정보를 누설할 우려를 발생시키지 않을 의무

변호사 기타 보수획득자는, 본인 또는 소속 법률사무소가 의뢰인 또는 종전 의뢰인과 관련된 비밀정보를 보유하고 있고 다음과 같은 경우에 해당하면, 다른 의뢰인을 위해 사건을 수임하거나 수임 업무를 계속하려 함으로써 비밀유지 의무를 위반할 위험을 야기

해서는 안 된다.

(a) 당해 정보는 중요한 것임이 합리적으로 기대될 수 있고, 그리고

(b) 당해 의뢰인은 비밀정보를 보유하고 있는 현재 또는 종전 의뢰인과 상반된 이익을 가진 경우

다만, 규칙 제4.04조와 제4.05조에 따라 정보 보호를 위해 적절한 조정을 할 수 있는 경우는 예외로 한다.

4.04 다른 사건 수임으로 비밀정보를 누설할 우려를 발생시키지 않을 의무의 예외—의뢰인의 동의

(1) 규칙 제4.03조에 의해 금지된 경우에도 양측 의뢰인으로부터 충분한 정보제공 후의 동의를 얻으면 수임하거나 수임 업무를 계속할 수 있으나, 다만 다음 각 호의 요건들이 모두 갖춰진 경우에 한한다.

(a) 수임하고 있거나 수임하고자 하는 의뢰인이, 변호사의 소속 법률사무소 또는 소속 법률사무소의 변호사 기타 보수획득자가, 그 사건과 관련하여 변호사가 고지할 수 없는 중요한 정보(규칙 제4.03조에 기술한 상황)를 보유하고 있거나 보유하고 있을 수도 있다는 것을 알고 있어야 한다.

(b) 변호사가, 양측 의뢰인 모두가 관련 문제점들에 관해 주의를 기울인 이후에는 이러한 문제점들을 이해하고 있다는 합리적 믿음을 가져야 한다.

(c) 양측 의뢰인이 변호사가 수임하거나 수임 업무를 계속하는 것과 관련된 조건들에 대하여 합의해야 한다.

(d) 그와 같이 수임하거나 수임 업무를 계속하는 것이 모든 상황에서 합리적이어야 한다.

(2) 규칙 제4.04조(1)의 맥락에서 '양측 의뢰인'은 다음을 의미한다.

(a) 변호사의 소속 법률사무소 또는 소속 법률사무소의 변호사 기타 보수획득자가 비밀정보를 보유하고 있는 현재 또는 종전 의뢰인

(b) 변호사가 수임하고 있거나 수임하고자 하는 현재의 또는 새로운 의뢰인으로서, 다른 의뢰인을 위하여 보유한 정보가 중요한 것에 해당(규칙 제4.03조에서 기술한 상황)하는 의뢰인

(3) 변호사 또는 소속 법률사무소가 둘 이상의 의뢰인을 위해 규칙 제3장(이익충돌)의 내용을 준수하면서 업무를 처리하여 왔으나 더 이상 그러한 요건을 지킬 수 없을 경우, 변호사는 규칙 제4.04조에 따라 일방 의뢰인의 동의를 얻어 타방 의뢰인을 위하여 수임 업무를 계속할 수 있다.

4.05 다른 사건 수임으로 비밀정보를 누설할 우려를 발생시키지 않을 의무의 예외—의뢰인의 동의가 없는 경우

어떤 의뢰인에 관한 중요한 비밀정보(규칙 제4.03조에서 기술한 상황)를 소속 법률사무소 또는 소속 법률사무소의 변호사 기타 보수획득자가 보유하고 있는 경우, 일반적으로는 규칙 제4.03조에 의하여 변호사는 그 의뢰인의 동의 없이는 일정한 범위의 사건을 수임할 수 없다. 그러나 다음의 요건들이 모두 충족되는 경우에 한하여 사건을 수임하거나 수임 업무를 계속할 수 있다.

(a) 규칙 제4.04조에 따라 변호사의 소속 법률사무소 또는 소속 법률사무소의 변호사 기타 보수획득자가 중요한 비밀정보를 보유하거나 보유할 수 있는 의뢰인으로부터 충분한 정보 제공 후의 동의를 얻는 것이 불가능하여야 한다.

(b) 의뢰인이 변호사의 소속 법률사무소 또는 소속 법률사무소의 변호사 기타 보수획득자가 그 사건에 중요하며 변호사가 자신에게 고지할 수 없는 정보를 보유하거나 보유할 수 있다는 사실을 알면서 해당 변호사가 수임하는 데에 동의하였어야 한다.

(c) 안전장치 시행 당시 법이 요구하는 기준에 따른 안전장치들이 작동하고 있어야 한다.

(d) 그와 같이 수임하는 것이 모든 상황에서 합리적인 것이어야 한다.

4.06 적용면제

제22.01조(1)(적용면제)에도 불구하고, 사무변호사규제기관 이사회(SRA Board)는 이 규칙의 어떤 조항의 적용도 면제할 권한이 없다.

규칙 제4장에 대한 지침—비밀유지와 고지 · 공개

서론

1. 이 규칙은 비밀유지 의무와 고지 의무를 함께 다루면서 그로부터 발생하는 의무간의 상호작용을 설명한다. 변호사와 그 소속 법률사무소는 의뢰인 또는 종전 의뢰인으로부터 비밀정보를 취득한 이후에는, 이해관계가 상반되고 그러한 비밀정보가 중요한 다른 의뢰인의 사건을 수임함으로써 그러한 비밀정보를 누설할 우려를 발생시키지 않을 보통법상의 의무가 있다. 이 규칙은 그러한 보통법상의 의무를 강

화하며, 또한 그러한 의무들 사이에 충돌이 발생했을 때 비밀유지 의무가 우선한다는 점을 명확히 하고 있다. 이 규칙은, 의뢰인의 동의를 받아 또는 극히 제한된 상황에서는 동의 없이, 정보차단장치를 사용함으로써 비밀정보를 보호할 수 있음을 인정한다.

2. 이 규칙은 규칙 제3장(이익충돌)과 대조하면서 읽어야 한다. 왜냐하면 규칙 제3장과 그 지침에 중요한 상호참조들이 들어 있기 때문이다.

비밀유지 의무—4.01 일반적인 사항들

3. 규칙 제4.01조는 모든 의뢰인의 일을 비밀로 유지해야 할 근본적 의무를 변호사에게 부과한다. 이 의무와 이른바 법률전문가 특권(legal professional privilege)이라고 하는 법 개념의 차이를 명심하는 것이 중요하다. 비밀유지 의무는 정보의 출처와 관계없이 의뢰인의 일과 관련된 모든 비밀정보에 미치며, 제한적으로 인정되는 예외는 아래에서 살펴보는 바와 같다. 법률전문가 특권은 변호사와 의뢰인 사이의 일정 범위의 의사교환을 공개로부터 보호하며, 이는 심지어 법정에서도 마찬가지이다. 그러나 모든 의사교환이 공개로부터 보호되는 것은 아니며, 필요하다면 변호사는 증거법상 적절한 근거를 제시할 의무가 있다.

4. 비밀유지 의무는 수임 업무가 종료된 뒤에도 계속된다. 의뢰인이 사망한 뒤에는 비밀유지 의무에 대응하는 의뢰인의 권리는 유산관리인에게로 넘어간다. 그러나 유산관리인은 임명장이 교부된 후부터 권한을 갖게 된다는 점에 유의하여야 한다.

5. 복수의 의뢰인으로부터 수임한 상황에서 취득한 정보는 그 의뢰인들 간에서 이용가능하다. 그러나 그 외의 제3자에게 비밀정보를 공개하는 것에는 반드시 의뢰인들 모두가 동의해야 한다. 별개의 사건과 관련하여 의뢰인들 중 한 명을 위해 업무를 수행하고 있을 때 변호사가 전달받은 정보는 그 의뢰인의 동의 없이 다른 의뢰인(들)에게 공개하여서는 안 된다.

6. 변호사가 장래의 의뢰인과 관련하여 정보를 얻은 경우, 그 의뢰인이 이후에 변호사의 소속 법률사무소를 선임하지 않는다 하더라도 여전히 비밀유지 의무를 부담할 수 있다. 그러나 변호사가 정보를 습득하는 상황이, 변호사의 소속 법률사무소

를 선임하는 데 대해 실제적인 또는 진정한 관심이 없고 그 정보가 비밀스러운 것이 될 가능성이 희박한 경우도 있을 것이다.

도산

7. 의뢰인이 도산한 경우, 변호사는 비밀유지 의무를 지고 있는 상대방이 누구인지를 고려해야 할 필요가 있다. 일정 범위 내에서 이는 의뢰인이 회사인지 개인인지에 달려 있을 것이고, 변호사는 1986년 도산법(Insolvency Act 1986) 등 관련된 실정법적 근거를 참조해야 할 것이다. 실정법에 따른 권한이 비밀유지 의무보다 우위에 있는 경우, 변호사는 어느 범위까지 그러한 법적 권한이 우위에 있는가를 신중하게 고려해야 한다. 예를 들어, 변호사에게 단지 일정한 부류의 정보 또는 자료의 공개만을 요구하는 경우가 있을 것이다. 변호사는 모든 정보공개는 엄격하게 법에서 요구하는 범위 내로 한정되도록 확실히 하여야 한다.

비밀유지가 요구되는 특정한 경우

8.

(a) 변호사는, 유언의 검인을 받을 때까지는, 심지어 유언자가 죽은 이후라도, 유산관리인에게 공개하는 경우 또는 그의 동의를 받아 공개하는 경우 외에는 유언의 내용을 공개해서는 안 된다.

(b) 변호사는 의뢰인의 동의 없이 의뢰인의 주소를 공개해서는 안 된다.

(c) 대출자가 부동산양도 거래에 관한 서류철을 교부해줄 것을 요청하고 변호사가 차입자와 대출자의 양자를 의뢰인으로 하여 공통의 서류철을 보관하는 경우, 대출자가 변호사를 만족시킬 만큼 사기를 명백히 증명(prima facie case of fraud)하지 않는 한, 변호사는 차입자의 동의 없이 서류철 전체를 대출자에게 보낼 수 없다. 의뢰인이 동의하지 않으면, 변호사는 서류철 중 대출자를 위한 업무와 관련된 부분만을 대출자에게 보내야 한다.

(d) 변호사는 관련된 의뢰인(또는 경우에 따라 의뢰인의 관리인 또는 유사한 직무를 수행하는 자)의 동의 없이 팩토링 회사에 보수채권(book debts)을 매도할 수 없다. 왜냐하면 변호사의 보수청구는 고객의 비밀정보와 관련되어 있기 때문이다. 만약 변호사의 소속 법률사무소가 대출자에 대한 담보로 법률사무소의 보수채권에 대한 담보권(charge)을 설정한다면, 변호사는 대출자가 담보권을 실행하는 경우 의뢰인들의 비밀정보를 보호할 수 있도록 확실히 하여야 한다. 이

에 관한 추가적인 조언은 변호사직업윤리지도팀(Professional Ethics Guidance Team)으로부터 얻을 수 있다.

(e) 변호사는 의뢰인에 대한 비밀의 유지가 보장되는 경우에만 사무실 관련 서비스를 다른 사업체와 함께 사용할 수 있다.

(f) 변호사가, 예컨대 문서작성, 전화 받기 또는 복사와 같은 서비스를 아웃소싱하는 경우, 변호사는 이러한 서비스의 제공자가 의뢰인과 관련된 모든 정보에 관해 비밀을 확실하게 유지해 줄 수 있다고 믿을 수 있어야 한다. 이는 통상 서비스 제공자에게 비밀의 유지에 관한 약속을 받고, 비밀유지에 관한 약정사항이 잘 준수되고 있다는 것을 점검하는 것으로 이루어진다. 변호사는 외부의 서비스 제공자에게 비밀정보가 전해진다는 점에 대해 묵시적 동의를 얻었을 수 있으나, 변호사로서는 사업상 서신이나 고객관리 서신에 명시된 수임조건에서 자신이 이용하고자 하는 모든 외부 서비스에 관해 의뢰인에게 알리는 편이 신중한 행동이 될 것이다.

예외적 상황에서의 비밀정보 고지 또는 공개

9. 비밀유지 의무에도 불구하고 변호사는 일정한 상황에서는 비밀정보를 공개해야 한다. 상당수의 법령은 정부와 다른 기관, 예컨대 영국국세·관세청과 같은 기관이 특정인에게 서류나 정보를 공개할 것을 요구할 수 있는 권한을 부여하고 있다. 의뢰인의 구체적 동의가 없는 경우, 변호사는 어떤 법적 권한으로 그 정보가 요구된 것인지 질의하여야 하며, 관련 조항을 검토하고 특권의 적용을 받는 정보가 공개로부터 보호되는 것인지 여부를 검토해야 한다. 변호사는 법이 공개를 엄격하게 요구하는 경우에만 그러한 정보를 제공해야 한다.

10. 자금세탁과 관련해서는 비밀유지 의무에 우선하는 보고 의무가 있고, 이는 '2002년 범죄수익법'(Proceeds of Crime Act 2002), 테러리즘 관련 입법과 '2007년 자금세탁 방지 규정'(Money Laundering Regulations 2007)에 규정되어 있다. 이는 종종 관련 당국에 정보를 보고하여야 하는 상황이 발생했는지 아닌지에 관한 어려운 판단을 요구한다. 그러나 변호사는 항상 의뢰인에 대한 비밀유지 의무의 중요성에 대해 유념해야 한다. 비밀정보를 보고해야 하는지 여부에 대해 확신할 수 없는 경우, 변호사는 스스로 법적 조언을 구하는 것을 고려하거나, 변호사직업윤리지도팀(Professional Ethics Guidance Team)에 연락하여 조언을 구해야 한다.

11. 2000년 정보자유법(The Freedom of Information Act 2000)는 다수의 공적 단체와 지방정부에 적용된다. 이 법은 법률전문가 특권과 같은 일정한 예외를 제외하고 공적 단체에서 보유한 기록의 내용에 관한 '알 권리'를 규정한다. 법률전문가 특권의 예외는 조건부이고, 그러한 예외를 유지하는 것의 공익이 그 정보를 공개하는 것의 공익보다 클 경우에만 적용된다. 이 법은 법률 업무 서류철에 들어 있는 사건들의 공개를 요구하는 경우도 있다. 정보위원장(Information Commissioner)의 웹사이트에서는 이 법의 이러한 부분에 관한 판단 기준을 제공하고 있다.

12. 변호사는 의뢰인 또는 제3자가 범죄를 저지르는 것을 막을 필요가 있고, 그 범죄가 심각한 신체적 위해의 결과를 가져올 것이라는 합리적인 믿음을 가진 경우에는 비밀정보를 공개할 수 있다.

13. 아동과 관련된 예외적 상황으로, 변호사가 관계 당국에 비밀정보를 공개할 것을 고려해야 하는 경우가 있다. 아동이 의뢰인이고, 그 아동이 계속적인 성적 또는 신체적 학대가 있었음을 암시하는 정보를 제공하였으나 막상 그러한 정보를 공개하는 것은 거부하는 경우가 이에 해당한다. 마찬가지로 성인이, 자신 내지는 다른 성인에 의한 아동 학대가 있었음을 고지하였으나 그 공개는 거부하는 상황도 있을 수 있다. 변호사는 아동의 생명이나 건강에 대한 정신적·육체적 위협이 비밀유지 의무의 위반을 정당화할 정도로 충분히 심각한 것인지 여부를 검토해야 한다.

14. 1989년 아동법(Children Act 1989)상의 절차에서 변호사는 그 절차를 위하여 위탁받은 전문가의 보고서를 공개할 의무가 있다. 그러한 보고서에는 특권이 적용되지 않기 때문이다. 다른 서류나 사무변호사와 의뢰인 간 의사교환의 자발적 공개에 관한 법의 태도는 불확실하다. 규칙 제11.01조에 따라, 소송대리변호사(advocate)는 법원을 오도하지 않을 의무가 있다. 그러므로 해당 변호사가 소송대리변호사이고 그 변호사가 의뢰인의 사건에 관하여 불리한 어떠한 지식을 갖고 있다면 그는 극도로 제한적인 범위 내에서만 의뢰인의 이익을 위해 진술할 수 있을 것이다. 이러한 상황에서 변호사는 다음의 3가지 이유에서, 전적으로 자발적인 공개에 대한 의뢰인의 동의를 구해야 한다.

(a) 아마도 의뢰인이 감추기를 원하는 사항은 어떻게 해서든 드러날 것이다.

(b) 모든 관련 정보가 법원에 제출된다면 의뢰인을 위해 업무를 더 잘 수행할 수 있을 것이다. 그리고,

(c) 만약 정보가 자발적으로 공개되지 않는다면, 변호사는 법원으로부터 엄중하게 비난받을 것이다.

의뢰인이 변호사에게 관련 정보를 공개하는 권한의 부여를 거부하는 경우에는, 그 의뢰인을 위하여 수임 업무를 계속하는 것이 변호사의 법원에 대한 의무의 위반이 된다면 변호사는 그 의뢰인을 위한 수임 업무의 계속을 적법하게 거부할 수 있다.

15. 변호사는, 법원이 해당 사항에 관해 공개를 명령하거나 법원의 영장이 경찰관 기타 당국에 비밀 서류의 압수를 허용하는 경우에는, 그러한 사항이 원래는 비밀유지 의무의 대상이 된다 하더라도 이를 공개하여야 한다. 변호사가 그 서류들이 법적인 특권(legal privilege)의 적용을 받는 것이라거나 기타 이유에서 그 명령이나 영장이 발급되어서는 안 될 것이었다고 믿는 경우, 변호사는 불법적으로 그 집행을 저지할 것이 아니라 당해 명령 또는 영장의 효력을 상실시킬 수 있는 신청의 가능성에 관하여 의뢰인과 논의해야 한다. 이에 관한 조언은 변호사직업윤리지도팀으로부터 얻을 수 있다.

16. 때때로 변호사는 경찰 또는 제3자로부터 의뢰인을 위하여 업무를 수행하면서 습득한 정보를 제공하거나 서류를 보여줄 것을 요구받을 수 있다. 의뢰인이 비밀의 공개를 양해할 준비가 되지 않은 경우 또는 사기나 다른 범죄를 저지르기 위해 의뢰인이 변호사를 이용해왔고 비밀유지 의무가 발생하지 않았다는 것에 대해 변호사가 반증이 없는 한 사실입증에 충분한 강력한 증거를 갖고 있다면, 변호사는 증인으로서 자신을 소환할 것을 주장하여, 적절한 경우 특권이 주장되고 법원이 그 당부에 관하여 결정할 수 있도록 하여야 한다. '1984년 경찰 및 형사증거법(Police and Criminal Evidence Act 1984)'에 따라 경찰이 그러한 요청을 한다면, 변호사는 적절한 경우 특권의 문제를 법원이 개별적 상황 하에서 결정하도록 하여야 한다. 이에 관한 조언은 변호사직업윤리지도팀으로부터 얻을 수 있다.

17. 의뢰인의 일정한 의사교환은 그것이 공적 기록에 관한 문제일 때에는 비밀이 아니다. 예컨대 변호사가 이름이 밝혀져 있는 의뢰인으로부터 그 의뢰인의 이름이 공적 기록에 기재되어 있는 분쟁적 업무를 수임하였다면 그러한 수임의 사실은 비밀이 아니다. 그러나 관련된 사업의 종류는 대체로 비밀에 해당할 것이다.

18. 의뢰인이 변호사에 대해 형사 고발 또는 민사적 청구를 하거나, 변호사의 행동이

사무변호사규제기관(SRA)의 조사 또는 사무변호사 징계위원회(Solicitors Disciplinary Tribunal)의 심리 대상이 된 경우에는 변호사는 방어를 위해 합리적으로 필요한 한도 내에서는 의뢰인과 관련된 비밀정보를 공개할 수 있다.

19. 공공 단체의 자금으로 보수를 지급하는 의뢰인의 경우, 변호사는 법률서비스위원회(Legal Services Commission)에 의뢰인과 관련된 특권의 적용을 받는 비밀정보를 보고할 의무가 있다.

의뢰인에게 정보를 공개할 의무—4.02

20. 변호사는 의뢰인의 사건에 중요한 모든 정보를 의뢰인에게 고지할 의무가 있다. 그 의무는 변호사가 알고 있는 정보에 한정되는 것이지만(나아가 변호사의 소속 법률사무소의 다른 사람이 알고 있을 수 있는 정보에까지 미치는 것은 아니다), 그 의뢰인을 위하여 업무를 수행하는 동안 얻은 정보에 한정되는 것은 아니다. 그러므로 변호사는 소속 법률사무소의 다른 사람이 보유하고 있지만 본인은 알지 못한 중요한 정보를 고지하지 못한 데 대해서는 책임을 지지 않는다. 그러나 변호사가 중요한 정보를 공개하는 것이 의뢰인의 최선의 이익을 위한 것이 아니거나, 법이 고지 또는 공개를 금지하고 있기 때문에 고지하지 말아야 하는 상황이 있다. 이러한 상황은 다음을 포함한다.
   (a) 의뢰인의 신체적 또는 정신적 상태 때문에 고지가 의뢰인에게 해로운 경우
   (b) 자금세탁 관련 입법의 규정들에 따라 의뢰인에게 정보를 전달하는 것이 유효하게 금지되어 있는 경우
   (c) 특권의 적용을 받는 서류가 실수로 변호사에게 공개되었음이 명백한 경우
   (d) 변호사가 1989년 국가기밀법(Official Secrets Act 1989)이 적용되는 국가 안보 또는 정보사항들과 관련된 정보를 보유하게 된 경우

21. 규칙 제4.02조는 또한 정보 공개가 소속 법률사무소의 다른 의뢰인에 대한 비밀유지 의무의 위반에 해당하는 경우에도 고지를 금지한다. 비밀유지 의무는 항상 고지 또는 공개 의무에 우선한다.

22. 그러나 변호사는 의뢰인에게 중요한 정보를 고지하지 못한 것이, 그러한 고지가 별개의 비밀유지 의무의 위반에 해당하기 때문이라고 변명할 수는 없다. 해당 의뢰인과의 수임약정의 내용이, 고지 의무의 이행불능이 고지 의무 위반에 해당하

지 않는다는 내용으로 변경되어 있지 않은 이상, 변호사는 수임을 거절하거나, 이미 수임했다면 즉시 그 의뢰인을 위한 수임 업무를 중단해야 한다. 중단의 지연은 변호사가 의무 위반에 대하여 책임을 질 위험을 증대시킬 수 있다.

23. 변호사는, 그 이유를 의뢰인이 알면서 이에 동의하지 않는 한, 의뢰인과 관련된 업무를 동료 변호사(문제되는 중요한 정보에 관해 스스로 알지 못하기 때문에 해당 변호사와 동일한 의무를 지지 않는 동료 변호사를 말한다)에게 이전하려고 하여서는 안 된다. 또한 만약 변호사가 이미 그 의뢰인을 위해 업무를 처리하기 시작한 상태라면, 그 사건에 관한 의뢰인의 수임 업무를 스스로 중단하는 그 시점부터 변호사가 고지 의무로부터 벗어난다는 점에 대하여 그 의뢰인이 동의한 경우에만 변호사는 그 의뢰인과 관련된 업무를 동료 변호사에게 이전할 수 있다. 나아가 변호사는 이러한 요건들이 충족되었다 하더라도, 소속 법률사무소의 누군가가 그 업무를 처리하는 것이 적절한가를 신중하게 고려해야 한다. 의뢰인에게 전달할 수 없지만 만약 의뢰인에게 알려진다면 법률사무소에 대한 위임 여부에 중대한 영향을 미칠 수 있는 정보를 보유한 법률사무소는 대개 의뢰인의 비위를 거스를 만한 위치에 있게 될 것이고, 의뢰인의 최선의 이익을 위해 업무를 수행할 수 없는 경우가 많을 것이다. 규칙 제3장(이익충돌) 참조. 또한 규칙 제3장에 대한 지침 15 참조.

24. 이 규칙에서 '의뢰인의 사건에 중요한 정보'가 무엇인지에 관해 정의하고 있지는 않지만, 여기에서의 정보는 변호사의 구체적 선임과 관련된 것이어야 하고, 단지 의뢰인의 일반적인 이익과 관련된 것은 여기에 포함되지 않는다. 또한 정보는 의뢰인의 극히 사소한 이익보다는 더 커다란 이익에 관련된 것이어야 한다. 그러므로 정보는 의뢰인의 사건에 관하여, 전체적으로 중대한 방식으로 의사결정에 영향을 끼칠 것으로 합리적으로 기대되는 것이어야 한다.

25. 위에서 설명한 의무는 보통법(common law)상의 신인 의무(fiduciary duty)를 반영하고 또 그에 기초하고 있다. 그러나 제4.02조(b)(ii)에서 명확히 하고 있듯이, 변호사나 소속 법률사무소는 명시적으로 다른 수준의 의무를 정할 수 있다. 예컨대 의뢰인이 변호사에게 일을 맡기기를 원하는 이유가, 그 변호사가 동일한 분야의 시장에서 영업하는 다른 기업을 위해 업무를 수행하고 있고 따라서 변호사가 그 시장을 잘 이해하고 있음을 알고 있기 때문인 경우가 있다. 그 의뢰인은 그 변호사가 다른 의뢰인으로부터 비밀로서의 성격이 있는 중요한 시장 관련 정보를 얻

어서 갖고 있다 해도 놀라지 않을 것이고, 변호사가 이를 누설하리라고도 기대하지 않을 것이다. 그러므로 그 의뢰인은 통상의 고지 또는 공개 의무가 적용되지 않는다는 데 동의할 수도 있을 것이다.

비밀유지와 고지 · 공개 의무의 충돌—4.03

26. 규칙 제4.03조는 의뢰인을 위해 수임하는 데 있어서, 그 수임이 다른 의뢰인(또는 종전 의뢰인)을 위해 소속 법률사무소가 보유하고 있는 비밀정보를 누설할 우려를 발생시킬 수 있는 것인 경우, 그와 같은 수임을 하지 않을 의무를 규정한다. 그 규칙은 다음과 같은 상황에서 그러한 위험이 발생한다는 점을 명확히 하고 있다.
    (a) 해당 비밀정보가, 변호사가 수임하고자 하는 의뢰인에게 있어 중요하다는 것이 합리적으로 예상될 수 있는 경우
    (b) 변호사가 수임하고자 하는 의뢰인을 위한 업무가, 비밀유지 의무를 지고 있는 다른 의뢰인 또는 종전 의뢰인의 이익과 상반되는 경우

    지침 26(b)에 따르는 결과는, 소속 법률사무소가 보유한 비밀정보가 변호사의 새로운 의뢰인에게 중요한 것으로 합리적으로 예상되지 않거나, 새로운 의뢰인에게 중요한 것으로 합리적으로 예상되지만 그 의뢰인들의 이익이 서로 상반되지 않는 경우, 변호사는 그 새로운 의뢰인을 위하여 수임할 수 있다는 것이다. 그러나 그 비밀정보는 여전히 보호되어야 하며, 변호사와 소속 법률사무소는 그 정보가 누설된 경우 법 또는 행위규범상 책임을 진다.

27. 이 규칙이 '상반되는 이익'이 무엇인지 정의하고 있지는 않지만, 그 의도는 보통법(common law)에서 이러한 목적을 위해 상반되는 것으로 간주되는 것을 그대로 반영하고자 하는 것이다(Bolkiah v KPMG [1998] UKHL 52; [1999] 2 AC 222; [1999] 1 All ER 517; [1999] 2 WLR 215와 그 후속 판결들 참조). 근본적으로 '상반성'은 어느 당사자가 어떤 사건에 관하여, 그 사건이 협상이든 어떤 형태의 분쟁 해결이든 간에, 반대 당사자이거나 반대 당사자가 될 수 있는 상황에서 발생한다. 예컨대 변호사의 소속 법률사무소가 형사사건에서 폭행죄로 유죄판결을 받은 의뢰인을 위해 수임한 경우, 그러한 사실을 모르는 그 의뢰인의 아내가 이혼절차에서 자신을 대리해 줄 것을 그 변호사에게 요청하면 변호사는 수임을 거절해야 한다. 남편에 대해 갖고 있는 비밀정보가 아내의 사건에서 중요할 것이고, 만약 그렇다면 아내의 이익은 남편의 이익과 상반될 것이다.

28. 대조적으로, 새로운 의뢰인이 일반적으로 특정한 산업 영역에서 다른 의뢰인에 대하여 경쟁자로서의 지위에 있고, 변호사가 그러한 의뢰인의 상업적 지위를 개선하기 위한 업무를 수행한다면 그 업무는 경쟁자인 다른 의뢰인의 이익과 '상반'되는 것이 아니다. 이는 심지어 그러한 시장 경쟁자가, 예컨대 공정거래 당국에 의뢰인의 활동에 관하여 이의를 제기할 위험이 있다 할지라도 마찬가지이다.

29. 하지만 제4.03조에 따르면 수임이 허용되지만 다른 고려사항들로 인하여 변호사가 수임하지 못하는 경우가 있을 수 있다. 변호사가 스스로 다른 의뢰인이나 종전 의뢰인으로부터 얻은 비밀정보를 보유하고 있고 그 정보가 새로운 수임과 관련하여 중요한 것이지만, 그 수임이 다른 의뢰인이나 종전 의뢰인의 이익과 상반되는 것이 아니기 때문에 규칙 제4.03조는 적용되지 않는 상황이 바로 그러하다. 이 경우에는 비밀유지 의무가 변호사 개인의 고지·공개 의무와 충돌하고, 따라서 변호사는 새로운 의뢰인이 명백하게 고지 의무를 경감하는 것에 동의하지 않는다면 수임해서는 안 된다(규칙 제4.02조(b)(ii) 참조).

30. 비밀정보가 제4.04조와 제4.05조, 그리고 아래의 지침들에서 더 잘 설명하고 있는 바와 같이, 적절한 안전장치의 사용에 의해 보호될 수 있는 경우에는, 변호사는 규칙 제4.03조의 금지에 불구하고 수임하거나 수임 업무를 계속할 수 있다.

적절한 안전장치(정보차단장치)를 통한 업무 처리—4.04와 4.05

31. 규칙 제4.03조는, 소속 법률사무소 내의 다른 곳에서 중요한 비밀정보를 보유하고 있고 해당 사건이 비밀유지 의무의 상대방인 의뢰인이나 종전 의뢰인의 이익과 상반되는 경우에 변호사가 통상 수임하지 말아야 한다는 기본적 기준을 규정한다. 이러한 상황에서의 수임은 비밀정보가 누설될 우려를 발생시킬 위험을 높이는 것이다. 법률사무소는 만약 그 비밀정보가 수임 요청에 중요한 것이 아니라면 수임할 수 있다. '중요한'의 의미에 관하여는 지침 24 참조.

32. 규칙 제4.04조와 제4.05조는 법률사무소의 다른 구성원이 중요한 비밀정보를 보유한 경우에도 변호사가 수임할 수 있는 두 가지 상황을 규정한다. 두 경우 모두 정보차단장치의 이용을 받아들일 수 있음을 인정한다. 그러한 첫 번째 상황은 비밀유지 의무의 상대방인 의뢰인이 동의하는 경우이다. 두 번째 상황은 그러한 동의를 얻지 못하였거나 구할 수 없는 경우이다.

33. 규칙 제4.04조가 정하고 있는 대로 의뢰인이 동의한 경우에는, 안전장치들에 관하여 의뢰인과 논의하고 의뢰인의 동의를 얻을 수 있기 때문에 정보차단장치에 관한 합의에서 더 많은 유연성을 가질 수 있다. 그럼에도 불구하고 안전장치가 실제로 정보가 공개될 위험을 피하는 데 효과적이어야 한다는 점은 중요하다. 그러한 합의에 위반하여 비밀정보가 누설될 경우 법률사무소는 책임을 진다.

34. 규칙 제4.04조에 따르면 '충분한 정보 제공 후의 동의'가 필요한데, 이러한 동의와 관련된 어려움 중 하나는, 다른 의뢰인의 신원과 사업에 관한 충분한 정보를, 비밀유지 의무 위반의 위험 없이 고지하는 것이 불가능한 경우가 종종 있다는 것이다. 변호사는 각각의 사건에서, '충분한 정보 제공 후의 동의'를 받을 수 있을 정도의 정보를 의뢰인에게 제공하는 것이 가능한지 여부를 결정해야 할 것이다. 모든 각각의 상황은 다를 수 있지만, 일반적으로 경험과 지식이 많은 의뢰인, 예컨대 사내 법률고문이나 다른 적절한 전문가가 있는 법인과 같은 의뢰인만이, 사건의 쟁점과 공개에 대한 동의의 위험성을, 제공 받은 정보에 근거하여 평가할 수 있는 능력과 전문성을 가지고 있을 것이다. 어느 의뢰인에게든 그 입장을 해할 위험이 존재한다면, 변호사나 소속 법률사무소는 동의를 구하거나 수임해서는 안 된다. 그러나 다른 쪽 의뢰인들의 신원과 그들의 개별적 이익의 성격을 고지하지 않는다 하더라도, 충분한 정보 제공 후의 동의를 얻을 수 있을 정도의 정보를 제공하는 것이 가능할 수 있다. 변호사는 가능한 경우에는 언제나, 의뢰인의 동의를 구하기 전에 소속 법률사무소가 수임함으로써 발생하는 잠재적 위험에 관해 의뢰인들이 확실히 조언을 받도록 노력해야 한다.

35. 경험과 지식이 많은 의뢰인들(위 지침 34에서 언급된 사람들이 그 예이다)에 한하여서는, 애초 수임시 수임조건으로서 일정한 경우에 이해가 상충하는 다른 사건을 수임할 수 있다는 내용의 동의를 특히 표준계약조항에 의하여 구할 수도 있을 것이다. 예를 들어, 어느 지식과 경험이 많은 의뢰인에 대한 장래의 입찰자가 변호사의 소속 법률사무소에 수임을 요청할 때, 만약 보통법을 준수하는 정보차단장치를 두어 소속 법률사무소가 보유한, 입찰자에게 중요한 위 의뢰인의 비밀정보를 보호할 수 있게 한다면, 지식과 경험이 많은 위 의뢰인은 위와 같은 방식에 의하여, 위 법률사무소가 그 장래 입찰자를 위하여 수임하는 데 대해 동의할 수 있을 것이다.

36. 의뢰인이 동의하지 않거나 정보 보호를 위한 조치에 관하여 모르는 경우, 비밀정

보 보호에 관하여 매우 높은 수준을 충족해야 한다. 이 상황에서는 최근 판례에서 확인할 수 있듯이, 만약 실제로 비밀정보가 누설될 위험이 있다는 점이 증명된다면, 의뢰인은 다른 고객에게 초래될 혼란에 불구하고 그 법률사무소를 다른 고객을 위한 수임 업무로부터 배제시킬 수 있다.

37. 변호사의 소속 법률사무소가 중요한 비밀정보를 보유한 경우, 변호사는 비밀유지 의무의 상대방인 의뢰인이 동의를 거절하거나 그 동의를 요구할 수 없는 경우에도(규칙 제4.05조) 그 사건 또는 관련 사건의 수임 업무를 계속할 수 있다. 그 이유는 의뢰인과의 접촉을 할 수 없기 때문이거나 또는 요청을 하는 것 자체가 비밀유지 의무 위반일 수 있기 때문이다. 변호사는 합리적으로 가능할 때에는 항상 동의를 구해야 한다.

38. 규칙 제4.04조에 따라 변호사의 소속 법률사무소가 비밀유지 의무를 지고 있는 일방의 동의 없이 정보차단장치를 세웠을 경우, 법률사무소는 그 일방에게 상황이 허락하는 한 조속히 알리고, 비밀의 보호를 확실히 하기 위해 어떤 조치들이 취하여졌는지의 개략을 알려주어야 한다. 만약 어떤 중요한 사항들(예컨대 비밀정보와 관련 있는 사건을 의뢰한 의뢰인의 이름 또는 그 사건의 성격)은 여전히 비밀유지의 이유 때문에 밝혀질 수 없고, 그 상대방은 상세한 설명을 들을 수 있는지 여부보다 변호사가 선임되었다는 소식에 더 우려할 것이 합리적으로 예상된다면, 그 상대방에게 알려 주기 전에 계속해서 기다리는 것이 적절할 수도 있다. 그러나 그 상대방에게 알리는 것이 불가능한 상황도 있을 수 있다.

39. 2개 또는 그 이상의 법률사무소들이 합병하거나 한 법률사무소가 다른 법률사무소를 인수하는 경우, 새로운 법률사무소는 그러한 변화로 인해 비밀유지 의무를 위반하는 결과가 발생하지 않을 것임을 확실히 하여야 한다. 만약 그 법률사무소이, 다른 의뢰인을 위해 다루고 있는 사건에 대해 중요한 비밀정보를 보유하고 있다면, 그 법률사무소는 비밀정보의 보호를 보장할 수 있어야 한다. 비밀정보 보호를 보장하는 방법은 양측 의뢰인을 위한 수임 업무를 모두 중단하거나, 또는 그 정보와 관련 있는 의뢰인을 위한 수임 업무를 중단하거나, 또는 제4.04조나 제4.05조에 따라 충분한 안전장치를 설치하는 것이다.

40. 파트너 또는 직원이 한 법률사무소를 떠나 다른 법률사무소에 합류할 때에도 비밀정보가 누설될 우려가 발생할 수 있다. 이는, 예컨대 이전에 어떤 의뢰인을 위

해 일했던 개인이 그 의뢰인을 상대로 하는 사건을 수임한 다른 법률사무소에 합류할 때 발생한다. 새로운 법률사무소에 합류한 개인은, 이전 법률사무소의 의뢰인에 관해 스스로 보유한 비밀정보가 누설될 우려가 있는 경우에는, 새로운 법률사무소의 의뢰인을 위해 직접 일할 수 없다. 또한 그 개인과 새로운 소속 법률사무소는 그 개인이 보유한 비밀정보가 안전하게 보호된다는 것을 보장하기 위해 제4.04조 또는 제4.05조에 따른 충분한 안전장치를 확실히 마련하여야 한다.

정보차단에 관한 안전장치

41. 정보차단에 대한 엄격한 안전장치가 이 규칙에 들어 있는 것은 아니다. 제4.04조가 적용될 때(즉 동의가 있을 때), 적절한 안전장치에 합의하는 것은 법률사무소의 할 일이지만, 통상적으로 지침 44의 (a) 내지 (f)를 준수하는 것이 필요하다. 지침 44의 (g) 내지 (n) 중 일부도 역시 적용할 수 있다. 제4.05조가 적용될 때에는, 법률사무소는 보통법상의 요건들을 충족시켜야 하고, 적어도 지침 44의 (a) 내지 (n)는, 그 전부는 아닐지라도 대부분이 꼭 필요한 것일 수 있다.

42. 정보차단장치가 세워진 후에 언제라도 그 관련된 조건을 준수할 수 없게 된다면 법률사무소는 수임 업무를 중단하여야 할 수 있다. 수임 승낙시에 이러한 상황이 일어날 위험을 의뢰인이 인식할 수 있도록 이러한 위험은 의뢰인과의 사이에서 항상 논의되어야 하거나, 표준계약사항에서 합리적인 정도로 두드러지게 언급되어야 한다.

43. 법률사무소는 정보차단장치를 사용하는 것이 어떤 사건에서든지 적절한 것인지 여부, 내지는 법률사무소의 규모나 구조에 비추어 그것이 언제든 부적절하게 되는 것은 아닌지 여부를 항상 고려할 필요가 있다. 예컨대 다음과 같은 상황에서는 안전장치가 전혀 적절하지 않을 가능성이 높다.

(a) 법률사무소에 오직 한 명의 단독개업변호사만이 있고, 다른 자격 있는 직원이 전혀 없는 경우

(b) 비밀정보를 보유하고 있거나 보유할 것 같은 사무변호사가 다른 사무변호사로부터 감독을 받고 있고, 그 감독하는 사무변호사는 비밀정보와 관련되거나 관련될 수 있는 의뢰인을 위하여 수임하고 있는 경우 또는 수임하고 있는 소속 법률사무소 내의 다른 사무변호사를 감독하는 경우

(c) 회사의 물리적 구조 또는 설계가, 설치되어 있는 다른 안전장치들과 관련하

여 비밀을 보전하기가 어려운 형태인 경우

44. 아래 지침 44의 (a) 내지 (f)는 변호사가 제4.04조에 따른 상황에서 수임을 제안할 때, 정보차단장치의 충분성을 증명하는 데 통상 적절하다. 또한 변호사가 제4.05조에 따라 동의를 받아 수임하는 경우에는 지침 44의 (a) 내지 (f)의 전부 또는 일부에 대해 합의하는 것이 적절할 수 있다.
   (a) 법률사무소가 보유한 비밀정보에 이해관계를 가지고 있을 수 있는 의뢰인이, 그 정보가 그들에게 제공되지 않을 것임을 서면으로 인정할 것
   (b) 관련 비밀정보를 가진 법률사무소의 모든 구성원들(이하에서 '제한집단')의 신원이 확인되고, 그들은 이해가 상반되는 다른 의뢰인과 어떠한 관계도 없으며 또 그 다른 의뢰인을 위해 업무를 수행하지도 않을 것
   (c) 제한집단에 속하는 구성원은 그 사건과 관련하여 제한집단 외의 어떤 사람으로부터도 관리 또는 감독 받지 않을 것
   (d) 제한집단에 속하는 모든 구성원들은 비밀정보를 보유하거나 보유하게 될 수도 있음을 알고 있다는 점과, 법률사무소의 다른 구성원들(그 구성원이 제한집단 내의 구성원이거나 구성원이 되지 않는 한)과 그 비밀정보에 관해 논의하지 않는다는 점, 그리고 이러한 의무는 모든 사람에 의하여 계속 유효한 것이라는 점을 수임계약의 시작 시점에서 확인할 것
   (e) 제한집단에 속하는 각각의 구성원은 일단 정보차단장치가 세워지는 시점에 그 정보차단장치의 위반에 이를 수 있는 어떤 행위도 하지 않았음을 확인할 것
   (f) 제한집단에 속하는 구성원들만이 비밀정보를 담고 있는 서류에 접근할 수 있을 것

   다음과 같은 조치들 역시 적절할 수 있고, 특히 제4.05조에 규정된 상황에서 수임하는 경우 필요할 수 있다.
   (g) 제한집단은 다른 의뢰인의 일을 하는 구성원들과 물리적으로 분리되어 있을 것. 예컨대 별개의 건물, 별개의 층 또는 사무실 내에서 별개의 영역에 있음으로써 분리될 수 있고, 어떤 형태로든 '접근 제한'에 관한 조치가 실행되어 물리적 분리가 보장될 것
   (h) 컴퓨터시스템상의 비밀정보는 분리된 컴퓨터 네트워크의 사용이나 비밀번호 또는 유사한 수단을 통하여 보호될 것
   (i) 법률사무소는 정보차단장치에 대한 어떠한 위반이라도, 심지어 그 위반이 고의가 아닌 경우에도, 이를 심각한 규율 위반으로 취급하겠다는 진술을 발표할 것

(j) 제한집단에 속하는 각각의 구성원은 정보 장벽의 의미를 이해하고 있으며 이를 준수할 것이라는 내용의 서면 진술을 수임계약의 시작 시점에서 법률사무소에 교부할 것

(k) 법률사무소는 제한집단 내 모든 구성원들이 정보차단장치에 따라 행동하는 것을 금지하거나 방해하거나 또는 그렇게 할 수 있는 어떤 행위도 하지 않을 것임을 약속할 것

(l) 법률사무소는 특정 파트너나 제한집단 내의 다른 적절한 사람 중에서 그 정보차단장치에 대해 전반적으로 책임을 질 사람을 명시할 것

(m) 법률사무소는 구성원들에게 비밀유지 의무와 정보차단장치에 대한 책임에 대하여 공식적이고 정기적인 교육을 실시하거나, 관련 업무에 착수하기 전에 그러한 교육을 실시할 것임을 확실히 할 것

(n) 법률사무소는 우편물의 개봉, 팩스의 수령, 이메일의 전달과 관련하여 비밀정보가 제한집단 외부의 누구에게도 공개되지 않을 것을 보장하는 체제를 운영할 것

이 지침의 문맥에서, '구성원'이란 파트너 변호사와 비서를 포함한 모든 직원을 지칭하는 것이나, 다만 직원 중 그 직무가 컴퓨터시스템이나 이익충돌 관련 규칙의 준수절차의 관리를 포함하고 그러한 직무의 수행중에 접근할 수 있는 정보와 관련하여 일반적인 비밀유지 의무를 부담하는 사람들(관련된 의뢰인을 위한 직무에 달리 참여하지 않는 경우)은 포함하지 않는다.

지침 44(a) 내지 (n)에 따르면 보통법(common law) 상으로도 반드시 충분하다고 판단되리라는 식으로 이 지침을 해석하여서는 안 된다.

45. 제4.04조 또는 제4.05조에 따라 정보차단장치를 세우자고 제안할 경우, 법률사무소는 그 비밀정보가 중요할 수 있는 사건과 관련하여 수임하고 있거나 수임하고자 하는 의뢰인에게 먼저 알려야만 한다. 중요할 수 있는 정보를 법률사무소가 보유하고 있으나 그것을 자신에게 전달하지는 않으리라는 점을 이해한 상태에서 위 의뢰인이 동의를 하여 준 것이 아니라면, 그 법률사무소는 사건을 수임하거나 수임 업무를 계속하여서는 안 된다(제4.04조(1)(a)와 제4.05조(b) 참조). 비록 이 규칙은 서면 동의를 요구하고 있지 않지만, 의뢰인의 입장과 변호사 스스로의 입장 모두를 보호하기 위한 증거 관련 목적에서 서면 동의를 받는 것이 바람직하다.

규칙 제5장: 잉글랜드와 웨일즈에서의 사업관리

도입

규칙 제5장은 법률사무소 또는 사내법률업무의 감독과 관리나, 능력의 유지, 그리고 적절한 서비스를 고객에게 제공하기 위하여 필수적인 내부적 업무체제에 대하여 다룬다. "감독(supervision)"과 "관리(management)"는 각각 직원과 의뢰인의 사건에 대한 직업적 감독과 전체적인 법률사무소나 사내법률업무의 방향과 발전, 그리고 일상적 운영을 일컫는다. 이 규칙은 해외법무업무에 적용되지 않고, 그에 대하여는 규칙 제15.05조를 준수하여야 한다.

대체적으로 이 규칙은 다음과 같은 설시를 목적으로 한다.

(a) 법률사무소나 사내법률업무의 전체적인 관리감독체계에 대한 책임

(b) "감독자격"을 만족시키기 위한 최소한의 요구사항

(c) 의뢰인의 사건을 감독함에 있어 적용되는 최소한의 기준

(d) 양질의 업무수행에 있어 필수적이고, 감독의무와 의뢰인에 대한 다른 의무의 준수에 필수불가결한 것으로 생각되는 업무체제와 관련된 최소한의 요구사항.

규칙

5.01 관리감독책임

(1) 공인된 단체, 그 경영자, 또는 공인된 단독개업변호사는 법률사무소 전체의 효율적 관리를 위한 체제를 구축하여야 하고, 특히 다음을 제공하여야 한다.

(a) 모든 직원에 대한 적정한 감독을 실행하고 의뢰인 사건의 충분한 감독과 지시를 보장하는 법과 행위규범상의 수장의 의무에 대한 단체나 그 경영자의 의무준수;

(b) 자금세탁규제가 적용되는 경우 그 의무준수;

(c) 사무변호사규제기관(SRA)에 의한 증명 · 등록 · 승인, 강행적 전문직 배상책임보험부보(compulsory professional indemnity cover), 회계사보고서의 교부, 사무변호사규제기관(SRA)에 협조하고 정보를 보고할 의무와 같은 핵심적인 규제요구사항에 대한 법률사무소와 개인의 준수

(d) 이익충돌의 파악;

(e) 의뢰인 배려, 비용 정보와 민원 처리에 관한 규칙 제2장(의뢰인과의 관계)의 요구사항의 준수;
(f) 수임업무의 통제;
(g) 문서와 수탁 받은 자산의 보관;
(h) 규칙 제6장(평등과 다양성)의 준수;
(i) 법률사무소에서 근무하는 개인들이 자신들의 업무와 책임수준에 적합한 수준의 능력을 유지할 수 있도록 하는 연수;
(j) 예산, 지출, 현금흐름에 대한 재무적 통제;
(k) 부재 시나 비상사태의 경우에 고객의 업무가 최소한으로 중단되는 정도로의 법률사무소의 업무의 계속성;
(l) 리스크 관리.

(2) 사내법무부서의 장으로 고용된 변호사이거나 등록유럽변호사는 부서 내의 관리감독체제를 구축하여 다음을 제공하여야 한다.
(a) 그러한 사내법률업무를 도와주는 사람들에 관한 충분한 감독과 지시
(b) 수임업무의 통제;
(c) 이익충돌의 확인.

5.02 감독자격을 갖추어야 하는 사람

(1) 다음의 사람들은 감독자격을 갖추어야 한다.
(a) 공인된 단독개업변호사
(b) 공인된 단체의 경영자인 변호사 또는 공인된 단체의 경영자인 법인의 경영자인 변호사
(c) 무료 법률상담소(law centre)의 변호사나 등록유럽변호사
(d) 변호사나, 등록유럽변호사가 어떠한 부서에서건 다음과 같은 일을 하는 경우 한 명의 사내변호사나 사내등록유럽변호사
(i) 공적으로 자금이 지원되는 업무를 하는 경우
(ii) 일반인에게 조언하거나 그들을 대리하면서 변론권 또는 소송수행권을 행사하거나 감독하는 경우

(2) 이 조항 상의 감독자격을 갖추기 위하여서는 다음의 조건을 갖추어야 한다.
(a) 사무변호사규제기관(SRA)이 수시로 이 목적을 위하여 하는 교육을 수료하였을 것; 그리고,
(b) 과거 10년 동안 변호사로서 업무를 수행할 자격을 36개월 이상 가지고 있어야 하고, 사무변호사규제기관(SRA)의 요구시 그 사실을 증명할 수 있을 것

5.03 의뢰인과 일반 대중을 위한 업무의 감독

(1) 공인된 단체, 공인된 단체의 경영자, 공인된 단독개업변호사는 소속 법률사무소가 고객의 사건을 감독하기 위한 시스템을 갖추도록 하여야 한다.

(2) 사내변호사 또는 사내등록유럽변호사로서, 위의 제5.02조(1)(c) 또는 (d)에 의하여 감독자격이 요구되는 변호사는 무료 법률상담소나 사내법무부서가 일반 대중을 위하여 수임한 업무를 감독할 시스템을 갖추도록 하여야 한다.

(3) 제5.03조(1) 및 (2)에 따른 감독시스템은 고객과 일반 대중을 위해 착수한 업무의 수준이 법률사무소, 무료 법률상담소, 사내법무부서 내의 적절한 경험과 능력을 갖춘 사람들에 의해 합리적인 규칙에 따라 점검되는 적정하고 효과적인 절차를 포함하여야 한다.

규칙 제5장에 대한 지침—잉글랜드와 웨일즈에서의 사업관리

본 규칙의 지리적 범위

1. 규칙 제5장은 잉글랜드와 웨일즈의 법률 업무에만 적용된다. 그러나 변호사가 잉글랜드나 웨일즈 밖에서 개업한 변호사이거나 스코틀랜드나 북아일랜드에 사무소를 둔 등록유럽변호사라면 그 법률 업무와 관련하여 규칙 제15.05조를 준수하여야 한다.

규칙 제5.01조에 대한 일반적 지침

2. '(관리감독)체계(arrangement)'라는 용어는 규칙 제5.01조에서 요구되는 성과를 성취하기 위한 모든 시스템, 절차, 진행 과정, 조직의 질서를 포함하기 위하여 폭넓게 사용된다. 이러한 (관리감독)체계가 특정한 형식을 갖추어야 한다는 요건은 없다. 시행방법은 법률사무소의 문제인 것이다. 적정한 (관리감독)체계가 실제로 갖추어지고, 작동한다는 증거가 의무준수를 증명하기 위하여 요구될 것이다. 대부분의 잘 운영되는 법률사무소들은 이미 이를 준수하고 있을 것이다.

3. 일군(一群)의 (관리감독)체계의 적정성을 결정하는 데 있어 고려되어야 할 요소로는 법률사무소의 규모·복잡성을 비롯하여 직원의 숫자·경험·능력, 그리고 수행되는 업무의 성격을 포함할 것이다. (관리감독)체계는 그것이 효과적인지에 대한 주

기적인 재검토 장치를 포함하지 않는다면 적정하다고 평가될 수 없을 것이다.

4. 가장 넓은 의미의 법률사무소에서의 관리에 대한 근본적인 책임은—예를 들어 업무 개발과 사업 효율을 포함하는—공인된 단독개업변호사나 공인된 단체의 경영자 또는 단체에게 있다.

5. 법률사무소는 관리에 있어서의 조직적이고 효과적인 접근에 대한 증거를 생산할 것으로 기대되고, 이는 법률사무소의 다음의 하나 또는 그 이상의 이행을 포함할 것이다:
   (a) 때때로 사무변호사규제기관(SRA) 또는 사무변호사협회(Law Society)에서 감독과 특정 유형의 업무의 수행에 관하여 발행하는 지침;
   (b) 법률사무소 자체의 적정하게 문서화된 표준과 절차;
   (c) 사무변호사협회에서 수시로 장려하는 렉셀 표준(Lexcel standard)이나 다른 법무관리표준;
   (d) 사무변호사회계규칙(Solicitors' Accounts Rules 1998)의 부록 3으로 발행된 회계절차와 체제를 위한 지침;
   (e) BS EN ISO 9000나 Investors in People의 표준과 같은 외부표준, 또는 공적자금이 지원되는 업무의 수행에 관련하여서는 법률서비스위원회(Legal Services Commission)가 요구하는 자질 표준
   (f) 법률센터나 자선 또는 비슷한 비상업적인 자문서비스에 의하여 고용된 사내변호사나 사내등록유럽변호사의 경우 관리위원회나 무료 법률상담소연합(Law Centres Federation) 또는 그에 상당하는 "포괄" 단체("umbrella" organization)가 제정한 관리 기준과 절차

6. 일상적인 법률사무소의 관리는 적절한 경험과 능력이 있고, 적합하며 경영자 역할을 수행하기에 적정한 피고용자에게 위임할 수 있다. 법률사무소는 필요할 경우 이를 증명할 수 있어야 한다.

7. 1974년 사무변호사법(Solicitors Act)의 제41조 내지 제44조는 변호사, 등록유럽변호사 또는 공인된 단체에 의한 특정인의 고용이나 보수에 대하여 제한을 부과한다.
   (a) 제명되거나 자격 정지된 변호사나 등록유럽변호사를 고용하거나 그에게 보수를 주기를 원하는 변호사, 등록유럽변호사, 공인된 단체 위 법 41조에 따라 사무변호사규제기관(SRA)으로부터 승인을 얻어야 한다. 변호사는 사무변호사규

제기관(SRA)에 특정 변호사나 등록유럽변호사가 제명되거나 자격 정지되었는지 확인할 수 있다.

(b) 사무변호사 징계위원회(Solicitors Disciplinary Tribunal)나 사무변호사규제기관(SRA)은 위 법 제43조에 따라 어떠한 법률 업무에 관련되거나 관련되었던 자에 대하여 서면 승인 없이는 장차 어떠한 변호사, 등록유럽변호사 또는 공인된 단체에 의하여 고용되거나 보수를 받지 못하도록 명령할 수 있다. 그러한 승인은 사무변호사규제기관(SRA)에 의하여 주어지거나 보류될 수 있다. 변호사는 사무변호사규제기관(SRA)에 43조에 따른 명령이 존재하는지 조사할 수 있다.

법과 행위규범상의 의무준수—5.01(1)(a)

8. 수장은, 법과 행위규범 상, 전 직원에 대한 합당한 통제를 포함하여 법률사무소에 관하여 책임을 진다. 이 규칙은 공인된 단체나 그 경영자 그리고 공인된 단독개업변호사에게 행위규범으로서 이러한 의무를 부과한다. 예를 들어, 만약 특정한 업무가 무자격의 직원에 의하여 수행될 것으로 예상된다면, 그것은 단지 법에 의하여 당해 업무를 수행할 것으로 허용된 사람의 지시나 감독 하에서만 수행될 수 있다{1974년 사무변호사법(Solicitors Act 1974) 제22조(2A), 제23조(3), 1985년 사법행정법(Administration of Justice Act) 9조(4), 1999년 이민 및 망명법(Immigration and Asylum Act) 제84조(2)(e), 2007년 법률서비스법(Legal Services Act) 부록 3의 1(7)항, 3(3)항과 4(2)항 참조}. 따라서 공인된 단체, 그들의 경영자, 공인된 단독개업변호사는 법령의 요구사항을 충족할 수 있는 (관리감독)체계를 갖추어야 한다. 이는 예를 들어 부동산소유권이전 업무의 수행이 다음과 같은 경영자에 의하여서는 감독되지 않음을 의미한다:

(a) 등록외국변호사, 법률 경영자, 특허 대리인, 상표대리인, 법률비용전문변호사나 비법률가; 또는

(b) 유럽공동체(변호사업무)규정{European Communities(Lawyer's Practice) Regulations 2000(SI 2000/1119)} 12조에 따라 위와 같은 감독 업무를 할 수 있는 자격을 취득하지 못한 등록유럽변호사.

9. 이 규칙 하에서는 공인된 단체, 공인된 단체의 경영자, 그리고 공인된 단독개업변호사는 모든 직원의 작위와 부작위에 대하여 그것의 승인 여부와 상관없이 책임이 있다. 직원을 감독할 의무는 근로계약 하에 고용된 사람뿐 아니라 예를 들어

고문, 임시대리인, 옥외사무원과 같이 법률사무소를 대리하여 업무를 수행하는 계약을 통해 고용된 자도 포함한다. 직원이 자격을 잘 갖추었다 하더라도, 직원에게 전적으로 맡김으로써 법률사무소에 의하여 수행된 업무의 책임을 변호사가 회피할 수 없다.

10. 전체적인 감독구조에 대한 책임은 공인된 단체나 그의 경영자, 또는 공인된 단독개업변호사에게 있다. 이는 예를 들어 직원의 전문지식을 관련된 업무에 합치하도록 하여 당해 업무가 가장 적정한 사람에 의하여 감독될 수 있게 하는 것을 포함한다. 고객이나 일반 대중을 위한 업무의 일상적인 감독에 대한 더 상세한 요구사항은 규칙 제5.03조에 설시되어 있다.

11. 조직상으로 감독 업무는 수립된 보고와 책임의 구조 내에서 위임될 수 있다. 그러나 아래에 설명하는 사항에 대한 신중한 고려가 있어야 한다.

12. 만약 법률사무소가 하나 이상의 사무소를 운영할 경우, 공인된 단체와 그 경영자 또는 공인된 단독개업변호사는 법률사무소 전체에 관하여 (관리감독)체계의 적절성을 증명할 수 있어야 한다. 이는 가령 재택근무자, 전화근무자, 고객을 방문하거나 법정이나 경찰서 또는 일주일 동안 수 시간만 개방하는 자문실에 출석하는 자, 전시회장의 영업소에 직원을 두는 것과 같이 전통적인 사무소에 근무하지 않는 직원에 대한 감독과 관리를 포함한다.

13. 일반적인 지침으로서, 사무소나 직원에 대한 경영자의 비율이 낮거나 한 법률사무소 내에 사무소나 직원의 수가 많을수록 공인된 단체나 그 경영자 또는 공인된 단독개업변호사에게는 그들의 관리감독체계의 적정성을 증명하는 것이 큰 부담이 될 것이다. 예를 들어, 한 개업변호사가 더 많은 직원을 고용할수록 그는 감독 절차에서 더 높은 수준으로 본인이 직접 관여할 것이 기대되고, 이는 특히 그 직원들이 경험이 적거나 무자격일 때 더욱 그러하다.

자금세탁—5.01(1)(b)

14. 2007년 자금세탁규정(Money Laundering Regulations, SI 2007/2157)(그리고 그에 부수적인 규제들)과 사무변호사협회에서 발행한 의무준수에 관한 지침을 볼 것

중요 규제 의무의 준수 – 5.01(1)(c)

15. 규칙 제5.01조(1)(c)의 목적은 변호사에게 중요 규제 의무를 준수하는 (관리감독) 체계를 수립하도록 요구함으로써 법률사무소의 지배구조에 대한 집합적인 책임을 조성하는 것이다. 이는 다음을 보장하기 위한 (관리감독)체계를 포함한다.
   (a) 법률사무소 내의 모든 변호사는 개업증명서를 가지고 있어야 하고 (고용된 변호사가 그 증명서를 가지고 있을 필요가 없는 예외적인 경우를 제외함–규칙 제20.02조 참조) 그 개업증명서는 필요한 경우 즉시 갱신될 것;
   (b) 법률사무소 내의 변호사 중 설립 지침{Establishment Directive(규칙 제24장 참조)}에 따라 영국 내에서 등록할 의무가 있고 다른 영국의 규제기관에 등록하지 않은 모든 변호사는 등록유럽변호사로 등록하고, 그 등록은 필요할 경우 즉시 갱신할 것;
   (c) 이 규칙에 의하여 등록외국변호사로 등록될 필요가 있는 법률사무소 내의 모든 변호사는 등록외국변호사로 등록하고 그 등록은 필요할 경우 즉시 갱신할 것;
   (d) 법률사무소 내의 경영자인 변호사와 지분소유자는 이 규칙들 하에서 그러한 역할을 맡을 자격이 있을 것(규칙 제14장 참조);
   (e) 인가단체규정(Recognised Bodies Regulations)의 규정 3 하의 승인의 효력으로만 경영자 자격을 부여받은 모든 경영자는 그러한 승인을 받았을 것;
   (f) 법률사무소 내의 경영자나 지분소유자인 법인은 그러한 역할을 수행할 자격이 있을 것;
   (g) 법률사무소가 조합이나 법인일 경우 공인된 단체로서의 승인을 득할 것, 그리고 그 승인은 필요할 경우 매년 즉시 갱신되어야 하고 규칙 제14장(공인된 단체)의 요구사항을 준수할 것
   (h) 법률사무소가 사무변호사배상책임보험규칙을 준수할 것;
   (i) 회계사보고서가 변호사회계규칙에 따라 공표될 것;
   (j) 법률사무소는 사무변호사규제기관(SRA)에 법률사무소 내의 변호사, 등록유럽변호사 또는 등록외국변호사의 업무장소의 변경을 통지할 것(그들은 1974년 사무변호사법 제84조 상의 법적 의무를 진다).

16. 이러한 의무사항 중 일부는 (개업증명서나 등록의 갱신과 같이) 각 변호사, 등록유럽변호사, 등록외국변호사나 공인된 단체의 본인에 관한 의무를 반영한다. 이 점에 있어서 규칙 제5.01조(1)(c)가 공인된 단체나 그 경영자 그리고 공인단독개

업변호사를 목표삼은 것이라는 사실이 개개인의 변호사, 등록유럽변호사 또는 등록외국변호사의 책임을 경감시켜주지 않는다. (관리감독)체계의 정확한 성격은 법률사무소가 직접 결정한다. 규칙 제20.02조(개업증명서) 참조

17. 단독개업변호사나 법률사무소의 경영자인 변호사는 연간 회계사보고서의 발간을 포함하여 변호사회계규칙을 준수할 개인적인 책임이 있다. 비록 변호사가 부기를 법률사무소 내의 다른 사람에게 대신하게 하였다 할지라도 그 규칙들을 준수하는데 실패한다면 변호사는 징계책임을 진다. 징계조치의 성질은 위반의 심각성과, 변호사가 그 위반을 알았거나 알았어야 했던 정도에 달려 있다. 유사하게, 조합이나 법인의 경우 공인된 단체 그 자체는 회계사보고서를 발행하는 것을 포함하여 직접 변호사회계규칙을 준수할 책임을 지고, 그 자체로 징계조치에 취해질 수 있다.

18. 사내변호사 또는 사내등록유럽변호사가 고객의 금전을 수령하거나 보관하는 경우, 변호사회계규칙을 준수하여야 하고 회계사보고서를 제출하여야 한다.

이익충돌의 파악—5.01(1)(d)

19. 법률사무소는 고객비밀의 유지와 같은 이익충돌을 파악하고 회피하고 비밀유지 의무와 공개 의무 사이의 갈등을 처리하기 위하여 체계적인 접근방법을 도입하여야 한다. 변호사의 (관리감독)체계가 다룰 필요가 있을 종류의 쟁점들을 파악하는데 도움이 될 수 있도록 규칙 제3장(이익충돌)과 규칙 제4장(비밀유지와 고지 · 공개)의 지침을 볼 것

고객 배려, 비용 정보와 민원처리에 관한 제2장의 요구사항의 준수—5.01(1)(e)

20. 이 규칙은 규칙 제2.02조, 제2.03조 그리고 제2.05조의 준수가 법률사무소의 시스템과 절차의 수준에서 이루어지는 것을 보장하기 위한 목적으로 제정되었다. 변호사가 의무준수에 적정한 (관리감독)체계를 갖추고 있다면 직원 중의 한 명이 그러한 수립된 절차를 따르지 않더라도, 변호사는 제5.01조(1)(e)를 만족시킨 것이다. 하지만, 규칙 제2.02조, 제2.03조 그리고 제2.05조의 심각한 위반이나 반복되는 경미한 위반은 규칙 제5.01조(1)(e) 하에서 요구되는 효과적인 (관리감독)체계를 갖추지 못하였음을 나타낼 수도 있다.

수임업무의 통제-5.01(1)(f)

21. 변호사의 (관리감독)체계가 다룰 필요가 있을 종류의 사안들을 인식하는 데 도움이 될 수 있도록 규칙 제10.05조(약속)와 그 규칙에 대한 지침을 볼 것

문서와 자산의 보관-5.01(1)(g)

22. '문서(documents)'와 '자산(assets)'이라는 용어는 예컨대 고객의 금전이나 유언장, 증서, 투자, 기타 고객 및 제3자가 법률사무소에 맡긴 재산을 포함하는 의미로 비전문적인 방식으로 해석되어야 한다.

23. 법률사무소의 (관리감독)체계의 상세한 내용은 제반사항을 고려하여 변호사가 결정할 문제일 것이다. 그러나 최소한의 요구사항으로서 변호사는 문서와 자산의 소유자가 누구인지 그리고 무슨 사건과 관련된 것인지 파악할 수 있어야 한다.

평등과 다양성-5.01(1)(h)

24. 평등과 다양성, 그리고 차별의 회피에 대한 지침을 위하여서는 규칙 제6장(평등과 다양성)을 볼 것

법률사무소에서 근무하는 개인들이 자신들의 업무와 책임수준에 적합한 수준의 능력을 유지할 수 있도록 하는 훈련-5.01(1)(i)

25. 능력(Competence)이란 필수적인 지식, 기술, 그리고 이해를 이용하여 업무나 역할을 필요한 수준에서 수행하는 능력을 말한다. 규칙 제5.01조(1)(i)의 목적은 법률사무소의 경영/관리 차원에서, 법률서비스 제공에 관여하는 법률사무소 구성원들의 능력 수준이 보장되는 시스템을 갖추도록 하는 데 있다. 결과적으로 규칙 제5.01조(1)(i)는 유지되어야 할 능력 수준을 공급하는 (관리감독)체계를 갖추는 것에 초점을 맞추고, 이를 행하는 가장 좋은 방법의 결정은 법률사무소에 맡기는 것이다. 대부분의 법률사무소가 이미 그러한 (관리감독)체계를 갖추어 실시중일 것으로 예상된다.

26. (관리감독)체계의 성격은 각 개인의 업무와 책임의 수준에 따라 상당히 다를 수

있다. 그러나 만약 규칙 제5.01조(1)(i)의 위반이 주장된다면 예를 들어 고용, 진행중인 업무의 평가, 그리고 연수에 관한 법률사무소의 절차 내에 능력에 관한 사항들이 반영되었음을 나타내는 증거가 요구될 것이다.

법률사무소는 또한 어떠한 직원이 행위규범의 일부 또는 전부에 대한 연수가 필요한지 고려하여야 한다. 규칙들은 피고용자들에게 적용되지만(규칙 제23장 참조) 그 효과는 업무의 성격이나 당해 피고용자의 책임에 따라 다를 것이다. 모든 피고용자는 고객의 사건을 기밀로 유지할 필요가 있음을 알아야 할 것이다.

27. 연수는 능력의 유지에 있어 필수불가결한 요소이다. 규칙 제5.01조(1)(i)는 (관리감독)체계가 연수규칙을 포함할 것이라고 가정하지만 어떠한 특정한 요구사항도 정하고 있지 않다. 연수는 각자의 업무나 책임과 관련하여 어떠한 종류이든 상관이 없고, 적정한 방법이라면 어떠한 방법으로도 이루어질 수 있다. 예를 들어, 연수는 직무수행중 연수, 멘토링 계획, 사내 연수, 개인연수 등을 포함할 수 있다. 그것이 의무적인 지속적 직업개발 계획(compulsory continuing professional development scheme, CPD)이거나 그 과정에의 참가를 요구하지는 않는다.

28. 규칙 제5.01조(1)(i)는 능력 있는 서비스를 제공할 수 없을 경우 그를 수행하기를 거부할 개인의 의무를 감경하지 않고, 지속적 직무개발(CPD) 계획에 따르는 의무를 벗어날 수 있도록 허용하는 것이 아니다.

29. 규칙 제5.01조(1)(i)는 적합한 (관리감독)체계를 갖추는 것으로 제한된다. 따라서 한 번 규제를 충족시키지 못한다고 하더라도 통상 규제 위반이 되는 것은 아니다. 그러나 변호사가 법률사무소의 고용, 진행중인 업무의 평가와 연수에 관한 (관리감독)체계에서 능력에 관한 사항을 경영 차원에서 체계적으로 처리하지 않는다면 변호사는 규칙 제5.01조(1)(i)를 위반하게 될 것이다.

30. 규칙 제5.02조 하의 감독자격을 갖추기 위한 목적의 연수는 사무변호사규제기관(SRA)에서 수시로 특정하는 종류의 것임을 명심하여야 한다(아래의 지침 44 참조).

예산, 지출, 현금흐름에 대한 금전적 감독—5.01(1)(j)

31. 공인된 단체나 그 경영자, 또는 공인된 단독개업변호사가 법률사무소의 금융에 관한 (관리감독)체계에 대한 충분한 감독을 수행하지 않는다면 고객의 금전은 위

험에 처할 확률이 높아진다. 규칙 제5.01조(1)(j)의 목적은 특정한 금융시스템을 규정하거나 변호사가 일상적인 금융운영을 적절한 직원에게 위임하는 것을 막으려는 것이 아니라 금융 감독이 전체적인 관리구조에서 이뤄지도록 하려는 것이다. 이는 또한 법률사무소가 금융 관리를 수행할 때 미래를 예상하여 그들의 책임을 다하고 자원을 적절히 계획할 수 있음을 알 수 있도록 보장하는 것을 돕는다. 다만, 어떠한 회계와 관리정보시스템은 그것들이 과거의 정보만을 다루는 경향이 있음으로 인하여 위의 점에서 도움이 되지 않는다는 것을 주의하여야 한다.

부재 시나 비상사태의 경우에 법률사무소 업무의 계속—5.01(1)(k)

32. 소속 법률사무소의 업무가 변호사의 부재에도 불구하고 고객의 사업에 최소한의 중단만을 한 채로 수행되도록 할 계속적 의무가 있다. 따라서 변호사의 관리감독체제는 어떠한 부재의 기간(예를 들어 휴가나 병가의 경우)에도 법률사무소를 운영토록 하여야 한다. (관리감독)체계는 고객과 타인에 대한 의무가 완전히 될 수 있도록 하여야 한다. 만약 변호사가 단독개업변호사나 단독경영자라면 변호사는 변호사의 사망이나 영구적인 장애의 경우를 대비하여 감독자격 있는 변호사(또는 등록유럽변호사)에 의하여 업무가 수행되도록 하는 충분한 준비를 하여야 한다.

33. 법률사무소 내에서 규칙 제5.02조에 의한 "감독자격"을 갖춘 유일한 변호사가 한 달 이상 출타하는 경우에는, 통상 감독자격을 갖춘 다른 사람을 두어야 제5.01조(1)(k)를 준수할 수 있다.

34. 변호사회계규칙의 규칙 제23장에 의하면 고객계좌에서의 인출은 특정한 권한 없이는 이루어질 수 없다. 백지수표에의 서명은 특정권한의 수여가 아니기 때문에 백지수표가 직원에 의하여 후일의 완성을 위해 남겨질 경우 이 규칙은 준수될 수 없다.

35. 변호사가 예측하지 못한 상황에 대응하기 위한 적정한 (관리감독)체계를 미리 완성하지 못하였다면, 고객의 업무를 처리함에 있어 그리고 변호사 사업의 운영에 있어 곤란이 발생할 수 있다. 예를 들어, 어떠한 고객이 긴급한 조력을 구하며 사무소에 출석할지도 모르고, 변호사의 부재에도 불구하고 회계사의 보고서가 제출되어야 한다거나 개업증명서가 신청되어야 한다거나 책임보험에 가입하여야 할 수 있다. 따라서 단독개업변호사이거나 유일한 경영자인 변호사는 그가 복귀할

때까지 충분히 경험 있고, 법률 업무를 처리할 권한이 있는 다른 변호사나 등록유럽변호사가 법률사무소를 감독하도록 해야 한다. 변호사는 변호사의 은행에 이러한 합의를 미리 통지하여 변호사 부재 시 업무 처리 할 변호사나 등록유럽변호사가 의뢰인 계정과 사무실 계정을 운영할 수 있도록 하여야 한다.

36. 단독개업변호사의 부재가 개업증명서의 기간을 넘어서 계속된다면 그는 다른 변호사가 당해 변호사의 개업증명서 신청절차를 완료하도록 사무변호사규제기관(SRA)으로부터 허가를 얻을 수 있다. 만약 당해 변호사가 개업증명서를 계속 유지한다면 그 변호사의 성명은 단지 자신의 전문사무용품상에서만 단독개업변호사로서 표기될 수 있다.

37. 단독개업변호사가 제명되거나 자격이 정지된 경우 그는 의뢰인, 거래은행, 보증인 그리고 사무변호사규제기관(SRA)에 통지하여야 하고 의뢰인은 자신들의 사건이 어떠한 영향을 받을지 통보받아야 한다. 변호사는 법률 업무를 계속할 수 없을 것이다. 제명이나 자격정지의 순간부터(최소한, 예를 들어 자격정지가 취소될 때까지) 변호사의 사무실은 폐쇄되거나 그렇지 않으면 가령 다른 변호사나 등록유럽변호사가 인수하는 등으로 처분되어야 한다. 그 변호사에게는 단독개업변호사로서의 자격이 주어지지 않을 것이기 때문에 그가 소유자로 남아 있는 한, 제명이나 자격정지 당한 때에 다른 변호사나 유럽변호사가 법률사무소의 일상 업무의 관리를 인수하는 것으로는 충분하지 않다. 만약 그 사무실이 다른 법률사무소에 인수된다면 사무변호사규제기관(SRA)의 서면승인이 있는 경우를 제외하고는 (1974년 사무변호사법 제41조 참조) 변호사는 제명중이거나 자격정지중에 그 법률사무소에 의하여 고용되거나 보수를 받을 수 없다. 변호사의 지위가 잘못 표시되지 않도록 종전법률 업무와 관련된 어떠한 서신교환에도 주의를 기울일 필요가 있다. 예컨대 자격이 정지되면 비개업 사무변호사가 된다. 만약, 제명되면 더 이상 사무변호사가 아니다.

38. 단독개업변호사가 업무를 중단하기로 결정한 경우 그는 의뢰인들에게 통지하여 그들이 다른 변호사를 선임할 수 있도록 하여야 한다. 고객에의 통지 해태는 위법행위나, 부적절한 직업서비스 또는 과실이 될 수 있다. 만약 변호사가 은퇴를 생각하고 있다면 변호사직업윤리지도팀으로부터 지침을 받을 수 있다.

리스크 관리—5.01(1)(l)

39. 법률사무소는 그 운영의 각 분야에 관한 리스크를 평가할 (관리감독)체계를 갖추어야 한다. 이 규칙의 목적은 리스크가 법률사무소의 전체적인 관리구조 내에서 처리될 수 있도록 하는 것이다. 법률사무소의 시스템 내에서 예측되지 않은 리스크가 현실화되더라도, 반드시 규칙 제5.01조(1)(l)의 위반이 되지는 않는다. 리스크관리체제가 법률사무소의 리스크에 대한 분석을 주기적으로 재검토하지 않는다면, 이는 적정한 것으로 평가받기 힘들 것이다.

40. 이상적으로는 관리감독체계의 범위는 직업적 과실에서 비롯되는 리스크에 한정되는 것이 아니라, 모든 종류의 고객, 또는 사업과 연관된 리스크에까지 확장되어야 한다. 리스크를 예시한다면 민원(민원 장부를 포함); 고객과 관련된 신용 리스크; 데이터 보호와 같은 문제에 관련된 법률 하에서의 청구; IT 실패와 남용; 사무소에 대한 손해를 포함할 것이다.

사내법률업무—5.01(2)

41. 사내법무부서의 장인 변호사는 규칙 제5.01조(1)에서 요구하는 모든 (관리감독)체계를 갖출 필요는 없다. 하지만, 변호사는 규칙 제5.01조(2) 하에서 다음을 보장하기 위한 (관리감독)체계를 갖추어야 한다.
   (a) 일반 대중을 위한 업무가 충분하게 감독될 것, 그리고 만약 부서 내의 자격없는 직원이 변호사가 해야 할 업무를 수행한다면, 그들이 그러한 업무를 수행할 자격 있는 사람에 의하여 감독될 것, 그리고 그 업무는 자격 있는 자의 이름으로 행해질 것;
   (b) 부서원들이 맡은 업무는 그들이 사무변호사나 등록유럽변호사인지와 상관없이 적절하게 주어지고, 수행될 수 있을 것(사내법무부서의 장은 그러한 업무를 수행하는 데 있어 일차적인 책임을 지게 될 것이다); 그리고
   (c) 이익상충이 인식될 것

감독자격—5.02

42. 규칙 제5.02조의 목적은 적절한 경험을 가진 최소한 한 사람이라도 법률사무소 {또는 무료 법률상담소(law centre)나 제5.02조(1)(c) 또는 (d)에 포함되는 사내법

률업무)의 운영에 대한 책임을 지게 함으로써 일반 대중을 보호하고자 하는 것이다. 여기에 포함된 책임은 특정한 업무의 감독보다는 법률사무소의 관리에 관련되어 있고, 따라서 규칙 제5.02조 하의 감독자격 있는 자는 법률사무소에 의하여 수행되는 모든 업무를 감독할 법적인 권한을 개인적으로 가지고 있을 필요는 없다. 그러나 그 개인의 책임의 중요한 부분은, 적절한 자격을 갖춘 자의 감독을 받는 경우가 아닌 한, 무자격자가 지정된 업무를 수행하지 않도록 하는 것이다. 위의 지침 8 참조.

43. 개별적인 경우 적용이 면제될 수 있다. 신청자는 규칙 제5.02조의 목적을 고려할 때 제반사정이 그 규칙으로부터의 일탈을 정당화할 수 있을 정도로 충분히 예외적이라는 사실에 대하여 사무변호사규제기관(SRA)을 납득시켜야 한다. 신청은 변호사직업윤리지도팀에 대하여 하여야 한다.

44. 현재 사무변호사규제기관(SRA)이 정한 연수는 최소한 12시간의 출석 또는 참가를 포함한 관리기술에 대한 학습 과정이나 학습프로그램에 대한 출석 또는 참가이다. 그 요구사항을 만족시키기 위하여 그 과정이나 프로그램은 지속적 직업계발계획(CPD)으로 인정받을 필요는 없다. 그러한 과정이 비정상적이거나 관리연수의 주류를 벗어나는 것이 아니라면 보통 그 과정이나 프로그램의 수강 전에 사무변호사규제기관(SRA)에 확인할 필요는 없다. 변호사직업윤리지도팀의 조언을 구할 수 있다.

의뢰인과 일반 대중을 위한 업무의 감독—5.03

45. 규칙 제5.03조는 우선 공인된 단체나 그 경영자, 또는 공인된 단독개업변호사를 목표로 하고 있다. 다음으로, 이 규칙은 변호사가 일반 대중을 위하여 일하고 규칙 제5.02조(1)(c)나 (d) 하에서 감독자격자의 역할을 수행하는 사내변호사나 사내 유럽변호사인 경우에 적용된다.

46. 적절히 경험 있고 유능한 사람이 규칙 제5.03조 하의 감독을 수행하여야 한다. 그러한 사람은 특별한 자격을 유지하거나 법률 업무를 특정 시간 동안 하였을 필요는 없지만, 특정한 상황에서는(예를 들어 단독개업변호사가 하나의 사무소 이상을 소유하는) 이는 규칙 제5.03조를 준수하고 있는지 결정시 고려요소일 수 있다.

47. 규칙 제5.03조 하에서 고객의 사건을 감독하는 자는 업무의 질과 수행의 문제를 파악할 수 있는 충분한 법 지식과 경험을 필요로 할 것이다. 그러나 당해 업무 분야에서 전문가일 것을 요구하지는 않을 것이다. 규칙 제5.03조 하에서 조사되는 당해 직원의 수련, 자격, 그리고 경험은 그러한 조사를 수행하는 사람이 요구하는 전문성의 수준과 종류에 대한 평가와 관련될 것이다.

48. 규칙 제5.03조는 집이나 가상사무소를 포함하여 직원이 어디서 근무하든지 고객을 위한 업무를 감독할 것을 요구한다.

49. 감독은 본래 내부적 기능이다. "법률사무소나 무료 법률상담소 또는 사내법무부서 내"라는 용어는 변호사의 통제 밖으로 감독을 위임하지 않고 본질적으로 법률사무를 담당하는 자가 감독을 수행하도록 하기 위하여 들어간 것이다.

50. 민원이 제기되면, 변호사는 업무점검절차가 "적정"하고, "효과적"이며 "합리적인 규칙성"을 가지고 행하여짐을 증명하여야 할 것이다. 관련된 요소들은 법률사무소나 무료 법률상담소 또는 법무부서의 규모와 복잡성; 업무의 성격; 업무를 수행하는 개인의 경험과 책임의 정도를 포함할 것이다.

51. 규칙 제5.03조는 의뢰인사건 처리와 무관한 사업개발이나 업무관리에는 적용되지 않는다.

52. "고객과 일반 대중을 위한 업무"의 감독은 의뢰인의 금전을 취급하거나 규칙 제2장(의뢰인과의 관계)의 준수를 포함하는 업무의 모든 면을 포괄한다.

규칙 제6장: 평등과 다양성

도입

규칙 제6장은 법률사무소와 사내법률업무에 있어서의 차별을 막기 위해서 제정되었다. 이 규칙은 해외 법률 업무에는 적용되지 않지만 해외 법률 업무를 하는 변호사들은 규칙 제15.06조(평등과 다양성)와 규칙 제1.02조(청렴성)를 반드시 따라야 한다. 이 규칙에 포함된 의무들은 반차별법을 준수할 의무를 대체하는 것이 아니라 그에 추가되는 것이다.

규칙

6.01 차별하지 않을 의무

(1) 변호사는 법률사무소 경영자 · 피고용자 · 다른 변호사 · 고객 · 제3자와의 직무상 관계에 있어서 합법적인 이유 없이, 차별대우하거나 다음을 근거로 희생시키거나 괴롭혀서는 안 된다.
  (a) 인종 또는 인종 집단(피부색, 국적 그리고 민족 또는 태생을 포함)
  (b) 성별(배우자 유무, 성전환, 임신, 모성과 부성을 포함)
  (c) 성적 지향(동성혼인관계를 포함)
  (d) 종교 또는 신앙
  (e) 나이
  (f) 장애

(2) 변호사는 장애가 있는 피고용자, 파트너, 구성원, 이사 또는 고객들이 장애가 없는 사람들과 비교하여 실질적인 불이익 속에 놓이는 것을 방지하기 위해 모든 상황 속에서 합리적인 조치와 조정들을 취해야 한다.

6.02 위반의 증거

변호사가 당사자인 절차에서 위법한 차별행위를 했거나, 했다고 간주하는 영국의 법원 또는 법정의 결정은 이 규칙 위반의 증거로 간주되어야 한다.

6.03 평등과 다양성 정책

공인된 단체, 그 단체의 대표자 또는 공인된 단독개업변호사는 법률사무소에서 차별과 괴롭힘을 방지하고 평등과 다양성을 촉진시키는 적절한 정책을 반드시 채택하고 이행해야 한다. 변호사는 반드시 모든 피고용자들, 파트너들, 구성원들과 이사들이 그 조항들을 인지하고, 그에 따라 행동하도록 하고 또한 그 정책이 의뢰인들, 사무변호사규제기관(SRA)과 그것이 요구되는 다른 관련된 제3자들에게 제공될 수 있도록 하기 위한 모든 합리적인 조치를 취해야 한다.

6.04 사내법률업무

사내법률업무에 있어 관리책임을 지는 변호사는 반드시 부서에서 차별을 방지하고 평등과 다양성을 촉진하는 적절한 정책의 채택 및 이행을 보장하기 위한 모든 합리적인 노력을 다해야 한다. 그는 반드시 그 부서의 모든 직원들이 그 조항들을 인지하고 그에 따라 행동하도록 하기 위한 모든 합리적인 조치를 취해야 한다.

6.05 적용면제

제22.01조(1)에도 불구하고, 사무변호사규제기관(SRA) 이사회는 이 규칙의 어떤 조항들도 적용면제할 권한을 가지지 아니한다.

6.06 용어의 의미

의무의 여지가 없도록, 규칙들에서 다르게 정의되지 않는 한, 이 규칙에 사용된 용어들은 법에서 정해진 의미를 갖는다.

규칙 제6장에 대한 지침—평등과 다양성

1. 다음의 정보들은 명확화와 지침을 위한 것이다. 법적 쟁점들과 관련된 부분들은 그 해석에 관한 설명을 제시하거나 개념을 새롭게 정의하기 위한 것이 아니고, 단지 법에 대한 개관을 제공하기 위한 것이다. 이것은 변호사를 안내하기 위한 것이고 구속적인 행동의 방침을 규정할 것을 의도한 것이 아니다.

차별하지 않을 의무—6.01

규칙의 적용 범위

2. 일반법의 문제로서, 변호사는 반드시 차별 관련 입법에서 제시된 요구들을 준수해야 하고, 이 규칙에 포함된 조항들이 변호사의 법적 의무들을 대체하는 것이 아니라 그에 추가되는 것이라는 것을 인지해야 한다.

3. 이 규칙은 변호사에게 두 가지 별개의 요구를 하고 있다.
   (a) 변호사는 그의 직무수행과정에서, 제6.01조(1)에 규정된 상황 하에서 동 조항에 규정된 사람들을 합법적인 이유 없이 차별하거나 희생시키거나 괴롭히지 않아야 하고,
   (b) 장애가 있는 법률사무소의 경영자들, 피고용자들 또는 고객들 또는 사내변호사 또는 등록유럽변호사의 고객들이 장애가 없는 사람들과 비교하여 불이익속에 놓이는 것을 방지하기 위해 합리적인 조정을 할 것

4. 이 규칙에 포함된 조항들이 입법 조항들에 기초하고 있을지라도, 변호사는 이 규칙은 수많은 핵심 영역과 특히 연령차별과 관련된 영역에 있어서의 법률의 적용범위를 넘어선다는 것을 인지해야 한다.
   특히 변호사는 이 규칙이 제6.01조(1)에서 언급된 사람들에 대해 언급된 모든 사정들로 인한 차별대우를 삼갈 것을 요구한다는 것을 주의해야 한다. 단지 특별한 상황에서 발생하는 차별에 대해서도 이러한 요구에는 제한이 없다. 그러므로 가령 연령차별을 다루는 법이 현재 고용과 직업훈련에만 관련되어 있다고 하더라도 이 규칙은 법정변호사들, 다른 변호사들, 고객들 또는 제3자들과의 모든 직무상 관계에 적용된다.
   하지만 제6.01조(2)에 제시된 장애에 대한 합리적인 조정과 관련된 조항들은 고객들, 피용자들 그리고 법률사무소의 경영자들을 위한 조정에 제한된다는 것을 주의해야 한다.

5. 다음의 쟁점들을 주의해야 한다:
   (a) 연령에 근거한 차별은 동성혼인관계, 성전환, 임신, 모성과 부성에 근거한 차별을 하지 않아야 하는 요구들과 마찬가지로 현재 이 규칙에 포함되어 있다.
   (b) 이 규칙은 언급하지 않지만, 그럼에도 불구하고 변호사는 일정기간 고용근로

자와 시간제 근로자들과 관련된 차별 관련 고용 쟁점들, 탄력적 근무 시간제에 대한 요구들, 그리고 노동조합 활동들에 대한 참여나 자제와 관련된 조항들에 대해 알고 있어야 한다.

(c) 비록 이 규칙이 1998년 인권법에서 제시된 쟁점들에 대해 다루고 있지 않지만(특히 변호사가 공공 부문에서 일을 한다면) 변호사는 이에 대해 알고 있어야 한다.

(d) 이 규칙은 해외 법률 업무에는 적용되지 않지만, 그럼에도 불구하고 변호사는 전적으로 또는 부분적으로 대영제국 외에서 이루어지는 고용과 관련된 2005년 고용평등(성차별)규정(SI 2005/2467) 제11조와 그 조항이 성차별 및 평등한 보수에 적용될 가능성에 대해 알아야 한다.

(e) 비록 이 규칙이 구체적으로 다루고 있지 않지만, 변호사의 법률 업무에 영향을 미치는 한도 내에서는 2006년 인종 및 종교혐오법의 조항들에 대해서도 알아야 한다.

(f) 이 지침의 "고용주"와 "고용"이란 용어들은 보통의 일상적 의미로 사용되며 규칙 제24장(해석)에 정의된 바와 같이 사용되지 않는다.

(g) "합법적인 이유 없이"란 용어는 법에 의해 허용된 예외나 차별이 왜 발생하는지 정당화할 수 있는 사정 등 지침 11 및 12, 13에서 다루고 있는 것이 아닌 사정으로 차별이 발생함을 의미한다.

무엇이 차별인가?

6. 차별은 어떤 사람이 합법적인 이유 없이 동일하거나 유사한 상황 속에서 다른 사람이 대우받거나 대우받을 것보다 불리하게 대우받는 경우에 발생한다.

7. 어떤 사람이 차별되지 않아야 할 기준은 다음과 같다:
   (a) 인종 또는 인종 집단(피부색, 국적 그리고 민족 또는 국가적 태생을 포함)
   (b) 성별(배우자 유무, 성전환, 임신, 모성과 부성을 포함)
   (c) 성적 지향(동성혼인관계)을 포함
   (d) 종교 또는 신앙
   (e) 나이
   (f) 장애

   이러한 용어들은 이 규칙에서 법에 있는 것과 같은 의미를 가진다.

8. 특히 변호사는, 다음 사항을 유의해야 한다:

(a) 인종이나 인종집단에 근거한 차별은 피부색, 국적 그리고 국가적 또는 민족적인 태생에 기초한 차별을 포함한다.
(b) 성차별은 다음과 같은 사람에 대한 차별을 포함한다:
 (i) 결혼 상황에 근거한 기혼자 차별
 (ii) 성전환 수술을 받으려 하거나, 받고 있거나 받았던 사람
 (iii) 임신 또는 모성에 근거한 여성 차별
 (iv) 부성에 근거한 남성 차별
(c) 변호사는 1970년 평등보수법(Equal Pay Act 1970)의 조항들의 적용을 받는다.
(d) 성적 성향은 레즈비언, 게이, 양성애자에게 적용되는 것과 동일하게 이성애자에게도 적용된다; 성적 성향에 근거한 차별은, 동성혼인관계에 있다는 이유로 차별하는 것을 포함한다; 실제 성적 성향뿐만 아니라 인식된 성적 성향에 근거해서도 차별이 일어날 수 있음을 주의해야 한다.
(e) 장애는 광의로 정의되며 질병과 관련된 스트레스(해당원인으로 인정받기 위해 "임상적으로 널리 인정된" 것일 필요는 없으며), (에이즈나 암과 같이) 진단이후로 진행하는 질병, (인슐린에 좌우되는 당뇨병 같이) 약에 의해 통제되지 않으면 중대하게 되는 질병 그리고 학습 장애나 사람의 상호작용이나 의사소통을 제한하는 난독증 같은 상태를 포함한다.
(f) 종교나 신앙은 (인문주의와 같이) 종교와 유사한 철학적인 믿음을 포함한다.
(g) 연령은 모든 연령을 의미하는데, 고령뿐 아니라 배우자의 연령과 같이 다른 사람의 연령에 근거한 차별도 포함할 수 있다. 실제의 연령뿐 아니라 인식된 연령에 근거해서도 차별이 있을 수 있음을 주의해야 한다.

9. 차별은 직접적 차별, 간접적 차별, 괴롭힘, 희생, 불리한 대우를 포함하는 다양한 형태가 있다. 변호사가 이 규칙의 의무들을 해석할 때는 법에 정해진 의미에 의지해야 하지만 각 차별에 대한 간단한 요약은 다음과 같다.

10.
(a) 직접적 차별은 한 사람이 다른 사람을 다음과 같은 이유로 불리하게 대하는 경우에 발생한다:
 (i) 인종 또는 인종 집단(피부색, 국적 그리고 민족 또는 국가적 태생을 포함)
 (ii) 그들의 성(배우자 유무, 성전환, 임신, 모성과 부성을 포함)
 (iii) 성적 지향(동성혼인관계를 포함)
 (iv) 종교 또는 신앙

(v) 나이

(vi) 장애

그리고, 연령차별의 차원에 관하여서만, 문제되는 (차별)대우가 정당화되었다고 입증될 수 없다.

어떤 사람을 다른 이유들로, 가령 그들이 업무를 충실히 수행하지 못했기 때문에 불리하게 대하는 것은 그러한 대우의 실제적 이유가 위에서 언급한 것들 중 하나이거나 그를 포함하는 것이 아닌 한 일반적으로 직업적 위법행위의 차별로 여겨지지 않을 것이다.

(b) 간접적 차별은 모두에게 적용되는 조항, 기준, 관행, 요건이나 (적절한) 조건이 특정한 사람이나 그룹에게 다음과 같은 이유로 불이익을 가져오는 경우 발생한다.

(i) 인종 또는 인종 집단(피부색, 국적 그리고 민족 또는 국가적 태생을 포함)

(ii) 그들의 성(배우자 유무, 성전환, 임신, 모성과 부성을 포함)

(iii) 성적 지향(동성혼인관계를 포함)

(iv) 종교 또는 신앙

(v) 나이

그리고 그런 방식으로 조항, 기준, 관행, 요건 또는 조건을 적용하는 것은 입법목적을 달성하기 위한 균형 잡힌 수단으로 보일 수 없다.

간접적 차별과 관련된 조항들은 장애를 근거로 한 차별에는 적용될 수 없다는 것을 주의해야 한다.

간접적 차별은 조항, 기준, 관행 또는 조건을 적용하는 사람이 그에 영향을 받는 사람이나 단체에 대한 차별을 의도했는지 여부를 불문하고 발생할 수 있다.

(c) 괴롭힘(Harassment)은 한 사람이 다른 사람에게 "협박적인, 적대적인, 품위를 떨어뜨리는, 굴욕적인 또는 공격적인 환경을 만들 목적을 갖거나 그런 결과를 초래하는 원치 않는 행위"{2005년 고용평등(성차별)규정(Employment Equality (Sex Discrimination) Regulations)으로 개정된 1975년 성차별법(Sex Discrimination Act)의 제4A조(1)}, 다른 말로는 다른 사람의 존엄성을 침해하거나 굴욕적인, 협박적인 또는 적대적인 환경을 만들어내는 위협적인, 학대적인 또는 모욕적인 행동, 언어나 행위를 하게 하는 경우에 발생한다. 괴롭힘은 물리적인 행위나 언어적 비언어적인 의사소통과 제스처를 포함할 수 있다. 괴롭힘은 가해자의 의도와 상관없이 피해자에게 분명한 효과—피해자에게 중요한 괴롭힘을 가하는 효과—를 가져올 때 발생한다. 가령, 장난스럽게 또는 악의적인 의도 없이 한 말도 그 대상이 된 사람이 괴롭힘을 당하는 효과를 낳는다면 괴롭힘을 구성할 수 있다.

괴롭힘의 발생여부를 판단하는 데 있어서 변호사는 충분한 심각성을 가진 1회적 행위가 그렇듯 일련의 사소한 행위나 평가도 괴롭힘이 될 수 있음을 알아야 한다. 하지만, 불평 받는 행위는 반드시 괴롭힘의 수준에 이르러야 한다. 변호사는 1975년 성차별법의 4A조(1)(b)의 조항들이 성희롱에 대한 것임을 알아야 한다.

(d) 희생(Victimisation)은 다음과 같은 이유로 불리하게 대우받을 때 발생한다.
   (i) 제6.01조에 규정된 금지 사항에 근거한 차별을 받지 않을 권리를 주장한 점
   (ii) 다른 사람에게 제6.01조에 규정된 금지 사항에 근거한 차별을 받지 않을 것을 주장하도록 도운 점 또는,
   (iii) 그러한 권리 주장과 관련된 법정이나 법원의 증거를 제시한 점

   보호는 선의로 이루어진 주장에만 적용된다.

(e) 장애인차별과 관련하여, 불리한 대우는 장애를 가진 사람이 장애가 없는 사람이라면 그렇게 대우받지 않을 상황에서 손해를 입는 방식으로 대우받을 때 발생한다. 따라서 가령, 장애 때문에 수임을 하는 데 더 많은 시간이 요구된다는 이유로 장애인 고객에게 비장애인 고객보다 더 많은 보수를 요구하는 것은 불리한 수임조건을 제시하거나 수임 조건을 거부하는 것처럼 불리한 대우이다.

(f) 합리적인 교정을 하지 못하였음은 장애인차별과 관련하여 사용되는 또 다른 개념이다. 변호사는 모든 상황 속에서 고용 합의, 파트너, 구성원, 이사와 고객들을 위한 합의, 변호사의 사업수행과 서비스 제공의 전제가 정당한 이유 없이 비장애인에 비하여 장애인에게 실질적인 불이익을 가하지 않도록 합리적인 조치들(교정)을 해야 할 의무가 있다.

   이하는 합리적인 교정을 할 때 염두에 두어야 할 점이다:
   (i) 교정할 의무는 독립적인 것이며 다른 형식의 불리한 대우나 차별의도를 요하지 않는다.
   (ii) 의무는 적극적인 것이다—장애인이 그들이 마치 장애가 없는 것처럼 고용기회나 서비스에 접근할 수 있도록 하기 위한 적극적인 조치를 취할 것을 요한다.
   (iii) 교정이 필요한 경우 교정비용은 반드시 변호사가 부담해야 하는 것이고, 지급액이나 추가비용 또는 불편리한 서비스 등으로 장애인 고객에게 전가할 수 없다.
   (iv) 의무는 합리적인 교정을 할 의무이다—만일 교정이 합리적이지 않은 것이면 그러한 교정을 할 의무는 없다.
   (v) 교정비용이 보수나 당해 사건으로부터의 수익을 초과한다는 사실이 그 자

체로 그 교정을 불합리한 것으로 만들지는 않는다. 보다 관련된 요인은 법률사무소의 자원이다.

(vi) 교정은 물리적인 교정일 필요는 없다—그것은 고객들이 변호사의 건물에 올 수 없는 경우에 그들의 집을 방문하는 것과 같은 단순한 근로 관행의 변화일 수도 있다. 그리고

(vii) 교정은 항상 1회적 행위인 것은 아니다—그것은 수많은 경우에 필요할 수도 있는데, 가령 심각한 청력 장애를 가진 고객에게 권고할 때 영국 기호 언어 해석자들의 서비스를 이용하는 것을 들 수 있다. 교정이 계속하여 합리적인 한, 그 비용은 반드시 변호사가 부담해야 한다.

허용된 예외들과 정당화될 수 있는 차별

11. 법률이나 이 규칙을 위반하지 않고 차별이 허용되는 상황이 있다. 어떤 경우에는 차별의 본질과 정당화될 수 있는 범위에 따라 달라지고, 어떤 경우에는 입법의 특별한 예외로서 허용된다. 아래에 간단한 설명이 있지만, 두 가지 경우 모두 이 규칙의 의무들을 해석함에 있어 변호사는 법이 부여한 의미에 의지해야 한다.

12. 입법에 의해 허용되는 예외로는 널리 진정 직업 자격(Genuine Occupational Qualifications: GOQs)과 진정 직업 요건(Genuine Occupational Reguirements: GORs)이라 불리는 것들이 있다. 이것들은 인종, 성별, 성적 성향, 종교나 신앙, 그리고 연령에 기초한 차별 등에 적용된다. GOQs과 GORs의 예외는 장애를 기초로 한 차별이다. 이것은 문제되는 차별이 합리적인 것으로 보일 수 있는지에 따라 달라진다.

13. 특정한 상황에서는 변호사는 제6.01조에서 금지하는 기준에 근거한 차별일지라도 차별을 정당화할 수 있다.

(a) 직접적 차별은 연령차별이 아니고서는 정당화될 수 없다(연령차별의 경우에도 반드시 정당한 목적을 달성하기 위한 비례적인 수단이어야 한다).

(b) 간접적 차별에 관하여는, 모두에게 적용되지만 어떤 개인이나 단체에게는 불이익을 주는 조항, 기준, 관행, 요건 또는 조건을 정당한 것으로 보는 것이 가능할 수 있다. 그렇게 하기 위해서는, 변호사는 특히 다음을 보여야 한다:

(i) 차별의 목적으로 적용한 것이 아니어야 한다.

(ii) 요구되는 목적을 달성하기 위해 적정하고 필요한 것이어야 한다. 그리고

(iii) 정당한 목적을 달성하는 수단이 적정하고 필요한 것이어야 한다.

고객 및 제3자와의 관계

14. 수임거절이 제6.01조에 열거된 사항에 근거하지 않는 이상 변호사는 일반적으로 수임 여부를 결정할 자유가 있다. 변호사는 소송대리변호사로서 사건 수임을 거절할 수 있는 상황을 제한하고 있는 제11.04조(소송대리변호사로서의 수임거절)와 의뢰인 사건의 수임을 다루는 제2.01조(의뢰인으로부터의 수임)에 대해서도 주의해야 한다.

15. 변호사는 그들의 실력, 경험 그리고 능력에 기초하여 법정변호사를 선임해야 하며, 그들을 제6.01조의 기준에 근거하여 선임하거나 선임을 기피하거나 법정변호사 서기관에게 그렇게 하도록 요구 또는 장려하는 것은 불법이다.

16. 변호사는 일반적으로 유명한 법정변호사를 선임해달라는 의뢰인의 요청에 따라야 한다(다만, 사건의 특정한 유형에 대한 그 법정변호사의 적합성을 논의해야 할 의무가 있다). 법정변호사 선택에 관한 의뢰인의 지시가 제6.01조에 열거된 사항에 근거한다면, 변호사는 의뢰인에게 그들의 지시를 수정하라고 권해야 한다. 만약 의뢰인이 이를 거부한다면, 불법행위에 대한 조력은 금지되기 때문에 변호사는 그 의뢰인을 위해 행동하는 것을 중지해야 한다.

17. 법정변호사 선임에 관하여, 이 규칙에 더하여, 변호사는 다음에 포함되어 있는 수임요청, 수임요청의 철회, 수임요청의 수락과 관련된 조항들에 따라야 한다.
    (a) 1976년 인종관련법 제26A조(3)
    (b) 1975년 성차별법 제35A조(3)
    (c) 1995년 장애인차별법 제7A조(3)
    (d) 2003년 고용평등(종교 또는 신앙)규정(SI 2003/1660) 제12조(4)
    (e) 2003년 고용평등(성적 성향) 규정(SI 2003/1661) 제12조(4); 그리고
    (f) 2006년 고용평등(연령) 규정(SI 2006/1031) 제15조(4).

18. 만약 변호사가 법률사무소 안에서 다른 사람들에 의해 고용되기에 적합하다고 여겨지는 계약자들, 대리인들 그리고 다른 제3자들의 명단 또는 데이터베이스를 유지한다면, 변호사는 그러한 명단 또는 데이터베이스가 다음과 같다는 것을 보증해야 한다.
    (a) 특정한 유형의 사건을 수임하기 위한 그들의 능력에만 기초하여 수집되었다

는 점

(b) 제6.01조에 열거된 사항에 기초한 어떠한 차별적인 편견도 포함하지 않는다는 점

파트너와 조합(Partnership)

19. 법률사무소의 파트너의 지위와 관련하여, 변호사는 파트너들 또는 잠재적인 파트너들을 차별해서는 안 된다. 이 규칙의 조항들에 더하여, 변호사는 다음에 포함되어 있는 파트너로서의 지위 관련 차별에 관한 조항들에 따라야 함을 주의해야 한다:
   (a) 1976년 인종관련법 제10조
   (b) 1986년 성차별법 제1조(3)에 의해 개정된 1975년 성차별법 제11조
   (c) 1995년 장애인차별법 제6A조, 제6B조, 제6C조
   (d) 2003년 고용평등(종교 또는 신앙)규정(SI 2003/1660) 제14조
   (e) 2003년 고용평등(성적 성향)규정(SI 2003/1661) 제14조
   (f) 2005년 고용평등(성차별)규정(SI 2005/2467) 제14조; 그리고
   (g) 2006년 고용평등(연령)규정(SI 2006/1031) 제17조

20. 변호사는 또한 직무관계 종료 후의 차별을 금지하고 직원과 경영자들 모두에게 적용되는 다양한 조항들을 따라야 한다. 이것은 가령, 어떤 사람을 위해 추천장을 줄 때에 그 추천장이 어떠한 방식으로든 차별적이거나 차별적 성격의 논점들에 영향 받은 것으로 보이지 않도록 주의해야 한다.

위반의 증거—6.02

21. 고용재판소에 의한 위법한 차별의 결정들이 차별을 포함하는 위법행위의 주장의 이유 유무를 판단하는 데 있어서 사무변호사규제기관(SRA)이나 변호사징계위원회를 구속하지 않을지라도, 그러한 결정들은 징계절차에서 증거로 제출될 수 있다. 사무변호사규제기관(SRA)나 징계위원회는 반드시 변호사에 대한 차별의 주장이나 결정이 위규행위가 되는지 여부를 판단해야 한다. 판단의 출발점은 그러한 결정이 위규행위가 일어났다는 강력한 표시를 나타낸다는 것이고 변호사는 그러한 결정에도 불구하고 왜 위규행위가 없었는가를 보여 주어야 한다.

평등과 다양성 정책—6.03

22.

(a) 변호사가 이 규칙의 조항들을 따르는 것을 장려하고, 경영자들과 피용자들 역시 그렇게 하도록 하는 것을 돕기 위하여, 소속 법률사무소는 평등을 촉진하고 차별을 방지하고 발생할 수 있는 어떠한 경우의 차별도 다루기 위한 적절한 성문의 정책을 채택하고 이행할 것이 요구된다.

(b) 적절한 정책이 되기 위해서는 반드시 다음과 같아야 한다:

(i) 성문이어야 한다;

(ii) 당해 법률사무소에 적합한 조항들을 포함해야 한다.(그것의 특징과 규모를 반영하여)

(iii) 최소한, 다음의 핵심 사항을 다루고 있어야 한다:

(A) 법률사무소가 어떻게 정책을 시행하고, 의사소통하고, 감시하고, 평가하고 갱신할 것인가의 계획

(B) 법률사무소가 피고용자들, 경영자들, 고객들 그리고 제3자들에 관한 평등과 이것과 관련된 절차나 정책들을 감시하고, 평가하고 갱신할 방법들을 어떻게 보장할 것인가

(C) 불만과 징계의 쟁점들을 어떻게 다룰 것인가

(D) 모든 피용자들과 경영자들이 제6.01조에 규정된 조항들을 따른다는 요건

(E) 평등과 다양성의 원칙과 법률상 요건 준수의 약정

(iv) 핵심 사항들과 충돌하는 어떠한 추가적인 사항도 포함하지 않아야 한다.

(c) 정책을 채택하고 시행하는 데 있어서 변호사는 다음을 알아야 한다:

(i) 변호사의 법률사무소의 규모와 특징을 반드시 고려해야 하며 변호사가 채택하고 시행할 어떠한 정책도 변호사의 법률사무소에 적합한 조항들을 포함하고 있어야 한다.

(ii) 변호사는 모든 경영자들과 피고용자들이 정책에 포함된 조항들을 알고 그에 따라 행동하도록 해야 한다. 그들의 주의를 끌지 않는 정책은 적절한 정책이라 할 수 없다.

그 정책이 효과적인 방법으로 경영자들과 피고용자들의 주의를 끌기 위해서는, 변호사는 직원들에게 평등과 다양성의 요구에 응하는 훈련과 정보를 주기 위해 신경 써야 할 것이다. 고객, 사무변호사규제기관(SRA) 또는 다른 관련된 제3자가 그들에게 제공될 정책의 등사를 요청한다면, 변호사

는 반드시 합리적인 기간 내에 해야 한다.

(iii) 변호사의 실무에 있어서 평등과 다양성의 필요가 때때로 변할 수 있기 때문에, 변호사는 정책의 적합성을 지속적으로 관찰하여야 하고 필요한 변경을 하여야 한다.

사내법률업무—6.04

23. 사내법률업무에서 관리책임을 맡은 변호사나 등록유럽변호사는 단독개업변호사나 법률사무소의 경영자로서 차별을 방지하고 평등 및 다양성을 촉진하기 위한 방법들을 공식화하고, 채택하고 이행하는 것과 동일한 기회를 갖지 못하기가 쉽다. 하지만 변호사는 특히 그 자신의 부서 안에서는 시행되는 그런 조치들에 영향을 미칠 기회가 있을 것이다.

24. 사내법률업무를 담당하는 변호사는 차별을 방지하고 그의 부서에서의 평등과 다양성을 촉진하는 적절한 정책의 채택 및 이행을 보장하기 위한 최선의 노력을 다할 것이 요구된다. 변호사는 또한 가능한 한, 그의 부서내의 피고용자들이 조항들을 알고 그에 따라 행동하도록 해야 한다. 그러나 변호사가 그것을 할 수 없을 때는, 직무상 위규행위의 부담을 지지는 않을 것이다.

25. 제6.01조에 열거된 사항에 근거한 차별의 위법행위의 주장이 있고, 변호사가 관리책임을 진다면, 변호사는 적절한 정책의 운용을 할 수 없었던 이유에 대해 타당한 이유를 제시할 것이 요구될 것이다.

26. 다른 모든 점에서 별도로 개업한 사무변호사와 같은 정도로 이 규칙의 조건들을 준수할 것이 요구된다.

규칙 제7장: 광고(Publicity)

도입

변호사는 소속 법률사무소나 자신의 변호사 업무를 이 규칙이 정하는 요건에 따라 자유롭게 광고할 수 있다. 해외 업무에 대하여는 규칙 제15.07조에 의하여 수정되어 적용된다.

규칙

7.01 오해를 불러일으킬 우려가 있거나 부정확한 광고

광고행위는 오해를 불러일으킬 우려가 있는 것이거나 부정확한 것이어서는 안 된다.

7.02 보수에 관한 광고의 명확성

변호사 또는 소속 법률사무소의 보수와 관련된 광고 내용은 명확하게 표현되어야 한다. 잉글랜드와 웨일즈에서 변호사 업무를 할 경우 비용과 부가가치세가 보수에 포함되어 있는지 여부를 명백히 하여야 한다.

7.03 요청 받지 않은 대면이나 전화

(1) 변호사는 요청 받지 않고 일반인에 대한, 대면 또는 전화 접촉을 통해 소속 법률사무소나 자신의 변호사 업무를 광고해서는 안 된다.

(2) "일반인"은 다음을 포함하지 않는다.

(a) 현재 또는 과거의 의뢰인

(b) 다른 법률사무소 또는 그 경영자

(c) 직업적 또는 사업적으로 현재나 가까운 미래에 관련이 있거나 있을 자

(d) 상업적 조직 또는 공적인 단체

7.04 광고의 국제적 측면

잉글랜드와 웨일즈 이외의 관할지역을 겨냥한 광고는 다음에 따라야 한다.

(a) 규칙 제7장의 규정들(및 적용 가능한 경우에는 제15.07조)

(b) 해당 관할지역 내에서 유효한 변호사 광고 관련 규정들

해당 관할지역 내에서 허용된 광고가 우연히 그러한 것이 허용되지 않는 관할지역에 전달되었을 경우 규칙 제7.04조에 위반하는 것은 아니다.

7.05 광고에 대한 책임

변호사는 다른 사람에게, 소속 법률사무소 또는 자신의 변호사 업무의 광고를 규칙 제7장에 어긋나는 방식으로 행하도록 허락할 수 없다.

7.06 적용 범위

(1) 규칙 제7장은 변호사 또는 소속 법률사무소가 아래 사항과 관련된 변호사 업무의 시작 또는 계속 수행을 위해 행하거나 승인하는 모든 광고에 적용된다.

(a) 법률사무소 또는 변호사 자신의 업무

(b) 변호사 또는 소속 법률사무소가 수행하는 다른 사업이나 활동

(c) 다른 사람이 수행하는 다른 사업이나 활동

(2) 변호사의 소속 법률사무소 명칭과 설명 · 사무용품 · 광고물 · 책자 · 웹사이트 · 전화번호부상 표시 · 미디어 노출 · 홍보 목적의 보도자료 · 잠재적인 고객 및 기타 사람들과의 직접 접촉을 포함한 모든 형식의 광고에 있어서, 그것이 직접 대면 · 서면 · 전자적 방식에 따른 접촉 중 어떤 방법에 의하여 수용되었는지를 불문하고 규칙 제7.01조 내지 제7.04조가 적용된다.

7.07 편지지머리말, 웹사이트 및 이메일

(1) 공인된 단체 또는 공인된 단독개업변호사의 편지지머리말, 웹사이트, 그리고 이메일은 반드시 '사무변호사규제기관(SRA)의 규제를 받음'이라는 문구 및 다음 중 어느 하나를 포함해야 한다.

(a) 법률사무소가 LLP(유한책임파트너십) 또는 회사인 경우 등록명과 번호

(b) 조합(partnership)인 법률사무소거나 단독개업변호사인 경우, 사무변호사규제기관(SRA)의 공인을 받을 때 사용된 명칭과 사무변호사규제기관에 의하여 할당된 번호

(2)

(a) 공인된 단독개업변호사의 편지지머리말은 그 변호사의 이름을 포함해야 한다.

(b) 20명 이하의 파트너들로 구성된 조합(partnership)인 공인된 단체의 편지지머리말은 그 파트너들의 명단을 포함해야 한다.

(c) 20명이 넘는 파트너들로 구성된 조합인 공인된 단체의 편지지머리말은 다음 중 하나를 포함해야 한다.

(i) 파트너들의 명단

(ii) 사무실에서 파트너들의 명단을 검사할 수 있다는 언급

(d) 유한책임조합(LLP)인 공인된 단체의 편지지머리말은 다음 중 하나를 포함해야 한다.

(i) 구성원들이 구성원으로 표시되어 있는, 구성원들의 명단

(ii) 사무실에서 구성원들의 명단을 검사할 수 있다는 언급

(e) 한 명의 이사만이 있는 회사인 공인된 단체의 편지지머리말은 이사의 이름을 이사로 표시하여 포함해야 한다.

(f) 두 명 이상의 이사만이 있는 회사인 공인된 단체의 편지지머리말은 다음 중 하나를 포함해야 한다.

(i) 이사로 표시되어 있는, 이사들의 명단

(ii) 사무실에서 이사들의 명단을 검사할 수 있다는 언급

(3) 공인된 단체의 경영자에 변호사 아닌 사람이 포함될 경우 이 규칙에서 말하는 명단은 다음을 반드시 준수하여야 한다.

(a) 사무변호사는 사무변호사라고 표시할 것

(b) 영국을 제외한 설립지침 적용국의 변호사 또는 공증인의 경우

(i) 해당 변호사나 공증인이 업무를 하고 있는 관할지역을 기재할 것(상황에 따라 국가 또는 지역 단위로)

(ii) 관련 설립지침 적용국의 공식 언어로 직업상 명칭을 기재할 것

(iii) 만약 변호사가 등록유럽변호사일 경우 해당 변호사의 사무변호사규제기관(SRA)에의 등록을 인용할 것

(c) 다른 모든 변호사들의 자격 요건들을 표시할 것, 그리고 위 (b)에 포함되지 않은 등록외국변호사가 자격을 취득한 국가 또는 관할지역을 표시할 것

(d) 비변호사는 변호사가 아님을 표시할 것

(e) 명칭으로부터 명확하지 않다면, 해당 법인의 성격을 표시할 것

(4) 법률사무소나 사내변호사의 업무에 사용되는 편지지머리말에 등록유럽변호사의 성명이 기재될 경우 항상 규칙 제7.07조(3)(b)를 따라야 한다.

(5) 규칙 제7.07조의 편지지머리말은 팩스커버 머리말도 포함한다.

규칙 제7장에 대한 지침—광고

규정의 지리적 적용 범위

1.
(a) 규칙 제7장은 잉글랜드나 웨일즈 또는 해외에서의 변호사 업무에 관한 모든 광고 활동에 적용된다. 다만 해외에서의 업무와 관련된 광고에 관하여는 이 조항들은 규칙 제15.07조에 의하여 수정된다.
(b) 규칙 제7장은 영국 이외의 유럽연합 국가 내의 사무소에서 행해지는 변호사 업무의 웹사이트, 이메일, 문자메시지 기타 유사한 전자적 의사교환에 적용되지 않는다(규칙 제15.07조(2) 참조).
(c) 규칙 제7.07조(편지지머리말, 웹사이트, 그리고 이메일)는 잉글랜드와 웨일즈 이외의 지역 내 사무소에서 행해지는 변호사 업무와 스코틀랜드와 북아일랜드에서 행해지는 등록유럽변호사의 업무에 적용되지 않는다. 그러나 규칙 제15.07조(3)은 준수되어야 한다.

일반적 사항

2. 규칙 제7장은 전문가로서의 업무를 수행하는 과정에서 찾아볼 수 있는 의뢰인 및 일반 대중과 업무를 수행하는 자의 양자 사이에 존재하는 지식의 불균형에 대해 다양한 관점에서 언급한다. 변호사가 의뢰인이나 일반 대중이 변호사 자신 또는 소속 법률사무소, 그리고 변호사의 업무에 대한 규율에 대해 알아야 할 정보를 충분히 숙지할 수 있도록 확실히 한다거나, 오해를 불러일으킬 우려가 있는 광고와 사업을 위한 부적절한 접촉을 금지하는 것이 그 예이다.

경미한 위반에 대한 지역 변호사 단체의 관여

3. 이 규칙을 위반한 행위가 심각한 수준이 아니라면 사무변호사규제기관(SRA)은 지역 변호사 단체로 하여금 해당 위반사항을 관련 변호사들에게 알릴 것을 권한다. 그러나 심각하거나 지속적인 위반이 있을 경우 그 사안은 변호사규제기관에 보고되어야 한다.

법률사무소를 식별할 수 있게 하는 표시

4. 2009년 3월 31일에 개정된 규칙 제7.07조(1)은 공인된 단체 및 공인된 단독개업변호사의 편지지머리말과 팩스커버 머리말, 웹사이트 및 이메일에 적용된다. 이 규칙에 따른 효과는 다음과 같다.
   (a) 단독개업변호사는 공인받을 때 사용된 사무변호사규제기관 부여 번호(SRA number)와 이름을 명시해야 한다.
   (b) 조합(partnership)은 공인받을 때 사용된 사무변호사규제기관 부여 번호와 명칭을 명시해야 한다.
   (c) 유한책임조합(LLP) 또는 회사는 회사등록기관(Companies House)으로부터 받은 등록번호와 상호를 명시해야 한다.

법률적 요건과 자발적 준수사항

5. 변호사는 다음을 포함하는 광고에 관한 일반 법령을 준수해야 한다.
   (a) 광고 내용과 관련하여 '1974년 소비자신용법'(Consumer Credit Act 1974)에 따라 만들어진 규정들
   (b) 오해를 불러일으킬 우려가 있는 가격 표시에 관한 '1987년 소비자보호법'(Consumer Protection Act 1987) 제20조와 제21조
   (c) 사무용품 등에 표시된 파트너들의 명단과 업무 관련 주소 등에 대한 '1985년 사업명칭법'(Business Names Act 1985)
   (d) 사무용품 등에 표시된 회사명 기타 세부 사항에 대한 '2008년 회사의 거래상 공개에 관한 규정'{Companies (Trading Disclosures) Regulations 2008 (SI 2008/495)}
   (e) 저당권 설정 관련 광고에 대한 '1989년 소비자신용 (광고) 규정'{Consumer Credit (Advertisements) Regulations 1989 (SI 1989/1125)}
   (f) 비교광고에 대한 '2000년 오해를 불러일으킬 우려가 있는 광고의 규제에 관한 규정'{Control of Misleading Advertisements (Amendment) Regulations 2000 (SI 2000/914)}
   (g) 1998년 데이터보호법(Data Protection Act 1998)
   (h) '유럽연합의 전자상거래지침'(E-Commerce Directive 2000/31/EC)과 '2002년 전자상거래지침 관련 규정'(Electronic Commerce {EC Directive) Regulations 2002 (SI 2002/2013)}

(i) 유럽연합의 '프라이버시와 전자거래 지침 관련 규정'{Privacy and Electronic Communications (EC Directive) Regulations 2003 (SI 2003/2426)}

6. 변호사는 또한 영국 광고·판촉·직접마케팅 규약(British Code of Advertising, Sales Promotion and Direct Marketing, 약칭하여 '광고규약')을 준수해야 한다. 광고규약의 주된 원칙은 대중매체를 통한 광고들이 합법적이고 적절하게, 정직하고 진실에 합치하게 이루어지도록 하기 위함이다. 그 이상의 정보는 영국의 광고표준기구(Advertising Standards Authority)의 웹사이트에서 확인할 수 있다.

7. 광고규약에 대한 위반은 곧 규칙 제7장 또는 다른 행동강령의 위반으로 이어질 수도 있으나 항상 그런 것은 아니다. 예를 들어, 광고표준기구에 의해 광고규약에 어긋나는 것으로 판정된 광고는, 이의제기가 있을 경우 사무변호사규제기관(SRA)에 의해 오해를 불러일으킬 우려가 있거나 부정확한 광고를 금지하는 규칙 제7.01조를 위반하는 것으로 판단될 수 있다.

광고에 대한 책임—7.05

8. 변호사가 자신 또는 소속 법률사무소에 대한 광고가 규칙 제7장을 위반함을 알았을 경우, 광고를 변경하거나 철회하는 등 적절한 조치를 취해야 한다.

보수에 관한 광고의 명확성—7.02

9. 보수와 관련된 광고는 오해를 불러일으킬 우려가 있거나 부정확해서는 안 되며 명확하게 표현되어야 한다. 다음 지침 10 내지 12의 사례들이 이를 준수하는 데에 도움이 될 수 있을 것이다.

10. 보수의 예상액을 '정산 후 보수잔액', 즉 변호사가 제3자로부터 받을 수 있는 수수료(예컨대 양로보험가입에 대한 수수료)를 공제한 금액으로 제시할 때에는 특별한 주의를 기울여야 한다. 이러한 상황에서 제시할 보수는 보수 총액으로 하여야 한다.

11. 다음은 규칙 제7.01조와 제7.02조를 위반한 광고의 예이다.
    (a) 추정 보수를 비현실적으로 낮은 수준으로 책정한 광고
    (b) 추정 보수 또는 고정액 보수에 변호사의 선지급비용을 추가로 청구하는 것으

로 표시하여 광고하고, 우편요금이나 전화요금과 같은 일반 간접비에 해당하는 항목까지 선지급비용으로서 청구하는 경우

(c) 부동산양도 업무를 위하여 추정 보수 또는 고정액 보수를 광고한 후, 대출자를 위하여 수행된 업무를 포함하여 관련 저당권부 대출이나 상환 업무에 대하여 추가로 보수를 청구하는 경우. 다만 그러한 광고가 "부가가치세, 선지급비용, 저당권 관련 청구 및 대출자를 위하여 수행된 업무에 대한 보수는 제외한다"라는 문구를 사용한 경우와 같이 추가적인 청구액이 지급될 수도 있음을 명확히 한 경우는 그러하지 않다.

12. 할인의 제안은 분명한 보수율이 제시되지 않을 경우 오해를 불러일으킬 우려가 있다. 만일 변호사가 무료로 업무를 수행할 것을 광고한다면 이는 참으로 아무런 대가도 받지 않는 경우이어야 하고 다른 사항(예컨대 추후 다른 사건을 수임한다거나 기타의 혜택을 받는 경우)을 조건으로 내건 경우가 아니어야 한다. 또한 공익 차원에서 무료로 서비스를 제공할 것을 광고한다면, 의뢰인에게 어떠한 보수도 청구할 수 없다. 다만 조건부 보수약정이 이용되었고, 법률사무소가 의뢰인의 상대방이나 기타 제3자의 비용상환의 형태로 받거나 아니면 '보수분담약정'에 따라 자선단체에 지급되는 것은 예외이다.

자선단체에 보수를 기부할 것을 동의할 경우

13. 특정 사건에 관한 법률사무소의 보수의 전부 또는 일부를 자선단체에 기부한다고 광고했을 경우에는 반드시 그 사항을 지켜야 한다. 변호사가 조건부 보수약정 하에서 수임한 때에, 의뢰인의 상대방이나 기타 제3자의 비용상환의 형태로 받은 보수를 자선단체에 기부할 것을 동의한 때에도 마찬가지이다.

법률사무소의 명칭

14. 경영자들 중 사무변호사가 없음에도, 법률사무소의 명칭 또는 설명에 '사무변호사'라는 단어를 포함하는 것은 오해를 불러일으킬 우려가 있는 것이 된다.

15. 단독 개업한 변호사가 '~와 파트너들' 또는 '~와 소속 변호사들'과 같은 법률사무소의 명칭을 사용하는 것은, 그 법률사무소에 실제로 둘 이상의 파트너가 존재한 경우가 아닌 이상 오해를 불러일으킬 우려가 있는 것이 된다.

전자상거래, 이메일 및 웹사이트

16. 유럽연합의 전자상거래지침(E-Commerce Directive 2000/31/EC)은 유럽연합 내에서 국제적 전자상거래(이메일과 웹사이트 포함)에 관하여 모두 적용된다. 유럽연합의 다른 모든 국가에서 이러한 웹사이트에 접속하는 것이 가능하므로, 결국 웹사이트를 가진 회사라면 모두 이 지침의 적용을 받는다.

17. 유럽연합의 지침에 의해 시행되는 '2002년 전자상거래지침 관련 규정'(Electronic Commerce (EC Directive) Regulations 2002 (SI 2002/2013))은 웹사이트를 방문하거나 해당 법률사무소로부터 이메일을 수신하는 사람들에게 일정한 정보를 제공할 것을 요구한다(예컨대 소송과 같이 위 지침의 적용 범위를 벗어날 때는 예외). 여기서 제공해야 할 정보란 다음과 같다.
    (a) 법률사무소가 등록된 전문인 단체(professional body)에 관한 세부 사항(지침 18 참조).
    (b) 변호사의 직업상 명칭과 그러한 직업상 명칭이 부여된 회원국. 법률사무소의 파트너 · 구성원 · 이사들이 잉글랜드와 웨일즈의 변호사인 경우에는 그러한 사실을 기재하거나, 그들 파트너 · 구성원 · 이사 각자들의 직업상 명칭과 자격을 부여한 관할지역을 열거하는 것이 바람직하다.
    (c) 변호사가 사무실을 설립한 회원국 내에서 법률사무소에 적용 가능한 직업윤리 규칙에 관한 인용과 그러한 규칙에 접근할 수 있는 수단(지침 18 참조).

18. 만약 변호사가 영국 내에 사무실을 설립하였다면 (예를 들어 사무소가 영국 내에 위치한 경우), 소속 법률사무소가 사무변호사규제기관(SRA)에 의하여 규제 받고 있다고 말하는 것은 적절하다. 적용 받는 규칙에 대해서는 사무변호사규제기관의 웹사이트를 링크(www.sra.org.uk/solicitors/code-of-conduct.page)해 두는 것이 바람직하다. 변호사가 영국 이외의 다른 설립지침 적용국 내에 설립된 경우, 관련된 전문인 단체는 그 변호사가 설립지침에 따라 등록된 해당 지역의 변호사협회나 단체이며, 이때 적용되는 규칙은 그러한 변호사협회나 단체의 것이다. 물론 변호사의 소속 법률사무소는 복수의 설립지침 적용국에 설립될 수 있다.

19. 어떠한 홍보용 자료도 광고로 간주된다. 따라서 개인이나 회사 또는 기관에 변호사의 업무를 홍보하기 위해 발송된 이메일, 그리고 법률사무소의 명칭과 그에 대한 설명과 같은 홍보용 자료가 들어 있는 사업용 이메일은 모두 광고에 해당한

다. 이 경우 규칙 제7.01조 내지 제7.07조가 적용된다.

20. 규칙 제7.07조(1)은 공인된 단체나 공인된 단독개업변호사의 편지지머리말, 팩스커버 머리말, 웹사이트 및 이메일에 적용된다.

21. 편지지머리말과 팩스커버 머리말에만 적용되는 규칙 제7.07조(2) 내지 (4)는 1985년 사업명칭법(Business Names Act 1985) 및 사업상 서신에 관한 '2008년 회사의 거래상 공개에 관한 규정'(Companies (Trading Disclosures) Regulations 2008)의 몇몇 조항을 반영하고 있다. 이 법들이 이메일에 어느 정도까지 적용될 것인가는 법원의 판단사항이다. 사무변호사규제기관(SRA)은 이메일이 사업상 서신으로 분류되기 위해서는 해당 이메일이 공식적으로 사업상 서신으로서 작성되어 있어야 하며, 단순히 전화연락, 전보 또는 텔렉스 대신에 사용되었을 경우에는 그렇지 않다고 본다. 변호사는 이메일로 거래하는 제3자들이 초기 단계부터 변호사 업무지의 주소와 법률사무소의 편지지머리말에 통상 포함되는 내용을 알 수 있도록 확실히 하는 것이 신중한 행동이 될 것이다.

22. 규칙 제7.03조는 일반 대중에 대하여, 요청 없이 직접 대면 또는 전화통화하는 것을 금지한다. 이메일은 이러한 금지의 적용 대상이 아니지만, 변호사는 요청 없는 이메일의 사용에 관하여 자신의 인터넷 서버 제공자와의 사이에 합의된 거래조건들을 확인하여야 하고, 또 일부 관할지역의 경우 요청 없는 이메일을 법으로 금지하기도 한다. 데이터 보호에 관한 지침 33을 아울러 참조.

23. 웹사이트도 광고의 일종이므로 규칙 제7.01조 내지 제7.07조를 준수해야 한다. 지침 24 내지 28 참조.

24. 변호사의 웹사이트나 이메일이 '2000년 금융서비스와 금융시장에 관한 법률'(Financial Services and Markets Act 2000)에 정의된 '금융홍보'를 포함한다면, 변호사의 소속 법률사무소는 금융규제청(FSA)으로부터 인가 받아야 한다. 지침 31 및 32 참조.

광고의 국제적 측면—7.04

25. 전자상거래지침(E-Commerce Directive)에 따르는 결과, 국제적인 전자광고를 규제

하는 다음과 같은 두 가지 별개의 체제가 존재한다.

(a) 유럽연합 역내에서의 국제적 전자광고

(b) 유럽연합 역외에 설립된 법률사무소의 국제적 전자광고(어디에서 접속, 수신이 가능한지는 불문한다), 유럽연합 역내에 설립된 법률사무소의 유럽연합 역외 국가에서 접속 또는 수신되는 국제적 전자광고

26. 유럽연합 역내에서 이뤄지는 국제적 전자광고는 전자상거래지침(E-Commerce Directive)과 해당 국가 법률의 적용을 받는다. 이 외의 국제적 전자광고는 그러하지 아니하다. 그러나 웹사이트에 접속하는 것은 어느 지역에 있더라도 가능하므로, 변호사의 소속 법률사무소가 유럽연합 역내에 설립되었고 웹사이트를 개설하였다면, 이러한 웹사이트는 전자상거래지침과 해당국의 관련 법률을 모두 준수해야 한다.

27. 규칙 제7.04조는 잉글랜드와 웨일즈 이외 지역을 목표로 하는 한, 광고는 규칙 제7장(해외 업무의 경우라면 규칙 제15.07조)과 변호사의 광고와 관련된 해당 관할지역 내의 유효한 규정들을 준수해야 함을 규정한다. 광고가 허용된 지역 내에서 행해진 광고가 우연히 그러한 것이 허용되지 않는 관할지역에서 수신되었을 경우 이 규칙의 위반에 해당되지 않는다.

28. 웹사이트들이 전 세계에서 접속이 가능함은 당연하다. 중요한 것은 웹사이트가 어떤 관할지역 또는 관할지역들을 목표로 하느냐이다. 예를 들어 호주를 목표로 하는 웹사이트는 규칙 제7장(변호사의 사무소가 잉글랜드와 웨일즈 지방 내에 있을 때) 또는 규칙 제15.07조(변호사의 사무소가 그 외의 지역에 있을 때)를 준수해야 하며 그 외에 호주에서 변호사의 광고를 규제하는 법규가 있다면 그것도 따라야 한다.

광고성 대량 메일

29. 요청 없이 광고성 대량 메일을 발송하거나 특정 부류의 사람들에게 보내는 것은 가능하다. 하지만 이 경우 데이터 보호와 관련된 지침 33의 논의에 유의해야 한다.

일방적 광고성 전화

30. 규칙 제7.03조(1)은 '일반 대중'에게 요청 없이 직접 또는 전화 접촉을 하는 것을

금지한다. 이는 대중을 그러한 전화나 접촉에서 오는 사생활 침해 또는 그와 관련된 압박으로부터 보호하기 위함이다. 따라서 이 규칙은 소위 종종 '일방적 광고성 전화'로 불리는 행위와, 그 외에 집을 찾아가거나, 입국 장소에 새로 도착한 사람들이나 길거리, 병원 또는 사고의 현장에서 사람들에게 접근하는 행위, 길거리에서 사람들에게 전단을 나눠주는 행위를 금지한다. 또한 이 규칙은 잠재적 고객의 연락처 수집을 포함한 설문 조사를 수행하기 위하여 또는 기타 소속 법률사무소의 업무를 홍보하기 위하여 일반 대중과 접촉하는 것도 금지한다.

규칙 제7.03조, 제7.05조(광고에 대한 책임), 그리고 제9.02조(소개자와의 금전적 합의)의 규정들을 종합해 볼 때, 변호사는 (소개자가 직접 또는 중개인을 통하여) 요청 없는 대면접촉이나 '일방적 광고성 전화'의 방법에 의하여 얻게 된 업무에 관하여 소개자와 금전적 합의를 하여서는 안 된다.

즉 어떤 사람이 일반 소비자설문조사에서 청구권이 있음을 드러낸 경우, 변호사는 다음의 경우를 제외하고는 그러한 사람에 대하여 대면 또는 전화로 접촉할 수 없다.

(a) 그들이 그러한 권리의 주장과 관련하여 변호사의 접촉에 명시적으로 동의하고,

(b) 설문조사에 대한 그들의 응답이, 변호사의 소속 법률사무소나 소속 법률사무소로부터 허가 받은 제3자에 의한, 또는 (변호사의 소속 법률사무소가 소개자와 금전적 합의를 한 경우) 누구든 제3자에 의한, 대면 또는 전화를 통한 요청 없는 접촉에 의하여 얻어진 것이 아닌 경우

금융 판촉

31. '2000년 금융서비스 및 금융시장에 관한 법률(Financial Services and Markets Act 2000)' 제21조에 따라 투자 활동에 참여할 것을 요청하거나 유인하는 요청 없는 연락은 '금융 판촉'에 해당하고, 허가받지 않은 사람은 이를 할 수 없다.

32. 변호사가 규칙 제7.03조가 허용하는 어떤 형태로든 요청 없는 접촉을 하고자 하고 이러한 접촉이 투자 활동과 관련이 있을 때, 변호사는 그러한 활동의 수행에 관한 허가를 받았는지, 변호사의 접촉이 '금융 판촉'을 구성하는지, 그리고 그러한 접촉을 하는 것과 관련하여 허가를 받았는지에 관하여 신중히 고려해야 한다. 위 법률 위반행위는 형사 범죄이다.

데이터 보호

33. 규칙 제7.03조(2)(a)는 현재 또는 과거의 의뢰인에 대해서 요청 없이 방문이나 전화를 하는 것을 허용한다. 변호사의 소속 법률사무소를 광고하기 위한 목적으로 현재 또는 과거의 의뢰인을 접촉하기 전에 변호사는 먼저 1998년 데이터보호법(Data Protection Act 1998)을 고려해야 한다. 예를 들어 사업상 서신의 거래조건 등을 통하여, 모든 의뢰인들에게 직접적인 마케팅 서신이나 접촉을 거부할 수 있는 기회를 주는 것이 바람직하다. 이 점은 요청 없이 광고성 대량메일을 현재 또는 과거의 의뢰인에게 보내는 경우와 직접 또는 전화를 통한 요청 없는 접촉의 경우에도 동일하게 적용된다. 유럽연합의 '프라이버시와 전자거래 지침 관련 규정'{Privacy and Electronic Communications (EC Directive) Regulations 2003(SI 2003/2426)}에 따라 직접적인 마케팅 이메일은 미리 '적극적인 수신동의'(opt-in consent)를 받을 것이 필요하다.

파트너 아닌 자의 이름의 표시

34. 파트너 아닌 자가 조합(partnership)의 편지지머리말에 표시될 경우 그들의 지위를 정확하게 밝혀야 한다. 파트너와 파트너 아닌 자의 구별을 위해 명단에 줄을 긋는 것만으로는 불충분하다. 회사 또는 유한책임조합의 편지지머리말에도 유사한 기준이 적용된다.

봉급을 받는 파트너

35. 사무변호사규제기관(SRA)은 법인이 아닌 법률사무소의 편지지머리말에 파트너로 표시된 경영자를 (심지어 따로 '봉급을 받는' 또는 '준 파트너'로서 지정되어 있더라도) 완전한 파트너 및 경영자로 취급하므로, 이러한 경영자는 사무변호사 회계규칙(Solicitors' Accounts Rules)과 사무변호사배상책임보험규칙을 준수해야 한다. 규칙 제14장에 의한 자격이 없는 사람을 파트너로 표시할 경우 변호사와 소속 법률사무소 모두 규칙 제7장과 규칙 제14장을 위반하는 것이 된다.

유한책임조합의 '파트너들'

36. 유한책임조합(LLP)인 법률사무소는, 법률사무소의 메모용지 또는 편지지에 반드

시 나타나야 하는 사항들(머리말 부분에 구성원이라는 단어를 사용하거나 구성원 명단에 관해 언급하는 것을 포함)에 관한 1985년 회사법(the Companies Act 1985)과 2006년 회사법(Companies Act 2006), 1985년 사업명칭법(Business Names Act 1985) 및 규칙 제7.07조(2)를 준수하는 이상, 만약 그 법률사무소가 원한다면 그 구성원들을 파트너로 표시할 수 있다.

37. 어떤 법률사무소들은 유한책임조합(LLP)의 구성원 아닌 사람을 파트너로 지정하려 할 수 있다. 이것은 잠재적으로 오해를 불러일으킬 우려가 있으므로, 만약 법률사무소가 이러한 지정을 하고자 할 경우에는 다음의 사항들을 확실히 하기 위하여 주의를 기울여야 한다.
   (a) 구성원 아닌 사람은 다음에 해당하지 않는 이상 파트너로 지정되지 않는다.
      (i) 유한책임조합에서 구성원에 준하는 지위를 갖는 고문 또는 피고용자
      (ii) 현재 활동중인 변호사이고 규칙 제14장에 따라 유한책임조합의 구성원이 될 수 있는 자격이 있는 자
   (b) 적절한 설명문구(지침 38 참조)가 다음에 기재된다.
      (i) 법률사무소의 메모용지 또는 편지지, 팩스, 이메일, 홍보책자, 웹사이트
      (ii) 파트너라는 단어가 기재된 모든 청구서
   (c) 유한책임조합의 구성원과 구성원은 아니지만 파트너로 불리는 사람을 다음의 경우에 합당하게 구별한다.
      (i) 파트너라는 단어가 기재된 모든 합의서, 사업상 서신의 거래조건, 고객관리를 위한 서신
      (ii) 편지나 팩스 또는 이메일을 수신하지 않는 의뢰인이나 제3자에게 연락을 취할 때
      (iii) 선서진술서, 법원에 보내는 성명서, 법률서비스위원회(Legal Services Commission)와의 의사교환과 같은 모든 공식적인 경우

38. 법률사무소의 메모용지 또는 편지지, 팩스, 이메일, 홍보책자, 웹사이트 또는 청구서 내용을 위한 적절한 설명문구는 다음과 같은 내용을 가지게 될 것이다.

   "우리는 파트너라는 단어를 유한책임조합의 구성원이나, 피고용자 또는 고문으로서 구성원에 준하는 지위와 자격을 갖춘 변호사를 지칭하기 위하여 사용한다."

   만약 법률사무소가 법으로 정하여진 구성원의 명단 외에 따로 파트너의 명단에 관하여 언급하고자 한다면, 다음과 같은 문구를 사용하는 것이 바람직하다.

"유한책임조합의 구성원의 명단은 파트너로 지정된 구성원 아닌 사람의 명단과 함께 위 주소에 게시되어 있다."

39. 지침 36 내지 38은 어떤 것이 직업윤리적으로 합당하고 어떤 것이 합당하지 않은지에 대해서만 설명할 뿐, 구성원 또는 구성원 아닌 자가 파트너로 표시되었을 경우 변호사 개인과 법률사무소에 법적으로 어떤 결과가 있을 것인가에 대해서는 다루지 않는다.

회사의 파트너들

40. 회사의 형태로 변호사 업무가 행하여질 경우, 그 업무에 참여하는 사람들의 일부를 파트너로 지정하기를 원할 수 있으나 이것은 잠재적으로 오해를 불러일으킬 우려가 있으므로, 만약 법률사무소가 이러한 지정을 하고자 할 경우에는 다음의 사항들을 확실히 하기 위하여 주의를 기울여야 한다.
    (a) 법률사무소의 메모용지 또는 편지지에 반드시 나타나야 하는 사항들(머리말 부분에 이사라는 단어를 사용하거나 이사의 명단에 관한 언급하는 것(referring)을 포함)에 관한 1985년 회사법(Companies Act 1985)과 2006년 회사법(Companies Act 2006), 1985년 사업명칭법(Business Names Act 1985) 및 규칙 제7.07조(2)를 준수한다.
    (b) 어떤 사람도 다음에 해당하지 않는 이상 파트너로 지정되지 않는다.
        (i) 회사의 주주 또는 이사 또는 이에 준하는 지위를 갖는 고문 또는 피고용자
        (ii) 현재 활동중인 변호사이고 규칙 제14장에 따라 회사의 지분을 소유할 수 있는 자격이 있는 사람
    (c) 적절한 설명문구(지침 41 참조)가 다음에 기재된다.
        (i) 회사의 메모용지 또는 편지지, 팩스, 이메일, 홍보책자, 웹사이트
        (ii) 파트너라는 단어가 기재된 모든 청구서
    (d) 다음의 상황에서 파트너의 지위에 관한 오해가 발생하지 않도록 한다.
        (i) 파트너라는 단어가 기재된 모든 합의서, 사업상 서신의 거래조건, 고객관리를 위한 서신
        (ii) 편지나 팩스 또는 이메일을 수신하지 않는 의뢰인이나 제3자에게 연락을 취할 때
        (iii) 선서진술서, 법원에 보내는 성명서, 법률서비스위원회(Legal Services Commission)와의 의사교환과 같은 모든 공식적인 경우

41. 회사의 메모용지 또는 편지지, 팩스, 이메일, 홍보책자, 웹사이트 또는 청구서 내용을 위한 적절한 설명문구는 다음과 같은 내용을 가지게 될 것이다.

"우리는 파트너라는 단어를 회사의 주주나 이사 또는 피고용자 또는 고문으로서 지분소유자나 이사에 준하는 지위와 자격을 갖춘 변호사를 지칭하기 위하여 사용한다."

만약 법률사무소가 법으로 정하여진 이사의 명단 외에 따로 파트너의 명단에 관하여 언급하고자 한다면, 다음과 같은 문구를 사용하는 것이 바람직하다.

"이사의 명단은 파트너로 지정된 사람들의 명단과 함께 위 주소에 게시되어 있다."

42. 지침 40과 41은 어떤 것이 직업윤리적으로 합당하고 어떤 것이 합당하지 않은지에 대해서만 설명할 뿐, 주주나 다른 참여자들이 파트너로 표시되었을 경우 법적으로 어떤 결과가 있을 것인가에 대해서는 다루지 않는다.

경영자(그리고 등록유럽변호사)의 자격 요건의 명시

43. 규칙 제7.07조의 (3)과 (4)는 등록유럽변호사, 등록외국변호사, 기타 변호사, 비변호사인 경영자 또는 법인의 이름이 공인된 단체의 경영자로서 편지지머리말에 표시된 경우, 그리고 등록유럽변호사의 이름이 어떤 지위에서라도 법률사무소나 사내변호사 업무에 사용되는 편지지머리말에 표시되는 경우에 지켜야 할 요건들을 제시한다. 아래 사례 참조.

"Paul van den Hoek, 변호사(advocaat, 브뤼셀), 사무변호사규제기관(SRA) 등록"

직원의 이름 명시

44. 편지지머리말에 직원의 이름을 표시할 수는 있으나 '잉글랜드와 웨일즈 대법원'(Supreme Court of England and Wales)의 사무변호사가 아닌 자를 사무변호사로 표기하는 것은 오해를 불러일으킬 우려가 있고 형사 범죄에 해당할 수 있다.

45. 잉글랜드와 웨일즈 이외의 관할지역에서 직업상 명칭이 사무변호사인 자는 그러한 직업상 명칭을 받은 관할지역을 함께 기재하는 등 그 직업상 명칭이 적절히 제한적으로 표시된 경우에 한하여 광고에서 '사무변호사'라는 말을 사용할 수 있다.

의뢰인의 이름 명시

46. 변호사가 의뢰인을 위하여 수임하였다는 사실과 의뢰인의 해당 거래의 상세한 내용은 비밀유지 의무(규칙 제4장(비밀유지와 고지 · 공개) 참조)의 대상이 되고, 따라서 변호사는 그러한 정보를 광고에 공개하기 위해서는 통상 해당 의뢰인의 사전 동의를 받을 것이 요구된다.

변호사가 법률사무소를 떠나는 경우

47. 변호사가 법률사무소를 떠난 후에 그 법률사무소의 의뢰인들에게 선임을 유인하는 서신을 보내는 것 자체로 위반행위가 되지는 않으나, 변호사는 여전히 과거의 고용계약이나 조합계약에서 비롯되는 법적 의무로부터 자유롭게 되는 것은 아니다.

규칙 제8장: 보수 분배

도입

규칙 제8장은 변호사가 직업적인 보수를 분배할 수 있는 사람과 영업을 규제한다. 광범위하게, 변호사는 소속 법률사무소 내의 비변호사인 피고용자 또는 경영자와의 분배 또는 이 규칙에 엄격하게 규정된 상황 하에서의 분배가 아닌 이상 변호사 아닌 자와의 보수 분배를 할 수 없다. 그것은 이러한 상황에서 궁극적인 공익을 위하여 변호사의 독립성과 직업적 판단을 지키기 위함이다.
유럽의 국제적 법률 업무와 관련하여서는 보수 분배 규제가 더욱 엄격하며 규칙 제16장을 찾아보아야 할 것이다.

규칙

8.01 변호사 및 동료들과의 보수 분배

아래의 제8.02조 이하에서 허용된 것을 제외하고, 변호사는 오직 다음의 사람들과 변호사의 직무상 보수를 분배하거나 분배하는 데 동의할 수 있다.

(a) 개업한 변호사들, 변호사 업무를 영위하는 사업체

(b) 소속 법률사무소의 비변호사인 경영자들 또는 소유자들

(c) 퇴직한 경영자, 구성원, 소유자 또는 전임자 또는 사망한 경영자, 구성원, 소유자 또는 전임자의 부양가족이나 인적 대리인(유언 집행인);

(d) 변호사의 진정한 피고용자[이는 변호사가 사실은 규칙 제12장이 금지하는 조합(partnership)인 것을 "고용"으로 가장함을 허용하는 것은 아니다].

(e) 변호사가 사내법률업무를 담당하고 규칙 제13장 (사내법률업무 등) 또는 규칙 제15.13조(해외 사내법률업무)에 따라 행동하는 경우, 비변호사인 고용자

(f) 변호사가 자원해서 일하거나 공공 기금으로부터 보수나 비용을 받거나 제3자로부터 회수 받는 경우, 자선 또는 유사한 비영리단체에 의해 운영되는 법률센터 또는 자문서비스

(g) 부동산매도를 위한 변호사의 부 대리인인 부동산중개인; 또는

(h) [규칙 제24장(해석)에 정의된] 자선기금, 다만 다음의 요건을 갖춘 경우에 한한다:

(i) 변호사가 제1.02조(청렴성), 제1.03조(독립성) 그리고 제1.04조(의뢰인의 최

선의 이익)를 준수하여야 한다.

(ii) 사무변호사규제기관(SRA)이 요청하는 경우, 변호사는 자선기금과의 보수 분배계약의 세부 사항을 제공해야 한다.

(iii) 그 합의로 조합(partnership)이 생기지 않아야 한다.

(iv) 어떠한 그러한 계약도 규칙 제9장(사건의 소개)을 위반하지 않아야 한다.

(v) 사내변호사는 제13.04조(공익활동)를 준수하여야 한다.

8.02 다른 비(非)변호사들과의 보수 분배

(1) 변호사는 다음 요건이 충족되면 직업적 보수를 다른 사람 또는 사업체("보수 분배자")와 나눌 수 있다.

(a) 보수 분배약정의 목적이 단지 자본의 유입과 더불어 또는 또는 소속 법률사무소에 서비스 조항을 촉진하는 데 있어야 한다.

(b) 보수 분배약정이나 보수 분배의 범위가 어떠한 보수 분배자든지 변호사가 고객에게 제공하는 자문과 관련된 직업적 판단에 영향을 미치거나 강요하는 것을 허용하지 않아야 한다.

(c) 약정의 운용으로 규칙 제12장(변호사 업무의 전체적인 구조)에 의해 금지되는 조합(partnership)이 생기지 않아야 한다.

(d) 만약 사무변호사규제기관(SRA)이 요구하는 경우, 변호사는 보수 분배자들과 맺은 모든 약정들의 세부 사항 및 변호사의 법률사무소의 연간총수입에서 각각의 보수 분배자에게 지급된 금액이 차지하는 비율을 제출해야 한다.

(e) 변호사의 보수 분배약정이 규칙 제9장(사건의 소개) 또는 제15.09조(해외 업무—사건의 소개)를 위반하지 않아야 한다.

(2) "보수 분배자"는 변호사의 보수를 위 (1)에 의거하여 분배받는 사람 또는 사업체를 의미하며 그 용어는 또한 보수 분배자와 연관되는 모든 사람 또는 사업체를 포함한다.

규칙 제8장에 대한 지침—보수 분배

보수 분배란 무엇인가?

1. 보수 분배는 규칙 제8장에 정의되어 있지 않다. 그것은 다양한 형식이 있을 수 있으며 특정한 사건에 대하여 고객에게 청구된 보수에 대한 비율 또는 변호사의 총보수 또는 순보수 또는 이익에 대한 비율로 변호사가 법률사무소 내부에서 또는 제3자에

게 지급하는 관계를 포함한다.

변호사들 및 동료들과의 보수 분배

2. 법률사무소 내에서 또는 다른 변호사들과 또는 제8.01조에 열거된 다른 상황에서의 보수 분배는 변호사의 독립성에 대한 심각한 위험을 나타내지 않으므로 허용된다.

3. 규칙 제8.01조는 변호사가 변호사 업무를 영위하는 사업체에게 보수 분배하는 것을 허용한다. 이는 비변호사가 투자/경영하는 법률사무소(Legal Disciplinary Practice: LDP) 또는 영국과 웨일즈 밖의 복수 규율 업무수행자(Multi-Disciplinary Practice: MDP)와의 보수 분배를 허용한다.

자선기금 및 다른 비변호사와의 보수 분배

4. 규칙 제8.01조(h)는 변호사가 자선기금과 보수를 분배하는 것을 허용한다. 이 규칙은 변호사가 고객과 동의한 기부 또는 변호사가 자선으로 특정한 사건 또는 사건들에 관한 보수의 전부 또는 일부를 기부하는 것에 적용된다. 이는 조건부 보수 약정과 변호사의 고객의 상대방 또는 제3자로부터 받는 비용을 기부하는 것에 대한 동의를 포함한다. 반면, 변호사가 어떤 구속적인 의무 없이 자선기금에 기부하기로 결정한다면 이는 보수 분배에 해당하지 않으며 허용된다.

5. 만약 변호사가 무료 법률 상담 조건부 보수 약정에 따라 행동하고 변호사의 고객을 대신하여 비용을 선지출하고, 변호사의 고객의 상대방 또는 다른 제3자로부터의 비용으로서 이러한 선지출금액을 받는다면, 변호사는 지급받은 비용에서 그러한 선지출금을 회수할 만큼의 금액을 보유할 수 있다. 이러한 합의의 조건은 조건부 보수 약정에서 명시될 필요가 있다.

6. 변호사는 제8.02조에서 엄격하게 정한 사정 하에서 다른 제3자 비변호사들과 보수 분배를 할 수 있다. 제8.02조의 목적은, 공익을 보호하기 위해 계획된 안전장치의 제약 하에서, 법률실무가들에게 그들의 법률사무소에 자금을 제공하거나 그들의 법률사무소에 제공된 서비스에 대한 대가를 지불하기 위한 수단에 대한 더 큰 선택권을 주려는 데 있다. 규칙 제8.02조는 제3자가 자본 및/또는 서비스를 제공하는 데 대한 대가로 변호사가 그의 보수에 대한 비율로 정한 금액을 제3자에게 지

급하기로 하는 내용의 계약을 제3자 비변호사들과 체결하는 것을 허용한다.

7. 변호사는 반드시 규칙 제1장(핵심적 의무)의 요구, 구체적으로 독립성, 청렴성, 그리고 의뢰인의 최선의 이익에 따라 행위할 의무를 고려해야만 한다. 이는 보수 분배자가 변호사에게 가령, 특정한 서비스 제공 기준을 준수할 것을 정당하게 요구하더라도, 의뢰인에 대한 조언과 관련한 변호사의 전문가적 판단에 보수 분배자가 간섭하는 것은 합당하지 않다는 것을 의미한다.

8. 만약 보수 분배관계가 변호사와 보수 분배자 사이의 사건 소개를 포함한다면, 변호사는 반드시 규칙 제9장(사건의 소개) 또는 제15.09조(해외에서의 사건소개와 관련)를 따라야만 한다.

9. 변호사는 또한 변호사들, 등록유럽변호사들, 등록외국변호사들 그리고 공인된 단체가 행할 수 있는 영업의 종류를 제시하는 규칙 제12장(변호사 업무의 전체적인 구조)를 반드시 따라야 한다. 제8.02조에 따라 보수를 분배하는 변호사들은, 심지어 의도하지 않은 경우에도, 보수 분배자와의 인가받지 않은 조합(partnership) 관계를 맺지 않도록 주의해야 한다.

10. 변호사는 보수 분배자와의 약정으로 인하여 의뢰인의 이익과 변호사 자신의 이익 사이에 이익충돌이 발생하지 않도록 규칙 제3장(이익충돌)을 반드시 따라야만 한다. 보수 분배자가 변호사의 의뢰인인 경우, 변호사는 이익 충돌의 문제가 생기지 않도록, 그리고 보수 분배자를 성나게 하는 것을 피하려는 소망이 다른 의뢰인에 대해 취해지는 행동 및 주어지는 자문에 영향을 주지 않도록 특히 주의해야 한다.

11. 규칙 제8.02조는 보수 분배자가 자본을 제공하는 동시에/또는 변호사의 법률사무소에 서비스를 제공하는 대가로서만 변호사가 비변호사인 제3자와 보수를 분배하는 것을 허용한다. 그 규칙은 보수 분배약정의 부분으로서 보수 분배자가 변호사의 의뢰인에게 서비스를 제공하는 것을 허용하지 아니한다.

12. 제8.02조가 허용하는 약정들의 예는 다음을 포함한다:
   (a) 은행은 법률사무소의 총보수에 대한 비율로 계산된 금액의 전부 또는 일부를 대가로 받고 법률사무소에 대출을 제공해줄 수 있다. 법률사무소의 일부 고객

들이 동시에 은행의 고객들이라는 사실은 그 자체로서는 은행이 변호사의 보수를 분배하는 것을 금지하지 아니한다.

(b) 정보와 커뮤니케이션 기술의 공급자는 법률사무소의 총보수의 분배를 대가로 받고 컴퓨터 하드웨어, 소프트웨어, 백업과 훈련을 변호사의 법률사무소에 제공할 수 있다.

(c) 변호사는 각각의 유언에 대한 보수의 비율에 기초하여 쌍방향의 웹상의 유언 집필 상품의 공급자에게 지불할 수 있다.

13. 비록 제8.02조는 변호사가 제3자와 분배할 수 있는 보수액의 상한이나 제한을 명시하지 않지만, 변호사는 분배되는 보수의 범위가 독립적으로, 그리고 의뢰인의 최선의 이익을 위하여 행동할 변호사의 의무를 위태롭게 하지 않도록 해야만 한다—규칙 제1장(핵심적 의무) 참조. 법률사무소들은 보수 분배약정으로부터 생길 수 있는 이런 핵심적 의무들의 위험에 대한 평가를 수행해야 하고, 그러한 위험을 제한하거나 관리하기 위한 조치를 취해야 한다. 법률사무소가 이러한 의무들을 위반했는지 아닌지 평가함에 있어서, 특히 모든 분배된 보수의 비율이 총보수의 15%를 넘는 경우 사무변호사규제기관(SRA)은 위험 평가의 증거를 요구할 수 있다.

14. 변호사가 제3자인 비변호사와 제8.02조에 따른 보수 분배관계에 있는 경우, 변호사는 보수 분배관계의 존재와 성격을, 그것과 상당하게 그리고 직접적으로 관련된 사건의 당사자인 의뢰인에게도 공개할 필요가 있을 수 있다. 보수 분배자와 합의한 서비스 제공 기준은 통상 공개될 필요가 없다. 또한 제2.02조(2)(e)와 규칙 제2장(의뢰인과의 관계)의 지침 16, 17 참조.

15. 예컨대 법률사무소에게 대출을 제공해온 은행과 보수 분배관계에 있다는 것을 의뢰인들에게 공개할 의무는 없으며, 동일한 은행으로부터 은행 서비스를 얻는 의뢰인에 대하여도 그러하다.

16. 규칙 제8.02조는, 변호사는 반드시 어떠한 보수 분배약정의 세부 사항이든 사무변호사규제기관(SRA)이 요구하는 경우 사무변호사규제기관(SRA)에게 제공해야만 한다고 규정한다. 이는, 예를 들어, 제8.02조 하에서 만들어진 약정에 따라서 보수 분배자에게 넘어간 총보수의 비율을 포함한다.

17. 사무변호사규제기관(SRA)은 그에게 제공된 정보의 상업적 민감성을 충분히 고려할 것이다.

18. 변호사는 규칙 제16장(유럽 국경간 업무)에 의해 금지된 이상, 유럽의 국제적 활동에 있어 비변호사인 "보수 분배자"와 제8.02조에 의해 보수를 분배할 수 없다. 다음은 규칙 제16장에서 금지된 것이다:

(a) (어디서 법률 업무를 하건) 사무변호사들이 영국을 제외한 유럽변호사협회협의회 회원국에 위치한 비변호사인 보수 분배자와 보수를 분배하는 것; 그리고

(b) 영국을 제외한 유럽변호사협회협의회 회원국에서 법률 업무를 하는 사무변호사들이 (어디에 위치하든) 비변호사인 보수 분배자와 보수를 분배하는 것

추가적인 정보는 규칙 제16장(유럽 국경간 업무)과 그 규칙의 지침 6, 7에서 찾을 수 있다.

규칙 제9장: 사건의 소개(Referrals of business)

도입

규칙 제9장은 사건소개를 받거나 제3자에게 사건소개를 할 때 적용되며, 변호사의 독립성 보호에 목적이 있다. 소개자와 금전적 합의가 있을 때는 추가적인 규칙이 적용된다. 유럽에서 국경을 넘어 소개자와의 금전적 합의가 이루어질 때에는 보다 엄격한 제한이 있어 규칙 제16장을 따라야 한다. 이 규칙은 해외 업무에 적용되지 않으나 규칙 제15.09조는 반드시 준수해야 한다.

규칙

9.01 일반

(1) 변호사는, 의뢰인을 제3자에게 소개하거나 제3자로부터 소개받을 때에는 변호사의 독립성과 의뢰인에게 최선의 이익이 되는 행동과 조언을 할 수 있는 능력을 위태롭게 하는 어떠한 행동도 하지 말아야 한다.

(2) 변호사는 잠재적 소개자에게 이 규칙과 규칙 제7장의 관련 조항에 유의하도록 하여야 한다.

(3) 이 규칙은 변호사(법률 업무를 영위하는 사업체 포함) 간의 소개에는 적용되지 않는다.

(4) 변호사는 사망이나 신체적 상해로 인한 청구에 있어서, 사망이나 상해로 인한 청구를 하거나 그 청구를 뒷받침하는 것 내지는 그와 관련한 소추를 하는 것을 업무의 전부 또는 일부로 하는 사람(소송에 의하건 아니건, 변호사나 대리인에 의하건 아니건 묻지 않음)으로서 그 업무수행의 과정에서 성공보수를 유인하거나 지급받는 자와 다음을 해서는 안 된다.

(a) 의뢰인의 소개에 관한 합의를 체결하는 것 또는

(b) 함께 업무를 수행하는 것

(5) 규칙 제9.01조(4)의 금지사항은 잉글랜드와 웨일즈 외의 국가에서의 절차에 대하여 그 지역 변호사가 성공보수를 받는 것이 허용된 범위 내에서, 그 절차에 관하여 성공보수를 유인하거나 받는 사람과의 합의와 제휴에는 적용되지 않는다.

(6) 규칙 제9.01조(4) 및 (5)의 "성공보수"는 다른 소송 또는 분쟁절차에서 소추 또는 방어에 성공하는 경우에만 지급되는 금액(고정액이거나 소송가액의 일정 비율로

산정해 지급되거나 다른 방법으로 산정되거나 묻지 않음)을 의미한다.

9.02 소개자와의 금전적 합의

다음은 변호사가 소개자와 금전적 합의를 체결할 때 필요한 추가적인 요건이다:

(a) 합의는 반드시 서면이어야 하고 사무변호사규제기관(SRA)의 열람이 가능해야 한다.

(b) 소개자는 합의의 일부로써 반드시 이 규칙 조항을 준수하기로 약정하여야 한다.

(c) 변호사는 소개자로부터 소개받은 의뢰인이, 사무변호사규제기관(SRA)이 규제하는 사람에 의하여 행하여졌더라면 이 규칙 위반이 되었을 마케팅, 홍보 기타 활동의 결과로 얻게 된 것이 아님을 확인하여야 한다.

(d) 합의에는 다음의 조항을 포함하여서는 안 된다.

(i) 이 규칙에서 규율되는 의무를 절충, 위반 또는 약화시키는 조항

(ii) 의뢰인에게 주어지는 조언과 관련해 변호사의 전문적 판단에 소개자가 영향을 주거나 제약을 가할 수 있도록 허용하는 조항

(e) 합의는 소개자가 소개 전 의뢰인에게 알려야 하는 특히 다음 사항을 포함한 모든 관련 정보를 제공해야 함을 규정하여야 한다.

(i) 소개자가 변호사와 금전적 합의를 하고 있다는 사실

(ii) 소개를 기준으로 산출하여 소개자에게 지급되는 금액 또는

(iii) 소개자가 그의 고객에게 제공하는 서비스와 관련하여 변호사에게 지급하는 경우

(A) 관련 서비스 제공을 위하여 소개자가 변호사에게 지급하는 금액과

(B) 의뢰인이 소개자에게 지급해야 하는 금액

(f) 소개자가 이 규칙에서 요구하는 합의의 조건을 위반했다고 믿을 이유가 있는 경우, 변호사는 그 위반을 치유할 수 있도록 필요한 모든 합리적인 조치를 취해야 한다. 소개자가 계속해서 위반할 경우 변호사는 해당 합의를 종결해야 한다.

(g) 변호사는 규칙 제9.02조에 의해 소개받은 의뢰인의 사건을 수임하기 전에, 규칙 제2.02조, 제2.03조 또는 제2.05조에 포함된 요건뿐만 아니라, 특히 다음 사항을 포함한 모든 관련 정보를 서면으로 의뢰인에게 제공해야 한다.

(i) 변호사가 소개자와 금전적 합의를 하고 있다는 사실

(ii) 소개를 기준으로 산출되어 소개자에게 지급되는 금액

(iii) 소개자가 그의 고객에게 제공하는 서비스와 관련하여 변호사에게 지급하는 경우

(A) 관련 서비스 제공을 위하여 소개자가 변호사에게 지급하는 금액과
(B) 의뢰인이 소개자에게 지급해야 하는 금액
(iv) 변호사의 조언은 독립적이며 의뢰인은 이 거래의 모든 면에 대하여 의문을 제기할 수 있다는 내용과
(v) 의뢰인이 변호사에게 제공한 정보가 의뢰인의 승낙 없이 소개자에게 누설되지 않는다는 점 및 같은 사건에서 변호사가 소개자도 대리하여 이익충돌이 발생하는 경우에는 변호사가 대리를 중단할 의무가 있다는 점의 확인.
(h) 형사사건의 의뢰인이나 공공자금 혜택을 받는 의뢰인의 사건을 소개하는 데 대하여 소개자와 금전적 합의를 체결하여서는 안 된다.
(i) 이 규칙의 목적상 다음의 용어는 다음과 같은 의미를 가진다:
(i) "금전적 합의"는 다음을 포함한다.
(A) 소개와 관련하여 제3자에게 행하는 모든 지급과
(B) 제3자의 고객에게 서비스를 제공하기 위하여 제3자인 소개자가 지급하기로 하는 모든 합의와
(ii) "지급"은 다른 어떠한 대가도 포함하지만 통상 응접비용, 합당한 지출금 또는 통상의 업무비용은 포함하지 않는다.

9.03 제3자에의 소개

(1) 의뢰인에게 특정 법률사무소, 대리인 또는 사업체를 이용할 것을 소개하는 경우 무엇이 의뢰인에게 최선의 선택이 될 것인지 판단함에 있어 선의로 행동하여야 한다.
(2) 특정한 특정 법률사무소, 대리인 또는 사업체를 권고할 자유를 제약하는 합의나 제휴를 하여서는 안 된다.
(3) 위(2)항은 다음 종류의 계약에 관한 합의에는 적용되지 않는다.
(a) 규제되는 저당계약
(b) 일반적인 보험계약 또는
(c) 순수한 보호계약
(4) 위(3)항에 나오는 용어인 "규제되는 저당계약", "일반적인 보험계약"과 "순수한 보호계약"은 규칙 제19.01조(4)에 정의된 의미를 가진다.
(5) 의뢰인을 하나의 출처로부터만 성과를 도출할 수 있는 상품만을 제공하는 법률사무소, 대리인, 사업체에 소개할 때에는 의뢰인에게 이러한 제약을 서면으로 통지하여야 한다.
(6) 의뢰인이 양로보험이나 투자 성격이 있는 유사 생명보험을 필요로 하는 것으로

보이는 경우 반드시 투자자문 허가를 받은 독립적인 중개인에게 소개해야 한다.

규칙 제9장에 대한 지침—사건의 소개

일반

1. 소개자의 전반적 계획이나 합의가 소개되는 의뢰인의 최선의 이익에 반하는 경우, 변호사는 해당 소개에 관한 합의를 하여서는 안 된다.

2. 변호사는 소개자와의 합의(소개자와의 관계를 유지하고 계속해서 일을 받기 위한 변호사의 이해관계 포함)가 의뢰인의 최선의 이익을 위하여 행동하고, 독립적으로 훌륭한 서비스를 제공할 의무(규칙 제1장)를 위태롭게 하여서는 안 된다. 그러므로 변호사는 소개자로부터 받은 일을 수락하기 전에, 소개의 합의에 대하여 (금전적 합의가 없다 하더라도) 충분한 숙고를 할 필요가 있다. 또한 법률사무소는 이 규칙을 준수하고 있도록 소개에 대한 정기적 점검을 행하여야 한다.

3. 의뢰인이 소개자와 스스로의 이익에 최선이 되지 않는 계획 및 합의를 체결하려고 하거나 이미 체결한 경우, 변호사는 반드시 그와 같은 점을 의뢰인에게 알려주어야 한다. 불필요하거나 비합리적인 보수를 지불해야 하는 계획 및 합의는 통상 의뢰인에게 최선의 이익이 된다고 할 수 없다.

4. 핵심적 의무(규칙 제1장)에 덧붙여, 신규 및 기존 소개 합의를 점검할 때 다음 사항을 고려해야 한다.
   (a) 해당 합의로 변호사가 규칙 제9장의 조항을 준수하는지 여부
   (b) 해당 합의가 의뢰인의 정보를 소개자에게 누설하게 하는지(규칙 제4.01조 참조)와 변호사가 의뢰인으로부터 어떠한 권한을 부여받아야 하는지
   (c) 소개자의 홍보가 적절한지—아래 지침 14 참조
   (d) 변호사의 의뢰인에 대한 조언이 소개자와 합의로 변호사가 어떠한 제약을 받는지(규칙 제2.02조(2)(e) 참조)에 대한 정보를 포함하고 있는지 여부와 결과적으로 관련 비용이 정당한 것인지(규칙 제2.03조(6) 참조)
   (e) 변호사가 의뢰인을 위한 업무에 대한 통제를 유지할 수 있는지 여부. 소개자와의 합의가, 의뢰인에 대한 조언 과정이나 모든 단계에서 의뢰인의 지시를

받고 확인하기 위하여 의뢰인과 직접 의사소통할 변호사의 의무에 영향을 주어서는 안 된다.

5. 변호사가 소개자 사업에 지분을 가지고 있거나 별도의 소개자 사업으로 서비스를 제공하려고 하는 경우에는 규칙 제21장(별도 사업)을 반드시 따라야 한다.

소개자와의 금전적 합의

6. 규칙 제9장은 일정한 조건하에 변호사가 소개의 대가를 지불하거나, 소개자로부터 그의 의뢰인에게 제공되는 서비스에 대하여 지급을 받을 수 있도록 허용하고 있다. 이러한 조건은, 해당 지급이 의뢰인 소개와 무관함을 보일 수 없는 한, 의뢰인을 변호사에게 소개하는 제3자에 대한 금전을 지급하거나 다른 대가를 주는 경우 항상 적용된다. 또한 지급조건은 비용이나 대가의 지급형태와 관련 없이 적용된다. 예를 들어, 지불조건은 행정상 또는 마케팅 수수료, "영업비"로 기재되어 있지만 적절한 지출이라 볼 수 없는 비용과 패널회원 수수료에도 적용된다. 제3자가 운영하는 출판물에 광고를 하고 이에 따라 (제3자를 거치지 않고) 직접 업무를 받는 경우에는 소개자와 금전적 합의가 있다고 볼 수 없다. 그러나 그 소속 법률사무소를 권하기 위해 제3자에 수수료를 지급하는 경우에는 소개자와 금전적 합의에 해당한다.

7. 예컨대 소개자와 합의한 중개인에게 지급한다고 하더라도 이 규칙의 요건을 피할 수는 없다. 사무변호사규제기관(SRA)은 불만사항을 조사할 때 단순한 형식보다는 관계의 실질을 고려한다.

8. "다른 대가"는 서비스의 제공과 소개자에 대한 직원파견, 소개자로터 서비스나 제품을 구매하는 계약 (그 구매가 소개의 조건인 경우) 등을 포함할 수 있다. 지급이나 대가는 사건 소개와 관련된 것으로 구체적으로 특정될 필요가 없으며, 소개가 이루어지는 원인이 되는 넓은 의미의 관계를 포함할 수 있다.

변호사에 의한 정보공개

9. 소개자가 소개한 각 의뢰인에 대해 소개자에게 지급하는 경우, 고정금액이든 의뢰인에게 청구되는 보수의 일정부분이든, 그 지급금액은 각 의뢰인에게 공개되어야 한다. 소개자에 대한 지급이 보다 일반적인 경우(예: 연 또는 월단위 고정액 수수

료 지급)에는 소개자가 소개한 의뢰인에게 변호사가 지급을 한다는 점과 금전적 합의(또는 다른 대가의 지급)의 성격을 알려야 한다. 의뢰인이 전반적인 지급 금액에 대한 정보를 더 요구한다면, 의뢰인에게 합리적 범위 내에서 최선의 정보를 제공해야 한다. 어떠한 경우에도 해당 의뢰인과 관련하여 소개자에게 지급되는 비용을 합리적으로 산정할 수 있다면 그 금액은 반드시 의뢰인에게 공개되어야 한다.

10. 소개자의 고객에 서비스를 제공하여 비용을 지급받는 경우 변호사와 소개자 모두 해당 금액과 이에 따라 의뢰인이 그 서비스를 이용하기 위해 소개자에게 지급하는 금액을 공개해야 한다. 이에 따라 의뢰인은 소개자가 소개에 따른 비용을 청구함을 확실히 알고 정보에 기초해 소개를 받을 것인지 결정할 수 있어야 한다.

11. 소개에 따른 비용정보 및 제9.02조(q)에 열거된 구체적 공개사항에 있어, 변호사는 반드시 소개와 관련된 "관련 정보"를 공개해야 한다. 구체적 비용보다는 다른 대가와 관련된 경우 소개자와의 전반적인 관계가 어떠한지 알려야 한다. 예컨대 소개자에게 무료 법률서비스를 제공하는 대신 의뢰인을 소개받는다면, 이러한 관계는 의뢰인에게 알려야 하는 사항이다.

12. 의뢰를 받기 전에 정보를 공개해야 한다는 요건은 변호사가 의뢰인을 대리하기 전 가능한 빨리 의뢰인에게 서면으로 알려야 한다는 것을 의미한다. 이는 처음으로 의뢰인을 대면할 때까지 기다려도 된다는 의미가 아닌 것이다. 이러한 조치를 위한 시간이 부족하다면, 정보공개는 대면을 시작하는 순간 서면확인으로 이루어져야 한다.

소개자에 의한 정보공개

13. 규칙에 의하면 소개자는 소개와 관련한 모든 정보를 의뢰인에 공개해야 한다. 따라서 해당 정보에 있어 변호사와 소개자 사이에도 합의가 있어야 한다. 비용 관련 정보공개에 대해서는 위의 지침 9 참조. 소개자가 해당 정보를 공개함에 있어 사용한 어떠한 정식 서한이나 필적사항도 점검의 대상이 되어야 한다. 소개에 의한 합의에 있어서도 소개자가 어떠한 정보를 제공했는지에 대해서도 주기적 점검이 이루어져야 한다. 그리고 의뢰인과의 점검에 있어서도 증거목적을 위해 서면기록을 작성해 보관하는 것이 권장된다.

홍보

14. 규칙에 의하면 소개자가 의뢰인을 마케팅, 홍보나 사무변호사규제기관(SRA)이 규제하는 활동에 의해 소개자로부터 소개받은 의뢰인은 규칙에 저촉되므로 요건을 충족할 수 없다(특히 규칙 제7장). 사건소개 비용의 맥락에서 규칙 제7장의 다음 세 요건은 특히 숙지해야 하는 중요한 사항이다.
    (a) 오도 또는 부정확한 광고에 대한 일반적 금지
    (b) 개인적으로 요청받지 않고 "일반인"에게 전화하는 행위(규칙 제 7.03조 참조)
    (c) 규칙 제7장에 반하여 제3자에게 그 소속 법률사무소를 광고하도록 위임하지 말 것

점검의무/소개합의의 종결

15. 규칙 제9.02조(c)가 합의의 착수와 이후에 있어 변호사가 소개자의 마케팅 기법과 자료를 정기적으로 조사할 구체적 의무를 부과하는 것은 아니지만, 동 규칙을 준수하기 위해 이러한 사항이 요구될 가능성이 높다. 만약 또 다른 제3자가 의뢰인을 소개했다면, 해당 제3자의 광고에 대해서도 가능한 범위에서 고려해야 한다.

16. 규칙 제9장이나 제7장을 위반할 가능성이 있다는 것을 알게 되었다면, 이러한 사항에 대해 소개자에게 알려야 하며, 필요에 따라 해당 소개합의를 종결해야 한다.

부적절한 제한과 제3자에 대한 소개

17. 규칙 9.02(d)(ii)는 소개자의 영향으로 의뢰인에게 주어지는 조언과 관련해 전문적 판단이 제약되는 것을 방지하기 위한 목적을 가진다. 변호사가 제3자에게 하는 어떠한 소개라도 규칙 제9.03조뿐만 아니라 규칙 제1장(핵심적 의무) 및 제9.01조가 적용된다. 해당 중점 의무에 따르는 것을 확실히 하기 위해 반드시 의뢰인에 조언을 제공할 때 제약이나 제한사항이 있는 합의를 하면 안 된다. 이에는 재판절차의 쟁점도출에 있어 제약을 가하는 합의 및 소개자의 승낙에 의해서만 소개된 의뢰인의 향후 문제를 대리하거나 의뢰인을 특정 전문가, 검색제공자 또는 소송대리인에게 소개하는 등의 내용 등이 있다.

18. 그러나 "사건 전"(before the event) 보험계약의 조건에 근거해 의뢰인의 수임요청에 따라 사안을 대리하는 것은 금지되지 않는다.

19. 소개자가 선호하는 특정 서비스제공자를 사용하는 것 역시 금지되는 것은 아니지만 해당 제공자를 이용하기 위해서는 구속력 있는 계약을 맺어야 한다. 어떤 경우에도 공급자의 이용은 의뢰인의 최선의 이익을 위한 것이어야 한다(규칙 제9.03조 참조).

20. 규제받는 저당계약, 일반적 보험계약{사건후(after the event) 보험계약 포함}이나 순수 보호계약에 관하여 체결한 합의는, 특정 의뢰인에게 최선의 이익이 되고 해당 계약이 의뢰인의 필요에 적합한 경우에만 소개가 이루어진다고 규정하여야 한다.

예외적 업무

21. 규칙은 형사재판이나 공공자금 혜택을 받는 의뢰인을 대리하는 사건에 관하여 소개자와 금전적 합의를 하는 것을 금지한다. 하지만 나중에 예상 밖의 필요에 의해 공공 자금을 수혜하거나 형사 재판에서 의뢰인을 대리하게 되는 경우 그 의뢰인을 계속 대리하는 것까지 금지하는 것은 아니다. 이 상황에서 어떻게 그러한 사정에 이르게 되었는지 증거를 확보해 놓아야 한다.

"통상의 응접비용"(Normal hospitality)

22. "통상의 응접비용"(규칙 제9.02조(i)(ii) 참조)에 해당하는지 여부는 상황에 따라 다르다. 예컨대 회사 차원의 응접, 저녁식사나 점심식사 등은 용인 가능한 범위이며 업무상 연락 및 소개인과의 관계에 있어 균형 잡힌 것이라면 소개비용에 포함되지 않는다.

"통상의 업무비용"(Normal business expenses)

23. "통상의 업무비용"(규칙 제9.02조(i)(ii) 참조)은 어떠한 의뢰인 소개와도 무관하게 법률사무소의 서비스 제공에 따라 지불되는 비용을 말한다. 가령 법률사무소의 책임보험이나 건물 보험을 가입한 회사 또는 연회계보고서 및 세금신고서를 작성

하는 회계사로부터 소개 받는 것은 금지되지 않는다.

24. 규칙 제19장은 금융서비스와 관련된 소개를 내용으로 한다.

25. 규칙 제2.06조(중개수수료)는 의뢰인 소개의 대가로 수령한 수수료에 적용된다.

유럽 국경간 업무수행

26. 규칙 제16장은 국경을 넘은 업무에 있어 비변호사에게 소개 대가로 비용을 지불하는 것을 금지한다(규칙 제16.06조 및 규칙 제16장의 지침 12 및 13 참조).

규칙 제10장: 제3자와의 관계

도입

규칙 제10장은 적정한 방식으로 제3자를 대할 필요와 관련된 다양한 의무를 부과한다. 이 규칙이 해외 업무에 대하여는 제15.10조에 의하여 수정되어 적용된다.

규칙

10.01 불공정한 이익을 취하지 않기

변호사는 자신의 지위를 이용하여 자신의 편익이나 다른 사람의 편익을 위해 불공정한 이익을 취하여서는 안 된다.

10.02 다른 당사자와의 비용 합의

변호사는 그의 의뢰인의 비용을 다른 법률사무소의 의뢰인 또는 제3자가 지급하는 것에 관하여 협상할 때, 동의 또는 평가의 대상인 그 비용의 금액에 관해 충분한 정보와 시간을 제공하여야 한다.

10.03 선서절차의 진행

변호사는 인가받은 경우 선서 또는 무선서 진술의 절차를 진행할 수 있다. 다만 변호사나 소속 법률사무소가 그 사건과 관련하여 어느 일방을 위해 수임하고 있는 경우에는 이러한 업무를 할 수 없다.

10.04 사건의 다른 당사자와의 접촉

변호사는 자신이 아는 한 이미 변호사나 변호사 업무를 수행하는 사업체를 선임한 어떤 다른 당사자와도 접촉해서는 안 된다. 다만 다음의 경우는 예외로 한다.

(a) 그 다른 당사자 측 변호사의 이름이나 주소를 요청하기 위한 경우
(b) 그 다른 당사자 측 변호사가 충분한 이유 없이, 그의 의뢰인에게 메시지를 전달하거나 또는 변호사의 서신에 답변하는 것을 거절 또는 게을리 하였음이 합리적으로 추단되며, 또한 그 변호사에게 그의 의뢰인과 직접 접촉하겠다는

의사를 경고하였을 경우

(c) 그 다른 당사자 측 변호사의 동의가 있는 경우

(d) 예외적인 상황의 경우

10.05 약속(Undertakings)

(1) 변호사는 다음 중 어느 하나의 상황에서 행한 약속(undertaking)을 이행하여야 한다.

(a) 변호사가 업무수행중에 약속을 했을 때

(b) 공인된 단체, 공인된 단체의 경영자 또는 공인된 단독개업변호사로서, 소속 법률사무소의 누군가가 업무수행중에 약속을 했을 때

(c) 업무수행과 무관하게, 하지만 사무변호사의 지위에서 약속을 했을 때

(d) 변호사가 잉글랜드와 웨일즈에 소재한 사무소에 기반을 둔 등록유럽변호사이고, 설립지침(Establishment Directive)에서 정하는 직업의 변호사로서 영국 내에서, 그러나 등록유럽변호사의 업무수행과 무관하게 약속을 했을 때

(2) 변호사는 합리적인 시간 내에 약속을 이행해야 한다.

(3) 변호사가 장래 일정 사건 발생을 조건으로 하는 약속을 한 경우, 변호사는 그 사건이 발생하지 않을 것이 명백해진 즉시 이를 약속의 상대방에게 통지하여야 한다.

(4) 변호사가 다른 사람의 비용을 지급하기로 하는 약속을 한 경우, 어떤 경우라도 비용을 지급하겠다는 명시적인 합의가 없는 한, 그 사건이 계속 진행되지 않으면 그러한 약속의 이행은 면제될 것이다.

10.06 부동산양도 거래에서 둘 이상의 잠재적 매수인과의 교섭

(1) 경매나 입찰을 통한 매매의 경우를 제외하고, 토지의 매도인이 다음에 해당하는 경우, 변호사는 의뢰인의 동의를 얻어 각 잠재적 매수인의 부동산양도대리인(conveyancer) 또는, 잠재적 매수인이 직접 행위하는 경우 그 잠재적 매수인에게 알려 주어야 한다.

(a) 토지의 매도인이 변호사에게 둘 이상의 잠재적 매수인과 교섭할 것을 지시한 경우

(b) 변호사가 아는 한도 내에서, (i) 토지의 매도인이 또 다른 잠재적 매수인(또는 그들의 부동산양도대리인)과 직접 교섭하거나, (ii) 또 다른 부동산양도대리인에게 또 다른 잠재적 매수인과 교섭할 것을 지시한 경우

(2) 매도인이 그러한 공개를 거부하는 경우, 변호사는 즉시 그 수임 업무를 중단해야 한다.

(3) 변호사는 매도인과 잠재적 매수인의 양쪽 모두를 위하여 수임하여서는 안 된다.

(4) 변호사는 둘 이상의 잠재적 매수인들을 위하여 수임하여서는 안 된다.

10.07 다른 관할지역의 변호사의 보수

(1) 업무의 수행 도중에 변호사가 다른 관할지역의 변호사에게 일정한 업무의 수행을 위임하는 경우, 위임하는 변호사는, 위임받은 변호사가 잉글랜드나 웨일즈의 변호사로서 업무를 수행하고 있거나 다음 중 어느 한 경우에 해당하지 않는 한, 직업윤리적 양식에 따라 합당한 보수를 지급하여야 한다.
   (a) 위임하는 변호사가 처음부터 그러한 의무를 명확히 부정한 경우 또는 그 이후의 어느 날에 그날 이후 발생한 보수에 대한 의무를 명확히 부정한 경우
   (b) 위임받은 변호사가 등록유럽변호사이거나 설립지침(Establishment Directive)에 따라 영국 법정변호사협회(Bar of England and Wales)에 등록되어 있는 경우
   (c) 위임받은 변호사가 잉글랜드와 웨일즈에 기반을 둔 등록외국변호사이고 법률사무소에서 변호사 업무를 하고 있는 경우
(2) 업무의 수행 도중에 변호사가 다른 관할지역의 변호사의 업무를 수행하는 사업체에 일정한 업무의 수행을 위임하는 경우, 변호사는 다음 중 어느 하나의 경우에 해당하지 않는 한, 직업윤리적 양식에 따라 그 위임받은 변호사가 하는 일에 대한 합당한 보수를 지급하여야 한다.
   (a) 위임하는 변호사가 처음부터 그러한 의무를 명확히 부정한 경우 또는 그 이후 어느 날에 그날 이후 발생한 보수에 대한 의무를 명확히 부정한 경우
   (b) 그 사업체가 법률사무소인 경우

<u>규칙 제10장에 대한 지침—제3자와의 관계</u>

불공정한 이익을 취하지 않기—10.01

1. 규칙 제10.01조는 의뢰인을 위한 수임과 관련한 변호사의 업무수행에만 적용되는 것은 아니다. 예컨대 변호사가 개인적으로 교통사고에 연루되었을 때, 변호사인 자신의 위치를 불공정하게 이용하여 다른 자동차 운전자를 괴롭히거나(harass) 협박한다면, 변호사는 제10.01조를 위반한 것이다.

2. 법적 대리를 받지 않는 사람과 교섭할 때에 변호사는 특별히 더 주의를 기울여야 한다. 변호사는 의뢰인에 대한 자신의 의무를 이행하는 것과 또 다른 사람으로부

터 불공정한 이익을 취하지 않는 것 사이에 균형을 찾아야 한다. 그러므로 일정한 범위에서 제10.01조는 변호사가 의뢰인의 최선의 이익을 위하여 업무를 수행할 의무를 제한한다. 예컨대 대리인 없는 상대방이 서툴게 작성된 서류를 제공하는 경우 변호사의 그러한 의무는 제한될 수 있다. 그러한 상황에서 변호사는 상대방에게 법적 대리를 구할 것을 제안하여야 한다. 만약 그 상대방이 이를 따르지 않으면, 변호사는 의뢰인의 최선의 이익을 위해 업무를 수행할 의무와, 상대방의 법적 지식 및 문서작성 능력의 결여를 이용하여 불공정한 이익을 얻지 않을 의무 사이에서 균형을 유지하도록 하여야 한다.

3. 변호사는 대리인 없는 제3자와 교섭할 때, 제3자에게 준 어떤 도움이 의도하지 않게 계약관계를 발생시킬 수 있음에 주의해야 한다. 이에 관한 추가적인 정보에 관하여는 '코더리의 사무변호사 해설'(Cordery on Solicitors) 참조. 또한 규칙 제2장(의뢰인과의 관계)에 대한 지침 3 참조. 변호사는 또한 자격 없는 사람을 대할 때 유보된 업무에 관련된 금지와 관련하여 1974년 사무변호사법(Solicitors Act 1974)을 위반하지 않도록 주의하여야 한다. 더 상세한 설명은 제20.01조(유보된 업무 및 이민 업무)와 그에 대한 지침 참조

4. 변호사가 자신의 개인적 이익을 도모하는 데 있어 직업적 명칭을 쓰는 것이 부적절한 경우가 있다. 변호사는 변호사 직업에 대한 공중의 신뢰를 고려하여야 한다. 규칙 제1.06조(공중의 신뢰) 참조

5. 정식의 법적 절차를 통해서는 돌려받을 수 없는 것을 요구하는 것은 불공정하다. 이러한 요구에는 채권청구서 기타 다른 당사자에 대한 의사교환이 포함된다. 예컨대 변호사가 단순히 채권 추심을 수임하였을 때, 변호사가 그러한 채권청구서와 관련된 비용을 채무자에게 요구해서는 안 된다. 왜냐하면 그 단계에서 그러한 비용은 법적으로 돌려받을 수 있는 것이라고 할 수 없기 때문이다.

6. 다음은 변호사가 제10.01조와 핵심적인 의무인 제1.02조(청렴성)의 준수를 확실히 하기 위해 어떻게 업무를 수행해야 하는지에 관한 몇 가지 추가적인 사례이다.
   (a) 어떤 사람이 변호사에게 어떤 명시적인 조건을 제시하며 서류나 돈을 보낸 경우, 변호사는 그 조건에 따르는 것이 마음에 내키지 않거나 불가능한 경우 그 서류 또는 돈을 반환하여야 한다.
   (b) 변호사는, 보관하되 발송인의 지시에 따를 것을 조건으로 하여 서류나 돈을

받은 경우, 발송인의 요구가 있으면 그 서류나 돈을 발송인에게 반환하여야 한다.

(c) 변호사가 다른 사람에게 서류의 사본 제공을 요청하였다면, 변호사는 그에 관해 적절한 대가를 지불하여야 한다.

다른 당사자와의 비용 합의—10.02

7. 규칙 제10.02조는 모든 종류의 일에 적용된다. 소송 관련 사건에서의 적용은 명백하지만, 일반적으로 다른 사건, 예컨대 임차인의 임차권 양도에 대한 승락 요청의 취급에 있어, 임대인의 사무변호사 관련 비용을 임차인이 지급하는 경우에도 적용될 수 있다.

8. 변호사는 보수청구에 관한 기준(예를 들어 시간당 보수 또는 전체적인 보수예상액)에 관한 정보를, 그때까지 한 일 또는 앞으로 할 일을 구성하는 요소들의 성격의 표시와 함께, 제공할 것을 예상해야 한다.

선서절차의 진행—10.03

9. 변호사는 다음 중 어느 하나에 해당하는 경우에 타인의 선서절차를 진행할 수 있다.
   (a) 현재 유효한 개업증명서를 가진 사무변호사—1974년 사무변호사법(Solicitors Act 1974) 제91조(1) 참조
   (b) 설립지침(Establishment Directive) 하의 등록유럽변호사

10. 선서나 무선서 진술 또는 진술 관련 절차를 진행할 때 변호사는 그러한 선서 등을 하는 자가 다음에 모두 해당한다는 것을 확실히 하여야 한다.
   (a) 그 자리에 참석할 것
   (b) 변호사가 있는 자리에서 서류에 서명하거나, 그 자료가 이미 서명되었다면 그 서명이 자신의 것이고 모든 부속서류가 정확함을 확인할 것
   (c) 자신의 행동의 의미와 선서 등의 목적이 해당 서류와 그 부속서류의 내용이 진실함을 확인하는 데 있다는 점을 이해하는 것으로 보일 것

11. 변호사는 서류의 내용에 대해서는 책임이 없으나, 만약 변호사가 그 내용이 거짓

이라고 믿을 만한 상당한 이유가 있다면 선서 등의 절차를 계속하여서는 안 된다.

12. 변호사나 소속 법률사무소가 관련 사건에서 일방 당사자를 위하여 수임하고 있거나 기타 이유로 이해관계가 있는 경우, 변호사는 선서절차를 진행하여서는 안 된다. 1974년 사무변호사법(Solicitors Act 1974) 제81조 제2항과 다른 관련 입법에서도 이러한 금지 조항을 찾을 수 있다. 이러한 금지 조항들이 적용된 결과, 가령 변호사가 개인적인 일로 자신의 배우자의 선서절차를 진행하는 것은 금지될 것이다.

13. 자료에 이미 서명이 되어 있었던 경우, 변호사는 선서 등을 하는 자가 자신의 서명임을 확인하면, 그와 반대되는 명백한 증거가 없는 한, 그 말을 받아들이는 것으로 충분하다.

사건의 다른 당사자와의 접촉—10.04

14. 규칙 제10.04조에 따르면, 변호사는 사건의 다른 당사자가 변호사나 변호사의 업무를 수행하는 사업체에 의하여 대리되고 있는 경우, 예외가 있기는 하지만, 그 당사자와 접촉해서는 안 된다. 이 규칙은 변호사가 다른 종류의 대리인과 접촉하는 것은 그러한 접촉이 적절하다면 금지하지 않는다. 만약 변호사가 그러한 대리인과 교섭해 달라는 요청을 받는다면, 변호사는 1974년 사무변호사법(Solicitors Act 1974)을 위반할 가능성이 없고(지침 3 참조), 그렇게 하는 것이 의뢰인의 최선의 이익을 위하는 것이라는 점을 확실히 해야 한다. 예컨대 상대방이 장애인이나 기타 자신의 이익을 스스로 지키기 어려운 위치에 있는 사람인 경우, 변호사는 전문가들로 이루어진 자문기관이나 장애인 자선단체로부터의 대리인과 교섭하는 편이 적절하다고 생각할 수 있다. 그와 같이 하는 것은 사건을 더욱 효율적으로 처리할 수 있다는 것과, 또한 변호사가 제10.01조(불공정한 이익을 취하지 않기)에 위반하여 행동하고 있다는 혐의로부터 일정한 보호를 받을 수 있음을 의미할 수 있다. 반면 변호사는 다른 당사자를 대리하려는 사람으로서, 관련 지식이나 기술이 전혀 없는 사람과 교섭하기를 원하지는 않을 것이다.

15. 송달업무 수행자(enquiry agent)가 송달업무를 수임한 경우, 상대방 당사자 측 변호사가 서류의 수령을 거부하는 경우 직접 상대방 당사자에게 송달할 수 있다. 그러나 상대방 당사자로부터 진술을 듣거나 기타 방법으로 상대방 당사자와 의사

교환을 하여서는 안 된다.

16. 두 가지 자격에 기하여 의뢰인으로부터 수임할 경우 주의가 필요하다. 예컨대 변호사가 추가적으로 매도인의 부동산 중개인으로서도 수임하는 것이라면, 그 변호사는 오직 부동산 중개 관련 사항들에 관해서만 매수인과 접촉할 수 있다.

17. 변호사는 명시적으로 상대방 측 변호사와 자신의 의뢰인이 접촉하는 것에 동의할 수 있고, 또한 예컨대 미리 정하여진 프로토콜에 따르는 경우나 일정한 서류가 모든 당사자들에게 송달되는 데에 합의가 이루어진 경우와 같이 동의는 묵시적으로도 이루어질 수 있다.

18. 사건과 관련된 다른 변호사가 왜 서신에 답변하지 않는가를 확인하기가 항상 쉬운 일은 아니다. 상대방 변호사가 자신의 의뢰인의 지시를 거절하거나 따르지 않고 있다거나 또는 그의 의뢰인에게 보낸 요청이나 서신을 전달하는 것을 거절하거나 게을리 하고 있다고 변호사가 합리적으로 생각하는 경우에는 상대방 의뢰인과 변호사에게 경고를 주어, 혹시 변호사가 잘못 생각한 것인지 아닌지에 관하여 이의를 제기할 기회를 주어야 한다. 유효한 이의가 없으면, 변호사는 상대측 의뢰인과 직접 접촉하여 사건을 진행시킬 수 있다.

19. 제10.04조상 허용된, 변호사와 다른 변호사의 의뢰인 사이의 모든 의사교환은 서면으로 하는 것이 바람직하다.

20. 규칙 제10.04조는 변호사가 조직의 내부 변호사와 접촉할 때도 적용된다. 예컨대 지방정부와 관련된 사건에서 그 상대방을 수임한 변호사는, 그 지방정부 소속 사무변호사가 사건을 수임하였다는 사실을 명시적 또는 묵시적으로 알게 되면, 그 문제를 그 지방정부 내의 다른 공무원, 관련된 고위직, 개개인의 의원 또는 그 지방정부 내의 정치단체와 직접 논의해서는 안 된다. 변호사는 의뢰인을 위하여 관련된 공무원이나 고위직, 개개인의 의원, 정부 내의 정치단체에 대한 로비 활동에 관여할 수 있다. 이는 그 지방정부 소속 사무변호사가 법적 쟁점들을 처리하도록 지시를 받았음을 변호사가 알고 있다고 하더라도 마찬가지이다.

21. 상대방이 조직인 경우, 위임 권한이 없는 피고용자들과 접촉하는 것은 제10.04조 위반이 아니다. 왜냐하면 제10.04조의 목적상 그들은 '의뢰인'에 해당하지 않기

때문이다. 그러나 변호사는 피고용자들이 고용주에 대하여 부담하는 모든 계약상 의무를 존중하여야 한다. 변호사가 피고용자와 접촉할 의향이 있음을 고용주나 그의 변호사에게 알리는 것이 적절할 수 있다. 이를 통하여 피고용자는 어떻게 적절히 대응할지에 관하여 조언을 들을 수 있을 것이다.

22. 사무변호사규제기관(SRA)이나 토지등기소(Land Registry)와 같은 기관에 고용된 변호사는 실정법상의 직무를 수행할 때 대리인이 있는 의뢰인과 적법하게 교섭할 수 있다.

23. 대리인이 있는 의뢰인과 직접 의사교환할 필요가 있는 다른 경우들이 있다. 규칙 제10.04조(d)는 이와 같은 경우를 '예외적 상황'이라고 부른다. 예외적 상황은 변호사가 다른 변호사의 의뢰인과 접촉하는 경우를 포함할 것이다. 이 상황 하에서는 불공정한 이익을 취하지 않기 위해 주의를 기울여야 하지만, 적절한 경우에는 그 의뢰인의 요청을 처리하고 나서 향후에는 그 의뢰인 자신의 변호사를 통하여 접촉하여야 한다는 점을 설명하여도 무방하다.

약속(Undertakings)—10.05

24. 약속(undertakings)이란 변호사 또는 소속 법률사무소가 무엇인가를 하거나 또는 행하여지도록 하거나 또는 무엇인가를 하지 않겠다는 진술로서 이를 합리적으로 신뢰하는 누군가에게 행하여진 것을 말한다(규칙 제24장(해석) 참조). 이는 말이나 서면으로 할 수 있고, 약속이라는 단어를 반드시 포함할 필요도 없다. 그러나 구두 약속은 증거 관련 목적에서 서면으로 확인을 하거나 기록하여 두는 것이 바람직하다.

25. 전기요금과 같은 상거래채무의 지불에 관한 합의는 통상 약속이 아니다. 일단 약속을 하고 그 상대방이 이를 신뢰하게 되면, 이러한 약속은 양자의 합의에 의하여서만 철회될 수 있다.

26. 변호사는 약속을 하거나 받아들일 의무가 없다.

27. 제10.05조의 (1)(b)에서 말하는 '소속 법률사무소의' 사람이란, 법률사무소를 대표하는 것으로 표시된 사람이나, 임시대리인, 대리인, 고문 및 기타 피고용자를 포함

한다.

28. 어떤 약속이 이행할 기한이 있는 것이 중요하다. 약속을 할 때 구체적 기한이 정하여져 있지 않은 경우에는, '합리적인 기한' 내의 이행이 기대된다. '합리적인 기한'이 어느 정도의 시간을 의미하는지는 상황에 따라 다르지만, 약속의 상대방이 가능한 대략의 기한과 그 지연에 대하여 항상 알 수 있도록 할 책임은 약속을 하는 쪽에 있다.

29. 약속의 불이행에는 징계가 따를 수 있다.

30. 어떤 약속의 내용상 그 상대방이 먼저 어떠한 조치를 취할 것이 요구되어 있는데 그 상대방이 이를 하지 않았을 경우, 약속을 한 사람은 사무변호사규제기관(SRA)에게, 만약 일정한 기간 내에 그러한 조치가 취하여지지 않는다면, 사무변호사규제기관은 약속의 불이행에 관한 이의제기가 있더라도 이를 검토하지 않을 것이라는 내용의 통지를 약속의 상대방에게 할 것을 요청할 수 있다.

31. 사무변호사와 등록유럽변호사가 한 모든 약속들은 법원에 의하여 강제이행될 수 있다(이에 관한 적절한 절차에 관하여는 법원 규칙 참조). 사무변호사규제기관(SRA)은 법원에 제기된 약속 위반에 대한 이의제기에 관하여, 법원 스스로가 사무변호사규제기관에 이의를 제기하지 않는 한, 조사하지 않을 것이다.

32. 변호사가 다른 당사자나 전문가 대리인의 비용을 지불하겠다고 약속한 경우, 구체적인 액수가 합의되지 않은 한, 여기서의 '비용'이란 '합당한 비용'을 말한다. 따라서 변호사는 법원에 비용의 평가를 요청할 수 있다.

33. 약속에 대한 위반이 주장되어 사무변호사규제기관(SRA)에 이의제기가 행하여지고, 사기, 기망 또는 일정한 경우에는 악의 없는 허위진술에 의하여 약속을 받아냈음이 밝혀진 경우, 사무변호사규제기관은 그러한 위반 주장에 대하여 아무런 조치도 취하지 않을 것이다.

34. 사무변호사규제기관(SRA)은 의미가 모호한 약속은 일반적으로 그 상대방에게 유리하도록 해석할 것이다.

35. 변호사가 의뢰인을 대신하여 약속을 한 경우, 그러한 약속은 대체로 지금까지 살펴본 약속의 정의에 해당하는 것이고(규칙 제24장(해석) 참조), 따라서 그 이행은 변호사의 책임이다. 만약 이러한 결과가 변호사의 의도와 다르다면, 변호사는 자신의 책임이 부정된다는 점을 확실히 하거나 자신은 단순히 상대방 당사자에게 의뢰인의 의도에 대해 알려준 것에 불과하다는 점을 명백히 해야 한다.

36. 약속(undertaking)을 하겠다는 약속(promise)은 통상 약속(undertaking)으로 간주되고 따라서 구속력이 있다.

37. 약속의 위반이 있었을 때 그 상대방은 배상을 구할 수 있다. 사무변호사배상책임보험규칙에 따른 소속 법률사무소의 보험이 유효한 손해배상청구에 대하여 보상할 것이다. 사내변호사의 경우 그 변호사는 자신의 고용주가 적절한 보험에 가입했는지 여부를 검토하여야 한다. 변호사는 개인적으로도 직업윤리적인 책임을 지고, 충분한 보험 가입 여부에 관계없이 금전적 책임 역시 부담할 수 있다.

38. 약속은 변호사가 스스로 통제할 수 없는 일을 하는 것에 관한 것이라 하더라도 구속력이 있다. 예컨대 변호사가 자산 매도대금을 가지고 지급하겠다고 약속한 경우, 스스로 명확하게 이와 달리 표현하지 않은 한, 변호사는 비록 그 금액(총액으로나 순액으로나)이 지급에 충분하지 않다 하더라도 그러한 지급을 이행할 것으로 기대될 것이다.

39. 변호사가 의뢰인으로부터 철회할 수 없다고 표시된 서면 위임을 받은 경우, 그러한 표시에도 불구하고 그 위임은, 변호사가 그러한 위임에 근거하여 업무를 수행함으로써 그 개인적인 입장에 변화가 생길 정도에 이르기 전에는, 언제든지 철회할 수 있다.

40. 일정한 업무의 분야, 특히 부동산양도 분야는 표준적인 약속을 사용한다. 표준 약속을 사용할 때는 그것이 구체적 상황에 맞는 것인지에 관하여 주의를 기울여야 한다. 더 상세한 것은 전문적인 간행물 참조

41. 약속에 관한 지침은 변호사직업윤리지도팀으로부터 얻을 수 있다.

부동산양도 거래에서 둘 이상의 잠재적 매수인과의 교섭—10.06

42. 변호사가 매도인을 위해 수임하면서 둘 이상의 잠재적 매수인과 '교섭'해 달라는 요청을 받은 경우, 변호사는 제10.06조를 준수해야 한다. '교섭'이란 변호사가 그 사건을 진행시키기 위하여, 관련된 당사자들과 하는 모든 의사교환을 의미하며, 예컨대 계약서 초안이나 부동산 도면의 송부가 이에 포함된다. 매매의 상세한 사항을 송부하거나 잠재적 매수인들에게 부동산을 보여주는 것과 같이, 부동산 중개행위의 성격에 속하는 정보의 교환은 제10.06조에서 의미하는 '교섭'에 이르지 않는다. 변호사가 부동산 중개인 또는 주택정보서류철(Home Information Pack)의 제공인에게 오직 주택정보서류철의 작성을 위하여 정보를 제공할 경우, 이는 제10.06조에서 의미하는 잠재적 매수인과의 '교섭'이 아니다. 그러나 매수인에게 추가적 정보를 제공하는 것은, 그것이 직접적인 것이든 부동산 중개인 또는 주택정보서류철의 제공인을 통하여 한 것이든, 일반적으로 '교섭'에 해당한다.

43. 이 규정의 요건은 '계약 경쟁규칙'으로도 알려져 있다. 이 용어는, 마치 이 규정의 내용에 따라 거래가 진행될 때 어느 쪽이든 먼저 교환 가능한 계약을 제시하는 편이 '승자'가 되는 것처럼 보이게 한다. 사실은 약정의 내용은 전적으로 당사자들의 재량에 달려 있고, 속도는 약정의 성립 여부를 결정하는 요인이 될 수도, 되지 않을 수도 있다. 변호사는 약정의 내용에 합의할 때에는 신중하여야 한다.

44. 변호사가 다른 부동산양도대리인에게 둘 이상의 잠재적 매수인과 업무를 진행하고 싶다는 의사를 알려야 할 때에는, 변호사는 이를 즉시 가장 적절한 방법으로 하여야 한다. 그러한 정보가 직접 대면에 의하여 또는 전화에 의하여 전해지는 경우, 그 상세한 내용을 서면으로 확인할 것을 요구하고 있지 않으나 그와 같이 하는 것이 바람직하다.

45. 자격 없는 부동산양도대리인 또는 대리인 없는 매수인과 교섭하는 경우 특별한 주의가 필요하다. 지침 2 및 3 참조

다른 관할지역의 변호사의 보수—10.07

46. 규칙 제10.07조는 단순히 의뢰인을 다른 관할지역의 변호사에게 안내 또는 소개한 경우에는 적용되지 않는다. 그러나 변호사가 그러한 다른 관할지역의 변호사

에게 위임하는 경우에는 제10.07조의 예외 조항 중 하나가 적용되지 않는 한, 그 변호사에게 합당한 보수를 지불할 책임을 질 것을 승낙하는 것이 된다. 예컨대 변호사가 그러한 보수 상당액을 미리 받아 계좌에 보관하고 있지 않고 의뢰인은 파산한 경우, 변호사는 위임받은 변호사에게 합당한 보수를 자신의 돈으로 지급해야 할 수 있다.

47. 다른 관할지역의 변호사의 보수는 관련 법정변호사협회 또는 사무변호사회가 승인한 기준에 의하여 규제된다. 변호사는 사무변호사협회(the Law Society)의 국제분과(International Unit)에 연락하여 조언을 받을 수 있다.

48. 유럽변호사협회협의회 회원국(CCBE state)의 변호사의 보수 지급에 관한 분쟁이 발생한 경우, 제16.07조와 규칙 제16장(유럽 국경간 업무)에 관한 지침(Guidance) 중 지침 14를 참조할 필요가 있고, 이에 필요한 조치는 모든 절차의 시작 전에 취하여져야 한다.

규칙 제11장: 소송과 변호

도입

규칙 제11장은 소송을 수행하거나 소송대리변호사(advocate)로서 업무를 수행할 권리를 행사하는 법률사무소나 변호사에게 추가적인 의무를 부과한다. 이 규칙에서 '법원'이란 넓은 의미를 갖는다(규칙 제24장(해석) 참조). 또한 이 규칙에서 소송대리변호사(advocate)로서의 출석이나 업무수행이란 모든 법원에서 변론권을 행사하는 것을 가리키며, 단지 상급 법원에서 변론권을 부여받은 경우에만 국한되지 않는다. 그리고 이 규칙은 해외 업무에서는 수정된 형태로만 적용된다(규칙 제15.11조 참조).

규칙

11.01 법원에 대한 기망(deceiving), 오도(misleading)

(1) 변호사는 법원을 기망하거나, 법원을 고의로 또는 무모하게(recklessly) 오도하거나, 법원이 오도되는 것을 고의로 묵인해서는 안 된다.

(2) 변호사는 다음에 관하여 법원의 주의를 환기시켜야 한다.
  (a) 관련된 판례와 실정법 규정
  (b) 중요한 절차적 하자

(3) 변호사는 의뢰인의 주장을 뒷받침하는 사실관계를 구성하거나 소송절차와 관련된 서면을 작성함에 있어 다음을 포함하여서는 안 된다.
  (a) 적절하게 주장할 수 있다고 생각하지 않는 다툼
  (b) 사기의 주장. 다만, 그러한 주장을 하도록 의뢰인으로부터 지시 받았고 또 사기를 저질렀다는 주장을 뒷받침한다고 일견 합리적으로 믿을 만한 자료를 가지고 있는 경우를 제외한다.

11.02 법원의 명령에 대한 준수

변호사는, 그 또는 소속 법률사무소로 하여금 특정한 행위를 하거나 하지 못하도록 하는 법원의 명령을 준수하여야 한다.

11.03 법정모욕

변호사는 법정모욕에 해당하는 행위를 하여서는 안 된다.

11.04 소송대리변호사(advocate)로서의 수임의 거부

(1) 변호사는 누구에게도 다음 중 어느 하나를 이유로 소송대리변호사(advocate)로서 수임하는 것을 거부하여서는 안 된다.
   (a) 사건의 성격이 변호사 자신이나 사회 일각에서 반대할 만하다는 이유
   (b) 장래의 의뢰인의 행동, 견해 또는 신념이 변호사 자신이나 사회 일각에게 받아들일 수 없는 것이라는 이유
   (c) 장래의 의뢰인에게 소송절차를 위하여 합당하게 지원되는 재정적 도움의 출처가 변호사 자신에게 받아들일 수 없는 것이라는 이유

(2) 변호사는 다음 중 어느 하나에 해당하는 경우에는 소송대리변호사(advocate)로서 수임하지 않아도 무방하다.
   (a) 조건부 보수약정의 경우
   (b) 다음의 사항들을 감안할 때 합당한 보수를 제안 받은 것이 아니라고 합리적으로 판단한 경우
      (i) 사건의 제반 사정
      (ii) 해당 변호사의 평소 업무의 성격
      (iii) 자신의 경험과 지위

11.05 소송대리변호사(advocate)로서의 법정 출석

변호사가 소송대리변호사(advocate)로서 출석할 때에는 다음의 사항들을 준수하여야 한다.

   (a) 증인이나 그 밖의 타인에게 단순히 수치감을 줄 뿐이거나 오로지 모욕할 의도만이 있는 발언을 하여서는 안 된다.
   (b) 사건의 적절한 수행을 위해 필요한 경우를 제외하고는 공개된 법정에서 제3자를 거명하여 그의 인격에 대한 의문이 제기되지 않도록 하여야 한다.
   (c) 증인에 대한 반대신문중에 증인이 답할 기회를 갖지 않았다면, 그의 인격에 대한 의문이 제기되지 않도록 하여야 한다.
   (d) 다음의 경우를 제외하고는, 누구에 대하여도 그가 범죄, 사기 또는 위반행위를 실제로 저질렀다는 점을 시사하여서는 안 된다.
      (i) 그러한 주장이 의뢰인의 사건에서 중요한 쟁점이 되는 문제일 때
      (ii) 변호사 자신이 보기에 합리적인 이유에 의해 뒷받침될 때

11.06 증인으로서의 법정 출석

변호사는 소송대리변호사(advocate)나 소송수행변호사(litigator)로서의 독립성, 의뢰인의 이익, 사법적 이익(interests of justice)이 침해되지 않는다는 점에 관하여 스스로 확신하는 경우가 아니고서는, 해당 변호사 또는 소속 법률사무소의 누군가가 증인이 될 수 있는 재판이나 소송에 소송대리변호사(advocate)로 출석하여서는 안 된다.

11.07 증인에 대한 대가 지급

변호사는 증인에게 증언의 성격이나 사건의 결과와 유관한 대가를 지급하거나 그러한 지급을 제안하여서는 안 된다.

11.08 아동 증인의 증언 기록

변호사가 피고인의 방어나 소추를 위하여 업무를 수행하고 있고 '1991년 형사소송법'(Criminal Justice Act 1991) 또는 '1999년 청소년 사법 및 형사증거법'(Youth Justice and Criminal Evidence Act 1999)의 관련 조항에 따라서 형사재판의 증거로 인정받기 위해 준비된, 신원이 확인된 아동 증인의 음성 또는 영상 기록물의 사본을 보유하고 있는 경우에는, 다음의 사항을 모두 준수하여야 한다.

(a) 기록물의 사본을 만들거나, 사본을 만들도록 타인에게 허락하여서는 안 된다.
(b) 피고인에게 해당 기록을 공개하여서는 안 된다.
(c) 소추나 방어, 또는 유죄나 기타 판결에 대한 항소를 준비하기 위하여 변호사 스스로가 필요하다고 여기는 경우를 제외하고는, 누구에게도 기록물 또는 기록물의 내용을 공개하거나 공개하도록 허락하여서는 안 된다.
(d) 사용하지 아니할 때에는 항상 기록물을 잠겨 있는 안전한 용기에 보관하여야 한다.
(e) 수임 업무가 종료된 때에는 기록물을 반환하여야 한다.

규칙 제11장에 대한 지침—소송과 변호

일반 사항

1. 사무변호사는 모든 법원에서 소송을 수행할 자격이 있으며, 1989년 12월 7일 직전까지 사무변호사에게 부여되었던 변론권도 이 규칙에 부합하는 범위 내에서 행사할 수 있다. 또한 '2010년 사무변호사의 상급법원 변론권 규칙'(Solicitors' Higher

Rights of Audience Regulations 2010)에 의하여 상급법원에서의 소송대리변호사 자격(advocacy)을 획득하였거나 사무변호사가 되기 전에 다른 규제기관으로부터 그에 상응하는 자격을 획득한 사무변호사는 그에 더하여 상급법원에서도 변론권을 행사할 자격이 있다.

2. 등록유럽변호사는 해당 업무를 수행할 자격이 있는 사무변호사나 법정변호사(barrister)와 공동으로 수임하였을 경우에 한하여 소송을 수행하거나 소송대리변호사(advocate)로서 법정에 출석할 수 있다. 이때 사무변호사나 법정변호사의 역할은 등록유럽변호사를 감독하거나 등록유럽변호사의 업무에 책임을 지는 것이 아니라 문제가 발생하였을 때에 법원을 돕는 것이다. 등록유럽변호사는 모든 사무변호사들이 변론권을 행사할 수 있는 법원과 사건에 대하여 소송대리변호사으로서 출석할 수 있다. 사무변호사와 마찬가지로, 등록유럽변호사도 사무변호사의 상급법원 자격 중 하나를 획득함으로써 확장된 변론권을 취득할 수 있으며, 유럽변호사로 사무변호사규제기관(SRA)에 등록하기 이전에 관련된 상급법원에서의 자격을 타 규제기관으로부터 획득하였을 경우에는 이를 행사할 수 있다.

3. 등록외국변호사는, 특정한 범주의 사람들에게만 부여되지 않고 모든 개인에게 허용된 권리들을 제외하고서는, 변론권이나 소송수행에 관한 권리(또는 그러한 권리의 행사에 관하여 감독하거나 책임을 질 권한)를 가지지 못한다. 이에 대한 유일한 예외는, 망명보호심사관(Asylum Support Adjudicator)과 망명이민심판소(Asylum and Immigration Tribunal) 또는 이들 중 하나에 대한 항소를 위한 청문절차에서 소송 및 변론에 관한 권리를 가지는 것이지만, 이 역시 공인된 단체의 경영자나 피고용자 또는 공인된 단독개업변호사의 피고용자로 일할 경우에만 그러하다. 제12.03조와 규칙 제12장(변호사 업무의 전체적인 구조)의 지침 21 내지 29 참조

4. 소송대리변호사(advocate), 법률실무변호사(legal executive), 특허대리인, 상표권대리인, 법률비용전문변호사(law costs draftsman)도 변론권을 행사하거나 소송을 수행할 자격이 있다. 변론권을 행사하거나 소송을 수행할 때에는 각 자격에 따른 직업적 의무와 법에 의하여 정하여진 제한과 함께 이 규칙에 의한 의무를 준수하여야 한다.

5. 법정 변론 업무를 필요로 하는 의뢰인을 위하여 수임하는 때에는, 소속 법률사무소의 다른 변호사나 다른 소송대리변호사(advocate)가 업무를 수행할 경우에 비하여 자신이 의뢰인의 이익을 가장 잘 충족시키고 있는지를 항상 고려하여야 한다.

이때 고려되어야 할 요소에는 사건의 성격과 복잡성, 변호사 자신의 경험과 능력, 법정 변론 업무에 소요되는 비용, 그리고 변호사 자신의 평소 업무의 성격이 포함된다. 사건을 수임할 때 의뢰인과 의논해야 할 쟁점들에 대한 더 많은 정보는 규칙 제2장(의뢰인과의 관계)과 이에 대한 지침 참조.

6. 사무변호사는 법원의 구성원(officer of the court)으로서 법정의 원활한 운영을 돕기 위한 모든 합리적인 조치들을 취하여야 하지만, 다만 이는 의뢰인에 대한 자신의 의무와 모순되지 않는 범위 내에서만 그러하다. 가령 피고인인 의뢰인이 형사사건에서 도주하는 경우에는 어려운 문제가 발생할 수 있다. 실제로 의뢰인이 출석하지 않았을 때 변호사가 취하여야 할 행동은 다음과 같다.
   (a) 비밀유지 의무와 관련하여, 변호사는 의뢰인의 지시를 받지 못하고 있는 상태임을 적절하게 진술할 수 있으나, 의뢰인의 소재에 관한 정보는 밝힐 수 없다.
   (b) 의뢰인의 최선의 이익을 위하여 업무를 수행할 의무와 관련하여, 변호사는 의뢰인의 최선의 이익을 고려할 때 소송대리변호사(advocate)로서 적절하게 의뢰인을 변호할 수 없다고 여겨지는 경우 공판절차로부터 물러나 절차를 중단시킬 수 있다. 그러나 예를 들어 피고인이 변호사가 자신을 계속 변호하여 줄 것을 기대한다고 추정될 때나 공소를 기각시킬 수 있는 법률적 주장이 가능할 때와 같이 의뢰인의 부재 시에도 계속 진행할 수 있는 경우들도 있다.

   등록유럽변호사도 법원의 구성원으로 취급된다('설립지침 규정'의 부록 4의 문단 21 참조). 사무변호사나 등록유럽변호사가 아니더라도 공인된 단체의 경영자나 피고용자 또는 공인된 단독개업변호사의 피고용자로서 소송을 수행하거나 또는 법정 변론을 하는 것과 관련하여서는 유사한 업무수행의 기준을 준수하여야 한다.

7. 변호사는 상대방측 사무변호사나 대리인(counsel)이 동석한 상태에서 만나도록 요청받은 것이 아닌 한, 그의 소송이나 법정 변론(advocacy) 업무를 담당하고 있는 판사들을 법정 밖에서 만나 의사를 교환함에는 주의를 기울여야 한다.

8. 변호사는 극히 특수한 상황이 아닌 한 보석의 보증인이 되는 것에 동의하여서는 안 된다. 보석의 보증인이 됨으로써 변호사는 의뢰인의 상황에 과도히 밀접하게 연관되는 위험을 안게 되며, 이는 변호사가 독립적으로 업무를 수행할 수 있는 능력에 영향을 줄 수 있다. 변호사 본인이나 기타 타인이 보석에 대한 보증의 책임을 이행하여 주기로 하는 거래의 당사자가 되는 것은 불법이다.

법정에 출석하는 소송대리변호사(advocate)의 수행(隨行)

9. 변호사가 소송대리변호사(advocate)에게 사건에 관한 지시를 할 때에는 항상, 변호사 자신 또는 소속 법률사무소의 책임 있는 대표가 소송절차에 함께 출석하는 것이 의뢰인의 이익과 사법적 이익(interests of justice)에 부합하는 것인지를 결정하여야 한다. 이러한 결정을 내리기 위해서는 사건의 성격과 복잡성, 의뢰인의 소송절차에 대한 이해 능력 등을 감안하여 적절한 사건 수행을 위하여 무엇이 필요한지를 고려할 필요가 있다. 예를 들어 다음 중 어느 하나의 경우에는 통상 변호사 본인이나 소속 법률사무소의 책임 있는 대표가 출석해야 한다.
   (a) 의뢰인이 모살(murder), 고살(manslaughter), 강간 등과 같이 '1981년 대법원법'(Supreme Court Act 1981) 제75조(2)에 의하여 1급 또는 2급으로 분류된 범죄로 기소된 경우
   (b) 복합적인 또는 중요한 사기가 문제되는 사건의 경우
   (c) 예컨대 의뢰인이 아동이거나, 영어 구사 능력이 불충분하거나, 정신질환 또는 기타 장애가 있는 등의 이유로 인하여, 사건과 관련된 지시를 하거나 받는 데에 어려움이 있거나 또는 소송절차를 이해하기 어려운 경우
   (d) 소송대리변호사만이 단독으로 출석하면 의뢰인이 소송절차를 혼란시킬 가능성이 있는 경우
   (e) 소송대리변호사가 변론 또는 공판에서 둘 이상의 당사자를 대리 또는 변호하고 있는 경우
   (f) 사실심 재판에서 피고인의 방어와 관련된 서류의 수가 상당한 경우
   (g) 사건의 증인이 다수인 경우
   (h) 의뢰인의 선고 기일, 특히 의뢰인이 구금형의 선고를 받을 가능성이 있는 경우
   (i) 의뢰인의 인격 또는 변호사의 사건 수행을 문제 삼는 쟁점이 제기될 가능성이 있는 경우

10. 사무변호사가 소송대리변호사(advocate)를 수행(隨行)하여 출석하지 않기로 결정하였을 때에는, 해당 소송대리변호사에게 그 사실을 통지함과 아울러, 그가 자료를 검토하고 단독 출석하는 것이 적절한지를 결정할 수 있게 하기 위하여 충분한 만큼의 시간 여유를 두고 조속히 완전하고 상세한 소송 관련 서면을 전달하여야 한다. 변호사는 또한 의뢰인에게도 소송대리변호사를 수행하여 출석하지 않을 것이라는 사실과, 사건과 관련된 지시가 어떤 방식으로 이루어질 것인지에 관하여 알려야 한다.

언론 매체에 대한 발언

11. 변호사는 의뢰인의 사건에 관하여 언론 매체에 발언하는 것이 적절한지에 대하여 자신의 직업적인 판단력을 발휘하여야 하며, 발언할 때에는 그 내용에 관하여도 마찬가지이다. 이러한 결정을 할 때에는 다음의 사항들을 고려하여야 한다.
    (a) 발언을 하는 것이 의뢰인의 최선의 이익에 합치하는지 여부
    (b) 의뢰인이 이러한 행동에 동의하였는지 여부
    (c) 법률적 입장, 그리고 예컨대 발언의 내용이 법정모욕에 해당하는 것이 아닌지 여부(제11.03조 및 지침 21 참조)

법원에 대한 기망(deceiving) 또는 오도(misleading)—11.01

12. 규칙 제11.01조는, 악의가 전제되는 법원에 대한 기망과, 부주의로 발생할 수 있는 법원에 대한 오도를 구별하고 있다. 부주의로 법원을 오도한 경우에는 일반적으로 위반행위의 책임을 지지 않는다. 그러나 변호사가 소송을 수행하는 도중에 부주의로 법원을 오도하였음을 인지하였을 때에는 의뢰인의 동의하에 즉시 법원에 고지하여야 한다. 만약 의뢰인이 동의하지 않는 경우에는 수임업무를 중단하여야 한다. 규칙 제11.01조는 법원에 대한 기망이나 오도의 미수 또한 그 적용대상에 포함한다.

13. 예컨대 다음과 같은 행위는 법원에 대한 기망이나 오도가 될 수 있다.
    (a) 부정확한 정보를 제출하거나 타인으로 하여금 그러한 정보를 제출하도록 허락하는 행위
    (b) 타인이 내세우는 정보가 허위임을 알면서도 동의를 표시하는 행위
    (c) 증언의 내용이 사실이 아닐 것임을 알면서도 해당 증인을 신청하는 행위
    (d) 공개되었어야 할 문서가 공개되지 아니하였음을 재판 도중에 인지하고서도 즉시 공개하지 아니하는 행위
    (e) 증인으로부터 진술을 받을 때 진술의 내용에 관하여 증인에게 영향을 미치고자 하는 행위
    (f) 증거를 조작하거나 증언 내용을 바꾸기 위하여 증인을 설득하려고 하는 행위. 이와 같은 행위를 한다는 의혹을 피하기 위해서는 상대방 측 증인을 인터뷰하고자 할 때 상대방 측 대리인의 입회하에 하겠다고 제안하는 것이 현명하다.

14. 의뢰인이 자신을 어떤 이름으로 부르든 간에, 변호사는 의뢰인이 소송절차와 관련하여, 법원이 그의 전과를 알지 못하도록 하거나 기타 방법으로 법원을 기망하기 위하여 다른 성명이나 생년월일을 사용하고 있지 않음을 스스로 확신할 수 있어야 한다.

15. 변호사가 피고인을 변호하는 경우, 검사나 기타 당사자로부터 제공된 부정확한 정보가 법원으로 하여금 의뢰인이나 사건에 대하여 부정확한 판단을 하도록 할 수 있음을 알고 있을지라도, 그 자신이 해당 정보에 대한 동의를 표시하지 않는 이상, 이를 정정하여야 할 필요는 없다.

16. 의뢰인이 위증을 하였다는 사실 또는 진행중인 소송절차와 관련되는 중요한 사항에 대하여 법원을 오도한 사실을 시인하였을 때, 변호사는 의뢰인이 법원에 진실을 고지하는 것에 동의하지 않는 이상, 수임업무를 더 이상 수행하여서는 안 된다.

17. 소송절차 개시 전 또는 도중에 의뢰인이 변호사에게 일관되지 않은 진술을 하였다는 것만으로 변호사가 수임업무를 중단할 사유가 되지는 않는다. 의뢰인이 법원에 거짓 증거를 내세우고자 한다는 것이 명백할 때에만 수임업무를 중단하여야 한다. 그 외의 경우에는 의뢰인의 진술이 진실인지 아닌지를 평가하는 것은 변호사가 아니라 법원이 하여야 할 일이다.

18. 공개가 의뢰인의 최선의 이익에 부합하는지의 여부와 관계없이 법원에 반드시 고지하여야 하는 종류의 정보들이 있다. 이러한 정보를 공개하지 않는 것은 규칙 제11.01조 위반에 해당한다. 그 예는 다음과 같다.
   (a) 양측의 소송대리변호사(advocate)들은 관련된 판례와 실정법 규정들을 법원에 알려야 한다. 상대방이 판례나 실정법 규정을 누락하거나 이들에 대하여 부정확한 언급을 할 경우, 설령 그렇게 하는 것이 상대측의 주장을 돕는 것이라 할지라도, 변호사는 이에 대하여 법원의 주의를 환기시켜야 할 의무를 진다.
   (b) 형사소추를 위하여 업무를 수행하거나 출석하는 때가 아닌 한, 변호사가 상대방에 도움이 되는 사실이나 증인을 알고 있더라도, 자신의 의뢰인에게 손해가 되도록 하면서 이를 상대방이나 법원에 알려야 할 의무는 없다.

19. 변호사는, 심지어 소송대리변호사(advocate)로서 업무를 수행하고 있을 때에도, 소송절차의 어느 단계에서나, 증인 또는 증인이 될 수 있는 자가 다른 당사자 측과

이미 인터뷰하였거나 증인으로 신청되었는지의 여부와 관계없이, 그들을 인터뷰하거나 진술을 받는 것이 허용된다{다만 지침 13(e)와 (f) 참조}.

법원의 명령에 대한 준수—11.02

20. 변호사는 자신에 불리하게 내려진 법원의 어떠한 명령도 확고히 준수할 책임이 있으며, 의뢰인에게도 그에게 불리한 법원의 명령을 준수하도록 조언하여야 한다. 변호사는 하자가 있다고 여기는 법원의 명령을 받더라도 그 명령이 법원에 의하여 취소되거나 집행을 중지(stay)하는 신청이 계속중인 경우가 아니고서는 규칙 제11.02조에 따라 이를 준수하여야 한다. 변호사는 의뢰인이 그러한 명령을 받았을 때에는, 의뢰인과 명령에 대한 불복의 가능성에 대하여 논의하고, 만약 이러한 명령이 취소되지 않는 경우에는 의뢰인도 명령을 준수할 의무가 있음을 설명하여야 한다.

법정모욕—11.03

21. 예컨대 변호사가 아직 최종적인 결론이 내려지지 않은 사건의 공정한 재판을 방해하기 위하여 계산된 발언을 언론 매체에 대하여 하는 것은 법정모욕에 해당할 수 있다.

소송대리변호사(advocate)로서의 수임의 거부—11.04

22. 규칙 제11.04조를 준수하는 것에 더하여, 변호사는 의뢰인, 일반직원, 다른 변호사 및 제3자를 대함에 있어 규칙 제6장(평등과 다양성)을 준수하여야 한다.

23. 규칙 제11.04조(2)(b)는 제안된 보수가 적정하지 않을 때에는 수임을 거부할 수 있음을 규정한다. 이는 공공단체의 자금에 의하여 보수가 지급되는 건의 경우 법률서비스위원회(Legal Services Commission)로부터 지급받을 보수가 그 변호사의 통상적인 보수 수준보다 낮을 경우 변호사는 수임을 거부할 수 있음을 의미한다.

소송대리변호사(advocate)로서의 법정 출석—11.05

24. 규칙 제11.05조는 법정에서의 행동방식과 관련된 여러 문제에 대하여 규정하고

있다. 그 외에도 법원 규칙과 같이 법정에서 사건을 수행하는 방식에 영향을 주는 다른 제한들이 있을 수 있으며, 변호사는 이러한 제한들을 숙지해야 한다.

25. 규칙 제11.05조의 목적은 변호사로 하여금 의뢰인의 입장을 충실하게 방어하는 것을 방해하고자 함에 있지 않다.

증인으로서의 법정 출석—11.06

26. 변호사 자신이 증인이 될 수 있는 재판이나 소송절차에 그 변호사가 소송대리변호사(advocate)로 출석하는 것이 합당한 상황이란 극히 드물다. 이에 관하여 고려되어야 할 요소로는 다음과 같은 것들이 포함된다.
   (a) 변호사에게 요구되는 증언의 성격과 사건에서의 중요도, 그리고 특히 해당 증언이 다툼의 대상이 될 수 있는 것인지, 아니면 순전히 형식적인 것에 불과한 것인지 여부
   (b) 변호사나 소속 법률사무소와 의뢰인 간에 이익충돌을 야기할 수 있는 상황인지 여부. 예컨대 상대방(형사사건이라면 검사)을 위하여 증언하는 것은 적절하지 않을 것이다.
   (c) 이미 사건을 수임하여 관련된 지시를 받아 온 경우, 수임업무를 중단하는 것이 의뢰인에게 어떠한 영향을 미칠 것인지 여부

27. 증언이 사실관계 차원에서 다툼의 대상이 되지 않을 만한 것이라면, 변호사가 소속 법률사무소의 구성원이 증언하는 사건에서 소송대리인(advocate)으로 업무를 수행하는 것은 일반적으로 용인될 수 있다. 예컨대 변호사의 소속 법률사무소의 피고용자가 경찰서에서 의뢰인에게 조언을 하였고, 의뢰인에게 묵비권을 행사하도록 조언한 이유에 대하여 증언할 것을 요구받았다면, 변호사가 해당 사건에서 소송대리변호사(advocate)로 행동하는 것은 부적절하지 아니하다.

28. 변호사가 자신 또는 자신의 소속 법률사무소의 구성원이 증인으로 신청될 수 있는 상당한 위험이 있는 사건에 관한 수임을 요청 받았을 때에는 의뢰인의 이익을 고려할 필요가 있다. 예컨대 변호사가 현재 심리중인 쟁점에 중요한 상황을 목격한 경우와 같이, 만약 이미 증인으로 신청되었다면 수임할 수 없을 상황인 경우에는, 변호사는 의뢰인으로부터 수임하지 않아야 한다. 반면에, 변호사가 경찰서에서 목격한 사항은, 예컨대 의뢰인이 묵비권을 행사하고 있거나 '목격자의 범인

확인을 위한 일렬로 세우기'를 받고 있는 것을 목격하였을 때와 같이, 재판에서는 항상 어느 정도 쟁점이 될 위험성이 있다. 그러나 이런 경우는 통상 해당 변호사가 소송대리변호사(advocate)로 출석하는 것을 금하지 않는다.

29. 규칙 제11.06조는, 변호사의 증언이 재판에서 다툼의 대상이 되지 않을 만한 것이라면, 예컨대 순전히 절차적인 문제에 관련된 진술을 하는 경우와 같이, 준비절차에서의 증언을 금하지 않는다.

증인에 대한 대가 지급—11.07

30. 증인들에게 합리적인 비용(expenses)을 지불하고 법원 출석으로 인한 시간 손실에 대한 합리적인 보상을 하는 것은 허용된다.

아동 증인의 증언의 기록—11.08

31. 규칙 제11.08조를 준수하기 위하여, 사무변호사규제기관(SRA)은 변호사가 다음과 같은 형식의 약속(undertaking)을 할 것을 권장한다.

"본인(들)은 '.…의 증언'이라고 표기된 기록물을 받았음을 확인합니다.
본인(들)은 기록물이 본인(들)의 점유 하에 있는 동안 다음을 준수할 것을 약속합니다.
(a) 기록물의 사본을 만들거나, 사본을 만들도록 타인에게 허락하지 아니할 것
(b) "[피고인의 성명]"에게 해당 기록물을 공개하지 아니할 것
(c) 본인(들)이 소추나 방어, 또는 유죄판결이나 형의 선고에 대한 상소를 준비하기 위하여 스스로 필요하다고 여기는 경우를 제외하고는, 누구에게도 기록물 또는 기록물의 내용을 공개하거나 공개하도록 허락하지 아니할 것
(d) 사용하지 아니할 때에는 항상 기록물을 잠겨 있는 안전한 용기에 보관할 것
(e) 본인(들)의 수임 업무가 종료된 때에는 기록물을 반환할 것"

32. 기록물이 제3자에게 전해질 때에는 될 수 있는 한 직접 전달되어야 하고, 불가할 때에는 등기우편으로 발송하여야 한다. 절도의 위험을 방지하기 위하여 소포의 내용물은 겉으로 볼 수 없도록 하여야 한다. 변호사나 일반직원의 일원이 기록물을 개인적으로 습득하였을 경우에는, 그 변호사나 일반직원은 적절한 형식으로

이를 확인하여야 한다.

33. 규칙 제11.08조는 '잠겨 있는 안전한 용기'의 의미에 관하여 구체적으로 정의하고 있지 않지만, 문이 잠겨 있는 자동차는 그러한 용기에 해당하지 아니하며, 기록물을 아무도 타고 있지 않은 자동차 안에 보관하여서는 절대로 안 된다.

34. 변호사는 사무변호사규제기관(SRA)이 권장하는 것과 유사한, 내무부(the Home Office) 권장 서식에 따른 약속(undertaking)을 하도록 요구받을 수도 있는데, 어느 쪽에 따라 약속하든 간에 그 내용을 확실히 준수하도록 하여야 한다.

규칙 제12장: 변호사 업무의 전체적인 구조

도입

이 규칙은 사무변호사, 등록유럽변호사, 등록외국변호사 및 공인된 단체 변호사 업무를 수행할 수 있는 법적 형식을 규정하는 것이다. 이 규칙은 실정법 규정들의 내용을 반영하고 의뢰인과 공중(公衆)이 이러한 실정법규에 의하여 보호받는 것을 확실히 하기 위하여 업무수행의 법적 형식을 제한한다.

규칙

12.01 사무변호사(Solicitors)

잉글랜드와 웨일즈 내 사무소에서의 업무수행

(1) 사무변호사는 잉글랜드와 웨일즈 내 사무소에서는 다음의 방법으로만 업무를 수행할 수 있다.

(a) 공인된 단독개업변호사 또는 그 피고용자로서 업무를 수행

(b) 제20.03조의 (2)에 의하여 단독개업변호사로 공인받을 의무가 면제되는 사무변호사로서 업무를 수행

(c) 다음 (i), (ii) 중 어느 하나의 경영자, 피고용자, 구성원 또는 소유자로서 업무를 수행

(i) 공인된 단체

(ii) 공인된 단체의 경영자, 구성원 또는 소유자인 법인

(d) 다음 (i), (ii) 중 어느 하나의 경영자, 피고용자, 구성원 또는 소유자로서 업무를 수행. 단 변호사가 하는 모든 업무는 해당 법률사무소의 공인된 규제기관에 의하여 인가받은 유형에 속하거나, 법률사무소 자신을 위한 것이거나 또는 규칙 제13.02조(업무 동료), 제13.03조(관련 단체), 제13.04조(공익활동)의 적용을 받는 것이어야 한다.

(i) 인가받은 비SRA법률사무소

(ii) 사무변호사규제기관(SRA) 이외의 규제기관에서 인가받은 법률사무소의 경영자, 구성원 또는 소유자인 법인

(e) 다른 개인이나 기업 또는 단체의 피고용자로서 업무를 수행. 단 자기의 고용주만을 위하여 일하거나, 규칙 제13장(사내법률업무 등)에 의하여 허용되는 경우에 한한다.

잉글랜드와 웨일즈 이외 지역의 사무소에서의 업무수행

(2) 사무변호사는 잉글랜드와 웨일즈 이외 지역의 사무소에서는 다음의 방법으로만 업무를 수행할 수 있다.

(a) 단독개업변호사(공인된 단독개업변호사를 포함한다)로서 업무를 수행

(b) 단독개업변호사의 피고용자로서 업무를 수행

(c) 공인된 단체의 경영자, 피고용자, 구성원 또는 소유자로서 업무를 수행. 단, 영국이 아닌 설립지침(Establishment Directive) 적용국가에 사무소가 있고 법률사무소의 경영자나 소유자 중 1인이라도 비변호사인 경우에는, 당해 지역의 변호사가 그와 같은 구성 및 구조를 가진 사업체에서 업무를 수행하는 것이 당해 지역의 변호사규칙에 의하여 허용되는 때에 한한다.

(d) 잉글랜드와 웨일즈에 사무소를 두지 아니하면서 다음 (i)~(e)의 요건을 모두 충족하는 사업체의 경영자, 피고용자, 구성원 또는 소유자로서 업무를 수행

(i) 사업체가 법률에 관한 업무를 수행할 것

(ii) 사업체의 경영자와 소유자 중 의사결정을 지배할 수 있는 다수가 변호사이고 그리고/또는, 변호사가 경영자와 소유자의 지배다수를 구성하는 법인일 것

(iii) 사업체의 경영자나 소유자 중 1인이라도 비변호사이고, 경영자나 소유자가 당해 지역의 변호사규칙의 적용을 받는 경우, 사업체의 구성 및 구조가 그러한 규칙에 합치될 것

(iv) 사업체의 경영자나 소유자 중 1인이라도 변호사 아닌 자이고 그 사무소가 설립지침(Establishment Directive) 적용국가에 있는 경우, 당해 지역 변호사가 그와 같은 구성 및 구조를 가진 사무소에서 업무수행하는 것이 당해 지역의 변호사규칙에 의하여 허용될 것

(e) 다른 개인이나 기업 또는 단체의 피고용자로서 업무수행. 단 자기의 고용주만을 위하여 일하거나, 규칙 제15.13조(해외에서의 사내변호사 업무)에 의하여 허용되는 경우에 한한다.

12.02 등록유럽변호사

잉글랜드와 웨일즈 내 사무소에서의 업무수행

(1) 잉글랜드와 웨일즈 내 사무소에서 등록유럽변호사로서 업무를 수행하는 것은 다음의 방법으로만 가능하다.

(a) 공인된 단독개업변호사 또는 그 피고용자로서 업무수행

(b) 제20.03조의 (2)에 의하여 단독개업변호사로 공인받을 의무가 면제되는 등록유럽변호사로서 업무수행

(c) 다음 (i), (ii) 중 어느 하나의 경영자, 피고용자, 구성원 또는 소유자로서 업무수행

(i) 공인된 단체

(ii) 공인된 단체의 경영자, 구성원 또는 소유자인 법인

(d) 다음 (i), (ii) 중 어느 하나의 경영자, 피고용자, 구성원 또는 소유자로서 업무수행. 단 변호사가 하는 모든 업무는 해당 법률사무소의 공인된 규제기관에 의하여 인가받은 유형에 속하거나, 법률사무소 자신을 위한 것이거나 또는 규칙 제13.02조(업무 동료), 제13.03조(관련 단체), 제13.04조(공익활동)의 적용을 받는 것이어야 한다.

(i) 인가받은 비SRA법률사무소

(ii) 인가받은 비SRA법률사무소의 경영자, 구성원 또는 소유자인 법인

(e) 다른 개인이나 기업 또는 단체의 피고용자. 단 자기의 고용주만을 위하여 일하거나, 규칙 제13장(사내법률업무 등)에 의하여 허용되는 경우에 한한다.

스코틀랜드와 북아일랜드 내 사무소에서의 업무수행

(2) 등록유럽변호사는 스코틀랜드와 북아일랜드 내 사무소에서는 다음의 방법으로만 업무수행할 수 있다:

(a) 단독개업변호사(공인된 단독개업변호사를 포함한다)로서 업무를 수행

(b) 단독개업변호사의 피고용자로서 업무를 수행

(c) 공인된 단체의 경영자, 피고용자, 구성원 또는 소유자로서 업무를 수행

(d) 잉글랜드와 웨일즈에 사무소를 두지 아니하면서 다음 (i)~(iii)의 요건을 모두 충족하는 사업체의 경영자, 피고용자, 구성원 또는 소유자로서 업무를 수행

(i) 사업체가 법률에 관한 업무를 수행할 것

(ii) 사업체의 경영자와 소유자의, 의사결정을 지배하는 다수가 변호사이고 그리고/또는, 변호사가 경영자와 소유자의 지배다수를 구성하는 법인일 것

(iii) 사업체의 경영자나 소유자 중 1인이라도 비변호사인 경우, 사무변호사가 그와 같은 구성 및 구조를 가진 사업체에서 업무를 수행하는 것이 사무변호사를 규율하는 당해 관할지역의 변호사 직업윤리규칙에 의하여 허용될 것

(e) 다른 개인이나 기업 또는 단체의 피고용자로서 업무수행. 단 자기의 고용주만을 위하여 일하거나, 규칙 제15.13조(해외에서의 사내변호사 업무)에 의하여 허용되는 경우에 한한다.

12.03 등록외국변호사(RFL)

등록외국변호사로서의 지위에서의 업무수행

(1) 등록외국변호사로서의 지위에서 외국인 변호사로서 업무를 수행하는 것은 다음의 지위에서 하는 경우로 한정된다.

(a) 단독개업변호사의 피고용자로서 업무를 수행

(b) 다음 (i), (ii) 중 어느 하나의 경영자, 피고용자, 구성원 또는 소유자로서 업무를 수행

(i) 공인된 단체

(ii) 공인된 단체의 경영자, 구성원 또는 소유자인 법인

(c) 다음 (i), (ii) 중 어느 하나의 경영자, 피고용자, 구성원 또는 소유자. 단 변호사가 하는 모든 업무는 해당 법률사무소의 공인된 규제기관에 의하여 인가받은 유형에 속하거나, 법률사무소 자신을 위한 것이거나 또는 규칙 13.02(업무 동료), 13.03(관련 단체), 13.04(공익활동)의 적용을 받는 것이어야 한다.

(i) 인가받은 비SRA법률사무소

(ii) 인가받은 비SRA법률사무소의 경영자, 구성원 또는 소유자인 법인

등록외국변호사(RFL) 외의 지위에서의 업무수행

(2) 잉글랜드, 웨일즈 또는 기타 지역에서 다음 중 어느 하나에 해당하는 방법으로 외국인 변호사로서 업무를 수행하는 것은 등록외국변호사의 지위에서의 업무수행이 아니며, 그러한 업무수행을 함에 있어서는 등록외국변호사나 사무변호사협회(the Law Society) 또는 사무변호사규제기관(SRA)의 규제 또는 등록 대상인 것처럼 표시하거나 설명하여서는 안 된다.

(a) 단독개업변호사로서 업무를 수행

(b) 공인된 단체나 인가받은 비SRA법률사무소가 아닌 기업이나 단체의 경영자, 구성원 또는 소유자로서 업무를 수행
(c) 공인된 단체나 인가받은 비SRA법률사무소가 아닌 기업이나 단체의 경영자, 구성원 또는 소유자인 법인의 경영자, 구성원 또는 소유자로서 업무를 수행
(d) 공인된 단독개업변호사, 공인된 단체 또는 인가받은 비SRA법률사무소가 아닌 기업이나 단체의 피고용자로서 업무를 수행

(3) (1)항에 따라 업무를 수행하면서 (2)항에 따른 업무도 아울러 수행하는 경우, 후자의 업무는 이 규칙과 관련하여서는 '별도 사업'에 해당하고, 따라서 규칙 제21장(별도 사업)을 준수하여야 한다.

업무(practice)의 범위

(4) 등록외국변호사는 등록외국변호사의 지위에서 업무를 수행하는지에 관계없이, 잉글랜드와 웨일즈에서 변호사로 활동할 수 있는 적합한 법률적 자격이 있는 경우가 아닌 이상 다음의 행위들을 하여서는 안 된다.
(a) 어떤 방법으로도 잉글랜드와 웨일즈의 변호사이거나 그와 같이 업무를 수행할 자격이 있다는 것을 시사하는 내용으로 표시하는 행위
(b) 잉글랜드와 웨일즈에서 다음의 '유보된 업무'를 수행하는 행위
(i) 공개 법정에서의 변론(advocacy)
(ii) 법원 소송의 수행
(iii) 선서나 제정법상의 진술에 관한 절차의 진행
(c) 잉글랜드와 웨일즈의 법정변호사사무소(chamber)에서 변론(advocacy)을 수행하는 행위. 다만 '유보된 업무'를 감독할 자격이 있는 자의 지시를 받는 경우를 제외한다.
(d) 잉글랜드와 웨일즈 내에서 다음의 '유보된 업무'를 수행하는 행위. 다만 '유보된 업무'를 감독할 자격이 있는 자의 지시에 따라 그의 감독 · 감시 하에서 하는 경우를 제외한다.
(i) 법원서류의 작성
(ii) 토지 양도 또는 담보와 관련된 증서의 작성 및 서류의 제출
(iii) 유언의 검인 수여 또는 유산관리인 임명장 수여의 근거가 되거나 이에 이의를 제기하는 서류의 작성
(iv) 자본을 처분하는 신탁증서의 작성

(5) 등록외국변호사가 등록외국변호사 외의 지위에서 업무를 수행할 때에는 다음의 (a), (b) 중 어느 하나에 해당하지 않는 한 영국(UK) 내에서 이민에 대한 자문이

나 이민 관련 업무를 수행할 수 없다.

(a) 1999년 이민 및 망명법(Immigration and Asylum Act 1999)에 따라 스스로 그러한 업무를 할 수 있는 자격이 있을 때

(b) 사무변호사나 등록유럽변호사, 등록외국변호사가 아니지만 '1999년 이민 및 망명법'에 따라 그러한 업무를 할 수 있는 자격이 있는 자의 감독 하에서 일할 때

12.04 공인된 단체

잉글랜드와 웨일즈 내 사무소에서의 업무수행

(1) 공인된 단체는 잉글랜드와 웨일즈 내 사무소에서는 다음의 방법으로만 업무를 수행할 수 있다.

(a) 단독의 법률사무소로서 업무를 수행

(b) 다른 공인된 단체의 경영자, 구성원 또는 소유자로서 업무를 수행

(c) 인가받은 비SRA법률사무소의 경영자, 구성원 또는 소유자로서 업무를 수행. 다만 수행하는 모든 업무는 해당 법률사무소가 인가받은 업무 범위 내에 해당되어야 한다.

(d) 공인된 단체나 공인된 단독개업변호사에 의하여 소유·경영되는 유언집행자, 명의인 또는 수탁회사 또는 회사 총무 업무서비스를 제공하는 회사

잉글랜드와 웨일즈 이외 지역의 사무소에서의 업무수행

(2) 공인된 단체는 잉글랜드와 웨일즈 이외 지역의 사무소에서는 다음의 방법으로만 업무수행할 수 있다.

(a) 단독의 법률사무소로서 업무를 수행. 단 영국이 아닌 설립지침(Establishment Directive) 적용국가에 사무소가 있고 법률사무소의 경영자나 소유자 중 1인이라도 비변호사인 경우에는, 당해 지역 변호사가 그와 같은 구성 및 구조를 가진 사무소에서 업무를 수행하는 것이 당해 지역의 변호사규칙에 의하여 허용되는 때에 한한다.

(b) 잉글랜드와 웨일즈에 사무소를 두지 아니하면서 다음 (i)~(iv)의 요건을 모두 충족하는 사업체의 경영자, 구성원 또는 소유자로서 업무를 수행

(i) 사업체가 법률에 관한 업무를 수행할 것

(ii) 사업체의 경영자와 소유자의 지배 다수가 변호사이거나 변호사가 경영자와 소유자의 지배다수를 구성하는 법인일 것

(iii) 사업체의 경영자나 소유자 중 1인이라도 변호사가 아니고, 경영자나 소유자 중 당해 지역의 변호사규칙들의 적용을 받는 자가 있을 경우에는 사업체의 구성 및 구조가 그러한 규칙들에 합치될 것

(iv) 사업체의 경영자나 소유자 중 1인이라도 변호사가 아니고 사무소가 설립지침(Establishment Directive) 적용국가에 있는 경우, 당해 지역 변호사가 그와 같은 구성 및 구조를 가진 사무소에서 업무수행하는 것이 당해 지역 변호사 법규에 의하여 허용될 것

(c) 공인된 단체나 공인된 단독개업변호사에 의하여 소유 · 경영되는 유언집행자, 명의인 또는 수탁회사 또는 회사 총무업무서비스를 제공하는 회사

12.05 다른 공인된 규제기관으로부터 승인받은 경영자와 피고용자

(1) 공인된 단체나 단독개업변호사의 경영자 또는 피고용자로서 사무변호사가 아니면서 사무변호사규제기관(SRA) 이외의 공인된 규제기관으로부터 인가받은 사람은 다음에 해당하는 행위를 하여서는 안 된다.

(a) 어떤 방법으로든 사무변호사이거나 사무변호사의 업무를 수행할 자격이 있다는 것을 시사하는 내용으로 표시하는 행위

(b) 잉글랜드와 웨일즈 내에서 다음 중 어느 하나의 '유보된 업무'를 수행하는 행위. 단 공인된 규제기관이 승인한 경우를 제외한다.

(i) 공개 법정에서의 변론(advocacy)

(ii) 법원 소송의 수행

(iii) 선서 또는 제정법상 진술과 관련된 절차의 진행

(c) 잉글랜드와 웨일즈의 법정변호사사무소(chamber)에서 변론하는 행위. 다만 공인된 규제기관에 의하여 인가되었거나, '유보된 업무'를 감독할 자격이 있는 자에 의하여 지시를 받는 경우를 제외한다.

(d) 잉글랜드와 웨일즈 내에서 다음의 '유보된 업무'를 수행하는 행위. 단 공인된 규제기관에 의하여 인가되었거나, '유보된 업무'를 감독할 자격이 있는 사람의 감독 하에서 업무를 수행하는 경우를 제외한다.

(i) 법원 서류의 작성

(ii) 토지 양도 또는 담보와 관련된 증서의 작성 및 서류의 제출

(iii) 유언의 검인 수여 또는 유산관리인 임명장 수여의 근거가 되거나 이에 이의를 제기하는 서류의 작성

(iv) 자본을 처분하는 신탁증서의 작성

(e)

(i) 공인된 규제기관의 인가 또는 이민서비스청장(Immigration Services Commissioner, ISC)의 허가 없이 영국 내에서 이민심판절차의 수행을 수임하거나 이민심판에서 변론(advocacy) 활동을 하는 행위

(ii) 공인된 규제기관의 인가나 이민서비스청장(ISC)의 허가 또는 '유보된 업무'를 감독할 자격이 있는 자의 감독 없이 이민심판절차를 위한 서류를 작성하는 행위

(f) 상기 (b)~(e)에 해당하지 않는 영국 내에서의 이민에 관한 조언이나 이민서비스를 하는 행위. 단 공인된 규제기관의 인가나 이민서비스청장(ISC)의 허가를 받은 경우 또는 실정법상 그러한 행위를 할 자격이 있는 개인의 감독 하에 행하는 경우는 예외로 한다.

12.06 비변호사 경영자와 피고용자

(1) 공인된 단체의 경영자나 피고용자 또는 공인된 단독개업변호사의 피고용자로서, 잉글랜드와 웨일즈의 변호사, 등록외국변호사 또는 설립지침(Establishment Directive) 적용국가의 비변호사는 다음의 행위들을 할 수 없다.

(a) 어떤 방법으로든 잉글랜드와 웨일즈의 변호사이거나 그러한 업무를 수행할 자격이 있다는 것을 시사하는 내용으로 표시하는 행위

(b) 잉글랜드와 웨일즈에서 다음의 '유보된 업무'를 수행하는 행위

(i) 공개 법정에서의 변론(advocacy)

(ii) 법원 소송의 수행

(iii) 선서 또는 제정법상 진술과 관련된 절차의 진행

(c) 잉글랜드와 웨일즈의 법정변호사사무소(chamber)에서 변론(advocacy)을 수행하는 행위. 다만 '유보된 업무'를 감독할 자격이 있는 자에 의하여 지시를 받는 경우를 제외한다.

(d) 잉글랜드와 웨일즈 내에서 다음의 '유보된 업무'의 수행을 약속하고 착수하는 행위. 단 '유보된 업무'를 감독할 자격이 있는 자의 지시에 따라 그의 감독 하에서 하는 경우를 제외한다.

(i) 법원 서류의 작성

(ii) 토지 양도 또는 담보와 관련된 증서의 작성 및 서류의 제출

(iii) 유언의 검인 수여 또는 유산관리인 임명장 수여의 근거가 되거나 이에 이의를 제기하는 서류의 작성

(iv) 자본을 처분하는 신탁증서의 작성

(e)

(i) 이민서비스청장(ISC)의 허가 없이 영국 내에서 이민심판절차의 수행을 수임하거나 이민심판에서 변론(advocacy) 활동을 하는 행위

(ii) 이민서비스청장(ISC)의 허가 또는 '유보된 업무'를 감독할 자격이 있는 자의 감독 없이 이민심판절차를 위한 서류를 준비하는 행위

(f) 상기 (b)~(e)에 해당하지 않는 영국 내에서의 이민에 관한 조언이나 이민서비스를 하는 행위. 단 이민서비스청장(ISC)의 허가를 받은 경우 또는 실정법상 그러한 행위를 할 자격이 있는 개인의 감독 하에 행하는 경우는 예외로 한다.

규칙 제12장에 관한 지침—변호사 업무의 전체적인 구조

1. 2007년 법률서비스법(Legal Services Act 2007, LSA)은 경쟁을 증진시키고 공중의 사법정의에 대한 접근 가능성을 높이기 위하여, 변호사에 대한 규제와 변호사의 업무수행방식에 중요한 변화를 규정하였다. 법률서비스법(LSA)에 의하여 확립된 변호사 업무의 전체적인 구조는 다음의 사항들을 허용함으로써, 사무변호사규제기관(SRA) 및 기타 규제기관이 그 규제를 업데이트하거나 개선할 수 있도록 하고, 사무변호사들과 등록유럽변호사들로 하여금 그들이 수행하는 업무의 범위를 확대하도록 하고 있다.

(a) 사무변호사규제기관에 대한 사항

(i) '변호사 아닌 자가 투자 · 경영하는 법률사무소'(legal disciplinary practice, LDP)를 허용하고 규율할 수 있도록 허용

(ii) 변호사 아닌 자도 법률사무소의 경영자가 될 수 있도록 허용

(iii) 모든 변호사 업무에 법률사무소에 적용되는 것과 같은 규제를 적용하도록 허용

(b) 사무변호사와 등록유럽변호사에 대한 사항

(i) 다른 공인된 규제기관의 규제를 받는 변호사나 비변호사들과 함께 '변호사 아닌 자가 투자 · 경영하는 법률사무소'(LDP)을 통하여 변호사 업무를 수행할 수 있도록 허용

(ii) 다른 공인된 규제기관으로부터 규제되는 '변호사 아닌 자가 투자 · 경영하는 법률사무소'을 통하여 변호사 업무를 수행할 수 있도록 허용

2. '변호사 아닌 자가 투자 · 경영하는 법률사무소'(LDP)에서 업무를 수행할 수 있는 (사무변호사 이외의) 잉글랜드와 웨일즈의 변호사(lawyers)들과, 법률서비스법(LSA)과 관련된 각각의 공인 규제기관들은 다음과 같다.
   · 법정변호사(barrister)—법정변호사협회(Bar Council){법정변호사준칙이사회(Bar Standards Board)을 통하여}
   · 변호사의 사무직원(legal executive)—변호사사무직원협회(Institute of Legal Executives){변호사사무직원 회사(ILEX Professional Standards Ltd.)를 통하여}
   · 부동산양도대리인(legal conveyancer)—공인 부동산양도대리인 협회(Council for Licensed Conveyancers)
   · 특허대리인(patent agent)—공인 특허대리인협회(Chartered Institute of Patent Attorneys){지적재산권규제위원회(Intellectual Property Regulation Board)를 통하여}
   · 상표대리인(Trade Mark Attorneys)—상표대리인협회(Institute of Trade Mark Attorneys) (지적재산권규제위원회를 통하여)
   · 법률비용전문변호사(law costs draftmen)—법률비용전문변호사협회(Association of Law Costs Draftsmen)
   · 공증인(notary public)—캔터베리대주교청(Faculty Office of the Archbishop of Canterbury)

   기타의 공인된 규제기관에 의해 규제되는 법률사무소들은 이 규칙에서, '인가받은 비SRA법률사무소'로 지칭한다.

3. 변호사 아닌 자가 공인된 단체의 경영자가 되기 위해서는 '공인된 단체에 관한 규칙(Recognised Bodies Regulation) 제3장'에 따라 사무변호사규제기관(SRA)의 승인을 받아야 한다.

4. 규칙 제12장, 제13장, 제14장, 제20장은 사무변호사규제기관(SRA)의 규칙을 적용받는 개인 및 단체의 업무수행 방식과 이들에 대한 제한을 규정하는 골간이 되는 조항들이다. 규칙 제12장은 사무변호사, 등록유럽변호사, 등록외국변호사와 공인된 단체가 업무를 수행할 수 있는 법률사무소의 유형에 대한 제한을 부과한다. 이 규칙은 또한 변호사 아닌 자, 사무변호사규제기관에 의하여 규제되는 법률사무소의 경영자나 피고용자 또는 다른 공인된 규제기관의 규제를 받는 변호사에 대한 제한을 부과한다. 사무변호사규제기관은, 법률 업무를 수행하는 법률사무소에 소속된 개인이나 회사에 대하여 이러한 제한을 부과하고 필요할 경우 이들을 강제할 수 있는 권한을 통하여, 법률서비스법(LSA)의 취지에 부합하는 의뢰인 보호와 공익 증진을 추구한다.

5. 규칙 제12장이 정하고 있는 업무수행 유형을 벗어난 불미스러운 행위는, 규칙 제1.06조(공중의 신뢰) 위반(사무변호사 · 등록유럽변호사 · 등록외국변호사에 해당)과 규칙 제10.01조(불공정한 이익을 취하지 않기) 위반(사무변호사와 등록유럽변호사에 해당)에 해당될 수 있으며, 사무변호사나 등록유럽변호사는 규칙 제10.05조(1)(c)와 (d), 그리고 제10.05조(2), (3)(업무수행 외에서 이루어진 약속)의 적용 또한 받게 된다.

6. 사무변호사규제기관(SRA)의 규제에 대한 기본적 접근방식은 법률사무소 자체에 대한 것이다. 법률서비스법(Legal Services Act: LSA)은 다양한 변호사들과 변호사 아닌 자들을 포함하는 법률사무소들의 적절한 규제를 보장함으로써 이를 뒷받침한다. 사무변호사규제기관이 주로 법률사무소에 대한 규제를 한다고 해서, 적당한 경우에 법률사무소 자체뿐 개인에 대한 규제행위를 하지 못하는 것은 아니다. 이 행위규범의 모든 요건들은 모든 공인된 단체들과 그 경영자, 피고용자뿐 아니라 사무변호사와 단독개업변호사인 등록유럽변호사, 그리고 그 피고용자들에까지 적용되기 때문에, 이러한 규제의 대상에는 비변호사인 경영자와 피고용자들까지 망라한 법률사무소 내의 모든 사람들이 포함된다.

사무변호사—제12.01조

잉글랜드와 웨일즈

7. 이 규칙에 의하면 잉글랜드와 웨일즈에서 사무변호사규제기관(SRA)의 규제 하에 일반 공중을 대상으로 법률 업무를 수행하는 모든 법률사무소(private practice firm)는 공인된 단체이거나 공인된 단독개업변호사이어야만 한다. 사무변호사는 공인된 단체의 경영자, 피고용자, 구성원, 소유자가 될 수 있으며, 그러한 공인된 단체의 경영자, 피고용자, 구성원, 소유자인 법인의 경영자, 피고용자, 구성원, 소유자가 될 수도 있다. 법률서비스법(LSA)에서 '경영자'란 조합의 파트너, 유한책임조합(Limited Liablity Partnership)의 구성원이나 회사의 이사를 지칭한다. 변호사는 회사의 이사가 아니면서 주주일 수 있기 때문에, 경영자뿐 아니라 소유자도 여기에 포함되어 있다. 또한 구성원이 소유자 외에 따로 포함된 이유는, 회사의 지분을 단순히 가지고 있는 것과 지분을 '소유'하는 것은 다르기—예컨대 (수탁 받아서) 명의자로서 지분을 가지고 있는 수도 있으므로— 때문이다.

8. 공인된 단체는 적어도 그 지분의 75%가 변호사에 의하여 소유 · 지배 되어야 한다. 규칙 제14장은 변호사가 공인된 단체의 소유권을 가지는 것을 금지하지 아니하나, 공인된 단체의 소유권을 가진 법인은 그 자신 역시 공인된 단체이거나, 지분의 75% 이상을 변호사가 소유한 인가받은 비SRA법률사무소 또는 그와 유사한 소유지분의 제한을 받는 (규칙 제24장에 정의된) 유럽법무법인(European corporate practice)이라야 한다.

9. 새로 설립된 조합, 유한책임조합, 회사는 사무변호사규제기관(SRA)에 법률사무소 인가 신청을 하여야 업무를 수행할 수 있다(규칙 14는 공인된 단체의 구성, 구조 및 업무수행에 관하여 다루고 있고, 공인된 단체 규정(Recognised Bodies Regulations)은 관련된 절차적, 행정적 요건들을 정하고 있다).

10. 자기의 계산으로 업무를 수행하고자 하는 사무변호사는 법률사무소를 설립하기 이전에 개업증명서(practising certificate)를 확인하는 사무변호사규제기관(SRA)에 의하여 단독개업변호사로 인가받아야 한다(제20.03조와 사무변호사규제기관의 업무수행 규정(SRA Practising Regulations) 참조). 그러한 인가를 받지 아니하고도 단독개업이 허용되는 경우는, 예컨대 전적으로 잉글랜드와 웨일즈 이외 지역에서만 업무수행하는 경우나, 임시대리인인 경우, 그리고 가족과 친구에게 무료로 서비스를 제공하는 경우와 같이 극히 제한적인 예외에 불과하다(제20.03조(2) 참조).

11. 인가받은 비SRA법률사무소의 경영자, 피고용자, 구성원 또는 소유자로서 업무를 수행하고 있는 자에게 허용되는 행위는 그 하고자 하는 업무의 유형과 그 상대방에 따라 정하여진다.
   (a) 일반인을 위하여 수행할 수 있는 업무는 법률사무소를 인가한 공인된 규제기관의 규제 대상인 업무에 한정된다. 예컨대 공인 부동산양도대리인 협회(Council for Licensed Conveyancers: CLC)는 소송수행과 같은 업무를 규제하도록 승인되지 않았으므로, 이에 의하여 규제되는 법률사무소의 파트너는 의뢰인을 대리하여 소송수행을 할 수 없다. 해당 법률사무소를 인가한 규제기관의 규제 대상에 속하는 유형의 업무를 (일반 공중이나 법률사무소 자신을 위하여) 수행할 때에는 관련된 규제기관에 의하여 우선적으로 규제되며, 그 기관의 규칙이 일반적으로 사무변호사규제기관(SRA)의 규칙보다 우선하여 적용된다(제23.01조(2) 참조).
   (b) 그러나 규칙 제12.01조의 (1)(d)에 따르면, 법률사무소를 인가한 규제기관의

규제 대상이 아닌 업무도 수행할 수 있다. 예컨대 공인 부동산양도대리인 협회(CLC)가 규제하는 법률사무소의 파트너로서도, 변호사는 규칙 제13장의 한계 내에서, 그 법률사무소나 동료, 법률사무소의 관련된 단체를 위하여 또는 의뢰인을 위한 무료 공익활동의 일환으로 소송수행 업무를 할 수 있다. 해당 법률사무소를 인가한 규제기관의 규제 대상에 속하지 아니하는 유형의 업무를 수행할 때에는 사무변호사규제기관(SRA)의 모든 규칙이 적용된다.

12. 규칙 제13장(사내법률업무 등)은 잉글랜드와 웨일즈의 사내 사무변호사가 자신의 고용주가 아닌 자를 위하여 업무를 수행할 수 있는 제한된 상황들을 규정하고 있다.

잉글랜드와 웨일즈 이외 지역

13. 잉글랜드와 웨일즈 이외 지역의 사무소에서만 업무를 수행하는 단독개업변호사는 공인된 단독개업변호사일 필요가 없고, 또 공인받을 수도 없다. 그러나 단독개업변호사로서 잉글랜드나 웨일즈에도 사무소를 두고 업무를 수행하려면 공인된 단독개업변호사라야 한다.

14. 사무변호사는 거의 모든 형태의 조합이나 법인을 통하여, 잉글랜드와 웨일즈 이외 지역에 사무소를 둔 변호사와 함께 업무를 수행할 수 있으며, 이러한 업무수행 형태에는 예컨대 별도의 법인격을 가진 해외 조합도 포함된다. 변호사는 그러한 법률사무소의 경영자, 피고용자, 구성원 또는 소유자가 될 수 있으며, 이러한 법률사무소는 해외 법률사무소일 수도 있고 공인된 단체일 수도 있다.

15. 어떠한 법률사무소가 해외 법률 업무수행체인 경우에는 (즉 전적으로 잉글랜드와 웨일즈 이외 지역에서만 업무를 수행하는 경우) 다음의 요건들을 충족하여야 한다.
   (a) 경영자와 소유자의 의사결정을 지배하는 과반수(즉 50% 초과)는 변호사이어야 한다.
   (b) 경영자나 소유자 중 변호사 아닌 자가 있고, 법률사무소가 설립지침(Establishment Directive) 적용국에 사무소를 두고 있을 때에는 (그 법률사무소에 당해 지역 변호사가 없을지라도) 그 법률사무소의 구성과 구조가 당해 지역의 변호사에 적용되는 규칙에 합치되어야 한다.
   (c) 경영자나 소유자 중 변호사 아닌 자가 있고, 법률사무소가 다른 관할지역에

사무소를 두고 있을 때에는, 법률사무소의 경영자 중 당해 지역 규칙의 적용을 받는 자가 있을 때(경영자 중 당해 지역 변호사가 있거나, 당해 지역 규칙이 그 법률사무소에 대하여 당해 규칙을 적용하도록 한 경우)에 한하여 법률사무소의 구성과 구조에 관한 당해 지역의 규칙을 준수하여야 한다.

16. 변호사 아닌 경영자 또는 소유자가 있는 공인된 단체(즉 잉글랜드와 웨일즈에도 사무소(들)를 두고 있는 단체)가 영국이 아닌 설립지침(Establishment Directive) 적용국가에 사무소를 두고 있을 때에는, (그 법률사무소에 당해 지역 변호사가 없을지라도) 그 법률사무소의 구성과 구조는 당해 지역 변호사에 적용되는 규칙에 합치되어야 한다.

17. 사무변호사는 규칙 제15.13조(해외 사내법률업무)의 한계 내에서 잉글랜드와 웨일즈 이외 지역의 사내 사무변호사로 일할 수 있다.

등록유럽변호사(REL)—12.02

잉글랜드와 웨일즈

18. 등록유럽변호사의 잉글랜드와 웨일즈 내 사무소에서의 업무수행은 사무변호사와 동일한 제한을 받는다.

19. 자기의 계산으로 업무를 수행하고자 하는 등록유럽변호사는 법률사무소를 설립하기 이전에 등록증명서를 확인하는 사무변호사규제기관(SRA)에 의하여 단독개업변호사로 공인받아야 한다.

잉글랜드와 웨일즈 이외 지역

20. 등록유럽변호사에 대한 해외 조항들은, 스코틀랜드와 북아일랜드에서만 적용된다는 점을 제외하고는, 사무변호사에 적용되는 것들과 동일하다. 등록유럽변호사는 영국 이외에 사무소를 두고 업무를 수행할 때에는 규칙 제12장의 적용을 받지 아니한다.

등록외국변호사(RFL)—제2.03조

잉글랜드와 웨일즈

21. (잉글랜드와 웨일즈 또는 어디에 근거를 두었는지 불문하고) 등록외국변호사로서 공인된 단체의 경영자, 구성원 또는 소유자가 되고자 하는 외국인 변호사는 사무변호사규제기관(SRA)에 등록하여야 한다. 다만, 다음의 경우는 예외로 한다.
    (a) 잉글랜드와 웨일즈의 변호사 자격도 보유한 외국인 변호사는 등록외국변호사가 되지 않아도 된다.
    (b) 설립지침(Establishment Directive) 적용국가의 변호사. 그러나 설립지침 적용국가의 국민이 아니면서 잉글랜드와 웨일즈에 전부 또는 부분적으로 근거를 두려고 하는 변호사가 공인된 단체의 경영자, 구성원 또는 소유자가 되고자 하는 경우에는 등록외국변호사가 되어야 한다.

    등록외국변호사와 다국적 업무수행에 대한 추가적인 지침은 사무변호사규제기관의 웹사이트 참조

22. 공인된 단체나 공인된 단독개업변호사의 피고용자가 되기 위하여 등록외국변호사로서 반드시 등록하여야 하는 것은 아니지만, 일단 등록외국변호사로서 등록된 이상 그 변호사는 사무변호사규제기관(SRA)의 규제 대상인 법률사무소나 인가받은 비SRA법률사무소에서 일할 때 등록외국변호사의 지위에서 사무변호사규제기관(SRA)의 규제를 받는다.

23. 등록외국변호사는 잉글랜드와 웨일즈의 사무소에서 업무를 수행함에 있어 사무변호사나 등록유럽변호사와 동일한 제한을 받는다. 다만 여기에는 예외가 있는데, 즉 등록외국변호사로 등록되었다 할지라도 다음의 두 가지 업무를 수행할 자격이 생기는 것은 아니다.
    (a) 등록외국변호사로서 단독 개업하여 업무수행.
    (b) 사내 등록외국변호사로서 업무수행.

24. 인가받은 비SRA법률사무소에서 등록외국변호사가 수행할 수 있는 업무의 범위는 당해 공인된 규제기관이 정하는 업무수행 요건의 기본 구조에 따라 달라지지만, 등록외국변호사로서의 등록은 이러한 법률사무소에서 등록외국변호사가 경영자, 피고용자, 구성원 또는 소유자가 되는 자격을 얻기 위한 범위 내에서 전용될 수

있다. 등록외국변호사는 (실정법상의 제한이나 요건을 준수하여) 당해 법률사무소의 공인된 규제기관에 의하여 인가받은 업무를 수행할 수 있다. 나아가, 그러한 변호사는 규칙 제13장에 따라 사내변호사로 활동하면서, 고용주, 동료, 관련 단체를 위하여 또는 사무변호사규제기관(SRA) 규칙에 따라 공익활동 의뢰인을 위하여 업무를 수행할 수도 있다. 예컨대 공인 부동산양도대리인 협회(Council for Licensed Conveyancers)가 인가한 법률사무소의 의뢰인을 위한 부동산양도 업무의 수행을 위하여 고용된 오스트레일리아 사무변호사를 가정하여 보자. 등록외국변호사에 대한 사무변호사규제기관의 인가에 따르면, 이 변호사는 해당 법률사무소와 동료 피고용자들에게 이민과 관련된 쟁점에 관하여 조언할 수 있으나, 규칙 제13장과 여타의 사무변호사규제기관 규칙을 준수하여야 한다.

25. 규칙 제12.03조(2)는 등록외국변호사로서의 지위에 기한 것이 아닌 업무수행에 해당하는 활동들을 특정한다. 이에 따르면, 등록외국변호사로 등록되었는지 여부는, 잉글랜드와 웨일즈에 있는, 사무변호사규제기관(SRA)이나 다른 공인규제기관의 규제를 받지 않는 사업체의 소유자나 피고용자로서의 역할과는 전혀 무관하다. 사무변호사규제기관은 법률서비스법(LSA)에 의하여 설정된 기본 구조를 벗어난 어떠한 업무의 수행도 규율하지 아니하기 때문에, 이러한 업무의 수행에 있어서 그 변호사는 자신이 등록외국변호사이라거나, 자신 또는 사업체가 사무변호사규제기관 또는 사무변호사협회에 의하여 규제를 받거나 등록되어 있다는 암시를 하여서는 안 된다. 그러한 역할에서 하는 업무는 사무변호사규제기관(SRA)의 규제 대상이 아니기 때문에, 만약 그러한 암시를 하였다면 등록외국변호사로서의 등록이 말소될 수 있다.

26. 사무변호사규제기관(SRA)의 규제를 받는 법률사무소나 인가받은 비SRA법률사무소에서 등록외국변호사로서 업무를 수행하는 자가 동시에 외국변호사로서 별도의 법률 업무를 수행하고 있다면, 이는 '별도 사업'이며, 그러한 변호사는 제21.05조의 요건을 준수하여야 한다.

27. 규칙 제12.03조(4)와 (5)는 등록외국변호사에 대한 몇 가지 금지사항들을 정하고 있다. 그 예는 다음과 같다.

(a) 등록외국변호사는 등록외국변호사의 지위에서 업무를 수행하는지 여부와는 무관하게, 잉글랜드와 웨일즈의 변호사임을 시사하는 방법으로 표시하거나 설명하여서는 안 된다. 다만 해당 변호사가 그러한 자격도 아울러 갖고 있는

경우에는 그러하지 아니하다.

(b) 등록외국변호사는 등록외국변호사의 지위에서 업무를 수행하는지 여부와는 무관하게, '유보된 법률 업무'를 수행할 수 없다. 다만 해당 변호사가 그러한 자격도 아울러 갖고 있거나 적절한 감독 하에서 업무를 수행하는 경우는 그러하지 아니하다.

(c) 등록외국변호사로서 업무를 수행하는 것이 아니라면, 변호사는 이민에 대한 조언이나 ('유보된 업무'가 아닌) 이민 관련 업무를 수행하여서는 안 된다. 다만 해당 변호사가 적합한 추가적인 자격 또는 인가를 갖고 있거나 적절한 감독 하에서 업무를 수행하는 경우는 그러하지 아니하다.

28. 실정법상의 요건을 충족하기 위하여 '유보된 업무'를 행하는 등록외국변호사가 법률사무소 내의 누구로부터인가 감독이나 지시를 받아야 하는 경우, 그러한 감독이나 지시는 해당 외국변호사와 동등하거나 또는 그보다 상급의 지위에 있는 사람에 의해 이루어져야 한다. 예컨대 등록외국변호사인 경영자의 업무를 피고용자가 지시 또는 감독하는 것은 적절하지 않다.

잉글랜드와 웨일즈 이외 지역

29. 일반적으로 이 규칙은 잉글랜드와 웨일즈 외에서의 등록외국변호사의 업무수행에는 적용되지 아니한다. 그러나 제15.01조는 등록외국변호사가 잉글랜드와 웨일즈 외에서의 활동에도, 그것이 변호사로서의 지위에 기한 것이든 아니면 그 외의 사업이나 기타 사적인 지위에 기한 것이든 간에 규칙 제1.06조(공중의 신뢰)가 적용됨을 분명히 하고 있다. 제15.01조(1)(b)(iv)에 의하면 제12.03조(2), (3), (4)(a), (5) 또한 잉글랜드와 웨일즈 외에서 등록외국변호사가 하는 활동에 적용된다. 규칙 제12.03조(2)는 등록외국변호사가 잉글랜드와 웨일즈 외에서 사무변호사규제기관(SRA)이나 다른 공인된 규제기관으로부터 인가받지 않은 법률 업무를 수행하거나 사내변호사 업무를 수행함에 있어, 자신이 등록외국변호사이거나 사무변호사협회(the Law Society) 또는 사무변호사규제기관의 등록 또는 규제 대상인 것처럼 표시하거나 설명하는 것을 금지하고 있다. 제12.03조(3)에 의하면 잉글랜드와 웨일즈 내에서 사무변호사규제기관이나 다른 공인된 규제기관으로부터 인가받은 법률 업무수행에 참여하면서 잉글랜드와 웨일즈 외에서 별개의 업무 또는 영업도 수행하고 있는 등록외국변호사는 제21.05조(별도 사업)를 준수하여야 한다. 제12.03조(4)(a)는 등록외국변호사가 잉글랜드와 웨일즈 외에서 잉글랜드와 웨일즈

의 변호사임을 표시할 수 없음을 규정하고 있다(물론 등록외국변호사가 그러한 자격을 가지고 있을 때는 그러하지 아니하다). 스코틀랜드와 북아일랜드 지역에 적용되는 제12.03조(5)에 의하면 등록외국변호사가 그러한 지위에서 업무를 수행하지 않는 경우에는 지침 27(c)의 금지사항의 적용을 받는다.

공인된 단체—12.04

잉글랜드와 웨일즈

30. 공인된 단체는 적어도 1개의 사무소를 잉글랜드와 웨일즈 내에 두어야 하며 (공인된 단체의 구성과 구조에 대한 필수 요건을 규정한 규칙 제14장 참조), 다음의 형태를 가질 수 있다.
   (a) 그 자신이 일반 공중을 위하여 법률 업무를 수행하는 단독의 법률사무소
   (b) 다른 공인된 단체 또는 사무변호사규제기관(SRA)의 이외의 규제기관에서 인가받은 법률사무소의 경영자, 구성원 또는 소유자(이 경우 수행할 수 있는 법률 업무에 관하여는 아래를 참조)
   (c) 공인된 단체나 공인된 단독개업변호사에 의하여 소유·경영되는 유언집행자, 명의자 또는 수탁회사 또는 회사의 총무업무와 관련된 서비스를 제공하는 회사

31. 공인된 단체가, 사무변호사규제기관(SRA) 이외의 규제기관에서 인가받은 법률사무소의 경영자, 구성원 또는 소유자인 때에는, 전자는 후자를 통하여 후자가 할 수 있도록 인가받은 법률 업무만을 수행할 수 있다.

32. 공인된 단체는, 법률적 자격을 갖춘 다른 단체들을 포함하는 다층적 소유를 포함하여 복잡한 구조를 가질 수 있다(규칙 제24장 참조). 그러나 조합은 공인된 단체인 다른 조합의 파트너가 될 수 없음에 유의하라(다만 독립된 법인격을 가진 해외 조합은 공인된 단체인 조합의 파트너가 될 수 있다). 모든 공인된 단체에서 변호사 아닌 자의 참여는 다음의 세 가지 서로 다른 기준에 의하여 측정하되 각각의 기준상 25%까지로 제한된다.
   (a) 경영자의 숫자
   (b) 지분이나 다른 소유권의 비율
   (c) 행사 또는 지배되는 의결권의 비율

잉글랜드와 웨일즈 이외 지역

33. 잉글랜드와 웨일즈 이외의 사무소(들)에서만 업무를 수행하는 법률사무소는 공인된 단체일 필요가 없고 또 공인된 단체가 될 수도 없다. 그러나 잉글랜드와 웨일즈 지역에 적어도 1개 이상의 사무소를 두고 있는 법률사무소는 반드시 공인된 단체이어야 하며 그러한 자격으로 잉글랜드와 웨일즈 외에서 업무를 수행할 수 있다.

34. 이 규칙은 잉글랜드와 웨일즈 외에서, '사무변호사가 지배하는 공인된 단체'(그리고 스코틀랜드 · 북아일랜드에서 '등록유럽변호사가 지배하는 공인된 단체)'에 적용된다. 이 개념들의 정의에 관하여는 규칙 제24장, 보다 상세한 내용에 대하여는 규칙 제15.01조(2)와 제15.27조 참조

35. 잉글랜드와 웨일즈 외에서, 공인된 단체는 단독으로 또는 해외 법률사무소(즉 전적으로 잉글랜드와 웨일즈 외에서만 업무를 수행하는 법률사무소)의 경영자, 구성원 또는 소유자로서 업무를 수행할 수 있다. 이러한 공인된 단체는 또한 해외 사무소를 보유한 다른 공인된 단체의 경영자, 구성원 또는 소유자로서 업무를 수행할 수도 있다.

36. 비변호사 경영자나 소유자가 있는 공인된 단체가, 영국이 아닌 설립지침(Establishment Directive) 적용국가에 사무소를 두고 있는 경우에 대하여는 지침 16 참조

37. 잉글랜드와 웨일즈에 사무소를 두지 않고 있는 공인된 단체가 해외 법률사무소의 경영자나 구성원 또는 소유자인 경우에 대하여는 지침 15 참조

사무변호사규제기관(SRA)이 아닌 다른 공인된 규제기관으로부터 인가받은 경영자와 피고용자—12.05

잉글랜드와 웨일즈

38. 규칙 제14장은 다른 공인된 규제기관으로부터 인가받은 변호사와 법률사무소가 공인된 단체의 소유자와 경영자가 될 수 있도록 허용하고 있다. 규칙 제12장은

다른 공인된 규제기관으로부터 인가받은 자들이 공인된 단체의 경영자 또는 피고용자로서 또는 공인된 단독개업변호사의 피고용자로서 업무를 수행할 수 있는 경우와 그렇지 않은 경우를 규정하고 있다. 이 행위규범은 그러한 경영자나 피고용자에게 적용되는 것이다.

39. 사무변호사규제기관(SRA)은 단독 사무변호사와 등록유럽변호사만을 승인하고 규제하기 때문에, 다른 공인된 규제기관으로부터 인가받은 개인은 사무변호사규제기관(SRA)으로부터 규제를 받는 단독개업변호사로서 업무를 수행할 수 없다. 마찬가지로 사무변호사규제기관(SRA)은 경영자 중 한 명 이상이 사무변호사나 등록유럽변호사인 법률사무소(또는 경영자 중 하나 이상이, 사무변호사나 등록유럽변호사를 경영자로 하는 공인된 단체인 경우)에만 공인된 단체의 지위를 부여할 수 있기 때문에, 순수하게 공인 부동산양도대리인들(licensed conveyancers)로만 구성된 법률사무소나 다른 공인된 규제기관들에 의하여 승인 받은 변호사들만의 조합으로 이루어진 법률사무소는 공인된 단체가 될 수 없다.

40. 규칙 제12.05조의 제한에 의하면 사무변호사가 아닌 (다른 공인된 규제기관으로부터 인가받은 경우 포함) 자가 다음과 같이 법적으로 금지된 행위를 하는 것은 이 행위규범의 위반에 해당한다.

(a) 사무변호사이거나 사무변호사로서 업무를 수행할 자격이 있다는 것을 시사하는 내용으로 표시하는 행위

(b) 자신이 속한 공인된 규제기관의 인가 또는 해당 업무를 감독할 자격이 있는 사람의 지시 · 감독 없이 '유보된 업무'를 수행하거나, 이민서비스청(the Office of the Immigration Services Commissioner)과 같은 다른 규제기관에 의하여 그러한 업무의 수행을 인가받지 않고 '유보된 업무'를 수행하는 행위

41. 실정법상의 요건을 충족하기 위하여 '유보된 업무'를 수행하는 개인이 법률사무소 내에서 지시 또는 감독을 받도록 할 필요가 있을 때, 이러한 지시나 감독은 동등하거나 상위의 지위에 있는 자에 의하여서만 이루어질 수 있다. 예컨대 경영자의 업무가 피고용자에 의하여 지시 또는 감독되는 것은 적절하지 않을 것이다.

잉글랜드와 웨일즈 이외 지역

42. 다른 공인된 규제기관의 승인을 받은 잉글랜드와 웨일즈의 개인 변호사가, 사무변

호사가 지배하는 공인된 단체의 경영자로 업무를 수행하거나 또는 스코틀랜드와 북아일랜드에서 등록유럽변호사가 지배하는 공인된 단체의 경영자로 업무를 수행하는 경우에는, 잉글랜드와 웨일즈 외에서의 업무에 관련된 규칙들이 적용된다.

비변호사—12.06

잉글랜드와 웨일즈

43. 2009년 3월부터 변호사 아닌 사람들도 사무변호사규제기관(SRA)의 규제를 받는 법률사무소의 피고용자뿐 아니라 소유자나 경영자가 될 수 있다. 규칙 제12장은 변호사 아닌 자가 사무변호사, 등록유럽변호사 등에게 허용된 업무수행방식(vehicles) 중 하나의 경영자나 피고용자가 될 수 있도록 허용하고 있다.

44. 2009년에 사무변호사규제기관(SRA)이 사무변호사와 등록유럽변호사뿐 아니라 기타 모든 피고용자들에 대한 직접적인 규제권한을 갖게 됨으로써 변호사 아닌 사람의 지위에는 변화가 있었다. 이에 대하여 더 상세한 내용은 규칙 제5장과 규칙 23의 지침 참조

45. 규칙 제12.06조의 목적은 변호사 아닌 사람이 법적으로 금지된 다음 사항을 행하는 것이 이 행위규범의 위반이 된다는 점을 확실히 하고자 함에 있다. 그 예는 다음과 같다.
   (a) 어떤 방법으로도 잉글랜드와 웨일즈의 변호사이거나 그러한 자격으로 업무를 수행할 자격이 있다는 것을 시사하는 내용으로 표시하는 행위
   (b) '유보된 업무'를 자신이 속한 공인된 규제기관의 인가 또는 해당 업무를 감독할 자격이 있는 사람의 지시·감독 없이 '유보된 법률 업무'를 수행하거나(위 지침 41 참조), 이민서비스청(Office of the Immigration Services Commissioner)과 같은 다른 규제기관에 의하여 그러한 업무의 수행을 인가받지 않고 '유보된 업무'를 수행하는 행위

46. 법률서비스법(LSA)은 변호사 아닌 사람으로서 법률사무소의 소유자 또는 경영자인 사람은 반드시 사무변호사규제기관(SRA)의 승인을 받도록 요구하고 있다. 이는 변호사 아닌 사람이 실질적으로든 명의상으로든 그 회사의 주주가 되기 위해서는 반드시 그 회사의 이사가 되어야 한다는 점을 의미한다(제14.01조(3)(e)는 이

에 대한 제한적 예외를 규정).

잉글랜드와 웨일즈 이외 지역

47. 변호사 아닌 경영자가, 사무변호사가 지배하는 공인된 단체의 경영자로 업무를 수행하거나 또는 스코틀랜드와 북아일랜드에서 등록유럽변호사가 지배하는 공인된 단체의 경영자로 업무를 수행하는 경우에는 잉글랜드와 웨일즈 외에서의 업무에 관한 규칙들이 적용된다. 잉글랜드와 웨일즈 밖에서 고용된, 변호사 아닌 피고용자는 위 규칙들의 적용을 받지 않는다.

규칙 제13장: 사내법률업무 등

도입

규칙 제12장(변호사 업무의 전체적인 구조)은 사무변호사 또는 등록유럽변호사가 공인된 단독개업변호사, 공인된 단체 및 인가받은 비SRA법률사무소에 해당하지 않는 기업의 피고용자로서 잉글랜드와 웨일즈에 사무실을 두고 사내에서 법률 업무를 수행하는 것을 허용하지만 제한이 따르게 된다. 사무변호사나 등록유럽변호사는 고용주를 위하거나 규칙 제13장에 정한 상황하에서만 활동할 수 있다.
규칙 제12장은 또한 인가받은 비SRA법률사무소의 사무변호사, 등록유럽변호사, 등록외국변호사가 법률사무소 인가 범위를 벗어나는 업무를 하는 것을 허용하지만, 오직 법률사무소를 위한 것이거나 규칙 제13.02조, 제13.03조, 제13.04조의 범위 내에서 행할 것을 요건으로 한다. 제13.04조를 제외하고는 이 규칙은 해외 법률 업무수행에 적용되지 않으나, 변호사는 규칙 제15.13조(해외 사내법률업무)를 반드시 준수해야 한다.

규칙

13.01 항시 적용되는 조건

(1)

(a) 변호사는 사내변호사 또는 사내등록유럽변호사로서 규칙 제13.02조 내지 제13.12조에 따라 고용주를 위하여 일하는 경우가 아닌 다른 의뢰인을 위하여 일하는 것이 다음을 위태롭게 하는 경우 그러한 일을 해서는 안 된다.

(i) 직업적 독립성과 청렴성.

(ii) 의뢰인의 최선의 이익을 위할 의무.

(iii) 규칙 제3장(이익충돌)을 준수할 의무.

(iv) (의뢰인이 정보제공에 대하여 승낙한 경우 또는 규칙 제13.11조에 따라 외국 법률사무소에 고용되어 있는 경우가 아닌 한) 의뢰인의 사건에 관한 정보를 변호사의 고용주에게 기밀로 유지할 의무.

(v) 이 규칙들에 의해 그 의뢰인에 대하여 부담하는 다른 의무를 이행할 능력.

(b)

(i) 규칙 제13.04조, 제13.07조, 제13.09조 및 제13.11조에 의해 고용주가 아닌 의뢰인을 대리할 경우 변호사는 전문직 배상책임보험에 가입되어 있어야 한다.

(ii) 다른 모든 경우에 있어 변호사는, 변호사의 고용주가 변호사의 업무상과실로 인한 청구에 대하여 사용자책임을 부담하는 경우 그 책임을 이행할 수 있는 적절한 책임보험이나 기금을 고용주가 가지고 있는지 여부를 고려해야 한다. 그렇지 않다면 변호사는 그가 강제 보험으로 부보되어 있지 않다는 점을 반드시 의뢰인에게 서면으로 알려야 한다.

(2) 인가받은 비SRA법률사무소의 사무변호사, 등록유럽변호사, 등록외국변호사는 다음에 해당하는 경우 마치 사내변호사나 사내등록유럽변호사인 것처럼 이 규칙을 따라야 한다.

(a) 경영자나 피고용자 또는

(b) 법률사무소의 경영자인 단체의 경영자나 피고용자로서

규칙 제12장에 따라 법률사무소의 인가 범위를 벗어난 업무를 법률사무소를 위해서 또는 규칙 제13.02조(업무동료), 제13.03조(관련 단체), 제13.04조(공익활동)의 범위에서 수행하는 경우.

13.02 업무 동료

(1) 제13.02조(2) 단서에서 허용하는 범위 내에서, 변호사는 현재 또는 과거에 다음 신분인 사람을 대리할 수 있다.

(a) 고용주 또는 인가받은 비SRA법률사무소의 피고용자, 경영자, 회사 총무부장(company secretary), 이사회 구성원, 수탁자

(b) 고용주 또는 인가받은 비SRA법률사무소의 관련 단체(아래 제13.03조(1) 또는 제13.08조(c)의 의미임)의 피고용자, 경영자, 회사 총무부장, 이사회 구성원, 수탁자

(c) 고용주(또는 제13.03조(1) 또는 제13.08조(c)의 의미에서의 관련 단체)가 방송하거나 출판하는 프로그램이나 정기간행물에의 기고가. 다만, 해당 기고가가 명예훼손 사건의 피고이거나 잠재적 피고일 경우에 한한다.

(2) 변호사는 다음의 경우에 한하여 위(1)에 따라 행동할 수 있다.

(a) 사건이 피고용자, 경영자, 회사 총무부장, 이사회 구성원, 수탁자, 기고가의 그 자격에서의 업무와 관련하거나 업무로부터 발생한 것일 것

(b) 사건이 피고용자, 경영자, 회사 총무부장, 이사회 구성원, 수탁자, 기고가에 대한 신체적 상해의 결과로 발생한 청구와 관련되지 않을 것
(c) 피고용자, 경영자, 회사 총무부장, 이사회 구성원, 수탁자, 기고가가 다른 변호사를 선임하고 싶어 하지 않는다는 점을 확인할 것
(d) 변호사가 그의 업무수행에 대하여 다른 곳에서 보상받지 못하는 비용을 청구하지 않을 것

(3) 위 (1)(a) 또는 (b)에 따라 부동산양도 거래를 대리할 경우 변호사는 공동 소유자/매수자와 저당권자도 함께 대리할 수 있다.

13.03 관련 단체들

(1) 변호사는 다음을 대리할 수 있다.
(a) 고용주나 인가받은 비SRA법률사무소의 지주회사, 관계회사 또는 자회사
(b) 고용주나 인가받은 비SRA법률사무소가 지분을 가지고 있는 합작관계의 조합, 신디케이트, LLP 또는 회사
(c) 고용주나 인가받은 비SRA법률사무소가 회원인 상거래협회
(d) 고용주의 피고용자 또는 인가받은 비SRA법률사무소의 피고용자 또는 경영자의 이익을 위하여 운영되는 클럽, 협회, 연금기금 기타 조직

(2) 변호사가 지방정부에 고용되어 있는 경우에는 위 (1)(a)와 (b)는 적용되지 않는다.

(3) 제13.04조 내지 제13.07조의 목적상, 고용주나 인가받은 비SRA법률사무소라는 용어는 위(1)에 정한 고용주 또는 인가받은 비SRA법률사무소의 관련 단체를 포함하며, "고용"과 "고용된"의 의미는 이에 맞추어 해석하여야 한다.

13.04 공익활동(pro bono work)

(1) 업무수행에 있어 다음의 요건을 갖추는 경우 고용주나 인가받은 비SRA법률사무소가 아닌 의뢰인을 위해 무료로 일할 수 있다.
(a) 사무변호사배상책임보험규칙상 요구되는 것과 합리적으로 같은 정도의 책임보험에 의하여 부보되는 업무일 것
(b)
(i) 보수가 청구되지 않거나
(ii) 조건부 보수약정이 이용되고, 의뢰인의 상대방이나 제3자로부터 비용상환을 받아 보수 분배약정에 따라 자선기금에 지급할 금액만 보수로 청구할 것

(2) 위(1)항은 변호사의 고용주가 규칙 제13.05조(조합), 제13.06조(보험자), 제13.07조(상업적 법률조언서비스) 또는 제13.11조(외국법률사무소)에 따라 제공하는 서비스와 관련하여 변호사가 무료로 업무를 수행하는 것을 허용하는 것은 아니다.

13.05 협회(Associations)

변호사가 협회에 고용되어 있는 경우 다음의 요건을 갖추는 경우 회원을 대리할 수 있다.

(a) 협회의 회원자격이 특정 거래, 직업, 활동 등을 하는 사람들로 관심사항이 공통인 사람들로 한정될 것

(b) 협회는 회원의 이익을 위해 선의로 형성한 것이어야 하며 직, 간접적으로 변호사의 이익이나 주로 법적 절차에 있어 도움을 받기 위한 목적으로 형성된 것이 아닐 것

(c) 비분쟁적 사건에 대하여는 회원에게 비용청구를 하지 말아야 하고, 분쟁적 사건에 대하여는 변호사 비용을 다른 곳으로부터 회수하지 못하는 경우 협회가 변호사 비용에 대하여 회원을 면책시킬 것

13.06 보험회사

(1) 변호사가 보험회사에 고용되고 보험회사가 어떤 사건에서 피보험자의 권리를 보험자대위한 경우, 변호사는 보험회사를 위하여 피보험자의 이름으로 그 사건을 처리할 수 있고 또한 변호사는:

(a) 그 사건에서 부보되지 않은 손실에 대해 피보험자를 대리할 수 있다.

(b) 보험회사들 간에 책임 분담에 합의한 경우, 소송에서 피보험자와 다른 보험회사에 부보된 피고 양쪽을 모두 대리할 수 있다.

(c) 연대하여 청구된 경우 고용주와 다른 보험회사를 대리할 수 있다.

(2) 변호사가 법률비용 보험회사에 고용된 경우, 피보험자가 구체적으로 승낙했다면 당해 법률비용 보험으로 부보된 소송에서 피보험자를 대리할 수 있다. 다만 다음의 경우는 해당되지 않는다.

(a) 신체적 상해에 따른 청구(피보험자에 의한 것이건 또는 그에 대한 것이건 묻지 않음)

(b) 다음의 손해배상청구 민사소송

(i) 군(郡)법원에서 수시로 정하는 소액 소송 범위를 초과한 경우

(ii) 빠른 절차 또는 다중절차에 배당 또는 재배당된 경우

13.07 상업적 법률 조언서비스

전화로 법률 조언서비스를 제공하는 상업적 조직에 고용되어 있다면 다음의 요건을 갖추는 경우 질의자에게 조언을 제공할 수 있다.

(a) 조언은 전화상 조언에 제한될 것(필요에 따라 질의자에 대한 추가적인 서신을 보낼 수 있음)

(b) 사무변호사배상책임보험규칙상 요구되는 것과 합리적으로 같은 정도의 책임보험에 부보되어 있음을 확인할 것

13.08 지방 정부

지방 정부에 고용되어 있는 변호사는 다음을 행할 수 있다.

(a) 고용주가 이하 (b) 내지 (g)의 조건에 따라 다른 조직이나 사람에게 법률서비스를 제공할 법정 권한을 부여받은 경우, 그 다른 조직이나 사람의 대리

(b) 다음 조건을 갖추는 경우 지역 당국의 전, 현직 구성원의 대리

(i) 사건이 그 구성원의 직무와 관련되거나 직무상 발생한 것일 것

(ii) 사건이 그 구성원의 신체적 상해로부터 발생한 청구와 관련되지 않을 것

(iii) 그 구성원이 다른 변호사를 선임할 의사가 없음을 확인할 것

(iv) 변호사가 그의 업무수행에 대하여 다른 곳에서 보상받지 못하는 비용을 청구하지 않을 것

(c) 다음과 같은 주식회사나 보증유한책임회사의 대리

(i) 고용주나 고용주가 지명한 자가 주주나 보증인인 경우

(ii) 당해 변호사 또는 고용주의 관리가, 고용주에 의하여 회사의 임원으로 임명된 경우

다만, 고용주가 법정권한에 따라 행동한 경우에 한한다.

(d) 다음의 요건을 갖추는 경우 지방 당국에 저당물을 반환함에 따른 새로운 저당과 관련하여 대출기관의 대리

(i) 당해 변호사나 다른 어떤 피고용자도 차입자를 대리하지 않을 것

(ii) 차입자는 그가 정하는 적격 부동산양도대리인에게 독립적으로 자문을 구할 기회가 부여될 것

(e) 고용주의 지역 전부 또는 일부에 관련된 자선 및 봉사단체의 대리. 다만 비분쟁 사건에 대하여는 비용청구를 하지 않아야 하고, 분쟁적 사건에 대하여는 변호사 비용을 다른 곳으로부터 회수하지 못하는 경우 고용주가 변호사 비용

에 대하여 자선 또는 봉사단체를 면책시킬 것

(f) 환자의 재산관리인으로 임명된 업무 동료(위 13.02에 따라)를 위하여 대리하는 경우, 보호법원(Court of Protection)의 명령을 받은 환자의 대리

(g) 형사피해보상 담당국(Criminal Injuries Compensation Authority)에의 신청에 따라 고용주를 위한 보호명령(Care Order)의 대상이 되는 어린이나 청소년의 대리

13.09 법률센터, 자선단체와 다른 비영리 자문서비스

(1) 자선단체 또는 유사 비영리기관의 법률센터나 자문서비스에 고용되어 있는 변호사는 다음의 요건을 갖추는 경우 일반인에게 조언하거나 대리할 수 있다.

(a) 자금조달대리인이 해당기관의 서비스 관리의 책임을 지는 기구의 과반수를 차지하지 않아야 하고, 해당 기관이 중앙 및 지역정부로부터 독립적일 것

(b) 다음을 제외하고 보수 청구가 없을 것

(i) 의뢰인이 공공자금으로 지원 받는 경우

(ii) 변호사 비용을 다른 곳으로부터 회수하지 못하는 경우 해당 조직이 변호사 비용에 대하여 의뢰인을 면책시키는 경우

(c) 변호사가 벌어들인 모든 보수와 비용을 조직의 향후 서비스 제공을 위해 해당 조직에 지급할 것

(d) 법무 센터 연합(Law Centres Federation)의 회원이 아닌 이상 관련 조직은 무료 법률상담소라고 표시하지 않을 것

(e) 사무변호사배상책임보험규칙상 요구되는 것과 합리적으로 같은 정도의 책임보험을 그 조직이 제공할 것

(2) 위 (1)항은 회원의 이익을 위해 조직된 협회에는 적용되지 않는다.

13.10 영국 정부, 비부처 공공기관, 법률서비스위원회(Legal Services Commission)

영국 정부, 비부서 공공기관, 법률서비스위원회, 또는 법률서비스위원회에 의해 창설되거나 유지되는 기관에 고용된 변호사는, 고용주의 적법한 직무를 수행하는 활동이라면, 다른 사람에게 법률 자문을 제공하거나 그들을 대리할 수 있다.

13.11 외국 법률사무소

(1) 다음 고용주에게 고용된 사무변호사나 등록유럽변호사는 아래 (2)의 조건에 따라

고용주의 의뢰인에게 법률서비스를 제공할 수 있다.

(a)

(i) 외국변호사 등록부 또는 유럽변호사 등록부에서 삭제되거나 직무정지되지 않았고,

(ii) 그러한 상황에서 사무변호사나 등록유럽변호사로 활동하지 않는

다른 관할의 개업변호사

(b) 경영자와 소유자들이 모두 잉글랜드 및 웨일즈 밖의 변호사로서 소속 사업체를 통해 법률 업무를 수행하고 그들 가운데 다음 사람이 포함되지 않은 사업체

(i) 외국변호사 등록부 또는 유럽변호사 등록부에서 삭제 또는 직무정지되었거나

(ii) 그 사업체를 통하거나 그 사업체의 맥락에서 사무변호사나 등록유럽변호사로 활동하는 사람

(2) 고용주가 아닌 사람을 대리하는 경우 다음 요건을 충족해야 한다.

(a) 고용주를 위해 그러한 일을 할 수 있는 자격이 있다 하더라도 다음 사항을 행하거나, 감독하거나 행할 책임을 져서는 안 된다.

(i) 1974년 사무변호사법(Solicitors Act)상 자격 있는 사람만이 할 수 있는 소송에 관련된 증서, 서류의 작성, 신청서의 작성, 서류의 제출

(ii) 변론권의 행사 또는 법원이나 이민법정에서의 소송 수행권 행사

(iii) 고용주나 상급자가 이민서비스청에 등록되지 않은 상태에서 이민 관련 조언이나 이민서비스를 제공하는 것

(b) 업무가 사무변호사배상책임보험규칙상 요구되는 것과 합리적으로 같은 정도의 전문직 배상책임보험에 의해 부보됨을 확인하여야 한다.

(c) 사무변호사가 의뢰인을 위하여 처리하는 업무와 관련하여 의뢰인에게 사무변호사(또는 잉글랜드 또는 웨일즈 변호사)라고 표시한 경우, 변호사는 의뢰인에게 그의 고용주가 사무변호사규제기관(SRA)에 의해 규제되지 않고, 사무변호사규제기관의 강제 보험 장치가 적용되지 않음을 통지하여야 한다. 이 정보는 서면으로 통지하거나 서면으로 확인하여야 한다.

(d) 업무용지에 사무변호사(또는 잉글랜드 또는 웨일즈 변호사)라고 표시한 경우, 그 용지에는 변호사의 고용주가 사무변호사규제기관의 규제를 받지 않는다는 사실이 반드시 기재되어 있어야 한다.

(3) 위 (2)(c)와 (d)는 등록유럽변호사가 변호사로 표시하거나 그의 본국 직함으로 업무를 수행하는 경우에도 적용한다.

13.12 규제기관

규제기관에 고용된 변호사는 고용주의 기능을 수행함에 있어서 다른 사람에게 법률 조언을 제공할 수 있고, 법정 기능이 있는 경우에는 일반적으로 다른 사람을 대리할 수 있다.

규칙 제13장에 대한 지침—사내법률업무 등

1. (잉글랜드와 웨일즈 내외를 묻지 않고) 사내변호사로 일하는 변호사는 규칙 제20.02조(개업증명서)를 반드시 준수하여야 한다. 사무변호사로서 업무를 수행하여 개업증명서가 필요한 상황의 예는 다음과 같다.
   (a) 사무변호사로서 고용된 경우
   (b) 사무용품 또는 다른 방법으로 고용주의 사무변호사로 표시하는 경우
   (c) 선서를 진행하는 경우
   (d) 사무변호사 자격으로 법원 또는 법정에 출석하는 경우
   (e) 법정변호사에게 수임요청하는 경우
   (f) 개업증명서를 받은 변호사나 다른 자격 요건을 갖춘 사람의 감독을 받고 그의 명의로 처리하지 않는 한, 1974년 사무변호사법(Solicitors Act) 및 2007년 법률서비스법(Legal Services Act) 제3장의 규정에 의해 무자격자에게 금지된 업무를 맡게 된 경우
   (g) 변호사로서의 유일한 자격이 사무변호사이고
      (i) 변호사로서 고용되거나 변호사로 표시하는 경우
      (ii) 다른 관할에서 변호사에게 유보된 업무를 맡는 경우
      (iii) 설립지침 상 영국 이외의 국가에 등록된 경우 또는
      (iv) 다른 관할에서 외국법률자문가로 등록된 경우

2. 이와 관련된 자격 부여에 있어 잉글랜드와 웨일즈에는 많은 실정법상 예외가 있다. 정부의 어떤 내부 변호사는 개업증명서가 없어도 변호사로 활동할 수 있다. 어떤 유보된 업무는 지방 정부에서 일하는 비변호사가 수행할 수 있으므로 지방 정부를 위하여 일하는 개업증명서 없는 변호사도 할 수 있다. 규칙 제20장(법률 업무 수행의 권리와 의무) 및 해당 지침 참조.

3. 잉글랜드와 웨일즈에서 사법서기는 개업한 사무변호사로서 활동하는 것이 아니며 개업증명서가 없어도 법정변호사에게 수임요청할 수 있다.

4. 달리 기재하고 있지 않은 한, 이 규칙에 대한 지침이 잉글랜드와 웨일즈 내외에서 일반적으로 적용된다고 하더라도, 규칙 제13장 가운데 잉글랜드 및 웨일즈 밖에서 적용되는 규칙은 규칙 제13.04조(공익활동)뿐이다. 그러나 잉글랜드 및 웨일즈 밖 사무실에 고용되거나, 스코틀랜드 및 북아일랜드 사무실에 고용된 등록유럽변호사는 해외 사내변호사 업무와 관련된 규칙 제15.13조의 조항을 반드시 준수해야 한다.

5. 사내변호사나 사내등록유럽변호사는 직업상 의무 이행 과정에서 행한 약속에 개인적으로 구속된다. 규칙 제10.05조(약속)를 참조(또는 해외에서 업무를 수행하는 경우에 대하여는 규칙 제15.20조(2) 참조).

6. 사내변호사나 사내등록유럽변호사로 일하는 경우, 다른 변호사가 대리하는 제3자와 해당 변호사의 승낙 없이 의사소통 해서는 안 된다. 어떠한 의사소통이라도 제3자를 대리하는 변호사를 통해 이루어져야 한다.

7. 직무수행에 있어 다음 조건을 갖추는 경우 고용주의 사무용품 또는 고용주의 이름이 들어 있는 사무용품을 직업적 업무에 사용할 수 있다.
   (a) 해당 사무용품을 사내변호사나 사내등록유럽변호사가 직업적 법률 업무에 사용한다는 것과, 그 사람이 해당 서신의 내용에 대해 책임을 진다는 것을 편지 지머리말 또는 서명으로 명백히 할 것
   (b) 제13장 또는 제15.13조(해외 사내변호사 업무와 관련)에서 허용되는 상황에서 해당 사무용품을 비변호사인 고용주의 업무 또는 제3자를 위하여 사용할 것

8. 변호사는 사내변호사나 사내등록유럽변호사로서 자신을 법률사무소의 대표로 표시한 사무용품이나 기재 서식을 사용할 수 있다. 그러나 메모용지에 스스로를 대표로 기재하고 의뢰인의 대금을 보관하거나 수령한 경우 배상기금 출연금액을 전액 납입할 의무가 있다. 존재하지 않는 것을 마치 사무변호사규제기관의 규제를 받는 것처럼 표시하지 않도록 주의해야 한다. 변호사가 "사무변호사인 John Smith는 사무변호사규제기관의 규제를 받고 있다."와 같이 언급하는 경우에는 문제되지 않는다.

9. 사내변호사의 경우 고용주의 법무부서의 주소가 변호사 업무수행 장소이고 이는 반드시 사무변호사규제기관에 통지하여야 한다.

회계규칙과 회계사보고서

10. 잉글랜드와 웨일즈에서 고용된 사내변호사나 사내등록유럽변호사가 의뢰인의 돈을 수령하거나 보관한 경우 1998년도 사무변호사회계규칙을 준수하여야 한다. 그가 그에게 발행된 수표를 예금하거나 배서한 경우, 그는 의뢰인의 돈을 받은 것이고 관련 규칙에 따라 처리하여야 한다{1998년도 사무변호사회계규칙35 지침(viii) 참조}. 의뢰인 명의의 계정의 경우 1998년도 사무변호사회계규칙 제14(3)조 참조. 수표가 고용주 앞으로 배서된 경우에도 변호사는 기록을 유지하고(사무변호사회계규칙 32를 참조), 회계사보고서를 제출하며 배상기금 출연액을 전액 납입할 필요가 있다. 변호사가 고용주의 돈만을 수령한다면 모든 수표의 수취인이 고용주로 되어 있는지 확인해야 한다. 해외에 고용된 사내변호사 및 사내등록유럽변호사에게는, 사무변호사회계규칙은 적용되지 않지만 규칙 제15.27조의 유사 요건은 준수해야 한다.

11. 같은 고용주를 위해 일하는 사내회계사는 사내변호사나 사내등록유럽변호사를 위해 회계사보고서를 작성할 수 없다(1998년도 변호사회계규칙 37(2)(a) 참조).

12. 변호사가 연중 소수의 거래를 담당하거나 의뢰인의 돈을 소액만 취급하는 경우 사무변호사규제기관(SRA)의 사무취급 및 신청(Caseworking and Applications) 부서에 회계사보고서 교부의무의 면제를 신청할 수 있다. 그러나 면제가 당연히 주어지는 것은 아니다.

13. 다음의 경우 1998년도 사무변호사회계규칙(해당 규칙 5 참조)을 따를 필요가 없으며 회계사보고서도 제출하지 않아도 된다. 그러나 의뢰인의 돈을 보관하거나 수령하는 경우에는 배상기금 출연액을 전액 납입하여야 한다. 그러나 이 납입의무는 변호사가 지침 13(c)에 해당하고 사무변호사로 법률 업무를 수행하지 않는 경우에는 적용하지 않는다.
    (a) 사무변호사 또는 등록유럽변호사가 다음 기관에 고용되어 법률 업무를 수행하는 경우
        (i) 지방당국

(ii) 제정법상의 공기업

(iii) 회계감사원(Comptroller and Auditor General)에 의해 회계감사가 이루어지는 단체

(iv) Lancaster 공작령

(v) Cornwall 공작령

(vi) 영국 국교회 재산관리위원회

(b) 런던시티사무변호사(Solicitor of the City of London)로 활동하는 사무변호사

(c) 다음 기관에서 직무수행하는 사무변호사나 등록유럽변호사

(i) 검시관이나 다른 사법관청

(ii) 치안판사나 치안판사 대리

법률사무소를 통한 별도의 업무수행

14. 사내변호사나 사내등록유럽변호사는 법률사무소의 경영자가 될 수 있다. 그러나 사무변호사배상책임보험규칙에 따라 책임보험을 보유하고 있어야 하며 사무변호사규제기관(SRA)에 법률사무소 주소를 통지해야 한다.

15. 법률사무소는 외부 의뢰인의 이익과 고용주의 이익이 충돌하는 경우 해당 의뢰인을 대리해서는 안 된다.

16. 의뢰인 소개와 관련해서는 규칙 제9장(사건의 소개) 참조.

17. 잉글랜드 및 웨일즈의 법률사무소의 경영자로서 의뢰인의 대금을 보관하거나 수령한 경우 1998년 사무변호사회계규칙을 준수해야 한다.

18. 변호사가 업무 시간 내 고용주의 업무 장소에서 그리고/또는 고용주가 제공한 인적·물적 자원의 도움을 받아 업무를 행한 경우, 그 업무에 귀속시킬 수 있는 변호사 봉급의 해당 부분 및 고용주의 다른 경상비용은 고용주에게 상환해야 한다. 해당 공제비용은 합당하게 계산되어야 하며, 그렇지 않은 경우 규칙 제8장(보수분배)의 위반이 될 수 있다.

사내변호사나 사내등록유럽변호사의 노동쟁의행위

19. 파업을 하거나 다른 노동쟁의를 하는 것이 직업상 위법행위는 아니지만, 변호사는 법원과 제3자에 대한 그의 의무를 고려해야 한다. 변호사는 쟁의행위를 하기 전에 다음 사항을 반드시 행하여야 한다.
   (a) 기한을 놓치는 것과 같이 그의 의뢰인이 중대한 피해를 입지 않도록 할 것
   (b) 모든 법원 관련 업무를 수행할 수 있는 조치를 취할 것
   (c) 직업적 약속을 준수할 것
   (d) 예상 쟁의행위에 따라 영향을 받을 수 있는 사람들에게 신속하게 알릴 것

제3자로부터의 비용 회수

20. 제3자에 대해 비용을 청구하는 경우, 사내변호사 또는 사내등록유럽변호사로서 비용에 대한 합당한 보상 기준을 고려해야 한다.

21. 변호사가 고용주를 대리하는 경우, 사내변호사가 업무수행하는 비용이 법률사무소를 선임하는 것보다 저렴하다고 추정되지 않는다. 그러므로 법원은 보통 법률사무소에 적용되는 통상적 원칙에 의해 작성된 청구서가 합당하다고 볼 것이다. 하지만 그러한 원칙에 따라 작성된 청구서가 합당하지 않게 고용주에 대하여 보상하는 것이 명백하고 그래서 허용되지 않아야 함이 명백한 특별한 경우도 있다(참조: Henderson v. Merthyr Tydfil UDC [1900] 1 QB 434 and Re Eastwood(*deceased*) [1975] Ch 112). 비분쟁적 업무 또는 고용주가 아닌 사람을 대리하는 경우에 대하여 위와 같은 접근이 적용되지 않을 이유는 원칙적으로 없어 보인다.

22. 규칙 제13장이 허용하는 일정한 상황에서 변호사는 고용의 일부로 고용주가 아닌 사람을 대리할 수 있다. 그러한 경우 의뢰인, 의뢰인의 상대방 또는 제3자가 지급한 비용을 고용주에게 지급하는 경우에는 규칙 제8장(보수 분배)의 위반은 아니다(규칙 제8장 참조). 유사하게 변호사가 규칙 제13.04조(1)(b)(ii)에 따라 무료로 업무를 수행하고 의뢰인의 상대방이나 제3자로부터, 비용으로 받은 보수를 보수분배계약에 따라 자선단체에 지급하는 경우 역시 규칙 제8장의 위반이 아니다.

의뢰인에의 직접 접근

23. 변호사가 회사나 지방당국의 최고법률고문인 경우, 그는 이사회, 의회나 위원회 등에 직접 접근할 수 있어야 하며, 고용조건에 그러한 접근을 규정하도록 시도하여야 한다. "직접 접근(Direct access)"은 모든 지시사항과 조언이 반드시 의회, 위원회나 이사회에게 직접 전달되거나 의회, 위원회, 이사회로부터 직접 전달되어야 한다는 의미가 아니라, 필요한 경우 변호사가 직접 접근할 수 있어야 함을 뜻한다.

보험회사와 상업적 법률자문서비스

24. 전화로 상업적 법률자문서비스를 제공하는 보험회사에 고용된 변호사나 등록유럽변호사인 경우, 규칙 제13.07조의 제한으로 인하여 규칙 제13.06조에 따라 법률비용보험계약의 피보험자를 대리하는 행위가 금지되는 것은 아니다.

법률센터, 자선단체와 다른 비영리 자문서비스

25. 자선단체 또는 유사 비영리기관이 운영하는 법률센터나 자문서비스에 고용되어 있는 사무변호사 또는 등록유럽변호사는 규칙 제13.09조를 준수하는 조건으로 일반인에게 조언하거나 일반인을 대리할 수 있다. 규칙 제13.09조는 전문직손해배상책임, 보수 분배 및 서비스 관리를 책임진 단체의 독립성에 관한 중요 조항을 두고 있다. 이러한 자문서비스를 자원하여 일하는 사무변호사나 등록유럽변호사는 적용면제가 인정되지 않는 한 사무변호사배상책임보험규칙을 반드시 준수해야 한다.

외국 법률사무소

26. 잉글랜드와 웨일즈의 사내법률업무는 사무변호사규제기관(SRA) 또는 다른 공인규제기관의 인가를 받지 않은 사업체의 어떠한 형태의 고용도 포함한다. 외국 법률사무소에 사내 피고용자로 고용된 변호사는 사무변호사, 등록유럽변호사 또는 공인된 단체에 고용된 경우와 마찬가지로 고용주의 의뢰인을 대리하는 데 대한 제한을 받는다. 규칙 제13.11조에 의해 그는 의뢰인을 위해 변호사에게 유보된 업무를 하거나, (고용주가 별도로 인가를 받지 않은 한) 이민 관련 업무를 수행할 수 없다. 또한 보험과 '건강경고'에 관한 특별한 요건을 준수하여야 한다. 외국 법률사무소에

고용되어 있더라도 법률사무소의 수장, 소유자 또는 이사가 사무변호사인 경우에는 (그 사무변호사가 이중으로 자격이 있고 그 업무수행 맥락에서 다른 관할의 변호사로서만 법률 업무를 수행하는 경우가 아닌 한) 규칙 제13.11조가 적용되지 않는다.

27. 반면 해외에 있는 외국법률사무소에 고용된 것은, 고용주가 변호사이거나 법률사무소인 경우, 규칙 제24장(해석)의 사내법률업무에 해당하지 않는다.

인가받은 비SRA법률사무소의 경영자 및 피고용자로서의 업무수행

28. 사무변호사, 등록유럽변호사 또는 등록외국변호사가 인가받은 비SRA법률사무소에서 경영자, 피고용자, 구성원 또는 소유자로 업무를 수행하는 경우 법률사무소의 인가 범위 내의 업무수행에 대하여는 규칙 제13장이나 이 행위규범의 다른 규칙, 회계규칙이 관련 없다. 규칙 제23.01조(2)를 참조.

29. 사무변호사, 등록유럽변호사 또는 등록외국변호사가 인가받은 비SRA법률사무소에서 관리자, 피고용자, 구성원 또는 소유자로서 업무를 수행하는 경우 법률사무소의 인가 범위를 벗어난 업무수행에 대하여는 사내변호사나 등록유럽변호사와 마찬가지로 규칙 제13장, 이 행위규범의 다른 규칙, 회계규칙을 반드시 준수해야 한다{규칙 제13.01조(2) 참조}. 규칙 제12.01조(1)(d)에 의하면 법률사무소 자체를 위하여 이러한 업무를 수행하거나, 규칙 제13.02조(업무 동료), 제13.03조(관련 단체들), 제13.04조(공익활동)에 해당하는 경우에는 이런 업무수행이 허용된다.

30. 사무변호사, 등록유럽변호사 또는 등록외국변호사가 인가받은 비SRA법률사무소의 경영자, 피고용자, 구성원 또는 소유자이거나 법률서비스 제공과 관련하여 그러한 법률사무소에 고용된 경우, 그것은,
    (a) 사무변호사, 등록유럽변호사, 등록외국변호사의 자격으로 행하는 것이거나,
    (b) 그것은 사무변호사규제기관(SRA)이 아닌 공인규제기관의 개별적 인가를 받았다면, 인가받은 개인의 자격으로 행하는 것이거나,
    (c) 상기 두 가지 자격으로 행하는 것이어야 한다.

    다만, 사무변호사가 인가받은 비SRA법률사무소의 이사이거나 법률서비스 제공과 관련하여 그러한 회사에 고용된 경우 그는 다른 자격이 있어도 사무변호사의 자격으로 법률업무를 수행하여야 한다. 1974년 사무변호사법(Solicitors Act)의 제1A조(d), 규칙 제20.04조(2) 및 (3) 참조.

규칙 제14장: 공인된 단체

도입

규칙 제12장(변호사 업무의 전체적인 구조)에 따라 사무변호사와 등록유럽변호사는 공인된 단체 또는 공인된 단독개업변호사 {양자 모두 사무변호사규제기관(SRA)이 규제함} 또는 인가받은 비SRA법률사무소(다른 공인 규제기관이 규제함)를 통하지 않고서는 잉글랜드와 웨일즈 내의 일반인에게 서비스를 제공할 수 없다. 규칙 제14장은 공인된 단체의 구성과 구조 및 공인된 단체가 제공할 수 있는 서비스를 규율한다. 규칙 제14장은 대체로 1985년 사법행정법 제9조와 제9A조의 요구사항에 기초하였다.

규칙

14.01 모든 공인된 단체들에 대한 기본적 요건

서비스 요건

(1) 공인된 단체의 업무는 오직 다음 서비스의 제공만으로 구성되어야 한다:

(a) 사무변호사 및/또는 다른 관할지역의 변호사로서 법률 업무를 행하는 개인들이 제공하는 종류의 전문적인 서비스 및

(b) 공증인이 공인된 단체의 경영자이거나 피고용자인 경우에 한하여 공증인들이 제공하는 종류의 전문적인 서비스

그러나 이는 공인된 단체가 규칙 제21.03조의 범위 내에서 서비스를 제공하거나, 별도 사업을 하는 회사에 대한 소유권을 갖는 것을 막지는 아니한다.

관련 변호사 요건

(2)

(a) 공인된 단체에서는 언제나 최소한 한 명 이상의 경영자가 다음의 자격을 갖추어야 한다 :

(i) 유효한 개업증명서가 있는 사무변호사

(ii) 등록유럽변호사 또는

(iii) [조합이거나 유한책임조합(LLP)인 경우] 유효한 개업증명서가 있는 사무변호사인 경영자가 최소한 한 명 이상 있는 법적으로 자격 요건을 갖춘 법인

(b) 만약 합리적으로 예견할 수 없는 사고로 인해 공인된 단체 관련 변호사 요건을 위배할지라도 28일 내에 요건을 갖춘다면, 그 단체는 관련 변호사 요건 충족 상태를 유지해왔던 것으로 간주되며, 그 범위에서는 공인된 단체규정(Recognised Bodies Regulations) 제9.1조(b)에 의해 공인이 취소되지 않는다.

(c) 만약 어떤 사무변호사나 등록유럽변호사가 공인된 단체의 변호사 요건을 충족시키는 유일한 자인 경우나 최후에 남아 있는 사람이고 그 사무변호사나 등록유럽변호사가 다음의 어느 하나에 해당하는 경우, 그 단체는 사무변호사 규제기관(SRA)에 7일 이내에 이를 통지하여야 하고, 28일 이내에 그 단체가 해당 인물 없이도 관련 변호사 요건을 충족할 수 있음을 확실하게 하거나 아니면 업무를 중단해야 한다.

(i) 민사 또는 형사상의 소송절차에서 투옥된 경우

(ii) 질병, 사고 또는 노화에 의한 무능력으로 인하여 업무 수행이 불가능해지고 그러한 상태가 계속되는 경우

(iii) 2005년 정신능력법(Mental Capacity Act 2005) 제1부 상의 능력을 결여하는 자가 되고 그러한 상태가 계속되는 경우

(iv) 그 단체의 업무를 방기하는 경우 또는

(v) 그의 개업증명서 또는 등록에 조건이 있고 단체 내에서의 관련 변호사의 역할의 이행을 계속함으로써 그 조건에 위배되는 경우

경영 및 지배 요건

(3)

(a) 최소한 그 단체의 경영자들의 75% 이상은

(i) 잉글랜드와 웨일즈의 변호사, 설립지침(Establishment Directive)에서 정하는 직업의 변호사 또는 등록외국변호사로서 그렇게 법률 업무를 수행할 자격이 있는 개인들이거나

(ii) 법적으로 자격을 갖춘 법인들이어야 한다.

그러나 제14.06조(1) 상 모든 이사들은 개인들이어야 하므로 법적으로 자격 있는 법인은 회사인 공인된 단체의 이사가 될 수 없다.

(b) 잉글랜드와 웨일즈의 소송변호사, 설립지침(Establishment Directive)에서 정하는 직업의 변호사 또는 등록외국변호사이자 그렇게 법률업무를 수행할 자격이 있는 개인들은 그 공인된 단체의 최종 수익적 소유권의 최소한 75% 이상

을 보유하여야 한다.

(c) 잉글랜드와 웨일즈의 변호사, 설립지침(Establishment Directive)에서 정하는 직업의 변호사 또는 등록외국변호사이자 그렇게 법률업무를 수행할 자격이 있는 개인들 및/또는 법적으로 자격 있는 단체들은,
   (i) 그 공인된 단체에서의 의결권의 최소한 75% 이상을 행사하거나 그 행사를 통제할 수 있어야 하고, 또한
   (ii) 만약 그 공인된 단체가 주식회사라면 그 주식의 최소한 75% 이상을 (그 회사의 등록된 구성원들로서) 보유해야 한다.

(d) 공인된 단체의 모든 소유자 및 그 단체의 그 어느 의결권이라도 행사하거나 그 행사를 통제하는 모든 사람은,
   (i) 잉글랜드와 웨일즈의 소송변호사, 설립지침(Establishment Directive)에서 정하는 직업의 변호사 또는 등록외국변호사이자 그렇게 법률업무를 수행할 자격이 있는 개인들이거나
   (ii) 법적으로 자격 있는 단체이거나
   (iii) 공인된 단체규정(Recognised Bodies Regulations) 제3조 하에서 승인되고 아래 (e)의 요건을 갖춘 그 단체의 경영자인 개인이어야 한다.

(e) 위 (d)(i)의 자격이 없는 개인은 다음의 경우에 경영자가 되지 않고도 공인된 단체의 소유자가 될 수 있다:
   (i) 그 공인 단체가 법적으로 자격 있는 단체인 조합이나 유한책임조합(LLP)에 의해 전적으로 또는 부분적으로 소유되는 회사이고,
   (ii) 그 개인이 공인된 단체규정(Recognised Bodies Regulations) 제3조에 따라 승인되고, 조합 또는 유한책임조합(LLP)의 경영자이며,
   (iii) 그 개인이 조합계약 또는 구성원들 간의 계약상 그 회사와 관계된 모든 의결권 행사 또는 위임 행위로부터 배제되기로 하는 경우.

(f) 합리적으로 예견할 수 없는 사고로 인해 공인된 단체 경영 및 지배 요건을 위배할지라도 28일 내에 그 요건을 갖춘다면 그 단체는 경영 및 지배 요건 충족 상태를 유지해왔던 것으로 간주될 것이고, 그 범위에서는 공인된 단체규정(Recognised Bodies Regulations)의 제9.1조(b)에 의해 승인을 취소당하지 않는다.

(g) 만약 공인된 단체의 경영 및 지배 요건을 충족시켜주는 유일한 또는 최종적으로 남아 있는 사무변호사, 설립지침(Establishment Directive)에서 정하는 직업의 변호사 또는 등록외국변호사가 다음의 어느 하나에 해당하는 경우, 그 단체는 사무변호사규제기관(SRA)에 7일 이내에 이를 통지하여야 하고, 28일 이내에 그 단체가 해당 인물 없이도 경영 및 지배 요건을 충족할 수 있음을 확

실하게 하거나 아니면 업무를 중단해야 한다.
(i) 민사 또는 형사상의 소송절차에서 투옥된 경우
(ii) 질병, 사고 또는 노화에 의한 무능력으로 인하여 업무 수행이 불가능해지고 그러한 상태가 계속되는 경우
(iii) 2005년 정신능력법(Mental Capacity Act 2005) 제1부 상의 능력을 결여하는 자가 되고 그러한 상태가 계속되는 경우
(iv) 그 단체의 업무를 방기하는 경우 또는
(v) 그의 개업증명서 또는 등록에 조건이 있고 단체 내에서의 관련 변호사의 역할의 이행을 계속함으로써 그 조건에 위배되는 경우

14.02 준수와 관련된 의무

(1)

(a) 공인된 단체와 그 경영자들 및 피고용자들은 규칙 제14장을 준수하여야 한다.
(b) 공인된 단체는 가능한 한 그 경영자들과 구성원들, 소유자들이 규칙 제14장을 따르도록 해야 한다.
(c) 공인된 단체는 다음과 같은 방법으로 먼저 그의 적격성이 충족됨을 확인하지 않으면 새로운 경영자를 고용해서는 안 된다.
(i) 사무변호사가 개업증명서를 갖추었는지, 등록유럽변호사 또는 등록외국변호사가 사무변호사규제기관(SRA)에 등록되어 있는지, 그리고 그 개업증명서 또는 등록이 그가 경영자가 되는 것을 막는 조건에 종속되지 않는지 확인한다.
(ii) 사무변호사규제기관(SRA)이 아닌 다른 공인규제기관에 의하여 인가된 변호사에 대하여, 그 변호사가 그 공인규제기관에 의해 인가되고 업무할 자격이 있으며 그가 경영자가 되는 것을 막는 조건이나 제한의 적용을 받지 않는다는 내용의 서면 확인을 그 공인규제기관으로부터 획득(그리고 필요한 경우 사무변호사규제기관(SRA)에게 제출하기 위하여 보유)한다.
(iii) 공인된 단체규정(Recognised Bodies Regulations) 제3조에 따른 승인의 효력에 의해서만 경영자가 될 자격이 있는 개인에 대하여, 다음 기관으로부터 서면 확인을 획득(그리고 필요한 경우 사무변호사규제기관(SRA)에게 제출하기 위하여 보유)한다.
(A) 당해 개인을 제3조에 따라 승인한 그 당국 및
(B) 관련된 개인으로부터, 다음번 공인 갱신 시 단체가 선언해야 할 사

건의 세부 사항으로, 그가 공인을 갱신하는 공인된 단체의 마지막 경영자였던 때로부터 그 개인에 관해 발생한 것 및

(iv) 법인과 관련하여, 법인의 경영자이거나 이해관계를 갖는 개인에 대한 위 (i) 내지 (iii)에 따른 확인서를 획득(그리고 필요한 경우 사무변호사규제기관(SRA)에게 제출하기 위하여 보유)한다.

(2) 공인된 단체의 경영자는

(a) 가능한 한 그 단체가 규칙 제14장을 준수하는지 확실히 하여야 한다.

(b) 그 단체가 공인시 부과된 모든 조건을 준수하는지 확실히 하여야 한다.

(c) 그 공인된 단체나 그의 경영자들이나 피고용자들 그 어느 누구든지 이 규칙들을 위반하도록 하거나 이를 선동하거나 묵인해서는 안 된다.

(3) 공인된 단체의 구성원이거나 공인된 단체의 주식의 소유자인 사무변호사, 등록유럽변호사 또는 등록외국변호사는 그 공인된 단체나 그의 경영자들이나 피고용자들 그 어느 누구든지 이 규칙들을 위반하게 하거나 이를 선동하거나 묵인해서는 안 된다.

(4) 공인된 단체의 업무로 일하기 위하여 고용되어 있는 사람은 이 규칙들을 위반하도록 하거나 이를 선동하거나 묵인해서는 안 된다.

(5) 조합인 공인된 단체의 파트너들은 경영자로서는 물론 공인된 단체로서 연대책임을 진다.

14.03 설립, 잉글랜드와 웨일즈의 사무소 및 등록된 사무소

설립법

(1)

(a) 조합인 공인된 단체는 그 어느 나라의 법에 의해서든 설립될 수 있고 법인일 수 있다.

(b) 유한책임조합(LLP)인 공인된 단체는 잉글랜드와 웨일즈, 스코틀랜드 또는 북아일랜드에서 2000년 유한책임조합법(Limited Liability Partnership Act 2000)에 따라 설립되고 등록되어야 한다.

(c) 회사인 공인된 단체

(i) 잉글랜드와 웨일즈, 스코틀랜드 또는 북아일랜드에서 2006년 회사법(Companies Act 2006)의 제1부와 제2부에 따른 주식회사로 설립되어 등록되거나

(ii) 설립지침 적용국에서 설립되고 2006년 회사법 제34부에 해외 회사로 등

록되거나

(iii) 설립지침 적용국에서 범유럽회사로서 설립되고 등록되어야 한다.

잉글랜드와 웨일즈에서의 업무 주소

(2) 공인된 단체는 잉글랜드와 웨일즈에 최소한 한 개 이상의 업무 주소를 가져야 한다.

회사나 유한책임조합(LLP)의 등록된 사무소

(3) 공인된 단체가 다음과 같이 잉글랜드와 웨일즈에 등록되어 있다면 잉글랜드와 웨일즈에서의 업무 주소에 등록된 사무소를 가져야 한다.

(a) 2006년 회사법의 제1부와 제2부에 따라

(b) 2000년 유한책임조합법에 따라 또는

(c) 범유럽회사로서.

14.04 조합인 공인된 단체들

누가 파트너가 될 수 있는가

(1) 제14.01조에서 기재된 공인된 단체에 대한 위한 모든 기본적인 요구사항들이 충족된다면, 다음의 전부 또는 어느 일부는 조합인 공인된 단체의 파트너가 될 수 있다.

(a) 잉글랜드와 웨일즈의 변호사(유효한 개업증명서를 가진 사무변호사를 포함)

(b) 등록유럽변호사

(c) 등록외국변호사

(d) 면제된 유럽변호사

(e) 공인된 단체규정(Recognised Bodies Regulations) 제3조에 따라 승인된 개인

(f) 법적으로 자격 있는 단체인 법인

조합 조직 변경

(2) 아래 (3)에서 (5)의 조건을 갖추는 전제하에서, 조합인 공인된 단체의 조직 변경에도 불구하고 공인이 유지된다.

(3)

(a) 조합인 공인된 단체는 그 변경으로 인하여 14.01(2)(a) 또는 (b)(관련 변호사 요건) 및 14.01(3)(a)-(e) 또는 (f)(경영 및 지배 요건)을 준수하지 못하게 되는 날부터 업무를 정지해야 한다.

(b) 조합인 공인된 단체는 그 변경 전에 파트너였던 자가 아무도 파트너로 남아 있지 않게 되는 결과를 가져오는 모든 변경의 날짜로부터 업무를 정지해야 한다: 제14.01조(2)(b) 및 제14.01조(3)(f) 하의 28일 기간은 적용되지 아니한다.

(4) 조합의 변경으로 인하여 남는 유일한 변호사는 공인된 단독개업변호사로 공인될 필요가 있지만 그가 그 변경에 앞서 신청할 수 없었던 경우, 그가 다음의 하나에 해당한다면 그 법률사무소는 업무를 정지할 필요가 없다.

(a) 사무변호사나 등록유럽변호사인 경우
(b) 7일 이내에 사무변호사규제기관(SRA)에 통지하는 경우
(c) 임시 비상 공인을 받는 경우

(5)

(a) 임시 비상 공인은 우선 28일 기간 동안 주어질 수 있고 신청자의 합리적인 요청에 따라 연장될 수 있다.
(b) 첫 28일 기간 동안 또는 사무변호사규제기관(SRA)이 허락한 그 연장된 기간 동안, 남아 있는 수장(principal)은
 (i) 업무를 정지하고 사무변호사규제기관(SRA)에 통지하거나
 (ii) 신청서 양식을 완성하여, 소정의 수수료 및 배상기금 출연금이 있는 경우에는 그 금액과 함께 제출함으로써, 공인된 단독개업변호사(또는 다른 파트너를 영입한 경우에는 공인된 단체)로 공인받기 위한 실체적 신청을 개시해야 한다.
(c) 위 (b)(ii)에 따라 신청이 개시되었다면 임시 비상 공인은 그 신청에 대한 결정시까지 연장되어야 한다. 이 경우 아래 (d)의 적용이 배제되지 않는다.
(d) 예외적인 상황 하에서 합리적인 이유가 있으면 사무변호사규제기관(SRA)은 임시 비상 공인을 언제든지 취소할 수 있다.
(e) 임시 비상 공인의 수여 또는 연장은 사무변호사규제기관(SRA)이 위 (b)(ii)에 따른 실체적 신청을 거절할 수 있는 재량권에 영향을 주지 않는다.

둘 이상의 법률사무소로 분리되는 조합

(6) 아래 (7) 내지 (9)의 조건을 충족한다는 전제하에서, 조합인 공인된 단체가 분할되어, 그 공인된 단체가 존속하되 종전 파트너 중 1인 또는 수인이 별도의 법률사무소를 영위하려고 하는 경우, 그 별도의 법률사무소는 업무를 개시하기 전에 공인된 단체 또는 공인된 단독개업변호사로서 공인을 얻어야 한다.

(7) 그러한 조합 분할에 뒤따라, 사무변호사규제기관(SRA)은 만약 필요하다면 이전 파

트너들 중 어느 단체가 기존의 공인을 이용할 수 있고 어느 단체가 새로운 공인을 신청해야 하는지 결정할 것이며, 공인 수수료 및 배상기금 출연금을 그 단체들 사이에서 분배할 수 있다. 관련된 모든 결정은 종전 파트너들 사이의 법적 분쟁의 결과에 영향을 주지 않는다.

(8) 새로운 법률사무소의 수장(들)이 그 변경에 앞서 공인 신청을 합리적으로 개시할 수 없었다면, 다음의 조건들이 충족되는 경우 그 새로운 법률사무소는 분할일로부터 업무할 수 있다.

(a) 그 새로운 법률사무소는

(i) 그 설립, 조직 및 구조에 있어 사무변호사행위규범 규칙 제14장을 준수하는 조합이거나

(ii) 사무변호사나 등록유럽변호사로서 단독개업변호사이며,

그리고 사무변호사배상책임보험규칙을 준수할 것.

(b) 새로운 법률사무소는 사무변호사규제기관(SRA)에 7일 이내에 통지할 것. 그리고

(c) 사무변호사규제기관(SRA)이 그 법률사무소에 임시 비상 공인을 수여할 것.

(9)

(a) 임시 비상 공인은 우선 28일 기간 동안 주어질 수 있고 신청자의 합리적인 요청에 따라 연장될 수 있다.

(b) 첫 28일 기간 동안 또는 사무변호사규제기관(SRA)이 허락한 그 연장된 기간 동안, 새로운 법률사무소는

(i) 업무를 정지하고 사무변호사규제기관(SRA)에 통지하거나

(ii) 신청서 양식을 완성하여, 소정의 수수료 및 배상기금 출연금이 있는 경우는 그 금액과 함께 제출함으로써, 공인된 단체 또는 공인된 단독개업변호사로 공인받기 위한 실체적 신청을 개시해야 한다.

(c) 위 (b)(ii)에 따라 신청이 개시되었다면 임시 비상 공인은 그 신청에 대한 결정시까지 연장되어야 한다. 이 경우 아래 (d)의 적용이 배제되지 않는다.

(d) 예외적인 상황하에서 합리적인 이유가 있으면 사무변호사규제기관(SRA)은 임시 비상 공인을 언제든지 취소할 수 있다.

(e) 임시 비상 공인의 수여 또는 연장은 사무변호사규제기관(SRA)이 위 (b)(ii)에 따른 실체적 신청을 거절할 수 있는 재량권에 영향을 주지 않는다.

오직 하나의 활동적인 파트너가 남은 경우

(10) 공인된 단체인 조합의 파트너가 다음의 하나에 해당하고 이로 인하여 오직 1인

의 활동적 파트너가 남는 결과가 되는 경우, 그 파트너는 사무변호사규제기관(SRA)에 7일 이내에 이를 통지하여야 한다.

(a) 민사 또는 형사상의 소송절차에서 투옥된 경우
(b) 질병, 사고 또는 노화에 의한 무능력으로 인하여 단체의 업무 수행이 불가능해지고 그러한 상태가 계속되는 경우
(c) 2005년 정신능력법(Mental Capacity Act 2005) 제1부 상의 능력을 결여하는 자가 되고 그러한 상태가 계속되는 경우
(d) 그 단체의 업무를 방기하는 경우 또는
(e) 그의 개업증명서 또는 등록에 조건이 있고 파트너로서의 역할의 이행을 계속함으로써 그 조건에 위배되는 경우

제3자 권리 설정 금지

(11) 조합의 파트너는 조합에 대한 그의 권리 위에 그 어떤 담보나 다른 제3자의 권리를 설정하여서는 안 된다.

14.05 유한책임조합(LLP)인 공인된 단체들

누가 구성원이 될 수 있는가

(1) 14.01에서 제시된 모든 공인된 단체들을 위한 기본적인 요구사항이 충족된다면, 다음의 전부 또는 일부는 유한책임조합(LLP)인 공인된 단체의 구성원이 될 수 있다.

(a) 잉글랜드와 웨일즈의 변호사(유효한 개업증명서를 갖춘 사무변호사 포함)
(b) 등록유럽변호사
(c) 등록외국변호사
(d) 면제된 유럽변호사
(e) 공인된 단체규정(Recognised Bodies Regulations) 제3조에 따라 승인된 개인
(f) 법적으로 자격을 갖춘 단체인 법인

최소 구성원 수

(2)

(a) 유한책임조합(LLP)인 공인된 단체는 최소한 2명 이상의 구성원을 가져야 한다.
(b) 만약 합리적으로 예견할 수 없었던 사고로 인하여 유한책임조합(LLP)이 2명 미만의 구성원을 갖게 되었으나, 6개월 이내에 그 상황이 치유된다면, 그 유한책임조합은 위 (a)를 준수해온 것으로 간주될 것이고, 그 범위에서는 공인

된 단체규정(Recognised Bodies Regulations) 제9.1조(b)에 의해 승인을 취소당하지 않는다.

제3자 권리 설정의 금지

(3) 구성원은 유한책임조합(LLP)에 대한 그의 권리 위에 그 어떤 담보나 다른 제3자의 권리를 설정하여서는 안 된다.

14.06 회사인 공인된 단체들

누가 이사가 될 수 있는가

(1) 제14.01조에서 제시된 모든 공인된 단체들을 위한 기본적인 요구사항이 충족된다면, 다음의 전부 또는 일부는 회사인 공인된 단체의 이사가 될 수 있다.
  (a) 잉글랜드와 웨일즈의 변호사(유효한 개업증명서를 갖춘 사무변호사 포함)
  (b) 등록유럽변호사
  (c) 등록외국변호사
  (d) 면제된 유럽변호사
  (e) 공인된 단체규정(Recognised Bodies Regulations) 제3조에 따라 승인된 개인

누가 구성원 또는 주주가 될 수 있는가

(2) 제14.01조에서 제시된 모든 공인된 단체들을 위한 기본적인 요구사항이 충족된다면, 다음의 전부 또는 일부는 회사인 공인된 단체의 구성원 또는 주주가 될 수 있다.
  (a) 잉글랜드와 웨일즈의 변호사(유효한 개업증명서를 갖춘 사무변호사 포함)
  (b) 등록유럽변호사
  (c) 등록외국변호사
  (d) 면제된 유럽변호사
  (e) 공인된 단체규정(Recognised Bodies Regulations) 제3조에 따라 승인된 개인
  (f) 법적으로 자격 있는 단체

제3자 권리 설정의 금지

(3) 구성원 또는 주주는, 위 (2)에 따라 구성원이나 주주가 될 자격이 있는 비구성원 주주를 위해 명의인으로서 주식을 보유하는 경우를 제외하고는, 회사에 대한 그의 권리위에 그 어떤 담보나 다른 제3자의 권리를 설정하여서는 안 된다.

비구성원 주주들에 대한 기록

(4)

(a) 주식회사인 공인된 단체는 모든 비구성원 주주들에 대한 기록을 보관해야 하며, 그들이 소유권을 상실한 후 최소한 3년 이상 그 기록을 보유해야 한다. 또한

(b) 비구성원 주주를 위해 명의인으로서 주식을 보유하는 구성원은 정확한 그리고 최신의 기록을 유지하기 위하여 필요한 모든 사실들을 그 공인된 단체에게 통지하여야 한다.

회사의 구성원 또는 주주의 사망

(5)

(a) 주식회사인 공인된 단체의 구성원이나 주주가 죽고 사망 시점에 구성원 또는 주주가 될 자격이 있다면, 그 유산관리인들이 그들 자체로 구성원이나 주주가 될 자격이 있는지 여부와 관계없이, 그 유산관리인들은 다음의 조건하에 유산관리인의 자격으로 사망한 구성원이나 주주의 자리를 대신한다.

(i) 유산관리인들이 구성원 또는 주주가 될 자격이 없는 한 그 어떤 의결권도 유산관리인에 의해 또는 그를 대신하여 행사되어서는 안 된다(또한 그러한 어떤 의결권 행사도 받아들여져서는 안 된다).

(ii) 유산관리인은 그 자격으로 사망 시점으로부터 12개월 이상 주식을 보유하거나 소유할 수 없다.

(iii) 사망으로부터 12개월 이내에 그 공인된 단체는 주식을 소각하거나 취득하거나 또는 그 주식이 구성원이나 주주가 될 자격이 있는 자에 의해 보유되고 소유되도록 하여야 한다, 그러나 이것이 등록외국변호사들이 유일한 주주들이 되는 결과가 되게 하여서는 안 된다.

(iv) 12개월 기간이 만료된 후에 유산관리인에 의해 또는 그를 대리하여 의결권이 행사되어서는 안 된다(또한 그러한 어떤 의결권 행사도 받아들여져서는 안 된다).

(b) 구성원이나 주주의 죽음에 뒤따라, 회사가 위 (a)의 요구사항을 충족시킨다면, 그 회사는 구성원 자격 및 주주 소유권에 관한 위 (2)를 준수해왔던 것으로 간주될 것이고, 그 범위에서는 공인된 단체규정(Recognised Bodies Regulations) 제9.1조(b)에 의해 승인을 취소당할 책임이 없다.

구성원이나 주주로서의 자격이 상실된 구성원 또는 주주

(6)

(a) 주식회사인 공인된 단체의 구성원이나 주주가 구성원이나 주주로서의 자격이 상실되거나 법인으로 존속하지 않게 된 경우

(i) 그 구성원이나 주주에 의해 또는 그를 대리하여 그 어떤 의결권도 행사되거나 받아들여져서는 안 된다.

(ii) 구성원이나 주주의 자격이 없게 된 경우, 파산관재인 또는 청산인은 (구성원이나 주주가 될 자격이 있는지 여부와 관계없이) 파산관재인 또는 청산인의 자격으로 그 구성원이나 주주가 부적격이 된 시점으로부터 6개월을 지나지 않는 기간 동안 그 구성원이나 주주의 자리를 대신할 수 있다. 또한,

(iii) 그 회사는 6개월 이내에 주식을 소각하거나 취득하거나, 그 기간 내에 주식이 구성원이나 주주가 될 자격이 있는 자들에 의해 보유되고 소유되도록 하여야 하되, 이것이 제14.01조(2) 또는 (3)의 관련 변호사 요건 또는 경영 및 지배 요건에 위배되는 결과가 되어서는 안 된다.

(b) 위 (a)가 적용되고 회사가 그 요구사항을 충족하는 경우, 그 회사는 구성원 자격 및 주주 소유권을 위한 위 (2)를 준수해왔던 것으로 간주될 것이고, 그 범위에서는 공인된 단체규정(Recognised Bodies Regulations) 제9.1조(b)에 의해 승인을 취소당하지 않는다.

구성원이나 주주가 부적격은 아니지만 도산하는 경우

(7)

(a) 주식회사인 공인된 단체의 구성원이나 주주가 도산하였으나 구성원이나 주주로서의 자격은 유지하는 경우 파산관재인 또는 청산인은 (자격이 있는지 여부와 관계없이) 다음의 조건하에서 파산관재인 또는 청산인의 자격으로 그 파산한 구성원이나 주주의 자리를 대신할 수 있다.

(i) 그 파산관재인 또는 청산인이 구성원이나 주주가 될 자격이 없는 한 그 어떤 투표도 파산관재인이나 청산인에 의해 또는 그를 대리하여 행사되어서는 안 된다(또한 그러한 의결권 행사가 받아들여져서도 안 된다).

(ii) 파산관재인이나 청산인은 그 파산의 시점으로부터 6개월 이상 그 자격으로 주식을 보유하거나 소유할 수 없다.

(iii) 파산으로부터 6개월 이내에 그 회사는 주식을 소각하거나 취득하거나, 주식이 구성원이나 주주가 될 자격이 있는 자들에 의해 보유되고 소유되도록 하여야 하되, 이것이 제14.01조(2) 또는 (3)의 관련 변호사 요건 또는

경영 및 지배 요건에 위배되는 결과가 되어서는 안 된다.

(iv) 그 어떤 의결권도 6개월 기간이 만료된 후에 파산관재인 또는 청산인에 의해 또는 그를 대리하여 행사되어서는 안 된다(또한 그러한 어떤 의결권 행사도 받아들여져서는 안 된다).

(b) 위 (a)가 적용되고 회사가 그 요구사항을 충족하는 경우, 그 회사는 구성원 자격 및 주주 소유권에 관한 위 (2)를 준수해왔던 것으로 간주될 것이고, 그 범위에서는 공인된 단체규정(Recognised Bodies Regulations) 제9.1조(b)에 의해 승인을 취소당하지 않는다.

보호법원 대리인

(8)

(a) 2005년 정신능력법(Mental Capacity Act 2005) 제19조에 따라 지명된 보호법원 대리인은 다음의 조건을 충족하는 경우 이 규칙들을 위반하지 않고도 그 자격으로 구성원이나 주주가 될 수 있다.

(i) 그 대리인의 본인이 구성원이나 주주가 될 자격을 유지하여야 하고,

(ii) 그 대리인이 구성원이나 주주가 될 자격이 없다면, 그 주식의 의결권은 행사되거나 받아들여지지 않을 것.

(b) 위 (a)가 적용되고 회사가 그 요구사항을 충족하는 경우, 그 회사는 구성원 자격 및 주식소유권에 관한 위 (2)를 준수해왔던 것으로 간주될 것이고, 그 범위에서는 공인된 단체규정(Recognised Bodies Regulations) 제9.1조(b)에 의해 승인을 취소당하지 않는다.

14.07 정보 및 서류

(1) 공인된 단체는, 사무변호사규제기관(SRA)이 제공하도록 요청하는 때에 그 조직 및 구조와 관련되거나 그 경영자, 피고용자, 구성원 또는 소유자와 관련된 모든 정보 및 서류를 제공해야 한다.

(2) 공인된 단체는 다음 사항에 대한 모든 변경에 대하여 사무변호사규제기관(SRA)에 7일 이내에 이를 통지하여야 한다:

(a) 명칭

(b) 등록된 사무소 및/또는 모든 업무 주소

(c) 경영자 또는

(d) 회사인 경우 구성원 및/또는 주주

(3) 공인된 단체는, 그것이 무한책임회사이고 1985년 회사법에 따라 유한책임회사로 재등록하는 경우 사무변호사규제기관(SRA)에 7일 이내에 통지하여야 한다.
(4) 관련된 파산사건{1985년 사법행정법(Administration of Justice Act 1985)에 대한 별표 2의 32(1A) 문단에 정해진 의미임}이 공인된 단체에 관하여 발생하는 경우 그 경영자는 7일 이내에 사무변호사규제기관(SRA)에 이를 통지하여야 한다.
(5) 해외 회사이거나 영국 밖에서 등록된 범유럽회사인 공인된 단체에게 1986년 도산법(Insolvency Act 1986) 제2부의 해산명령 또는 관리명령, 자발적 해산결의 또는 관리인의 선임과 유사한 설립지법상의 조치가 적용되는 경우, 이사는 7일 이내에 사무변호사규제기관(SRA)에 통지하여야 한다.

14.08 정신건강법에 준하는 경우

이 법에서
(a) 2005년 정신능력법 제1부 상의 능력을 결여하는 자에 대한 언급은 1983년 정신건강법(Mental Health Act 1983) 제94조에서 정의된 "환자"와 그 법 하에서 비상 능력의 대상이 된 자 및 여티 설립지침 적용국(Establishment Directive state)들에서 그에 상당하는 자들을 포함한다. 또한
(b) 2005년 정신능력법 제19조에 따라 임명된 보호법원 대리인에 대한 언급은 1983년 정신건강법 하에서 임명된 보호법원 관리인 및 여타 설립지침 적용국(Establishment Directive state)들에서 그에 상당하는 자들을 포함한다.

규칙 제14장에 대한 지침—공인된 단체

법적 및 규제적 기본 구조

1. 공인된 단체는 1985년 사법행정법(Administration of Justice Act 1985) 제9조 및 2009년 공인된 단체규정(Recognised Bodies Regulations) 제2조에 따라 사무변호사규제기관(SRA)이 공인한 조합, 유한책임조합(LLP) 또는 회사이다.

2. 규칙 제12장(변호사 업무의 전체적인 구조)은 사무변호사와 등록유럽변호사들이, 공인된 단체 또는 공인된 단독개업변호사{양자 모두 사무변호사규제기관(SRA)에 의해 규제됨}인 법률사무소를 통하거나 인가받은 비SRA법률사무소를 통하여 행하는

경우 또는 법률센터, 자문센터와 관련하여 규칙 제13장(사내법률업무 등)에서 허용된 경우를 제외하고는 잉글랜드와 웨일즈에서 일반인에게 서비스를 제공해서는 안 된다고 한다. 규칙 제14장은 공인된 단체의 조직과 구조 및 공인된 단체가 제공할 수 있는 서비스들을 규율한다. 이 규칙은 대체적으로 1985년 사법행정법(Administration of Justice Act 1985) 제9A조의 요건에 기반하고 있다.

3. 공인된 단체와 공인된 단체의 "경영자" 또는 피고용자는 행위규범 및 다른 사무변호사규제기관(SRA) 규칙들, 사무변호사규제기관(SRA)에 의한 규제들, 그리고 사무변호사규제기관(SRA)와 사무변호사징계위원회의 규율 제재의 적용을 받는다.

4. 규칙 제14장 및 공인된 단체규정(Recognised Bodies Regulations)에서와 마찬가지로 이 지침에서 "경영자"라는 용어는 특별한 의미를 갖는다. 이는 다음을 의미한다.
   (a) 회사로 설립되지 않은 법률사무소에서 파트너 또는 파트너로서 표시되는 자
   (b) 유한책임조합(LLP)의 구성원 또는
   (c) 회사의 이사
   다른 말로 개인으로서의 "경영자"는 반드시 어떤 특별한 경영상 역할을 수행해야 할 필요는 없다—그렇다고 하더라도 "경영자"는 그 자신도 규칙들의 적용을 받으며, 또한 규칙들과 법상 많은 상황에서 공인된 단체의 행위에 대해 책임을 질 것이다.

세 가지 기본적인 요구사항들

5. 공인된 단체의 지위를 위해 충족해야 할 기본적인 요구사항들은 다음과 같다.
   (a) 서비스 요건
   (b) 관련 변호사 요건
   (c) 경영 및 지배 요건
   이들은 아래에서 더 자세하게 설명된다.

서비스 요건

6. 규칙 제14.01조(1)은 공인된 단체가 제공하도록 허용된 서비스의 유형들을 제시한다—사무변호사가 제공하는 법률서비스와 "실무가" 서비스, 외국변호사가 제공하는 서비스, 그리고 (그 회사에 공증인인 "경영자"나 피고용자가 있다면) 공증서비스

7. 공인된 단체는 규칙 제21장(별도 사업)을 지키는 한 "별도 사업"—즉 "실무가" 서비스는 제공하지만 법률 업무가 아닌 사업—을 하는 것을 금지당하지 않는다.

관련 변호사 요건

8. 규칙 제14.01조(2)(a)는 공인된 단체의 최소한 한 명의 "경영자"가 다음에 해당해야 한다고 한다.
   (a) 유효한 개업증명서가 있는 사무변호사
   (b) 등록유럽변호사
   (c) {조합이거나 유한책임조합(LLP)인 공인된 단체의 경우} 유효한 개업증명서가 있는 사무변호사나 등록유럽변호사인 "경영자"를 최소한 한 명 이상 갖춘 "법적으로 자격 있는 단체"

9. "법적으로 자격 있는 단체"는 다음과 같이 정의된다.
   (a) 공인된 단체
   (b) 인가받은 비SRA법률사무소 또는
   (c) "유럽법무법인"(규칙 제24장에 정의된 바와 같음)으로,
   최종적으로 수익권 있는 소유권의 최소한 75% 이상을 변호사들이 구성하는 것을 말한다.

경영 및 지배 요건

10. 경영 및 지배 요건은 규칙 제14.01조(3)에 제시되어 있고, 모든 공인된 단체는 최소한 75% 이상 변호사들이 소유하고 경영하도록 하는 것을 목적으로 한다.

11. 특히, 경영 및 지배 요건은 다음의 여섯 개의 테스트로 구성되는데, 이는 경영, 소유권 그리고 주식 보유에 관한 다양한 기준을 다룬다.
   (a) 공인된 단체의 "경영자들"의 최소한 75%는 변호사들이거나 "법적으로 자격 있는 단체들"이어야 한다.
   (b) 변호사들이 공인된 단체에서 최종적으로 수익권 있는 소유권의 최소한 75% 이상을 구성해야 한다.
   (c) 변호사 및/또는 "법적으로 자격 있는 단체들"이 공인된 단체에서의 의결권의 최소한 75%를 행사하거나 그 행사를 통제해야 한다.

(d) 공인된 단체가 주식회사라면, 변호사 및/또는 "법적으로 자격 있는 단체들"이 그 주식의 최소한 75% 이상을 (회사의 등록된 구성원으로서) 보유해야 한다.

(e) 공인된 단체의 모든 소유자는 변호사, "법적으로 자격 있는 단체들" 또는 공인된 단체규정(Recognised Bodies Regulations) 제3조에 따라 사무변호사규제기관(SRA)에 의해 승인된 비변호사 개인이어야 한다. 또한,

(f) 공인된 단체의 모든 비변호사 소유자는 다음에 해당하지 않는 한 그 단체의 "경영자"이어야 한다.

(i) 그 공인된 단체가 회사로서 조합이나 "법적으로 자격 있는 단체"인 유한책임조합(LLP)이 전부 또는 일부를 소유하고,

(ii) 그 비변호사 소유자가 조합이나 유한책임조합(LLP)의 "경영자"이며, 또한

(iii) 조합계약 또는 구성원계약에 따라 그 비변호사 소유자가 그 회사와 관련하여 의결권을 행사하거나 위임할 수 없는 경우

12. 경영 및 지배 요건의 문맥상 "변호사들"은 개업변호사들을 의미한다—사무변호사, 법정변호사, 공증인, 법률실무변호사(legal executive), 면허 있는 부동산양도대리인(licensed conveyancers), 특허대리인, 상표대리인, 법률비용전문변호사, 설립지침(Establishment Directive)에서 정하는 직업의 유럽변호사 및 등록외국변호사

몇몇 규제적 조항들

13. 공인은 일 년을 기준으로 주어지고, 갱신 신청은 매해 10월 31일까지 행해져야 한다. 연간 공인 수수료와 배상기금 출연금이 있다. 최초의 공인과 공인의 갱신을 위한 신청은 공인된 단체규정 제2조에 따라 행해진다.

14. "관련 변호사 요건"은 기본적으로 최소한 한 명의 사무변호사나 등록유럽변호사 "경영자"를 두도록 규정한다. "경영 및 지배 요건"은 기본적으로 경영 및 소유권의 최소한 75% 이상이 변호사들의 수중에 있어야 함을 규정한다.

15. 추가적으로, 규칙 제14장은 조합, 유한책임조합(LLP)인 공인된 단체의 구성원, 그리고 회사인 공인된 단체의 구성원들과 주주들이 다음 사람들로 이루어져야 함을 규정한다.

(a) 잉글랜드와 웨일즈의 개업변호사들(사무변호사, 법정변호사, 공증인, 법률실무변호사(legal executive), 면허 있는 부동산양도대리인(licensed conveyancers), 특허대리

인, 상표대리인, 법률비용전문변호사}

(b) 설립지침(Establishment Directive)에서 정하는 직업 중 개업한 유럽변호사들

(c) 등록외국변호사들

(d) 공인된 단체규정(Recognised Bodies Regulations) 제3조에 따라 공인된 단체의 "경영자"가 되기 위해 적합하다고 승인된 개인들—그러한 개인들은 다음 세 부류의 하나에 속한다;

(i) 비변호사들

(ii) 등록외국변호사가 될 수 있는 자격이 없는 외국 법조 직역의 변호사들

(iii) 개업하지 않은 법정변호사들 또는 개업하지 않은 외국변호사들로, 그들을 규율하는 직업적 규칙들이나 훈련 규정상 공인된 단체를 통하여 개업변호사로 법률 업무를 할 수 있도록 상태를 변경하는 것이 금지된 사람들

어느 개인이 "경영자"로서 적합하다는 사무변호사규제기관(SRA)의 승인을 받기 위한 신청은 공인된 단체 또는 관련된 장래의 공인된 단체에 의해 행해져야 한다.

(e) "법적으로 자격 있는 단체들"—공인된 단체들, 인가받은 비SRA법률사무소들 또는 "유럽법무법인"들.

16. 회사인 공인된 단체의 이사와 관련하여, "관련 변호사 요건"은 최소한 한 명의 이사가 사무변호사나 등록유럽변호사이어야 한다는 효과가 있다. "경영 및 지배 요건"은 최소한 이사의 75%가 변호사이어야 한다는 효과가 있다. 규칙 제14장은 나아가 이사들이 다음과 같은 사람들로 이루어져야 함을 규정한다.

(a) 잉글랜드와 웨일즈의 개업변호사들{사무변호사, 법정변호사, 공증인, 법률실무변호사, 면허 있는 부동산양도대리인(licensed conveyancers), 특허대리인, 상표대리인, 법률비용전문변호사}

(b) 설립지침(Establishment Directive)에서 정하는 직업 중 개업한 유럽변호사

(c) 등록외국변호사들

(d) 공인된 단체규정(Recognised Bodies Regulations) 제3조에 따라 승인된 개인들

17. 사무변호사는 공인된 단체에서 파트너, 이사, 구성원 또는 주주가 되기 위하여 유효한 개업증명서를 갖추어야 한다. 1974년 사무변호사법의 제1A조에 따라 사무변호사는 법률서비스 제공과 관련하여 잉글랜드와 웨일즈의 공인된 단체에 고용되기 위하여는 유효한 개업증명서를 갖추어야 한다.

18. 모든 공인된 단체는 잉글랜드와 웨일즈에서 최소한 하나의 업무 주소를 가져야 한다.

잉글랜드와 웨일즈에서 유한책임조합(LLP) 또는 회사로 설립된 공인된 단체는 잉글랜드 또는 웨일즈에 등록된 사무소를 가져야 하고, 그 사무소에서 업무를 수행해야 한다. 그 등록된 사무소에 대한 이 요건들은 잉글랜드와 웨일즈 밖에서 설립된 공인된 단체들에 대해서는 적용되지 아니한다—그것이 스코틀랜드에서 설립된 유한책임조합(LLP)이든, 스코틀랜드, 북아일랜드 또는 어떤 다른 설립지침 적용국(Establishment Directive state)에서 설립된 회사이든지 여부와 관계없다.

스코틀랜드 법에 따라 공인된 단체로 공인받은 법률사무소가 사무변호사규제기관(SRA)에 의해 공인된 단체로 공인받아야 하는 것을 면제받지 못한다는 사실을 주의하라.

19. 공인된 단체는 그 자신의 권리로 법률사무소로 법률 업무를 수행하거나{조합, 유한책임조합(LLP) 또는 회사}, 다른 공인된 단체를 전부 또는 일부 소유하거나, 다른 공인된 단체에 의하여 전부 또는 일부 소유당할 수 있다. 회사나 유한책임조합(LLP)인 공인된 단체는 사무변호사, 등록유럽변호사, 등록외국변호사들 및/또는 다른 공인된 단체들과 함께 공인된 단체인 조합의 파트너가 될 수 있고, 사무변호사, 등록유럽변호사, 등록외국변호사들 및/또는 다른 공인된 단체들과 함께 공인된 단체인 유한책임조합(LLP)의 구성원이 될 수 있다.

20. 공인된 단체는 잉글랜드와 웨일즈에서 업무를 행하는 것에 더해 잉글랜드와 웨일즈 밖에서도 업무를 수행할 수 있다.

21. 변호사의 소속 법률사무소가 잉글랜드와 웨일즈에 사무소가 없는 관련 기업을 통해 해외에서 업무를 행한다면 그것은 공인된 단체일 필요가 없다—또한 이는 사실 공인된 단체가 될 수 없는데, 왜냐하면 공인된 단체는 잉글랜드와 웨일즈에 최소한 하나의 업무 주소를 가지고 있어야 하기 때문이다.

규칙들의 준수

22. 공인된 단체는 이 규칙들뿐 아니라 사무변호사배상책임보험규칙, 사무변호사회계규칙 및 {금융감독청(FSA)으로부터 인가받지 않는 한} 사무변호사 금융서비스(범위)규칙 및 사무변호사 금융서비스(영업행위)규칙을 준수하여야 한다.

배상책임보험

23. 사무변호사배상책임보험규칙은 공인된 단체가 "적격보험회사"에 "적격 보험"을 가입할 것(다만, 공인된 단체에서의 등록유럽변호사의 참여와 관련하여 제한된 범위 내에서의 예외가 있음)을 요구한다. 기본 최소 수준의 부보는 일회 청구당 2백만 파운드이다. 유한책임을 지는 공인된 단체(즉, 유한책임조합(LLP), 유한책임회사 또는 1인 이상의 파트너가 유한책임조합(LLP)이거나 유한책임 회사인 조합)에 대해서는 일회 청구당 3백만 파운드의 최소 수준의 부보가 요구된다. 명의인 회사인 공인된 단체는 추가 1백만 파운드의 부보 요건을 회피할 수 있다—아래 지침 28(d) 참조. 공인된 단체는 또한 추가적으로 보험회사에 최소 수준을 넘는 "추가" 보험을 가입할 수 있다.

회계사보고서

24. 공인된 단체가 의뢰인의 자금을 보유하거나 받은 경우, 그는 적정 절차를 밟아 사무변호사규제기관(SRA)에 회계사보고서를 제출해야 한다. 이 의무는 또한 공인된 단체의 "경영자들"에게도 확장된다. 현재의 "경영자들"의 성명은 공인된 단체의 명칭과 함께 회계사 보고서에 나타나야 하며, 의뢰인의 자금을 보유하거나 받은 모든 피고용자 또는 "경영자들"의 성명 및 의뢰인의 계좌를 서명자로서 운용한 모든 개개인의 피고용자 또는 "경영자들"의 성명도 마찬가지로 나타나야 한다.

구성원의 공인된 단체에 대한 권리에 대한 담보 설정—14.04(11), 14.05(3) 및 14.06(3)

25. 조합인 공인된 단체의 파트너, 유한책임조합(LLP)인 공인된 단체의 구성원 또는 회사인 공인된 단체의 구성원 또는 주주는 그 단체에 대한 그의 권리 위에 그 어떤 담보나 제3자의 권리를 설정하여서는 안 된다. 다만, 회사인 경우 구성원은, 규칙들에 따라 주식을 소유할 자격이 있는 자를 위하여 명의인으로서 주식을 보유할 수 있다. 그 목적은 공인된 단체에 대한 지배가 오직 구성원이 될 자격 있는 자의 수중에 남아 있고 경영 및 지배 요건에 위반이 없도록 하기 위한 것이다.

일정한 비상사태에 대처하기 위해 밟아야 할 조치들

26. 규칙 제14장은 일정한 사건이 공인된 단체와 그 구성원들, 이사들 또는 주주들에게 일어날 경우 무엇이 행해져야 하는지를 설시하는 여러 조항들을 포함한다. 이 규칙들에 따라 이러한 상황들에 대처하는 것은 중요하다.

(a) 예견할 수 없는 사건으로서 그 단체로 하여금 관련 변호사 요건의 위반 상황에 처하게 할 사건—제14.01조(2)(b) 참조.

(b) 일정한 명시된 사건(예컨대 투옥 또는 질병으로 인한 무능력)으로서 관련 변호사 요건의 준수를 할 수 있게 하는 역할을 하는 마지막 사무변호사 또는 등록유럽변호사가 더 이상 그 역할을 하는 데 적합하지 않음을 보여 주는 사건—제14.01조(2)(c) 참조.

(c) 예견할 수 없는 사건으로서 그 단체로 하여금 경영 및 지배 요건의 위반 상황에 처하게 할 사건—제14.01조(3)(f) 참조.

(d) 일정한 명시된 사건(예컨대 투옥 또는 질병으로 인한 무능력)으로서 경영 및 지배 요건의 준수를 할 수 있게 하는 역할을 하는 마지막 변호사가 더 이상 그 역할을 하는 데 적합하지 않음을 보여 주는 사건—제14.01조(3)(g) 참조.

(e) 조합으로 하여금 관련 변호사 요건 또는 경영 및 지배 요건의 위반에 처하게 하는 예견 가능한 사건—제14.04조(3)(a) 참조.

(f) 파트너가 남지 않는 결과가 되는 조합과 관련된 사건—제14.04조(3)(b) 참조.

(g) 사전 합의를 합리적으로 할 수 없었던 조합 변경으로서 사무변호사 또는 등록유럽변호사인 파트너가 오직 1인만 남는 결과가 되는 것—제14.04조(4) 참조.

(h) 새로운 법률사무소가 사전 합의를 할 수 있는 지위에 있던 조합 분할—제14.0조4(6) 및 (7) 참조.

(i) 새로운 법률사무소가 사전 합의를 합리적으로 할 수 없었던 조합 분할—제14.04조(7) 및 (8) 참조.

(j) 일정한 명시된 사건(예컨대 투옥 또는 질병으로 인한 무능력)으로서 파트너가 그 역할을 하는 데 적합하지 않음을 보여 주고 그러한 사건의 영향을 받지 않는 파트너가 오로지 1인만 남게 되는 사건—제14.04조(10) 참조.

(k) 회사의 구성원 또는 주주의 사망—제14.06조(5)(a) 및 (b) 참조.

(l) 회사의 구성원이나 주주가 구성원이나 주주의 자격을 상실하는 경우—제14.06조(6)(a) 및 (b) 참조.

(m) 회사의 구성원 또는 주주가 파산하게 되었지만 구성원이나 주주의 자격은 유지하는 경우—제14.06조(7)(a) 및 (b) 참조.

(n) 회사의 구성원이나 주주와 관련하여 지정된 보호법원 대리인—제14.06조 (8)(a) 및 (b) 참조.

유산관리회사, 수탁회사 및 명의인 회사

27. 변호사가 그의 주된 법률 업무와 연계하여 유산관리회사, 수탁회사 또는 명의인 회사를 운영하기를 원한다면 변호사는 다음의 사항들을 염두에 두어야 한다.
   (a) 영국의 유산관리회사, 수탁회사 또는 명의인 회사는 스스로 그 유산관리, 수탁 또는 명의인 회사의 서비스를 제공한다. 변호사의 업무와 연계되어 이러한 서비스를 제공할 경우, 회사법상 휴면상태인지 여부 그리고 그 서비스에 대해 수수료를 부과하는지 여부와 관계없이, 이는 규칙 제21장(별도 사업)의 목적상 "사업"이다. 그 회사는 그러므로 공인된 단체이어야 하고, 그렇지 않으면 변호사는 규칙 제21장을 위반하게 된다—제21.02조(1)(g) 및 규칙 제21장에 대한 지침 11 참조.
   (b) 해외 유산관리회사, 수탁회사 또는 명의인 회사는 공인된 단체일 수 없다. 이는 해외 업무로서 규칙 제12장(변호사 업무의 전체적인 구조)에 따라 운영될 수 있다. 대안으로서, 변호사가 그 회사와 관련하여 규칙 제21장(별도 사업)을 준수하는 조건하에 "별도 사업"으로 운영될 수 있다. 규칙 제21장에 대한 지침 12도 참조.

28. 영국 유산관리회사, 수탁회사 또는 명의인 회사와 관련하여 변호사는 또한 다음을 주의해야 한다.
   (a) 공인된 단체가 명의인으로서 자금을 보유하고 배당을 받는 경우 의뢰인의 자금을 보유하는 것이고, 그의 이름으로 그 자신의 의뢰인 계좌를 가져야 한다.
   (b) 관련 회계기간이 동일하고 회계사가 각각의 회계를 위해 구분하여 처리한다면, 1세트의 회계 기록을 그 회사의 업무와 주된 법률 업무에 사용할 수 있고, 양쪽 업무를 위하여 1개의 회계사보고서를 교부할 수 있다.
   (c) 100% 소유한 유산관리회사, 수탁회사 또는 명의인 회사는 변호사의 주된 법률 업무와 같은 적격보험계약으로 부보할 수 있다. 그러나 보험계약과 증서상 그 회사의 이름이 별개의 피보험자로 표시된 경우에 한한다. 또한
   (d) 명의인 회사는 다음의 요건을 충족할 수 있다면 추가 1백만 파운드 금액의 적격 보험에 가입해야 한다는 요건으로부터 면제될 수 있다.
      (i) 그 회사는 명의인 회사일 뿐이고,

(ii) 그 회사의 모든 이사는 변호사의 주된 법률 업무에서의 파트너 또는 구성원이고,
(iii) 그 회사는 변호사의 주된 법률 업무의 의뢰인들만을 위하여 자산을 보유하고,
(iv) 그 회사는 변호사의 주된 법률 업무를 위한 대리인으로서만 활동하고,
(v) 모든 보수는 변호사의 주된 법률 업무의 이익을 위하여 발생할 것

회사 총무 업무서비스를 제공하는 회사들

29. 법률사무소는 의뢰인들에게 회사 총무 업무서비스를 제공하는 것이 목적인 회사를 소유할 수 있다. 그러한 회사는 법률 업무를 하는 것으로 운영될 수도 (이때는 공인된 단체가 되어야 하고) 있고 또는 "별도 사업"으로 운영될 수도 (이때는 규칙 제21장을 준수하여야 하고 자금세탁방지 법규에 따라 영국국세관세청(HMRC)의 별도 규제를 받을 필요가 있을 수 있음) 있다

서비스 회사들

30. 법률사무소는 일반인에 노출되지 않고 일반인에 서비스를 제공하지 않고, 법률사무소의 운영과 관련된 행정적 기능(예컨대 직원의 고용, 사무실의 임차, 가구 및 시설 기타 일반 유지 등)을 수행하는 100% 소유한 회사를 가질 수 있다. 그러한 회사는 공인된 단체일 필요가 없고 "별도 사업"이 아니다. 이 회사의 장부는 사무변호사 규제기관(SRA)이 요청하면 열람할 수 있도록 하여야 한다. 규칙 제21장(별도 사업)의 지침 14 및 15도 참조.

규칙 제15장: 해외 업무

도입

규칙 제15장은 해외 법률 업무에 특유한 사항을 정하고 있다. 여기서 해외 법률 업무란 규칙 제24장(해석)에서 정의된 의미로 사용된 것으로서, 잉글랜드와 웨일즈 밖에 소재한 사무소에서 이루어지는 법률 업무를 의미한다(다만 등록유럽변호사의 경우는 스코틀랜드와 북아일랜드 안에 있는 사무소에서 이루어지는 법률 의무를 의미한다). 규칙 제15장은 아래의 규칙들을 변호사의 해외 법률 업무에 적용한다. 때때로 규칙 제15장은 아래의 규칙 중 어느 하나 또는 규칙의 조항 중 어느 하나를 적용하지 않기도 하고 어떤 경우는 다른 조항으로 대체하기도 한다.

규칙 제15장은 또한 회계, 예치금 이자와 전문직 손해배상책임에 관한 특정한 조항을 두고 있다. 이는 이에 해당하는 국내규칙이 변호사의 해외 업무에 대해서는 적용되지 않기 때문이다.

해외 업무에 다른 조항을 적용하는 목적은 다른 관할지역에서의 상황에 더 적합한 규칙을 통하여 의뢰인의 유사한 보호를 확실히 하기 위한 것이다.

규칙

15.01 핵심적 의무(규칙 제1장)의 적용 및 규칙간의 충돌

핵심적 의무

(1)

(a) 규칙 제1장(핵심적 의무)은 변호사의 해외 업무에 적용된다.

(b) 규칙 제24장에 의해 정의된 업무 범위를 벗어나는 잉글랜드와 웨일즈 밖에서의 활동들에 관하여, 변호사로서 맡았든 또는 다른 사업상 또는 개인적 지위에서 맡았든 묻지 않고,

(i) 규칙 제1.06조(공중의 신뢰)는 사무변호사, 등록유럽변호사와 등록외국변호사에게 적용된다.

(ii) 규칙 제10.01조(불공정한 이익을 취하지 않기)는 사무변호사와 영국 내에 있는 등록유럽변호사에게 적용된다.

(iii) 규칙 제15.10조(2)(a)(ii)와 (iii), (b)와 (c)(업무 과정 외에서 행한 약속)는 변호사가 사무변호사와 영국 내에 있는 등록유럽변호사에게 적용된다.

(iv) 규칙 제12.03조(2)와 (3)(등록외국변호사로서가 아닌 다른 자격으로서의 법률업무수행) 그리고 제12.03조(4)(a)(잉글랜드와 웨일즈의 변호사로 표시)는 등록외국변호사에게 적용되고, 제12.03조(5)(위법한 이민업무 처리)는 스코틀랜드 또는 북아일랜드에서의 변호사의 활동에 적용된다.

해외 업무에서의 이 규칙들의 일반적 적용

(2)

(a) 아래 (3)과 (4)의 조건하에, 영국 밖의 사무소에서의 업무와 관련하여 이 규칙들은 다음에 대하여 적용된다.

(i) 개인으로서의 사무변호사(그의 법률사무소나 고용주가 이 규칙들의 적용을 받는지 여부와 관계없음)

(ii) "사무변호사가 지배하는 공인된 단체"(규칙 제24장에 정의된 바와 같이)

(iii) "사무변호사가 지배하는 공인된 단체"의 경영자로서의 업무와 관련하여, 사무변호사가 아닌 잉글랜드와 웨일즈의 변호사와 비변호사.

사무변호사인 경영자들과 사무변호사인 피고용자들에 대한 이 규칙들의 적용에도 불구하고, "사무변호사가 지배하는 공인된 단체"가 아닌 공인된 단체는 영국 밖의 사무소에서의 업무와 관련하여 그 자체로는 이 규칙들의 적용을 받지 아니한다.

(b) 아래 (3)과 (4)의 조건하에, 스코틀랜드 또는 북아일랜드의 사무소에서의 업무와 관련하여 이 규칙들은 다음에 대하여 적용된다.

(i) 개인으로서의 그 사무변호사나 등록유럽변호사(그의 법률사무소나 고용주가 이 규칙들의 적용을 받는지 여부와 관계없음)

(ii) "사무변호사가 지배하는 공인된 단체"

(iii) 등록유럽변호사가 지배하는 공인된 단체(규칙 제24장에서 정의된 바와 같이)

(iv) "사무변호사가 지배하는 공인된 단체"나 등록유럽변호사가 지배하는 공인된 단체의 경영자로서의 업무와 관련하여, 사무변호사가 아닌 잉글랜드와 웨일즈의 변호사, 법정변호사준칙이사회(Bar Standards Board)에 등록되어 있는 유럽변호사와 비변호사

(v) 설립지침(Establishment Directive)에서 정하는 직업의 변호사로서 업무를 행하는 등록유럽변호사이었던 사무변호사

사무변호사와 등록유럽변호사인 경영자들과 사무변호사와 등록유럽변호사인 피

고용자들에 대한 이 규칙들의 적용에도 불구하고, “사무변호사가 지배하는 공인된 단체”나 등록유럽변호사가 지배하는 공인된 단체가 아닌 공인된 단체는 스코틀랜드 또는 북아일랜드의 사무소에서의 업무와 관련하여 그 자체로는 이 규칙들의 적용을 받지 아니한다.

해외 업무와 관련한 이 규칙들의 수정

(3) 어느 한 규칙이나 이 규칙들의 어느 한 조항이 변호사의 해외 업무에 적용되지 않는다고 이 규칙에 규정된 경우, 변호사는 그의 해외 업무와 관련하여 그 규칙이나 조항을 무시할 수 있으나, 이 장에 의해 대체된 다른 대체 조항을 준수하여야 한다.

(4) 만약 이 규칙의 관련 조항의 준수가 변호사의 현지법 위반을 초래한다면, 변호사는 그 현지법을 따르기 위해 필요한 한도에서는 그 조항을 무시할 수 있다.

15.02 의뢰인과의 관계(규칙 제2장)

(1) 규칙 제2장(의뢰인과의 관계)은 변호사의 해외 업무에 적용되지 않으나 아래 (2) 내지 (4)를 준수하여야 한다.

(2)

(a) 변호사는 다음의 경우를 제외하고는 그가 받은 수수료(commissions)를 모두 의뢰인에게 지급해야 한다.

(i) 의뢰인이 수수료의 금액(또는 정확한 금액이 알려지지 않은 경우 대략적인 금액)을 듣고 변호사나 소속 법률사무소가 수수료를 보유해도 된다고 동의한 경우이거나

(ii) 모든 상황 하에서 수수료를 의뢰인에게 지급하는 것이 합리적이지 않은 경우

(b) 수수료를 의뢰인에게 지급하는 것이 합리적인지 여부를 결정할 때 변호사는 수임계약의 준거법과 변호사가 업무를 하는 관할지역 내의 변호사들의 일반적으로 통용되는 관습을 포함한 모든 상황들을 고려해야 한다.

(3) 단독개업변호사, 조합의 파트너 또는 이 규칙이 적용되는 공인된 단체는 계약으로 의뢰인에 대한 모든 책임을 배제하거나 배제하려고 시도해서는 안 된다. 그러나 다음의 요건을 모두 갖춘 경우에는 변호사는 그의 책임을 제한할 수 있다.

(a) 그러한 제한이 아래 제15.26조를 준수하기 위해 변호사가 필요로 하는 최소 수준의 부보금액을 하회하지 아니하고

(b) 그러한 제한에 대하여 그 의뢰인이 주의하도록 하고, 또한

(c) 그러한 제한이 서면으로 되어 있을 것

(4)

(a)

(i) 변호사는 실정법이나 보통법상 허용된 경우를 제외하고는, 잉글랜드와 웨일즈의 법원, 영국 군사법원, 또는 중재의 소재지가 잉글랜드와 웨일즈에 있는 중재인 앞에 계류된 분쟁절차에서 소추하거나 변호하는 일을 위한 성공보수약정을 체결하여서는 안 된다.

(ii) 변호사가 이러한 절차와 관련하여 의뢰인과 조건부 보수약정을 체결하는 경우 그는 수임 시와 일의 진전에 따라 적절한 시점에 아래 사항들을 행해야 한다:

(A) 의뢰인이 변호사의 비용을 책임질 수 있는 상황과 만약 변호사가 권리가 있다면 그 지급을 의뢰인으로부터 구할 것인지 여부를 설명하고,

(B) 변호사가 그의 비용의 전부 또는 일부의 지급을 의뢰인으로부터 구하려고 의도한다면, 의뢰인에게 그가 그 비용의 평가에 대한 권리를 가지고 있다는 점을 알려야 한다.

(b) 그 관할지역의 변호사가 그렇게 하도록 허용된 범위 내에서 행하는 것이 아닌 한, 변호사는 해외 관할지역의 법원 또는 중재의 소재지가 해외에 있는 중재인 앞에 계류된 분쟁절차에서 소추하거나 변호하는 일을 위한 성공보수약정을 체결하여서는 안 된다.

15.03 이익충돌(규칙 제3장)

규칙 제3장(이익충돌)은 변호사의 해외 업무에 적용된다. 다만, 당해 부동산이 잉글랜드와 웨일즈 밖에 위치하고 있는 경우 제3.07조 내지 제3.22조(토지 양도와 관련된 조항들)를 준수할 필요가 없다.

15.04 비밀유지(규칙 제4장)

규칙 제4장(비밀유지와 고지 · 공개)은 변호사의 해외 업무에 적용된다.

15.05 사업관리(규칙 제5장)

(1) 규칙 제5장(잉글랜드와 웨일즈에서의 사업관리)은 변호사의 해외 업무에 적용되지 않으나 변호사는 아래 (2) 내지 (4)를 준수하여야 한다.

(2) 변호사는, 최근 10년 내에 최소한 36개월 동안 변호사로서 법률 업무를 할 자격을 가지고 있지 않는 한, 잉글랜드와 웨일즈 밖에서의 단독 개업 사무변호사나 스코틀랜드 또는 북아일랜드에서의 단독 개업 등록유럽변호사로서 개업해서는 안 된다.

(3) 변호사가 다음의 하나에 해당하는 경우, 그는 소속 법률사무소에 최근 10년 내에 최소한 36개월 동안 변호사로서 법률 업무를 할 자격을 가진 경영자를 최소한 한 명 이상 있도록 해야 한다.

(a) 공인된 단체가 아닌 법률사무소의 사무변호사인 경영자이고, 사무변호사들이 파트너, 구성원 또는 소유자로 직접적으로 또는 파트너, 구성원, 소유자인 법인의 소유를 통하여 간접적으로, 그 법률사무소를 지배하는 경우

(b) 공인된 단체가 아닌 법률사무소로서 스코틀랜드 또는 북아일랜드의 사무소에서 법률 업무를 하는 법률사무소의 사무변호사 또는 등록유럽변호사인 경영자이고, 사무변호사 및/또는 등록유럽변호사들이 파트너, 구성원 또는 소유자로 직접적으로 또는 파트너, 구성원, 소유자인 법인의 소유를 통하여 간접적으로, 그 법률사무소를 지배하는 경우

(4)

(a) 잉글랜드와 웨일즈 밖에서의 사무소로부터 업무를 행하는 단독개업변호사인 사무변호사 또는 스코틀랜드 또는 북아일랜드의 사무소로부터 업무를 행하는 단독 개업 등록유럽변호사;

(b) 위 (3)(a)나 (b)의 사무변호사 또는 등록유럽변호사인 경영자;

(c) 영국 밖의 사무소와 관련하여, "사무변호사가 지배하는 공인된 단체" 또는 그 단체의 경영자로서 잉글랜드와 웨일즈의 변호사이거나 비변호사인 사람; 또는

(d) 스코틀랜드 또는 북아일랜드의 사무소와 관련하여, 사무변호사, 등록유럽변호사, "사무변호사가 지배하는 공인된 단체" 또는 그 단체의 경영자로서 잉글랜드와 웨일즈의 변호사이거나 비변호사, 등록유럽변호사가 지배하는 공인된 단체 또는 그 단체의 경영자로 잉글랜드와 웨일즈의 변호사이거나 비변호사인 사람은

법률사무소의 사무가 언제나 합당하게 수행되도록 하기 위한 관점에서 법률사무소가 경영, 감독되도록 하여야 하고, 의뢰인들의 사건들에 대하여 합당한 신경을

쓰고 법률사무소 내의 충분히 숙련되고 능력 있는 사람이 상당히 정규적으로 일의 질을 확인하도록 하기 위하여 감독되고 있는지 확실하게 해야 한다.

15.06 평등과 다양성(규칙 제6장)

규칙 제6장(평등과 다양성)은 변호사의 해외 업무에 적용되지 않으나, 규칙 제1장(핵심적 의무)은 언제나 적용된다.

15.07 광고(규칙 제7장)

(1) 규칙 제7장(광고)은 아래 (2)와 (3)에서 정한 것을 제외하고는 변호사의 해외 업무에 적용된다.
(2) 규칙 제7장은 영국 이외의 EU 국가의 사무소로부터 변호사가 행하는 법률 업무의 웹사이트, 이메일, 문자메시지 또는 유사 전자 통신에 대해 적용되지 아니한다.
(3) 규칙 제7.07조(편지지머리말, 웹사이트 및 이메일)는 적용되지 아니한다. 그러나:
  (a) 등록유럽변호사가 스코틀랜드 또는 북아일랜드의 사무소의 편지지머리말(팩스커버 머리말 포함)에 기명되어 있다면, 그 편지지머리말은 또한 다음 사항 전부를 밝혀야 한다.
    (i) 등록유럽변호사가 법률 업무를 행하는 직업적 자격을 부여한 유럽 관할지역(들)(지역 또는 국가)
    (ii) 등록유럽변호사의 직업적 자격(유럽 국가의 공식 언어로 표시),
    (iii) 등록유럽변호사가 잉글랜드와 웨일즈의 사무변호사규제기관(SRA)에 등록되어 있는 사실
  (b) 변호사가 다음의 하나에 해당하는 경우, 그는 소속 법률사무소의 편지지머리말(팩스 제목을 포함)에 그것이 법률사무소의 편지지머리말임을 명확히 하여야 한다.
    (i) 변호사가 잉글랜드와 웨일즈 밖의 사무소로부터 법률 업무를 하는 단독개업변호사인 사무변호사이거나 스코틀랜드 또는 북아일랜드의 사무소로부터 법률 업무를 하는 단독 개업 등록유럽변호사
    (ii) 잉글랜드와 웨일즈 밖의 사무소로부터 업무를 행하는 법률사무소의 사무변호사인 경영자이고, 사무변호사들이 파트너, 구성원 또는 소유자로 직접적으로 또는 파트너, 구성원, 소유자인 법인의 소유를 통하여 간접적으로, 그 법률사무소를 지배하는 경우

(iii) 스코틀랜드 또는 북아일랜드의 사무소로부터 업무를 행하는 법률사무소의 사무변호사 또는 등록유럽변호사인 경영자이고, 사무변호사 및/또는 등록유럽변호사들이 파트너, 구성원 또는 소유자로 직접적으로 또는 파트너, 구성원, 소유자인 법인의 소유를 통하여 간접적으로, 그 법률사무소를 지배하는 경우

15.08 보수 분배(규칙 제8장)

규칙 제8장(보수 분배)은 변호사의 해외 업무에 적용된다.

15.09 사건의 소개(규칙 제9장)

(1) 규칙 제9장(사건의 소개)은 변호사의 해외 업무에 적용되지 않으나, 아래 (2)를 준수하여야 한다.
(2) 변호사가 다른 사람으로부터 사건을 소개받고 다른 사람에게 사건을 소개하는 경우, 변호사는 규칙 제1장(핵심적 의무)이나 이 규칙들의 다른 관련 조항들을 위반하지 않도록 하여야 한다.

15.10 제3자와의 관계(규칙 제10장)

(1) 규칙 제10장(제3자와의 관계)은 아래 (2)와 (3)에서 규정된 것을 제외하고 변호사의 해외 업무에 적용된다.
(2) 규칙 제10.05조(약속)는 적용되지 아니한다, 그러나:
  (a) 변호사는 다음 중 어느 하나의 상황에서는 그가 한 약속을 이행해야 한다.
    (i) 변호사가 업무수행중에 약속을 한 때
    (ii) 업무수행과 무관하지만 사무변호사로서 약속을 한 때
    (iii) 스코틀랜드 또는 북아일랜드에 소재한 사무소를 둔 등록유럽변호사가 등록유럽변호사로서의 업무가 아닌 설립지침(Establishment Directive)에서 정하는 직업의 변호사의 업무로서, 영국 내에서 약속을 한 때
  (b) 변호사는 합리적인 기간 내에 약속을 이행하여야 한다; 그리고
  (c) 변호사가 장래 일정 사건 발생을 조건으로 하는 약속을 한 경우, 변호사는 그 사건이 발생하지 않을 것이 명백해진 즉시 이를 약속의 상대방에게 통지하여야 한다.

(3) 규칙 제10.06조(부동산양도거래에서 둘 이상의 잠재적 매수인과의 교섭)는 오직 당해 부동산이 잉글랜드와 웨일즈에 위치하고 있는 경우에 한하여 적용된다.

15.11 소송과 변호(규칙 제11장)

규칙 제11장(소송과 변호)은 잉글랜드와 웨일즈의 법정, 재판소나 청문회 또는 영국 군사법원에서 행하여지는 소송이나 변호와 관련하여 변호사의 해외 업무에 적용된다. 규칙 제11장은 다른 관할지역의 법정, 재판소나 청문회에서 행하여진 소송이나 변호와 관련하여 변호사의 해외 업무에 적용되지 않으나, 규칙 제1장(핵심적 의무)은 항상 적용된다.

15.12 변호사 업무의 전체적인 구조(규칙 제12장)

규칙 제12장(변호사 업무의 전체적인 구조)은 변호사의 해외 업무에 적용된다.

15.13 해외 사내법률업무(규칙 제13장)

(1) 규칙 제13.04조(공익활동)는 변호사의 해외 업무에 적용된다. 규칙 제13장(사내법률업무 등)의 다른 조항들은 변호사의 해외 업무에 적용되지 아니하나, 아래 (2)를 준수하여야 한다.

(2)

(a) 아래 (b)의 조건을 충족하는 경우, 변호사는 사내변호사로 활동할 수 있으나, 오직 다음을 위하여 활동할 수 있다.

(i) 변호사의 고용주;

(ii) 변호사의 고용주가 지배하거나 변호사의 고용주가 상당한 정도로 지배하는 회사나 조직;

(iii) 변호사의 고용주와 동일한 집단의 회사;

(iv) 변호사의 고용주를 지배하는 회사; 또는

(v) 위 (i) 내지 (iv)의 회사나 단체의 피고용자{이사나 회사 총무부장(company secretary)을 포함}. 다만, 사건이 그 회사나 조직의 사무와 관련되거나 그로부터 발생하고, 피고용자에 대한 신체적 상해의 결과로 발생한 청구와 관련되지 않으며, 또한 다른 원천으로부터 회수할 수 있는 경우가 아닌 한 변호사 업무에 대한 보수를 청구하지 않는 경우에 한한다.

(b) 설립지침(Establishment Directive)에 따라 다른 국가의 국내 법조인 전문직 단체에 등록되어 있는 사무변호사는 그 법조 구성원에게 허용된 범위 내에서 사내법률업무를 할 수 있다.

15.14 공인된 단체(규칙 제14장)

(1) 규칙 제14장(공인된 단체)은 그 공인된 단체의 해외 법률 업무와 관련하여 공인된 단체에 적용된다.

(2) 규칙 제14장은 다음의 자격으로서 행하는 해외 법률 업무에 적용된다.

(a) 공인된 단체의 경영자로서 잉글랜드와 웨일즈의 변호사이거나 개인 비변호사

(b) 사무변호사 또는 (스코틀랜드 또는 북아일랜드의 사무소에서의 업무와 관련하여) 등록유럽변호사로서 회사인 공인된 단체의 구성원 또는 주주. 다만, 제14.02조(2)(c), (3)과 (4)는 이 장 또는 규칙 제23장에 의해 공인된 단체, 경영자 또는 피고용자에게 적용되는 한도 내에서만 적용된다.

(3) 사무변호사나 등록유럽변호사는 잉글랜드와 웨일즈에 사무소가 없는 회사를 통해서 법률 업무를 하기 위해 규칙 제14장을 따를 것이 요구되지 않으나, 제12.01조(2)나 제12.02조(2)를 준수하여야 한다.

15.15 예치금 이자

(1) 다음의 하나에 해당하는 경우 아래 (2)를 준수하여야 한다:

(a) 잉글랜드와 웨일즈 밖의 사무소로부터 업무를 행하는 단독개업변호사인 사무변호사 또는 스코틀랜드 또는 북아일랜드의 사무소로부터 업무를 행하는 단독 개업 등록유럽변호사;

(b) "사무변호사가 지배하는 공인된 단체"나 (스코틀랜드 또는 북아일랜드의 사무소에서의 업무와 관련하여) "사무변호사가 지배하는 공인된 단체"나 "등록유럽변호사가 지배하는 공인된 단체"

(c) 사무변호사들이 파트너, 구성원 또는 소유자로 직접적으로 또는 파트너, 구성원, 소유자인 법인의 소유를 통하여 간접적으로 지배하고 영국 밖의 사무소로부터 업무를 행하는 법률사무소의 사무변호사인 경영자

(d) 사무변호사 및/또는 등록유럽변호사들이 파트너, 구성원 또는 소유자로 직접적으로 또는 파트너, 구성원, 소유자인 법인의 소유를 통하여 간접적으로 지배하고 스코틀랜드 또는 북아일랜드의 사무소로부터 업무를 행하는 법률사무

소의 사무변호사 또는 등록유럽변호사 경영자

(2) 공평의 관점에서 위 (1)에 따라 보유하는 의뢰인의 돈에 대하여 이자가 붙어야 한다면, 변호사는 다음과 같이 되도록 해야 한다.
  (a) 그 의뢰인의 돈에 합당한 이자가 붙도록 취급하고, 그 이자가 의뢰인에게 지급되도록 하거나,
  (b) 그 의뢰인의 돈에 합당한 이자가 붙었더라면 받았을 이자 상당액을 의뢰인에게 지급하거나,
  (c) 그 돈에 대한 이자의 지급에 관한 합의를 기재한 다른 내용의 서면계약을 실행한다.

(3) 공평의 관점에서 의뢰인을 위하여 의뢰인의 돈에 이자가 붙어야 하는지 여부에 대한 판단을 할 때, 변호사는 다음을 포함하는 모든 상황을 고려해야 한다:
  (a) 돈의 액수;
  (b) 변호사가 그 돈을 보유하게 될 기간; 그리고
  (c) 변호사가 법률 업무를 하는 관할지역에서의 법과 개업변호사들 사이에 통용되는 관습

15.16 유럽 국경간 업무(규칙 제16장)

규칙 제16장(유럽 국경간 업무)은, 변호사의 해외 업무가 제16.01조(1)에서 정의된 바와 같이 유럽의 국경간 업무인 한도까지는 그 해외 업무에 적용된다.

15.17 도산 업무(규칙 제17장)

규칙 제17장(도산 업무)은 잉글랜드와 웨일즈의 법원에서 내린 명령에 속한 임명과 관련된 경우를 제외하고는 변호사의 해외 업무에 적용되지 아니한다.

15.18 부동산매도(규칙 제18장)

규칙 제18장(부동산매도)은 스코틀랜드와 북아일랜드의 사무소에서의 변호사의 업무에 적용되나 영국 밖의 사무소에서의 변호사의 업무에는 적용되지 아니한다.

15.19 금융서비스(규칙 제19장)

(1) 규칙 제19장(금융서비스)은 아래 (2)에서 규정된 것을 제외하고는 변호사의 해외 업무에 적용되지 아니한다.

(2) 규칙 제19장은
   (a) 스코틀랜드 또는 북아일랜드의 사무소로부터; 또는
   (b) 영국 밖의 사무소로부터 영국 안으로
   행하는 규제받는 활동에 적용된다.

15.20 법률 업무 수행의 권리와 의무(규칙 제20장)

규칙 제20장(법률 업무 수행의 권리와 의무)은 변호사의 해외 업무에 적용된다.

15.21 별도 사업(규칙 제21장)

(1)
   (a) 잉글랜드와 웨일즈의 사무소에서 개업변호사가 별도 사업을 하는 경우, 규칙 제21장(별도 사업)은 그 별도 사업이 어디에 위치하는지 관계없이 적용된다.
   (b) 잉글랜드와 웨일즈의 사무소에서 법률 업무를 행하지 않고 잉글랜드와 웨일즈 밖의 사무소에서 개업변호사가 별도 사업을 하는 경우, 규칙 제21장은 적용되지 아니하나 변호사는 그 별도 사업이 어디에 위치하는지 관계없이 아래 (2)를 준수하여야 한다.

(2) 별도 사업에 관하여:
   (a) 변호사는 업무 수행 과정이나 사건을 소개하거나 소개받는 과정에서 규칙 제1장(핵심적 의무)을 위반할 만한 일을 해서는 안 된다;
   (b) 변호사는 사무변호사규제기관(SRA)이 규제하는 변호사 업무를 하는 것으로 암시하도록 그 별도 사업을 나타내거나 묘사하도록 허용해서는 안 된다.
   (c) 변호사는 그 별도 사업의 고객이 소속 법률사무소나 사내법률업무의 고객이라고 하여도, 그 별도 사업과 그 고객들에 관련된 모든 서류작업, 문서, 기록 또는 파일들은 소속 법률사무소나 사내법률업무의 것들과 별도로 작성 보관하여야 한다.
   (d) 변호사는 소속 법률사무소나 사내법률업무의 고객 계좌가 그 별도 사업 또는 그 별도 사업의 고객들을 위한 돈을 보유하기 위해 사용되는 것을 허용해서

는 안된다.

(e) 변호사 또는 소속 법률사무소가 별도 사업에 고객을 소개하는 경우, 고객에게 우선 별도 사업에 대한 변호사의 이해관계에 대하여 알리고, 그 별도 사업이 영국과 웨일즈의 사무변호사규제기관(SRA)에 의해 규제되지 않는다는 점 및 사무변호사규제기관(SRA)이 규제하는 변호사의 의뢰인에게 주어지는 실정법적 보호가 별도 사업의 의뢰인에 대하여는 주어지지 않다는 점을 알려야 한다.

15.22 적용면제(규칙 제22장)

규칙 제22장(적용면제)은 변호사의 해외 업무에 적용된다.

15.23 규칙의 적용(규칙 제23장)

규칙 제23장(규칙의 적용)은, 제23.01조(3)의 예외를 제외하고는 변호사의 해외 업무에 적용되지 아니한다.

15.24 해석(규칙 제24장)

규칙 제24장(해석)은 변호사의 해외 업무에 적용되지 아니한다.

15.25 효력발생개시와 폐지(규칙 제25장)

규칙 제25장(효력발생개시와 폐지)은 변호사의 해외 업무에 적용된다.

15.26 전문직 손해배상책임

(1) 변호사가 제15.13조에 따라 오로지 사내에서 업무를 행하는 것이 아니라면 그의 해외 업무와 관련하여 아래 (2)를 준수하여야 한다.

(2)

(a) 변호사는 그의 해외 업무와 관련하여 그가 전문직 책임에 대한 보험 기타 보장으로 언제나 부보되도록 해야 한다.

(b) 보험 기타 보장의 범위와 액수는 사무변호사배상책임보험규칙 또는 1974년 사무변호사법 제37조에 따른 다른 현행 규칙들의 요구조건들을 초과할 필요

가 없으나 다음을 고려할 때 합리적이어야 한다:
(i) 변호사의 해외 업무에서 변호사가 유발하는 위험의 성질과 범위;
(ii) 변호사가 업무를 행하는 관할지역의 현지조건; 그리고
(iii) 보험 기타 보장을 활용할 수 있는 계약조건들

15.27 회계

영국 밖의 사무소에서의 업무

(1) 다음에 해당할 경우 영국 밖의 사무소에서의 업무와 관련하여 아래 (3)과 (4)를 준수하여야 한다.
(a) 고객의 돈을 보유하거나 수수한 단독 개업 사무변호사
(b) 법률사무소로서 고객의 돈을 보유하거나 수수한 "사무변호사가 지배하는 공인된 단체"
(c) 고객의 돈을 보유하거나 수수한 "사무변호사가 지배하는 공인된 단체"의 경영자인 잉글랜드와 웨일즈의 변호사 또는 비변호사
(d) 사무변호사들이 파트너, 구성원 또는 소유자로 직접적으로 또는 파트너, 구성원, 소유자인 법인의 소유를 통하여 간접적으로 지배하는 법률사무소가 의뢰인의 돈을 보유하거나 수수한 경우, 그 법률사무소의 사무변호사인 경영자
(e) 지정된 수탁자로서 고객의 돈을 보유하거나 수수하는 사무변호사
(f) 지정된 수탁자로서 고객의 돈을 보유하거나 수수하는 "사무변호사가 지배하는 공인된 단체"의 경영자인 잉글랜드와 웨일즈의 변호사 또는 비변호사

스코틀랜드 또는 북아일랜드의 사무소에서의 업무

(2) 다음에 해당할 경우 스코틀랜드 또는 북아일랜드의 사무소에서의 업무와 관련하여 아래 (3)과 (4)를 준수하여야 한다.
(a) 고객의 돈을 보유하거나 수수한 사무변호사나 단독 개업 등록유럽변호사.
(b) 고객의 돈을 보유하거나 수수한 "사무변호사가 지배하는 공인된 단체"나 "등록유럽변호사가 지배하는 공인된 단체".
(c) 고객의 돈을 보유하거나 수수한 "사무변호사가 지배하는 공인된 단체" 또는 "등록유럽변호사가 지배하는 공인된 단체"의 경영자인 잉글랜드와 웨일즈의 변호사, 등록유럽변호사, 법정변호사준칙이사회(Bar Standards Board)에 등록된 유럽변호사 또는 비변호사.
(d) 법률사무소가 고객의 돈을 보유하거나 수수한 경우, 사무변호사 및/또는 등록

유럽변호사가 파트너, 구성원 또는 소유자로 직접적으로 또는 파트너, 구성원, 소유자인 법인의 소유를 통해 간접적으로 지배하는 다른 모든 법률사무소의 사무변호사나 등록유럽변호사 경영자.

(e) 지정된 수탁자로서 고객의 돈을 보유하거나 수수하는 사무변호사나 등록유럽변호사.

(f) 지정된 수탁자로서 고객의 돈을 보유하거나 수수한 "사무변호사가 지배하는 공인된 단체" 또는 "등록유럽변호사가 지배하는 공인된 단체"의 경영자인 잉글랜드와 웨일즈의 변호사, 등록유럽변호사, 법정변호사준칙이사회(Bar Standards Board)에 등록된 유럽변호사 또는 비변호사.

의뢰인의 돈의 취급

(3) 의뢰인의 돈에 대한 모든 거래에서, 변호사는 다음을 확실히 해야 한다.

(a) 의뢰인의 돈은 다른 돈과 분리하여 의뢰인의 계좌에 보관할 것

(b) 의뢰인이 그 돈을 다른 식으로 취급하거나 그 돈이 귀속될 신탁의 실행의 일환으로 변호사가 이를 제3자에게 직접 지급하는 것에 명시적 묵시적으로 동의한 경우가 아닌 한, 받는 즉시 의뢰인의 계좌로 지체 없이 입금하고 보관할 것

(c) 다음의 경우를 제외하고 의뢰인의 계좌로부터 지급하거나 인출하지 않을 것

(i) 의뢰인의 구체적인 수권에 의한 경우

(ii) 지급이나 인출이 다음을 위하여 합당하게 요구되는 경우

(A) 의뢰인에 대한 또는 그를 위한 지급

(B) 의뢰인이 법률사무소에 대하여 부담한 채무의 지급 또는 의뢰인을 위하여 법률사무소가 지출한 돈의 상환 또는

(C) 의뢰인이 법률사무소에 대하여 부담한 비용의 지급 {다만, 비용 청구서나 발생한 비용의 액수에 대한 다른 서면 통지가 의뢰인에게 전달되었고 그로써 (또는 서면으로) 보유한 돈을 그 지급되어야 할 비용을 위한 지출에 사용할 것임을 의뢰인에게 명백히 한 경우에 한함} 또는

(iii) 그 돈이 귀속될 신탁의 합당한 실행을 하는 경우

(d) 다음을 위해, 서면, 전자적, 기계적 또는 다른 방법에 의해 계좌가 기록될 것

(i) 모든 의뢰인 계좌의 의뢰인의 돈 거래의 기록

(ii) 수수, 보유, 지급하는 의뢰인의 돈을 다른 돈과 구별하고 또한 각 의뢰인과 신탁 별로 구분됨을 밝힘

(iii) 의뢰인이나 신탁을 위해 수수, 보유하거나 지급받은 모든 돈을 법률사무

소가 언제나 지체 없이 각 의뢰인 또는 신탁에 귀속시킬 수 있도록 함

(e) 법률사무소의 의뢰인 계좌와 관련하여 보관되어 있는 모든 계좌, 장부, 원부와 기록이 그에 대한 가장 최근의 기입일로부터 최소한 6개월 동안 보존되는지.

회계사보고서

(4)

(a) 변호사는 그 또는 그의 소속 법률사무소가 의뢰인의 돈을 보유하거나 수령하고 위 (3)의 적용을 받는 기간에 대한 회계사보고서를 교부해야 한다.

(b) 회계사보고서에는 보고하는 회계사 (그 회계사는 잉글랜드와 웨일즈 또는 변호사의 사무소가 있는 해외 관할지역에서 자격 있는 회계사이어야 함) 또는 사무변호사규제기관이 적합하다고 생각하는 다른 자의 서명이 있어야 한다. 사무변호사규제기관은 합리적인 사유가 있는 경우 어떤 사람의 회계사보고서의 서명 자격을 인정하지 않을 수 있다.

(c) 회계사보고서는, 그 보고서가 다루는 기간 동안 변호사가 위 (3)을 준수했는지 여부에 대하여 그 보고하는 회계사가 합리적으로 알 수 있을 정도로 관련 서류들을 충분히 조사한 후에 작성되어야 하며, 다음을 포함해야 한다.

(i) 변호사의 이름, 업무 주소지(들)와 업무 형태 및 법률사무소 경영자의 명칭(들).

(ii) 보고하는 회계사의 이름, 주소 및 자격.

(iii) 보고하는 회계사가 관련 서류들로부터 도출한 조사의 성질과 범위의 표시.

(iv) 보고회계사가 선택한 검토기간 내의 어느 날짜 (마지막 날을 포함) 현재로, 의뢰인 및 신탁을 위하여 은행 또는 그 유사한 기관에 보유한 자금 총액과 의뢰인과 신탁의 총채무의 명세서; 그리고 의뢰인과 신탁을 위해 보유한 자금 총액과 의뢰인과 신탁의 총채무의 차액에 대한 설명

(v) (조사로부터 확인할 수 있는 한) 변호사가 그 보고서가 다루는 기간 동안 위 (3)을 준수하였음(사소한 위반이나 현지법 때문에 준수하지 못하게 된 상황 제외)에 대해 보고회계사가 만족한다면, 그러한 취지의 진술 및

(vi) 보고회계사가 위 (v)에 따른 진술을 할 만큼 충분히 만족하지 못한다면, 보고회계사에게 변호사가 위 (3)을 준수하지 않은 것으로 보이는 모든 사항에 대한 구체적인 내용

규칙 제15장에 대한 지침—해외 업무

이 규칙들이 해외 법률 업무에 어떻게 적용되는지

1. 이 규칙들은 여러 다른 방법으로, 다음의 자들의 해외 업무에 관하여 그에 대해 적용된다.
   (a) 사무변호사들
   (b) 등록유럽변호사들
   (c) 공인된 단체들
   (d) 공인된 단체의 경영자인 비변호사들
   (e) 공인된 단체의 경영자인 잉글랜드와 웨일즈의 다른 변호사들과 법정변호사준칙이사회(Bar Standards Board)에 등록된 유럽변호사들.

2. 해외 업무에 관한 비교적 가벼운 규제로 인하여, 규칙들은 본질적으로 개인 사무변호사들과 등록유럽변호사들의 해외 업무 (사무변호사들에 대해선 잉글랜드와 웨일즈 밖, 등록유럽변호사들에 대해선 스코틀랜드와 북아일랜드 내), 그리고 공인된 단체의 업무를 규제한다. 또한 이는 사무변호사가 아닌 개인 변호사와 공인된 단체의 비변호사 경영자도 규제한다. 어떤 상황에서는, 이 규칙들은 오직 특정한 유형의 공인된 단체나 특정한 업무 유형과 관련된 사무변호사들에 대해서만 적용된다.

3. 보다 구체적으로 그 상황들은 다음과 같다.
   (a) 개인으로서의 사무변호사는 그 사무변호사의 회사나 고용주가 이 규칙들에 종속되는지 여부와 관계없이 잉글랜드와 웨일즈 밖의 사무소에서의 업무와 관련하여 이 규칙들의 적용을 받는다.
   (b) 개인으로서의 등록유럽변호사는 그 등록유럽변호사의 회사나 고용주가 이 규칙들에 종속되는지 여부와 관계없이 스코틀랜드 또는 북아일랜드의 사무소에서의 업무와 관련하여 (그러나 잉글랜드와 웨일즈 밖의 사무소에서의 업무와는 상관없이) 이 규칙들의 적용을 받는다.
   (c) "사무변호사가 지배하는 공인된 단체"(영국변호사들이 지배적인 변호사 그룹 또는 복수의 가장 큰 변호사 그룹 중 하나를 형성하는 단체—규칙 제24장 참조)는, 잉글랜드와 웨일즈 밖의 사무소에서의 업무와 관련하여 이 규칙들의 적용을 받는다.
   (d) "등록유럽변호사가 지배하는 공인된 단체"(등록유럽변호사와 영국변호사들이 합하

여 지배적인 변호사 그룹 또는 복수의 가장 큰 변호사 그룹 중 하나를 형성하는 단체 —규칙 제24장 참조)는 스코틀랜드 또는 북아일랜드의 사무소에서의 업무와 관련하여 이 규칙들의 적용을 받는다.

(e) 사무변호사가 아닌 잉글랜드와 웨일즈의 변호사는, "사무변호사가 지배하는 공인된 단체"의 경영자로서의 잉글랜드와 웨일즈 밖의 사무소에서의 업무와 관련하여 이 규칙들의 적용을 받는다.

(f) 사무변호사가 아닌 잉글랜드와 웨일즈의 변호사는, "등록유럽변호사가 지배하는 공인된 단체"의 경영자로서의 스코틀랜드 또는 북아일랜드의 사무소에서의 업무와 관련하여 이 규칙들의 적용을 받는다.

(g) 법정변호사준칙이사회(Bar Standards Board)에 등록되어 있는 유럽변호사는, "사무변호사가 지배하는 공인된 단체"나 "등록유럽변호사가 지배하는 공인된 단체"의 경영자로서의 스코틀랜드 또는 북아일랜드의 사무소에서의 업무와 관련하여 이 규칙들의 적용을 받는다.

(h) 비변호사는, "사무변호사가 지배하는 공인된 단체"의 경영자로서의 잉글랜드와 웨일즈 밖의 사무소에서의 업무와 관련하여 이 규칙들의 적용을 받는다.

(i) 비변호사는, "등록유럽변호사가 지배하는 공인된 단체"의 경영자로서의 스코틀랜드 또는 북아일랜드의 사무소에서의 업무와 관련하여 이 규칙들의 적용을 받는다.

4. 공인된 단체 중 "사무변호사가 지배하는 공인된 단체"나 "등록유럽변호사가 지배하는 공인된 단체"가 아닌 단체는 그 자신이 이 규칙들을 준수하여야 할 필요가 없다. 그러나 경영자나 피고용자인 개개인의 사무변호사들은 여전히 이 규칙들의 적용을 받는다(스코틀랜드 또는 북아일랜드의 개인 등록유럽변호사들도 마찬가지이다).

5. 공인된 단체나 공인된 단독개업변호사의 비변호사 피고용자들은 해외 업무에 관하여 이 규칙들의 적용을 받지 않는다.

6. 등록유럽변호사들은 해외 업무에 관하여 이 규칙들의 적용을 받지 않는다.

핵심적 의무—15.01(1)

7. 규칙 제1장(핵심적 의무)은 변호사의 해외 업무에 적용되는데, 이는 이 의무들이 법

조 직역에 있어 근본적인 것들이기 때문이다. 그러나 변호사의 직업적 문화가 일반적으로 비슷하기는 하나, 법적 및 직업적 요구사항은 관할지역마다 다르고, 그러므로 의뢰인들, 현지 변호사들과 법원의 구체적인 기대치는 다를 것이다. 의뢰인, 상대방 및 상대방의 변호사에 대한 변호사의 대처에 관하여 변호사가 어느 규칙들을 지켜야 하는지 사전에 명확히 하는 것이 필요할 수 있고, 특히 상대방 변호사가 지켜야 하는 규칙들이 무엇인지 사전에 명확히 하는 것이 필요할 수 있다.

어떤 관할지역에서는 변호사들 간의 모든 의사소통(그것이 서면이든 구술이든)은 법원에 제시되지 않고, 다른 사람들 심지어는 그 변호사들의 의뢰인들에게조차도 공개되지 않을 것으로 자동적으로 간주된다. 다른 관할지역에서는 그러한 의사소통은 이와 같이 취급되기 전에 "대외비"로 표시되어야 한다. 한편으로는, 어떤 관할지역에서는 (일반적으로는 영국 사무변호사가 그렇다) 변호사는 그의 의뢰인에게 상대방 변호사와의 모든 의사소통을 모두 알려주어야 하고, 편지에 "대외비"로 표시하는 것은 상대 변호사의 의뢰인을 제외하고는 그 누구에게도 공개되어서는 아니 됨을 수신인에게 상기시키는 것 이상의 의미는 없다. 어떤 관할지역에서는, 변호사가, 분쟁을 해결하려는 노력의 일환으로 편지를 보내는 것이고 법원에 제출할 것이 아님을 나타내고자 하는 경우, 그는 편지에 "기득권을 손상하지 않음"(without prejudice)이라는 표시를 해야 한다.

이러한 국가적 차이들은 여러 오해들을 일으키므로, 변호사는 국경간 교신을 할 때 주의할 필요가 있다. 규칙 제16.05조는 유럽에서의 국경간 교신에 관한 특정한 요구사항들을 규정한다.

규칙의 충돌—15.01(4)

8. 규칙의 충돌은 변호사가 두 개의 규칙 체계를 따를 것이 요구되지만 만약 어느 하나를 따른다면 다른 하나를 위반하게 되는 경우 발생한다. 이 상황은 다음과 같은 경우 발생한다.
   (a) 변호사가 다른 관할지역에서 업무를 행하고 있고 현지법 또는 EU 입법에 의하여 현지 법조 규칙들을 따를 것이 요구되는 경우—예컨대 변호사가 설립지침(Establishment Directive)상 다른 관할지역에 등록된 사무변호사인데 현지 규칙들의 하나와 사무변호사규칙들의 하나가 충돌하는 경우.
   (b) 변호사가 이중 자격 하에, 예컨대 사무변호사 및 뉴욕 변호사로서 업무를 행하고 있는데 뉴욕변호사회의 규칙이 사무변호사규칙들의 하나와 충돌하는 경우.

9. 현지 규칙이 적용될 때, 만약 사무변호사규칙 또한 따를 수 있다면 변호사는 오직 그 현지 규칙만 따르기를 선택할 수 없다. 그는 양자 모두를 준수하여야만 하는데, 이는 더 엄격한 기준을 만족시켜야 함을 의미한다. 그러나 제15.01조(4)는 관련 현지 규칙과 충돌하는 범위까지 (그 이상은 포함되지 않음) 사무변호사규칙들의 모든 조항들을 적용하지 않음으로써 규칙의 충돌 가능성을 다루고 있다. 양 규칙들 모두의 준수가 가능하지만 아마도 이상한 결과를 초래하는 상황이라면, 사무변호사 규제기관(SRA)에 대하여 적용면제의 신청을 할 수 있다.

10. 규칙 제15장은 변호사가 업무를 행하는 관할지역의 법적 및 직업적 구조에 적응하는 것을 허용하기 위하여 다른 규칙들의 조항들을 수정한다. 때때로는 다른 관할지역들에서는 법적 및 시장 상황이 매우 다를 수 있다는 사실을 인정하여, 더 일반적인 조항들로 대체된다.

11. 규칙이 잉글랜드와 웨일즈에서의 법적 또는 규제적 구조와 밀접하게 연관되는 경우에는, 그 규칙은 규칙 제15장에 의해 대체 없이 적용되지 않을 수도 있다. 만약 규칙이 부분적 {예컨대 규칙 제3장(이익충돌)} 또는 전적으로 {예컨대 규칙 제4장(비밀유지와 고지 · 공개)} 적용된다면, 변호사는 그 규칙과 그에 대한 지침 및 규칙 제15장의 조항들과 그 지침을 참고할 필요가 있다. 규칙 제15장이 다른 규칙의 조항들을 완전히 대체한 경우라 할지라도, 그 규칙의 지침은 변호사가 어떤 식으로 행동할 것이 기대되는지를 이해하는 데 도움을 줄 수 있을 것이다.

의뢰인과의 관계—15.02

12. 이 조항은 세 개의 일반 원칙들을 구체화한다.
    (a) 변호사는 그의 의뢰인이 그 금액이나 관련된 대략적 액수에 대해 완전히 알면서도 그렇게 하지 않기로 합의하지 않은 한, 의뢰인에게 모든 수수료 또는 비밀스런 이익에 대해 설명하여야 한다. 그러나 모든 상황 하에서 잉글랜드와 웨일즈 외의 상황들에서의 폭넓은 차이점을 고려했을 때 의뢰인에게 그 수수료를 지불하는 것이 합리적이지 않은 경우 이 조건은 적용되지 않는다. 예컨대 일반적 관습 또는 그 관할지역의 법률 업무 관습에 의하여 다른 방식으로 수수료를 다루는 것이 합리적일 수도 있다.
    (b) 변호사는 그의 의뢰인에 대한 모든 책임을 배제하려고 시도해서는 안 된다. 책임의 제한에 대한 더 많은 정보를 위하여, 제2.07조에 대한 지침 중 해외

업무와 관련되는 부분 참조.

(c) 변호사는 불법적인 성공보수약정을 체결하여서는 안 된다(제2.04조에 대한 지침 또한 참조).

평등과 다양성—15.06

13. 규칙 제6장(평등과 다양성)이 주로 영국 실정법을 반영하므로 그 세부적 조건사항들은 그 관할지역 밖에서 적용하기에는 부적합하다. 그러나 규칙 제1장(핵심적 의무)은 변호사의 해외 업무에 적용된다. 규칙 제1.01조(정의와 법의 지배)는 "변호사는 법의 지배와 합당한 사법행정을 받들어야 할 것"을 요구한다. 이는 통상 변호사가 업무를 행하는 관할지역의 평등과 다양성 조항들에 대한 준수를 포함한다.

광고—15.07

14. 규칙 제7장(광고)의 광고에 대한 요구사항들은 영국이 아닌 EU 국가들의 사무소의 이메일, 웹사이트 등과 관련해서 적용되고, 제7.07조(인쇄문구, 웹사이트 및 이메일)의 요구사항들은 변호사의 해외 업무와 관련하여 제15.07조(3)로 대체된다. 규칙 제7장에 대한 지침과의 관계에서 변호사의 광고를 고려할 경우 변호사는 잉글랜드와 웨일즈의 법률보다는 그의 해외 업무 사무소가 있는 관할지역의 법률이 적용되고 또한 직접적으로 지역 규칙의 적용을 받을 수 있음을 유념해야 한다. 그러므로 변호사는 규칙 제7장에 대한 지침을 다음에 비추어 해석해야 한다.

(a) 잉글랜드와 웨일즈 밖의 관할지역을 목적으로 한 광고는 다음을 준수하여야 한다.

(i) 변호사의 사무소가 근거한 관할지역에서 변호사의 광고에 관한 모든 적용 가능한 법규나 규칙

(ii) 규칙 제7장 및 제15.07조의 모든 적용 가능한 조항들 그리고

(iii) 광고가 제3의 관할지역을 대상으로 하는 경우, 변호사의 광고를 관장하는 그 "대상" 관할지역에서 효력 있는 규칙

(b) 변호사의 광고를 그것이 허용되지 않는 관할지역에서 우연히 받았다고 하더라도 규칙 제7장을 위반하지 않는다(이는 전 세계적으로 접근할 수 있는 웹사이트와의 관계에서 중요하다).

(c) 변호사의 웹사이트는 전자상거래지침(E-Commerce Directive) 2000/31/EC를 준수하여야 하며, EU 내의 어느 곳에 설립했다면 영국이 아닌 EU 국가들에서

의 설립 때문에 적용되는 관련 실행입법 또는 규칙들을 준수하여야 한다.

보수 분배—15.08

15. 일반적으로, 변호사는 다른 변호사 또는 법률사무소 또는 법률사무소 내의 비변호사 경영자 또는 소유자 또는 변호사의 피고용자 또는 은퇴한 경영자, 구성원, 소유자 또는 전임자 또는 사망한 경영자, 구성원, 소유자 또는 전임자의 후손이나 유산관리인과의 경우를 제외하고는 그의 직업적 보수를 분배해서는 안 된다. 변호사는 그러나 자본의 도입 및/또는 소속 법률사무소에 대한 서비스 제공을 촉진하기 위한 목적으로 비변호사 사업체와 그의 직업적 보수를 분배할 수 있는데, 유럽 국경간 업무와의 관계에서가 아니더라도 그러하다—규칙 제8장(보수 분배) 및 규칙 제16장(유럽 국경간 업무)과 이에 붙은 지침 참조.

약속—15.10(2)

16. 규칙 제15.10조(2)(a)(i)(업무 과정에서 주어진 약속)은 다음 사람이 행한 약속에 적용된다:
    (a) 사무변호사(업무의 방법은 불문함)
    (b) 스코틀랜드 또는 북아일랜드에서 업무를 행하는 등록유럽변호사(업무의 방법은 불문함)
    (c) 영국 밖에서 업무를 행하는 "사무변호사가 지배하는 공인된 단체" 또는 그 경영자로 잉글랜드와 웨일즈의 변호사이거나 비변호사인 경우
    (d) 스코틀랜드 또는 북아일랜드에서 업무를 행하는 "사무변호사가 지배하는 공인된 단체" 또는 "등록유럽변호사가 지배하는 공인된 단체" 또는 잉글랜드와 웨일즈의 변호사이거나 법정변호사준칙이사회(Bar Standards Board)에 등록된 유럽변호사 또는 비변호사인 그의 경영자들

    이 지침은 규칙 제15.01조(2) 및 규칙 제24장의 "업무"의 정의에서 유래한다.

변호사 업무의 전체적인 구조—15.12

17. 해외 법률사무소(잉글랜드와 웨일즈에 사무소가 없는 법률사무소)는 사무변호사규제기관(SRA)에 등록되지 않은 파트너, 이사 및 소유자를 둘 수 있으나, 그 법률사무소가 잉글랜드와 웨일즈에 사무소를 두고 있다면 등록될 필요가 있다. 해외 법률

사무소는 또한 비변호사 경영자 및/또는 소유자를 둘 수 있는데, 변호사가 지배적 다수를 구성하고 현지법이나 설립지침(Establishment Directive) 적용국가에서 적용되는 규칙들에 대한 위반이 없다는 조건하에서 그러하다.
비변호사 경영자 또는 소유자를 둔 공인된 단체는, 현지 변호사들을 위한 규칙들이 지역변호사가 그러한 구성과 구조의 사업체를 통하여 업무를 행하는 것을 허용하는 경우가 아니라면, 영국이 아닌 설립지침 적용국가에 사무소를 둘 수 없다.

해외 사내법률업무—15.13

18. 잉글랜드와 웨일즈 밖의 사무소(또는 등록유럽변호사인 경우에는, 스코틀랜드 또는 북아일랜드의 사무소)에 고용된 변호사에 대하여는 제15.13조는 규칙 제13장(사내법률업무 등)을 더 일반적 요건으로 대체한다. 제12.01조(2) 및 제12.02조(2)에 따라 사무변호사(또는 등록유럽변호사)가 경영자 또는 소유자가 되는 것을 허용하는 방식으로 조직되어 있는 고용주에 고용된 경우에는, 규칙 제24장에 정의된 법률사무소에서 업무를 행하는 것이고 사내에서 업무를 행하는 것이 아니다.

19. 또한 설립지침(Establishment Directive)에 따라 다른 규제기관에 등록되어 있는 경우, 규칙 제15.13조(2)(b)는 그 규제기관이 관장하는 직역에게 허용하는 범위 내에서 사내법률업무를 허용한다는 점을 주목하라. 이는 이 규칙들의 요건사항들보다 더 또는 덜 제한적일 수 있다.

예치금 이자—15.15

20. 해외 업무와 관련하여, 변호사는 1998년 사무변호사회계규칙의 이자 요건사항들에 구속되지는 않으나, 제15.15조에는 구속된다. 변호사는 의뢰인이 합당한 이자를 얻는지를 확실히 해야 한다—그러나 이는 이자가, 정당하게, 그 의뢰인을 위해 얻어져야 하는 상황이어야 한다는 단서의 적용을 받는다. 그 이자가 무시할 수 있는 정도이거나 또는 그 관할지역에서는 다른 방식으로 이자를 처리하는 관행이 있다면 그러한 상황이 아닐 수도 있다. 또한 이자 지급과 관련하여 변호사가 의뢰인과 서면 합의를 체결하는 것은 가능하다.

유럽 국경간 업무—15.16

21. 규칙 제16장(유럽 국경간 업무)의 요건사항들은 모두 적용된다. 유럽 국경간 업무는 다음을 의미한다.
   (a) 영국 아닌 유럽변호사협회협의회(CCBE) 국가에서의 모든 직업적 활동으로, 변호사가 그 유럽변호사협회협의회 국가에 물리적으로 존재하는지 여부는 불문하고
   (b) 영국이 아닌 유럽변호사협회협의회 국가의 변호사와의 모든 직업적 접촉.

   "유럽변호사협회협의회(CCBE) 국가"는 규칙 제24장(해석)에 정의되어 있다. 유럽변호사협회협의회 국가의 목록 및 CCBE행위규범이 적용되는 법조 직역은 규칙 제16장(유럽 국경간 업무)에 대한 지침 1에 있다.

22. 규칙 제16장(유럽 국경간 업무)의 목적상, "직업적 접촉" 및 "직업적 활동"으로 법률사무소나 사내법률업무 내에서 일어나는 것은 유럽 국경간 업무를 구성하지 않는다.

별도 사업—15.21

23. 규칙 제21장(별도 사업) 및 제15.21조는 변호사의 별도 사업을 규제하지 않으나, 법률사무소 또는 사내법률업무와 사무변호사규제기관(SRA)이 규제하지 않는 사업체 간의 상호작용은 규제하며, 그 별도 사업이 어디에 위치하든 또는 어디서 사업을 수행하든 불문한다. 그러므로 별도 사업을 하지만 잉글랜드와 웨일즈에 사무소가 없다면 오직 제15.21조만이 적용될 것이다. 그러나 만약 변호사가 잉글랜드와 웨일즈의 사무소에서도 업무를 행한다면, 규칙 제21장의 더 상세한 조항들이 적용될 것이다.

24. 규칙 제15.21조는, 변호사의 업무가 전부 잉글랜드와 웨일즈 외에 이루어진다면 규칙 제21장(별도 사업)의 조항들을 완전히 대체한다. 이는 규칙 제21장보다 가벼운 체제이다. 제15.21조의 요건사항들은 주로 다음을 확실히 하기 위해 설계되었다.
   (a) 변호사가 별도 사업에 관여함으로써 사무변호사규제기관(SRA)의 규제를 받는 자로서 규칙 제1장(핵심적 의무)을 준수하는 것이 위태롭게 되지 않을 것
   (b) 변호사가 법률사무소나 사내법률업무로부터 별도 사업을 진정으로 분리되게 유지할 것 및

(c) 별도 사업으로부터 서비스를 받는 자가 사무변호사규제기관(SRA)이 규제하는 변호사의 업무를 수행하는 것이 아니라는 점을 알도록 확실히 할 것

전문직 손해배상책임—15.26

25. 해외 업무와 관련하여, 사무변호사배상책임보험규칙은 적용되지 않으나 제15.26조는 적용된다. 이는 변호사가 법률사무소의 경영자 또는 피고용자일 경우 보험으로 부보되어야 함을 요구한다. 그 보험은 합리적이어야 하고, 또한 전혀 부보하지 않는 것은 "합리적인" 보험으로 볼 수 없다. 제15.26조에 따른 보험의 범위 및 액수는 잉글랜드와 웨일즈의 사무소에서의 업무의 최소한의 요구사항을 초과할 필요는 없으나, 현지법은 더 부담스러운 요구사항을 적용할 수도 있다.

회계—15.27

26. 해외 업무와 관련하여, 1998년 사무변호사회계규칙은 적용되지 않으나 유사한 그러나 더 일반적인 요건을 부과하는 제15.27조가 적용된다. 만약 관련 현지법이 제15.27조의 조항들과 충돌한다면, 변호사는 충돌하지 않는 제15.27조의 다른 조항들을 준수할 것이 여전히 기대된다.

27. 1998년 사무변호사회계규칙이 적용되지 않는다고 하더라도, 그 규칙은 기장, 회계사가 행할 확인 및 회계사보고서의 준비에 관해 유용한 정보를 제공할 수 있다. 또한, 소속 법률사무소가 잉글랜드와 웨일즈 내외에 사무소를 둔 경우, 회계사 보고서 1개로 잉글랜드와 웨일즈 내의 업무와 밖의 업무 양자를 포함하여 제출하여도 된다—그러한 보고서는 1998년 사무변호사회계규칙 및 2007년 사무변호사행위규범의 규칙 제15.27조(3) 양자 모두에 대한 준수를 포함해야 한다.

28. 회계 요구사항들 및 제15.27조에서 회계사보고서를 전달할 의무는 소속 법률사무소가 보유하거나 받은 자금과의 관계에서 적용되도록 설계된 것인바, 다른 관할지역의 변호사들에게 있어 주요한 업무가 아닌 한 그러하다. 그 요구사항들이 특정 사안에서는 적용되지 않는다는 사실은 의뢰인 자금을 다룸에 있어 더 낮은 수준의 주의를 허용하는 것을 의도한 것은 아니다—단지 1998년 사무변호사회계규칙이 "정식 절차를 거치지 않고" 불균형적이거나 부적절한 방법으로 적용되는 것을 방지하고자 함이다.

규칙 제16장: 유럽 국경간 업무

도입

규칙 제16장의 목적은 유럽변호사행위규범(CCBE Code) 조항들을 유럽 국경간 업무에 적용하는 것이다. 이것은 여러 유럽변호사협회협의회(CCBE) 회원국의 변호사간의 직업적 관계에 대한 상호 직업적 이해 체제를 만들기 위하여 필요하다. 유럽변호사행위규범(CCBE Code)이 수많은 요구사항을 담고 있지만, 규칙 제16장은 이 규칙들의 다른 곳에서 반복되지 않은 요구사항만을 담고 있다.

규칙

16.01 정의와 적용

정의

(1)

(a) 유럽 국경간 업무는

(i) 변호사가 그 유럽변호사협회협의회(CCBE) 국가에 물리적으로 있는지 여부와 관계없이, 영국이 아닌 다른 유럽변호사협회협의회(CCBE) 국가에서의 모든 직업적 활동과

(ii) 영국이 아닌 유럽변호사협회협의회(CCBE) 국가의 변호사와의 모든 직업적 접촉을 말한다.

(b) 이 규칙의 목적상, 법률사무소 또는 사내 법률 부문 내부에서 일어나는 직업적 접촉과 직업적 활동들은 유럽 국경간 업무에 해당하지 않는다.

이 규칙의 적용

(2)

(a) 이 규칙은 사무변호사의 잉글랜드와 웨일즈 내 또는 밖의 사무소에서의 유럽 국경간 업무에 적용된다.

(b) 이 규칙은 등록유럽변호사의 영국 내의 사무소에서의 유럽 국경간 업무에 적용된다.

(c) 이 규칙은 등록외국변호사이고 공인된 단체의 경영자 또는 피고용자거나 공인된 단독개업변호사의 피고용자의 잉글랜드와 웨일즈의 사무소에서의 유럽 국경간 업무에 적용된다.

(d) 이 규칙은 공인된 단체에 다음과 같이 적용된다.

(i) "사무변호사가 지배하는 공인된 단체"는 어디에 위치하든지 모든 그 사무소들로부터의 유럽 국경간 업무에 대하여 이 규칙의 적용을 받는다.

(ii) 등록유럽변호사가 지배하는 공인된 단체는 영국의 모든 그 사무소들로부터의 유럽 국경간 업무에 대하여 이 규칙의 적용을 받는다.

(iii) (i) 또는 (ii)에 속하지 않는 공인된 단체는 잉글랜드와 웨일즈의 모든 그 사무소들로부터의 유럽 국경간 업무에 대하여 이 규칙의 적용을 받는다.

(e) 이 규칙은 공인된 단체의 경영자이고 사무변호사는 아니지만 잉글랜드와 웨일즈의 변호사이거나 비변호사인 사람에 대하여, 위 (d)에 따라 단체 그 자체에 규칙이 적용되는 한도에서 적용된다.

(f) 이 규칙은 공인된 단체의 경영자이고 설립지침(Establishment Directive)에 따라 법정변호사준칙이사회(Bar Standards Board)에 등록된 사람에 대하여, 위 (d)에 따라 단체 그 자체에 규칙이 적용되는 한도에서 영국의 공인된 단체의 사무소에서의 유럽 국경간 업무에 적용된다.

16.02 법률 업무와 양립할 수 없다고 여겨지는 직업들

(1) 변호사가 영국이 아닌 유럽변호사협회협의회(CCBE) 국가의 법적 절차나 공적 당국에서의 절차에서 활동한다면, 그는 그 국가에서, 그가 그 국가 내의 사무소를 두고 있는지 여부와 관계없이, 그 국가의 변호사인 것과 같이, 법률 업무와 양립 불가능한 직업들과 관련된 모든 규칙을 준수하여야 한다.

(2) 영국이 아닌 유럽변호사협회협의회(CCBE) 국가의 사무소에 기반한 사무변호사는 법률 업무와 관련되지 않은 상업적 또는 기타 활동들에의 참여에 관한 모든 규칙을, 그들이 그 국가의 변호사들에게 적용되는 것과 마찬가지로 준수해야 한다.

16.03 비변호사들과의 보수 분배

(1) 변호사는 다음의 경우를 제외하고 그의 직업적 보수를 영국이 아닌 유럽변호사협회협의회(CCBE) 국가의 비변호사와 분배하여서는 안 된다.

(a) 규칙 제12장(변호사 업무의 전체적인 구조)에 따라 허용된 법률사무소 내에서의

분배인 경우 또는

(b) 그 법률사무소의 은퇴한 경영자, 구성원, 소유자 또는 전임자 또는 사망한 경영자, 구성원, 소유자 또는 전임자의 유산관리인들과의 분배인 경우

(2) 변호사가 영국이 아닌 유럽변호사협회협의회(CCBE) 국가의 사무소로부터 업무를 행한다면, 그가 그 사무소에 실제로 있는지 여부와 관계없이, 그는 다음의 경우를 제외하고는 그 업무로부터의 직업적 보수를 비변호사와 분배하여서는 안 된다.

(a) 규칙 제12장(변호사 업무의 전체적인 구조)에 따라 허용된 법률사무소 내에서의 분배인 경우 또는

(b) 그 법률사무소의 은퇴한 경영자, 구성원, 소유자 또는 전임자 또는 사망한 경영자, 구성원, 소유자 또는 전임자의 유산관리인들과의 분배인 경우

16.04 다른 유럽변호사협회협의회(CCBE) 국가의 변호사들 간의 협력

(1) 맡을 능력이 없는 일을 영국이 아닌 유럽변호사협회협의회(CCBE) 국가의 변호사로부터 맡으라는 요청을 받은 경우에는 요청받은 서비스를 제공할 능력이 있는 변호사를 찾아서 위임하는 데 필요한 정보를 얻을 수 있도록 그 변호사를 도와야 한다.

(2) 영국이 아닌 유럽변호사협회협의회(CCBE) 국가의 변호사와 협력할 경우 변호사는 각자의 법률 체제와 직업적 조직, 각자의 국가들의 변호사들의 자격과 의무 간에 존재할 수 있는 차이점들을 염두에 두어야 한다.

16.05 다른 유럽변호사협회협의회(CCBE) 국가의 변호사들 간의 교신

(1) 유럽변호사협회협의회(CCBE) 국가의 사무소로부터 업무를 행하면서 다른 유럽변호사협회협의회(CCBE) 국가(영국은 제외)에 있는 변호사에게 "기밀" 또는 "기득권을 침해하지 않음"으로 남아 있길 원하는 서신 등을 보내기를 원한다면, 변호사는 그 서신 등을 보내기에 앞서 오해를 방지하기 위해 의도를 명확히 표현해야 하며, 수신하는 변호사가 이를 기초로 그 서신을 수용할지 여부를 물어야 한다. 그 서신 등을 보낼 때 서신 등의 머리말이나 표지 서신에 의도를 분명히 밝혀야 한다.

(2) 다른 유럽변호사협회협의회(CCBE) 국가의 변호사로부터 "기밀" 또는 "기득권을 침해하지 않음"이 쓰인 서신 등의 수령자로 되어 있으나 그 변호사가 의도한 것을 기초로 하여 서신 등을 수용할 수 없는 경우에는, 변호사는 지체 없이 이를 발신

인에게 통지하여야 한다. 그 서신 등이 이미 송부되었다면 다른 사람에게 내용을 발설하지 않고 읽지 않은 채 반송해야 한다. 변호사가 그 서신 등을 이미 읽었고 이를 그의 의뢰인에게 밝혀야 할 직업적 의무를 지고 있다면 변호사는 이를 즉시 발신인에게 통지하여야 한다.

16.06 비변호사에 대한 소개비 지불

다음과 같은 경우에는 의뢰인을 소개해주는 대가로 비변호사에게 보수, 수수료 또는 다른 어떠한 보상도 지불해서는 안 된다.

(a) 그 비변호사가 영국이 아닌 유럽변호사협회협의회(CCBE) 국가에 소재하는 경우 또는

(b) 변호사가 영국이 아닌 유럽변호사협회협의회(CCBE) 국가의 사무소로부터 업무를 행하고 있는 경우(그가 그 사무소에 물리적으로 있는지 여부는 불문함)

16.07 다른 회원국들 내의 변호사들 간의 분쟁

(1) 영국이 아닌 유럽변호사협회협의회(CCBE) 국가의 변호사가 직업윤리규범을 위반하였다고 생각한다면 그 위반의 점에 대하여 그 변호사가 주목하도록 해야 한다.

(2) 다른 변호사에 대한 어떠한 형태의 소송절차라도 개시하기에 앞서, 사무변호사협회 및 그 다른 변호사의 변호사회에 그 사안해결에 도움을 줄 기회를 주기 위해 이를 통지하여야 한다.

규칙 제16장에 대한 지침—유럽 국경간 업무

1. 유럽변호사행위규범(CCBE Code) 제1조 및 유럽변호사행위규범해설에 비추어 해석되는 유럽변호사행위규범(CCBE Code)은, 1990년 이래 사무변호사들의 유럽 국경간 업무와 관련하여 그들을 구속해왔다. 유럽변호사행위규범(CCBE Code)의 최근 버전은 다음과 같은 모든 유럽변호사협회협의회(CCBE) 국가들 및 그들의 법조 직역과 관련하여 적용된다.

   [역주: 국가와 변호사 명칭 목록 생략]

2. 변호사의 업무와 관련하여 일반적으로 이 규칙들을 준수하고 유럽 국경간 업무와 관련하여 규칙 제16장을 따를 경우, 유럽변호사행위규범(CCBE Code) 제1조 및 유럽변호사행위규범해설에 비추어 해석되는 유럽변호사행위규범의 요구사항들도 준수하게 될 것이다.

양립 불가능한 직업들—16.02

3. 규칙 제16.02조(1)은, 변호사가 활동하는 법적 절차 및 공적 당국에서의 절차가 진행되는 다른 유럽변호사협회협의회(CCBE) 국가에서, 법률 업무와 양립 불가능하여 현지 변호사들에게 금지된 직업을 갖는 것을 금지한다. 이는 이 규칙에 따라 허용되는 경우에는 영국에서 또는 그것이 허용되는 다른 유럽변호사협회협의회(CCBE) 국가에서 그러한 직업을 갖는 것을 막지 않는다.

4. 규칙 제16.02조(2)는 법률사무소가 설립된 유럽변호사협회협의회(CCBE) 국가에서 양립 불가능한 직업과 관하여 이 규칙들을 "존중"할 것을 요구한다. 설립지침(Establishment Directive)에 따라 등록된 변호사에게는 모든 현지 규칙이 직접 적용될 것이다. 유럽변호사협회협의회(CCBE) 국가에 설립되었으나 설립지침(Establishment Directive)의 적용을 받지 않는 경우에는, 활동지 국가(host country)의 규칙의 적용을 받지 않을 수 있으나 규칙 제16장이 적용될 것이다. 규칙의 "존중"은 그 규칙을 준수하여야 할 의무와 동일한 것은 아니지만, 사무변호사규제기관이사회(SRA Board)는 변호사가 그렇게 하는 것이 비합리적이지 않은 한 그러한 규칙의 정신을 따를 것을 기대한다.

보수 분배—16.03

5. 규칙 제16.03조는 법률사무소 내에서, 그리고 법률사무소들 사이에서 유럽 국경간 업무에 있어서의 보수 분배를 허용한다. 예컨대 비변호사를 포함하는 해외 사업체와의 보수 분배가 허용된다. 다만, 소유자와 경영자의 지배적인 다수가 변호사이어야 한다.

6. 제8.02조(다른 비(非)변호사들과의 보수 분배)가 일정한 상황에서는 변호사가 비변호사와 보수를 분배하는 것을 허용하지만, 이는 유럽 국경간 업무와 관련해서는 제16.03조에 의해 금지된다.

7. 이 금지가 하나 이상의 국가에서 활동하는 비변호사인 보수 분배자들과 보수를 분배하는 법률사무소에 어떻게 적용되는지, 그리고 하나 이상의 국가에서 법률 업무를 행하는 법률사무소에 어떻게 적용되는지를 해석하는 것은 복잡할 수 있다. 예컨대:
   (a) 규칙 제16.03조는 소속 법률사무소가 어디에서 업무를 행하든지 간에, 주된 영업장소가 영국이 아닌 유럽변호사협회협의회(CCBE) 국가인 비변호사 회사와 또는 영국이 아닌 유럽변호사협회협의회(CCBE) 국가에 있는 비변호사 회사의 지점과, 보수를 분배하는 것을 금지한다.
   (b) 소속 법률사무소의 주사무소가 영국에 있고 다른 유럽변호사협회협의회(CCBE) 국가에 지점이 있다면, 그 지점의 보수는 비변호사 회사(소재지를 불문함)와 분배할 수 없고 따라서 그의 보수 전체를 비변호사 회사와 일정 비율로 분배할 수 없다. 그러나 법률사무소는 다음의 조건하에서 그의 영국 사무소 및 유럽변호사협회협의회(CCBE) 국가가 아닌 국가의 사무소의 보수의 일정 비율을 비변호사 회사와 분배할 수 있다.
      (i) 그 비변호사 회사가 영국 또는 유럽변호사협회협의회(CCBE) 국가가 아닌 국가에 위치하고,
      (ii) 제8.02조의 요건들이 충족될 것

다른 유럽변호사협회협의회(CCBE) 국가의 변호사들 간의 교신－16.05

8. 규칙 제16.05조는 유럽변호사행위규범(CCBE Code) 제5.3조의 요건사항을 반영한다. 의뢰인 업무가 서로 다른 국가에서 수행되는 방법의 차이는 변호사들 간에 오해를 일으킬 수 있고, 이 조항은 그러한 오해의 방지를 돕기 위해 만들어졌다. "기밀" 및 "기득권을 침해하지 않음"과 같은 문구들은 전 세계적으로 통용되는 것은 아니다.
   (a) "기밀"

      어떤 국가들에서는 변호사들 간의 모든 (서면 또는 구술에 의한) 의사소통은 법원에 제출되거나 다른 사람들 심지어 의뢰인들에게조차도 노출되어서는 안 되는 것으로 자동적으로 간주된다. 다른 국가들에서는 그러한 서신들은 그들이 그런 식으로 간주되기에 앞서 "기밀"로 표시되어야 한다.

      다른 한편으로는, 영국을 포함한 어떤 국가들에서는, 변호사들은 다른 당사자를 위해 활동하는 변호사로부터의 모든 관련 의사소통에 대해 의뢰인이 완전히 알고 있게 해야 하며, 편지에 "기밀"이라고 표시하는 것은 다른 변호사의 의뢰인을 제외한 그 누구에게도 그것이 노출되지 않는다는 점을 수신인에게

상기시켜주는 것 이상의 의미는 없다.

(b) “기득권을 침해하지 않음”

어떤 국가들에서는, 변호사가 분쟁을 해결하기 위한 의도로 편지를 보내면서 법원에 제출되지 않기를 원한다면, 그는 편지에 “기득권을 침해하지 않음”이라고 표시해야 한다.

이러한 중요한 국가적 차이점들은 많은 오해를 불러일으키므로, 변호사는 국경 간 서신 등을 교환할 때 주의할 필요가 있다.

9. 제16.05조가 적용되는 경우, 변호사는 그가 의도한 기초 위에 그의 서신 등이 받아들여질 수 있는지 여부를 먼저 물어야 하고, 서신의 머리말 또는 겉봉투에 그의 의도를 명확히 밝혀야 한다.

10. 제16.05조가 적용되고 서신 등이 그가 존중할 수 없는 기초—예컨대 변호사의 의뢰인에게 알려져서는 안 된다고 함—하에 송부되려고 함을 알았다면, 변호사는 그 서신 등이 송부되지 않도록 발신하는 변호사에게 이를 즉각 통지하여야 한다. 만약 이미 서신 등이 송부되었다면, 변호사는 그 내용을 발설하거나 어떤 방식으로든 이에 대해 언급하지 않고 발신인에게 이를 읽지 않은 채로 반송해야 한다. 발신인과 수신인 간의 오해의 결과로, 수신인이 그 서신을 이미 읽은 경우가 생길 수 있다. 만약 이런 일이 일어난다면, 이 규칙 하에서 또는 변호사가 등록된 설립지침 적용국가의 규칙에 따라 수신한 변호사의 의뢰인에게 그 내용물을 밝혀야 할 직업적 의무 하에 있게 될 수 있다. 만약 그러하다면 변호사는 발신인에게 즉각 이를 알려야 한다.

소개비—16.06

11. 규칙 제16.06조는, 유럽 국경간 업무에서, 다른 법률사무소에 대한 소개비 또는 수수료의 지급을 허용한다. 예컨대 소유자와 경영자의 지배적 다수가 변호사라는 조건 하에서, 비변호사를 포함하는 해외 법률사무소에게 소개비를 지급하는 것이 허용된다.

12. 규칙 제9장(사건의 소개)은 잉글랜드와 웨일즈의 사무소에서의 업무를 언급하는 것으로, 변호사가 비변호사와 의뢰인 소개를 위한 합의를 하는 것을 허용하며, 공개한다는 조건하에 그 소개자에게 대가를 지급하는 것을 허용한다. 그러나 그러

한 지급은 잉글랜드와 웨일즈의 사무소로부터든 해외 사무소로부터든 불문하고 유럽 국경간 업무와 관련하여서는 제16.06조에 의해 금지된다.

13. 비변호사와의 보수 분배의 금지에서처럼, 복수의 국가에서 업무를 행하는 법률사무소에 금지사항을 어떻게 적용할지 및 복수의 국가에서 운영하는 비변호사 소개자와의 합의에 금지사항을 어떻게 적용할지 해석하는 데에는 복잡한 점들이 있다. 예컨대:
   (a) 변호사의 소속 법률사무소가 영국에 주사무소가 있고 다른 유럽변호사협회협의회(CCBE) 국가에 지점이 있다면, 그 지점이 비변호사 회사 (소재지를 불문함)에게 소개비를 지급할 수 없으나, 영국 사무소 및 유럽변호사협회협의회(CCBE) 회원국이 아닌 다른 국가의 모든 사무소들에서는 다음의 조건하에 이를 지급할 수 있다.
      (i) 그 비변호사 회사가 영국 또는 유럽변호사협회협의회(CCBE) 회원국이 아닌 국가에 소재하고
      (ii) 잉글랜드와 웨일즈의 사무소에서의 지급과 관련하여 규칙 제9장의 요건사항들이 충족되고, 해외 사무소에서의 지급과 관련하여 제15.09조(2)의 요건사항들이 충족될 것
   (b) 규칙 제16.06조는 어디서 업무를 행하든지 소속 법률사무소가, 주된 영업장소가 영국이 아닌 유럽변호사협회협의회(CCBE) 회원국에 있는 비변호사 회사 또는 비변호사 회사의 영국이 아닌 다른 유럽변호사협회협의회(CCBE) 회원국에 있는 지점에 소개비를 지급하는 것을 금지한다.

다른 유럽변호사협회협의회(CCBE) 회원국들의 변호사들 간의 분쟁—16.07

14. 영국이 아닌 유럽변호사협회협의회(CCBE) 국가의 변호사와의 사이에서 직업적 분쟁이 일어난다면, 그러한 분쟁이 우호적 방법으로 해결되는 것이 바람직하며, 이것이 제16.07조의 요구사항들의 목적이다. 제16.07조(2)에 따라 사무변호사협회의 국제분과에 연락해 볼 필요가 있다.

규칙 제17장: 도산 업무

도입

사무변호사 또는 등록외국변호사로서 법률사무소의 도산 관련 변호사로 임명을 수락하거나 활동하는 경우, 규칙 제17장이 적용된다. 규칙 제17장은 합동도산위원회(Joint Insolvency Committee)가 작성하고 사무변호사규제기관(SRA)을 포함한 모든 공인 전문가 단체(RPB)가 채택한 윤리규범과 연계하여 읽어야 한다. 합동도산위원회의 윤리규범의 목적은 도산 관련 변호사로 활동할 때 변호사의 독립성과 객관성을 확보하고 변호사가 이익충돌문제를 발견하고 회피하도록 하는 데 있다. 이 규칙은 잉글랜드와 웨일즈의 법원의 명령에 의한 임명에 관한 것을 제외하고는 변호사의 해외 업무에는 적용되지 않는다.

규칙

17.01

사무변호사 또는 등록외국변호사는 도산 관련 변호사로 임명을 수락하거나 활동하는 경우, 합동도산위원회(Joint Insolvency Committee)가 작성하고 사무변호사규제기관(SRA)이 채택한 윤리규범을 준수하여야 한다.

규칙 제17장에 대한 지침—도산 업무

1. 변호사가 임명을 수락하고 임명받아 활동함에 있어서 1986년 도산법 (Insolvency Act 1986)의 요구사항들 및 다른 관련 입법을 준수하여야 한다.

2. 변호사는 직업적 독립을 포함하여 임명된 임무수행에 관한 모든 사항에 대해 사무변호사규제기관(SRA)이 공인된 전문가 단체(RPB)로서 수시로 공포하는 다른 지침과 업무준칙을 참고하여야 한다.

규칙 제18장: 부동산매도

도입

이 규칙은 법률사무소를 통하여 부동산매도서비스를 제공하는 데 필요한 요구사항을 설시하고 있다. 별도 사업을 통하여 부동산매도서비스를 제공하는 데 필요한 요구사항은 규칙 제21장(별도 사업)에서 다룬다.
매도인이 변호사의 의뢰인이고, 변호사가 행하는 부동산매도 업무에 대하여는 이 규칙 이외에도 변호사의 다른 업무와 관련하여 변호사를 구속하는 법률과 직업적 규칙이 적용된다.
이 규칙은 스코틀랜드 또는 북아일랜드 내의 사무소로부터 행하는 변호사의 해외 업무에 적용되지만, 영국 밖의 사무소로부터 행하는 해외 업무에는 적용되지 않는다.

규칙

18.01 부동산매도서비스의 표준

(1) 변호사의 소속 법률사무소를 통하여 부동산매도서비스를 제공할 경우 변호사는,
 (a) 변호사 또는 관련 직원들이 그 작업을 수행할 능력이 있음을 확실히 해야 하고
 (b) 장래의 매수인에게 규정된 제한을 초과하는 계약 전 예치금을 요구해서는 안 되고
 (c) 그 부동산에 대한 권리에 대하여 장래의 매수인으로부터 받은 모든 제안의 정확한 세부 사항을 서면으로 의뢰인에게 즉시 보내야 한다(의뢰인이 받기를 원하지 않는다고 서면으로 표시한 내역은 제외).

(2) 주거용 부동산을 마케팅할 책임이 있는 변호사는 2004년 주택법(Housing Act 2004)에 따라 제정된 주택정보서류철규정을 준수하여야 한다.

(3)
 (a) 위 제18.01조(1)에서 :
  (i) "능력 있음"은 1979년 부동산대리인법(Estate Agents Act 1979) 제22조에 따라 장관이 설정한 능력의 기준을 충족시키는 것을 포함하고
  (ii) "규정된 제한"은 1979년 부동산대리인법(Estate Agents Act 1979) 제19조에

따라 장관이 정한 제한을 의미한다.

(b) 제18.01조(2)에서 "주거용 부동산을 마케팅할 책임이 있는 자"는 2004년 주택법 제151조 내지 제153조에서 사용된 의미를 가진다.

18.02 비용에 대한 명세서

(1) 부동산매도 업무를 수임할 때, 변호사는 의뢰인과 의사소통 착수시에 또는 합리적으로 가능한 즉시, 그리고 의뢰인이 변호사에 대한 책임을 부담하기로 약정하기 전에, 다음 사항에 대한 변호사의 동의를 상술한 명세서를 의뢰인에게 주어야 한다.

(a) 부동산의 내역

(b) 매도하는 권리

(c) 받을 가격

(d) 변호사의 보수액 또는 그 계산방법

(e) 변호사 보수가 지급되어야 하는 상황

(f) 다른 사람에게 지급할 금액과 별도로 청구하는 금액과 관련하여:

(i) 금액 또는 그 계산방법 및

(ii) 그들이 발생할 상황, 및

(g) 부가가치세의 부담 범위

(2) 변호사는 또한, 그 명세서 내에 다음을 포함하여야 한다:

(a) 변호사가 "단독 대리"를 할지 "단독 판매권"을 가질지 여부를 기재한다. 명세서는 또한 그러한 용어 또는 모든 다른 비슷한 용어의 의도와 효과에 대한 명확한 설명을 포함해야 하고

(b) 그 명세서가 "준비되고 원하며 능력 있는" 매수인(또는 그 유사한 용어)을 언급한다면, 그 용어에 대한 명확한 설명을 포함해야 한다.

18.03 이익충돌

(1) 규칙 제3장(이익충돌)에 따른 변호사의 의무에 추가하여, 부동산매도 시 변호사는 다음의 요구사항들을 준수하여야 한다.

(a) 변호사 또는 관련된 사람이 그 부동산 또는 부동산상의 권리의 매도대금에 대한 수익적 권리를 갖거나 이를 취득하고자 한다면, 그의 의뢰인에게 이를 서면으로 신속하게 통지하여야 한다.

(b) 변호사가 부동산매도 관련 업무를 수임한다면, 양도가 아니라고 하더라도, 그 협상에서 매수인을 대리하여서는 안 된다.

(c) 장래의 매수인이 의뢰인의 부동산에 대하여 청약하려고 하는 경우, 변호사는, 그가 아는 한, 그 또는 관련된 사람이 토지상의 권리를 매도하도록 매수인으로부터 수임 받거나 수임 받기로 되어 있는지 여부 및 그 매도가 그의 의뢰인으로부터 매수인이 매수하는 것을 가능하게 하는 데 필요한 거래이거나 그 장래의 매수로부터 발생하는 것인지 여부를 서면으로 의뢰인에게 신속하게 통지하여야 한다.

(d) 변호사가 스스로 또는 그가 아는 한 관련된 사람이 그 부동산 또는 부동산상의 권리의 매도대금에 대한 수익적 권리를 가지고 있다면, 그는 그 부동산상의 권리를 취득하거나 처분하기 위하여 협상중인 사람에게 서면으로 신속하게 통지하여야 한다. 변호사는 장래의 매수인과의 협상에 들어가기 전에 이 정보를 공개하여야 한다.

(e) 변호사는 장래의 매수인이 토지상의 권리 매도(그 매도가 그의 의뢰인으로부터 매수인이 매수하는 것을 가능하게 하는 데 필요한 거래이거나 그 장래의 매수로부터 발생하는 경우)를 위임하지 않을 것 같다는 이유로 그를 차별대우해서는 안 된다.

(f) 매도인을 대리할 때, 변호사는 매수인과의 의사소통을 그의 부동산매도 기능으로 제한하여야 한다. 특히,

  (i) 변호사는 법적 사항에 관하여 가능한 한 오직 매수인의 사무변호사를 통하여 소통할 수 있고

  (ii) 변호사는 매수인이 그로부터 법적 조언을 받고 있다고 믿도록 이끌어서는 안 된다.

(g) 매도인을 대리할 때, 변호사가 그 매도를 원활히 하기 위해 그 부동산에 저당권설정을 주선한다면, 그는 저당권설정이 될 수 있음(매수인의 지위에 따라 달라짐)을 장래의 매수인에게 통지하여야 하고, 규칙 제3장(이익충돌)에 의해 면제되지 않는 한 서면으로 장래의 매수인에게 다음 사항도 통지하여야 한다.

  (i) 변호사가 그 저당권과 관련하여 장래의 매수인에게 조언을 하거나 그를 대리할 수 없다는 점

  (ii) 그 저당권이 이용할 수 있는 유일한 것은 아닐 수 있다는 점

  (iii) 장래의 매수인은 그 자신의 변호사와 상의하여야 한다는 점

(2) 위 제18.03조(1)에서

(a) "관련된 사람"은 다음을 의미한다.

(i) 배우자, 전 배우자, 배우자로 알려진 자, 형제, 자매, 삼촌, 이모, 조카, 직계후손, 부모 또는 다른 직계존속

(ii) 소속 법률사무소의 피고용자 및 변호사의 피고용자의 가족의 구성원

(iii) 규칙 제24장(해석)에서 정의된 관련 기업의 소유자 또는 피고용자 또는 그들의 가족의 구성원

(iv) 변호사가 이사나 피고용자인 회사 또는 변호사가 구성원 또는 피고용자인 유한책임조합(LLP) 또는 변호사가 단독으로 또는 다른 관련된 사람과 함께 주주총회에서 1/3 이상의 의결권을 행사하거나 행사를 통제할 권한이 있는 모든 회사

(v) 위 (i) 내지 (iii)에서 언급된 자들 중 어느 누구라도 이사나 피고용자로 있는 회사 또는 그들 중 어느 누구라도 단독으로 또는 다른 관련된 사람과 함께 주주총회에서 1/3 이상의 의결권을 행사하거나 행사를 통제할 권한이 있는 회사

(vi) 1979년 부동산대리인법의 제32조에 정의된 다른 모든 "관계자"

(b) "변호사"는 변호사와 공동 부동산매도 업무를 함께 수행하는 모든 사람 및 규칙 제24장(해석)에서 정의된 관련 기업의 소유자를 포함한다.

18.04 적용면제

제22.01조(1)(적용면제)에도 불구하고, 사무변호사규제기관은 이 규칙의 그 어느 조항에 대해서도 이를 면제할 권한을 갖지 못한다.

규칙 제18장에 대한 지침—부동산매도

통칙—사업 구조 및 부동산매도

1. 변호사는 별도 사업체를 통하거나—아래 지침 8 및 9와 규칙 제21장(별도 사업) 참조—소속 법률사무소의 일반 업무의 일부로 또는 그 목적을 위해 특별히 형성한 법률사무소를 통하여 단독으로 또는 다른 회사와 함께 부동산을 매도할 수 있다. 변호사가 다른 법률사무소의 사무변호사들과 부동산매도 법률사무소를 만든다면, 이는 모든 목적들을 위한 별개의 법률사무소일 것이다.

2. 공동으로 소유한 부동산매도 법률사무소는 SEAL(변호사부동산중개회사)로서 법인화될 수 있다. SEAL은 제3.12조에 정의되어 있다. 이익충돌과 관련 SEAL의 지위를 위하여 규칙 제3장(이익충돌) 참조.

3. 부동산매도에서 협력하길 원하는 법률사무소를 위한 또 다른 대안은 합작 부동산전시센터(Property Display Centre: PDC)이다. PDC의 주요 활동은 개별 참가법률사무소가 매도 수임 받은 부동산의 공시이다. 또한 1개의 법률사무소가 그 자신의 PDC를 설립하는 것도 가능하다. PDC는:
   (a) 그 자체로는 법률사무소가 아니고, 별도의 주체가 아니다; 이는 참가 법률사무소들의 법률 업무의 행정적 확장이며, 그 주소는 사무변호사규제기관(SRA)의 정보국장에게 통지하여야 하고,
   (b) 의뢰인을 가질 수 없다; 단순히 참가 법률사무소들을 대신하여 특정한 활동을 수행할 수 있을 뿐이고(오직 개별 참가 법률사무소들만이 부동산매도 수임을 할 수 있음),
   (c) 개별 참가 법률사무소가 매도하고자 하는 부동산에 대한 정보의 전시 및 확산을 주된 활동으로 수행하는 장소이며,
   (d) 변호사의 직업적 업무의 그 어느 부분도 수행할 수 없다. 특히 PDC에서는 어떤 협상도 행하여서는 안 된다; 잠재적 매수인은 당해 부동산매도를 수임한 개별 참가 법률사무소에게 소개되어야 한다. 부동산을 매도하라는 위임은 오직 참가 법률사무소들의 사무소들에서만 수임할 수 있다. 규칙 제3장(이익충돌)과의 문제점들을 피하기 위해, 그 참가 법률사무소들은 그들의 직업적 업무(부동산매도 포함)가 관련되는 한, 전적으로 독립적으로 운영해야 한다.

4. 변호사와 다른 참가 법률사무소들은 PDC의 운영과 관련된 지원 역할(예컨대 토지 및 시설의 임차)을 수행하기 위해 합작서비스 회사를 설립하길 원할 수 있다. 그 서비스 회사는 (사무변호사의 개별 법률사무소가 설립한 서비스 회사와 마찬가지로) 법률 업무를 수행할 수 없고, 부동산을 매도하거나 매수하는 일반인과 거래할 수 없다.

5. 참가 법률사무소들의 직업적 업무가 PDC에서 전혀 수행되지 않으므로, 규칙 제5장(잉글랜드와 웨일즈에서의 사업관리)은 적용되지 않는다. 또한 규칙 제5장은 단일 법률사무소가 설립한 PDC에도 적용되지 않는다. 그 참가 법률사무소나 단일 법률사무소는 PDC 직원의 활동에 대하여 책임을 지고 그들을 감독할 의무를 진다.

6. 변호사가 부동산을 매도하는 경우 그는 그 매도를 위한 복대리인인 부동산대리인과 그의 직업적 보수를 분배할 수 있다—제8.01조(g) 참조.

7. 변호사는 소속 법률사무소를 통하여 부동산에 대한 구조적 조사 및 공식적 가치평가를 합당하게 제공해야 한다. 변호사는 그 또는 관련 직원이 적절한 수준의 능력을 갖추도록 하여야 한다.

8. 변호사는 별도 사업체를 통하여 부동산매도서비스를 제공할 수 있다 —제21.04조(1)(c) 참조. 그렇게 하는 경우, 변호사는 제21.05조의 안전수칙을 준수하여야 한다. 별도 사업체가 1979년 부동산대리인법 제1조의 면제에 해당하지 않는다는 점 또한 유의하라(아래 지침 10 참조). 이는 부동산매도서비스를 제공하는 변호사의 별도 사업체에 1979년 부동산대리인법의 모든 조항이 적용되는 효과를 가진다.

9. 별도 사업체를 통하여 부동산을 매도하는 경우, 소속 법률사무소는 매도인의 양도 업무를 할 수 있으나, 제21.05조(2)(f)를 준수하고 또한 다음의 하나에 해당하지 않는 한 통상 매수인의 양수 업무를 할 수 없다.
   (a) 소속 법률사무소가 매도인의 양도 업무를 하지 않는 경우 또는
   (b) 소속 법률사무소가 규칙 제3장(이익충돌)에 따라 매수인 및 매도인 양사를 대리하는 것이 허용된 경우

   소속 법률사무소가 매도인의 양도 업무를 하고 있는 경우에도, 별도 기업체는 매수인에게 저당권관련서비스를 제공할 수 있다.

부동산매도서비스의 기준—18.01

10. 1979년 부동산대리인법의 제1(2)(a)조는 "개업한 사무변호사 또는 그에게 고용된 자에 의한 그의 직무수행 과정에서 행하는 일들"을 그 법으로부터 면제한다. 이 면제는 그 법에 설시된 일정한 기준들이 직업적 행위규칙상 이미 변호사에게 요구된다는 점에 기초한다. 이 기준들은 규칙 제18장 및 직업적 행위에 대한 다른 규칙들에 포함되어 있고, 이 규칙들 전부 변호사가 부동산을 매도할 때 적용된다.

11. 이 기준들은 다음과 같다.
   (a) 제18.01조(1)(a)에서 부과된 능력에 대한 요건사항.
   (b) 1991년 부동산오설명법(Property Misdescription Act 1991) 제1조에서 설시된 그

릇된 설명에 대한 금지—"지정된 사항에 대한 그릇되거나 오해를 유발하는 설명"(제1(1)조)이다. 지정된 사항은 "장관이 제정한 명령에서 규정된 토지 관련 사항"(제1(5)조)이다. 설명은 문자뿐만 아니라 그림으로도 할 수 있다. 모든 그릇된 설명은 1.02(성실의무)의 위반이 될 수 있다.

(c) 제18.01조(1)(b)가 부과한, 지정된 제한을 초과하는 계약 전 예치금요구의 금지.

(d) 1998년 사무변호사회계규칙에 따라 부과된, 의뢰인 자금의 보유 및 의뢰인 계좌의 유지를 위해 요구되는 사항들.

(e) 제18.01조(1)(c) 및 제18.02조가 부과한, 의뢰인에 대한 정보제공 조항과 관련된 요구사항. 이는 또한 규칙 제2장(의뢰인과의 관계)을 반영한다.

(f) 이익충돌과 관련된 요구사항들. 이들 중 어떤 것들은 제18.03조에 의해, 그리고 어떤 것들은 규칙 제3장(이익충돌)에 의해 부과된다. 이익충돌의 일반적 조항들(제3.01조 내지 제3.06조)에 추가하여, 특히 양도, 부동산매도 및 저당 관련 서비스에 대한 조항들(제3.07조 내지 제3.22조)에 주의해야 한다. 별도 사업체를 통하여 부동산을 매도함에 있어 특별한 이익충돌 조항들이 있음을 또한 주의하라—위 지침 8 및 9 그리고 제21.05조(2)(f) 참조. 또한

(g) 2004년 주택법 및 주택정보서류철규정(No. 2) 2007 (SI 2007/1667)에 따른 주택정보서류철과 관련한 요구사항들. 이들은 제18.01조(2)에 의해 부과된다.

비용에 대한 명세서—18.02

12. 변호사가 부동산 마케팅에 있어 매도인을 위해 행동할 경우, 그는 2004년 주택법(Housing Act 2004) 하에서 부동산을 위한 주택정보서류철을 보유할 의무가 있다. 주택정보서류철규정(No. 2) 2007은 주택정보서류철들에 대한 요구사항들을 설시한다.

13. 주택법에 따라, 비변호사 부동산대리인에 대한 위 규정의 시행은 공정거래청이 수행한다. 사무변호사 서비스는 1979년 부동산대리인법의 조항들로부터 면제되기 때문에, 사무변호사와 관련한 위 규정의 요구사항의 시행은 사무변호사규제기관(SRA)이 수행한다. 같은 맥락에서, 부동산대리인옴부즈맨(Ombudsman for Estate Agents)이 운영하는 교정 계획은 사무변호사에게는 적용되지 않는다. 교정은 법률민원서비스(Legal Compaints Service)가 제공한다.

14. 아래 지침 15 내지 18은 변호사의 제18.02조 준수를 돕기 위해 상세한 정보 요구

사항들을 설시한다. 이 요구사항들은 1991년 부동산대리인(정보제공)규정{Estate Agents (Provision of Information) Regulations 1991, SI 1991/859} 및 그 규정 부록에 있는 요구사항에 상응한다.

15. 의뢰인에게 행하는 단독대리인/단독매도권 기타 유사한 용어들의 의도와 효력에 대한 명확한 설명은 다음의 형식을 따른다.

"단독대리

부동산매도를 위한 다음 매수인과의 무조건적 계약이 그 어느 때라도 체결된다면, 귀하는 합의된 다른 모든 비용들이나 부담들에 추가하여 본인에게 보수를 지급할 책임이 있다.

- 본인이 단독대리인의 지위를 가지는 동안 부동산에 대해 본인과 협상을 했고 본인이 소개한 매수인 또는
- 본인의 단독대리 기간 동안 다른 대리인이 소개한 매수인

단독매도권

다음의 경우 귀하는 합의된 다른 비용이나 부담에 더하여 본인에게 보수를 지급할 책임이 있다.

- 본인이 단독매도권을 가지는 동안 부동산매도를 위한 무조건적 계약이 체결된 경우. 매수인을 본인이 아닌 다른 대리인 또는 귀하 기타 다른 사람이 찾은 경우에도 그러하다.
- 또는 본인이 단독매도권을 가지는 기간 동안 귀하가 소개받은 매수인 또는 그 기간 동안 그 부동산에 대하여 본인과 협상하였던 매수인과 그 기간 만료 후 부동산매도를 위한 무조건적인 계약이 체결된 경우"

16. 의뢰인에게 행하는 "준비되고 원하며 능력 있는" 이라는 용어에 대한 명확한 설명은 다음의 형식을 취한다.

"매수인이 귀하의 부동산의 매수를 위한 무조건적인 계약을 체결하기 위해 준비되어 있고 그럴 능력이 있다면 "준비되고 원하며 능력 있는" 매수인이다. 귀하의 지시에 따라 그러한 매수인을 본인이 소개한 경우, 귀하는 합의된 다른 모든 비용 또는 부담에 더하여 본인에게 보수를 지급할 책임이 있고, 이 보수는 귀하가 나중에 철회하고 매도를 위한 무조건적 계약이 체결되지 않는 경우라 할지라도 그 이유 여하를 불문하고 지급되어야 한다."

17. 위에서 언급한 용어가 포함된 명세서의 조항들 때문에, 위에 정한 설명이 오해를 유발할 수 있는 경우, 변호사는 의뢰인이 그 조항들에 따라 보수를 지급할 책임이 있음을 정확히 표현하도록 설명의 내용을 변경하여야 한다. 이 요구사항을 지킨다는 전제하에서, 변호사는 어떤 중대한 변경이나 추가 없이 설명을 현저하고 명확하며 읽을 수 있게 재현해내야 한다. 이들은 나중에 삽입되는 머리말, 법률사무소 명칭, 당사자들의 이름, 숫자 또는 문자를 제외한 명세서의 다른 정보가 현저해야 하는 것 이상으로 현저하여야 한다.

18. 변호사는 부동산매도 및 양도를 위한 종합적 비용을 제시하거나 광고할 수 있다. 그러나 요청을 받으면 개별 비용을 제시할 준비가 되어 있어야 한다. 개별 비용의 합계는 종합적 비용보다 더 클 수 있다.

이익충돌—18.03

19. 제18.03조의 요구사항들은 1991년 부동산대리인 (바람직하지 않은 업무 수행) (No.2) 명령{Estate Agents (Undesirable Practices) (No.2) Order 1991, SI 1991/1032}에 의해 부동산대리인에게 부과된 것들과 유사하다.

20. 제18.03조의 요구사항들은 규칙 제3장(이익충돌)과의 밀접한 관련 하에 읽는 것이 중요하다.

적용면제—18.04

21. 위 지침 10에서 설명되어 있듯이, 1979년 부동산대리인법의 적용면제는 규칙 제18장의 기준들이 모든 경우에 준수된다는 것을 기초로 한다. 이 때문에 규칙 제18장을 적용면제할 권한은 없다.

규칙 제19장: 금융서비스

도입

이 규칙은 변호사가 법률사무소를 통하거나 별도 사업을 통하여 의뢰인에 대한 금융서비스 제공에 관련하여 활동할 때 변호사의 독립성 유지를 확보할 수 있는 요구사항을 설시하고 있다.
이 규칙은 스코틀랜드 또는 북아일랜드 내의 사무소로부터 행하는 규제 활동과 관련하여 변호사의 해외 업무에 적용되고, 영국 밖의 사무소로부터 영국으로 행하는 규제 활동에도 적용된다.

규칙

19.01 독립성

(1) 변호사는 규제 활동과 관련하여 다음을 행하여서는 안 된다:
  (a) 지명대리인(appointed representative)
  (b) 다음과 같은 거래에 대하여 의뢰인에 대하여 권고하거나, 의뢰인을 위하여 그 거래를 체결하도록 (또는 체결하지 않도록) 하는 제약을 변호사가 받을 수 있는, 다른 사람과의 합의
    (i) 다른 것은 아니나 특정한 투자
    (ii) 다른 사람은 아니나 특정한 사람과의 거래 또는
    (iii) 다른 사람은 아니나 특정한 사람의 대리를 통한 거래; 또는
  (c) 의뢰인 또는 변호사가 상대하는 다른 사람을 (다른 사람은 아니나) 특정한 사람들에게 소개하도록 하는 제약을 변호사가 받을 수 있는, 다른 사람과의 합의
(2) 변호사는, 그 사업체가 독립된 재무자문업자의 지명대리인이 아닌 한, 지명대리인인 별도 사업체에 적극적으로 관여하여서는 안 된다.
(3) 위 (1)(b) 및 (c)문단은 다음의 투자 유형들과의 관련한 합의에는 적용되지 않는다.
  (a) 규제된 저당계약
  (b) 일반적 보험계약 또는
  (c) 순수한 보호계약
(4) 이 규칙에서

(a) "지명대리인"은 2000년 금융서비스와 금융시장에 관한 법률(Financial Services and Markets Act 2000)에서 주어진 의미를 갖는다.
(b) "일반적 보험계약(general insurance contracts)"은 2001년 금융서비스와 금융시장에 관한 법률(규제 활동)명령{Financial Services and Markets Act 2000 (Regulated Activities) Order 2001}(SI 2001/544)의 부록 1 제1부 내에서의 모든 보험계약을 말한다.
(c) "투자"는 2001년 금융서비스와 금융시장에 관한 법률(규제 활동)명령{Financial Services and Markets Act 2000 (Regulated Activities) Order 2001}(SI 2001/544) 제3부에 규정된 모든 투자를 의미한다.
(d) "순수한 보호계약(pure protection contracts)"은 2001년 사무변호사금융서비스(범위)규칙{Solicitors' Financial Services (Scope) Rules 2001}의 규칙 8(1)에서 주어진 의미를 갖는다.
(e) "규제 활동"은 2001년 금융서비스와 금융시장에 관한 법률(규제 활동)명령{Financial Services and Markets Act 2000 (Regulated Activities) Order 2001}(SI 2001/544)에서 구체화된 모든 행위를 뜻한다.
(f) "규제된 저당계약(regulated mortgage contracts)"은 2001년 금융서비스와 금융시장에 관한 법률(규제 활동)명령{Financial Services and Markets Act 2000 (Regulated Activities) Order 200}(SI 2001/544)의 61(3)조에서 주어진 의미를 갖는다.

규칙 제19장에 대한 지침—금융서비스

1. 독립성은 핵심적 의무(제1.03조)의 하나이다. 그러나 규칙 제19장은 규제된 활동을 수행할 때 이 의무의 정확한 범위를 설시한다.

2. 2000년 금융서비스와 금융시장에 관한 법률상 금융감독청(FSA)이 금융서비스업에 대한 단독 법정규제기관임을 주의하여야 한다. 2000년 금융서비스와 금융시장에 관한 법률 하에서, 변호사가 "규제 활동"을 수행한다면 변호사는 FSA에 의해 규제되거나 또는 제20부의 면제에 의존하여야 할 필요가 있다.

3. 그러므로 사무변호사규제기관(SRA)은 변호사가 투자업을 행하는 것을 승인할 권한이 없다. 그러나 2000년 금융서비스와 금융시장에 관한 법률 제20부는 주요 투자업을 수행하지는 않지만, 양도, 법인, 결혼, 유언 및 신탁 업무와 같은 다른 업무의

수행 과정에서 규제 활동을 수행할 수 있는 전문직 사업체들을 위한 특별한 조항을 두고 있다. 제20부는 사무변호사규제기관(SRA)에 의해 규제되고 일정한 조건을 충족하는 법률사무소가 면제받는 전문직 사업체로서 면제된 규제 활동을 수행할 수 있도록 하였다. 이 법률사무소들은 FSA에 의해 규제될 필요는 없으나 사무변호사규제기관(SRA)의 감독 및 규제 하에 면제된 규제 활동을 수행할 수 있다. 이 면제는 단순히 사무변호사를 경영자, 소유자 또는 피고용자로 가지고 있다는 이유만으로, 인가받은 비SRA법률사무소에게 적용되지는 않는다. 인가받은 비SRA법률사무소에서 업무를 행하는 사무변호사는 단순히 그가 사무변호사라는 이유만으로 그 또는 그 법률사무소가 제20부에 따라 면제되는 것은 아니다. 그러나 그 법률사무소는 제20부에 따라 그 자신의 규제기관 관련하여 면제를 받을 수 있다.

4. 지정된 전문직 단체의 역할을 수행함에 있어, 사무변호사규제기관(SRA)은 그 구성원들이 규제 활동을 행하는 것을 규율하는 규칙을 제정할 필요가 있다. 이러한 의무를 이행하기 위하여, 2001년 사무변호사금융서비스(범위)규칙{Solicitors' Financial Services (Scope) Rules 2001}은 2000년 금융서비스와 금융시장에 관한 법률의 제20부의 면제에 따라 법률사무소가 행할 수 있는 활동의 범위를 정한다. 변호사는 규제 활동의 수행과 관련하여 이 규칙과 2001년 사무변호사금융서비스(영업행위)규칙{Solicitors' Financial Services (Conduct of Business) Rules 2001}을 주의해야 한다.

5. 이 규칙은 특별히 규제 활동과 관련하여 적용된다. 이는 변호사가 지명대리인(즉 전속대리인)이 되거나, 별도 사업체가 독립 금융자문업자의 지명대리인이 아닌 한 지명대리인인 별도 사업체에 적극적으로 관여하는 것을 금지한다.

6. 이는 또한 규제 활동과 관련하여 변호사가 의뢰인들에게 주는 조언이나 소개에 제약을 가할 수 있는 합의를 하는 것을 금지한다. 그러나 변호사가 특정 중개인을 사용하도록 제약받는 합의를 체결하지 않는다면, 변호사가 정규적으로 특정 중개인에게 의뢰인을 소개하는 것을 금지하지는 않는다.

7. 제약을 주는 합의 체결 금지는 다음과 관련된 합의에는 적용되지 않는다.
   (a) 규제된 저당계약
   (b) 일반 보험계약, 예컨대 사건발생 후 보험 또는
   (c) 순수 보호계약, 예컨대 기간 생명보험(term assurance)

   이는 변호사가 오직 하나의 특정한 보험계약을 팔도록 정하는 합의를 하는 것을 금지하지는 않음을 의미한다—예컨대 조건부 보수약정이 있을 경우, 그것이 의뢰인의 필요에 적합하고 변호사가 그 제약에 대하여 의뢰인에게 알렸다는 조건하에서는 그러하다. 규칙 제19장의 금지가 투자의 특정한 유형들과 관련된 합의에 적용되지 않는다고 하더라도, 변호사는 여전히 제1.03조(독립성) 및 규칙 제9장(사건의 소개)을 준수하여야 한다.

규칙 제20장: 법률 업무 수행의 권리와 의무

도입

규칙 제20장은 사무변호사규제기관에 대한 확인 및 정보제공의 요건을 정하고, 사무변호사, 등록유럽변호사 및 등록외국변호사가 일정한 유보된 업무와 이민 업무를 행할 수 있도록 허용한다.

규칙

20.01 유보된 업무 및 이민 업무

사무변호사

(1) 사무변호사는, 제20.02조(1)을 따른다는 조건하에, 사무변호사규제기관(SRA)에 의해 다음을 행할 권한이 부여된다.

(a) 다음의 유보된 업무의 수임

(i) 사무변호사가 1989년 12월 7일 직전에 가졌던 변론권의 행사

(ii) 사무변호사규제기관(SRA)이나 다른 공인 규제기관이 수여한 관련 상위법원에서의 소송변호사 자격을 가진 경우, 추가적인 변론권의 행사

(iii) 법원 및 이민심판절차의 수행 및 그에 대한 서류들의 작성

(iv) 토지 양도 또는 담보와 관련된 증서의 작성 및 서류의 제출

(v) 자본을 처분하는 신탁증서의 작성

(vi) 유언의 검인 수여 또는 유산관리인 임명장 수여의 근거가 되거나 이에 이의를 제기하는 서류의 작성

(vii) 선서나 제정법상의 진술에 관한 절차의 진행 및

(b) 위 (a)에 포함되지 않는 이민서비스 수임 및 이민 조언 제공

등록유럽변호사(REL)

(2) 등록유럽변호사는 사무변호사규제기관(SRA)에 의해 다음을 행할 권한이 부여된다.

(a) 다음의 유보된 업무의 수임

(i) 사무변호사가 1989년 12월 7일 직전에 가졌던 변론권의 행사

(ii) 사무변호사규제기관(SRA)이나 다른 공인 규제기관이 수여한 관련 상위법원에서의 소송변호사 자격을 가진 경우, 추가적인 변론권의 행사
(iii) 법원 및 이민심판절차의 수행 및 그에 대한 서류들의 작성
(iv) 2000년 유럽공동체(변호사업무)규정{European Communities (Lawyer's Practice) Regulations 2000}의 제12조에 열거된 직업의 구성원인 경우, 법률문서의 작성 및 토지 양도 또는 담보와 관련된 서류의 제출
(v) 자본을 처분하는 신탁증서의 작성
(vi) 2000년 유럽공동체(변호사 업무)규정의 규정 13에 열거된 직업의 구성원인 경우, 유언의 검인 수여 또는 유산관리인 임명장 수여의 근거가 되거나 이에 이의를 제기하는 서류의 작성
(vii) 선서나 제정법상의 진술에 관한 절차의 진행
(b) 위 (a)에 포함되지 않는 이민서비스 수임 및 이민 조언의 제공
(3) 등록유럽변호사로서 (2)(a)(i) 또는 (ii)에 따라 법원에서 변론권을 행사하거나 (2)(a)(iii)에 따라 법원소송을 수행하거나 (2)(a)(iii) 하에 법원서류를 작성할 때, 그는 그 업무를 행할 수 있는 사무변호사 또는 법정변호사와 함께 행하여야 한다.

등록외국변호사(RFL)

(4) 제12.03조(1) 내에서 일하는 등록외국변호사는 사무변호사규제기관(SRA)에 의해 다음을 행할 권한이 부여된다.
(a) 다음의 유보된 업무의 수임
(i) 이민심판에서의 변호 및
(ii) 이민심판절차의 수행 및 그 서류 작성
(b) 위 (a)에 포함되지 않으나 유보된 업무가 아닌 이민서비스 수임 및 이민 조언의 제공

공인된 단체

(5)
(a) 공인된 단체는 사무변호사규제기관(SRA)에 의해 다음의 유보된 업무를 수임할 권한이 부여된다.
(i) 변론권을 행사하는 경영자나 피고용자가 사무변호사규제기관(SRA)에 의해 인가받거나 달리 그렇게 할 자격이 있다는 조건하에, 법원 또는 이민심판에서의 변호
(ii) 법정 또는 이민심판절차의 수행

(iii) 법정 또는 이민심판절차에서의 서류의 작성
(iv) 그 단체가 그 업무를 행하도록 인가받은 개인을 경영자로 두거나 그 업무를 행하도록 인가받은 경영자가 있는 법인을 경영자로 두었다는 조건 하에, 법률문서의 작성 및 토지 양도 또는 담보와 관련된 서류의 제출
(v) 자본을 처분하는 신탁증서의 작성
(vi) 그 단체가 그 업무를 행하도록 인가받은 개인을 경영자로 두거나 그 업무를 행하도록 인가받은 경영자가 있는 법인을 경영자로 두었다는 조건 하에, 유언의 검인 수여 또는 유산관리인 임명장 수여의 근거가 되거나 이에 이의를 제기하는 서류의 작성
(vii) 선서나 제정법상의 진술에 관한 절차의 진행
(b) 공인된 단체는 위 (a) 하에 포함되지 않는 이민서비스를 수임하거나 이민 조언을 제공할 수 있다.
(c) Master of Faculties로부터 인가받아 공증 업무를 수행하는 개인을 가진 공인된 단체는 2007년 법률서비스법(Legal Services Act 2007) 부록 2의 7항의 공증서비스를 제공할 수 있다.

공인된 단독개업변호사

(6)
(a) 사무변호사인 공인된 단독개업변호사는 사무변호사규제기관(SRA)에 의해 다음을 행할 권한이 부여된다.
(i) 위 (1)(a)에 따라 사무변호사가 제공할 수 있는 유보된 업무의 수행 및 변론권을 행사하는 피고용자가 사무변호사규제기관(SRA)에 의해 인가받거나 달리 자격이 있는 경우 그 범위까지 기타 변호서비스의 제공
(ii) 위 (i)에 들어가지 않는 이민서비스의 수임 및 이민 조언 제공 및
(iii) 그 단독개업변호사 또는 그의 피고용자가 그 일을 하도록 Master of Faculties로부터 인가받은 경우, 2007년 법률서비스법 부록 2의 7항의 공증서비스 제공
(b) 등록유럽변호사인 공인된 단독개업변호사는 사무변호사규제기관(SRA)에 의해 다음을 행할 권한이 부여된다.
(i) 등록유럽변호사가 위 (2)(a)에 따라 제공할 수 있는 유보된 업무의 수행 및 변론권을 행사하는 피고용자가 사무변호사규제기관(SRA)에 의해 인가받거나 달리 자격이 있는 경우 그 범위까지 기타 변호서비스의 제공
(ii) 위 (i)에 들어가지 않는 이민서비스의 수임 및 이민 조언 제공 및

(iii) 그 단독개업변호사 또는 그의 피고용자가 그 일을 하도록 Master of Faculties로부터 인가받은 경우, 2007년 법률서비스법 부록 2의 7항의 공증서비스 제공

20.02 개업증명서

(1) 사무변호사로 업무를 수행하는 경우 법률사무소에서 근무하는지 사내변호사로 근무하는지 불문하고, 변호사는:
   (a) 사무변호사규제기관(SRA)이 발행한 효력 있는 개업증명서를 갖추거나
   (b) 1974년 사무변호사법 제88조에 따라 개업증명서의 유지 면제를 받아야 한다.
(2) 변호사가 법률 업무에 관련되고 다음에 해당하는 경우, 사무변호사로서 업무를 수행하는 것이다.
   (a) 그 법률사무소나 업무에 대한 관련이 그가 사무변호사라는 사실에 의존하는 경우
   (b) 개업한 사무변호사로 명시적, 묵시적으로 표시한 경우
   (c) 명시적, 묵시적으로 사무변호사로 고용된 경우 또는
   (d) 1974년 사무변호사법 제1A조에 의해 사무변호사로 행위를 하는 것으로 간주된 경우
(3) 위 (2)에서 "법률 업무"는 법적인 업무만을 포함하는 것이 아니라 사무변호사들이 제공하는 다른 서비스들의 제공도 포함한다.
(4) 종전에 등록유럽변호사였던 사무변호사가 설립지침(Establishment Directive)에서 정하는 직업의 변호사로서 영국의 사무소에서 업무를 행하는 경우, 그는 사무변호사로서 업무를 행하고 있지 않더라도 사무변호사규제기관(SRA)이 발행한 효력 있는 개업증명서를 갖춰야 한다.

20.03 단독개업변호사

(1) 사무변호사나 등록유럽변호사는 다음에 해당하지 않는 한 단독개업변호사로 업무해서는 안 된다.
   (a) 사무변호사규제기관(SRA)이 변호사의 개업증명서 또는 등록증명서에 배서함으로써 공인된 단독개업변호사로 인가한 경우 또는
   (b) 업무가 아래 (2)에 해당하고, 따라서 공인된 단독개업변호사가 되기 위한 의무를 면제받은 경우

(2) 위 (1) 및 1974년 사무변호사법 제1B조의 목적상 변호사는 다음과 같다면 단독개업변호사로서 업무를 행하지 않는 것으로 간주된다.

(a) 업무가 전적으로 잉글랜드와 웨일즈 밖의 사무소로부터 행해지는 경우

(b) 업무가 전부 임시 또는 영구 피고용자로서 행하는 것이고 고용한 사업체가 피고용자인 그에 대해 모든 책임을 지는 경우 또는

(c) 업무가 전부 다음으로 구성되는 경우

(i) 친구, 친척 또는 변호사 또는 그의 가족이 전적으로 소유하는 회사 또는 등록된 자선단체에 대하여 대가 없이 직업적 서비스를 제공하는 것

(ii) 선서나 제정법상의 진술에 관한 절차의 진행 및/또는

(iii) 업무를 구성할 수는 있으나 사무변호사배상책임보험규칙 제3.01조의 "사적 법률 업무" 정의의 문단 (b)에 열거된 사무소나 지위의 기능을 수행하는 과정에서 행해지는 활동들

(3)

(a) 공인된 단독개업변호사의 사망으로부터 28일 이내에, 다음에 해당하는 사무변호사 또는 등록유럽변호사는 공인된 단독개업변호사로 공인받기 위해 비상신청을 할 수 있다.

(i) 단독개업변호사의 집행인

(ii) 단독개업변호사의 유산관리인이 지정한 업무 경영자 또는

(iii) 법률사무소의 피고용자

그 신청이 받아들여지는 경우, 공인은 사망일로부터 발생한 것으로 간주된다.

(b) 유산관리인, 업무 경영자 또는 피고용자의 자격으로서의 공인은 상속재산의 정리 또는 사망일 이후 12개월 중 빨리 도래하는 날 이후에는 연장되지 않는다.

20.04 법률 업무에의 참여

(1) 사무변호사, 등록유럽변호사 또는 등록외국변호사가

(a)

(i) 공인된 단체 또는

(ii) 공인된 단체의 경영자인 법인

의 경영자, 구성원 또는 소유자이거나

(b)

(i) 공인된 단독개업변호사

(ii) 공인된 단체 또는

(iii) 공인된 단체의 경영자인 법인

에 의해 법률서비스 제공과 관련하여 잉글랜드와 웨일즈에서 고용된 경우, 그것은 사무변호사, 등록유럽변호사 또는 등록외국변호사의 자격으로 하는 것이어야 한다. 이는 그가 사무변호사규제기관(SRA)이 아닌 공인 규제기관으로부터 인가받은 개인으로서 업무를 행하거나 비변호사 직역의 구성원으로서 서비스를 제공하는 것을 금지하지 않는다.

(2) 아래 (3)에 따르는 것을 전제로, 사무변호사, 등록유럽변호사 또는 등록외국변호사가

(a)

(i) 인가받은 비SRA법률사무소 또는

(ii) 인가받은 비SRA법률사무소의 경영자인 법인

의 경영자, 구성원 또는 소유자이거나

(b) 법률서비스 제공과 관련하여 잉글랜드와 웨일즈에서

(i) 인가받은 비SRA법률사무소 또는

(ii) 인가받은 비SRA법률사무소의 경영자인 법인

에 의해 고용된 경우

그것은 사무변호사, 등록유럽변호사, 등록외국변호사 또는 사무변호사규제기관(SRA)이 아닌 공인 규제기관으로부터 인가받은 개인의 자격으로 하는 것이어야 한다. 이는 그가 양자 모두의 자격으로서 업무를 행하는 것이나 변호사로서의 업무에 더하여 비변호사 직역의 구성원으로서 서비스를 제공하는 것을 금지하지 않는다.

(3) 인가받은 비SRA법률사무소에 고용되었거나 그 이사인 사무변호사는, 1974년 사무변호사법의 제1A조에 따라 사무변호사의 자격으로 그 법률사무소를 통하여 업무를 수행할 것이 요구되며, 이는 다른 자격으로서의 업무를 함께 수행하는 경우라고 하더라도 그러하다.

(4) 감옥에 수감되어 있는 중에는, 사무변호사 또는 등록유럽변호사는 사무변호사 또는 등록유럽변호사로서가 아닌 개인적으로 소송 당사자가 되어 행하는 경우가 아닌 한, 소송 또는 다른 분쟁절차를 개시하거나 소추하거나 방어할 수 없고 또는 그러한 절차에서 소송변호사로서 나타날 수 없다.

20.05 사무변호사규제기관, 법률옴부즈만 및 법률민원서비스와 협력할 의무

(1) 변호사는 공개되고 신속하며 협조적인 방법으로 사무변호사규제기관(SRA), 법률옴부즈만 및 법률민원서비스에 대처해야 한다.

(2) 변호사는
  (a) 개업증명서를 발행받기 위해 필요한 정보를 사무변호사규제기관(SRA)에 제공하거나, 등록의 갱신이나 승인의 갱신에 적합하게 대처해야 하고
  (b) 개업증명서, 등록 또는 승인이 유효한 기간 동안의 본인 또는 소속 법률사무소 또는 사내법률업무에 대한 관련 정보에 대한 모든 변경을 사무변호사규제기관(SRA)에 통지하여야 한다.

(3) 사무변호사, 등록유럽변호사, 등록외국변호사 또는 공인된 단체는 다음을 하기 위하여 신속하게 행동해야 한다.
  (a) 누구라도 그의 작위 또는 부작위로 인한 손해배상을 청구할 수 있는지 여부의 조사
  (b) 그러한 권리가 있을 수 있는 사람의 신원 확인과 함께, 그러한 조사 결과를 사무변호사규제기관(SRA)에 보고
  (c) 그러한 사람들에게 배상 청구할 권리가 있을 수 있음을 알리고, 가능한 청구의 성질, 회사의 민원 처리절차 및 법률옴부즈만에 대한 정보 제공
  (d) 사무변호사규제기관(SRA)이 정한 사항에 관하여 그 기관이 요구하는 경우, 배상 청구할 권리가 있을 수 있는 사람의 신원 확인에 있어, 마치 그 사람이 민원을 제기한 것처럼, 법률사무소의 민원 처리절차에 따라 그 사안이 처리되도록 하는 것

20.06 심각한 부정행위 및 심각한 재정난의 보고

변호사는 (필요한 경우 의뢰인의 동의를 받아) 사무변호사규제기관(SRA)에 다음을 보고해야 한다.

  (a) 사무변호사, 등록유럽변호사, 등록외국변호사, 공인된 단체, 공인된 단체의 경영자 또는 공인된 단체나 공인된 단독개업변호사의 피고용자가 저지른 심각한 부정행위에 대해 알게 되었을 경우
  (b) 사무변호사, 등록유럽변호사, 등록외국변호사, 공인된 단체, 공인된 단체의 경영자 또는 공인된 단체나 공인된 단독개업변호사의 피고용자의 충실성을 의심할 이유가 있는 경우 또는
  (c) 사무변호사, 등록유럽변호사, 등록외국변호사, 공인된 단체, 공인된 단체의 경영자, 공인된 단체나 공인된 단독개업변호사의 피고용자 또는 법률사무소가 공공에 위험을 초래할 수 있는 심각한 재정난에 처해 있다고 믿을 만한 이유가 있는 경우

20.07 민원의 방해

(1) 변호사는 사무변호사규제기관(SRA)이나 법률옴부즈만에게 그의 행위를 보고하기를 원하는 사람이 그것을 못하도록 방해하거나 막으려고 해서는 안 된다.
(2) 변호사는 사무변호사규제기관(SRA), 법률민원서비스 또는 법률옴부즈만에게 변호사의 행위를 보고한 사람에게 그 보고를 이유로 불이익을 가해서는 안 된다.
(3) 변호사는 자신 또는 의뢰인을 위하여, 사무변호사규제기관(SRA)이나 법률옴부즈만이 직업상 부정행위에 대한 현재하는 또는 잠재적 주장을 조사하는 것을 배제하고자 하는 합의를 해서는 안 된다.
(4) 합당하게 악의라고 주장할 수 있는 경우가 아닌 한, 변호사는 타인이 사무변호사규제기관(SRA), 법률민원서비스 또는 법률옴부즈만에게 제기한 민원에 대하여 명예훼손소송을 제기해서는 안 된다.

20.08 서류, 정보 및 설명의 제출

(1) 변호사는 신속하게 다음을 따라야 한다.
  (a)
    (i) 그의 업무와 관련되거나
    (ii) 그가 수탁자이거나 이었던 신탁업무와 관련하여,
    이 규칙의 적용을 받는 자가 이 규칙 또는 다른 규칙, 사무변호사규제기관(SRA)이 제정하거나 발행한 행위규범 또는 의무적 지침을 준수하고 준수하여 왔는지 여부를 확인하려는 목적으로, 사무변호사규제기관(SRA)이 지정한 자에 의한 조사를 위하여 그가 보유하거나 그의 지배하에 보유하는 모든 서류 및 요청된 모든 정보와 설명을 제출해야 한다는 사무변호사규제기관(SRA)으로부터의 서면 통지; 및
  (b) 1974년 사무변호사법 제44B조 및 제44BA조에 따라 서류, 정보 또는 설명 제출을 위하여 사무변호사규제기관(SRA)이 보낸 통지.
(2) 변호사는 사무변호사규제기관(SRA)이 지정한 자가 다음을 할 수 있도록 필요한 정보제공 동의를 제공해야 한다.
  (a) 위 (1)에 따라 제출한 서류에 대한 보고서의 작성 및
  (b) 의뢰인, 일반 직원 및 변호사가 이용하는 은행, 주택금융조합 기타 금융기관으로부터의 확인

(3) 변호사는 다음에 대한 사무변호사규제기관(SRA) 또는 그 지정인의 모든 요청에 따라야 한다.
  (a) 변호사가 전자적으로 보유하는 모든 서류의 제출 형식 및
  (b) 서류 복사물의 반출
(4) 이 규칙 하의 통지는 다음과 같은 날짜에 적법하게 도달한 것으로 본다.
  (a) 통지가 변호사의 주소에 도달하거나 남겨진 날짜,
  (b) 변호사의 이메일이나 팩스 주소에 전자적으로 송부된 날짜 또는
  (c) 가장 최근에 통지된 변호사의 업무 주소로 우편 또는 문서전달서비스에 의해 송부된 지 7일 후.

20.09 클레임에 대한 대처

(1) 단독개업변호사나 회사의 경영자가 클레임을 일으킬 수 있는 작위 또는 부작위를 발견한 경우 의뢰인에게 이를 통지하여야 한다.
(2) 의뢰인이 변호사에게 클레임을 걸거나 그러고자 함을 알린 경우 또는 클레임을 일으킬 수 있는 작위 또는 부작위를 변호사가 발견한 경우, 그는
  (a) 의뢰인에게 독자적인 조언을 구해야 함을 통지하여야 한다(의뢰인의 손실이 사소하고 변호사가 신속하게 그 손실을 복구하는 경우에는 그러하지 않음).
  (b) 이익충돌 발생 여부를 고려해야 하고, 만약 발생하였다면 클레임을 일으키는 사안에서 의뢰인을 더 이상 대리하지 말아야 한다.
  (c) 사무변호사배상책임보험규칙 또는 제15.26조에 따라 변호사의 강행적 전문직 배상책임보험자 또는, 경우에 따라서는 사무변호사배상책임기금(Solicitors Indemnity Fund Ltd.)에게 이를 통지하여야 한다.

20.10 조건의 준수

사무변호사, 등록유럽변호사, 등록외국변호사 또는 공인된 단체는 사무변호사규제기관(SRA, 또는 예전에는 사무변호사협회)이 그의 개업증명서, 등록 또는 승인에 대해 부과한 모든 조건을 준수하여야 한다.

규칙 제20장에 대한 지침—법률 업무 수행의 권리와 의무

규칙 제20장의 적용 범위

1. 요약하자면 규칙 제20장은
   (a) 사무변호사, 등록유럽변호사, 등록외국변호사, 공인된 단체 및 공인된 단독개업변호사가 유보된 업무와 이민 업무의 특정 유형을 수행할 권한을 공식적으로 부여한다.
   (b) 업무를 행하는 사무변호사들이 1974년 사무변호사법 제88조에 의해 면제되지 않는 한 개업증명서를 갖출 것을 요구한다.
   (c) 단독개업변호사로 업무를 행하길 원하는 사무변호사나 등록유럽변호사가 공인된 단독개업변호사로 인가받아야 한다는 요구사항을 설시한다.
   (d) 법률사무소에 대한 사무변호사, 등록유럽변호사, 등록외국변호사의 참여는 개업변호사로서여야 함을 요구한다.
   (e) 정보 제공시 규제기관에 대한 협력을 요구한다.
   (f) 심각한 부정행위의 보고를 요구한다.
   (g) 클레임 및 민원에 관하여 의뢰인들에게 공정하게 대처할 것을 요구한다.
   (h) 사무변호사규제기관(SRA)이 부과한 조건들을 준수할 것을 요구한다.

유보된 업무 및 이민 업무—20.01

사무변호사

2. 변호사가 개업증명서를 보유하거나 사무변호사법 제88조에 따라 면제된다는 조건하에, 규칙 제20.01조는 변호사가 변호행위(그러나 상위법원에서의 변호를 위해서는 변론권을 행사할 자격을 획득하였을 필요가 있다), 소송, 유보된 증서 활동, 유언장 활동, 이민 업무를 하고 선서절차를 진행할 권한을 부여한다.

등록유럽변호사(REL)

3. 제20.01조는 등록유럽변호사가 사무변호사와 동일한 업무를 할 권한을 부여하나, 다음을 주의하라.
   (a) 상위법원 변호 자격을 갖추는 경우에 한하여 상위의 변론권을 행사할 수 있다.
   (b) 변호나 소송 또는 법원 문서 작성을 맡는 경우, 그 업무를 행할 수 있는 사무변호사 또는 법정변호사와 함께 행하여야 한다.

(c) 오직 특정 관할지역의 등록유럽변호사만이 양도 또는 유언검인과 관련한 유보된 증서 활동을 할 수 있다

(i) 유럽공동체(변호사업무)규정 2000(SI 2000/1119) 제12조에 따라, 오직 사이프러스, 체코공화국, 덴마크, 핀란드, 헝가리, 아이슬란드, 아일랜드 공화국, 리히텐슈타인, 노르웨이, 슬로바키아 및 스웨덴에서 자격을 갖춘 등록유럽변호사만이 잉글랜드와 웨일즈에서 유보된 양도 업무를 할 자격이 있고

(ii) 위 규정 제13조에 따라 오직 오스트리아, 사이프러스, 덴마크, 핀란드, 독일, 아이슬란드, 아일랜드 공화국, 리히텐슈타인, 노르웨이, 슬로바키아 및 스웨덴에서 자격 있는 등록유럽변호사들만이 잉글랜드와 웨일즈에서 유보된 유언검인 사무를 할 자격이 있다.

등록외국변호사(RFL)

4. 등록외국변호사는 다음을 행할 권한이 부여된다.

(a) 이민심판에서의 변호

(b) 이민심판절차 수행 및 서류 준비

(c) 유보된 업무가 아닌 모든 다른 이민 업무의 수행

등록외국변호사는 법정에서 이민 업무를 할 권한이 없음을 주의하라.

공인된 단체

5. 공인된 단체는 사무변호사와 동일한 유보된 업무를 수행할 권한이 있으나, 공인된 단체는 오직 다음을 할 수 있음을 주의하라.

(a) 그 사무를 할 자격 있는 경영자 또는 피고용자를 갖춘 경우 상위법원 변호 사무

(b) 양도 또는 검인 활동과 관련된 유보된 증서 활동을 할 자격 있는 개인이 경영자이거나 또는 그 업무를 할 자격 있는 경영자를 둔 법인인 경우 양도 또는 검인 활동과 관련된 유보된 증서 활동

(c) 공증 업무를 하도록 인가받은 개인을 두고 그가 행하는 경우 공증 업무

공인된 단독개업변호사

6. 공인된 단독개업변호사는 다음을 행할 권한이 있다.

(a) 사무변호사나 등록유럽변호사 단독개업변호사가 개인으로서 하도록 인가받은 유보된 업무의 수임

(b) 사무변호사나 등록유럽변호사 단독개업변호사가 개인으로서 행사하도록 인가

받은 권한에 추가한 변호권의 행사. 다만, 그 권한을 행사하는 피고용자가 SRA에 의해 인가받거나 달리 그렇게 할 자격이 있는 경우에 한함

(c) 단독개업변호사나 피고용자가 그 일을 하도록 Master of Faculties에 의해 공인받은 경우 공증 업무수행

유보된 업무

7. 유보된 업무는 2007년 법률서비스법 부록 2에서 "유보된 법률적 활동"으로 정의된 사무를 뜻한다. 유보된 업무의 특정 범주(판사실에서의 변론권, 유보된 증서 활동 및 유언검인 활동)는 그 일을 할 자격 있는 경영자 또는 동료 피고용자의 감독 하에 자격을 갖추지 못한 사람이 할 수도 있다. 법률서비스법 부록 3 참조.

이민 업무

8. 이민 업무(이민 조언 및 이민서비스)는 1999년 이민 및 망명법 (Immigration and Asylum Act 1999)에 따라 특정한 자에게로만 제한된다. 법정 또는 이민 심판과 관련된 이민서비스는 유보된 업무이다—변호, 사건의 수행 및 서류의 작성. 법정 업무는 법정 업무에 대한 일반적 제한의 적용을 받는다. 이민 심판 사무는 등록외국변호사로 업무를 행하는 등록외국변호사가 할 수 있다. 다른 이민 업무는 유보된 업무는 아니나, 사무변호사, 법정변호사, 법률실무변호사(legal executives), 설립지침에서 정하는 직업의 구성원 또는 등록외국변호사로 업무를 행하는 등록외국변호사와 같은 인가받은 자 또는 인가받은 자의 감독 하에 또는 이민서비스청이 부여한 면제에 따라 행할 수 있다.

금융서비스

9. 2000년 금융서비스와 금융시장에 관한 법률은 금융규제청(FSA)으로부터 인가받은 자에게 "규제 활동" 조항의 적용을 유보한다. 일정한 "규제 활동"은, 전문직 서비스의 제공에 부수적으로, 사무변호사나 등록유럽변호사의 법률사무소가 수행할 경우 FSA의 규제로부터 면제된다—사무변호사금융서비스(범위)규칙 참조. 법률사무소가 이 면제에 의존하려면 공인된 단체이거나 공인된 단독개업변호사이어야 함을 주의하라. "규제 활동"의 정의는 제19.01조(4) 참조.

개업증명서—20.02

10. 규칙 제20.02조는 규칙의 형식으로, 1974년 사무변호사법 제1조의 요구사항을 포함한다. 위 조항은 다음과 같다.

"누구도 다음에 해당하지 않는 한 사무변호사로 행위할 자격이 없다.

(a) 그가 사무변호사로 자격이 부여되어 왔고,

(b) 그의 이름이 명부에 있으며, 또한

(c) 그가 사무변호사로 업무할 수 있도록 인가하는 이 부(部)의 조항에 따라 변호사협회가 발행한 유효한 증명서를 갖춘 경우(이 법에서 '개업증명서'라 함)."

위 법의 제2부에 따라 개업증명서를 발행하는 것은 사무변호사규제기관(SRA)의 임무이다.

11. 사무변호사법 제1A조에 따라, 사무변호사는 그가, 법률서비스 제공과 관련하여, 개업증명서가 있는 사무변호사, 최소한 한 명의 구성원이 개업증명서가 있는 사무변호사인 조합, 공인된 단체 또는 2007년 법률서비스법에 따라 공인 규제기관에 의하여 인가된 개인이나 법률사무소에 고용된 경우, 항상 사무변호사로 행위하는 것으로 간주된다.

12. 법률사무소에서건 사내에서건 불문하고, 개업증명서 없이 사무변호사로서 업무를 행하는 경우에는 규칙의 위반과 함께 형사범죄를 저지르게 된다. 다만, 사무변호사법 제88조의 면제에 의존할 수 있는 경우에는 그러하지 아니하다.

13. 1974년 사무변호사법 제88조는 사무변호사가 개업증명서를 유지해야 한다는 요건을 일정한 공공기관의 사무변호사 및 그 사무변호사에 대한 "보조자"인 사무변호사에 대하여 적용면제한다. 위 조항은 다음과 같다.

"(1) 이 법의 어느 조항도 재무부나 다른 공공부서, 교회위원회 또는 영국왕실직할영지의 사무변호사의 그 어떤 권리나 특권을 해하거나 영향을 미치지 않으며, 또한 이 법이 통과되지 않았다면 가입, 등록 또는 그러한 증명서 보유가 필요 없었을 경우, 그러한 관리나 그를 위하여 행동하도록 지정된 다른 직원 또는 관리에게 가입, 등록 또는 개업증명서의 보유를 요구하지 않는다.

(1A) 위 (1)항이 수여한, 개업증명서 보유 요건으로부터의 면제는 왕실검사인 사무변호사에게는 적용되지 않는다.

(2) 제31조 및 제32(1)조, 그리고 이 법의 어느 조항도 이 법의 시행 직전 런던시

티 사무변호사(Solicitor of the City of London)의 사무소에 부여된 권한이나 특권에 적용되거나 이를 해하거나 영향을 주지 않는다."

14. 1974년 사무변호사법 제88조는 일정한 기존의 권리, 특권 및 면제를 유지하지만, 그 권리 등이 무엇인지를 말해 주지는 않는다. 그 권리 등은 어느 정도 시간이 경과한 수 많은 제정법 조항에 나오고, 그 조항은 각각 다른 사람에 대한 다른 권리, 특권 또는 면제를 수여한다. 몇몇의 오래된 조항은 현대의 상황에 쉽게 어울리지 않고, 면제의 전체 목록을 제시하는 것은 가능하지 않다. 사무변호사규제기관 이사회의 견해는 다음과 같다.

(a) 다음 기관에서 사무변호사로서 사무소를 가지고 있는 사무변호사(즉 주무 사무변호사)는 면제를 받는다.

(i) 재무부

(ii) 다른 공공 부서

(iii) 교회위원회 및

(iv) 영국왕실직할영지 또는

(v) 이상 가운데 하나를 위해 행위를 하기로 지명된 직원이나 관리인 사무변호사

(b) 면제는 사무변호사의 능력 및 고용과 관계된다. 예컨대 공공 부서에 대한 주무 사무변호사로서 사무소를 유지하는 사무변호사가 다른 능력 또는 고용에 의하여 선서절차를 진행하는 경우, 그 다른 능력 또는 고용과 관련해서는 제88조 면제에 의존할 수 없다.

(c) 사무변호사법에는 "공공 부서" 정의가 없다. 정의가 없는 상태에서, 사무변호사규제기관 이사회(SRA Board)는 "모든 다른 공공 부서"가 영국의 중앙정부 부서, 웨일즈의회 및 "내각에 속하지 않는 행정부서"(non-ministerial department)를 포함하나, 다른 기관이나 "비부처 공공기관"(non-departmental public bodies)은 포함하지 않는다는 입장을 취한다.

부서나 기관이 "내각에 속하지 않는 행정부서"인지 "비부처 공공기관"인지 결정하는 데 있어서의 조언은 민간서비스 웹사이트에서 찾을 수 있다—www.civilservice.gov.uk.

(d) 사무변호사법 제88(1A)조는 왕실검사인 사무변호사가 개업증명서를 유지할 것을 요구한다.

개업한 사무변호사로 표시되는 것—20.02(2)(b)

15. 변호사의 소속 법률사무소 편지지나 웹사이트에 사무변호사협회의 구성원으로 묘사되는 것은 "묵시적으로" 사무변호사로 표시하는 것의 한 예이다.

16. 변호사 유사서비스를 제공하면서 (명시적 또는 묵시적으로) 사무변호사로 표시된다면, 사무변호사로서 개업하고 있다고 추정된다. 그러한 상황 하에서 변호사로 묘사되고 그 묘사를 정당화할 다른 법적 자격이 없는 경우 동일한 추정이 이루어진다. 사무변호사 또는 변호사로 표시되는 때에는 언제나 "개업하지 않은"과 같은 용어를 사용하도록 확실히 함으로써 어떤 경우에는 그러한 추정을 번복할 수 있다. 그러나 법률 업무수행의 맥락에서, 예컨대 다음을 하기 위하여 사무변호사임에 의존한다면 그러한 추정을 번복할 수 없다.
(a) 법률사무소의 파트너가 되는 것
(b) 사무변호사나 변호사로서 고용되는 것
(c) 잉글랜드와 웨일즈에서 사무변호사에게 유보된 업무를 하는 것
(d) 다른 관할지역에서 변호사에게 유보된 일을 하는 것
(e) 다른 관할지역에서 외국 법률 고문으로 등록되는 것 또는
(f) 설립지침(Establishment Directive)에 따라 다른 유럽 지역에서 변호사로 등록되는 것
법정변호사에게 위임하는 것은 법률에 의해 특정한 부류의 사람으로 제한되지 않는다. 그러나 법정변호사는 오직 의뢰인을 위하여 전문적으로 만든 수임요청을 사무변호사와 제한된 부류의 비사무변호사로부터만 받을 수 있다. 세부 사항에 대하여는 법정변호사준칙이사회(Bar Standards Board)의 웹사이트 참조(www.barstandardsboard.org.uk). 사무변호사로서 법정변호사에게 위임하는 경우에는 사무변호사로서 업무를 행하는 것이고 개업증명서를 갖춰야 한다.

17. 변호사가 이중으로 자격을 갖췄다면 양 직역의 구성원으로 동시에 업무를 수행할 수 있고, 하나의 통합된 개업을 통하거나 두 개의 분리된 개업을 통하여 할 수 있다. 후자의 경우 분리된 용지 등을 갖춰 두 업무를 구분해야 한다.

18. 묘사의 맥락에 따라 변호사가 업무를 행하는 사무변호사로서 표시되는지 여부에 대해 실질적인 차이를 가져올 수 있다. 예컨대
(a) 변호사가 웹 기반의 또는 전화상의 조언서비스를 운영하고, 사무변호사로 묘사하는 경우 ("개업하지 않은"과 같은 단어로 그 묘사에 제한을 붙이지 않는다면)

개업증명서가 필요하다. 또한

(b) 유일한 일이 학자 및 저술가이고 표제에 저자를 사무변호사 또는 변호사라고 묘사된 법률 교재를 저술한 경우, 개업증명서를 요하지 않는다. 이는 개업한 사무변호사가 일반적으로 제공하는 서비스의 맥락이 아니기 때문이다.

업무로부터의 은퇴

19. 변호사가 얼마나 완전하게 은퇴하는가에 따라 은퇴 후에도 개업증명서를 계속 필요로 할 수 있다. 법률사무소를 폐쇄하였지만 비용 청구서를 제시하고 변호사의 업무계좌를 폐쇄하기까지 의뢰인을 위해 자금을 보유할 것이라면, 여전히 1998년 사무변호사회계규칙의 적용을 받는다. 그러나 그것이 변호사가 하는 일의 전부이고, 개업증명서를 갖춘 다른 사무변호사가 의뢰인 계좌로부터의 인출을 승인한다면, 은퇴한 변호사는 개업증명서를 요하지 않는다.

20. 변호사가 은퇴했지만 일을 계속한다면, 변호사는 개업증명서를 필요로 할 수 있다. 예컨대

(a) 변호사는 법률서비스 제공과 관련하여 사업체에서 일하기를 계속한다면 개업증명서를 갖추어야 한다. 이는 고문이 되거나 보수획득자를 감독하는 것을 포함하고, 오직 일시적으로만 도움을 주거나 직업상 동료의 휴가의 공백을 메우는 경우라고 하더라도 그러하다. 또는

(b) 변호사가 유보된 업무를 계속하여 맡는다면 변호사는 개업증명서를 갖추어야 한다.

21. 변호사가 모든 법률사무에서 완전히 은퇴했더라도, 여전히 개업증명서를 필요로 할 수 있다. 예컨대

(a) 종전 소속 법률사무소에서 그를 계속 사무변호사 또는 변호사로 표시하는 경우 또는

(b) 그의 이름이 법률사무소의 편지지에 "고문"으로 나타나며, 그 편지지에 변호사가 업무를 행하지 않는다고 명백히 되어 있지 않은 경우

단독개업변호사—20.03

22. 2009년 7월 1일부터, 규칙 제20.03조는 사무변호사나 등록유럽변호사가 공인된

단독개업변호사로서 SRA로부터 인가받거나 그 규칙에 따라 면제되는 경우가 아닌 한 잉글랜드와 웨일즈에서 단독개업변호사로 업무를 행하는 것을 금한다. 현존하는 단독개업변호사로 공인받을 자격을 갖춘 자는 2009년 7월 1일자로 공인된 것으로 간주될 것이다. 그 날짜 이후에 단독 개업하기를 원한다면 SRA에 개업증명서(사무변호사의 경우) 또는 등록증명서(등록유럽변호사의 경우)에 그 취지의 기재를 신청할 필요가 있다.

23. 이 규칙은 다음의 업무를 하는 사무변호사와 등록유럽변호사에게 이 요구사항을 면제한다:
   (a) 전적으로 해외에서 업무를 수행하는 경우
   (b) 그들을 고용하고 (예, 고문 및 임시대리인) 완전한 책임을 지는 회사를 위한 업무만을 수행하는 경우
   (c) 무료로 친구, 친척, 완전하게 소유하는 회사나 등록된 자선단체에 대해 전문적 서비스를 제공하고 선서절차진행 및 법정 선언하는 업무만을 수행하는 경우
   (d) 특정 사무소 또는 지정인의 기능을 이행하는 과정에서 행해지는 활동 업무만을 수행하는 경우

24. 이 규칙은 다음에 해당하는 사무변호사나 등록유럽변호사가 공인된 단독개업변호사로서 공인받기 위한 임시 신청을 하도록 공인된 단독개업변호사의 사망으로부터 28일의 기간을 허용한다.
   (a) 단독개업변호사의 집행인
   (b) 단독개업변호사의 유산관리인이 지정한 업무의 경영자 또는
   (c) 법률사무소의 피고용자

   신청이 받아들여지는 경우, 그 공인은 사망일로부터 개시된 것으로 간주된다.

25. 유산관리인, 업무의 경영자 또는 피고용자의 자격으로서의 공인은 그 유산의 청산 또는 사망일로부터 12개월 중 먼저 도래하는 날 이후의 기간까지 연장되지 않는다.

법률 업무에의 참여—20.04

26. 규칙 제20.04조는 (공인된 단체의 경영자, 구성원 또는 소유자이거나 법률서비스 제공과 관련하여 잉글랜드와 웨일즈에서 공인된 단체, 공인된 단독개업변호사 또

는 인가받은 비SRA법률사무소에 의하여 고용된) 사무변호사, 등록유럽변호사 또는 등록외국변호사는 사무변호사, 등록유럽변호사 또는 등록외국변호사로서 참여해야 한다고 규정한다(다른 자격으로도 참여하는 경우라고 하더라도 그렇다).

사무변호사규제기관(SRA) 및 법률민원서비스와 협력할 의무—20.05

27. 규칙 제20.05조는 변호사가 사무변호사규제기관(SRA) 또는 법률민원서비스와의 모든 의사소통에 대처할 것을 요구한다. 이는 변호사가 적절한 시기에 신속하고 실질적으로 소통(예컨대 변호사나 소속 법률사무소에 대한 민원사항을 언급한 편지)에 응해야 할 필요가 있음을 의미한다.

28. 제20.05조에서 부과된 의무는 의뢰인이나 다른 사람들에 대한 변호사의 법적 의무에 의해 제한될 수 있다. 그 예로 의뢰인의 비밀과 특권을 보호할 변호사의 의무를 들 수 있다.

29. 변호사가 그의 행위와 관련된 사항에 대한 설명 요구에 응하지 않을 경우 공인된 단체의 승인, 사무변호사의 개업증명서 또는 등록유럽변호사나 등록외국변호사의 등록에 조건이 부과되거나, 심지어 사무변호사규제기관(SRA)에 의한 개업증명서 또는 등록 갱신의 거부를 초래할 수 있음을 주의해야 한다.

30. 규칙 제1.02조(청렴성) 및 제1.06조(공공의 신뢰)는 변호사가 청렴하게 행동하고, 일반인이 변호사나 그의 직업에 부여하는 신뢰를 파괴할 만한 행동을 하지 말 것을 요구한다. 따라서 반대되는 적합한 이유가 없는 한, 법률서비스옴부즈맨으로부터의 구속력 있는 명령이나 정보 요청에 따라야 한다. 마찬가지로, 모든 우선적인 의무들을 준수한다는 전제하에서, 법정변호사협회 기타 다른 규제단체가 그 직역의 구성원의 행위를 조사할 경우 그들을 돕는 것이 적절하다. 사무변호사규제기관(SRA)이 아닌 공인 규제기관으로부터 인가받은 개인은 그 규제기관의 요구사항을 준수해야 한다.

31. 조사나 조회를 늦추기 위한 남용적 소통 및 비합리적 시도는 제20.05조에서 요구하는 협력과 부합하지 않는다.

32. 규칙 제20.05조(3)은 사무변호사, 등록유럽변호사, 등록외국변호사 및 공인된 단

체가 특정 사안에 관하여 사무변호사규제기관(SRA)의 요구사항을 준수하기 위하여 다음 조치를 신속하게 취할 것을 요구한다.

(a) 배상 청구를 할 수 있는 사람이 있는지 여부의 조사
(b) 배상 청구를 할 수 있는 사람의 신원을 확인하는 보고를 사무변호사규제기관(SRA)에 제공
(c) 배상 청구를 할 수 있는 사람들에게 통지하여 그들에게 민원처리절차에 대한 관련 정보를 제공
(d) 청구권자가 마치 민원을 제출한 것과 같이, 법률사무소의 민원처리절차에 따라 처리

심각한 부정행위 및 심각한 재정난의 보고—20.06

33. 제20.06조의 목적은 공중 및 변호사 직역의 청렴성을 보호하기 위한 것이다. 종종, 직업적 동료들이 민원이 제출되기 전에 심각한 부정행위 및/또는 법률사무소의 재정난이 초래하는 위험을 알게 될 것이고, 사무변호사규제기관(SRA)이 이를 통지받게 된다면 적시에 조치를 취할 수 있다. 요청이 있으면 사무변호사규제기관(SRA)의 사기 및 비밀정보국은 익명으로 이러한 성질의 정보를 고려할 것이다.

34. 법률에 의하여 사안을 보고할 의무가 없는 한, 제20.06조는 다른 변호사가 다음의 경우에 제공한 비밀 및/또는 특권이 부여된 정보에는 적용되지 않는다:
(a) 의뢰인 또는 소속 법률사무소의 의뢰인의 자격으로 제공한 경우 또는
(b) 사무변호사조력계획(Solicitors' Assistance Scheme) 또는 로케어(Lawcare)와 같은 비밀 상담전화에서 조언을 구하면서 제공한 경우

35. 변호사가 아는 사항을 다른 사람이 이미 보고했음을 알기 때문에 아무런 행동을 취하지 않은 경우에는 제20.06조 위반이 되지 않는다.

36. "부정행위"가 "심각"한 것으로 고려될 수 있는지 여부 및 법률사무소의 재정난이 공중을 위험에 처하게 할 수 있는지 여부는 개별 사안에 따라 구체적으로 판단한다. 일반적으로, 부정이나 속임수와 관련된 그 어떤 행위나 심각한 범죄는 "심각한 부정행위"가 될 수 있다. 변호사의 판단 상 법률사무소의 재정난이 그 의뢰인이나 다른 사람들에게 위험을 초래한다면, 그는 그 사항을 보고해야 하고, 그가 원한다면 비밀로 보고할 수 있다.

37. 소속 법률사무소 내에서 이루어지고 클레임을 초래할 수 있는 부정행위를 보고하는 경우, 변호사는 보험자에 대한 그의 의무 또한 고려해야 한다. 규칙 제3장(이익충돌)에 대한 지침 54 또한 참조.

38. 다른 변호사나 법률사무소에 대한 보고가 기밀 정보의 누설이 된다면 변호사는 미리 그의 의뢰인의 동의를 얻어야 한다.

39. 변호사는 자금 세탁 활동의 증거가 있을 수 있는 경우 주의해야 한다(2002년 범죄행위수익법, 다른 관련 법률 및 규정, 그리고 사무변호사협회 및 사무변호사규제기관(SRA)이 이 주제에 관해 발행한 지침 참조).

민원의 방해 – 20.07

40. 의뢰인 또는 제3자와의 어떤 합의도 사무변호사규제기관(SRA)이나 법률민원서비스가 부정행위를 조사하거나 민원사항을 고려하는 권한에 영향을 미칠 수 없다. 그러한 합의를 하기 위한 시도는 제20.07조의 위반이 된다. 제20.07조를 위반하는 상황들의 예는 다음과 같다.
    (a) 사무변호사규제기관(SRA)이나 법률민원서비스가 변호사 또는 소속 법률사무소의 구성원의 행위에 대해 조사하는 것을 막는 모든 합의에 연관된, 의뢰인을 위한 수임/지시를 수용하는 것
    (b) 부정행위로 의심되는 것을 보고하지 않는 대가로 합당하지 않게 보상을 요구, 제공, 수용하는 것
    (c) 민원사항이나 잠재적 민원사항에 영향을 주기 위해 불이익을 부과하거나 합당하지 않은 압박을 가하는 것
    (d) 사무변호사규제기관(SRA)이나 법률민원서비스에 대한 민원에 포함된 자료와 관련하여 의뢰인이나 종전 의뢰인에 대하여 명예훼손 소송을 제기하는 것

41. 그러나 다음 사항은 제20.07조의 위반이 되지 않는다.
    (a) 의뢰인의 민원이 근거가 없다고 의뢰인을 설득하는 합당한 시도 및
    (b) 불충분한 전문 서비스의 경우, 불만을 품은 의뢰인에게 보상하겠다는 합의를 제안하는 진정한 시도

서류, 정보 및 설명의 제출—20.08

42. 사무변호사규제기관(SRA)은 제20.08조에 따른 권한을 오직 법에 따라 정당한 목표를 추구하고 그 목표에 균형이 맞도록 행사할 것이다.

43. 사무변호사규제기관(SRA)은 다음의 경우 제20.08조에 따라 획득한 정보 및 그 지정인이 준비한 보고서를 이용하거나 공개할 수 있다.
    (a) 사무변호사징계위원회의 절차에서,
    (b) 만약 변호사나 소속 법률사무소의 경영자, 피고용자, 구성원 또는 소유자가 심각한 범죄를 저지른 것으로 보이는 경우, 수사 및 후속 기소를 위해, 경찰, 왕실검찰 또는 주요사기청(Serious Fraud Office)에게,
    (c) 등록유럽변호사와 등록외국변호사의 모국에서의 변호사 규제단체에게,
    (d) 설립지침(Establishment Directive)에 따라 등록된 사무변호사가 등록된 규제단체에게,
    (e) 소속 법률사무소의 경영자 또는 피고용자의 규제단체에게; 및/또는
    (f) 법률사무소의 회계사보고시에 서명한 회계사가 구성원인 단체 또는 그 회계사를 규제하는 단체에게{또한 그가 장래에 회계사보고서에 서명할 수 있는 자격을 박탈하는 것과 관련하여 사무변호사규제기관(SRA)은 위 정보와 보고를 참작할 수 있다}

44. 1974년 사무변호사법 제44B조 및 제44BA조는 사무변호사규제기관(SRA)에게 직업적 부정행위 또는 규제 불준수가 있었는지 여부를 조사하는 목적으로 서류 제출을 요구하고, 정보를 제공하며, 설명할 권한을 부여한다.

클레임에 대한 대처—20.09

45. 제20.09조의 목표는 클레임이나 잠재적 클레임이 공정하고 효율적으로 처리됨을 확인하는 것이다. 특히, 의뢰인은 클레임을 일으킬 수 있는 작위 또는 부작위에 대해 가능한 가장 빠른 기회에 조언을 받아야 한다. "클레임"은 사무변호사배상책임보험규칙(최소한의 조건들)에서 주어진 의미를 갖는다.

46. 변호사는 그의 이익과 의뢰인의 이익 사이에 이익충돌이 일어났는지 여부를 고려해야 한다. 이익충돌이 없는 경우는 드물 것이다. 이익충돌이 있는 경우, 변호사

는 그 사안에 대해서 더 활동하기를 거절해야 한다.

47. 제2.05조에 따라 법률사무소는 민원사항처리절차를 운영해야 한다. 민원사항은 클레임으로서가 아니라, 적절하다면, 그 절차 하에서 처리되어야 한다. 예컨대 만약 의뢰인이 단순히 형편없는 서비스에 관련된 민원을 제출한다면, 그 민원사항을 클레임으로 다루는 것은 부적절할 것이다.

48. 클레임이 효율적으로 처리되기 위해서, 변호사는 보험조건에 따라 적격 보험회사 또는 할당위험풀(ARP) 경영자와 상의해야 한다. 어떤 상황에서는, 변호사는 그의 의뢰인의 입장을 유지하기 위해 제한된 조치를 취할 필요가 있을 수 있다.

49. 종결된 업무를 계속 검토해야 할 일반적 의무는 없다. 그러나 종전 의뢰인과 관련하여 클레임을 일으킬 수 있는 행위 또는 부작위를 발견한 경우, 변호사는 그의 강행적 전문직 배상책임보험자{또는 경우에 따라 사무변호사배상책임기금(SIF)}에게 이를 알리고 앞으로 취해야 할 단계에 대한 조언을 구해야 한다.

50. 사무변호사배상책임보험규칙에 따라 법률사무소는 그의 보험자에 대한 상세 사항을 클레임을 주장하는 자에게 제공해야 한다. 그 상세 사항은 적격 보험자의 이름과 주소 및 보험증권 번호이다. 클레임을 일으킬 수 있는 행위 또는 부작위를 발견한 경우, 변호사가 잠재적 청구인에게 이 상세 사항들을 제공하는 것이 바람직한 일 처리가 된다. 사무변호사규제기관(SRA)은 그렇게 하는 것이 적절하다고 여겨지는 경우 클레임을 주장하는 자에게 법률사무소의 적격 보험자에 대한 정보를 공개할 수 있다.

51. 변호사와 그의 보험자는 또한 직업적 과실 소송 전 프로토콜의 조건을 준수하여야 한다(법무부 웹사이트에서 입수 가능).

52. 프로토콜의 목표는 당사자 간에 조기에 정보의 교환을 하는 체제를 확립하여 클레임이 완전히 조사되고 가능하다면 소송의 필요 없이 해결되는 것을 목표로 한다. 이는 다음을 포함한다.
(a) 당사자가 동등한 지위에 있음을 확실히 하는 것
(b) 비용의 절약
(c) 다음 사항을 반영하여 균형 잡힌 방법으로 분쟁에 대처하는 것

(i) 관련된 자금의 규모
(ii) 사건의 중요성
(iii) 쟁점의 복잡성 및
(iv) 각 당사자의 재정적 상태 및

(d) 클레임이 신속하고 공정하게 처리됨을 확실히 하는 것

53. 법원은 프로토콜을 준수하지 않은 자에 대해서 비용부담을 명할 수 있다. 일반적으로는 그 프로토콜이 준수되고 있는지는 보험자가 확실하게 할 일이지만, 보험자로부터 정보제공을 요청받은 경우와 변호사가 그 클레임을 처리하는 것에 보험자가 동의한 경우에는 변호사도 그것을 알고 있어야 한다.

조건의 준수—20.10

54. 사무변호사규제기관(SRA)은 변호사의 개업증명서, 등록외국변호사 또는 등록유럽변호사로서의 등록 또는 변호사의 공인된 단체로서의 공인에 대해 또는 공인된 단독개업변호사의 개업증명서 또는 등록에 대해 조건을 부과할 권한이 있다. 변호사는 조건을 준수하여야 한다.

사내 사무변호사

55. 사내 사무변호사는 다음에 해당하지 않는 한 개업증명서를 갖출 필요가 없다.

(a) 명시적으로 사무변호사로 표시되거나 고용된 경우 또는 "변호사" 또는 "고문"과 같은 설명이나 표제를 사용하여 묵시적으로 사무변호사로 표시되거나 고용된 경우

(b) 유보된 업무를 하는 경우(1974년 사무변호사법에서 규정한 대로 또는 2007년 법률서비스법 부록 3에 따라, 동료 피고용자의 지시 또는 감독 하에 하는 경우는 제외)

(c) 법정변호사에게 위임하기 위해서 사무변호사로서의 자격에 의존하는 경우

(d) 제5.02조(1)(c)(법률센터), (d)(i)(법률구조) 또는 (d)(ii)(일반인을 위한 소송 또는 변호)에서 설시된 제한된 상황 하에서 "감독할 자격 있는 자"의 역할을 이행하는 경우 또는

(e) 1998년 사무변호사회계규칙 규칙 제23조(1)(a)에 따라, 의뢰인 계좌로부터의 자금 인출을 승인하는 경우.

56. 인가받은 비SRA법률사무소(예컨대 면허 있는 양도자 또는 특허대리인)에 고용된 사무변호사는 이 규칙의 목적상 사내 사무변호사로 취급되지 않는다. 그들은, 법률사무소가 인가받은 범위 내에서, 법률사무소 자체를 위해서뿐 아니라 법률사무소의 의뢰인들을 위해 일할 수 있다. 그들은 또한 법률사무소 자체, 관련 단체들, 직장 동료들 및 공익을 위하여 보다 넓은 범위의 일을 할 수 있다. 제12.01조 (1)(d) 참조.

규칙 제21장: 별도 사업

도입

별도 사업은 공인된 단체, 공인된 단독개업변호사, 인가받은 비SRA법률사무소 또는 제12.01조(2)(a)-(d)나 제12.02조(2)(a)-(d)의 법률사무소는 아니지만 공인된 단체가 적법하게 제공할 수 있는 서비스를 제공하는 사업이다. 규칙 제21장은 사무변호사의 법률 업무와 사무변호사의 별도 사업 운영의 관계를 다음과 같은 목적으로 규제한다.

- 일반인이, 실제로는 그렇지 않음에도 불구하고, 사무변호사, 등록유럽변호사 또는 등록외국변호사가 영위하는 사업이 사무변호사규제기관(SRA)이나 다른 공인 규제기관에 의해 규제된다고 믿게끔 혼동을 일으키거나 오해를 일으키지 않도록 하고,
- 개업변호사의 의뢰인들에게 부여된 보호가 주된 법률서비스들과 관련하여 갖추어져 있도록 하고,
- 의뢰인이 실정법적 보호를 잃는 방식으로 사무변호사가 사안이나 사건을 분리시키는 것을 방지한다.

이 규칙은 변호사의 해외 업무에 대하여는 규칙 제15.21조에 의하여 수정되어 적용된다.

규칙

21.01 통칙

(1) 사무변호사, 등록유럽변호사, 등록외국변호사 또는 공인된 단체로 잉글랜드와 웨일즈의 사무소에서 업무를 행하는 경우, 또는 공인된 단체의 경영자 또는 피고용자이거나 공인된 단독개업변호사의 피고용자인 경우 다음과 관련하여 이 규칙의 조항들을 준수하여야 한다.

(a) 별도 사업체를 통하여 제공될 수 없는 서비스

(b) 별도 사업체를 통하여 또는 (이 규칙이 적용되는 전제 하에서) 법률사무소나

사내법률업무를 통하여 제공되는 서비스 및

(c) 사무변호사의 업무 범위 외에 속하는 그러나 법률사무소 또는 사내법률업무와 관련하여 제공되는 서비스

(2) 이 규칙은 별도 사업이 잉글랜드와 웨일즈 내인지 또는 관할지역 외인지 불문하고, 변호사의 별도 사업 관여에 적용된다.

(3) 의문의 여지를 없애기 위해, 이 규칙의 "업무"는 사내 사무변호사 또는 사내등록 유럽변호사로 업무를 행하는 것을 포함한다.

21.02 별도 사업을 통하여 제공될 수 없는 서비스

(1) 아래 (2)의 예외를 제외하고, 변호사는 다음의 서비스를 별도 사업을 통하여 제공하여서는 안 된다.

(a) 절차가 개시되었는지 여부를 불문하고 법원, 심판소 또는 청문회에 회부될 수 있는 모든 사항의 수행

(b) 법원, 심판소 또는 청문회에서의 변호

(c) 영국의 모든 지역에서의 법정변호사에 대한 위임

(d) 이민 조언 또는 이민서비스

(e) 양도, 유언의 적용 또는 집행문서와 관련한 모든 활동 또는 신탁증서 또는 법원서류의 작성으로서, 1974년 사무변호사법에 따라 사무변호사들 및 다른 사람들에게 유보된 것들

(f) 유언장의 작성

(g) 공증인, 수탁인 또는 집행자로서 잉글랜드와 웨일즈에서 활동

(h) 위에 포함되지 않은 법적 조언 또는

(i) 위에 포함되지 않은 법률 문서의 작성

예외

(2) 위 (1)의 조항은 변호사가 다음과 같은 별도 사업을 통하여 서비스를 제공하는 것을 금지하지 않는다.

(a) 다른 관할지역의 변호사로서 법률 업무를 수행하는 별도 사업

(b) 의회대리인으로서 업무를 수행하는 별도 사업

(c) 금융서비스를 제공하는 별도 사업의 업무의 부수적인 그러나 필요한 일부로 운영되는 전부 소유한 명의자 회사

(d) 별도 사업의 주요 서비스의 하나인 다른 어떤 서비스의 부수적인 그러나 필

요한 일부로서, 위 (1)(h) 및/또는 (i)의 법적 조언을 제공하고/또는 법률 문서를 작성하는 별도 사업

그러나 그러한 모든 별도 사업과 관련하여 제21.05조의 요건사항들을 준수하여야 한다.

21.03 법률사무소나 사내법률업무와 관련하여 제공할 수 있는 서비스

(1) 다음의 서비스들은 사무변호사의 업무의 범위 밖에 속한다. 그러나 변호사는 그러한 서비스들을 법률사무소나 사내법률업무와 관련하여 제공할 수 있다.

(a) 교육 및 훈련 활동 및

(b) 저술 활동, 저널리즘 그리고 출판

(2) 그러한 서비스들은 이 규칙의 목적상 별도 사업을 통하여 제공되지 않는다.

21.04 별도 사업을 통하여 또는 법률사무소나 사내법률업무를 통하여 (이 규칙들의 적용을 받으면서) 제공할 수 있는 서비스

(1) 변호사는 별도 사업을 통하여 또는 법률사무소나 사내법률업무를 통하여 다음의 서비스들을 (이 규칙들의 적용을 받으면서) 제공할 수 있다.

(a) 대체 분쟁 해결수단

(b) 금융서비스(사무변호사의 업무의 부분이 될 수 없는 것들은 제외)

(c) 부동산 대리

(d) 경영 컨설팅

(e) 회사 총무 업무서비스(secretarial service)

(f) 의회 대리인으로서의 활동

(g) 다른 관할지역의 변호사로서의 업무

(h) 행정관(bailiff)으로서의 활동

(i) 명의인, 수탁자 또는 유언집행자로서 잉글랜드와 웨일즈 밖에서 활동하는 것 또는

(j) 다른 사업 또는 법률사무소나 사내법률업무를 통하여 (이 규칙들의 적용을 받으면서) 제공될 수 있으나 제21.02조에는 포함되지 않는 조언 또는 대리서비스를 제공하는 것

(2) 별도 사업을 통하여 위 (1)에 열거된 어느 서비스를 제공하는 경우 제21.05조를 준수하여야 한다.

21.05 별도 사업과 관련된 안전장치

(1) 별도 사업을 통하여 서비스를 제공할 경우, 변호사는 업무의 수행 과정에서 또는 사건을 소개하거나 소개받는 과정에서 규칙 제1장(핵심적 의무)을 위반하는 어떠한 행위도 하여서는 안 된다.

(2) 변호사는 제21.04조(1)에 열거된 서비스들을 제안하거나 제공하는 별도 사업과 관련하여 다음의 안전장치들이 갖추어져 있도록 해야 한다.

(a) 별도 사업이 사무변호사규제기관(SRA)이나 다른 공인 규제기관이 규제하는 업무를 수행하고 있다거나 또는 법률사무소와 관련된 어떠한 변호사도 사무변호사규제기관(SRA)이나 다른 공인 규제기관으로부터 규제받는 개업변호사로서 별도 사업을 통해 서비스를 제공하는 것으로 표시되거나 설명되어서는 안 된다.

(b) 별도 사업과 그 고객들에 관련된 모든 문서작업, 서류, 기록 및 파일들은 법률사무소 또는 사내법률업무에 관련된 것들과 구분 보관하여야 한다. 별도 사업의 고객이 법률사무소 또는 사내법률업무의 의뢰인인 경우에도 그러하다.

(c) 의뢰인 계좌 또는 법률사무소나 사내법률업무의 의뢰인을 위한 자금을 보유하기 위해 사용된 다른 계좌는 별도 사업을 위한 자금 또는 별도 사업의 고객의 자격으로서의 그러한 고객들을 위한 자금을 보유하기 위해 사용되어서는 안 된다.

(d) 별도 사업이 법률사무소나 사내법률업무와 부지, 사무소 시설 또는 출입구 직원을 공유하는 경우:

(i) 법률사무소나 사내법률업무에 이용된 지역은 별도 사업에 이용된 지역과 명확하게 구별되어야 하며

(ii) 별도 사업의 고객들은 그 사업이 사무변호사규제기관(SRA)에 의하여 규제되지 않으며 사무변호사규제기관(SRA)에 의해 규제되는 변호사의 의뢰인들에 부여된 실정법적 보호가 그 사업의 고객들에게는 적용되지 않다는 점을 알려주어야 한다.

(e) 변호사 또는 소속 법률사무소가 의뢰인을 별도 사업에 소개하는 경우, 그 의뢰인에게 먼저 그 별도 사업에 대한 변호사의 이해관계 및 그 별도 사업이 사무변호사규제기관(SRA)에 규제되지 않는다는 점, 그리고 사무변호사규제기관(SRA)에 의해 규제되는 변호사의 의뢰인들에 부여된 실정법적 보호가 그 사업의 고객들에게는 적용되지 않다는 점을 알려주어야 한다. 그리고

(f) 별도 사업이 부동산 대리인 경우, 이익충돌에 관한 이 규칙들의 조항들을 침

해함이 없이, 변호사 또는 소속 법률사무소는, 다음의 예외 요건을 모두 충족하지 않는 한, 그 부동산 대리를 통하여 매도된 부동산의 매수인을 대리하여 양수도 업무를 해서는 안 된다.

(i) 법률사무소가, 변호사 또는 법률사무소가 금전적 이해관계를 갖지 않는 최소한 하나의 다른 사업체와 부동산 대리업의 소유권을 공유할 것,
(ii) 변호사 또는 법률사무소의 어느 누구도 그 매도인의 부동산매도를 별도 사업을 위하여 처리하고 있거나 처리해오지 않았을 것, 그리고
(iii) 매수인에게 변호사가 매도에 대하여 가지는 금전적 이해관계를 설명한 후, 매수인이 변호사 또는 법률사무소에게 서면 동의를 할 것

규칙 제21장에 대한 지침—별도 사업

1. 별도 사업은 법률사무소 (공인된 단체, 공인된 단독개업변호사, 인가받은 비SRA법률사무소 또는 해외 법률사무소)의 법률업무 또는 사내법률업무는 아니나 법률사무소나 사내법률업무에 의해 적절하게 제공될 수 있는 서비스를 제공한다. 예컨대 주택정보서류철의 제공을 위한 소유권 확인, 조사 등.

2. 별도 사업을 통하여 서비스를 제공하는 것은 그 서비스를 제공하는 별도 사업에 적극적으로 관여하는 것을 의미한다. 규칙 제24장(해석)의 "별도 사업" 및 "별도 사업을 통한 서비스의 제공"의 정의 참조. 예컨대 금융서비스를 제공하는 회사의 비집행이사가 되거나 사소한 지분을 갖는 것만으로는 별도 사업을 통하여 서비스를 제공하는 것에 해당하지 않는다.

3. 잉글랜드와 웨일즈에는 비변호사가 법적 조언을 하거나 유언서의 작성 또는 부동산의 관리 또는 그러한 서비스를 제공하는 사업을 운영하는 것에 대한 법률적 장애가 없다. 그러나 법률사무소 또는 사내법률업무의 의뢰인은 이 규칙들, 사무변호사규제기관(SRA)의 규제 권한, 배상기금 및 (공인된 단체나 공인된 단독개업변호사가 서비스를 제공하는 경우에는) 사무변호사규제기관(SRA)의 강행적 배상책임보험제도에 따른 배상책임보험이 제공하는 보호를 받는다. 법률사무소나 사내법률업무가 아닌 사업의 고객들은 동일한 보호를 받지 못한다.

4. 규칙 제21장은 잉글랜드와 웨일즈의 사무소로부터 업무를 행하는 사무변호사, 등

록유럽변호사, 등록외국변호사 또는 공인된 단체, 공인된 단체의 경영자 또는 공인된 단체 또는 공인된 단독개업변호사의 피고용자로, 잉글랜드와 웨일즈에서 업무를 행하는 자에게 적용된다. 이 규칙은 다음의 두 가지 기능을 한다.

(a) 일반인이 사무변호사규제기관(SRA)이나 다른 공인 규제기관에 의해 규제되는 변호사가 제공할 것을 기대하는 종류의 서비스(즉, 핵심 법률서비스)들을 규제되지 않는 사업으로 분리하는 것을 금지한다. 또한,

(b) 분리하는 것이 허용된 다른 서비스들{일반인이 사무변호사규제기관(SRA)에 의해 규제되는 변호사만이 제공할 것을 반드시 기대하지는 않으나 "사무변호사-유사" 서비스인 것들}과 관련하여 안전장치를 만들 것을 요구한다.

이상은 별도 사업이 해외에서 이루어지더라도 적용된다.

5. 이 규칙의 목적은

(a) 일반인이, 실제로는 그렇지 않음에도 불구하고, 사업이 사무변호사규제기관(SRA)이나 다른 공인 규제기관에 의해 규제된다고 믿게끔 혼동 또는 오해를 일으키지 않도록 확실히 하는 것과

(b) 개업변호사 또는 법률사무소의 의뢰인들에게 부여된 보호가 핵심 법률서비스들과 관련하여 갖추어져 있음을 확실히 하는 것 및

(c) 의뢰인이 실정법적 보호를 잃는 방식으로 개업변호사 또는 법률사무소가 사안이나 사건을 분리시키는 것을 방지하는 것이다.

6. 이 규칙의 조항들은 전적으로 잉글랜드와 웨일즈 밖에서 업무를 행하는 경우에는 적용되지 않는다. 그러나 별도 사업에 대한 관여와 관련하여 제15.21조(2)를 준수하여야 한다.

7. 사내 사무변호사가 사내법률업무 외에 별도 사업을 갖고 있는 경우, 규칙 제21장을 준수하여야 하고, 잉글랜드와 웨일즈 밖에서 고용되어 있다면, 제15.21조(2)를 준수하여야 한다.

사무변호사규제기관(SRA)에 의해 규제되지 않는 전문가로서의 사업 —21.02(2)(a)와 (b)

8. 별도 사업을 통하여 핵심 법률서비스를 일반적으로 제공하지 않을지라도, 의회대리인으로서 또는 다른 관할지역의 변호사로서 별도 사업을 할 수 있다. 그러한 사

업은 제21.02조(1)에 열거된 활동들 중 몇몇을 행할 수 있으며, 제21.02조(2)는 변호사가 그러한 사업체를 갖는 것이 금지되지 않는다고 설시한다. 제21.05조에 설시된 별도 사업을 위한 안전장치는 그 사업이 사무변호사가 제공하는 서비스를 규율하는 것과는 다른 법적 및 규제적 틀에 의해 규율됨을 명확하게 하는 것을 의도하고 있다.

9. 과거 등록유럽변호사이었던 사무변호사가 설립지침(Establishment Directive)에서 정하는 직업의 변호사로서 영국에서 업무를 행하는 경우, 그가 사무변호사로서 업무를 행하는 것과 마찬가지로 직업적 행위규칙 및 사무변호사규제기관(SRA)의 규제적 절차의 적용을 받으며, 따라서 그러한 업무는 별도 사업으로 간주되지 않음을 주의하라—제15.01조(2)(b)(v), 제20.02조(4) 및 제23.01조(1)(e), 그리고 설립지침 규정(Establishment Directive Regulations) 제36조 참조.

다른 서비스의 필요하고 부수적인 부분으로서의 법적 조언

10. 별도 사업을 통하여 법적 조언을 제공하고 법적 서류를 작성하는 것을 금지하는 것은, 그 조언이나 작성이 변호사가 별도 사업을 통하여 제공하는 것이 허용된 다른 사업의 필요하지만 부수적인 부분일 경우 적용되지 않는다. 그 하나의 예로 1998년 정보보호법(Data Protection Act 1998)에 따른 의무에 대한 부수적인 조언을 하는 경영 컨설팅 사업을 들 수 있다.

유언집행자, 수탁자 및 명의인 회사

11. 변호사는 별도 사업을 통하여 잉글랜드와 웨일즈에서 유언집행자, 수탁자 또는 명의인 서비스를 제공하는 것이 허용되지 않는다. 법률사무소의 법률 업무와 관련하여 운영되는 유언집행자, 수탁자 또는 명의인 회사는 공인된 단체이어야 한다. 그 이유는 다음과 같다.
    (a) 회사가 별도의 법인격을 가지므로, 법률사무소가 회사를 소유할 경우 그리고 그 회사가 법률사무소의 의뢰인들에게 서비스를 제공할 경우 그 서비스를 제공하는 것은 법률사무소가 아닌 회사가 된다.
    (b) 법률사무소의 의뢰인들을 위한 서비스를 제공하는 회사는 규칙 제21장의 목적상 "사업"을 구성한다. 그 회사가 회사법의 목적상 휴면회사이거나, 서비스에 대하여 의뢰인들에게 청구하지 않는 경우에도 그러하다.

12. 잉글랜드와 웨일즈 밖에서 유언집행자, 수탁자 및 명의인 서비스를 제공하는 별도 사업을 하는 것이 허용된다. 이 경우, 요구된 안전장치를 갖추어야 한다. 한편, 규칙 제12장(변호사 업무의 전체적인 구조)의 해외법인으로서 오직 잉글랜드와 웨일즈 밖에서 서비스를 제공하는 유언집행자, 수탁자 또는 명의인 회사를 운영할 수 있다.

회사에 총무업무서비스를 제공하는 회사들

13. 법률사무소는 의뢰인들에게 회사 총무업무서비스를 제공하는 것이 목적인 회사를 소유할 수 있다. 그러한 회사는 법률 업무를 하는 것으로 운영될 수도 (이때는 공인된 단체가 되어야 함) 있고 또는 "별도 사업"으로 운영될 수도 {이때는 규칙 제21장을 준수하여야 하고 자금세탁방지 법규에 따라 영국국세관세청(HMRC)의 별도 규제를 받을 필요가 있을 수 있음} 있다

서비스 회사들

14. 직원의 고용, 부지, 가구와 시설의 임차 및 일반적 유지와 같이, 그 회사를 전적으로 소유하는 법률사무소의 운영과 관련된 행정적 기능만을 수행하기 위한 서비스 제공 목적을 위하여 운영되는 서비스 회사는 별도 사업이 아니며, 법률 업무를 행하는 것으로 간주되지 않으므로 공인된 단체일 것이 요구되지 않는다.

15. 개인 사무변호사가 그의 서비스를 법률사무소나 사내법률업무에 제공하기 위하여 설립한 회사는 별도 사업이 아니다. 개인 및 회사의 상황이 규칙 제24장의 "피고용자"의 정의에 대한 (c)(iii) 문단의 요건사항들을 충족한다면, 그 회사는 법률 업무를 행하는 것으로 간주되지 않을 것이고 그러므로 공인된 단체가 될 것을 요구받지 않을 것이다.

별도 사업의 마케팅 및 광고

16. 제21.05조(2)(a)상, 별도 사업이 사무변호사규제기관(SRA)이나 다른 공인 규제기관이 규제하는 업무를 수행한다거나 법률사무소와 관련된 변호사가 사무변호사규제기관(SRA)이나 다른 공인 규제기관으로부터 규제받는 개업변호사로서 별도 사업을 통해 서비스를 제공하는 것으로 보이는 방식으로 표시되거나 설명되어서

는 안 된다. 제21.05조(2)(b) 내지 (f)의 더 특정한 안전장치와 달리, 이 금지는 적용 범위가 넓고, 별도 사업과 거래하는 고객들과 제3자가 오도되지 않도록 하기 위한 모든 필요한 조치를 취할 절대적 요건에 이른다. 그러나 이는 변호사가 소속 법률사무소와 함께 별도 사업을 운영하거나, 별도 사업과 관련하여 소속 법률사무소를 언급하거나 자신이 변호사라는 사실을 언급하는 것을 금지하기 위한 의도는 아니다. 이 조항은 다음과 같은 의미를 가진다.

(a) 변호사는 소속 법률사무소와 동일한 명칭 하에 별도 사업을 합당하게 수행할 수 없다. 이는 그 사업이 법률사무소처럼 사무변호사규제기관(SRA)이나 다른 공인 규제기관에 의해 규제된다는 암시를 너무 강하게 줄 수 있기 때문이다. 다른 한편, 제21.05조(2)(a)는 소속 법률사무소와 연계하여 별도 사업을 운영하거나 유사 또는 관련된 명칭이나 "브랜드"를 사용하는 것을 금지하지는 않는다. 그러나 제21.05조(2)(a)를 따르기 위하여, 별도 사업을 법률사무소로부터 합당하게 구별하고 유사 또는 관련 명칭을 사용하는 별도 사업의 편지지나 다른 광고물의 표면에 별도 사업의 서비스는 개업변호사의 서비스가 아님을 분명하게 해야 한다.

(b) 변호사는, 자신의 별도 사업이 개업 사무변호사 내지는 등록외국변호사에 의하여 소유되고 운영되는 경우라면, 잠재적인 고객들에게 그 별도 사업에 대하여 광고할 수 없다. 이는 별도 사업의 서비스가 사무변호사규제기관(SRA)이나 다른 공인 규제기관이 규제하는 개업변호사에 의해 제공된다는 지나치게 강한 암시를 불러일으킬 수 있기 때문이다. 다른 한편, 제21.05조(2)(a)는 변호사 자격을 갖춘 사람들이 운영하고 소유한다는 전제 위에 별도 사업을 광고하는 것을 금하지 않는다. 다만, 별도 사업에 관여하는 변호사는 그 누구도 별도 사업을 통하여 법률 업무를 행하지 않는다는 점을 명확하게 하여야 한다.

(c) 규칙 제21.05조(2)(a)는 별도 사업에 관하여 "사무변호사", "변호사"라는 단어의 사용을 금하지 않는다. 그러나 그러한 언급이 사무변호사규제기관(SRA) 또는 다른 공인 규제기관의 규제를 받는 변호사가 별도 사업을 통하여 법률 업무를 행하는 것을 암시한다면, 이는 제21.05조(2)(a)의 위반이 될 것이다. 그러므로 그러한 모든 언급에는 별도 사업의 서비스가 개업변호사의 서비스로서 제공되는 것이 아님을 명백히 하는 적절한 단서가 붙어야 한다. 편지지머리말이나 다른 광고물에 다른 것을 참고하도록 언급한 경우, 위 설명은 동일한 서류 내에 있어야 한다.

금융서비스

17. 사무변호사가 업무의 일부분으로 수행할 수 없는 (그리고 사무변호사배상책임보험규칙에 의한 적격보험에 의하여 보장되지 않는) 금융서비스로는 은행업, 주식중개업, 보험인수업이 있다.

규칙 제22장: 적용면제

규칙

22.01

(1) 어느 특정한 사안이나 사안들에서 사무변호사규제기관 이사회는, 면제서류에 기재된 특정한 목적을 위하여, 이 규칙들의 조항의 적용을 서면으로 면제하거나, 적용면제에 조건을 부과하거나 적용면제를 철회할 권한이 있다.

(2) 위 (1)에도 불구하고, 사무변호사규제기관 이사회는 다음 규칙들의 조항들에 대해서는 적용을 면제할 권한이 없다.

(a) 규칙 제1장(핵심적 의무)

(b) 규칙 제3.01조 내지 제3.05조(대체분쟁해결수단, 양도 및 부동산매도와 관련된 조항들을 제외한 이익충돌)

(c) 규칙 제4장(비밀유지와 고지 · 공개)

(d) 규칙 제6장(평등과 다양성)

(e) 규칙 제15.01조, 제15.03조, 제15.04조, 제15.18조, 제15.22조, 제15.23조 및 제15.24조(잉글랜드와 웨일즈에서의 업무에 대해서는 적용면제될 수 없는 조항들을 적용하는 해외 업무 조항들)

(f) 규칙 제18장(부동산매도)

(g) 규칙 제22장(적용면제)

(h) 규칙 제23장(규칙의 적용) 및

(i) 규칙 제24장(해석)

규칙 제22장에 대한 지침—적용면제

1. 적용면제를 신청한다면, 변호사는 그의 상황이 적용면제를 받을 만큼 예외적임을 보일 필요가 있다. 이 경우 변호사직업윤리지도팀으로부터 조언을 얻을 수 있다. 공인된 단체의 법률 업무에서의 개인의 일에 관한 신청은 통상 공인된 단체 자신이 할 것으로 기대될 것이다.

2. 제22.01조(2)의 목록은, 어떠한 경우에도 다른 규칙들의 적용이 면제될 수 있음을

나타내는 것으로 받아들여져서는 안 된다. 적용면제함으로써 그 규칙의 전체적 목적에 반하게 되는 경우 적용면제가 주어질 수 없다. 예컨대 규칙 제2장(의뢰인과의 관계)의 많은 조항들의 적용이 면제되는 상황을 예상하기는 어렵다.

3. 사무변호사규제기관 이사회는 1990년 사무변호사업무규칙, 1990년 사무변호사해외업무규칙 또는 2004년 사무변호사법인업무규칙에 대한 기존의 적용면제가 2007년 7월 1일으로부터 2년의 기간 동안 (또는 면제에 명시된 종료일이 그보다 빨리 도래하는 경우, 그 종료일까지) 2007년 사무변호사행위규범의 적용면제조항으로 연장됨을 확인하였다. 모든 그러한 적용면제는 2년의 연장기간 종료 시 (또는 면제에 명시된 종료일이 그보다 빨리 도래하는 경우, 그 종료일에) 만료된다. 그러한 적용면제를 받은 법률사무소는 새로운 적용면제를 신청할 필요가 있는지 여부를 고려해야 하고, 만약 새로운 신청을 해야 한다면, 변호사직업윤리지도팀에 즉시 신청을 위해 연락해야 한다.

규칙 제23장: 규칙의 적용

규칙

23.01

이 규칙들은 다음과 같은 상황에서 적용된다.

잉글랜드와 웨일즈의 사무소에서의 업무와 관련한 적용

(1) 아래 (2)가 적용되는 전제 하에, 규칙 제1장 내지 제14장, 제16장 내지 제25장은 다음 변호사의 잉글랜드와 웨일즈의 사무소에서의 법률 업무에 적용된다.
- (a) 사무변호사나 등록유럽변호사(공인된 단독개업변호사 포함)
- (b) 공인된 단체
- (c) 등록외국변호사로서
  - (i) 공인된 단독개업변호사의 피고용자
  - (ii) 공인된 단체의 경영자, 피고용자, 구성원 또는 소유자
  - (iii) 공인된 단체의 경영자, 구성원 또는 소유자인 법인의 경영자, 구성원 또는 소유자
  - (iv) 인가받은 비SRA법률사무소에서 업무를 행하거나 그에 고용된 사람
- (d) 공인된 단체의 경영자나 피고용자 또는 공인된 단독개업변호사의 피고용자인 그 밖의 사람 또는
- (e) 종전에 등록유럽변호사이었던 사무변호사가 설립지침(Establishment Directive)에서 정하는 직업의 변호사로서 법률 업무를 수행할 때

(2)
- (a) 오직 이 규칙과 규칙 제1장, 제12장, 제20장, 제21장 및 제24장만이, 사무변호사, 등록유럽변호사 또는 등록외국변호사가 인가받은 비SRA법률사무소를 통하거나 그 법률사무소에 고용되어 법률 업무를 하되 그 법률사무소의 공인규제기관에 의하여 인가받은 종류의 일을 할 때 적용된다.
- (b) "인가받은 비SRA법률사무소를 통한 업무"라 함은 다음을 포함한다.
  - (i) 그 법률사무소가 조합이라면 파트너가 되는 것
  - (ii) 그 법률사무소가 유한책임조합(LLP)이라면 구성원이 되는 것 및
  - (iii) 그 단체가 회사라면 이사가 되거나 소유지분을 갖는 것

법률사무소의 의뢰인들을 위해 아무 일도 맡지 않더라도 그러하다.

잉글랜드와 웨일즈 밖의 사무소에서의 업무와 관련한 적용

(3) 이 규칙들은 규칙 제15장에서 정한 범위 내에서 잉글랜드와 웨일즈 밖의 사무소에서의 법률 업무에 적용된다.

23.02

규칙 제24장에 정의된 업무 범위를 벗어난 잉글랜드와 웨일즈에서의 활동과 관련하여, 변호사로서 맡았든 또는 어떤 다른 사업 또는 개인 자격으로 맡았든지 여부와 관계없이:

(a) 규칙 제1.06조(공중의 신뢰)는 사무변호사, 등록유럽변호사 또는 등록외국변호사에게 적용된다.

(b) 규칙 제10.01조(불공정한 이익을 취하지 않기)는 사무변호사 또는 등록유럽변호사에게 적용된다.

(c) 규칙 제10.05조(1)(c) 및 (d), (2) 및 (3)(업무 과정 외에서 행한 약속)은 사무변호사 또는 등록유럽변호사에게 적용된다. 또한,

(d) 규칙 제12.03조(2) 내지 (5)(등록외국변호사가 아닌 자격으로 법률 업무를 행하는 것, 잉글랜드와 웨일즈의 변호사로서 표시하는 것, 유보된 업무 또는 이민 업무를 불법하게 행하는 것)는 등록외국변호사에게 적용된다.

23.03

매도인 및 매수인을 위하여 행동하는 것과 관련한 변호사의 범위는 제3.07조(1)에 따라 해석되어야 하며, 임대인 및 임차인을 위하여 행동하는 것과 관련한 변호사의 범위는 제3.16조(1)에 따라 해석되어야 한다.

규칙 제23장에 대한 지침—이 규칙들의 적용

1. 규칙 제23장은 규칙 제15장을 제외한 모든 규칙들을, 사무변호사, 등록유럽변호사, 공인된 단체 또는 공인된 단체의 경영자나 피고용자 또는 공인된 단독개업변호사의 피고용자인 자가 잉글랜드와 웨일즈의 사무소에서 행하는 법률 업무에 적용한

다. 등록외국변호사에 대한 이 규칙들의 적용은 지침 4에서 다룬다.

2. 이 규칙들은 또한 잉글랜드와 웨일즈 밖의 사무소에서의 법률 업무에도 적용되나 오직 규칙 제15장에 규정된 범위 내에서 그러하다. 그러므로 사안이 잉글랜드와 웨일즈의 사무소에서의 업무와 연관되는지 또는 잉글랜드와 웨일즈 밖의 사무소에서의 업무와 연관되는지 여부가 규칙 적용의 핵심이다. 이는 관할지역이 교차하는 거래에 서로 다른 규칙들이 서로 다른 시기에 적용됨을 의미하지는 않는다. 예컨대 의뢰인이 런던 사무소에 거래 위임을 한다면, 그 거래는 잉글랜드와 웨일즈의 사무소에서의 업무로 분류될 것이다.

3. 이 규칙들은(2009년 3월 31일부터) 이제 공인된 단체의 피고용자들 및 공인된 단독개업변호사들에게 적용된다. 공인된 단체의 경영자들과 마찬가지로 그러한 피고용자들은, 견책이나 2,000파운드 이하의 벌금을 부과할 수 있는 사무변호사규제기관(SRA)에게 부여된 새로운 권한의 적용을 받는다. 어떤 규칙들은, 그들의 문구나 주제에 따라, 피고용자들에게 적용되지 않거나 제한적으로 적용될 것이다. 예컨대 제5.01조(1)(감독 및 경영 책임)은 오직 경영자와 법률사무소에 대해서만 적용될 수 있다. 규칙 제4.01조(비밀유지 의무)는 모든 피고용자들에게 적용하는 규칙의 주된 예이다. 그 위반에 대하여는 피고용자 개개인의 책임—법률사무소의 책임에 대해서는 침해함이 없이—으로 돌아갈 것이다. 이 규칙들은 잉글랜드와 웨일즈 밖에서 고용된 비사무변호사 피고용자(영국 내 다른 곳에서 고용된 등록유럽변호사 피고용자는 제외)에 대해서는 적용되지 않는다.

4. 이 규칙들은 잉글랜드와 웨일즈 내의 사무소에서의 업무와 관련하여, 공인된 단체의 경영자나 피고용자 또는 공인된 단독개업변호사의 피고용자인 등록외국변호사에 대해 적용된다. 인가받은 비SRA법률사무소의 경영자나 피고용자인 등록외국변호사는 지침 5에 설시된 방식으로 이 규칙들의 적용을 받는다. 지침 6에 설시된 것을 제외하면, 등록외국변호사는 여타 형태의 업무나 또는 업무 외에서 또는 잉글랜드와 웨일즈 밖의 사무소에서의 업무와 관련하여 이 규칙들의 어느 것도 적용받지 아니한다.

5. 사무변호사, 등록유럽변호사 또는 등록외국변호사가 인가받은 비SRA법률사무소의 경영자나 피고용자로서 법률 업무를 하되 그 법률사무소의 공인 규제기관에 의하여 인가받은 종류의 일을 할 때 규칙 제1장이 적용될 것이나, 이 규칙들의 나머지 대

부분은 회계규칙과 마찬가지로 적용되지 않는다. 구체적인 내용은 제23.01조(2)(a) 참조. 그러나 인가받은 비SRA법률사무소의 규제기관의 규칙들이 적용될 것이며, 이 규칙들의 심각한 위반은 규칙 제1장의 위반이 될 수 있다. 만약 법률사무소가 인가받은 범위 밖에 있는 종류의 일을 하는 경우에는 이 규칙들과 회계규칙의 적용을 받을 것이다. 이 규칙들은 법률사무소 자체를 위해, 또는 관련된 단체나 직장 동료들을 위해 또는 공익활동을 위해 변호사가 그러한 일을 하는 것을 허용한다. 제13.01조(2)도 참조.

6. 일정한 규칙들은 다른 형태의 업무와도 관련하여 적용되고, 또한 업무 외에도 적용된다.
   (a) 제1.06조(공중의 신뢰)에 따라, 사무변호사, 등록유럽변호사 또는 등록외국변호사는 일반인이 변호사 또는 법조 직역에 대해 부여한 신뢰를 감소시킬 만한 방식으로 행동해서는 안 된다. 규칙 제1.06장은 사무변호사, 등록유럽변호사, 등록외국변호사로서의 업무에서의 행위 및 업무 외에서의 행위 양자에 모두 적용되며, 잉글랜드와 웨일즈 또는 전 세계 다른 어느 곳에서의 행위든 적용된다.
   (b) 제10.01조(불공정한 이익을 취하지 않기)에 따라, 사무변호사 (전 세계 어느 곳이든지) 또는 등록유럽변호사(영국에서)는 업무 과정 내외를 불문하고 변호사의 지위를 이용한 불공정한 이익을 취해서는 안 된다.
   (c) 제10.05조(1)(c) 및 (d), (2) 및 (3), 그리고 제15.10조(2)(a)(ii) 및 (iii), (b) 및 (c)에 따라, 변호사가 사무변호사로서 또는 다른 설립지침 적용국(Establishment Directive state)에서의 변호사로서 약속하였다면, 사무변호사로서 또는 등록유럽변호사로서의 변호사의 업무수행 과정 밖에서 행한 약속일지라도 그 약속을 이행하여야 한다. 또한 이는 전 세계 어디에서든 사무변호사에게 적용되고, 영국 어디에서든 등록유럽변호사에 대해 적용된다.
   (d) 제12.03조(2) 및 (3)에 따라, 등록외국변호사는, 공인된 단체의 경영자 또는 피고용자로서 또는 공인된 단독개업변호사의 피고용자로서의 업무의 맥락에 있을 때를 제외하고는, 등록외국변호사로 또는 사무변호사협회나 사무변호사 규제기관(SRA)에 의해 규제되거나 등록된 것으로 표시하여서는 안 된다. 제12.03조(4)(a)에 따라 사무변호사나 법정변호사로 (또는 그 자격을 갖추지 않는 한 다른 종류의 잉글랜드와 웨일즈 변호사로) 표시하는 것이 금지된다. 이 모든 조항들은 잉글랜드와 웨일즈 내는 물론 잉글랜드와 웨일즈 밖에서도 적용된다. 제12.03조(4)(b)-(d)에 따라 등록외국변호사로서 업무를 행하는지 여부와 관계없이—별도의 자격을 갖추지 않은 한 잉글랜드와 웨일즈에서 유보된 업

무를 해서는 안 된다. 제12.03조(5)에 따라, 등록외국변호사로서 업무를 행하지 않고 있다면, 그의 고유한 권리 내에서 그렇게 하도록 인가받거나 그러한 인가를 받은 사람(사무변호사나 등록유럽변호사, 등록외국변호사가 아닌 자)의 감독 하에 일하지 않는 한 영국 그 어느 곳에서도 이민 업무를 해서는 안 된다.

규칙 제24장: 해석

규칙

24.01

이 규칙들에서, 문맥이 달리 요구하지 않으면, 법률에 대한 언급은 현재 및 장래 그 법률에 대한 변경을 포함한다.

공인 규제기관(approved regulator)
2007년 법률서비스법 부록 4의 1항(그 항의 효력 발생 유무와 관계없이)에 열거되어 있거나 그 부록의 17항에 따른 명령에 의해 공인 규제기관으로 지정된 단체를 의미하며, 공인 규제기관으로서의 사무변호사규제기관(SRA)에 대한 언급은 사무변호사협회가 공인 규제기관으로 부여받은 규제적 기능을 사무변호사규제기관(SRA)이 수행함을 의미한다.

합의(arrangement)
금융서비스, 보수 분배 및 의뢰인의 소개와 관련한 합의는 계약으로서의 구속력 유무와 관계없이 모든 명시적 또는 묵시적 합의를 의미한다.

관계회사(associated companies)
동일한 지주회사의 종속 회사들인 두 개의 회사들을 의미한다.

관련 기업(associated firms)
최소한 하나 이상의 파트너를 공통으로 하는 둘 이상의 조합, 최소한 하나 이상의 구성원을 공통으로 하는 지분 없는 둘 이상의 회사들, 최소한 하나 이상의 구성원을 공통으로 하는 둘 이상의 유한책임조합(LLP)들, 최소한 한 명 이상의 소유자를 공통으로 하는 둘 이사의 지분 있는 회사들 또는 이상의 것들의 혼합 형태를 의미한다.

인가받은 비SRA법률사무소(authorised non-SRA firm)
사무변호사규제기관(SRA)이 아닌 다른 공인 규제기관에 의해 법률 업무를 하도록 인가된 단독개업변호사, 조합, 유한책임조합(LLP) 또는 회사를 의미한다.

법인(body corporate)

(a) 회사

(b) 유한책임조합(LLP) 또는

(c) 별도의 법인인 조합을 의미한다.

영국군사법원(British Court Martial)

간이이의신청법원(Summary Appeal Court), 군사법원(Court Martial), 군사항소법원(Court Martial Appeal Court) 또는 군무원법원(Service Civilian Court)을 의미한다.

유럽변호사협회협의회(CCBE)

"유럽사무변호사협회 및 법정변호사협회 협의회"를 의미한다.

유럽변호사행위규범(CCBE Code)

"유럽변호사를 위한 유럽변호사행위규범"을 의미한다.

유럽변호사협회협의회(CCBE) 회원국

그 국가에 속한 법조 직역이 유럽변호사협회협의회(CCBE)의 정회원이거나 준회원 또는 옵서버인 국가를 의미한다.

자선단체(charity)

1993년 자선법(Charities Act 1993)의 제96(1)조와 동일한 의미를 갖는다.

배상 청구(claim for redress)

규칙 제20.05조(3)의 배상 청구는 2007년 법률서비스법 제158조와 동일한 의미를 갖는다.

의뢰인 계좌(client account)

규칙 제15장(해외 업무)의 의뢰인 계좌는 공공기관에 의한 감독을 받는 은행이나 유사기관에 개설되고, 오직 의뢰인의 자금 및 신탁 자금을 보유하기 위한 목적으로만 사용되며, 그 계좌의 표제 또는 표시가 그 계좌에 있는 자금이 사무변호사나 등록유럽변호사의 고객에게 속해 있거나 신탁관계 하에 유지되고 있음을 나타내는 계좌를 의미한다.
(잉글랜드와 웨일즈의 사무소에서의 업무와 관련하여 "의뢰인 계좌"의 정의는 1998년 사무변호사회계규칙 참조).

의뢰인 자금(client money)
규칙 제15장(해외 업무)의 의뢰인 자금은 변호사가 의뢰인이나 신탁을 위하거나 그를 위하여 받거나 보유하는 자금을 의미한다.
(잉글랜드와 웨일즈의 사무소에서의 업무와 관련하여 "의뢰인 자금"의 정의는 1998년 사무변호사회계규칙 참조).

회사(company)
규칙 제14장(공인된 단체)의 회사는 2006년 회사법 제1부와 제2부에 따라 등록된 회사, 설립지침(Establishment Directive) 적용국가에 설립되고 2006년 회사법 제34부에 따라 해외회사로 등록된 외국회사 또는 범유럽회사를 의미한다.

분쟁 절차(contentious proceedings)
1974년 사무변호사법 제87조의 "분쟁적 사무"(contentious business)와 동일한 의미로 해석된다.

성공보수(contingency fee)
제9.01조(4) 내지 (6)을 제외하고, 성공보수는 (그것이 고정액이거나 가액의 비율 또는 다른 식으로 계산되거나 상관없이) 오직 성공한 경우에만 지불할 금액을 의미한다.

법원(court)
규칙 제11장(소송과 변호)의 법원은 잉글랜드와 웨일즈의 모든 법원, 심판소 또는 의회조사기구(inquiry) 또는 영국군사법원 또는 다른 관할지역의 모든 법원을 의미한다.

이사(director)
이사는 회사의 이사를 의미하며, 회사인 공인된 단체의 이사를 포함한다. 또한 범유럽회사와 관련하여 이는

(a) 이원적 체계 하에서는 경영기관의 구성원 및 감독기관의 구성원을 포함하고,
(b) 일원적 체계 하에서는 관리기관의 구성원을 포함한다.

서류(documents)
규칙 제20장(법률 업무의 권리와 의무)의 서류는 서면이든 전자적이든 사무변호사의 의뢰인과 사무소 계좌에 관련된 서류를 포함한다.

구성원이나 주주가 되기 위한 자격(eligible to be a member or shareowner)
규칙 제14장(공인된 단체)에서 이는 다음 분류 중 하나에 해당하는 자를 의미한다.

(a) 개업증명서가 있는 사무변호사
(b) 등록된 유럽변호사
(c) 등록된 외국변호사
(d) 설립지침(Establishment Directive)에서 정하는 직업의 변호사(영국을 포함)
(e) 잉글랜드와 웨일즈의 변호사
(f) 공인된 단체규정(Recognised Bodies Regulations) 제3조에 따라 공인된 단체의 경영자로서 적합하다고 인정받은 개인
(g) 법적으로 자격을 갖춘 단체

또한 "부적격"(ineligible)은 이에 따라 해석되어야 한다.

피고용자(employee)
규칙 제6장(평등과 다양성)의 경우를 제외하고 다음에 해당하는 개인을 포함한다.

(a) 회사의 이사로서 고용된 자
(b) 법률사무소나 법률사무소가 전적으로 소유하는 서비스 회사에 의해 서비스(예컨대 보조 사무변호사로서의 서비스) 계약에 따라 종사하는 자 또는
(c) 법률사무소나 조직과
  (i) 그 개인,
  (ii) 고용대리인 또는
  (iii) 그 개인이 전적으로 소유하고 지시하는 회사로 일반인에게 법률서비스를 제공하는 것으로 표시되지 않은 회사

  간에 체결된 서비스 (예컨대 고문 또는 대리) 계약에 따라 종사하는 자로서, 그 계약상 회사나 조직이 그 개인의 근무 주(週)의 그 개인의 시간의 전부 또는 일부를 배타적으로 통제할 권한이 있거나, 1999년 사법절차접근법(Access to Justice Act)에 의거한 법률사무소 또는 조직과 법률서비스위원회 간의 합의에 따라 그 개인을 보수획득자로 지정한 경우

"고용자"(employer) 또는 "고용"(employment)은 이에 따라 해석되어야 한다.

설립지침(Establishment Directive)
변호사설립지침(Establishment of Lawyer Directive) 98/5/EC를 의미한다.

설립지침에서 정하는 직업(Establishment Directive profession)
설립지침(Establishment Directive) 제1.2조(a)에 열거되어 있는 모든 직역으로, 영국의 사무변호사, 법정변호사 또는 소송대리변호사를 포함한다.

설립지침규정(Establishment Directive Regulations)
2000년 유럽공동체(변호사업무)규정(SI 2000/1119)을 의미한다.

설립지침 적용국가(Establishment Directive state)
변호사설립지침(Establishment of Lawyer Directive) 98/5/EC가 적용되는 국가를 의미한다—현재 모든 EU 국가들과 아이슬란드, 리히텐슈타인, 노르웨이 및 스위스가 이에 속한다.

EU
유럽연합을 의미한다.

유럽법무법인(European corporate practice)
변호사 업무를 수행하는 것으로, 설립지침 적용국가에 설립된 법인 또는 설립지침 적용국가의 법률에 따라 구성한 별도의 법인격을 가진 조합으로서 다음에 해당하는 것을 의미한다.

(a) 설립지침 적용국가에 사무소를 가지나 잉글랜드와 웨일즈에 사무소가 없는 것
(b) 최종의 수익적 소유권자에 잉글랜드와 웨일즈의 변호사가 아니지만 설립지침에서 정하는 직업의 변호사이고 그러한 변호사로 업무를 수행할 자격이 있는 개인이 최소한 1인 포함될 것
(c) 경영자에 최소한 1인의 그러한 개인이 포함되거나, 최소한 1인의 그러한 개인을 경영자로 둔 법인이 최소한 1개 포함될 것
(d) 최종의 수익적 소유권의 75%가 '설립지침'(Establishment Directive)에서 정하는 직업의 변호사, 잉글랜드와 웨일즈의 변호사 및/또는 등록외국변호사이고 그러한 변호사로 업무를 수행할 자격이 있는 개인들의 손에 있을 것
(e) 경영자의 75%가 그러한 개인들 및/또는 경영자의 75%가 그러한 개인들로 구성된 법인으로 구성될 것

유럽 국경간 업무(European cross-border practice)
제16.01조(1)가 부여한 의미를 가진다.

면제된 유럽변호사(exempt European lawyer)
설립지침에서 정하는 직업의 구성원으로서
(a) 법정변호사준칙이사회(Bar Standards Board)에 등록되었거나
(b) 전적으로 잉글랜드와 웨일즈 밖의 사무소에 기반을 두고 있고
잉글랜드와 웨일즈의 변호사가 아닌 사람(그렇게 업무를 수행할 자격이 있는지 여부 불문)을 말한다.

법률사무소(firm)
사무변호사나 등록유럽변호사가 사내법률업무가 아닌 업무를 수행하는 모든 사업체를 의미한다.

외국변호사(foreign lawyer)
잉글랜드와 웨일즈의 사무변호사 또는 법정변호사는 아니지만, 잉글랜드와 웨일즈 밖의 관할지역 내에서 규제되는 법조 직역의 구성원이자 그러한 자격으로 업무할 수 있는 자를 의미한다.

지주회사(holding company)
2006년 회사법이 부여한 의미를 갖는다.

이민심판소(immigration tribunal)
(a) 망명지원 심판소(Asylum Support Tribunal)
(b) 망명 및 이민 심판소(Asylum and immigration Tribunal) 및
(c) (a) 또는 (b)에 대한 이의를 다루는 심판소를 의미한다.

사내법률업무(in-house practice)
제12.01조(1)(e) 또는 제12.01조(2)(e)의 사무변호사 업무 또는 제12.02조(1)(e) 또는 제12.02조(2)(e)의 등록유럽변호사 업무를 의미한다.

변호사(lawyer)
다음 직역 중 하나의 구성원으로 그렇게 업무를 수행할 자격이 있는 사람을 의미한다.

(a) 영국의 사무변호사, 법정변호사 또는 소송대리변호사 직업
(b) 그 구성원들에 대해 사무변호사규제기관(SRA)이 아닌 공인 규제기관이 업무 수행할 것을 인가한 직업
(c) 영국 직업이 아닌 설립지침에서 정하는 직업
(d) 잉글랜드와 웨일즈의 공인된 단체의 목적상 사무변호사규제기관(SRA)이 승인해온 법조 직역 또는
(e) 사무변호사규제기관(SRA)이 승인한 다른 규제된 법조 직역

잉글랜드와 웨일즈의 변호사(lawyer of England and Wales)
유효한 개업증명서가 있는 사무변호사 또는 사무변호사규제기관(SRA)이 아닌 공인 규제기관에 의해 잉글랜드와 웨일즈에서 법률 업무를 행하도록 인가받은 개인을 의미한다. 다만, 설립지침에서 정하는 직업의 구성원으로서 설립지침(Establishment Directive)에 따라 법정변호사준칙이사회(Bar Standards Board)에 등록된 사람은 제외한다.

법조 직역(legal profession)
구성원이 이 규칙에 정의된 변호사인 직역을 의미한다.

법적으로 자격 있는 단체(legally qualified body)
이 규칙의 목적상 그리고 1985년 사법행정법(Administration of Justice Act 1985)의 제9A조 (6)(h) 및 (6C)의 목적상, 법적으로 자격 있는 단체는 제14.01조(1)의 서비스 요건을 충족하고 다음의 하나에 해당하는 단체를 의미한다.
(a) 공인된 단체
(b) 잉글랜드 및 웨일즈의 변호사, 설립지침(Establishment Directive)에서 정하는 직업의 변호사 또는 등록외국변호사로서 그렇게 업무할 자격이 있는 개인들이 최종 수익적 소유권의 75% 이상을 가지는, 인가받은 비SRA법률사무소 또는
(c) 유럽법무법인

유한책임조합(LLP)
유한책임조합으로 2000년 유한책임조합법에 따라 설립되어 형성된 것을 의미한다.

경영자(manager)
(a) 조합의 파트너
(b) 유한책임조합(LLP)의 구성원 또는

(c) 회사의 이사

를 의미한다.

구성원(member)

공인된 단체의 관계에서 구성원은

(a) 회사의 구성원이 되기로 동의하고 그 성명이 회사의 구성원 등록부에 올라 있는 자 또는

(b) 유한책임조합(LLP)의 구성원을 의미한다.

비변호사(non-lawyer)

(a) 개업변호사가 아닌 개인 또는

(b) 법인 또는 조합으로 다음에 해당하지 않는 것을 의미한다.

(i) 공인된 단체

(ii) 인가받은 비SRA법률사무소

(iii) 잉글랜드와 웨일즈 밖의 사무소로부터 변호사의 업무를 수행하는 것으로 소유자와 경영자의 지배적 다수가 변호사인 사업체

공증인(notary public)

Master of Faculties로부터 공증 업무 인가를 받은 정식 증명서가 있는 공증인을 의미한다.

임원(officer)

회사와 관련하여 임원은 이사나 회사의 총무부장(secretary)을 의미한다.

해외(overseas)

잉글랜드와 웨일즈 이외의 관할지역을 의미한다.

해외 업무(overseas practice)

(a) 다음의 자가 잉글랜드와 웨일즈 밖의 사무소에서 행하는 업무

(i) 사무변호사,

(ii) 공인된 단체,

(iii) 잉글랜드와 웨일즈의 변호사인 공인된 단체의 경영자

(b) 개인 비변호사가 잉글랜드와 웨일즈 밖의 사무소로부터 업무를 행하는 공인

된 단체의 경영자로서 하는 활동
(c) 법인이 잉글랜드와 웨일즈 밖의 사무소로부터 업무를 행하는 공인된 단체의 경영자로서 하는 활동 및
(d) 스코틀랜드 또는 북아일랜드의 사무소에서의 등록유럽변호사의 업무

소유자(owner)
단체와 관련해서 소유자는 그 단체에 소유권을 가지는 자를 의미한다.

파트너(partner)
법인화되지 않은 법률사무소의 파트너이거나 그렇게 표시된 자를 의미한다.

조합(partnership)
법인화되지 않은 조합을 의미하고, 파트너가 있거나 파트너라고 표시된 사람이 있는 법인화되지 않은 법률사무소를 포함하나, 유한책임조합(LLP)은 포함하지 않는다.

사람(person)
개인 및 법인을 포함한다.

유보된 업무를 지도할 자격이 있는 사람(person qualified to direct reserved work)
법률상 관련 유보된 업무를 할 자격 있는 개인으로서 다음에 해당하는 사람을 의미한다.
(a) 동료 경영자 또는
(b) 법률사무소의 고용주, 경영자 또는 동료 피고용자(그 일을 하는 사람이 경영자가 아닌 경우)

법률 업무(또는 업무, practice)
다음을 의미한다.
(a) 사무변호사가 그 자격으로 하는 활동
(b)
(i) 등록유럽변호사가 설립지침(Establishment Directive)에서 정하는 직업의 변호사의 자격으로서 영국 내의 사무소에서 행하는 활동 또는
(ii) 설립지침(Establishment Directive)에 따라 법정변호사준칙이사회(Bar Standards Board)에 등록된 설립지침에서 정하는 직업의 구성원이 그 자격으로 영국의 사무소에서 하는 활동

(c) 등록외국변호사가 다음 자격으로 하는 잉글랜드와 웨일즈 내의 사무소에서의 활동
  (i) 공인된 단독개업변호사의 피고용자
  (ii) 공인된 단체 또는 인가받은 비SRA법률사무소의 경영자, 피고용자, 구성원 또는 소유자
  (iii) 공인된 단체 또는 인가받은 비SRA법률사무소의 경영자, 피고용자, 구성원 또는 소유자인 법인의 경영자, 구성원 또는 소유자
(d) 공인된 단체의 활동
(e) 개인 비변호사가 다음 자격으로 하는 활동
  (i) 공인된 단체의 경영자 또는
  (ii) 공인된 단체 또는 공인된 단독개업변호사에게 잉글랜드와 웨일즈 내에서 고용된 경우
(f) 법인이 공인된 단체의 경영자로서 하는 활동
(g) 잉글랜드와 웨일즈의 변호사가 그 자격으로 하는 활동 및
(h) 인가받은 비SRA법률사무소의 활동

"법률 업무를 수행하다" 및 "개업"은 이에 따라 해석된다.

사무소에서의 업무(practice from an office)

다음으로부터 수행되는 업무를 포함한다.

(a) 변호사가 기반을 둔 사무소
(b) 변호사가 그곳에 기반을 두지 않은 경우라고 하더라도 변호사가 단독 수장, 경영자이거나 변호사가 소유권을 갖는 법률사무소

그리고 "잉글랜드와 웨일즈의 사무소로부터 업무를 행하는" 등은 이에 따라 해석된다.

단체를 통한 업무(practice through a body)

단체에 소유권을 가지는 것과, 회사인 경우 이사가 되는 것을 포함한다. 스스로 단체의 의뢰인을 위한 일을 맡지 않는 경우라도 그러하다.

"인가받은 비SRA법률사무소를 통한 업무"는 이에 따라 해석된다.

수장(principal)

단독개업변호사 또는 조합의 파트너를 의미한다.

별도 사업을 통한 서비스 제공(providing a service through a separate business)
그 서비스를 제공하는 별도 사업에 적극적으로 관여하는 것을 의미하며, 다음을 포함한다.

(a) 사업에 상당한 소유권 보유
(b) 사업에 대한 직접적 지배와 배우자와 같은 타인을 통한 간접적 지배 및
(c) 사업 또는 고객에 대한 서비스 제공에 대한 적극적 참여

{비집행이사가 되거나 규칙 제13장(사내법률업무 등) 또는 제15.13조(해외 사내법률업무)에 따라 서비스를 제공하는 것 자체로는 적극적 관여에 해당하지 않는다}.

광고(publicity)
모든 판촉용 자료 및 활동을 포함하고, 이는 소속 법률사무소의 명칭과 설명, 문구류, 광고, 소책자, 웹사이트, 주소록 기입, 미디어 노출, 선전용 보도자료, 그리고 잠재적인 의뢰인들과 다른 사람들에 대한 직접적 접근을 포함한다. 이는 대면, 서면 또는 전자 형식으로 행하는지 여부를 불문한다. 그러나 의뢰인을 대신하여 준비한 보도자료는 포함하지 않는다.

공인된 단체규정(Recognised Bodies Regulations)
2009년 사무변호사규제기관 공인된 단체규정(SRA Recognised Bodies Regulations 2009)을 의미한다.

공인된 단체(recognised body)
1985년 사법행정법(Administration of Justice Act) 제9조 및 공인된 단체규정에 따라 사무변호사규제기관(SRA)이 공인한 조합, 회사 또는 유한책임조합(LLP)을 의미한다.

공인된 단독개업변호사(recognised sole practitioner)
1974년 사무변호사법 제1B조에 따라 사무변호사규제기관(SRA)이 승인한 사무변호사나 등록유럽변호사를 의미한다.

유럽변호사 등록부(register of European lawyers)
설립지침규정 제15조에 따라 사무변호사규제기관(SRA)이 유지하는 유럽변호사들의 등록부를 의미한다.

외국변호사 등록부(register of foreign lawyers)

1990년의 법원및법률서비스법(Courts and Legal Services Act 1990)에 따라 사무변호사규제기관(SRA)이 유지하는 외국변호사들의 등록부를 의미한다.

등록유럽변호사(REL: registered European lawyer)

설립지침규정 제17조에 따라 사무변호사규제기관(SRA)에 등록된 개인을 의미한다.

등록외국변호사가 지배하는 공인된 단체(REL-controlled recognised body)

등록유럽변호사들이, 또는 등록유럽변호사들과 잉글랜드와 웨일즈의 변호사나 법정변호사준칙이사회(Bar Standards Board)에 등록되어 있는 유럽변호사들이 함께, 개인 경영자로서 또는 경영자인 단체에 대한 지분으로서, 공인된 단체에서 가장 다수인 (또는 동일하게 가장 다수인) 지배 지분을 갖는 변호사들의 국적 그룹을 구성하는 경우의 그 공인된 단체를 의미한다. 이 목적상 법정변호사준칙이사회(Bar Standards Board)에 등록되어 있는 등록유럽변호사들과 유럽변호사들은 잉글랜드와 웨일즈의 국적 그룹에 속한다.

유보된 업무(reserved work)

다음의 활동을 의미한다.

(a) 법원 또는 이민심판소에서의 변호

(b) 법원 또는 이민심판소에서의 절차 진행

(c) 법원 또는 이민심판소 절차에서의 서류 작성

(d) 토지 양도 또는 담보와 관련된 증서의 작성 및 서류의 제출, 2007년 법률서비스법의 별표 2의 5항의 자본을 처분하는 신탁증서의 작성 및 위 조항의 (1)(c)에 해당하는 증서의 작성

(e) 유언의 검인 수여 또는 유산관리인 임명장 수여의 근거가 되거나 이에 이의를 제기하는 서류의 작성

(f) 선서나 제정법상의 진술에 관한 절차의 진행

(g) 2007년 법률서비스법 별표 2의 7항의 공증행위

등록외국변호사(RFL: registered foreign lawyer)

1990년 법원및법률서비스법 제89조에 따라 사무변호사규제기관(SRA)에 등록된 개인을 의미한다.

별도 사업(체)(separate business)
공인된 단체, 공인된 단독개업변호사, 인가받은 비SRA법률사무소 또는 제12.01조(2)(a)-(d)나 제12.02조(2)(a)-(d)의 법률사무소는 아니지만 공인된 단체가 적법하게 제공할 수 있는 서비스를 제공하는 사업(체)을 의미한다.

주주(shareowner)
(a) 주식회사인 공인된 단체의 구성원으로 그 단체의 주식을 소유하거나
(b) 주식회사의 구성원은 아니지만 구성원이 명의인으로 보유하는 그 단체의 주식을 소유한 자

를 의미한다.

범유럽회사 (societas Europaea)
유럽이사회규정(Council Regulation) 2157/2001/EC의 1조의 의미를 가진 유럽의 공개유한책임회사를 의미한다.

단독개업변호사(sole practitioner)
개인 수장으로 업무를 행하는 사무변호사나 등록유럽변호사를 의미하며, 사내에서 일하는 사무변호사 또는 등록유럽변호사는 포함하지 않는다.

사무변호사가 지배하는 공인된 단체(solicitor-controlled recognised body)
잉글랜드와 웨일즈의 변호사가, 개인 경영자로서 또는 경영자인 단체에 대한 지배권 지분에 의해서, 공인된 단체에 대한 가장 큰(또는 동일하게 가장 큰) 지배권 지분을 갖는 국적 그룹을 구성하는 공인된 단체를 의미한다.

자회사(subsidiary company)
2006년 회사법에 의해 부여된 의미를 갖는다.

영국(UK)
영국을 의미한다.

최종의 수익적 소유자(ultimate beneficial owners)
단체와 관련하여
(a) 조합의 파트너, 유한책임조합(LLP)의 구성원 또는 회사의 주주로서 직접적으

로 또는

(b) 아래의 형태로 간접적으로

(i) 명의인이나 수탁자가 보유하는 지분의 수익적 소유자로서 또는

(ii) 하나 또는 그 이상의 중개법인에 대한 소유권으로 또는

(iii) 위 (i)과 (ii)의 혼합형태

그 단체를 함께 수익적으로 소유하는 모든 개인들을 의미한다.

또한 "최종의 수익적 소유권"도 이에 맞추어 해석한다.

약속(undertaking)

제10.05조 및 제15.10조에서의 약속은, 변호사나 소속 법률사무소가 이에 합리적으로 의존하는 어떤 사람에 대해, 변호사나 소속 법률사무소가 어떤 행위를 하거나 또는 어떤 일이 되게끔 하거나 또는 어떤 행위를 행하기 않을 것이라고 하는 진술을 의미한다. 약속은 구두 또는 서면으로 행해질 수 있고 "약속하다" 또는 "약속"이라는 단어를 포함할 것을 필요로 하지 않는다.

의결권(voting rights)

단체에서의 의결권은 파트너 총회, 구성원 총회, 이사회 또는 주주총회 등에서 그 단체에 관련하여 투표할 권리를 포함하며, "의결권의 행사를 통제한다"는 것은 그러한 권리에 대한 법적 통제는 물론 사실상의 통제도 포함하는 것으로 해석된디.

규칙 제25장: 효력발생 개시와 폐지

규칙

25.01

(1) 이 규칙들은 2007년 사무변호사의공인된단체규정(Solicitors' Recognised Bodies Regulations 2007)과 함께, 2007년 7월 1일부터 시행된다.

(2) 다음 조항들은 이 규칙들에 의해 폐지된다.

(a) 1990년 사무변호사업무규칙(Solicitors' Practice Rules 1990)

(b) 2001년 사무변호사광고규범(Solicitors' Publicity Code 2001)

(c) 1990년 사무변호사소개및알선규범(Solicitors' Introduction and Referral Code 1990)

(d) 1990년 피고용사무변호사규범(Employed Solicitors Code 1990)

(e) 1994년 사무변호사별도사업규범(Solicitors' Separate Business Code 1994)

(f) 1999년 사무변호사비용안내및의뢰인보호규범(Solicitors' Costs Information and Client Care Code 1999)

(g) 사무변호사협회의 소송변호규범(Law Society's Code for Advocacy)

(h) 2004년 사무변호사반차별규칙(Solicitors' Anti-Discrimination Rules 2004)

(i) 1990년 사무변호사해외업무규칙(Solicitors' Overseas Practice Rules 1990)

(j) 2004년 사무변호사법인업무규칙(Solicitors' Incorporated Practice Rules 2004)

(3) 이 규칙들은 또한 사무변호사의직업적행위에대한지침(Guide to the Professional Conduct of Solicitors, 1999) 및 온라인지침에 의해 부과된 행위 의무들을 대체한다.

(4) 의문의 여지를 없애기 위해, 다음은 이 규칙들이 시행된 이후에 유효하게 남는다.

(a) 사무변호사회계규칙(Solicitors' Accounts Rules)

(b) 사무변호사배상책임보험규칙(Solicitors' Indemnity Insurance Rules)

(c) 사무변호사책임보험(시행)규칙(Solicitors' Indemnity (Enactment) Rules)

(d) 사무변호사금융서비스(범위)규칙(Solicitors' Financial Services (Scope) Rules)

(e) 사무변호사금융서비스(영업행위)규칙(Solicitors' Financial Services (Conduct of Business) Rules)

(f) 사무변호사배상기금규칙(Solicitors' Compensation Fund Rules)

(g) 사무변호사배상기금(외국변호사출연)규칙(Solicitors' Compensation Fund(Foreign

Lawyers' Contributions) Rules)

(5) 2009년 3월 31일을 기해

(a) 2007년 사무변호사의 공인된단체규정은 2009년 사무변호사규제기관에서 공인된 단체규정으로 대체되고,

(b) 사무변호사배상기금(외국변호사출연)규칙은 폐지된다.

(6) [2009년 7월 1일까지]

(a) 잉글랜드와 웨일즈에서 단독개업변호사로 업무를 행하는 사무변호사나 등록유럽변호사에게 공인된 단독개업변호사가 되기 위해 요구되는 사항은 없으며,

(b) 공인된 단독개업변호사에게 적용되는 규칙들은 잉글랜드와 웨일즈에서 단독개업변호사로서 업무를 행하는 사무변호사나 등록유럽변호사에게 적용하는 것으로 해석한다.

(7) 다음을 요구하는 규칙 제7.07조(1)의 조항들은 다음의 시일까지 적용하지 않는다.

(a) 조합이 웹사이트와 이메일에 "사무변호사규제기관(SRA)에 의해 규제되는"이라는 문구를 넣고, 편지지머리말, 팩스 머리말, 웹사이트, 그리고 이메일에 그 조합 명칭 및 사무변호사규제기관(SRA)이 부여한 번호를 넣을 것을 요구하는 조항들은 2009년 10월 1일까지 적용하지 않는다.

(b) 유한책임조합(LLP)이나 회사가 웹사이트와 이메일에 "사무변호사규제기관(SRA)에 의해 규제되는"이라는 문구를 넣을 것을 요구하는 조항들은 2009년 10월 1일까지 적용하지 않는다.

(c) 단독 사무소가 웹사이트와 이메일에 "사무변호사규제기관(SRA)에 의해 규제되는"이라는 문구를 넣고, 편지지머리말, 팩스 머리말, 웹사이트, 그리고 이메일에 그 단독 사무소 명칭 및 사무변호사규제기관(SRA)이 부여한 번호를 넣을 것을 요구하는 조항들은 2010년 1월 1일까지 적용하지 않는다.

규칙 제25장에 대한 지침—효력발생 개시와 폐지

1. 2007년 사무변호사행위규범의 시행 및 폐지된 규칙들의 적용면제와 관련하여 규칙 제22장(적용면제)에 대한 지침 3 참조.

II. 잉글랜드 및 웨일즈 법정변호사 행위규범
(The Code of Conduct of the Bar of England and Wales)

제1장 서문

101. 8차로 개정된 본 규범은 법정변호사협회(Bar Council)가 2004. 9. 18에 채택하였고 시행일은 2004. 10. 31이다.

102. 본 규범은 부록을 포함한다.

103. 본 규범에 대한 개정과 추가는 법정변호사준칙이사회의 결의로 이루어지며, 그 결의는 결의로 정한 일자에 효력이 발생하고 일자의 지정이 없으면 다음 각 일자 이후에 효력이 발생한다:
(a) 결의한 날; 그리고
(b) 승인이 필요한 경우 2007년 법률서비스법(Legal Services Act 2007) 부록 4에 따라 법률서비스이사회(Legal Services Board)의 승인이 있는 날
개정 및 추가된 내용은 법정변호사준칙이사회가 정하는 방법으로 수시로 공표한다.

본 규범의 일반 목적

104. 본 규범은 법정변호사로서의 업무수행에 필요한 요건을 제시하고, 정의를 위하여 적합한 법정변호사들의 행동 규칙 및 기준을 제시히는 것을 목적으로 하며, 특히 다음을 목적으로 한다.
(a) 자영법정변호사에 관하여는 다음 사항을 요구하는 공통되고 구속력 있는 규칙 및 기준을 제시한다.
(i) 단독 개업법정변호사로서 행동과 직업적 지위에 있어 완전하게 독립될 것;
(ii) 사무변호사 및 기타 인가받은 사람으로부터 수임요청을 받은 상담자로만 활동할 것(다만, 수임요청을 받을 필요가 없는 경우는 제외);
(iii) 최고의 사법 접근 필요성에 기하여 그들의 업무 영역 안에서 어떠한 의뢰인이라도 대리할 공적 의무가 있음을 인식할 것
(b) 다음 법정변호사에 대한 적절한 규정을 마련한다.
(i) 공인된 단체의 경영자, 피고용자 및 소유자인 법정변호사; 그리고
(ii) 고용법정변호사, 이 경우는 고용주에 대하여 또는 고용주를 대신하여 법률서비스를 제공하는 사람임을 고려함.

본 규범의 적용

105. 법정변호사는 본 규범을 준수하여야 하며, 본 규범은 (달리 규정하지 않는 한) 법정변호사 자격을 갖추는 모든 법정변호사에게 적용된다.

105A. 제4장은 자영법정변호사에게만 적용된다.

105B. 제5장 제1절은 고용법정변호사에게만 적용된다.

105C.1 제1장, 제2장, 제3장, 제5장 제2절, 606.1조, 607조, 608조, 701조(a), 701조(b)(i), 704조, 705조, 708조, 708.1조, 제8장, 제9장, 제10장 및 제11장은 법정변호사가 다른 공인 규제기관의 규제를 받는 공인된 단체의 경영자이거나 피고용자로 그 단체가 행할 수 있도록 허용 받은 업무를 행하는 경우에 적용된다.

105C.2 위와 같이 적용하는 경우 606.1조는 그 조항이 수임요청을 받은 법정변호사 또는 공인된 단체가 아니라 위임계약을 체결한 법정변호사 또는 공인된 단체를 언급한 것으로 읽어야 한다.

106. 국제업무규칙(International Practice Rules, 부록 A에 수록)을 따르는 것을 조건으로 하여, 본 규범은 국제 업무에 적용되고, 법정변호사가 잉글랜드 및 웨일즈의 내에서 업무를 행하는지 여부는 묻지 아니한다.

107. 등록유럽변호사는 등록유럽변호사규칙(Registered European Lawyers Rules, 부록 B에 수록)에 규정된 바에 따라 본 규범을 준수하여야 한다.

본 규범의 적용 면제

108. 법정변호사준칙이사회는 적절하다고 판단하는 경우와 범위에서 법정변호사가 본 규범을 준수할 의무를 조건적 또는 무조건적으로 면제할 권한이 있다.

제2장 개업 요건

총칙

201. 본 규범의 목적상 법정변호사는 다음 중 하나에 해당하는 경우 법정변호사로 업무를 수행하는 것이다:

(a) 법정변호사가 법률서비스를 제공하고 그 법률서비스의 제공과 관련하여 다음 각 행위를 하는 경우:

(i) 스스로 법정변호사로 표시하거나 법정변호사로 표시되도록 하는 경우

(ii) 법정변호사가 됨으로써 취득한 권리를 행사하는 경우

(b) 공인된 단체의 경영자로 활동하고 그로 인하여 그 단체의 공인 규제기관의 규칙상 법정변호사협회가 발행한 개업증명서를 보유할 것이 요구되는 경우

(c) 법률서비스의 제공이란 법률서비스 제공의 청약을 포함한다.

202. 본 규범의 조항들을 따르는 것을 조건으로 하여, 법정변호사로 활동하기 위해서는 다음의 조건을 충족시켜야 한다.

(a) 법정변호사 자격 취득 당시에 시행되는 법정변호사연수규정(Bar Training Regulations)이 정한 연수 요건을 모두 이행하였을 것;

(b) 전문직지속계발규정(Continuing Professional Development Regulations, 부록 C에 수록)에서 정하는 요건을 모두 이행하였을 것;

(c) 개업증명서규정(Practising Certificate Regulations, 부록 D에 수록)에 따라 법정변호사협회에서 발행한 유효한 개업증명서를 보유할 것;

(d) 자신이 법률서비스를 제공하는 법정변호사사무소 또는 사무실의 현재 주소와 전화번호와 다음 사항을 법정변호사협회에 서면으로 제출하여야 한다.

(i) 고용법정변호사의 경우, 고용주의 이름, 주소, 전화번호와 사업의 성격

(ii) 공인된 단체의 경영자, 피고용자 또는 소유자인 경우, 그의 역할의 성격, 이름, 주소, 이메일 주소, 전화번호와 공인된 단체 및 그 단체의 공인 규제기관의 이름.

변론권

203.1 아래의 조건을 충족하는 법정변호사는 법정변호사로서 갖는 모든 변론권을 행사할 수 있다.

(a) 202조에 따라 법정변호사로서 업무를 수행할 자격을 취득하였을 것

(b) 경력이 3년 이하인 경우에는 주 활동 장소(그가 복수의 자격으로 개업한 경우에는 각각의 주 활동 장소)가 아래 중 하나일 것

(i) 법정변호사를 언제든지 지도할 수 있는 지도관 자격자의 주된 활동 장소인 법정변호사사무실 또는 그 부속기관

(ii) 법정변호사를 언제든지 지도할 수 있는 지도관 자격자인 피고용자, 파트너, 경영자 또는 이사가 있는 조직의 사무실

203.2 203.1조(b)와 204조(c)(i)의 목적상, 그 각 기간 이상 동안 (활동기간은 연속적일 것을 요하지 않고, 기간 동안 동일한 인가받은 단체에서 활동할 것을 요하지 않는다) 법정변호사가 다음 각 요건을 모두 갖추고 있었을 때에는 그 기간

동안 경력이 있는 것으로 취급한다.

(a) 법정변호사 업무를 수행할 자격을 취득하고 법정변호사(법정변호사연수규정에 따른 수습 과정을 마치지 않은 수습변호사 제외)로서 또는 다른 인가받은 단체의 구성원으로서 업무를 수행하였을 것;

(b) 그러한 업무수행을 자신의 주된 직업으로 하였을 것;

(c) 모든 절차와 관련하여 모든 법정에서 변론권을 행사할 자격이 있었을 것

203.3 다음의 요건을 모두 갖춘 자는 203.1(b)의 지도관 자격자가 된다.

(a) 직전 8년 가운데 6년 이상을 법정변호사로 활동할 자격이 있고, 법정변호사로서 활동하였거나 (법정변호사연수규정에 따른 수습 과정을 마치지 않은 수습변호사 제외) 공인단체의 구성원(동일한 단체의 구성원임을 요하지 않음)으로 활동하였을 것;

(b) 직전 2년 동안

(i) 그러한 활동을 자신의 주된 직업으로서 하였고

(ii) 모든 절차와 관련하여 모든 법정에서 변론권을 행사할 자격이 있었을 것;

(c) 2인이 넘는 다른 사람에 대하여 지도관 자격자로 활동하고 있지 않을 것;

(d) 법정변호사협회로부터 지도관 자격자로 부적합하다는 지정을 받은 일이 없을 것

203.4 경과조항인 1102조 내지 1105조는 본 203조에 우선하여 적용한다.

공중에 대한 법률서비스의 제공

204. 법정변호사는 다음 요건을 모두 충족시켜야 공중에게 법률서비스를 제공할 수 있다.

(a) 205조에서 허용된 방법으로 업무를 수행할 것

(b) 203.1조의 요건을 충족할 것;

(c) 그의 서비스 제공으로부터 직무상 과실로 인한 청구에 대하여 법정변호사협회가 요구하는 금액과 조건으로 보험에 부보되어 있을 것. {(i) 고용법정변호사 또는 (ii) 공인된 단체의 경영자 또는 피고용자로 업무를 수행하는 법정변호사의 경우에는} 그의 고용주 또는 단체가 그 고용주 또는 단체의 공인 규제기관이 요구하는 금액과 조건으로 (그러한 것이 없는 경우에는 법정변호사협회가 요구하는 금액과 조건으로) 보험에 부보되어 있을 것

(d) 401조(a)(iii)의 법률서비스의 경우에는

(i) 3년 이상의 경력을 갖추고
(ii) 법정변호사협회 또는 법정변호사준칙이사회가 부과하는 연수 요건을 충족하였고
(iii) 일반 의뢰인의 수임요청을 받아 활동할 의사가 있음을 법정변호사협회에 통보했을 것

205. 법정변호사는 다음과 같이 공중에 법률서비스를 제공할 수 있다.
(a) 자영법정변호사로서
(b) 공인된 단체의 경영자 또는 피고용자로서(다만 그 단체의 공인 규제기관의 규칙을 준수할 것을 조건으로 한다)
(c) 502조에서 허용하는 범위 내에서 고용법정변호사로서

206.1 201조(a)(i)에 따라 잉글랜드와 웨일즈에서 활동하는 것으로 간주되는 법정변호사 가운데 2000. 7. 31. 이전에 법정변호사 자격을 취득한 자에 대해서는 다음의 경우 본 규범 가운데 개업법정변호사에게만 적용되는 조항을 적용하지 아니한다.
(a) 누구에게든 법률서비스를 제공하는 경우
(i) 그가 법률서비스를 제공하는 장소인 사무실이나 장소의 현재 주소와 전화번호 및 다음 사항을 서면으로 법정변호사협회에 제출할 것
(1) 고용된 경우에는, 고용주의 이름, 주소, 전화번호와 사업의 성격;
(2) 공인된 단체의 피고용자, 소유자 또는 경영자인 경우에는, 이름, 주소, 이메일 주소, 전화번호와 공인된 단체 및 그 단체의 공인 규제기관의 이름
(ii) 그가 오직 자신의 고용주 또는 그를 고용한 공인된 단체에게만 법률서비스를 제공하기 위하여 고용된 경우가 아닌 한, 업무상 과실로 인해 발생할 수 있는 민사적 배상책임에 대해서 최소 250,000파운드 및 500파운드 이내의 초과분을 보장하는, 그러한 업무를 인가받은 보험사업자가 제공하는 보험에 그가 (또는 그가 고용주 또는 그를 고용한 공인된 단체의 의뢰인들에게 법률서비스를 제공하는 경우에는) 고용주 또는 공인된 단체가 가입한 경우
(b) 다른 사람, 고용주 또는 공인된 단체에게 법률서비스를 제공하기 전에, 그리고 법률서비스를 제공하는 과정에서 최초로 제3자를 상대하는 때에, 각 그들에게 서면으로 다음을 완전하고 종합적으로 고지할 것: (a) 자신의 지위 및 본 규범이 규정하는 개업증명서를 가지고 있지 않다는 사실, (b) 자신이 수임하는 법률서비스에 대해서 본 규범상의 제한,

(c) 자신이 법정변호사준칙이사회로부터 완전히 규제를 받고 있지 않다는 사실, (d) 자신의 불충분한 직무수행에 대한 보상제도가 마련되어 있지 않다는 사실

206.2 잉글랜드와 웨일즈 밖에서, 오직 201조(a)(i)에 의해 업무 활동하는 것으로 간주되는 법정변호사 가운데, 개업증명서를 보유하고 있지 않고 법정변호사준칙이사회 또는 다른 공인 규제기관에 의하여 유효한 개업증명서를 보유할 것이 요구되지 않으며, 국제업무규칙 제4조(e)의 적용을 받지 않는 자는, 본 규범의 206.1조를 준수하는 한, 본 규범 가운데 개업법정변호사에게만 적용되는 조항들의 적용을 받지 아니한다.

이중 자격 활동

207 법정변호사는 다음의 경우에 한하여 두 개 이상의 자격으로 업무수행하거나 법률서비스 제공에 관여할 수 있다

(a) 806조에 따르는 경우 또는

(b) 다음을 모두 행한 이후

(i) 법정변호사준칙이사회에 서면으로 그렇게 하고자 하는 의사를 통지하고, 이와 관련하여 법정변호사준칙이사회가 요구하는 정보를 법정변호사준칙이사회에게 제공하고, 그리고

(ii) 그가 이익충돌 또는 업무수행 및/또는 그러한 자격으로 관여함으로 인한 의무를 회피하거나 해결할 수 있도록 하는 프로토콜에 대하여 그가 관여하는 고용주 또는 공인된 단체와 합의하였을 것

208 207조(b)에 따라 두 개 이상의 자격으로 업무수행하거나 법률서비스 제공에 관여하는 법정변호사는 다음을 행하여야 한다.

(a) 207조(b)(ii)에서 요구하는 프로토콜 사본을 법정변호사준칙이사회에 제공할 것

(b) 그가 고용주 또는 공인된 단체에게 행한 소개의 기록과 고용주 또는 공인된 단체로부터 수령한 수임요청의 기록을 유지할 것(또한 법정변호사준칙이사회가 요청하면 이를 제공할 것)

(c) 수임하면 잠재적 이익충돌이 발생할 수 있는 수임요청을 거절할 것

(d) 동일한 시점에 동일한 의뢰인의 동일한 사건 또는 쟁점에 관하여 한 개 이상의 자격으로 일하지 말 것

(e) 그가 의뢰인을 고용주 또는 공인된 단체에게 소개하거나 또는 고용주 또는 공인된 단체로부터의 수임요청을 승낙하기 전에, 의뢰인에게 서면

으로 이해관계를 고지할 것(또는 공인된 단체가 고지하도록 할 것).

공인된 단체의 지분 소유

209 법정변호사가 직접 간접으로 공인된 단체의 소유지분을 가지고 있고 실질적으로 그 공인된 단체의 경영자 또는 피고용자가 아닌 경우, 그는 다음을 행하여야 한다.

(a) 그 지분을 취득한 시점과 그가 공인된 단체의 경영자 또는 피고용자로서가 아닌 다른 자격으로 업무를 수행하기 시작한 시점 중 늦게 오는 시점에 또는 그 이후 가능한 한 빨리 법정변호사준칙이사회에게 그 소유지분을 서면으로 통지할 것

(b) 그 이해관계를 다음 사람에게 고지할 것(또는 공인된 단체가 고지하도록 할 것)

(i) 그에게 수임요청한 공인된 단체의 의뢰인. 법정변호사가 수임요청을 받았을 때 소유지분을 가지고 있는 경우, 의뢰인에 대한 고지는 그가 수임요청을 승낙하기 전에 이루어져야 한다. 수임요청을 이미 승낙한 후에 소유지분을 취득한 경우, 소유지분 취득시점 또는 가능한 한 빨리 소유지분에 대하여 알려야 하고, 의뢰인에게 그가 다른 법정변호사를 선임할 권리가 있음을 알려야 한다.

(ii) 그가 공인된 단체에게 소개한 사람들. 그가 소개할 때 소유지분을 가지고 있는 경우, 의뢰인에 대한 고지는 그가 소개를 하기 전에 이루어져야 한다. 이미 소개를 한 후에 소유지분을 취득한 경우, 소유지분 취득시점 또는 가능한 한 빨리 소유지분에 대하여 알려야 한다.

(c) 그가 공인된 단체에게 행한 소개의 기록과 공인된 단체로부터 수령한 수임요청의 기록을 유지할 것(또한 법정변호사준칙이사회가 요청하면 이를 제공할 것)

제3장 기본 원칙

모든 법정변호사에게 적용하는 원칙

301. 모든 법정변호사는 104조를 존중해야 하며 다음의 행위를 하여서는 안 된다.

(a) 직무수행의 내외를 불문하고

(i) 부정하거나 법정변호사로서의 신용을 해하는 행위

(ii) 사법제도운영을 저해하는 행위
(iii) 법조인 또는 사법제도운영에 대한 공중의 신뢰를 해하거나 달리 법조인의 평판을 저하시킬 가능성이 있는 행위

(b) 법조계의 명예에 악영향을 미칠 수 있거나 법정변호사의 성실한 업무수행을 저해할 수 있는 다른 업무에 직접 또는 간접적으로 관여하는 행위

개업법정변호사에게 적용하는 원칙

302. 법정변호사는 법원에 대해 정의의 실현을 위하여 독립성을 가지고 활동할 우선적인 의무를 진다. 법정변호사는 사법제도운영에 있어서 법원에 조력하여야 하며 법원을 기망하거나 고의로 또는 무모하게 법원을 오도하여서는 안 된다.

303. 법정변호사는

(a) 모든 정당하고 적법한 수단을 통하여 용감하게 자신의 일반 의뢰인의 최선의 이익을 증진시키고 보호하여야 하며, 자신의 이익을 고려하거나 자신이나 제3자(동료, 전문직 의뢰인, 중개인 또는 다른 법정변호사, 법정변호사의 고용주 또는 법정변호사가 소유자 또는 경영자인 공인된 단체를 포함한다)에게 미칠 영향을 고려하여서는 안 된다.

(b) 일반 의뢰인과 다른 사람 사이에서 일반 의뢰인에 대해 일차적 의무를 부담하며, 일반 의뢰인의 최선의 이익에 대한 자신의 재량적 판단을 다른 사람이 제한하도록 허용하여서는 안 된다.

(c) 지역사회법률서비스(Community Legal Service) 또는 형사변호서비스(Criminal Defense Service)의 일환으로 법률서비스위원회의 지원을 받아 법률서비스를 제공하는 경우는 304조의 준수 이외에는 일반 의뢰인에 대해 일차적 의무를 부담한다.

304. 지역사회 법률서비스 또는 형사변호서비스의 일환으로 법률서비스위원회(Legal Services Commission)의 지원을 받아 법률서비스를 제공하는 법정변호사는 그 업무에 대해 1999년 사법접근법(Access to Justice Act 1999) 및 그 법에 따른 규정과 규범에 의거하여 부과되는 의무와 특히 부록 E에서 정하는 의무를 준수하여야 한다.

305.1 법정변호사는 누구(의뢰인, 다른 법정변호사, 수습변호사, 피고용자, 법조원(法曹院, Inn of Court) 학생을 포함한다)라도 인종, 피부색, 민족 및 국가적 출신, 국적, 시민권, 성별, 성적 지향, 혼인, 장애, 연령, 종교 또는 신념 등을 이유로 직접 또는 간접적으로 차별[1]하여서는 안 된다.

305.2 법정변호사는 관련 법령[2])이 정하는 보호된 행위를 수행한다는 이유로 타인에게 손해를 가해서는 안 된다.

306. 법정변호사는 자신의 행위와 직업적 업무에 대하여 개인적으로 직접 책임을 진다. 법정변호사는 직업적 활동을 함에 있어 자신이 스스로 판단하여야 한다.

307. 법정변호사는 다음의 행위를 하여서는 안 된다.

(a) 자신의 절대적 독립성, 청렴성 및 외압으로부터의 자유를 타협하는 행위

(b) 독립성을 해할 우려를 발생시킬 수 있는 일체의 행위(예컨대 선물을 받는 행위)

(c) 의뢰인, 법원, 조정자 등 제3자를 위하여 자신의 직업적 기준을 타협하는 행위

(d) 소액의 홍보용 물품을 제외한 선물 또는 수수료를 제공하는 행위 또는 의뢰인 또는 중개인으로서 수임요청할 권한이 있는 사람에게 업무상의 목적으로 금전을 대여하거나 그들로부터 대부 기타 방법으로 금전을 수령하는(본 규범에서 정하는 바에 따른 보수를 제외한다) 행위

(e) 누구에게든 전문직 수임요청을 얻기 위하여 금전을 지급하는 행위(본 규범에서 허용하는 광고 및 홍보비용이나 자영법정변호사기 사무소의 직원들에게 지급하는 급료를 제외한다)

307조(d) 또는 (e)의 조항은 조성, 중새 또는 재정서비스를 제공하는 사람을 임명하거나 추천하는 대체적 분쟁해결기관이 요구하는 합리적인 보수를 법정변호사가 지급하는 것 또는 위 기관이 요구하는 합리적인 보수 분배 합의를 하는 것을 금지하지 아니한다. 다만, 그 지급과 합의는 위 기관을 통하여 조정, 중재, 재정서비스를 제공하는 다른 사람이 하는 것과 유사한 종류여야 한다.

1) 1975년 성차별법, 1976년 인종관계법, 2005년 장애인차별법, 고용평등규칙(2003년 종교 또는 신념, 2003년 성적지향, 2006년 연령)에서 정의하는 바에 따른다.

2) 1975년 성차별법, 1976년 인종관계법, 2005년 장애인차별법, 고용평등규칙(2003년 종교 또는 신념, 2003년 성적지향, 2006년 연령)에서 정의하는 바에 따른다.

제4장 자영법정변호사

수임요청

401. 자영법정변호사는 보수를 받고 하는지 여부와 관계없이:

(a) 법원의 지명 또는 지시를 받은 때 또는 다음의 자의 수임요청을 받은 때만 법률서비스를 제공할 수 있다.

(i) 전문직 의뢰인

(ii) 면허접근 의뢰인. 이 경우는 면허접근규칙(Licensed Access Rules, 부록 F1에 수록)에 따라야 한다.

(iii) 204(c)조를 준수하는 것을 조건으로 하여, 일반 의뢰인 또는 그 대리인. 이 경우는 공중접근규칙(Public Access Rules, 부록 F2에 수록)에 따라야 한다.

(b) 업무의 수행에 있어, 공중접근규칙상 허용되는 경우를 제외하고는, 다음의 행위를 할 수 없다.

(i) 일반 의뢰인 사안의 관리, 운영 또는 일반적 수행의 담당

(ii) 소송 사무의 수행(예컨대 일반 의뢰인을 대신하여 청구 또는 송달을 하거나, 전문가 증인 등에게 의뢰를 하거나 그에게 지급하는 대가에 대해 개인적인 책임을 부담하는 행위 등). 또한 401A조에서 허용되는 경우를 제외하고는 다른 당사자와 관련된 서신이나 다른 업무를 행하여서는 안 된다.

(iii) 종전에 증거를 조사하거나 수집하였던 사건의 소송수행. 다만, 법정변호사가 그 증거 조사나 수집이 문제되지 않을 것으로 합리적으로 믿는 경우에는 그러하지 아니하다.

(iv) 경찰 피의자 신문절차에 사무변호사 없이 참석하여 피의자 또는 피신문자에게 경찰신문에 대하여 조언하는 행위. 다만, 법정변호사준칙이사회에서 그러한 업무에 관하여 부과한 연수 요건을 준수한 경우에는 그러하지 아니하다.

(v) 1999년 이민 및 망명법(Immigration and Asylum Act 1999)의 제84조 (2)(e)의 목적상 감독자로서의 활동

(vi) 피고인의 당해 사건 또는 관련 사건과 관련하여 그 법정변호사가 경찰서에 출석한 형사소송을 법원에서 수행하는 행위. 다만, 그 법정변호사가 경찰서에서 말하고, 행하고, 듣고, 본 것으로 인하여 그가 그 소송에서 증거를 제출하여야 하게 되지는 않는다고 그 법정

변호사가 합리적으로 믿는 경우에는 그러하지 아니하다.

교신

401A.1 자영법정변호사는, 그렇게 하도록 위임받은 경우에는, 다른 당사자들과 (편지, 팩스, 이메일 등의 형식으로) 교신할 수 있다. 다만, 그 법정변호사가 다음의 요건을 갖춘 경우에 한한다.

(a) 그가 그렇게 하는 것이 일반 의뢰인의 최선의 이익을 위한 것이고, 그가 그러한 교신을 적절히 하기에 필요한 충분한 체제, 경험과 자원을 가지고 있다는 점에 대하여 스스로를 만족시킬 것, 그리고

(b) 그가 책임진 교신으로 인하여 일반 의뢰인이 손해를 입은 경우 이를 보상할 충분한 보험을 가지고 있을 것

401A.2 법정변호사가 그러한 교신을 하고 다른 당사자가 그를 대리하는 사무변호사 또는 법정변호사를 두고 있음을 알게 된 경우, 그 법정변호사는 그 당사자와 직접 교신하여서는 안 된다.

보험

402.1 감독자의 보험으로 보장되는 수습변호사를 제외한 모든 자영법정변호사와 법정변호사연수규정 78조에 의해 자격을 부여받은 법정변호사는 BMIF(법정변호사상호보장기금)에 가입하여야 한다.

402.2 BMIF에 가입한 모든 법정변호사는:

(a) 직무상 과실로 인한 손해배상청구에 대한 보험을 목적으로 법정변호사협회가 수시로 정하는 액수 및 조건에 따른 보험료를 기일이 도래한 때 즉시 지급해야 한다.

(b) BMIF가 그 규칙에 따라 수시로 요청하는 정보를 요청받은 즉시 제공하여야 한다.

자영 업무의 관리와 수행

403.1 403.2조와 403.3.조에서 허용하는 경우를 제외하고는, 자영법정변호사는 사무실 시설 기타 장소를 공동으로 사용할 수 없고, 다른 자영법정변호사 또는 아래의 사람 이외의 사람과 동업할 수 없다.

(a) 등록유럽변호사

(b) 외국변호사(사무소)규칙(부록 H에 수록)을 준수하고 법정변호사준칙이사회의 동의를 받은 경우, 외국변호사

(c) 비개업법정변호사
(d) 중재인 또는 조정인으로 활동하는 한에서
  (i) 잉글랜드와 웨일즈 외의 관할지역의 법정변호사
  (ii) 은퇴한 판사
  (iii) 고용법정변호사

403.2 자영법정변호사는 다음의 요건을 갖추는 경우 403.1조에 해당하는 사람 이외의 사람과 사무실 시설 기타 장소를 공동으로 사용할 수 있고, 이 경우 403.1조를 위반하여 업무를 행하는 것으로 취급되지 않는다.
(i) 법정변호사가 제공하는 서비스와 사무실 시설 기타 장소를 공동으로 사용하는 다른 사람이 제공하는 서비스가 완전히 구분될 것
(ii) 업무상 일, 소득 또는 이익을 분배한다는 인상을 합리적으로 만들어 낼 수 있는 아무것도 하지 않을 것
(iii) 법정변호사는 의뢰인의 일의 비밀유지를 할 수 있는 효과적인 장치를 갖출 것
(iv) 법정변호사와 공동으로 사용하는 다른 사람과의 사이에 일반적으로 소개하기로 하는 합의 또는 양해가 없을 것

403.3 403.2조 (i), (ii), (iii)항의 제한은, 법정변호사가 지배하고 그의 자영법정변호사 업무를 위하여 또한 그에 부수하여 사용되는 것으로 허용된 법인과 법정변호사가 전물을 공동으로 사용하는 경우에는 적용되지 않는다.

403.4 자영법정변호사가 403.2조에 따라 다른 사람과 장소를 공동으로 사용하는 경우, 그 법정변호사는 법정변호사준칙이사회가 검사할 수 있도록 그 공동사용자가 그 법정변호사에게 소개하였거나 그 법정변호사가 그 공동사용자에게 소개한 업무 또는 의뢰인의 기록 및 그 법정변호사가 행한 소개의 이유의 기록을 갖추어 놓아야 한다.

403.5 자영법정변호사는 다음을 준수하여야 한다.
(a) 아래 각 호를 실현하기 위하여 모든 합리적 조치를 취할 것
  (i) 업무의 성질에 비추어 효율적이고 충실하게 업무를 수행하는 일
  (ii) 충실한 기록을 남기는 일
  (iii) 수시 개정되어 시행되는 "법정변호사가 사무변호사에게 서비스를 제공하는 업무조건 및 신용철회 1988"(부록 G1에 수록) 및 법정변호사협회장의 신용철회지시를 준수하는 일
(b) 업무의 성질에 비추어 필요한 도서관 시설에 접근할 수 있을 것
(c) 다음 사항을 포함하는 법정변호사협회와 법정변호사준칙이사회가 발하

는 관련 지침을 준수할 것
(i) 법정변호사사무소의 관리
(ii) 수습 과정 및 추후의 연수
(iii) 법정변호사 평등 및 다양성 규범(Equality and Diversity Code for the Bar)에 따른 사무소 내의 기회균등

(d)
(i) 자신에게 제기된 모든 민원에 대해서 즉각적이고 공손하며 제기된 문제에 초점을 맞추는 방법으로 처리할 것
(ii) 서면민원처리절차를 준수하며, 의뢰인의 요청이 있을 때 절차의 사본을 제공할 것
(iii) 부록 S의 모든 요구사항을 충족시킬 것

법정변호사사무소의 대표

404.1 본 조의 의무는 법정변호사사무소의 구성원 가운데 다음의 자에게 부과한다.
(a) 법정변호사사무소의 대표인 법정변호사
(b) 법정변호사사무소 운영의 전체 또는 일부를 책임지는 법정변호사
(c) (a)와 (b)에 해당하는 자가 없는 경우에는 법정변호사사무소의 구성원 전체

404.2 404.1조에 해당하는 자는 다음을 보장하기 위해 모든 합리적 조치를 취하여야 한다.
(a) 법정변호사사무소의 운영이 효율적이고 경쟁력 있게 이루어지고 적정하게 직원을 갖출 것
(b) 법정변호사사무소의 사무가 모든 법정변호사와 수습변호사들에게 공평하고 공정하게 이루어질 것
(c) 수습제도 및 수습변호사의 운영을 적정하게 할 것. 특히;
(i) 수습변호사가 공석(空席)일 경우 법정변호사협회가 정하는 방법에 따라 이를 홍보할 것
(ii) 법정변호사준칙이사회가 수시로 결의하는 바에 따라 수습변호사에 대한 재정적 지원을 마련할 것
(iii) 수습제도의 운영에 있어 법정변호사협회와 법정변호사준칙이사회가 발하는 수습지침과 법정변호사의 평등 및 다양성 규범을 준수할 것
(d) 법정변호사사무소 내의 기회균등 문제에 대해 적정한 조치를 취할 것. 특히;

(i) 한 명 이상의 기회균등 담당관을 선임할 것
(ii) 평등 및 다양성 법조규범이 정하는 각 활동 영역에 관하여 위 규범이 제안하는 바에 따라 법정변호사사무소가 채택한 기회균등정책을 문서로 구비하고 필요한 때에 이를 법정변호사사무소의 구성원 및 직원 또는 법정변호사협회와 법정변호사준칙이사회에게 제공할 것
(iii) (i)과 (ii)의 사항이 완료되기 전에는 어떠한 법정변호사도 수습변호사를 두지 않을 것

(e) 자신의 법정변호사사무소에서 업무를 수행하는 법정변호사는 법정변호사사무소의 구성원이든 아니든 402조에 따라 BMIF에 가입하여 보험이 유효하도록 할 것(다만, 감독 법정변호사의 보험으로 부보되는 수습변호사는 제외한다);

(f) 자신의 법정변호사사무소에서 업무를 수행하는 모든 법정변호사가 403.5조(a)(iii)를 준수하도록 할 것

(g) 법정변호사사무소의 모든 피고용자와 직원이 (i) 업무를 수행할 능력을 갖추고, (ii) 효율적이고 정확하게 업무를 처리하며, (iii) 본인들의 업무와 관련된 본 규범의 조항을 이해하고, (iv) 403.5조(d)에 따라 본인들의 사무에 관련된 민원을 처리하도록 할 것

(h) 법정변호사사무소 내의 모든 등록유럽변호사와 외국변호사가 등록유럽변호사규칙(부록 B에 수록)과 외국변호사(사무소)규칙(부록 H에 수록)이 정하는 한도에서 본 규범을 준수하도록 할 것

(i) 법정변호사사무소의 구성원 및 수습변호사 및 (달리 합의하지 않는 한) 전직 구성원 및 수습변호사가 담당한 모든 업무에 대한 보수가 의뢰인에게 즉시 통지되도록 하고, 상당한 기간 내에 이를 지급하지 않을 때 효율적으로 변제받을 수 있도록 할 것

(j) 법정변호사사무소의 모든 법정변호사가 본 규범 202조(c)와 개업증명서규정(부록 D에 수록)에 따른 유효한 개업증명서를 보유하도록 할 것

404.3 404.2조의 의무를 이행하는 404.1조의 사람은 다음을 포함하는 법정변호사협회와 법정변호사준칙이사회의 지침을 준수하여야 한다.

(a) 법정변호사사무소의 운영
(b) 수습 과정 및 추후의 연수
(c) 평등 및 다양성 법조규범에 따른 사무소 내의 기회균등

수임료와 보수

405. 307조를 준수하는 것을 조건으로 하여, 자영법정변호사는 (법정에 출석하는지 여부와 관계없이) 자신이 맡은 모든 업무에 대해 스스로 적절하다고 판단하는 근거와 방법에 따라 보수를 청구할 수 있다. 이때 그 근거와 방법은 아래의 조건을 갖추어야 한다.

(a) 법이 허용할 것;

(b) 임금이나 급여의 지급이 아닐 것

406.1 다른 법정변호사가 수행한 업무에 관하여 수임료를 수령하는 자영법정변호사는 타인에게 이를 위임하지 않고 스스로 그 업무에 대한 수임료 전체를 직접 그 법정변호사에게 지급하여야 한다.

406.2 805조를 준수하는 것을 조건으로 하여, 다른 법정변호사(수습변호사 또는 경험과 기술의 습득을 위해 이를 부탁한 자를 제외한다)로 하여금 자신을 위해 업무를 맡도록 한 자영법정변호사는 타인에게 위임하지 않고 반드시 스스로;

(a) 그 업무에 대해 정당한 보수를 지급하고

(b) 다른 사전약정이 없는 한 3개월을 초과하지 않는 상당한 기간 내에 보수를 지급해야 한다.

407 자영법정변호사는 보수를 지급받는 것을 제외하고는, 의뢰인의 돈, 증권 기타 자산을 받거나 취급하여서는 안 된다.

제5장 고용법정변호사

공인된 단체 이외의 자에게 고용된 법정변호사

501. 고용법정변호사는 고용되어 일하는 과정에서 고용주 또는 다음 자에게 법률서비스를 제공할 수 있다.

(a) 고용관계로부터 발생하는 또는 고용관계와 관련된 문제에 관하여 고용주의 피고용자, 이사 또는 총무부장(Company Secretary)

(b) 고용주가 공공기관(국왕부나 정부 부처 또는 지방관청을 포함한다)인 경우

(i) 고용주가 법률의 규정 등에 따라 법률서비스를 제공하거나 대리인 등으로서 그 기능을 수행해주기로 합의한 다른 공공기관

(ii) 법정변호사가 정부 부처에 고용된 때에는, 장관 또는 국왕부관리

(c) 법정변호사가 판사의 연구관이거나 연구관의 역할을 수행하는 때에는,

그 판사
(d) 법정변호사가 동업자협회에 고용된 때에는, 그 협회의 각 구성원

502. 고용법정변호사는 501조 소정의 자에게만 법률서비스를 제공할 수 있고, 그 외의 어떤 자에게도 법률서비스를 제공하여서는 안 된다. 단, 고용관계에 따른 업무수행의 과정에서 부수되는 다음의 경우는 그러하지 아니하다.
(a) 법률서비스위원회(Legal Service Commission)에 고용된 법정변호사는 공중에게 법률서비스를 제공할 수 있다.
(b) 법률자문센터(Legal Advice Centre)에 고용된 법정변호사는 법률자문센터의 의뢰인에게 법률서비스를 제공할 수 있다.
(c) 고용법정변호사는 무상으로 공중의 누구에게나 법률서비스를 제공할 수 있다.

503. 법률서비스를 제공하는 것을 내용으로 하는 서비스계약에 따라 고용된 법정변호사는, 그 계약이 다음의 요건을 갖춘다면, 본 규범의 고용법정변호사로 취급할 수 있다.
(a) 서면으로 하였을 것
(b) 특정된 기간을 정하였을 것(통지에 의하여 조기종료시킬 수 있는 규정을 둘 수 있다)
(c) 공인된 단체와의 계약이 아닐 것

504. 고용법정변호사는 고용법정변호사(소송수행)규칙(부록 I에 수록)을 준수하는 한 모든 법원의 모든 절차에서 소송수행권을 가지고 이를 행사할 수 있다.

505. 고용법정변호사는 보수를 지급받거나 그의 사용주에게 귀속되는 돈 기타 자산인 경우를 제외하고는, 의뢰인의 돈, 증권 기타 자산을 받거나 취급하여서는 안 된다.

공인된 단체에 고용된 법정변호사 및/또는 공인된 단체의 경영자인 법정변호사

506. 공인된 단체의 경영자이거나 공인된 단체에 고용된 법정변호사는 고용법정변호사(소송수행)규칙(부록 I에 수록)과 공인된 단체의 공인규제기관의 규칙을 준수하는 한 모든 법원의 모든 절차에서 소송수행권을 가지고 이를 행사할 수 있다.

507. 공인된 단체에 고용되었으나 그 단체의 경영자가 아닌 법정변호사는 보수를 지급받거나 그 단체에게 귀속되는 돈 기타 자산인 경우를 제외하고는, 의뢰인의 돈, 증권 기타 자산을 받거나 취급하여서는 안 된다.

508. 법률서비스를 제공하는 것을 내용으로 하는 서비스계약에 따라 공인된 단

체에 고용된 법정변호사는, 그 계약이 서면으로 이루어진다면, 본 규범의 목적상 공인된 단체에 고용된 법정변호사로 취급될 수 있다.

제6장 수임요청의 승낙과 거절

수임과 수임의무(Cab-rank Rule)

601. 변호(advocacy)서비스를 제공하는 법정변호사는 다음의 이유로 서비스를 거절하여서는 안 된다.

(a) 사건의 성질상 자신 또는 공중이나 일부 집단이 못마땅하게 본다는 이유

(b) 의뢰인이 되려는 사람의 가치관 또는 신념이 자신 또는 공중에게 받아들여질 수 없는 것이라는 이유

(c) 의뢰인이 되려는 사람의 당해 사건의 절차에 대해 재정적 지원이 가능하다는 이유{예컨대 지역사회 법률서비스(Community Legal Service) 또는 형사변호서비스(Criminal Defence Service)의 일환으로 그러한 지원이 가능하다는 이유}

602. 자영법정변호사는 수임의무(Cab-rank Rule)를 준수하여야 한다. 따라서 603조, 604조, 605조 및 606조에 달리 정하는 경우 외에는, 법정변호사는 자신의 경험과 경력에 직정한 분야에 관하여 의뢰인이 스스로 비용을 부담하는지 공공 부조를 받는지에 관계없이:

(a) 자신이 업무를 수행한다고 표명한 법원에 출두하도록 하는 어떠한 소송사건적요서도 수락하여야 하고

(b) 어떠한 수임요청도 승낙하여야 하며

(c) 위임인을 위하여 행위하여야 하며,

이를 행함에 있어서, (i) 어느 쪽 당사자를 대리하는지 (ii) 사건의 성질이 어떤 것인지 (iii) 의뢰인의 유무죄, 행실, 가치관, 평판과 성격에 관해 어떠한 신념 또는 평가를 가지게 되는지와 관계없이 행하여야 한다.

603. 법정변호사는 자신의 직업적 품위를 손상시키는 수임요청을 승낙하여서는 안 된다. 법정변호사의 직업적 품위의 손상이란 다음의 경우를 의미한다.

(a) 사건을 처리할 능력과 경험이 부족한 경우

(b) 부담하고 있는 다른 직업상 업무를 고려할 때, 요청받은 일을 수행할 수 없거나 또는 준비를 할 시간이나 기회가 불충분한 경우

(c) 법원 절차수행 시 법정변호사의 통상의 권한과 재량을 제한하거나 법

또는 본 규범에서 정하는 바에 위배되는 행위를 요하는 내용의 수임요청인 경우

(d) 사건의 내용상 그가 증인이 될 가능성이 있거나, 의뢰인, 법원 또는 법원의 구성원 등과 관련하여 직업적 독립성을 유지하기 어렵거나 사법제도운영을 저해 또는 저해할 우려가 있다고 판단할 합리적인 이유가 있는 경우

(e) 법정변호사와 타인 간의 이익충돌 또는 의뢰인들 간의 이익충돌이 있거나 충돌의 우려가 있는 경우(다만, 관련된 모든 당사자가 수임에 동의한 때에는 그러하지 아니하다).

(f) 다른 의뢰인 또는 종전 의뢰인의 비밀이 당사자의 동의 없이 당사자 외의 사람의 이익을 위하여 사용되거나 유통될 중대한 위험이 있는 경우

(g) 자영법정변호사의 경우, 수시로 개정되어 시행되는 "법정변호사가 사무변호사에게 서비스를 제공하는 업무조건 및 신용철회 1988"(부록 G1에 수록)에 따라 법정변호사협회장이 신용철회지시를 발한 사무변호사 또는 사무변호사 법률사무소로부터 수임요청이 된 경우{다만, 법률서비스위원회(Legal Service Commission)로부터 직접 보수를 받는 때, 수임요청과 동시에 합의된 보수가 지급되는 때, 사전에 무상으로 업무를 수행하기로 하는 합의가 있는 때, 법정변호사협회장의 동의가 있는 때는 그러하지 아니하다}

(h) 일반 의뢰인이 사무변호사 기타 전문직 의뢰인에게 위임하지 아니하고 직접 또는 대리인을 통하여 법정변호사에게 수임요청하는 경우에 있어서, 일반 의뢰인이 사무변호사 기타 전문직 의뢰인에게 의뢰하는 것이 의뢰인의 이익과 정의에 부합한다고 법정변호사가 판단하는 경우

604. 601조를 준수하는 것을 조건으로 하여, 법정변호사는 다음의 경우 수임할 의무가 없다.

(a) 통상근무년 외에 일을 하도록 하는 경우

(b) 보수가 아래의 사항을 고려하여 적정하지 않은 경우

(i) 사건의 복잡성, 기간 및 난이도

(ii) 그의 능력, 경험과 경력

(iii) 그가 지출할 비용

지역사회 법률서비스 또는 형사변호서비스의 일환으로 법률서비스위원회의 재정 지원을 받는 사건에 관하여는 법정변호사 보수의 액수나 비율이 규정에 정해져 있거나 평가에 의하여 정하게 되는데, 이러한 사건에 있어서는 법정변호사협회 또는 법정변호사협회 총회에서 달리 정하

지 않는 한 (이 결정은 특정한 사건이나 특정종류의 사건을 정하여 하거나 일반적으로 한다) 위임에 대한 법정변호사 보수는 적정한 것으로 간주한다.[3][4]

(c) 조건부 보수약정에 따라 업무를 수행하도록 하는 경우

(d) 지역사회 법률서비스 또는 형사변호서비스의 일환으로 법률서비스위원회의 재정 지원을 받는 사건이 아닌 경우에 있어서:

(i) 보수 합의가 이루어지지 않은 경우

(ii) 수임 전 보수를 지급하도록 요구하였는데 보수 지급이 이루어지지 않은 경우

(e) 법정변호사의 보수에 대하여 책임을 지는 전문직 의뢰인 외의 자로부터 수임요청되는 경우

(f) 일반 의뢰인이 동시에 전문직 의뢰인인 경우

(g) 수시로 개정되어 시행되는 "법정변호사가 사무변호사에게 서비스를 제공하는 계약조건 2001"(부록 G2에 수록) 또는 기타 계약상의 조건에 따라 업무를 수행하도록 하는 경우

(h) 그 사건에 관한 직업적 과실에 따른 잠재적 책임이, 시중에서 합리적으로 가입할 수 있는 전문직 책임보험의 수준을 초과할 수 있는 경우

605. 다음의 경우 자영법정변호사인 왕실 고문 법정변호사(Queen's Counsel)는 수임의 의무가 없다.

(a) 일반적으로 하급법정변호사 단독으로 또는 그와 함께 처리하는 것이 일반적인 서류작업을 단독으로 처리하도록 하는 수임요청

(b) 하급법정변호사 없이 단독으로 활동하도록 하는 수임요청을 받았으나, 하급법정변호사와 함께 수임하는 것이 일반 의뢰인의 이익에 더욱 부합한다고 판단되는 경우

606.1 법정변호사는 (단독으로 수임하거나 다른 소송대리변호사(advocate)와 함께 수임하거나 간에) 모든 수임에 있어서, 적정하고 효율적인 사법제도운영과 다음 사항들을 고려할 때, 당해 사안을 자신이 수임하거나 수임관계를 지속하는 것이 의뢰인의 최선의 이익에 봉사하는 것인지 생각하여야 한다.

(a) 사건의 제반사정(특히 중대성, 복잡성 및 예상비용 등을 포함)

---

3) 2001. 4. 30. 법정변호사협회는 2001. 5. 1부터 가사사건에 대한 누진보수(family graduated fees)는 더 이상 604조(b)의 적정한 보수로 보지 않는다고 결정하였다.

4) 2003. 11. 15. 법정변호사협회는 형사사건에 대한 누진보수(criminal graduated fees)는 더 이상 604조(b)의 적정한 보수로 보지 않는다고 결정하였다.

(b) 업무수행의 성질
(c) 본인의 능력, 경험 및 경력
(d) 의뢰인과의 관계

606.2 법정변호사가 다른 소송대리변호사(advocate)와 함께 수임요청을 받은 때에는 한 사람의 소송대리변호사 또는 더 적은 수의 소송대리변호사를 선임하는 것이 의뢰인의 이익에 더 부합하는지를 특별히 숙고하여야 한다.

606.3 일반 의뢰인이 직접 또는 사무변호사 기타 인가받은 소송수행자가 아닌 중개인을 통하여 법정변호사에게 수임요청하는 경우, 법정변호사는 의뢰인이 자신을 갈음하여 또는 자신과 함께 사무변호사, 인가받은 소송수행자 또는 기타 적정한 중개인에게 위임하는 것이 의뢰인의 이익과 정의에 부합하는지를 숙고하여야 한다.

606.4 다수당사자가 관련된 사건에서는, 법정변호사가 수임 요청을 받은 때 및 나아가 사정변경이 있는 때, 실제 또는 잠재적 이익충돌 등 제반사정을 감안하여, 어떤 의뢰인이 별도로 대리 또는 조언을 받아야 마땅한지 여부 또는 어떤 의뢰인이 다른 당사자와 공동으로 대리 또는 조언을 받는 것이 그 의뢰인의 최선의 이익에 부합하는지를 숙고하여야 한다.

607. 법정변호사가 어떤 사건에서 의뢰인이 다른 대리인을 선임하는 것이 의뢰인의 최선의 이익에 부합한다고 판단한 때는 즉시 이를 의뢰인에게 조언하여야 한다.

사임 및 수임의 거절

608. 법정변호사는 다음의 경우 업무수행을 중단하여야 하고, 자영법정변호사의 경우는 의뢰인의 수임요청을 거절하여야 한다.

(a) 업무를 계속하는 것이 603조 소정의 직업적 품위의 손상을 초래하는 경우(다만 법정변호사 자신이 중요한 사실의 증인이 될 것으로 예상된다는 이유만으로 직업적 품위 손상이 초래되는 경우에는, 그가 사임하더라도 의뢰인의 이익이 위태롭게 되지 않는 때에만 사임할 수 있다).

(b) 복수의 의뢰인으로부터 받은 수임요청을 승락한 후,

(i) 의뢰인들 간의 이익충돌 또는 이익충돌의 우려가 있거나

(ii) 비밀유지 의무 위반의 우려가 있고

업무수행 계속에 대하여 관련 의뢰인 전원이 동의하지 않는 때

(c) 지역사회 법률서비스 또는 형사변호서비스의 일환으로 법률서비스위원회의 재정 지원을 받는 사건에서 그러한 재정 지원이 허위 또는 부정확

한 정보에 의해 부당하게 이루어진 것임에도 의뢰인이 이를 바로잡기 위한 아무런 조치도 취하지 않고 있는 때

(d) 법정변호사가 법원에 대해 공개할 의무가 있는 정보를 의뢰인이 공개하지 못하도록 하는 때

(e) 사건의 진행과정중, 증거조사절차에서 공개되었어야 함에도 불구하고 공개되지 않은 문서의 존재를 알게 되었으나 의뢰인이 추후에도 이를 공개하지 않는 때

(f) 정상적이고 합당한 경로가 아닌 방법으로 상대방 당사자에게 속하는 문서를 보유하게 된 후, 이를 보유할 권한이 있는 사람에게 읽지 않고 반환하여야 한다는 사실을 깨닫기 전에 내용을 읽고, 그 문서의 내용을 알게 됨으로 인하여 수임의무를 수행하면 법정변호사의 품위를 손상하게 될 경우. 다만, 사임으로 인하여 의뢰인의 이익이 침해되지 않는 때에 한하여 사임할 수 있다.

609. 610조를 준수한다는 조건하에, 법정변호사는 다음의 경우 사임할 수 있다.

(a) 수임요청이 철회된 때

(b) 직무수행에 대해 이의가 제기된 때

(c) 법정변호사가 607조 또는 703조에 의해 제공한 조언에 의뢰인이 주의를 기울이지 않는 때

(d) 기타 사임할 상당한 이유가 있을 때

610. 법정변호사는 다음의 행위를 하여서는 안 된다.

(a) 사전에 의뢰인에게 이유를 설명하지 아니하고 업무수행을 중지하거나 수임요청을 거절하는 행위

(b) 의뢰인의 동의 없이 다른 법정변호사에게 수임요청서를 반환하는 행위

(c) 수임하여 이미 기일이 정해진 사건의 사건적요서를 반환하는 행위 (다만, 일반 의뢰인의 동의 또는 경우에 따라 법원의 동의가 있는 경우는 제외) 또는 업무수행중에 다른 약속(사교적이거나 비직업적인 약속이나 관여를 포함한다)을 이행하기 위해 법률서비스를 제공하기로 하는 약정을 위반하는 행위

(d) 608조에 정해진 경우를 제외하고, 의뢰인이 적시에 다른 법적 조력을 구할 수 없어 불이익을 입게 될 상황에서 수임을 거절하거나 사건에서 사임하는 행위

제7장 개업법정변호사의 업무 수행

일반

701. 법정변호사는:

(a) 그의 모든 직업적 활동에 있어 정중, 신속, 양심적, 근면하여야 하고, 합리적인 능력을 갖추어야 하며, 법원의 시간을 낭비하거나 불필요하게 비용을 지출하는 것을 피하고, 직업적 임무를 이행할 수 있도록 합리적이고 실현 가능한 모든 조치를 취하여야 한다.

(b) 다음과 같은 임무를 맡아서는 안 된다:

(i) 자신이 처리할 능력이 없음을 알거나 마땅히 알아야 하는 경우

(ii) 준비 또는 수행을 위한 시간과 기회가 충분하지 아니한 경우 또는

(iii) 요청된 시간 내에 또는 다른 업무의 부담을 고려할 때 합리적인 시간 내에 수행할 수 없는 경우

(c) 그에게 전달된 모든 수임요청을 신속하게 읽어야 한다.

(d) 법정변호사협회에서 제정한 모든 관련된 '변호사업무수행에 관한 성문 기준'을 존중하여야 한다.

(e) 다음의 경우에는 즉시 의뢰인에게 고지하고 610조에 따라 의뢰인 또는 의뢰인이 수락할 만한 다른 법정변호사에게 수임요청서를 반환하여야 한다.

(i) 요청된 시간 내에 또는 수임요청 수령 이후 합리적인 기간 내에 일을 할 수 없을 것으로 보이는 경우

(ii) 소송사건을 맡기 어렵거나 이미 맡은 다른 어떠한 직업적 약속을 완수하기 어려운 상당한 위험이 있는 경우

(f) 사건에서 청구 또는 부과되는 보수를 뒷받침하는 충분한 기록을, 적어도 법정변호사 보수 지급시점, 소송비용의 사정이나 결정 또는 평가 완료시점 또는 이에 대한 불복기간 도과시점 중 최후에 도래하는 시기까지, 보관하여야 하고, 합리적인 요청이 있는 경우에는 전문직 의뢰인이나 접근면허 의뢰인 또는 다른 중개인이나 일반 의뢰인에게 위 기록 또는 수행한 업무의 세부 내용을 제공하여야 한다.

비밀유지

702. 법정변호사와 의뢰인의 관계가 유지되는 여부와 관계없이 법정변호사는 일반 의뢰인의 사건의 비밀을 유지하여야 하고 일반 의뢰인의 사전 동의가 있는 경우 또는 법률상 허용하는 경우 외에는 어떠한 수임요청 서류의 내용도 제3자(다

른 법정변호사, 수습변호사, 등록유럽변호사의 경우에는 등록유럽변호사규범 제5항(3)의 목적상 그와 함께 활동하는 자 또는 직무수행상 알아야 할 필요가 있는 자 제외}에게 공개 또는 제공하거나, 법정변호사가 신뢰로서 위임받은 정보를 그러한 제3자에게 전달하거나 또는 일반 의뢰인에게 손해를 주거나 자신의 이익 또는 다른 의뢰인의 이익을 위하여 그러한 정보를 사용하여서는 안 된다.

일반 의뢰인과 중개인 간의 충돌

703. 자영법정변호사가 그의 일반 의뢰인과 전문직 의뢰인 또는 다른 중개인 간에 (예컨대 중개인이 태만하였으리라고 생각하기 때문에) 이익충돌이 있다고 생각하게 된 경우에는, 다른 전문조언자 또는 대리인에게 위임하는 것이 그 일반 의뢰인의 이익에 부합하는지를 숙고하여야 한다. 만약에 그러하다고 생각한다면, 그에 따라 조언하여야 하고 그 조언이 그 일반 의뢰인에게 확실하게 전달되기 위하여 필요하다고 인정되는 조치를 (필요하다면 중개인뿐 아니라 그 일반 의뢰인에게도 서면으로 된 조언의 사본을 직접 송부함으로써) 취하여야 한다.

문서작성

704. 법정변호사는 일반 의뢰인의 사건을 진척시키는 데 도움을 주는 사실을 만들어 내서는 안 되고, 사건 내용신술, 증인진술서, 선서진술서, 상소통지 기타 서류의 고지에 다음의 내용을 포함하여 작성하여서는 안 된다.

(a) 일반 의뢰인 또는 그의 수임요청에 의하여 뒷받침되지 아니하는 일체의 사실진술이나 주장

(b) 그가 정당하게 주장할 수 있다고 생각하지 않는 일체의 주장

(c) 사기 주장을 하도록 명백히 위임되었고 사기라는 일응의 증명이 될 수 있는 신빙성 있는 자료를 가지고 있는 경우를 제외한 사기라는 주장

(d) 선서진술서 또는 증인진술서의 경우, 그 선서진술서나 증인진술서에 포함되어 있는 내용을 구두신문에서 증언한다면 증인이 증언하리라고 법정변호사가 수임요청서에 따라 합리적으로 믿은 내용을 진술하는 것을 제외한 사실의 진술

다만, 본조의 내용은 법정변호사가, 일반 의뢰인이나 증인으로부터 정확성에 대한 확인을 받을 것을 조건으로 하여, 특정한 사실 진술이나 주장을 포함한 서면을 작성하는 것을 금지하지 아니한다.

증인과의 접촉

705. 법정변호사는 다음을 하여서는 안 된다.

(a) 그의 증언과 관련하여 예행연습을 하거나 증인을 지도하는 행위

(b) 증인에게 허위이거나 전체적인 진실이 아닌 증언을 하도록 조장하는 행위

(c) 상대방 대리인 또는 법원의 동의가 있는 경우를 제외하고, 증인이 그의 일반 의뢰인인지 여부와 관계없이, 일단 증인이 증언을 시작한 경우 그 증인의 증언이 종결되는 때까지 증인과 직접 또는 간접적으로 사건에 관하여 의사소통 하는 행위.

전문직 의뢰인의 출석

706. 전문직 의뢰인으로부터 위임받은 자영법정변호사는 법정에서 전문직 의뢰인 또는 전문직 의뢰인의 대리인이 출석하지 아니한 상태로 사건에 대한 변론을 하여서는 안 된다. 다만, 법원이 적절하다고 결정하거나 법정변호사 스스로 일반 의뢰인의 이익 또는 정의를 해하지 아니한다고 판단하는 경우에는 그러하지 아니하다.

707. 전문직 의뢰인 또는 전문직 의뢰인의 대리인이 출석하지 아니한 상태에서 사건을 수행하기 위하여 법정에 출석하는 자영법정변호사는 필요한 경우 증인을 면담하고 그 진술로부터 증거를 확보할 수 있다.

법정에서의 행동

708. 법정 변론을 수행하는 법정변호사는:

(a) 자신이 맡은 사건의 수행 및 설명에 개인적으로 책임을 지며 진술과 질문의 내용과 목적에 대하여 스스로 판단하여야 한다.

(b) 법원이 요청하거나 의무로 심판정에 출석하는 경우가 아닌 한 사실 또는 법에 관하여 개인적인 의견을 주장하여서는 안 된다.

(c) 자신의 주장에 유리하든 불리하든 그가 알고 있는 관련 판례 및 법규정을 모두 법원에 알려야 한다.

(d) 모든 절차상 위법을 심리중 법원에 알려야 하며 그러한 사항을 상소 시 주장하기 위하여 남겨 두어서는 안 된다.

(e) 의뢰인으로부터 또는 의뢰인을 통하는 이외의 방법으로 확보한 증거를 제시하거나, 일반 의뢰인의 사건을 진척시키는 데 도움을 주는 사실을 만들어 내서는 안 된다.

(f) 정당하게 주장할 수 있다고 생각하지 아니하는 주장을 하여서는 안 된다.

(g) 단순히 비방하는 진술이나 질문을 하거나 오로지 증인이나 다른 사람을 모욕하거나 괴롭히기 위하여 의도되거나 계산된 진술이나 질문을 하여서는 안 된다.

(h) 그로 인하여 인격이 공격받을 수 있는 제3자의 이름을 공개된 법정에서 밝히는 것은 가급적 피하여야 한다.

(i) 반대신문에서 그의 주장에 대하여 대답할 기회를 증인에게 부여하지 않으면서, 반대신문한 증인을 변론중의 주장으로 논박하여서는 안 된다;

(j) 피해자, 증인 또는 기타의 자가 범죄, 사기 또는 위반행위를 저질렀다고 암시하거나 타인의 행동에 관하여 무고하거나 자신의 일반 의뢰인에 대한 공소범죄나 공소사실을 타인의 행위로 전가하여서는 안 된다. 다만, 그러한 주장이 일반 의뢰인의 사건에서 중요한 쟁점(증인의 신빙성을 포함한다)이 되고 합리적인 근거가 있는 것으로 보이는 경우에는 그러하지 아니하다.

중재에서의 행동

708.1 중재사건을 위임받은 법정변호사는 중재인 또는 당사자 또는 그들의 대리인을 고의로 또는 무모하게 오도하여서는 안 된다.

언론에서의 발언

709.1 법정변호사는 그가 사안설명을 받았거나 소송대리인으로 출정하였거나 출정할 예정인 현재 진행중이거나 진행될 어떠한 변론 또는 중재에 관련하여서도 언론이나 다른 매체에 또는 다른 어떠한 공식적 진술에서도 그 절차상 나오는 사실 또는 쟁점에 대한 개인적인 의견을 표명하여서는 안 된다.

709.2 709.1조는 교육적 또는 학술적 맥락의 발간물에서 그러한 의견을 표명하는 것을 막지 아니한다.

광고 및 홍보

710.1 710.2조를 준수하는 조건하에서, 법정변호사는 자신의 업무와 관련하여 영국 광고 및 판촉규범(British Code of Advertising and Sales Promotion)에 따른 어떠한 광고나 판촉 활동도 할 수 있으며, 그러한 광고 및 판촉 활동은 다음을 포함한다:

(a) 그 법정변호사의 사진 기타 그림

(b) 수임료 및 청구방법에 대한 설명

(c) 그 법정변호사의 서비스의 성질 및 범위에 관한 설명

(d) 당해 정보가 이미 공개된 경우 또는 공개되지 않았으나 일반 의뢰인의 사전 서면동의를 받은 경우, 법정변호사가 출정하였던 사건에 관한 정보(법정변호사가 대리한 의뢰인의 성명을 포함한다)

710.2 다음 각 광고나 판촉 활동은 허용되지 아니한다.

(a) 부정확하거나 오해를 불러일으킬 우려가 있는 경우

(b) 법조인 또는 사법제도운영에 대한 공중의 신뢰를 해하거나 달리 법조인의 평판을 저하시킬 가능성이 있는 행위

(c) 자질의 면에서 다른 신원 확인 가능한 자들(그들이 법정변호사이건 다른 어떠한 직업을 가진 자이건 불문함)과 직접 비교하거나, 그들을 비판하는 행위

(d) 법정변호사의 성공률에 관한 진술을 포함하는 경우

(e) 본 규범에 따르지 않고, 수임의 의사 또는 소송 위임인을 제한하는 의도를 나타내거나 암시하는 경우

(f) 너무 빈번하거나 현란하여 보는 자에게 불쾌감을 주는 경우.

제8장 기타

수습변호사

801. 수습변호사인 법정변호사는:

(a) 법정변호사연수규정(Bar Training Regulations) 제5장에 따라야 한다.

(b) 수습감독자 또는 법정변호사사무소 대표가 수습교육을 실질적으로 방해하지 아니한다고 판단하여 시간제 업무를 할 수 있도록 허락한 경우를 제외하고는 전임으로 변호사수습에 임하여야 한다.

(c) 702조가 그의 수습감독자, 법정에 동행한 모든 자 또는 그가 열람한 서류의 작성자에 대하여 적용되는 것과 같은 범위 내에서, 그 사람들의 의뢰인의 문제에 대하여 비밀을 유지하여야 한다.

802. 수습변호사인 법정변호사는 다음의 조건하에 법정변호사로서 법률서비스를 제공하고 법정변호사로서 가지는 변론권을 행사할 수 있다:

(a) 6개월간의 비개업 수습기간을 마쳤거나 이를 면제받은 경우; 그리고

(b) 수습감독자 또는 법정변호사사무소 대표의 허락이 있는 경우

다만, 그러한 법정변호사가 6개월간의 비개업 수습기간 동안 수습감독자 또는 법정변호사사무소 대표의 허락을 받아 사건을 수임할 수 있다.

803.1 수습변호사인 이상 자영법정변호사는 법정변호사사무실의 구성원이 되거나

구성원으로 표시하거나 어디에든 그의 이름이 구성원으로 나타나게 하여서는 안 된다.

803.2 고용법정변호사의 수습변호사이거나 또는 공인된 단체의 경영자 또는 피고용자인 법정변호사의 수습변호사이거나 또는 변호사연수규정 제42조에 따라 외부 실습기간중 일부라도 그러한 법정변호사 또는 사무변호사와 보내는 법정변호사는, 본 규범의 목적상 마치 그 기간 동안 고용법정변호사의 고용주나 공인된 단체나 사무변호사의 법률사무소에 고용된 것과 같이 취급된다.

수습 감독자

804. 수습 감독자인 법정변호사는:

(a) 법정변호사연수규정 제5부 및 별표 C를 준수하여야 한다.

(b) 그의 수습변호사에게 적절한 지도, 감독 및 경험을 제공할 수 있도록 모든 합리적인 조치를 취하여야 한다.

(c) 법정변호사준칙이사회에서 수시로 발행하는 수습지침과 법정변호사평등규범을 존중하여야 한다.

805. 수습변호사가 개별적인 일에 관한 급여를 대신하여 포상금이나 보수를 받는 경우를 제외하고는, 법정변호사는, 수습변호사가 그를 위하여 행한 일로서 그 가치에 비추어 보수를 지급받을 만한 일에 대하여 수습변호사에게 보수를 지급하여야 (고용법정변호사인 경우에는 수습변호사가 지급받을 수 있도록 하여야) 한다.

법률상담센터

806. 법정변호사는 자원하여 또는 비상근의 방식으로 법률상담센터에서 법률서비스를 제공할 수 있으며, 그러한 경우 본 규범의 목적상 그는 그 서비스 제공과 관련하여 법률상담센터에 고용된 것으로 취급된다.

807. 법률상담센터에 고용된 법정변호사는:

(a) 어떠한 경우에도 법률상담센터의 의뢰인에게 제공한 서비스에 대하여 법률상담센터에서 지급하는 급여 이외에 직접 또는 간접적으로 어떠한 사례금이나 보수도 받아서는 안 된다.

(b) 그가 법률상담센터의 의뢰인에게 제공한 법률서비스에 대한 모든 보수는 법률상담센터에게 귀속되고 지급되도록 하거나, 사법접근재단(Access to Justice Foundation)이나 2007년 법률서비스법 제194조(8)에 따른 Lord Chancellor의 명령에 규정된 다른 자선단체에게 귀속되고 지급되도록 하여

야 한다.

(c) 법률상담센터에 어떠한 재정적 이해관계를 가져서도 안 된다.

이중자격

808.1 다른 인가받은 단체의 구성원이고 현재 그 자격으로서 법률업무를 수행할 자격이 있는 법정변호사는 법정변호사로서 직무를 수행하여서는 안 된다.

808.2 다른 인가받은 단체의 구성원으로 법률업무를 수행할 자격을 갖추게 된 법정변호사는 법정변호사협회 및 그가 소속된 법조원(法曹院, Inn of Court)에 서면으로 그 사실을 즉시 고지하여야 한다.

808.3 다음의 하나에 해당하는 법정변호사는 민원처리위원회(Complaints Committee)에서 그의 사건을 심리할 때까지, 그리고 사건을 징계위원회(Disciplinary Tribunal)에 회부하기로 결정하는 경우에는 사건이 최종 결정될 때까지, 법정변호사로서 직무수행을 하여서는 안 된다.

(a) 사무변호사 명부에서 제명된 적이 있거나 인가받은 단체의 구성원에서 제명된 적이 있는 경우; 또는

(b) 직업적 부정행위로 유죄임이 밝혀졌던 경력이 한 번이라도 있는 경우 또는 인가받은 단체의 구성원으로서의 직무상 행위와 관련되어 징계절차가 진행중인 경우; 또는

(c) 사무변호사로서 개업증명서를 거부당한 적이 있는 경우 또는 개업증명서가 정지되거나 조건이 부가된 적이 있는 경우

808.4 다른 인가받은 단체의 구성원이고 그 단체의 구성원으로서 법률업무를 수행할 수 있는 자격이 있는 법정변호사는 다음 조건을 갖춘 경우 자신을 법정변호사로 표시하더라도 법정변호사로서 직무를 수행하는 것으로 간주되지 아니한다. 그 법정변호사가 타인이나 고용주를 위하여 법률서비스를 제공하기 전에, 그리고 법률서비스를 제공하는 과정에서 최초로 제3자를 상대하는 때에, 각 그들에게 서면으로 다음을 완전하고 종합적으로 고지할 것:

(a) 자신의 지위 및 본 규범이 규정하는 개업증명서를 가지고 있지 않다는 사실

(b) 자신이 수임하는 법률서비스에 대한 본 규범상의 제한

(c) 자신이 법정변호사준칙이사회로부터 완전히 규제를 받고 있지 않다는 사실

(d) 자신의 불충분한 직무수행에 대한 보상제도가 마련되어 있지 않다는 사실

외국변호사

809. 법정변호사연수규정 제78조에 따라 법정변호사자격을 취득한 법정변호사(법정변호사협회 임시회원)는 위 규정 제78조에서 정한 증명서에 명시한 사건들을 수행하는 이외에는 법정변호사로서 직무를 수행할 수 없다. 위 법정변호사는, 법정변호사상호보장기금(BMIF)으로 부보되거나 잉글랜드 및 웨일즈에서 수행한 법정변호사업무에 관한 전문직과실소송 대비 보험으로서 법정변호사협회가 요구하는 조건과 금액에 상응하는 보험에 의하여 부보되어야 하고, 보험자가 발행한 유효한 보험증권 또는 보험증명서를 법정변호사협회에 제출하였어야 한다.

제9장 규범준수

901.1 본 규범의 202조(a) 내지 202조(d), 203조(1)(a), 204조(b), 402조, 403.2조(b), 403.2조(c), 403.2조(d), 404조, 405조, 406조, 701조, 709조, 801조(a), 804조, 905조(a)(i), 905조(d), 905조(e)의 규정들 (위 규칙들이 당해 법정변호사에게 적용되는 범위 내에서 적용한다. 이 점에 대하여는 위의 105A조와 105C조 참조) 또는 법정변호사자격 취득 당시 유효한 법정변호사연수규정에서 요구하는 연수의무 또는 전문직지속계발규정(Continuing Professional Development Regulations)이나 개업증명서규정(Practising Certificate Regulations)(제8항은 제외)에 위반한 법정변호사는 법정변호사준칙이사회의 서면경고 및/또는 300파운드의 정액 과징금 (또는 법정변호사준칙이사회가 수시로 정하는 다른 금액) 또는 위 각 규정이 위반행위에 대하여 정한 과징금에 처한다. 본조의 책임은 엄격 책임이다.

901.2 각 규정이나 법정변호사준칙이사회가 정한 기간(또는 그 연장된 기한) 이내에 법정변호사가 과징금을 납부하지 않는 행위는 직무상 위반행위가 된다.

901.3 법정변호사가 본 규범의 전술한 규정들 위반으로 법정변호사준칙이사회로부터 서면경고를 받거나 과징금이 부과된 경우, 그 법정변호사는 징계규칙(Disciplinary Rules) 23조(3) 및 23조(4)의 규정에 따라 심사부에 이의를 제기할 권리를 가진다. 이의를 제기할 수 있는 기간은 서면경고 또는 과징금납부고지를 법정변호사가 수령한 것으로 간주되는 날부터 28일이다. 단, 법정변호사준칙이사회가 동의하거나 심사부가 달리 정하지 않는 한, 이의제기가 있더라도 과징금납부가 유예되거나 납부기한이 연장되지는 아니한다.

901.4 법정변호사가 본 규범 202조에 정한 개업의 선결조건의 불이행을 치유하기 위하여 필요한 조치를 취하지 아니한 경우 또는 관계 규정이나 법정변호사준칙이사회가 정한 기한 (또는 연장된 기한) 내에 부과된 과징금을 납부하지 아니하는 경우, 그 법정변호사의 본 규범 202조 불준수행위는 직무상 위반행위를 구성한다.

901.5 (1) 위 901.1조에서 열거된 본 규범의 규정들에 현저히 위반한 때에는 직무상 위반행위를 구성한다.

(2) 규정위반은 다음을 이유로 현저한 규정위반이 될 수 있다:

(a) 위반의 성질; 또는

(b) 위반의 정도; 또는

(c) 문제된 위반이 본 규범의 다른 규정 (901.1조에 언급된 규정인지 여부를 불문한다) 위반과 결합된 사정; 또는

(d) 법정변호사가 이전에 본 규범의 동일한 규정 또는 다른 규정(901.1조에 언급된 규정인지 여부를 불문한다)에 위반한 적이 있는 사정

901.6 법정변호사가 3년 이내에 법정변호사준칙이사회로부터 901.1조에서 언급한 본 규범 규정의 위반에 대한 두 개 이상의 별개의 서면경고를 받거나 또는 3년 이내에 두 개의 별개 사건으로 본 규범 규정의 위반에 대하여 자동적 과징금을 부과 받은 경우, 최종의 서면경고 또는 과징금 이후 2년 내에 또 다시 범한 본 규범 규정 위반은, 그 위반 자체로는 직무상 위반행위가 되지 않더라도, 직무상 위반행위를 구성한다.

901.7 위 901.1조에 언급된 규정들 이외의 본 규범의 규정 위반은 모두 직무상 위반행위를 구성한다.

901.8 법정변호사가 다른 공인 규제기관의 규칙상의 위반행위를 범한 경우 본 규범에 따른 직무상 위반행위를 구성하고 그 법정변호사는 법정변호사준칙이사회의 징계조치에 처한다.

902. 법정변호사가 법정변호사자격 취득 당시 행한 선언이 실질적으로 허위로 밝혀진 경우 또는 법정변호사가 자격 취득 전에 부정직하거나 법정변호사로서 불명예스러운 행위에 가담하였던 것으로 밝혀지고 그것이 자격 취득 전에 그에게 자격을 부여하는 법조원평의원(法曹院評議員, Benchers of the Inn)에게 서면으로 적절하게 고지되지 아니한 경우 또는 법정변호사자격을 취득하면서 법정변호사가 한 약속을 지키지 않은 경우는 각 직무상 위반행위를 구성한다.

903. 법정변호사는 다음을 준수하여야 한다:

(a) 민원처리규칙(Complaints Ruls, 부록 J에 수록)

(b) 징계위원회규정(Disciplinary Tribunals Regulations, 부록 K에 수록)
(c) 약식절차규칙(Summary Procedure Rules, 부록 L에 수록)
(d) 불복심리규칙(Hearings before the Visitors Rules[5], 부록 M에 수록)
(e) 잠정직무정지규칙(Interim Suspension Rules, 부록 N에 수록)
(f) 업무적격성규칙(Fitness to Practise Rules, 부록 O에 수록)
(g) 불충분한 업무수행과 관련된 재결 및 불복규칙(Adjudication and Appeals Rules, 부록 P에 수록)

904. 903조에서 언급한 규칙들에 따라, 법정변호사는 불충분한 업무수행에 대하여, 그것이 직무상 위반행위를 구성하는지 여부를 불문하고, 일반 의뢰인에게 배상을 하도록 지시받을 수 있다.

905. 법정변호사는:

(a) 현재 법정변호사로 활동중이거나 법정변호사협회에서 그가 법정변호사로 활동을 하고 있을 것이라고 믿을 만한 이유가 있는 경우라면:
(i) 법정변호사협회 또는 법정변호사준칙이사회가 그의 업무수행 및 법정변호사사무소나 사무실의 운영을 위하여 맺어진 합의에 대한 의견이나 서류를 요구하는 즉시 이에 응하여야 한다(그러한 합의로 인하여 민원이 접수되었거나 제기되었는지 여부를 불문한다).
(ii) 법정변호사협회 또는 법정변호사준칙이사회 또는 그들이 선임한 대리인으로 하여금, 업무수행 및 사무소나 사무실의 운영을 위하여 맺어진 합의를 실행하거나 실행하리라고 여겨지는 장소, 그리고 그러한 업무수행 및 사무소나 사무실의 운영과 관련된 모든 기록을 즉시, 요청에 의하여, 상황과 사안의 긴급성을 고려하여 볼 때 합리적이라고 생각되는 때에는 언제든지, 조사하도록 허용하여야 한다.
(iii) 옴부즈만제도에 따른 민원의 조사, 검토와 결정과 관련하여 요청받은 모든 합리적인 조력을 법률옴부즈만에게 제공하여야 한다

(b) 다음의 경우에 법정변호사준칙이사회에 즉시 보고하여야 한다:
(i) 그가 공인 규제기관이 개입하게 된 공인된 단체의 경영자인 경우
(ii) 그가 정식기소 가능 범죄로 기소된 경우
(iii) 그가 관련된 형사 범죄로 유죄 선고를 받은 경우 또는
(iv) 그가 다른 공인 규제기관 또는 전문직단체로부터 징계 처분을 받은 경우

---

5) 역주: 징계위원회의 결정에 대한 불복절차에 관한 규칙이다.

(c) 다음의 경우에 법정변호사준칙이사회에 즉시 보고하여야 한다:
  (i) 그에 대하여 파산절차가 개시된 경우
  (ii) 그에 대하여 이사자격박탈절차가 개시된 경우
  (iii) 그에게 파산명령 또는 이사자격박탈명령이 내려진 경우
  (iv) 그가 자발적으로 채권자들과 조정에 들어간 경우

(d) 법정변호사와 관련한 민원이 법정변호사준칙이사회에 제기되거나 법정변호사준칙이사회가 그러한 민원을 제기한 경우 또는 법정변호사준칙이사회가 본 규범의 위반이 발생하였거나 발생하려 한다고 믿을 합리적인 근거가 있는 경우 또는 위 (b)나 (c)에 언급된 상황이 법정변호사준칙이사회에 보고된 경우에는, 법정변호사는 법정변호사준칙이사회의 요구에 따라, 당해 문제가 자신에 대한 것인지 다른 법정변호사에 대한 것인지를 불문하고, 그 문제에 관한 의견이나 정보를 즉시 제공하여야 한다.

(e) 903조에 언급된 규정들에 의거하여 요구되는 경우에는, 그에게 송달된 어떠한 통지서에 대해서도 즉시 회신하고 어떠한 심판부 앞에라도 출석하여야 한다.

(f) 심판부가 부과한 벌칙이나 직무정지, 내린 명령 또는 수락한 약속을 적시에 준수하여야 한다.

다만, 의문의 여지를 없애기 위하여, 본조의 어떠한 규정도, 법정변호사가 법으로 보호되는 서류 또는 정보 또는 702조 내지는 그에게 적용되는 다른 공인 규제기관의 유사한 규칙이 적용되는 상황에서의 서류 또는 정보를 제공하거나 공개할 것을 요구하는 것은 아니다.

제10장 정의

1001. 본 규범에서 달리 규정하지 아니하는 한:

"법"(the Act)이라 함은 1990년 법원및법률서비스법(Courts and Legal Services Act 1990)을 의미하고, 문맥에 따라서는 위 법에 의거하여 제정된 명령이나 규정을 포함한다.

"1985년 법"이라 함은 1985년 사법행정법(Administration of Justice Act 1985)을 의미한다.

"2007년법"은 2007년 법률서비스법(Legal Services Act 2007)을 의미한다.

"재결부"(Adjudication Panel)라 함은 재결 및 불복규칙(Adjudication and Appeals Rules, 부록 P에 수록)에 따라 구성된 재결부를 의미한다.

"변호 업무"(advocacy services)라 함은 법(the Act) 제119조에 정의된 변호 업무를 의미한다.

"임명위원회"(Appointments Board)라 함은 법정변호사준칙이사회 및 그 산하 규제위원회에 임명을 하기 위하여 법정변호사협회에 의하여 설립된 위원회를 의미한다.

"공인 규제기관"이라 함은 2007년법 제20조(2)에 정한 것과 같은 의미를 갖는다.

"인가받은 단체"(authorised body)라 함은 법(the Act)에 의하여 인가되어 변론권 또는 소송수행권을 부여받은 법정변호사협회 이외의 단체를 의미한다.

"인가받은 소송수행자"(authorised litigator)라 함은 법(the Act) 제119조에서 정의된 인가된 소송수행자를 의미한다.

"파산명령"(bankruptcy order)에는 1986년 도산법(Insolvency Act 1986)에 의거하여 발하여진 파산명령 및 세계 어디에서 발하여졌든지 그와 유사한 명령을 의미한다.

"법조"(Bar)라 함은 잉글랜드 및 웨일즈의 법조를 의미한다.

"법정변호사협회"(Bar Council)라 함은 때때로 구성되는 법정변호사협회 또는 그 소속 위원회를 의미한다.

"법정변호사"(barrister)라 함은 법조원(法曹院)들 중 하나에 의하여 법정변호사 자격을 부여받고 그 자격이 중단되지 않은 개인을 의미한다. 그리고 본 규범 3장(301조 제외), 4장, 6장, 7장 및 8장에서는 개업법정변호사를 의미한다.

"법정변호사준칙이사회"(Bar Standards Board)이라 함은 법정변호사협회의 규제 기능을 수행하고 감독하기 위하여 설립된 기관을 의미한다.

"법정변호사연수규정"(Bar Training Regulations)이라 함은 2009. 9. 1. 전의 일에 관하여는 통합규정(Consolidated Regulations)을, 2009. 9. 1. 및 그 이후의 일에 관하여는 법정변호사연수규칙을 의미한다.

"BMIF"라 함은 법정변호사상호보장기금(Bar Mutual Indemnity Fund Limited)을 의미한다.

"사건적요서"(brief)라 함은 법정에 대변자로서 법정에 출석하도록 요청하는 것을 의미한다.

"자격부여"(Call)라 함은 법정변호사연수규정에 따라 법정변호사자격을 부여하는 것을 의미한다.

"법정변호사사무실"(chambers)이라 함은 한 명 이상의 자영법정변호사가 업무를 수행하는 장소를 의미하고, 문맥에 따라서는 그 장소에서 일시적으로 업무를 수행하는 법정변호사 전부(수습변호사를 제외한다)를 가리킨다.

"의뢰인"(client)이라 함은 일반 의뢰인 또는 중개인을 의미한다.

"회사"(company)라 함은 공인 규제기관의 규제를 받는 회사를 의미한다.

"민원"(complaint)이라 함은 타인 또는 법정변호사협회가 직무상 위반행위 또는 불충분한 업무수행에 대하여 제기한 신청을 의미하고 법률구조민원을 포함한다.

"민원처리위원"(Complaints Commissioner)이라 함은 법정변호사협회규약(Bar Council Constitution) 제17A조에 따라 임명된 위원을 의미한다.

"민원처리위원회"(the Complaints Committee)는 법정변호사준칙이사회의 민원처리위원회 또는 그 후속기관을 의미한다.

"조건부 보수약정"(conditional fee agreement)이라 함은 법(the Act) 제58조에서 정의하고 있는 조건부 보수약정을 의미한다.

"통합규정"(Consolidated Regulations)이라 함은 법조원의 통합규정을 의미한다.

"법원"(Court) 또는 "법정"(Court)에는 공개 여부를 불문하고 법정변호사가 대변인(advocate)으로 출석하거나 출석할 수 있는 법원/법정이나 심판소/심판정 또는 개인이나 단체를 포함한다.

"이사"(Director)라 함은 회사의 이사를 의미하고, 회사인 공인된 단체의 이사를 포함하며, 범유럽회사와 관련하여서는 다음을 포함한다.

(a) 이원적 체계 하에서는 경영기관의 구성원 및 감독기관의 구성원

(b) 일원적 체계 하에서는 관리기관의 구성원

"징계위원회"(Disciplinary Tribunal)라 함은 징계위원회규정(Disciplinary Tribunal Regualtions, 부록 K에 수록)에 따라 구성된 징계위원회를 의미한다.

"고용법정변호사"(employed barrister)라 함은 고용계약에 따르거나 영국 정부 또는 유럽공동체의 기관에 의하여 고용되고 (공인된 단체에 고용된 경우는 제외함), 그 고용기간중 법정변호사로서 법률서비스를 제공하는 개업법정변호사를 의미한다.

"고용주"(employer)라 함은 고용된 법정변호사를 고용한 자 및 그가 지배하는 자회사나 관계회사를 의미한다.

"영국법"(English Law)은 국제법 및 유럽공동체의 법을 포함한다.

"설립지침"(Establishment Directive)이라 함은 변호사가 자격을 획득한 국가 이외의 회원국에서 영구적으로 변호사 활동을 하는 것을 촉진하기 위하여 제정된 1998년 2월의 유럽의회 및 이사회의 유럽공동체지침 98/5(Directive 98/5/EC of the European Parliament and of the Council of February 1998)를 의미한다.

"유럽변호사"(European lawyer)라 함은 회원국의 국민이고 1999년 유럽공동체(변호사업무)명령{European Communities (Lawyer's Practice) Order} 제2조(2) 상의 어떠한 전문직 자격에서이든 변호사 활동을 할 수 있도록 회원국이 인가한 자를 의미하되, 다만 다음 중 어느 하나에도 해당하지 않아야 한다.

(a) 잉글랜드 및 웨일즈나 북아일랜드의 사무변호사 또는 법정변호사
(b) 스코틀랜드법에 따른 사무변호사 또는 소송대리변호사(advocate)

"외국변호사"(foreign lawyer)라 함은 영국법 이외의 법체계에서 권한 있는 전문기관에 의하여 변호사직을 수행할 수 있도록 인가된 자(등록유럽변호사 또는 잉글랜드 및 웨일즈의 개업법정변호사를 제외한다)를 의미한다.

"불복심리"(Hearings before the Visitors[6])라 함은 2005년 불복심리규칙(Hearings before the Visitors Rules 2005)에 의하여 구성된 불복심리를 의미한다.

"본국의 전문직기관"(home professional body)이라 함은 1999년 유럽공동체(변호사업무)명령 제2조(2)의 전문직 자격 하에 유럽변호사가 직무 활동을 수행할 수 있도록 인가하여 주는 회원국의 기관을 의미하며, 그가 하나 이상의 회원국에서 인가를 받은 경우라면 그중 어떠한 기관이든 의미할 수 있다.

"본국의 전문직 자격"(home professional title)이라 함은, 유럽변호사와 관련하여, 전문직 자격 또는 그의 본국에서 전문직 활동을 수행할 수 있도록 인가하여 주는 1999년 유럽공동체(변호사업무)명령 제2조(2)가 그 본국과의 관계에서 정한 모든 전문직 자격을 의미한다.

"본국"(home State)이라 함은 유럽변호사가 그의 본국의 전문직 자격으로 전문직 활동을 수행하기 위한 인증을 취득한 회원국을 의미하며, 그가 하나 이상의 회원국에서 인가를 받은 경우라면 그중 어떠한 회원국이든 의미할 수 있다.

"불충분한 업무수행"(inadequate professional service)이라 함은 일반 의뢰인에 대한 행위나 그를 위한 업무수행이 제반 사정을 고려할 때 변호사에게 합리적으로 기대되는 정도에 현저히 못 미치는 것을 의미한다.

---

6) 역주: Visitors는 불복심리를 담당하는 심판부를 말한다(불복심리규칙 2조 참조).

"사무변호사법인"(incorporated solicitors' practice)이라 함은 1985년 법 제9조에 따라 인가받은 단체를 의미한다.

"정식기소 가능 범죄"(indictable offence)라 함은 1978년 해석법(Interpretation Act)의 별표 1에서 정의한 바와 같이 2005년 중대조직범죄및경찰법(Serious Organised Crime and Police Act)에서 정의한바, "성년자가 범할 경우 필수적 정식기소이든 선택적 정식기소이든 정식기소에 의한 재판을 할 수 있는 범죄"를 의미한다.

"비공식심리부"(Informal Hearing Panel)라 함은 민원처리규칙(Complaints Rules, 부록 J에 수록) 제43조에 따라 구성된 비공식심리부를 의미한다.

"수임요청"(instructions)이라 함은 어떤 형태이든 (소송적요서를 포함한다) 쟁송사건이든 비쟁송사건이든 법률서비스를 제공하게 하기 위하여 개업법정변호사에게 주어지는 위임이나 지시를 의미하며 "위임된"(instructed)이라 함은 이에 상응하는 의미를 가지는 것으로 한다.

"잠정직무정지부"(Interim Suspension Panel)라 함은 잠정직무정지규칙(Interim Suspension Rule, 부록 N에 수록)에 따라 구성된 심판부를 의미한다.

"중개인"(intermediary)이라 함은 일반 의뢰인을 대리하여 자영법정변호사를 선임하는 자를 의미하며 일반 의뢰인이 아닌 전문직 의뢰인을 포함한다.

"국제 업무"(International work)라 함은 국제업무규칙(International Practice Rules, 부록 A에 수록)에서 규정한 의미를 가진다.

"JRC"라 함은 법정변호사협회 공동규제위원회(Joint Regulations Committee of the Bar Council) 및 명칭 여하를 불문하고 같은 책무가 있는 그 후속 협의체를 의미한다.

"일반 의뢰인"(lay client)이라 함은 개업법정변호사(고용된 법정변호사의 경우에는 그의 고용주)가 그를 위하여 위임을 받는 본인을 의미한다.

"일반위원"(lay member)이라 함은 임명위원회(Appointments Board)에 의하여 법정변호사준칙이사회 및 그 산하 규제위원회에 임명된 일반인을 의미한다.

"일반인대표"(lay representative)라 함은

(a) 법조원장(the President of the Council of the Inns of Court)에 의하여 징계위원회(Disciplinfary Tribunal), 약식절차심리부(Summary Procedure Panels), 비공식심리부(Informal Hearings Panels), 잠정직무정지부(Interim Suspension Panel) 및 그 항소부(Appeal Panels), 재결부(Adjudication Panels), 재결항소부(Adjudication Appeal Panels), 의료부(Medical Panels) 및 그 재심부(Review Panels)에서 업무를 수행하도록 임명된 일반인을 의미하거나; 또는

(b) 잉글랜드와 웨일즈 사법부수장(Lord Chief Justice)에 의하여 불복심리(Hearings before the Visitors)에서 업무를 수행하도록 임명된 일반인을 의미한다.

다만, 다음의 자는 일반인 대표로 선임될 수 없다:

(i) 민원처리위원회 또는 법정변호사준칙이사회 또는 그것의 다른 위원회의 구성원인 경우; 또는

(ii) 위원회나 심판부에서 처리하고 있는 당해 사건이 민원처리위원회에서 심리되었을 당시 민원처리위원회의 구성원이었던 경우

"법률구조민원"(legal aid complaints)이라 함은 1985년의 법 40조{1999년 사법접근법(Access to Justice Act)에 의하여 개정됨}에서 규정한 민원을 의미한다.

"법률상담센터(Legal Advice Centre)라 함은 무료로 (또는 명목적인 수임료만 받고) 일반 공중에게 법률서비스를 상시 제공하는 자선 조직 또는 유사한 비상업적 조직에 의하여 운영되는 센터로서:

(a) 2007년 사무변호사행위규범 제13.04조와 제13.09조에 따라 1인 이상의 사무변호사를 고용하거나 그의 서비스를 받는, 또는 사무변호사규제기관(SRA)가 의무면제를 부여한 센터, 또는

(b) 보험 기타 제반 문제에 관하여 법정변호사협회 또는 법정변호사준칙이사회가 부과하는 조건에 따라 법정변호사를 고용하거나 근무하게 하는 것이 적합하다고 하여 법정변호사준칙이사회에서 지정하여 현재에 이르고 있는 센터

"법률서비스"(legal services)는 법률조언대리 및 사건진술 증인진술 선서진술서 또는 기타 법률문서의 작성이나 해결을 포함하나 다음은 포함하지 아니한다:

(a) 판사 또는 중재인으로 참석하거나 조정자로 활동하는 행위
(b) 법을 가르치거나 강의하는 행위 또는 법률서적, 기사 또는 보고서를 작성하거나 편집하는 행위
(c) 명예훼손, 저작권침해, 법정모욕 등을 이유로 신문, 정기 간행물, 서적, 원고 및 그 외의 출판물을 조사하는 행위
(d) 언론 또는 그 외의 매체와 의사소통을 하는 행위
(e) 선서진행자의 권한을 행사하는 경우
(f) 법적 문제에 관하여 친구나 친지에게 무상으로 조언을 제공하거나 자선, 자애, 박애단체에 무상 또는 명예 법률고문으로 활동하는 행위
(g) 회사의 비경영이사이거나 자선단체의 관재인 또는 중역이거나 어떠한 사적 신탁의 수탁자인 법정변호사와 관련하여, 다른 이사나 관재인이나 중역들에게 그 회사, 단체, 신탁의 문제에 적용될 수 있는 일반 법원칙에 관한 그의 지식과 경험을 제공하는 행위

"법률서비스위원회"(legal Services commission)라 함은 1999년 사법접근법 제1조 또는 제2조에 따라 설립된 단체를 의미하며 그러한 단체에 의하여 설립되고 유지되는 단체를 포함한다.

"접근면허 의뢰인"(Licensed Access client)이라 함은 접근면허승인규정{Licensed Access Recognition Regulations(부록 F에 수록)}에 따라 법정변호사준칙이사회가 승인한 개인 또는 조직을 의미한다.

"소송서비스"(litigation services)라 함은 법(the Act) 제119조에 정의된 소송서비스를 의미한다.

"유한책임조합"(LLP)이라 함은 2000년 유한책임조합법(Limited Liability Partnerships Act 2000)에 따라 법인으로 설립된 유한책임조합(limited liability partnership)을 의미한다.

"경영자"(Manager)라 함은 공인된 단체의 다음 하나에 해당하는 법정변호사를 의미한다.

(a) 조합의 파트너
(b) 유한책임조합(LLP)의 구성원 또는
(c) 회사의 이사

"조정"(Mediation)이라 함은 분쟁의 당사자들이 중립적인 사람(조정자)을 선임하여 이들이 당사자들의 분쟁을 해결하는 데 조력하는 절차를 의미한다.

"의료부"(Medical Panel)라 함은 업무적격규칙(Fitness to Practise Rules, 부록 O에 수록)에 따라 구성된 심판부를 의미한다.

"회원국"(Member State)이라 함은 유럽공동체의 회원국을 의미한다.

"비개업법정변호사"(non-practising barrister)라 함은 개업법정변호사 이외의 법정변호사를 의미한다.

"직무상 행위 및 민원처리위원회"(Professional Conduct and Complaints Committee) 또는 "PCC"라 함은 법정변호사협회의 직무상 행위 및 민원처리위원회 또는 그 후임 단체로서 명칭을 불문하고 동일한 책무를 담당하는 단체를 의미한다.

"소유자"(owner)라 함은 단체와 관련하여 그 단체에 대한 소유권을 가진 사람을 의미한다.

"파트너"(partner)라 함은 법인화되지 않은 법률사무소의 파트너이거나 그렇게 표시된 자를 의미한다.

"조합"(partnership)이라 함은 법인화되지 않은 조합을 의미하고, 파트너가 있거나 파트너라고 표시된 사람이 있는 법인화되지 않은 법률사무소를 포함하나, LLP는 포함하지 않는다.

"개업법정변호사"(practising barrister)라 함은 201조가 의미하는 범위 내에서 업무를 수행하는 법정변호사를 의미한다.

"법조원장"(President)이라 함은 법조원(Council of the Inns of Court)의 장을 의미한다.

"전문직 의뢰인"(professional client)이라 함은 자영법정변호사에게 위임을 하는 사무변호사 또는 기타 전문직으로서 다음을 의미한다:

(a) 사무변호사, 사무변호사의 법률사무소, LLP 또는 회사, 사무변호사규제기관(SRA)이 규제하는 공인된 단체, 인가받은 소송수행자, 의회대리인, 특허대리인, 유럽특허변호사, 상표대리인, 공증인 또는 잉글랜드 및 웨일즈 사무변호사협회에 등록유럽변호사

(b) 면허받은 재산양도전문변호사가 재산양도서비스를 제공하는 경우의 재산양도전문변호사

(c) 고용법정변호사 또는 등록유럽변호사

(d) 자신을 위한 업무를 하는 개업법정변호사 또는 등록유럽변호사

(e) 변호 업무를 제공하는 법정변호사가 관련되지 않은 사안에서의 외국변호사

(f) 스코틀랜드 또는 북아일랜드의 사무변호사

(g) 무상으로 공중에게 법률서비스 제공을 알선하는 단체(법률상담센터나 공익 또는 무료소송대리단체 등)로서, (보험 기타 제반 문제들에 관하여 법정변호사협회 또는 법정변호사준칙이사회가 부과하는 조건에 따라) 법정변호사준칙이사회에 의하여 법정변호사 선임에 적합하다고 지정되어 유지되고, 법률서비스를 제공할 법정변호사를 무상으로 선정하여 주는 단체의 대표자

"직무상 위반행위"(professional misconduct)는 901조 및 902조에서 주어진 의미를 가지는 것으로 한다.

"공중"(the public)은 501조에서 언급된 사람이 아닌 개업법정변호사(고용된 법정변호사의 경우 그 법정변호사의 고용주)의 일반 의뢰인을 포함한다.

"공중접근위임"(public access instructions)이라 함은 401조(a)(iii)에 의거하여 일반 의뢰인 또는 그 대리인이 하는 위임을 의미한다.

"자격위원회"(Qualifications Committee)라 함은 법정변호사준칙이사회의 자격위원회 또는 그 후임을 의미한다.

"품질보장위원회"(Quality Assurance Committee)라 함은 법정변호사준칙이사회

의 품질보장위원회 또는 그 후임을 의미한다.

"공인된 단체"(Recognised Body)라 함은 법정변호사준칙이사회 이외의 공인 규제기관에 의하여 유보된 법률서비스를 제공할 수 있도록 인가받은 조합, 유한책임조합, 회사 또는 단독 변호사를 의미하되, 2007년법 제72조에 정의된 면허받을 수 있는 단체(licensable body)가 아니어야 하며, 2007년법 제18조(3)을 이유로 인가받은 것으로 간주되는 단체를 포함하지 않는다.

"등록유럽변호사"(registered European lawyer)라 함은 부록 B에 따라 법정변호사협회 및 법조원에 등록된 유럽변호사를 의미한다.

"관련 형사범죄"(relevant criminal offence)라 함은 다음을 제외한 세계 어디에서든 행하여진 모든 형사범죄를 의미한다:

(a) 영국에서 범한 범죄로서 1999년 도로교통범죄법(Road Traffic Offence Act, 또는 개정법률이나 대체법률)상의 정액벌금범죄;
(b) 영국 또는 영국 외에서 범한 범죄로서 위 정액벌금범죄와 실질적으로 유사한 절차에 따라 처리되는 범죄; 및
(c) 범죄의 주된 내용이 자동차의 불법주차인 범죄

"변론권"(right of audience)이라 함은 법(the Act) 제119조에 정의된 변론의 권리를 의미한다.

"소송수행권"(right to conduct litigation)이라 함은 법(the Act) 제119조에 정의된 소송을 수행할 권리를 의미한다.

"자영법정변호사"(self-employed lawyer)라 함은 다음을 제외한 개업법정변호사를 의미한다.

(a) 공인된 단체의 경영자 또는 피고용자인 법정변호사
(b) 고용되어 활동하는 고용법정변호사

"사무변호사"(solicitor)라 함은 잉글랜드 및 웨일즈 대법원의 사무변호사를 의미한다.

"준칙위원회"(Standards Committee)라 함은 법정변호사준칙이사회의 준칙위원회 또는 그 후임을 의미한다.

"약식절차심리부"(Summary Procedure Panel)라 함은 약식절차법(부록 L에 수록)에 따라 구성된 심리부를 의미한다.

"동업자협회"(trade association)라 함은 그 구성원이나 그들이 대리하는 자들의 직업적 이익을 증진하기 위하여 설립된 단체(법인인지 여부를 불문한다)를 의미하며, 구성원들을 위한 법적 조력 확보를 주된 목적으로 설립된 단체는 제외한다.

남성형의 언급은 여성형을 포함하는 것으로 간주하고 단수형의 언급은 복수형을 포함하는 것으로 간주한다.

제11장 경과규정

1101. 작위 또는 부작위 기타 어느 것이라도 2004. 10. 31. 전에 발생한 것에 관하여:

(a) 본 규범은 적용되지 아니한다;

(b) 101조에도 불구하고 본 규범이 법정변호사협회에서 채택되지 아니한 것처럼, 당시에 시행된 행위규범(Code of Conduct)이 적용된다.

1102. 2002. 1. 1. 전에 법정변호사자격을 취득하였으나 당시 시행되던 법정변호사연수규정에 따라 12개월간의 수습기간을 마치거나 면제받지 아니한 법정변호사는 202조(a)에도 불구하고 법정변호사로서 업무를 할 수 있다. 다만, 그 법정변호사는 다음의 요건을 갖추는 경우를 제외하고는 203.1조에 따른 변론권을 행사할 권한이 없다.

(a) 법정변호사협회에 그러고자 하는 의사를 서면으로 통지할 것; 그리고

(b) (i) 법정변호사협회 또는 법정변호사준칙이사회가 요구하는 추가 연수에 관한 조건을 이행하였거나 (ii) 법정변호사협회 또는 법정변호사준칙이사회로부터 그러한 조건을 이행할 의무가 없다고 고지 받았을 것

1103. 2000. 7. 31. 현재 법정변호사로서 변론권을 행사할 자격이 있었던 법정변호사는 본 규범 203조에도 불구하고 계속하여 그 변론권을 행사할 자격이 유지된다.

1104. 2000. 7. 31. 전의 어떠한 기간이든 고용법정변호사로서 변론권을 행사할 자격이 부여되었던 법정변호사는 다음의 각 요건을 갖춘 경우 위 기간 동안 모든 법정의 모든 절차에서 변론권을 행사할 자격이 있었던 것처럼 그 기간을 본 규범 203.2조(c)의 기간에 산입할 수 있다:

(a) 법정변호사협회에 그러고자 하는 의사를 서면으로 통지하였을 것; 그리고

(b) (i) 법정변호사협회 또는 법정변호사준칙이사회에서 요구하는 모든 조건(추가 연수에 관한 조건을 포함한다)을 이행하였거나 (ii) 법정변호사협회 또는 법정변호사준칙이사회로부터 그러한 조건을 이행할 의무가 없다고 고지 받았을 것

1105. 2000. 7. 31. 당일 또는 2002. 7. 31. 전에 모든 법정의 모든 절차에서 변론권을 행사할 자격이 부여된 모든 사람은 다음의 각 요건을 갖춘 경우 본 규범 203.3조(b)(ii)를 충족하지 않더라도 지도관 자격을 갖춘 사람이 된다:

(a) 203.3조의 다른 요건들을 충족할 것;

(b) 법정변호사협회에 지도관으로 활동하고자 하는 의사를 서면으로 통지하였을 것; 그리고

(c) 법정변호사에 의하여 그렇게 활동하기에 적합하다고 지정될 것

1106. 2000. 7. 31. 전에 법정변호사협회에 제6차 개정 행위규범 212조(b)(ii)에서 규정한 고지와 정보제공을 하였거나 그 요건으로부터 면제된 법정변호사는 2000. 7. 31에 적용된 제6차 개정 행위규범 212조 (b) 내지 (e)의 요건들을 갖추고 또한 그가 법정변호사로서 가지는 변론권을 행사할 자격이 없다는 조건하에서 2005. 7. 31까지 공중에게 법률서비스를 제공할 자격이 유지된다.

III. 법정변호사 업무수행을 위한 성문 기준

(Written Standards for the Conduct of Professional Work)

일반 기준

1. 개관
2. 일반 사항
3. 업무의 수락
4. 사임 및 수임의 거절
5. 업무수행
6. 증인
7. 문서
8. 업무수행의 관리

형사사건에 적용되는 기준들

9. 개관
10. 기소변호사의 의무
11. 형사피고인 측 변호사(defence counsel)의 의무
12. 유죄의 자백
13. 일반
14. 영상 녹화물
15. 법정변호사의 법정 출석
16. 항소

일반 기준

1. 개관

1.1 이 기준들은 법정변호사가 자신의 일을 수행하는 데 있어서 지침으로 삼을 수 있도록 만들어졌다. 이 기준들은 행위규범(Code of Conduct)이 명시적으로 다루고 있는 사항들과, 올바른 직업수행(good practice)을 위한 내용으로 구성되어 있다. 따라서 이 기준들은 행위규범과 연계하여 읽어야 하며 법정변호사가 징계사유에 해당하는 위반을 저질렀는지 여부 판단 시 고려되어야 한다. 이 기준들은, 부적합하지 않는 한, 독립적으로 개업한 법정변호사들뿐 아니라 고용법정변호사들에게도 적용된다. 이 일반 기준들에 추가하여, 형사사건에만 특별히 적용되는 기준들도 존재한다.

2. 일반 사항

2.1 법정변호사의 일반적인 업무 범위 내에 들어가는 일은 변호, 변론서와 기타 법률문서의 작성, 법적 문제에 대한 조언으로 구성된다. 법정변호사는 전문직 의뢰인(professional client)의 수임요청에 따라서만 행동하며, 일반 의뢰인(lay client)의 사안을 관리, 운영 또는 일반적 수행을 하는 방법으로 일을 수행하거나, 소송의 관리, 운영 또는 일반적 수행을 하거나, 의뢰인의 금전을 수령하거나 처리하여서는 안 된다.

2.2 법정변호사가 그의 업무 영역 내의 사건은 어떠한 의뢰인을 위해서도 (법률구조를 받는지 여부와 상관없이) 일해야 할 의무가 있다는 점은 법정변호사가 수행하는 모든 일에 적용되는 기본 원칙이다. 이 원칙을 구체화한 규칙들과 이에 대한 예외가 행위규범의 303조, 601조, 602조, 603조, 604조와 605조에 들어 있다.

3. 업무의 수락

3.1 법정변호사는 사건적요서(brief)나 수임요청(instructions)을 받으면 가능한 한 빠른 시간 내에 수임을 거절하여야만 하는 이유가 없는지를 판단해야 한다.

3.2 법정변호사가 생각할 기회를 가지고 명확히 승낙하지 않는 한, 사건적요서나 수임요청을 수락한 것으로 간주되지 않는다.

3.3 법정변호사는 이익충돌이 발생할 가능성을 항상 염두에 두어야 한다. 일반 의뢰인과 전문직 의뢰인 사이에 이익충돌이 발생할 경우, 그 이익충돌은 일반 의뢰인을 위한 방향으로 해결되어야 한다. 일반 의뢰인과 법률구조기금(Legal Aid Fund) 사이에 충돌이 발생하면, 법률구조규정(Legal Aid Regulations)이 허용하는 범위 내에서, 일반 의뢰인을 위한 방향으로 충돌이 해결되어야 한다.

3.4 법정변호사가 1인 이상의 일반 의뢰인을 위하여 사건적요서나 수임요청을 수락한 후 의뢰인들 간에 이익충돌이 있거나 이익충돌이 있을 심각한 염려가 있다고 보이는 경우에는, 그는 모든 의뢰인들이 동의하지 않는 한 어떤 의뢰인도 계속 대리하여서는 안 된다.

3.5 이익충돌이 없는 경우에도, 법정변호사가 어떠한 절차에서건 또한 어떠한 당사자를 위하여서건 사건적요서나 수임요청을 수락하면, 그는 기존 의뢰인의 사전 동의를 얻지 않고서는 다른 의뢰인을 위하여 항소 또는 후속절차에 관한 사건적요서나 수임요청을 수락하여서는 안 된다.

3.6 법정변호사는 사건의 내용상 그가 생각하기에 증인이 될 가능성이 있다고 판단된다면 그 사건적요서나 수임요청을 수락해서는 안 된다. 하지만 일단 사건적요서나 수임요청을 수락한 이후에 그가 그 사건에서 중요한 사실문제에 관한 증인이 될 가능성이 있다는 것을 알게 된 경우에는, 사임으로 인하여 의뢰인의 이익이 위태롭게 되지 않는 경우에 한하여 사임할 수 있다.

3.7 법정변호사는 다음의 경우 법정변호사로서 일을 수행할 수 없다.

(a) 자신이 당사자이거나 중대한 금전적 이익을 가진 사건

(b) 자신이 구성원이거나 직접 간접적으로 중대한 금전적 이해관계를 가지는 지방정부, 기업 또는 조직을 원고 또는 피고로 하는 사건

(c) 이사, 총무부장(secretary), 임원이었거나 직접 간접적으로 중대한 금전적 이해관계를 가지는 회사를 원고 또는 피고로 하는 사건

3.8 이익충돌이 발생하는 사건 외에도, 법정변호사는 수임으로 자신의 직업적 품위

가 손상될 경우에는, 사건적요서나 수임요청을 수락하여서는 안 된다. 행위규범 603조가 이런 상황에 대한 일반적인 기준들을 정해놓고 있다.

4. 사임 및 수임의 거절

4.1 법정변호사가 중대한 형사범죄로 기소된 자를 변호하는 사건을 수임한 경우에는, 이와 충돌되는 직업적인 약속이 발생할 우려가 없는지를 합리적으로 가능한 한 확인해봐야 한다.

4.2 법정변호사가 반드시 사임하거나 수임요청을 거절해야 하는 경우는 행위규범 608조에 기재되어 있다. 사임 또는 수임 거절이 허용되는 경우는 609조에, 허용되지 않는 경우는 610조에 나와 있다.

5. 업무수행

5.1 법정변호사는 언제든지 모든 정당하고 합법적인 수단을 동원해서 그의 일반 의뢰인의 최선의 이익을 증진하고 용감하게 보호해야 한다.

5.2 법정변호사는 사법제도운영에 있어서 법원에 조력하여야 한다. 법정변호사는, 이 의무와 의뢰인의 이익을 보호하기 위하여 정당하고 합법적인 수단을 이용할 의무의 일부로, 법정을 기망하거나, 고의로 또는 무모하게(recklessly) 법원을 오도하여서는 안 된다.

5.3 법정변호사는 법정에서나 법정 밖의 자신의 행동과 직업적 업무에 대해서 언제나 개별적, 개인적인 책임을 진다.

5.4 법정변호사는 그의 모든 직업적 활동에 있어 신속, 양심적, 근면하여야 하고, 합리적인 능력을 갖추어야 하며, 그의 직업적 임무를 수행할 수 있도록 합리적이고 실현 가능한 모든 조치를 취해야 한다. 법정변호사는 다음과 같은 임무를 맡아서는 안 된다.

(a) 자신이 처리할 능력이 없음을 알거나 마땅히 알아야 하는 경우

(b) 준비 또는 수행을 위한 시간과 기회가 충분하지 아니한 경우 또는

(c) 다른 업무의 부담을 고려할 때 합리적인 시간 내에 수행할 수 없는 경우

5.5 법정변호사는 법원을 비롯하여 직업적으로 관계를 맺는 모든 사람에 대해 항상 정중해야 한다.

5.6 조언이나 서류작성 요청(instructions)에 대하여, 법정변호사는 전문직 의뢰인과 합의된 시간 내에, 그러한 합의가 없는 경우에는 적어도 그 요청을 받은 후에 합리적인 시간 내에, 그 조언이나 서류가 제공될 수 있도록 해야 한다. 만약 그 시간 내에 일을 할 수 없을 것으로 보인다면, 법정변호사는 즉시 전문직 의뢰인에게 이를 알려야 한다.

5.7 법정변호사는 자신의 조언이 현실적이며, 특정 의뢰인의 필요와 상황에 적합하며, 명료하고 이해하게 쉽게 표현되도록 하여야 한다.

5.8 법정변호사는 그가 주는 조언 및 그가 작성한 서류의 내용과 목적에 대하여 그 스스로 판단을 내려야 한다. 법정변호사는 의뢰인의 사건을 진척시키는 데 도움을 주는 사실을 만들어 내서는 안 되며, 소장(originating process), 변론서, 선서진술서, 증인진술서, 상소통지에 다음의 내용을 포함하여 작성하여서는 안 된다.

(a) 일반 의뢰인 또는 그의 사건적요서 또는 수임요청에 의하여 뒷받침되지 아니하는 일체의 사실진술이나 주장
(b) 그가 정당하게 주장할 수 있다고 생각하지 않는 일체의 주장
(c) 사기 주장을 하도록 명백히 위임되었고 사기라는 일응의 증명이 될 수 있는 신빙성 있는 자료를 가지고 있는 경우를 제외한, 사기라는 주장
(d) 선서진술서 또는 증인진술서의 경우, 그 선서진술서나 증인진술서에 포함되어 있는 내용을 구두로 증언한다면 증인이 증언하리라고 법정변호사가 수임요청서에 따라 합리적으로 믿은 내용을 진술하는 것을 제외한 사실의 진술

5.9 법정변호사는, 합리적인 통지를 받으면, 그가 수임하고 있는 사건 변론기일 전일에 이루어지는 회의에 참석할 수 있도록 해야 한다. 그러한 회의가 없는 경우에는 변론기일 당일의 회의에 참석해야 한다. 회의 장소는 법정변호사와 전문직 의뢰인 간에 합의할 사항이다.

5.10 법정 변론을 수행하는 법정변호사는,

(a) 자신이 맡은 사건의 수행 및 설명에 개인적으로 책임을 지며 진술과 질문의 내용

과 목적에 대하여 스스로 판단하여야 한다.

(b) 법원이 요청한 경우 또는 개인적인 의견진술의무를 지고 심판정에 출석하는 경우가 아닌 한 사실 또는 법에 관하여 개인적인 의견을 주장하여서는 안 된다.

(c) 자신의 주장에 유리하든 불리하든 그가 알고 있는 관련 판례 및 법규정을 모두 법원에 알려야 하고, 모든 절차상 위법을 심리중 법원에 알려야 하며 그러한 사항을 상소시 주장하기 위하여 남겨 두어서는 안 된다.

(d) 의뢰인으로부터 또는 의뢰인을 통하는 이외의 방법으로 확보한 증거를 제시하거나, 일반 의뢰인의 사건을 진척시키는 데 도움을 주는 사실을 만들어 내서는 안 된다

(e) 단순히 비방하는 진술이나 질문을 하거나 오로지 증인이나 다른 사람을 모욕하거나 괴롭히기 위하여 의도되거나 계산된 진술이나 질문을 하여서는 안 된다;

(f) 그로 인하여 인격이 공격 받을 수 있는 제3자의 이름을 공개된 법정에서 밝히는 것은 가급적 피하여야 한다.

(g) 반대신문에서 그의 주장에 대하여 대답할 기회를 증인에게 부여하지 않으면서, 반대신문한 증인을 변론중의 주장으로 논박하여서는 안 된다.

(h) 피해자, 증인 또는 기타의 자가 범죄, 사기 또는 위반행위(misconduct)를 저질렀다고 암시하거나 타인의 행동에 관하여 무고하거나 자신의 일반 의뢰인에 대한 공소범죄나 공소사실을 타인의 행위로 전가하여서는 안 된다. 다만, 그러한 주장이 일반 의뢰인의 사건에서 중요한 쟁점(증인의 신빙성을 포함한다)이 되고 합리적인 근거가 있는 것으로 보이는 경우에는 그러하지 아니하다.

5.11 법정변호사는 불필요한 비용이나 법원의 시간낭비를 막기 위하여 합리적이고 실현 가능한 모든 조치를 취하여야 한다. 법원이 요청할 경우는 사건의 예상되는 소요기간을 법원에 통지해야 하고, 기존에 제공한 정보에 영향을 미칠 만한 사정의 변동이 있었을 경우 법원에 이를 통지해야 한다.

5.12 법정에서 법정변호사는 단정한 옷모양새를 갖춰야 하며, 법복을 입을 시에는 몸에 맞아야 한다.

6. 증인

6.1 증인

6.1.1 증거의 준비와 증인들과의 접촉에 관한 법정변호사의 기능을 규율하는 규칙들은 행위규범 704조, 705조, 706조, 707조 및 708조에 있다.

6.1.2 법정변호사의 증인접촉을 금지하는 규칙은 이제 더 이상 존재하지 않는다.

6.1.3 특히, 어느 사건(형사법원 (Crown Court)에서 다투는 사건 포함)에서도 법정변호사가 증인에게 자신을 소개하고, 법원의 절차(특히 증언절차)를 설명하고, 절차에 대해 증인이 가지는 질문에 답하기 위하여, 앞으로 소환하여 주신문할 것이 예상되는 증인을 접촉하는 것을 금지하는 규칙은 더 이상 존재하지 않는다.

6.1.4 법정변호사는 증인이 친숙하지 않은 법원의 소송절차를 접할 때에 최대한 편하게 느끼도록 해주어야 한다. 이는 증인이 불안해하거나, 심약한 상태에 있거나, 범죄행위 기타 이와 유사한 행위의 피해자인 경우 특히 그러하다.

6.1.5 상대방 대리인 또는 법원의 동의가 있는 경우를 제외하고, 법정변호사는 증인이 그의 일반 의뢰인인지 여부와 관계없이, 일단 증인이 증언을 시작한 경우 그 증인의 증언이 종결되는 때까지 증인과 직접 또는 간접적으로 사건에 관하여 의사소통 하여서는 안 된다.

6.2 증언에 대한 증인과의 논의

6.2.1 증언의 내용이나 다른 증인들의 증언에 대해 증인과 (개별적으로 또는 함께) 면담하거나 토의할 목적으로 증인을 접촉하는 데 대하여는 다른 고려사항들이 적용된다.

6.2.2 상기의 목적을 위해서 법정변호사가 증인과 접촉하려는 것을 막는 규칙은 더 이상 없지만, 법정변호사는 재량을 행사하여, 그러한 접촉이 적절한지 어느 정도 적절한지에 대하여 신중히 생각하여 판단해야 한다. 특히 증거를 조사하고 수집하는 것은 어디까지나 전문직 의뢰인이 할 일이지 법정변호사의 기능이 아니라는 점을 항상 염두에 두어야 한다.

6.2.3 법정변호사는 법을 따르고 법정변호사의 법원에 대한 더 중요한 의무(행위규범 302조, 303조)를 준수하는 범위 내에서 일반 의뢰인의 최선의 이익을 증진하고 보호하기 위한 의무를 진다는 것이 판단 기준이 되는 원칙이 되어야 한다.

6.2.4 법정변호사는, 증언의 내용에 대해 증인과 논의하는 것은 증인을 지도한다는 의심을 불러일으키고, 따라서 법원의 관점에서는 증인의 증언의 가치가 감소될 수 있으며, 만약에 그 때문에 그 사건에서 스스로 증인으로 나서는 일이라도 생긴다면 법정변호사가 직업적으로 난처한 상황에 처하게 될 위험이 있다는 점을 유의하여야 한다. 이러한 위험은 다음과 같은 상황에서 증인과 논의가 이루어졌을 경우 일어날 가능성이 크다.

(a) 법정변호사가 증인의 증언을 뒷받침할 증거를 얻기 전인 경우 또는

(b) 또는 법정변호사의 전문직 의뢰인이나 그의 대리인이 참석하지 않은 경우

법정변호사는 또한, 의욕하거나 의도하지 않은 경우라도, 잠재적으로 권위 있는 거물이 잠재의식적으로 일반 의뢰인에게 영향을 끼칠 수 있다는 사실을 유념하여야 한다. 증언의 내용에 대해서 논의하는 것은 무의식적으로 증인의 증언을 오염시키는 행동일 수도 있다.

6.2.5 특히 그러한 논의가 다음 상황에서 이루어질 때 위험이 존재한다.

(a) 사실에 대해 증언하는 둘 이상의 증인이 있는 데서 행한 경우,

(b) 또는 사실에 관한 어느 한 증인에 대해서 다른 증인의 사실증언을 노출시킨 경우

법원은 이러한 행위에 대하여, 미리 예행연습이나 증인 지도를 조장하게 되어, 증언이 날조되거나 오염될 위험이 증가하는 경향이 불가피하게 있게 될 것이라고 하여 강력하게 비난하여 왔다. R v Arif (1993) May 26; Smith New Court Securities Ltd v Scrimgeour Vickers (Asset Management) Ltd [1992] BCLC 1104, [1994] 1/WLR 1271 참조.

한 증인의 증언을 다른 증인이 알게 되는 것이 항상 부적절하다는 것은 아니다. 만약 증인이 상대방 당사자가 신청한 사람이라면, 불가피하게 두 진술이 모순된다는 점에 주목하게 될 것이다. 하지만, 특히 독립된 증인들이 관련된 경우, 신중한 판단이 요구된다.

6.2.6 민사사건에서 (형사법원 사건의 경우는 후술) 법정변호사가 증인진술을 받아 작성하지 못하도록 하는 규정은 더 이상 존재하지 않지만, 증인진술을 받아 작성하는 것(take)과 확정하는 것(settle)은 구별되는 개념이다. 다른 사람이 작성한 증언진술서를 확정하는 것과 달리, 증인진술을 받아 작성한 법정변호사가 소송대리인(counsel) 역할을 하는 것은, 법정변호사 팀의 주니어(junior) 구성원으로서 증인신문을 하지 않을 경우이거나, 특별한 사유가 있는 경우가 아니라면, 적절하지 않다. 소송대리변호사(advocate)로서의 법정변호사의 독립성을 훼손할 우려가 있기 때문이다. 특별한 사유란 아래와 같은 경우를 포함한다.

(a) 증인의 중요성이 사소한 경우

(b) 법정변호사가 증언을 받아 작성할 수밖에 없고 정의의 면에서 유일하게 가능한 것일 경우. 가령 예상하지 못한 증인이 법정에 등장하였는데, 진술을 받아 작성할 능력이 있는 다른 사람이 없는 경우에 이 예외가 적용된다.

수임의무(Cab-rank Rule)가 있다고 하여 법정변호사가 증인진술을 받아 작성하는 임무를 맡는 데 동의할 의무는 없다.

6.2.7 법정변호사가 상대방 측 증인들과 통상적인 호의를 교환하는 것을 금지하는 규칙은 없다. 그러나 극히 예외적인 상황이고 상대방이 사전에 알고 있는 경우를 제외하고는, 법정변호사는 상대방 측 증인과 사건의 내용이나 증언에 대해 논의를 하면 안 된다.

6.3 형사법원(Crown Court)에서의 형사사건

6.3.1 형사법원에서 다투어지는 형사사건들은 특별히 어려운 점들을 보이며 법정변호사와 증인 모두에게 큰 부담을 지울 수 있다. 따라서 일반 원칙으로서, 6.3.2에 따르는 경우를 예외로 하고, 법정변호사가 일반 의뢰인이나 성격 증인, 전문 증인을 제외하고는 사건에서 잠재적 증인을 면담하는 것은 전적으로 부적절하다. '면담'에는 이런 잠재적 증인과 증언의 내용이나 다른 증인의 증언에 대해 논의하는 것을 포함한다.

6.3.2 기소변호사는, 그렇게 할 것을 위임받은 경우라면, 공판 전 증인면접에 관한 규범(Code for Pre-Trial Witness Interviews)에 정해진 실무에 따라 잠재적 증인을 면담할 수 있다.

6.3.3 6.3.1과 6.3.2의 일반 기준을 벗어나는 극히 예외적인 상황이 있을 수 있다. 이런 상황의 예는 Fergus(1994) Crim.App R. 313. 판결이 제공하고 있다.

6.3.4 법정변호사가 잠재적 증인을 면담하거나, 그 증인을 다른 법정변호사가 면담한 경우, 그 사실은 증인 소환 전에 사건의 모든 당사자들에게 공개되어야 한다. 또한 면담의 요지와 이유에 대한 서면기록을 작성하여야 한다.

7. 문서

7.1 법정변호사는, 문서와 정보를 얻기 위한 정상적이고 합당한 경로를 이용하지 않고, 다른 당사자가 가지고 있는 문서 또는 그 문서의 내용에 대한 정보를 얻거나 얻으려고 시도해서는 안 된다.

7.2 법정변호사가 다른 당사자에 속하는 문서를 정상적이고 합당한 경로가 아닌 방법으로 보유하게 되었을 경우 (가령 다른 사람의 실수나 부주의의 결과로 문서를 보유하게 된 경우, 문서가 다른 당사자에게 속하는 것으로 보이거나 그 사본으로 보이거나, 공개되지 않을 특권이 있는 문서로 보이거나 자신의 전문직 의뢰인 또는 일반 의뢰인이 보유하여서는 안 될 문서로 보이는 경우), 다음과 같이 행동해야 한다.

(a) 필요한 경우, 전문직 의뢰인이나 일반 의뢰인이 그 문서를 취득하게 된 상황을 파악하기 위하여 전문직 의뢰인에게 문의한다. 그리고

(b) 통상적인 과정을 통하여 합당하게 문서를 취득하였다고 판단되지 않는 경우, 그 문서를 보유할 권한이 있는 사람에게 그 문서를 읽지 않은 채로 즉시 반환한다.

7.3

7.3.1 법정변호사가 그러한 문서를 보유하게 되고, 읽으면 안 된다는 사실을 알아차리기 전에 그 문서를 읽은 경우, 문서의 내용을 알게 됨으로 인하여 의뢰인에 대한 법정변호사로서의 의무를 수행하면 품위를 손상하게 될 경우, 사임하여도 일반 의뢰인에게 피해가 없을 것이라면 수임을 철회하여야 하며, 전문직 의뢰인에게 그 이유를 설명해 주어야 한다.

7.3.2 하지만 (예컨대 변론이나 공판이 임박한 경우와 같이) 사임하는 것이 의뢰인에게 피해를 주는 경우에는, 법정변호사는 사임을 하여서는 안 되며, 법원이 달리 명령하는 경우를 제외하고는 그 문서를 의뢰인의 이익을 위하여 사용하여야 한다. 그는 상대방에게, 문서에 대한 그의 정보와 그가 아는 한도에서 문서의 취득 경위 및 그가 문서를 사용하겠다는 의도를 통지해 주어야 한다. 그 문서의 사용에 대해 이의가 제기되는 경우, 사용이 가능하다면 어떠한 용도로 사용될 수 있는지를 법원이 결정한다.

7.4 개시절차를 통해 개시되었어야 했으나 공개되지 않은 문서가 존재한다는 것을 사건의 진행중에 법정변호사가 알게 되었다면, 그는 전문직 의뢰인에게 즉시 이를 공개하도록 조언해야 한다. 그래도 공개되지 않는다면, 그는 그 사건에서 사임해야 한다.

8. 업무수행의 관리

8.1 법정변호사는 자신의 업무가 행위규범 304조에 합치하게 적절하고 효율적으로 관리되고 있는지 확인하여야 한다.

8.2 법정변호사는, 금전적인 비용이 얼마나 발생했으며 앞으로 얼마나 발생할지에 대해서 전문직 의뢰인과 일반 의뢰인이 파악할 수 있도록, 그동안 발생한 보수의 충분하고 합당한 세부 사항과 적절한 근거 및 앞으로 행할 일의 적절한 평가 결과를 제공할 수 있도록 하여야 한다.

형사사건에 적용되는 기준들

9. 개관

9.1. 이 기준들은 일반 기준(General Standards) 및 행위규범(Code of Conduct)과 함께 읽어야 한다. 이 기준들은 특히 형사법원에서의 업무수행에 관한 사항들에 대

한 지침이다. 이 기준들은 법정변호사가 수행하는 모든 일에 적용되는 일반 기준(General Standards)을 대체하는 것이 아니다. 특히 일반 기준의 다음 문단들을 언급하고자 한다: 사건의 일반적 수행(5.8), 법정에서의 행동(5.10), 증인과의 논의(6.1, 6.2) 및 다른 당사자에게 속하는 문서의 사용(7.1, 7.2, 7.3). 이 문단들은 이 기준에서 다시 반복하지 않는다.

10. 기소변호사의 의무

10A 이 단락에 포함된 기준과 원칙들은 모든 개업법정변호사들에게 적용된다. 독립개업이나 고용을 불문하고, 사건에서 소송대리인으로 등장하는지 여부 또는 이와 관련되어 어떠한 직업적 권한을 행사하는지를 불문한다.

10.1 기소변호사는 어떤 방식을 써서라도 자기 마음대로 유죄판결을 얻어내려고 시도해서는 안 된다. 그는 자신을 한쪽 당사자를 위한 것으로 간주하여서는 안 된다. 그는 기소된 사건을 구성하는 사실 전체를 공평타당하게 법원에 제시하여야 하고, 사건에 적용 가능한 모든 법률문제에 대하여 법원에 조력하여야 한다.

10.2 기소변호사는 위임받았을 경우에 항상 다음과 같은 사항을 염두에 두어야 한다.

(i) 사건의 설명과 전반적인 진행에 대하여 자신이 책임을 진다는 사실

(ii) 이용 가능하게 되어야 하는 모든 증거와 자료를 기소자 측이 제시하거나 피고인 측에 공개하도록 최선의 노력을 다하여야 한다는 사실

10.3 기소변호사는 수임요청이 송부되면 신속하게 읽어야 하며, 특별히 위임받은 경우에는 사건의 개시 전에 사건의 모든 측면에 대해서 조언하거나 협의하여야 한다.

10.4 형사법원(Crown Court)에서 심리되는 사건과 관련하여, 기소변호사는 다음 사항들을 행하여야 한다.

(a) 기소를 처리하도록 위임받은 경우에는, 신속하고 또한 기한 내에 이를 행할 수 있도록 하여야 한다. 기소 사건을 가능한 한 단순하고 간결하게 제시하기 위해서, 너무 많은 피고인이나 너무 많은 쟁점(count)을 포함하여 기소에 과부하가 되지 않도록 하는 것이 바람직하다는 점을 염두에 두어야 한다.

(b) 기소가 다른 사람에 의해서 처리된다면, 기소장의 사본을 보여 달라고 요청하여야 하며 이를 검토하여야 한다.
(c) 다른 추가적인 증거가 필요한지를 결정하여야 하고, 만약 필요하다면 피고인 측에게 가능한 한 빨리 제시할 수 있도록, 어떤 추가적인 증거가 필요한지를 정확하게 명시하여 서면으로 조언하여야 한다.
(d) 기소자 측이 보유하고 있는 모든 증인진술서가 법무장관이 제정한 지침(Attorney-General's Guidelines)에 따라 피고인 측에 적절히 송달되었는지를 고려해야 한다.
(e) 효율적이고 공정한 사실심재판 진행이 되도록 사건에서 모든 불필요한 자료를 제거해야 한다. 특히 특정한 증인이나 증거제시가 필요한지를 고려하여야 하고, 피고인 측에 송달할 적절한 불항쟁사항(admissions)을 작성하여야 한다.
(f) 모든 1급과 2급사건(Class 1 and Class 2 cases), 그 밖에 다른 복잡한 사건의 경우, 사건 요약문을 작성해서 법원에 제출하여야 한다.

10.5 '법정변호사 업무수행을 위한 성문 기준'의 단락 6 내지 6.3.4 참조.

10.6 기소변호사는 항상 Archbold[7]에 나와 있는, 기소변호사의 역할에 관한 Farquharson 위원회의 보고서[8]를 유념하고 있어야 한다. 특히 다음에 열거된 위원회의 권고사항을 유념하여야 한다.
(a) 법정변호사가 전문직 의뢰인과 의견과 불일치하는 방침에 대해서 결정을 내린 경우에는, 위임한 사람과 의견이 다른 이유를 포함하여 모든 상황에 대한 설명을 담은 서면 보고서를 법무장관에게 제출하는 것이 적절하다.
(b) 법정변호사가 소송사건을 준비하고 위임한 사람과 협의할 기회가 있었지만, 사실심공판 전 마지막 순간에 예상하지 않게, 사건을 계속 진행하지 않아야 한다거나 더 경미한 위법행위를 구성한다는 답변이 받아들여야 할 것으로 조언한 경우, 전문직 의뢰인이 이 조언을 받아들이지 않는다면, 법정변호사는 연기 신청하도록 위임받은 경우라면 연기를 신청하여야 한다.
(c) 위를 따르는 것을 전제로, 특정 쟁점이나 기소 전체에 대해서 증거가 없다

7) 역주: Archbold, Criminal Pleading, Evidence & Practice.
8) 역주: The Farquharson Guidelines: The Role and Responsibilities of the Prosecution Advocate http://www.cps.gov.uk/publications/prosecution/farqbooklet.html.

고 제시할 것인지 여부와 더 경미한 쟁점에 해당한다는 답변을 받아들일지 여부는 기소변호사가 결정할 사항이다.

10.7 판사가 사건을 정리하며(summing-up) 결론을 내릴 때에 법이나 사실에 있어 명백한 오류나 누락사항을 지적하여 법원에 조력하는 것은 기소변호사의 의무이다.

10.8 선고와 관련하여 기소변호사는 다음과 같이 하여야 한다.

(a) 변호 활동을 통해서 선고에 관하여 법원에 영향력을 행사하려고 해서는 안 된다. 다만 피고인에게 변호인이 없는 경우에, 그가 수임한 내용 중 감경사유가 있다면 이를 법원에게 알리는 것이 합당하다.

(b) 법원이 요청할 경우, 위반행위나 위반자와 관련된 법률 조항들과 항소법원(Court of Appeal)이 내린 형량에 대한 관련 지침들에 대해서 법원에 조력할 위치에 있어야 한다.

(c) 법원이 오류를 범하였다고 기소변호사가 판단되는 경우, 위 (b)에서 언급된 사항들에 대하여 법원의 주의를 환기시켜야 한다.

(d) 유죄판결이 선고될 경우 제기될 수 있는 적절한 배상, 몰수, 반환문제, 예컨대 1973년 형사법원의 권한에 관한 법률(Powers of Criminal Courts Act 1973) 제35조 내지 제42조와 1986년 마약밀거래에 관한 법률(Drug Trafficking Offences Act 1986)에 따른 것들에 대해서 법원의 주의를 환기시켜야 한다.

(e) 감경과 관련된 사실 주장에 대해 기소자 측이 진실이 아니라 믿는 경우에는 이에 대하여 피고인 측의 주의를 환기시켜야 한다. 피고인 측이 주장을 계속 고집한다면, 기소변호사는 항소법원의 R v Newton(1973) 77 Crim App R 13사건 판결에 따라 증거조사를 하도록 법원에 요청하여야 한다.

11. 형사피고인 측 변호사(defence counsel)의 의무

11.1 형사사건에서 의뢰인을 변호할 경우에, 적법하게 채택되었으며 공소사실을 충분히 뒷받침하는 증거를 토대로 권한 있는 법원이 유죄판결을 내릴 경우를 제외하고는, 유죄판결이 선고되지 않도록 피고인을 보호하기 위하여 최선의 노력을 다해야 한다.

11.2 피고인을 방어하는 법정변호사는 다음과 같이 해야 한다.

(a) 1인 이상의 피고인을 대리하도록 사건을 맡았을 경우에는, 이익충돌의 문제가 일어나지 않도록 해야 한다.
(b) 전문직 의뢰인과 일반 의뢰인들과의 회의(필요하다면 일련의 회의)를 주선해야 한다.
(c) 조사 또는 추가 조사가 필요한지 여부를 숙고하여야 하고, 필요하다고 판단되면 최대한 빨리 서면으로 알려주어야 한다.
(d) 피고인 측을 위해 증인이 필요한지, 필요하다면 어떤 증인이 필요한지를 숙고하여야 한다.
(e) 알리바이의 통지(Notice of Alibi)가 필요한지를 숙고하여야 하며, 필요하다면 적절한 통지서의 초안을 작성해야 한다.
(f) 피고인 측을 위해 전문가 증거를 사용하는 게 적절한지를 숙고하여야 하며, 그렇다고 판단되는 경우에는 향후 제출할 증거의 내용을 기소자 측에게 통지하는 것과 관련하여 형사법원(Crown Court)의 규칙을 유념해야 한다.
(g) 어떤 기소자 측 증인을 반대신문할 것인지를 결정하기에 충분한 지시(위임)를 받았는지 확인해야 하며, 피고인의 신청에 따라 의무 증인이 더 이상 없다는 것을 확인해야 하며, 전문직 의뢰인에게 요청하여 조건부 의무증인들을 형사기소부(Crown Prosecution Service)에 알리도록 해야 한다.
(h) 의뢰인에 대한 법정변호사의 의무를 준수하면서 합당하게 받아들일 수 있는 한 많은 증거에 대하여 불항쟁함(admitting)을 목표로, 공판 시간과 비용의 절감을 위해 불항쟁사항(admission)은 없는지 숙고하여야 한다.
(i) 기소자 측이 합리적으로 요청할 불항쟁사항은 어떤 것이 있을 수 있는지 숙고하여야 한다.
(j) 복사되지 않았거나 복사할 수 없는 증거물 중에 어떤 증거물을 조사할 필요가 있는지를 결정해야 하며, 사실심재판이 불필요하게 지연되지 않도록 가능한 한 신속하게 증거조사를 할 수 있는 적절한 조치를 하여야 한다.
(k) 형벌 감경사유로 제출하도록 지시받은 사실 중에 피해자나 증인의 행동이나 성격에 대한 비방의 내용이 있는 경우에는, 기소변호사에게 10.8 (e)단락에 따른 그의 입장을 숙고할 충분한 기회를 줄 수 있도록 기소자 측에 미리 통지하여야 한다.

11.3 피고인을 위해 활동하는 법정변호사는 일반 의뢰인의 답변(plea)에 대하여 그에게 일반적인 조언을 해주어야 한다. 필요하다면 강력한 표현을 사용하여 조언을 할 수도 있다. 다만 의뢰인이 완전한 선택의 자유를 지닌다는 사실과, 답변에

대한 책임도 의뢰인이 진다는 것을 명확히 알려주어야 한다.

11.4 피고인을 위해 활동하는 법정변호사는 의뢰인에게 스스로의 방어를 위해 증언할지의 여부에 대하여 조언해야 하지만, 그 결정은 의뢰인 스스로가 내려야 한다.

11.5

11.5.1 피고인이 그의 변호인(counsel)에게 기소된 범죄사실을 부인하지만, 자기 나름의 이유 때문에 유죄답변을 고집하는 경우 변호인은 다음과 같이 해야 한다.

(a) 유죄가 아니라면 무죄답변을 해야 하며 그 결정은 의뢰인이 내려야 한다고 피고인에게 조언해주어야 한다. 변호인은 계속 그를 변호해야 하지만, 그 전에 그에게 어떤 결과가 될지를 조언하고, 감경사유는 일단 유죄를 전제한 경우에만 제출될 수 있다는 것을 조언해 주어야 한다.

(b) 왜 피고인이 공소사실은 부인하면서 유죄답변을 하고자 하는지, 그리고 결백하다고 하는 고백에 따라 무죄답변을 할 수 있도록 하는 방법은 없는지 피고인과 함께 탐구해 보아야 한다.

11.5.2 만약 의뢰인이 계속 유죄답변을 관철하고 싶어 한다면, 다음과 같은 사항에 대하여 조언해주어야 한다.

(a) 그로 인한 영향, 특히 전과기록에 기재됨으로써 생기는 영향이 무엇인지, 그리고 유죄답변에 기한 유죄판결은 항소법원에서 번복되기는 힘들다는 점.

(b) 감경사유로 제출될 수 있는 것은 유죄를 전제한 경우에만 가능하며, 그렇지 않다면 엄격히 제한될 것이어서, 예컨대 변호인은 피고인이 유죄답변을 하였다는 사유를 개전의 정상으로 주장할 수 없게 된다는 점.

11.5.3 위의 조언들에도 불구하고 피고인이 유죄 주장을 고집한다면,

(a) 변호인이 계속 변호를 하는 것이 적절하다고 판단하는 경우에는 계속 피고인을 변호할 수 있다.

(b) 유죄의 답변이 제출되기 전에, 변호인 또는 참석한 그의 전문직 의뢰인 측 대표가 서면으로 답변의 이유를 기록해야 한다.

(c) 피고인이 위법행위를 저지르지 않았음에도 유죄를 주장하고자 한다는 점에 대하여 자유의지로 명확한 지시를 내렸다는 사실과 그가 변호인으로부터

받은 조언, 특히 감경사유 주장과 관련된 제한과 자신에 대한 결과를 이해한다는 사실의 선언을 서명하도록 피고인에게 요청하여야 한다. 또한 피고인에게 그가 그것을 서명할 의무는 없다는 것을 알려주어야 한다.

(d) 만약 선언서에 서명을 하지 않는다면, 변호인은 자신의 조언에 대한 동시기록(contemporaneous note)을 작성해야 한다.

12. 유죄의 자백

12.1 변호인에게 공소사실을 인정하는 피고인의 방어를 맡은 변호인의 의무를 고려할 때, 다음 사항을 명확하게 유념하는 것이 중요하다.

(a) 처벌할 수 있는 범죄는, 건강한 정신과 이해력을 지닌 사람이 보통법이나 실정법을 위반한 행위라는 점

(b) 형사 사실심재판에서 문제되는 것은 공소사실에 관하여 피고인이 유죄인지의 여부이지, 피고인이 결백한지의 여부가 아니라는 점

(c) 입증책임은 기소자 측에 있다는 점

12.2 범죄로 기소된 사람이 공소된 범죄를 저질렀다고 변호인에게 인정했다는 사실만으로 그 변호인이 피고인을 계속 변호하는 데에 장애가 되지 않으며, 그러한 인정이 법정변호사가 그의 의뢰인을 위하여 최선을 다해야 한다는 절대적인 의무를 면제하지 않는다.

12.3 그러나 그러한 인정은 방어 활동에 매우 엄격한 제한을 가한다. 법정변호사는 허위라고 알고 있는 사실을 진실이라 주장해서는 안 된다. 그는 기망을 강화하는 것을 시도하는 것은 물론이려니와 이를 묵인하는 것도 해서는 안 된다.

12.4 법원의 권한, 기소의 형식, 증거의 증거능력 또는 채택된 증거에 대한 이의를 제기하는 것은 올바르지만, 다른 사람이 범죄를 저질렀다고 주장하거나, 피고인의 시인에 근거했을 때 허위라고 여겨지는 증거(가령 알리바이를 뒷받침하는 증거)를 신청하는 것은 잘못이다. 환언하면, 법정변호사는 그에게 행한 피고인의 인정과 배치되게 (피고인을 부르거나 다른 방법으로) 유리한 사건을 만들어 내서는 안 된다.

12.5 더 어려운 문제는 과연 어느 한계까지 변호인이 기소자 측의 증거를 반대신문을 통하거나 사실문제를 결정할 법원에 대한 변론을 통해 공격할 수 있는가이다. 아래에 적은 것 이상으로 명확한 규칙을 제시할 수 없다. 개별 증인의 증언을 테스트할 수 있고, 증거를 전체적으로 볼 때 기소된 범죄에 대하여 피고인의 유죄를 입증하기엔 부족하다고 주장하는 것은 허용된다. 더 이상 나아가서는 안 된다.

12.6 위의 내용은 피고인이 기소된 범죄를 저질렀다고 명백히 시인하였음을 전제로 하는 것이다. 위의 내용이 소송절차 전이나 진행중에 피고인이 변호인에게 일관되지 않는 일련의 진술을 할 때, 법정변호사가 부딪히는 매우 어려운 문제를 다룬다고 말하는 것은 아니다. 명백한 유죄의 인정이라고까지 볼 수는 없으나 피고인이 유죄라는 결론을 거의 압도적으로 가리키는 진술을 피고인이 하는 경우 발생하는 문제를 다루는 것도 아니다. 이러한 종류의 진술들은 방어에 지장을 줄 수 있다. 그러나 그러한 진술에서 발생하는 문제에 대하여는 개별 사건에서의 실제 정황을 신중하게 고려해야만 답할 수 있다.

13. 일반

13.1 기소변호사와 피고인 측 변호사 양측은 다음과 같이 해야 한다.

(a) 기록 담당관에게 (유죄의 답변이 있을지 여부를 포함하여) 예상되는 사실심공판의 예상 진행시간을 늦지 않게 알려주어야 하며, 기록 담당관에게 그러한 예상의 변경과 있을 수 있는 연기에 대하여 미리 알려주어야 한다.

(b) 사건이 잘 준비되어 처음 기록된 시간에 맞추어 사실심공판을 할 수 있도록 합리적이고 실행 가능한 모든 절차들을 밟아야 한다.

(c) 증인들이 필요할 때 법정에 출석할 수 있도록 충분히 사전에 조치를 취하여야 하며, 법정에서의 심리기일 전부를 채울 수 있도록 충분한 증인들이 출석과 가능한 한 계획을 세워놓아야 한다.

(d) 증인(가령 의사)이 자신에게 큰 불편을 초래하지 않으려면 사실심공판중 특정 시간에만 법정에 나올 수 있다고 하는 경우, 사실심 법관과 상대방 측에게 이 문제를 제기하여 증인의 편의를 도모할 수 있도록 해야 한다.

(e) 업무수행지침{범죄: 경찰 신문의 녹음, Practice Direction (Crime: Tape Recording of Police Interviews)[1989] WLR 631}을 준수하도록 필요한 모든 절차를 밟아야 한다.

13.2 합당한 보수를 받은 경우(행위규범 502조), 사건을 수임한 법정변호사는 주장과 결정이 이루어지는 모든 공판기일에 출석해야 한다. 이것이 가능하지 않은 경우, 그는 대신 출석하는 법정변호사가 사안에 정통하고, 사실심공판에 영향을 미칠 수 있는 결정을 충분한 지식과 정보를 가지고 내릴 수 있는 준비가 되어 있도록 모든 합리적인 조치를 취하여야 한다.

14. 영상 녹화물

14.1 기소자 측이나 피고인 측을 위해 사건을 수임하여 활동하는 법정변호사가, 형사소송법(Criminal Justice Act 1991) 제54조에 따라 형사소송에서 증거로 채택될 수 있도록 작성된 것으로 확인된 아동 증인에 대한 영상녹화물 사본을 보유할 경우, 다음 의무와 본분을 지켜야 한다.

(a) 녹화물을 수령할 시에, 수령일자와 시간 그리고 누구로부터 수령하였는지에 관한 서면기록을 작성해야 하며, 영수증을 교부하여야 한다.

(b) 녹화물과 그 내용은 기소나 피고인 측의 적절한 사건 준비를 위해서, 또는 유죄선고나 판결에 대한 상소 준비를 위해서만 사용되어야 한다. 또한 법정변호사는, 사건의 적절한 준비를 위해서 필요하다고 판단되는 경우를 제외하고는, 기록물이나 그 내용을 공개하거나 공개되도록 해서는 안 된다.

(c) 법정변호사는 어떤 다른 사람도 녹화물을 복사하거나 복사하도록 허용해서는 안 되며, 피고인에게 이를 공개해서도 안 되고, 다음의 사항을 확실히 행하여야 한다.

(i) 이동중이나 사용중의 경우를 제외하고는 녹화물은 항상 잠금장치가 있거나 안전한 장소에 보관되어 있어야 한다.

(ii) 이동중에 녹화물은 항상 안전하게 보관되어야 하며, 특히 차량 등에 방치해두면 안 된다.

(d) 상황에 따라서는 사건의 적절한 준비를 위해서 피고인 앞에서 녹화물을 보는 것이 필요할 수도 있다. 이럴 경우 녹화물을 보는 것은 다음과 같이 행하여야 한다.

(i) 피고인이 구금 상태일 경우, 피고인이 있는 교도소나 구금기관에서 이루어져야 하며, 법정변호사 및/또는 위임한 사무변호사가 동석해야 한다.

(ii) 피고인이 보석 상태일 경우, 사무변호사의 사무실이나 변호인의 사무소 또는 다른 곳에서 법정변호사 및/또는 위임한 사무변호사가 동석한 가

운데 이루어져야 한다.

(e) 녹화물은 사건에 대한 법정변호사의 임무가 끝나는 대로 가능한 빨리 사무변호사에게 반환되어야 하며, 발송 일자와 시간 및 녹화물을 전달받은 사람에 대한 서면기록을 작성해 놓아야 한다.

15. 법정변호사의 법정 출석

15.1 기소변호사는 사실심공판 진행 과정에서 계속 출석해 있어야 한다. 판사의 사건 요약정리(summing-up)시와 배심원이 돌아올 때에도 마찬가지이다. 법원의 허가 없이는 자리를 비워서는 안 된다. 그러나 2인 이상의 기소변호사가 있을 경우에는 1인의 출석으로 충분하다.

15.2

15.2.1 피고인 측 변호사는 피고인이 사실심공판의 어떤 절차에서도 변호를 받지 못하는 상태에 놓여 있지 않도록 해야 한다.

15.2.2 피고인을 1인의 법정변호사가 변호하는 경우, 그 법정변호사는 통상 사실심공판 과정에 계속 출석해 있어야 하며, 합리적으로 예측할 수 없었던 예외적인 상황에서 다음 조건을 충족시켰을 경우에만 자리를 비울 수 있다.

(a) 전문직 의뢰인(이나 그 대표)과 일반 의뢰인의 동의를 얻을 것, 그리고

(b) 능력 있는 대리인이 대신 출석할 것

15.2.3 피고인을 2인의 법정변호사가 변호할 경우에는, 정당한 이유가 있고, 전문직 의뢰인(이나 그 대표)과 일반 의뢰인의 동의를 얻었거나, 법률구조를 받는 사건에서 불필요한 공공비용을 절감하기 위하여 필요하다고 법정변호사가 판단한 경우를 제외하고는, 두 변호사 모두 출석해야 한다.

15.2.4 이 규칙들은 수많은 피고인들이 관련된 장기적인 사실심공판에 대하여는 수정되어 적용된다. 그런 사실심공판의 경우에는 기소 측의 개시 진술이 끝난 후, 피고인 측 변호사가 공판의 일정 부분에서는 그의 의뢰인에 관련된 사항이 발생할 중대한 가능성이 없다고 판단한다면, 그는, 전문직 의뢰인(이나 그 대표)과 일반 의

뢰인의 동의를 얻어서 사실심공판의 그 부분에서 자리를 비울 수 있다. 이 경우 그는 판사에게 알려야 한다. 이런 경우 그 변호사는 다음과 같은 의무를 진다.

(a) 다른 피고인 측 변호사에게 자신의 의뢰인의 이익을 방어하여 줄 것을 미리 주선하여 놓을 것
(b) 사실심공판의 전반적인 진행상황에 대해 계속 파악하고, 특히 의뢰인에게 영향을 줄 만한 변동이 있는지 파악할 것
(c) 의뢰인이 이익이 문제되었을 경우 합리적인 통지를 받고도 출석할 수 없게 만드는 다른 임무를 맡지 않을 것

15.3.1 형사 사실심공판중 최종 판결이 선고되기 전에 피고인이 자발적으로 종적을 감추고, 법정변호사의 전문직 의뢰인이 사무변호사협회의 유권해석에 따라 그 사건에서 사임하는 경우, 법정변호사도 역시 사임하여야 한다. 사실심 판사가 법정변호사에게 법원에 조력하기 위하여 남기를 요청하는 경우, 법정변호사는 그렇게 할 것인지 여부를 전적인 재량을 가지고 결정할 수 있다. 법정변호사가 남는 경우, 그는 그의 수임은 철회되었고 그는 그의 사건적요서에 포함된 어떠한 자료(이미 법원에 증거로 제출된 부분은 제외)도 이용할 권한이 없다는 것을 기초로 행동하여야 한다. 그는 그가 법원에 조력하는 기초가 이렇다는 점을 배심원에게 알리도록 사실심 판사에게 요청하여야 한다.

15.3.2 어떠한 이유로든 법정변호사의 전문직 의뢰인이 사건에서 사임하지 않을 경우, 법정변호사는 계속 수임할 것인지 여부를 판단할 전적인 재량을 가진다. 그가 계속하는 경우, 그는 마치 그의 의뢰인이 법정에 아직 나와 있으나 증언을 하지 않기로 결정한 것처럼 그리고 그가 받았던 위임에 기초하여 사건을 수행하여야 한다. 그는 그의 사건적요서에 포함된 자료를 자유롭게 이용할 수 있고 기소 측을 위하여 소환된 증인을 반대신문할 수 있으며 피고인 측을 위하여 증인을 부를 수 있다.

16. 항소

16.1

16.1.1 항소법원 형사부 소송절차 안내(Guide to Proceedings in the Court of Appeal

Criminal Division, 이하 '안내서')를 살펴보아야 한다. 이 안내서의 원래의 형태는 (1983) 77 Crim App R 138 판결에서 찾아볼 수 있으며, 요약은 1990년 4월 개정판 Archbold 1권 7-173 내지 7-184에서 찾아볼 수 있다.

16.1.2 특히 의뢰인이 유죄를 주장하거나 유죄판결을 받은 경우, 피고인 측 변호사는 안내서 1.2문단과 1.4문단에 설명된 절차들을 따를 것을 권장한다.

16.2 의뢰인이 유죄를 주장하거나 유죄판결을 받은 경우에는, 피고인 측 변호사는 판결선고 이후 전문직 의뢰인(이나 그 대표)이 동석한 자리에서 의뢰인을 만나야 한다. 이 경우 변호인은 다음의 절차를 따라야 한다.

(a) 합리적인 항소이유가 없다고 판단되면, 구두로 이를 조언해주고 서면으로 이를 확인하여야 한다. 변호인은 안내서 부록 1의 형식에 따라 확인할 것을 권장한다. 의뢰인이 합당하게 추가적인 서면 조언을 요구하거나 (예컨대 유죄판결의 상황, 사실심재판 과정에서의 특별한 어려움, 선고된 판결의 기간과 성격, 그것이 피고인에게 준 영향 또는 사실심재판 직후의 구술 조언이 특정 피고인의 생각에 준 영향의 결핍 등에 비추어 볼 때) 특별히 필요하기 때문에 서면 조언이 필요한 경우가 아닌 한, 더 이상의 조언은 필요하지 않다.

(b) 더 합리적인 항소이유가 있다고 판단되거나, 잠정적으로 그렇게 생각하거나, 아니면 항소가 성공할 가능성에 대하여 숙고할 시간이 더 필요하다면, 역시 구두로 그렇게 조언을 해야 하며, 서면으로 확인해야 한다. 변호인은 안내서 부록 1의 형식에 따라 확인할 것을 권장한다. 그리고 변호인은 전문직 의뢰인에게 서면 조언을 가능한 한 빨리, 적어도 14일 이내에 제공해야 한다.

16.3 변호인은 항소할 상당한 설득력 있는 이유라고 판단되지 않는다면 항소이유를 확정해서는 안 되며, 이 경우 그는 각각의 항소이유에 대해서 이를 논리적으로 뒷받침하는 서면의견서를 교부해야 한다.

16.4 어떤 사건에서는 녹취록이나 다른 추가 정보 없이는 변호인이 항소이유서를 완성하지 못할 수도 있다. 이런 경우에는 항소이유서에 등록관(Registrar)에게 보내는 문서를 첨부하고 도움이 필요한 사항을 적시하여야 한다. 녹취록이나 기타 필요한 정보를 얻은 뒤에는, 변호인은 필요한 참고자료를 포함하여 항소이유서를 완성하도록 하여야 한다.

16.5 항소이유는 등록관과 이후 법원이 관련 문제들을 명확히 파악할 수 있도록 충분히 상세하게 작성되어야 한다.

16.6 어떤 단계에서나 변호인이 보기에 항소를 포기해야 한다고 판단된다면, 바로 그 이유를 서면으로 적어 그의 전문직 의뢰인에게 보내야 한다.

제2부 독일

I. 연방변호사법

(Bundesrechtsanwaltsordnung)

1959년 8월 1일 제정

2010년 12월 22일 최종개정

제2절 변호사회사

제3장 변호사의 권리와 의무 그리고 변호사들의 직무상 협력

제1절 총칙

제43조 일반적 직무상 의무

변호사는 양심적으로 직무를 수행하여야 한다. 변호사는 직무상으로나 직무 외적으로나 변호사의 지위가 요구하는 존경과 신뢰에 부합한다는 것을 보여줄 수 있게 행동하여야 한다.

제43a조 변호사의 기본 의무

(1) 변호사는 그의 직무상의 독립성을 위태롭게 하는 어떠한 구속관계도 맺어서는 안 된다.

(2) 변호사는 비밀유지 의무를 진다. 이 의무는 그의 직무수행중 알게 된 모든 것에 미친다. 이는 공지의 사실 또는 그 의미상 아무런 비밀유지도 필요하지 않은 사실에 관하여는 적용되지 않는다.

(3) 변호사는 그의 직무를 수행함에 있어서 객관적이지 않게 행동하여서는 안 된다. 허위사실의 의식적인 유포, 또는 다른 관여자나 소송 과정이 원인을 제공하지 않은 명예훼손적인 의견진술이 문제가 되는 행위는 특히 객관적이지 못하다.

(4) 변호사는 충돌하는 이익을 대리하여서는 안 된다.

(5) 변호사는 그에게 맡겨진 재산가치를 취급함에 있어서 필요한 주의를 하여야 할 의무를 진다. 타인의 금전은 지체 없이 수취권자에게 전달하거나 또는 신탁계좌에 입금시켜야 한다.

(6) 변호사는 연수 의무를 진다.

제43b조 광고

광고는 오직 직무 활동의 형태와 내용에 관하여 객관적으로 정보를 제공하며, 개별사건의 위임을 목표로 하지 않을 때에만 변호사에게 허용된다.

제43c조 전문변호사

(1) 어떤 법 분야에서 특별한 지식과 경험을 획득한 변호사에게는 전문변호사 명칭을 사용할 수 있는 권한이 부여될 수 있다. 전문변호사 명칭은 행정법, 세법, 노동법 및 사회법 분야에서 그리고 제59b조 제2항 제2호 알파벳 a에 따라 직무규칙

(Beruf- sordnung)에서 규약으로 정해지는 법분야에서 제공된다. 이 권한은 최대 3개의 법 분야에 부여될 수 있다.

(2) 허가의 수여에 대한 변호사의 신청에 관하여는, 변호사가 제출하는 특별한 지식과 경험의 획득에 대한 증거를 변호사회의 위원회가 검토한 후에, 변호사회의 이사회가 결정한다.

(3) 변호사회의 이사회는 각 법 분야마다 하나의 위원회를 구성하며, 그 위원을 임명한다. 하나의 위원회에는 최소한 3명의 변호사가 속한다; 이 변호사는 다른 위원회의 위원이 될 수 있다. 제75조와 76조가 준용된다. 복수의 변호사회가 공동 위원회를 구성할 수 있다.

(4) 전문변호사 명칭의 사용에 대한 허가는, 그것을 알았더라면 허가가 거부되었어야 했었을 사실이 추후에 알려진 때에는, 변호사회의 이사회에 의하여 장래에 향하여 철회될 수 있다. 직무규칙에 규정된 연수교육을 하지 않은 때에는, 그 허가는 취소될 수 있다.

제44조 수임거절의 통지

자기의 직무수행에 있어서 수임 요청을 받았으나 그 위임을 수락하지 않으려는 변호사는 그 거절의사를 지체 없이 표시하여야 한다. 변호사는 이 의사표시의 유책적 지체로부터 발생하는 손해를 배상하여야 한다.

제45조 직무 활동의 금지

(1) 변호사는 다음 각 호의 경우에 직무 활동을 하면 안 된다:

1. 변호사가 동일한 법률사건에 관하여 판사, 중재재판관, 검사, 공공기관의 구성원, 공증인, 공증인대리인 또는 공증인사무소 관리자로서 이미 활동했던 경우;
2. 변호사가 공증인, 공증인대리인 또는 공증인사무소 관리자로서 증서를 작성하였고 그 증서의 법적 효력이나 해석이 다투어지거나 그 증서를 근거로 집행이 되는 경우;
3. 변호사가 그가 파산관재인, 상속재산관리인, 유언집행인, 보호자 또는 유사한 지위로 이미 관련되었던 사건에서, 그에 의해서 관리되는 재산의 소유자에 대하여 조치를 취하여야 하는 경우;
4. 변호사가 동일한 사건에서 변호사직무 활동이나 제59조 제1항 첫째 문장의 의미에서의 그 밖의 활동 이외에 이미 직무상 활동을 하였을 경우; 이는 그 직무상의 활동이 종료한 때에는 적용되지 않는다.

(2) 변호사에게는 다음의 사항이 금지된다:

1. 변호사가 관리하여야 할 재산의 소유자를 상대로 이미 변호사로서 관련되었던 사건에서, 파산관재인, 상속재산관리인, 유언집행인, 보호자 또는 유사한 지위로 활동하는 것;
2. 변호사가 이미 변호사로서 관련되었던 사건에서 그의 변호사직무 활동이나 제59a조 제1항 첫째 문장의 의미에서의 그 밖의 활동 외에 직무상 활동을 하는 것

(3) 제1항 및 제2항의 금지는 또한 조합(Sozietät)의 형태로 또는 그 밖의 방법으로 공동의 직무수행을 위해서 그 변호사와 결합된 또는 결합되었던 변호사 및 다른 직무의 구성원에게도 적용되며, 또한 이들 중의 하나가 제1항 및 제2항의 의미에서 관련되었던 경우에도 적용된다.

제46조 상임의 고용관계에 있는 변호사

(1) 변호사는 그가 상임의 고용관계나 유사한 업무관계를 근거로 그 노동시간과 노동력을 제공해야 하는 위임인을 위하여 법정 또는 중재재판소에서 변호사로서의 지위에서 활동하면 안 된다.

(2) 변호사는 다음 각 호의 경우에 직무 활동을 하면 안 된다:

1. 변호사가 이미 동일한 사건에서, 상임의 고용관계나 유사한 업무관계에서 법률자문을 하는 그 밖의 고문으로서 법률사무관리 활동을 하였던 경우;
2. 그가 이미 변호사로서 동일한 사건에 관여하였던 경우에는, 상임의 고용관계나 유사한 업무관계에서 법률 조언을 하는 그 밖의 고문으로서의 직무 활동.

(3) 제2항의 금지는 또한 조합의 형태로 또는 그 밖의 방법으로 공동의 직무수행을 위해서 그 변호사와 결합된 또는 결합되었던 변호사들 및 다른 직업의 구성원에게도 적용되며, 또한 이들 중의 하나가 제2항의 의미에서 관련되었던 경우에도 적용된다.

제47조 공직에 있는 변호사

(1) 종신으로 임명되지 않고 판사나 공무원으로 종사하거나, 일정 기간 동안 군인근무관계에 임명되거나 또는 일시적으로 공공기관에서 직원으로 활동하는 변호사들은, 그들에게 위임된 임무를 명예직으로 맡는 것이 아닌 한, 변호사로서 직무를 수행할 수 없다. 그러나 변호사회는 변호사의 신청에 의하여 그에게 대리변호사를 임명할 수 있으며 또는 그로 인하여 사법의 이해관계가 위태롭게 되지 않는 때에는 그 직무를 스스로 수행하도록 허용할 수 있다.

(2) 변호사가 공무원신분으로 임명되지 않고 공직을 맡게 되었고, 그 공직을 정하는 법령에 의해서 변호사로서의 직무를 직접 수행하는 것이 금지되면, 변호사회는 신청에 의하여 그에게 대리인을 임명할 수 있다.
(3) (삭제)

제48조 소송대리 수임의무

(1) 변호사는 다음 각 호의 경우에 법정절차에서 한쪽 당사자의 대리나 소송보조를 맡아야 한다.
   1. 변호사가 민사소송법 제121조, 파산법 제4a조 제2항, 노동재판소법 제11a조 또는 기타 다른 법률 규정에 의해서 무보수로 그 당사자의 권리를 임시로 대변하도록 선임된 경우
   2. 변호사가 민사소송법 제78b, 78c조에 의해서 그 당사자에게 선임된 경우
   3. 변호사가 가사사건 및 비송사건절차에 관한 법률 제138조에 의해서 소송보조인으로 신청 상대방에게 선임된 경우
(2) 변호사는 중대한 사유가 있을 때에는 선임을 취소할 것을 신청할 수 있다.

제49조 의무변호, 소송보조이행

(1) 변호사는 형사소송법, 질서위반에 관한 법률, 형사사건에 있어서의 국제법률지원에 관한 법률 또는 국제형사재판소법의 규정에 의하여 변호인 또는 소송보조인으로 임명되면, 변호나 소송보조이행을 맡아야 한다.
(2) 제48조 제2항이 준용된다.

제49a조 상담지원을 맡을 의무

(1) 변호사는 상담지원법에 규정된 상담지원을 맡을 의무를 진다. 변호사는 중대한 사유가 있는 때에는 개별적인 경우에 상담지원을 거부할 수 있다.
(2) 변호사는 법적 해결을 구하는 저소득자의 상담을 위한 변호사회의 조직에 참여할 의무를 진다. 변호사는 중대한 사유가 있는 때에는 개별적인 경우에 참여를 거부할 수 있다.

제49b조 보수

(1) 변호사보수법에 다른 규정이 없는 한, 변호사보수법이 규정한 것보다 낮은 보수나 비용을 합의하거나 요구하는 것은 허용되지 않는다. 변호사는 개별적인 경우에 의뢰인의 개인적인 특별한 사정, 특히 그의 궁핍을 고려하여, 수임사무의 종료

후에 보수나 비용의 경감이나 면제를 할 수 있다.

(2) 변호사보수법에 다른 규정이 없는 한, 보수나 그 금액이 사건의 결과나 변호사직무 활동의 성공에 좌우되게 하는 합의 또는 변호사가 쟁취한 금액의 일부를 사례로서 취득하는 (성공사례) 합의는 허용되지 않는다. 변호사가 재판비용, 행정비용 또는 다른 관여자의 비용을 부담하는 의무를 지는 합의는 허용되지 않는다. 단지 법정(法定)보수가 아무 조건 없이 인상된다고 합의된 때에는, 첫째 문장의 의미에서의 성공사례(成功謝禮)는 존재하지 않는다.

(3) 사건위임의 소개에 대한 대가로 보수나 그 밖의 이익의 일부를 주거나 받는 것은, 변호사에 대한 관계에서든 제3자에 대한 관계에서든, 어떤 종류의 관계에서든 마찬가지로 허용되지 않는다. 그러나 변호사보수법 부록 1의 3400호의 범위를 초과하는 다른 변호사의 직무 활동에 대하여 적절하게 사례를 지급하는 것은 허용된다. 성과에 대한 사례는 관여한 변호사의 책임 범위 및 책임위험부담과 그 밖의 사정을 고려하여야 한다. 그러한 사례의 합의가 수임의 조건으로 되어서는 안 된다. 복수의 수임변호사는 하나의 위임사건을 공동으로 처리할 수 있으며, 보수를 성과, 책임 범위 및 책임위험부담에 상응하는 적절한 비율로 상호간에 분배할 수 있다. 둘째 문장과 셋째 문장은 연방재판소에서 허가된 소송대리인에게는 적용되지 않는다.

(4) 보수채권 또는 보수추심권을 변호사 또는 변호사 직무수행공동체(제59a조)에게 양도하는 것은 허용된다. 그 외에 양도는 소송의뢰인의 명백한, 문서에 의한 동의가 있거나 채권이 확정적으로 입증된 때에는 허용된다. 동의를 하기 전에 새 채권자나 추심권자에 대한 변호사의 정보제공 의무에 관하여 소송의뢰인에게 설명하여야 한다. 새 채권자나 추심권자는 수임변호사와 마찬가지로 비밀유지의 의무가 있다.

(5) 징수할 보수가 목적물가치에 따라 정해지면, 변호사는 수임 전에 이에 관하여 언급하여야 한다.

제50조 변호사의 서류철

(1) 변호사는 서류철의 관리를 통하여 그에 의해서 전개된 직무 활동에 관한 체계화된 정보를 줄 수 있어야 한다.

(2) 변호사는 수임 종료 후 5년의 기간 동안 서류철을 보관하여야 한다. 그러나 이 의무는, 변호사가 소송의뢰인에게 서류철을 수령할 것을 요구하였으나, 소송의뢰인이 그 요구를 받은 날로부터 6개월내에 그 요구에 응하지 않은 때에는, 이미 이 기간의 종료 전에 소멸한다.

(3) 변호사는 그의 보수와 비용에 관하여 변제받을 때까지는 서류철의 인도를 거부할 수 있다. 이는, 서류철이나 개개의 문서의 유치가 사정에 따라서는 부적절할 때에는, 적용되지 않는다.
(4) 이 규정 제2항 및 제3항의 의미에서의 서류철은 오직 변호사가 그의 직무상 업무 활동으로 인하여 소송의뢰인으로부터 또는 소송의뢰인을 위하여 수령한 문서만을 말하며, 변호사와 그의 소송의뢰인 간의 서신왕래 및 소송의뢰인이 이미 정본 또는 사본으로 수령한 문서는 이에 해당하지 않는다.
(5) 제4항은 변호사가 서류철의 관리를 위하여 전자자료처리방법을 이용하는 경우에 준용한다.

제51조 직무배상책임보험

(1) 변호사는 그의 직무 활동으로부터 발생하는 재산적 손해에 대한 배상책임위험을 부보하기 위하여 직무배상책임보험계약을 체결하여야 하며, 그의 (변호사직의: 역자 주) 허가기간 동안 보험계약을 유지하여야 한다. 보험은 국내에서 영업할 권한이 있는 보험회사에 의하여, 보험감독법에 따라 제출된 일반보험약관의 조건하에 인수되어야 하며, 민법 제278조 또는 제831조에 따라 변호사가 책임을 져야 하는 재산상의 손해에도 미쳐야 한다.
(2) 보험계약은 변호사에 대한 사법(私法)적 내용의 법정 배상책임청구권을 초래할 수 있는 모든 개개의 의무위반에 대하여 보험 상의 보호를 제공하여야 한다; 그때에 단일한 위임사무의 처리에 있어서의 모든 의무위반은, 그것이 변호사의 행위에 기인한 것이든, 그가 사용한 보조인의 행위에 기인한 것이든, 보험사고로 간주되는 것으로 합의할 수 있다.
(3) 다음 각 호에 대한 배상책임은 보험으로부터 제외될 수 있다:
   1. 고의적 의무위반으로 인한 배상청구권,
   2. 다른 국가에 설립된 또는 유지되고 있는 법률사무소 또는 사무실을 통한 업무 활동으로부터의 배상청구권,
   3. 유럽 외의 법에 관한 상담 및 그 취급과 관련된 업무 활동으로부터의 배상청구권,
   4. 유럽 외의 법정에서의 변호사의 업무 활동으로부터의 배상청구권,
   5. 직원, 구성원 또는 동업변호사에 의한 횡령으로 인한 배상청구권.
(4) 최소보험금액은 각 보험사고 당 250,000유로이다. 보험기간 내에 발생한 모든 손해에 대한 보험자의 지급이행은 최소보험금액의 4배의 금액으로 제한될 수 있다.
(5) 최소보험금액의 100분의 1까지의 자기부담의 합의는 허용된다.

(6) 보험계약에서 보험자는 관할 변호사회에, 연방대법원의 변호사의 경우에는 또한 법무부에도, 보험계약의 시작과 종료 또는 해지 및 규정된 보험 상의 보호를 침해하는 보험계약의 변경을 지체 없이 통지하도록 의무를 져야 한다. 변호사가 정보제공을 하지 않아야 할 더 중요하고 보호할 만한 이해관계를 가지고 있지 않은 한, 변호사회는 손해배상청구권의 행사를 위하여 신청에 의하여 제3자에게 변호사의 직무배상책임보험의 명칭과 주소 및 보험번호에 관한 정보를 제공한다; 변호사직의 허가가 소멸된 때에도 그러하다.

(7) 보험계약법 제117조 제2항의 의미에서의 관할기관은 변호사회이다.

(8) 연방법무부는 경제사정이 변하여 피해자의 충분한 보호를 확보하기 위하여 필요한 때에는, 연방변호사회의 청문을 거쳐 연방상원의 동의를 얻어서 법규명령을 통하여 최소보험금액을 다르게 정할 수 있는 권한을 부여받는다.

제51a조 계약에 의한 배상청구권의 제한

(1) 의뢰인과 변호사 간에 존재하는 계약관계로부터의, 과실로 야기된 손해에 대한 의뢰인의 배상청구권은 제한될 수 있다:

1. 개개의 경우에 문서상의 합의에 의하여 최소보험금액의 액수까지;
2. 그 한도 내에서 보험 상의 보호가 존속하는 때에는, 경과실의 경우에 미리 작성된 계약조건을 통하여 최소보험금액의 4배의 금액으로.

(2) 조합(Sozietät)의 구성원은 조합과 의뢰인 간에 존재하는 계약관계로부터 연대채무자로서 책임을 진다. 손해배상에 대한 인적 책임도 역시 미리 작성된 계약조건에 의해서, 그의 고유의 직무권한의 범위 내에서 위임사무를 처리하며 이름으로 지칭되는 조합의 개개의 구성원에 한정될 수 있다. 그러한 제한에 대한 동의의 의사표시는 다른 의사표시를 포함하면 안 되며, 의뢰인에 의해서 서명되어야 한다.

제51b조 (삭제)

제52조 (삭제)

제53조 일반적 대리인의 임명

(1) 변호사는 다음 각 호의 경우 그의 대리인을 준비하여야 한다:

1. 일주일을 초과하여 그의 직무수행이 방해되는 경우;
2. 일주일을 초과하여 그의 법률사무소를 떠나려는 경우.

(2) 같은 변호사회에 속하는 변호사에 의해서 대리되는 때에는, 변호사는 대리인을 직접 임명할 수 있다. 대리인은 처음부터 한 역년(曆年) 동안에 발생할 수도 있는 모든 장애 사례를 위하여 임명될 수 있다. 다른 경우에는 대리인은 오직 변호사의 신청에 의해서 변호사회에 의해서 임명될 수 있다.

(3) (삭제)

(4) 변호사회는 대리를 변호사에게 맡겨야 한다. 변호사회는 판사직 자격을 획득한 다른 사람이나, 또는 최소한 12개월 동안 수습근무에 종사하고 있는 사법연수생을 대리인으로 임명할 수 있다. 제7조가 준용된다.

(5) 제1항의 경우에, 변호사가 제2항 첫째 문장에 의한 조치 또는 제2항 셋째 문장에 의한 대리인의 임명신청을 해태하면 변호사회는 직권으로 대리인을 임명할 수 있다. 다만, 대리인을 직접 임명하거나 제2항 셋째 문장에 의한 신청을 제출할 것을 미리 변호사에게 요구하여야 하고, 이를 위하여 변호사에게 정해진 기한이 효과 없이 경과한 경우에만 대리인을 임명할 수 있다. 직권에 의하여 대리인으로 임명된 변호사는 중대한 사유가 있는 경우에만 대리를 거절할 수 있다.

(6) 변호사는 제2항 첫째 문장의 경우 대리인의 임명을 변호사회에 신고하여야 한다.

(7) 대리인은 그가 대리하는 변호사의 변호사권한을 가진다.

(8) 임명은 취소될 수 있다.

(9) 대리인은 자기의 책임 하에, 그러나 그가 대리하는 본인의 이익을 위해서, 그의 계산으로 그리고 그의 비용으로 직무 활동을 한다. 민법 제666조, 제667조 및 제670조가 준용된다.

(10) 직권으로 임명된 대리인은 법률사무소건물에 출입하고, 변호사의 보관에 맡겨진 신탁재산을 포함한 법률사무소에 속하는 물건을 점유하고, 인도를 요구하고, 이를 처분할 수 있는 권리가 있다. 대리인은 본인의 지시에 구속되지 않는다. 본인은 대리인의 직무 활동을 침해해서는 안 된다. 본인은 직권으로 임명된 대리인에게 적절한 보수를 지급하여야 하며, 사정상 필요하면 담보를 제공하여야 한다. 관련자가 보수의 금액과 담보에 관하여 합의하지 못하거나, 약속된 담보가 제공되지 않으면, 변호사회의 이사회는 본인 또는 대리인의 신청에 의해서 보수를 확정한다. 대리인은 합의된 또는 확정된 보수에 대한 선금을 받을 권한이 있다. 확정된 보수에 대하여 변호사회는 보증인과 같은 책임을 진다.

제54조 (삭제)

第55조 법률사무소의 청산인의 임명

(1) 변호사가 사망하면, 변호사회는 변호사나 판사직의 자격을 획득한 다른 사람을 법률사무소의 청산인으로 임명한다. 제7조가 준용된다. 청산인은 일반적으로 1년의 기간 이내로 임명될 수 있다. 신청인이 진행중인 사건이 아직 완료될 수 없었다는 것을 믿을 수 있게 증명하면, 청산인의 신청에 의하여 임명은 최대한 그때그때 1년씩 연장될 수 있다.

(2) 청산인은 현안의 업무를 청산할 의무가 있다. 청산인은 진행중인 사건을 계속하여야 한다. 최초 6개월 이내에는 청산인은 새로운 사건 위임을 승낙할 권리가 있다. 청산인에게는 사망한 변호사가 가졌던 변호사로서의 권한이 귀속한다. 청산인은, 당사자가 다른 방법으로 그의 권리의 주장을 꾀하지 않은 한, 진행중인 사건에 관하여는 당사자로부터 수권받은 것으로 간주된다.

(3) 제53조 제5항 셋째 문장, 제9항과 제10항이 준용된다. 청산인은 사망한 변호사의 비용청구권을 자신의 명의로 상속인의 계산으로 행사할 권리가 있으나, 비용확정절차의 범위 이외에서는 의무는 지지 않는다.

(4) 임명은 취소될 수 있다.

(5) 청산인은 변호사직의 허가가 소멸된 전직 변호사의 법률사무소를 위해서도 임명될 수 있다.

第56조 변호사회 이사회에 대한 특별 의무

(1) 변호사는 감독사건과 항고사건에서 변호사회의 이사회나 이사회의 위임받은 구성원에게 정보를 제공하고, 요구에 따라 그의 서류철을 제출하거나 이사회 또는 수임 구성원 앞에 출두하여야 한다. 변호사가 그것에 의하여 그의 비밀유지 의무를 위반하거나, 사실대로의 답변 또는 그의 서류의 제출을 통하여 범죄행위, 질서위반 또는 직무 의무위반으로 소추될 위험을 자초하게 되고, 변호사가 이를 주장하는 한, 이것이 적용되지 않는다. 변호사에게 정보제공거부권이 있음을 알려주어야 한다.

(2) 변호사회의 조사절차에서 변호사는 요구에 따라 이사회나 이사회의 위임받은 구성원 앞에 출두하여야 한다. 이사회나 위임받은 구성원이 검토 결과 출두에 의하여 합의가 촉진될 수 있다는 결론에 이르면, 출두를 명령할 수 있다.

(3) 변호사는 변호사회의 이사회에 다음 각 호의 사실을 지체 없이 신고하여야 한다:

1. 그가 고용관계를 맺거나 기존의 고용관계의 중요한 변화가 일어났다는 것
2. 그가 지속적으로 또는 일시적으로 판사, 공무원, 직업군인 또는 기간제(징병제: 역자 주) 군인으로 투입된다는 것

3. 그가 제47조 제2항의 의미에서의 공직에 임명된다는 것

요구가 있으면 변호사회의 이사회에 고용관계에 관한 서류가 제출되어야 한다.

제57조 특별 의무의 위반 시 과태료

(1) 변호사가 제56조에 의한 의무를 이행하도록 하기 위해서, 변호사회의 이사회는 변호사에 대하여, 되풀이해서도, 과태료를 부과할 수 있다. 개개의 과태료는 1,000유로를 초과해서는 안 된다.

(2) 과태료는 사전에 이사회나 회장을 통하여 서면으로 경고되어야 한다. 과태료의 경고와 부과는 변호사에게 송달되어야 한다.

(3) 과태료의 경고와 부과에 대하여 변호사는 송달 후 한 달 내에 변호사법원의 결정을 신청할 수 있다. 신청은 변호사협회의 이사회에 서면으로 제출되어야 한다. 이사회가 신청이 근거 있는 것으로 판단하면, 이사회는 그것을 시정하여야 한다; 다른 경우에는 신청은 지체 없이 변호사법원에 이관되어야 한다. 그 관할지역에 변호사회의 소재지가 있는 고등법원에 속한 변호사법원에 관할권이 있다. 그 밖에 항고에 관한 형사소송법의 규정이 의미에 맞게 적용된다. 반대의견진술(형사소송법 제308조 제1항)은 변호사회의 이사회가 한다. 검찰은 소송절차에 관여하지 않는다. 변호사법원의 결정은 취소될 수 없다.

(4) 과태료는 변호사회에 귀속된다. 과태료는 회계책임자에 의하여 발부된, 집행증서가 점부된 확성통시의 인증된 사본을 근거로, 민사쟁송에시의 판결의 집행에 적용되는 법령에 의하여 강제징수된다.

제58조 인사기록의 열람

(1) 변호사는 그에 관하여 작성된 인사기록을 열람할 권리가 있다.

(2) 변호사는 그의 인사기록열람권을 직접 또는 다른 대리권이 부여된 변호사를 통해서 행사할 수 있다.

(3) 변호사 또는 그에 의하여 대리권을 부여받은 대리인은 열람에 있어서 기록 또는 개별 문서의 사본의 내용에 관하여 비망록을 작성하여도 된다.

제59조 사법연수생의 교육

변호사는 적절한 범위에서 사법연수생의 교육에 협력하여야 한다. 변호사는 그에게서 수습근무에 종사하고 있는 사법연수생에게 변호사의 임무를 가르치고, 그를 지도하고 그에게 실무적 업무수행의 기회를 제공하여야 한다. 교육의 주제는 특히 법정 및 법정 외에서의 변호사업무, 소송의뢰인과의 대인관계, 변호사의 직무법 및 법률사무소

의 조직이어야 한다.

제59a조 직무상의 협력

(1) 변호사는 공동의 직무수행을 위하여 고유의 직무권한의 범위 내에서 변호사회 및 특허변호사회의 회원과, 세무사, 세무대리인, 공인회계사 및 공인감사인과 결합할 수 있다. 형사소송법 제137조 제1항 둘째 문장과 법정에서의 대리에 관한 법령은 장애가 되지 않는다. 동시에 공증인인 변호사는 오직 변호사의 업무수행에 관련해서만 그러한 결합관계를 맺을 수 있다. 그 밖에 동시에 공증인인 변호사와의 결합은 공증인직무법의 규정과 요구사항에 따른다.

(2) 다음 각 호의 사람과의 공동의 직무수행은 역시 변호사에게 허용된다:

1. 유럽변호사의 독일에서의 업무 활동에 관한 법률 또는 제206조에 의해서 이 법의 효력 범위에서 개업할 권리가 있고, 그의 법률사무소를 외국에 유지하고 있는 국가의 변호사 직업에 속하는 사람
2. 교육과 권한에 있어서 특허변호사법, 세무상담법 또는 공인회계사법에 의한 직무에 상응하는 직무를 수행하고, 이 법의 효력 범위 내에서 특허변호사, 세무사, 세무대리인, 공인회계사 또는 공인감사인과 함께 그 직무를 공동으로 수행할 수 있는, 다른 국가의 특허변호사, 세무사, 세무대리인, 공인회계사 또는 공인감사인.

(3) 변호사합동사무실에는 제1항과 제2항이 준용된다.

제59b조 규칙 제정권

(1) 직무상의 권리와 의무에 관한 더 상세한 사항은 직무규칙에 규정된다.

(2) 직무규칙은 이 법 규정의 범위 내에서 다음 각 호를 더 상세히 규정한다:

1. 일반적인 직무상의 의무와 기본 의무
   a) 양심성
   b) 독립성의 유지
   c) 비밀유지
   d) 객관성
   e) 충돌하는 이익의 대리의 금지
   f) 타인의 재산가치의 취급
   g) 법률사무소 설치 의무;
2. 전문변호사 명칭의 사용과 관련된 특별한 직무상의 의무
   a) 그 밖의 전문변호사 명칭이 수여될 수 있는 법 분야에 관한 규정

b) 전문변호사 명칭의 수여조건과 허가의 수여, 철회 및 취소절차;
3. 스스로 정한 중점관심 분야에 관한 광고 및 언급과 관련된 특별한 직무상의 의무
4. 직무 활동의 거부와 관련된 특별한 직무상의 의무
5. 특별한 직무상의 의무
   a) 위임의 승낙, 수행 및 종료와 관련한,
   b) 상담지원, 절차비용지원 및 소송비용지원의 범위 내에서 법적 해결을 구하는 자에 대한,
   c) 법적 해결을 구하는 저소득층 상담에 있어서,
   d) 서류철의 관리에 있어서;
6. 법원 및 관청에 대한 특별한 직무상의 의무
   a) 열람을 위해 양도받은 문서 및 이로부터 획득한 지식의 이용에 있어서의 의무
   b) 송달에 있어서의 의무
   c) 직무복장의 착용;
7. 변호사 보수의 합의 및 청산에 있어서, 그리고 그 강제징수에 있어서의 특별한 의무
8. 감독 문제에 있어서 변호사회에 대한 특별한 의무, 변호사회에 속한 다른 회원에 대한 직무상의 태도, 직무상의 협력에 있어서의 의무, 변호사의 고용과 다른 직원의 교육 및 고용에 관련된 의무
9. 국경을 넘는 법률관계에서의 특별한 직무상의 의무

제2절 변호사회사

제59c조 변호사회사로서의 허가, 직무상 제휴에의 참여

(1) 기업목적이 법률사건에 있어서의 상담 및 대리인 유한회사는 변호사회사로 허가될 수 있다.
(2) 공동의 직무수행을 위한 제휴에 대한 변호사회사의 참여는 허가되지 않는다.

제59d조 허가조건

허가는 다음 각 호의 조건하에 수여된다:
1. 회사가 제59c조, 제59e조 및 제59f조의 요건에 부합하고;

2. 회사가 재산상실의 상태에 있지 않으며;
3. 직무배상책임보험의 체결(제59j조)이 증명되거나, 잠정적인 배상약속이 있을 때.

제59e조 사원

(1) 오직 변호사와 제59a조 제1항 첫째 문장 및 제2항에 열거된 직업에 속하는 사람만이 변호사회사의 사원이 될 수 있다. 사원은 변호사회사에서 직무 활동을 하고 있어야 한다. 제59a조 제1항 셋째 문장과 넷째 문장과 제172조가 준용된다.
(2) 출자지분과 의결권의 과반수가 변호사에게 속해야 한다. 사원이 제1항 첫째 문장에 언급된 직업 활동을 수행할 권리가 없으면, 그는 의결권을 갖지 못한다.
(3) 변호사회사의 지분은 제3자의 계산으로 소유할 수 없으며, 제3자는 변호사회사의 이익배당에 참여할 수 없다.
(4) 사원은 사원권을 행사하기 위하여 오직 동일 직업에 속하는 사람이나 변호사인 의결권 있는 사원에게만 위임할 수 있다.

제59f조 업무집행

(1) 변호사회사는 변호사가 책임지고 운영하여야 한다. 업무집행사원의 과반수가 변호사이어야 한다.
(2) 제59e조 제1항 첫째 문장에 열거된 직업 활동을 수행할 권리가 있는 자만이 업무집행사원이 될 수 있다.
(3) 전체의 업무의 지배인과 행위대리인에게는 제1항 둘째 문장과 제2항이 준용된다.
(4) 업무집행사원 또는 제3항에 따라 대리권이 부여된 변호사가 그의 변호사직을 수행함에 있어서 변호사의 독립성이 보장되어야 한다. 특히 지시나 계약적 구속에 의한 사원의 영향력행사는 허용되지 않는다.

제59g조 허가절차

(1) 변호사회사로서의 허가 신청에는 회사계약의 정본이나 공증된 사본을 첨부하여야 한다.
(2) 사원이나 제59f조의 의미에서의 대리권한이 있는 사람에 대하여 그 허가나 임명의 철회나 취소를 목적으로 하는 절차가 진행되거나 잠정적인 직무—또는 대리금지가 선고되면, 변호사회사로서의 허가 신청에 대한 결정은 정지될 수 있다. 그러나 변호사회사로서의 허가 신청이 첫째 문장에 언급된 절차의 결과에 관계없이 거부되어야 하는 경우에는, 그 신청에 관하여 결정하여야 한다.
(3) 허가절차에는 제12조 제1항을 준용한다.

第59h조 허가의 소멸

(1) 허가는 회사의 해산으로 인하여 소멸된다.

(2) 허가 후에 그 허가가 거부되었어야 했다는 것이 밝혀지는 경우에는, 그 허가는 장래에 향하여 철회될 수 있다. 제14조 제1항 둘째 문장이 준용된다.

(3) 변호사회사가 제59c조, 제59e조, 제59f조, 제59i조 및 제59j조의 조건을 더 이상 충족하지 못하는 경우에는, 변호사회사가 변호사회가 정하는 적당한 기한 내에 법률에 상응하는 상태를 이루는 경우가 아니면 허가는 취소되어야 한다. 제59e조 제1항 및 제2항에 언급된 조건이 상속개시로 인하여 누락되는 경우에는 이 기한은 최소한 일 년이 되어야 한다. 기한은 상속개시와 함께 시작한다.

(4) 허가는 나아가 다음의 경우 취소되어야 한다.

1. 변호사회사가 변호사회에 대하여 문서로 허가로부터의 권리를 포기하는 경우;
2. 변호사회사가 재산상실에 처하고, 그로 인하여 법적 조력을 구하는 자의 이익이 침해될 우려가 있는 경우

(5) 허가의 취소나 철회에 있어서 제14조 제4항이 준용된다.

(6) 회사가 허가를 상실하면, 법정 대표에 임명된 사람이 진행중인 사건을 규정에 따라 청산할 것을 충분히 보장하지 못하는 때에는, 그 회사를 위해서 청산인이 임명될 수 있다. 제55조가 준용된다. 확정된 청산인의 보수에 대하여는 사원이 연대채무자로서 책임을 진다. 제53조 제10항 일곱 째 문장은 그대로 유효하다.

第59i조 변호사사무소

변호사회사는 그 소재지에 사무소를 유지해야 하고, 여기에는 최소한 1인의 업무집행변호사가 책임을 지고 활동하고 있어야 하며, 이 변호사에게는 사무소가 그의 직무상의 활동의 중심이 되어야 한다. 회사의 소재지가 이전되면, 제27조 제3항이 준용된다. 제29a조는 그대로 유효하다.

第59j조 직무배상책임보험

(1) 변호사회사는 직무배상책임보험을 체결하고, 그 허가가 계속하는 동안 보험을 유지해야 할 의무를 진다; 제51조 제1항 내지 3항 및 5항 내지 7항이 준용된다.

(2) 최소보험금은 각 보험사고 당 2,500,000유로이다. 한 보험년도에 발생한 모든 손해에 대한 보험회사의 급부는 최소보험금에 사원과 사원이 아닌 업무집행자의 인원수를 곱한 액수로 제한될 수 있다. 그러나 어느 한 보험연도에 발생한 모든 손해에 대한 연간최고급부액은 최소한 최소보험금의 4배의 액수가 되어야 한다.

(3) 경제사정의 변화 시 피해자의 충분한 보호를 보장하기 위하여 필요한 때에는, 연

방법무부는 연방변호사회의 의견을 듣고 연방상원의 동의를 얻어 법령에 의하여 최소보험금을 다르게 정할 수 있다.

(4) 직무배상책임보험이 전혀 또는 규정된 범위로 유지되지 않으면, 회사 외에 사원 및 업무집행자가 부족한 보험보호의 액수만큼 인적 책임을 진다.

제59k조 상호

(1) 회사의 상호는 "변호사회사"라는 명칭을 포함하여야 한다.

(2) 허가된 변호사회사 이외에는 누구도 "변호사회사"라는 명칭을 사용할 수 없다. 1999년 3월 1일에 이미 그 이름에 "변호사회사"라는 명칭을 사용하고 있었고, 법적 형태에 대한 언급을 첨가한 직무상의 결합은 그러한 명칭을 계속 사용할 수 있다.

제59l조 법원과 관청에서의 대리

변호사회사는 소송대리인 또는 절차대리인으로서 위임받을 수 있다. 이때 변호사회사는 변호사의 권리와 의무를 갖는다. 변호사회사는 그 기관과 대표를 통하여 행위하고, 기관과 대표는 각각 법률사무급부제공을 위하여 법률상 규정된 전제조건을 충족해야 한다. 형사소송법 제137조 이하의 의미에서의 변호사는 오직 변호사회사를 위해서 행위하는 사람이다.

제59m조 통지 의무, 적용법규, 비밀유지 의무

(1) 변호사회사는 회사계약, 사원 또는 제59f조에 의한 대표권자의 인격에 관한 모든 변동 및 지점의 설립 또는 해산을 각각의 증서의 공증된 사본을 첨부하여 변호사회에 지체 없이 통고하여야 한다. 상업등기부에 변동이 등기되면, 등기의 인증된 사본이 추가로 제출되어야 한다.

(2) 변호사회사에 대하여는 제2장 제3절의 규정, 제43조 내지 제43b조, 제44조, 제48조, 제49a조 내지 제50조, 제51a조 제1항, 제52조 제2항, 제56조 제1항 및 2항 그리고 제57조 내지 제59조, 제5장 제4절 및 제163조가 의미에 맞게 적용된다.

(3) 사원 및 법률 또는 회사계약에 의해 규정된 변호사회사의 감사기관의 구성원은 비밀유지 의무를 진다.

II. 변호사 보수에 관한 법률

(Gesetz über die Vergütung von Rechtsanwältinnen und Rechtsanwälte)(Rechtsanwaltsvergütungsgesetz-RVG)

2004년 5월 5일 제정

2011년 5월 23일 최종개정

제1절 총칙

제1조 적용 범위

(1) 변호사의 변호사 활동에 대한 보수(수임료 및 비용)[9]는 이 법에 따라서 산정된다. 이는 민사소송법 제57조와 제58조에 따른 소송후견인으로서의 활동에도 적용된다. 변호사회의 그 밖의 회원, 조합원회사(Partnerschaftgesellschaften) 및 그 밖의 회사는 이 법의 의미에서의 변호사와 동등하다.

(2) 이 법은 후견인, 보호자, 관리인, 소송후견인, 소송보조인, 유언집행인, 파산관재인, 관리인, 채권자위원회의 구성원, 유산관리인, 강제관리인, 신탁관리인 또는 중재재판관 또는 유사한 활동에 적용된다. 민법 제1835조 제3항은 영향을 받지 않는다.

제2조 보수수준

(1) 수임료는, 이 법이 달리 정하지 않으면, 변호사 활동의 목적물이 갖는 가치(목적물가액)에 따라 산정한다.

(2) 보수의 수준은 이 법의 부록 I의 수임료일람표에 따라서 결정된다. 수임료는 맨 앞의 센트(Cent)로 반올림 또는 버림이 된다; 0.5센트는 반올림된다.

제3조 사회법 사건의 수임료

(1) 재판비용법(Gerichtskostengesetz)이 적용되지 않는 사회재판관할 법원에서의 절차에서는 금액총괄수임료(Betragsrahmengebühr)가 발생한다. 그 밖의 절차에서는, 의뢰인이 사회법원법 제183조에 언급된 사람들에 속하지 않으면, 수임료가 소송물가액에 의하여 산정된다.

(2) 제1항은 재판절차 외에서의 활동에도 준용된다.

제3a조 보수 합의

(1) 보수의 합의는 문서형식이 필요하다. 합의는 보수 합의라고 또는 그와 견줄 만한 방법으로 표시되어야 하며, 위임을 제외한 다른 합의와 명백히 구별되어야 하고, 대리권에 포함되면 안 된다. 합의는 상대당사자, 소송참가자 또는 국고가 비용배

9) 역주: "Vergütung"은 "보수", "Gebühr"는 변호사에 관하여는 "수임료", 법원 등에 관하여는 "수수료"로 번역하였다.

상에 있어서 통상적으로 법정(法定)보수를 초과하여 배상하여야 하는 것이 아니라는 점에 대한 고지를 포함하여야 한다. 첫째 문장과 둘째 문장은 제34조에 따른 수임료합의에 적용되지 않는다.

(2) 합의된 보수, 제4조 제3항 첫째 문장에 따라서 변호사회의 이사회에 의하여 확정된 보수 또는 제4a조에 따라서 성공할 경우를 위하여 합의된 보수가 모든 사정을 고려하여 부적당하게 높으면, 소송에서 상당한 금액으로 법정보수수준까지 인하될 수 있다. 법원은 인하 전에 변호사회 이사회의 감정을 얻어야 한다; 이는 변호사회 이사회가 제4조 제3항 첫째 문장에 따라서 보수를 확정한 경우에는 적용되지 않는다. 감정은 무료로 해야 한다.

(3) 소송비용지원에 의해 국선변호인으로 선임된 변호사가 국선변호인 선임에 포함되는 활동에 대하여 법정보수보다 높은 보수를 받도록 하는 합의는 무효이다. 부당이득에 관한 민법의 규정은 영향을 받지 않는다.

(4) 상담지원법 제8조는 영향을 받지 않는다.

제4조 성공 여부에 독립적인 보수

(1) 재판 외적인 사건에서는 법정보수보다 낮은 보수가 합의될 수 있다. 이 보수는 변호사의 성과, 책임 및 책임위험과 상당한 비례관계에 있어야 한다.

(2) 민사소송법 제803조 내지 제863조 및 제899조 내지 제915b조에 따른 재판상의 독촉절차 및 강제집행절차에서 변호사는, 의뢰인의 법정보수 배상청구권이 강제로 징수될 수 없는 때에는, 배상청구권의 일부를 변제에 갈음하여 받기로 약속할 수 있다. 양도에 의하여 이행될 수 없는 법정보수 부분은 변호사의 성과, 책임 및 책임위험과 상당한 비례관계에 있어야 한다.

(3) 합의로 변호사회이사회에게 보수를 상당한 재량에 의해 확정할 것을 위임할 수 있다. 보수의 확정이 계약당사자의 재량에 위임되면, 법정보수에 합의한 것으로 간주된다.

(4)부터 (6) (삭제)

제4a조 성공사례금

(1) 성공사례금(연방변호사법 제49b조 제2항 첫째 문장)은 오직 개별적 사건에서, 그리고 이성적으로 고찰할 때 성공사례금의 합의가 없으면 의뢰인이 소송수행으로부터 저지될 경우에만 합의될 수 있다. 이때에 소송절차에서는, 성공한 경우 법정보수에 추가하여 상당한 가산금을 합의한 때에는, 실패의 경우 보수가 지급되지 않거

나 또는 법정보수보다 낮은 보수가 지급될 수 있다고 합의될 수 있다.

(2) 합의는 다음의 사항을 포함하여야 한다:

1. 예측되는 법정보수 및 경우에 따라서는 변호사가 위임을 기꺼이 받아들일 수도 있는, 성공 여부에 독립적인 계약보수, 및
2. 어떤 조건이 발생해야 어떤 보수를 벌 수 있는지에 대한 언급.

(3) 합의에는 그 밖에 성공사례금의 산정에 결정적인 중요한 사유가 제시되어야 한다. 나아가 경우에 따라서 의뢰인이 지급하여야 할 재판비용, 행정비용 및 의뢰인이 상환하여야 할 다른 소송참가자의 비용에 합의가 아무런 영향을 미치지 않는다는 언급이 수록되어야 한다.

제4b조 하자 있는 보수 합의

변호사는 제3a조 제1항 첫째 문장과 둘째 문장 또는 제4a조 제1항과 제2항의 요구사항에 상응하지 못하는 보수 합의를 이유로 법정보수보다 높은 보수를 요구할 수 없다. 부당이득에 관한 민법의 규정은 영향을 받지 않는다.

제5조 변호사의 대리인의 활동에 대한 보수

변호사가 직접 하지 않은 활동에 대한 보수는 변호사가 변호사, 일반적 대리인, 변호사시보(Assessor bei einem Rechtsanwalt) 또는 직업교육을 위해서 배정된 사법연수생(Referendar)에 의하여 대리되는 때에는 이 법에 따라서 산정된다.

제6조 복수의 변호사

위임이 공동의 처리를 위해서 복수의 변호사에게 부여되면, 각 변호사는 그의 활동에 대하여 표준보수를 받는다.

제7조 복수의 의뢰인

(1) 변호사가 동일한 사건에서 복수의 의뢰인을 위하여 활동을 하면, 그는 오직 한 번만 수임료를 받는다.

(2) 각 의뢰인은 변호사가 그의 사건에서만 활동한다면 그가 채무를 질 수임료와 비용의 채무를 진다; 수임료일람표 7000호에 따른 서류작성 및 양도총괄비용(Dokumentenpauschale)은, 이것이 수인의 의뢰인에 대한 통지에 의하여 발생한 것인 한, 의뢰인이 또한 채무를 진다. 그러나 변호사는 합쳐서 제1항에 따라서 산정된 수임료 및 발생한 총 비용을 초과하여 청구할 수 없다.

제8조 변제기의 도래, 시효의 정지

(1) 보수의 변제기는 위임사무가 처리되었거나 사건이 종료되었을 때 도래한다. 변호사가 소송절차에서 활동하면, 보수는 또한 비용결정이 선고되거나 또는 심급이 종료되거나 또는 소송이 3개월을 초과하여 중단되면 변제기가 도래한다.

(2) 소송이 계류중인 한, 소송절차에서의 활동에 대한 보수의 시효는 정지된다. 정지는 기판력 있는 재판 또는 다른 방법에 의한 소송절차의 종료와 동시에 종료한다. 소송절차가 중단되면, 시효정지는 변제기가 도래한 날로부터 3개월 후에 종료된다. 소송절차가 계속 진행되면, 시효정지는 다시 시작한다.

제9조 선불

변호사는 발생한 수임료와 비용 및 발생하리라고 예측되는 수임료와 비용에 대하여 상당한 선불을 그의 의뢰인으로부터 청구할 수 있다.

제10조 계산서

(1) 변호사는 오직 그에 의하여 서명되고, 의뢰인에게 통지된 계산서를 근거로 해서만 보수를 청구할 수 있다. 소멸시효의 진행은 계산서의 통지와 무관하다.

(2) 계산서에는 개별적 수임료 및 비용의 액수, 선불, 각각의 수임료구성 요건의 간략한 설명, 비용의 설명 및 적용된 수임료일람표 번호 그리고 소송물가액에 따라 계산되는 수임료의 경우에는 이것도 또한 기술하여야 한다. 우편 및 통신서비스에 대한 보수의 경우에는 총액의 기술이면 족하다.

(3) 의뢰인이 계산서를 받지 않고 보수를 지급하였으면, 변호사가 서류철을 보관할 의무가 있는 한, 의뢰인은 아직도 계산서의 통지를 요구할 수 있다.

제11조 보수의 확정

(1) 법정보수, 제42조에 따라서 확정된 총괄수임료 및 상환해야 할 지출 (민법 제670조)이 소송절차의 비용에 속하는 한, 이는 변호사 또는 의뢰인의 신청에 의하여 제1심법원에 의하여 확정된다. 변제한 액수는 삭감된다.

(2) 신청은 보수가 변제기가 도래한 때에 비로소 허용된다. 확정 전에 소송참가자를 심문하여야 한다. 민사소송법 제104조 제2항 셋째 단을 제외한 비용확정절차에 관한 각각의 소송법규정 및 비용확정결정으로부터의 강제집행에 대한 민사소송법의 규정이 준용된다. 1심 법원에서의 절차는 수임료가 없다. 보수확정결정에서는 변호사가 지출한 결정송달비용을 포함하여야 한다. 그 밖에는 비용상환은 하지

않으며 이는 항고절차에도 적용된다.

(3) 행정법원, 조세법원 및 사회법원에서의 절차에서는 보수는 민원실의 법원서기에 의하여 확정된다. 각각의 재판관할에 적용되는 비용확정절차에서의 이의신청에 관한 규정이 준용된다.

(4) 변호사에 의하여 진술된 소송물가액이 어느 소송참가자에 의하여 다투어지면, 법원이 이에 대하여 결정할 때까지 소송절차가 정지되어야 한다(제32조, 33조 및 38조 제1항).

(5) 피신청인이 수임료법에 근거가 없는 이의나 항변을 제기하는 한 확정은 기각되어야 한다. 의뢰인이 이미 변호사에 대하여 그러한 이의나 항변을 제기하였으면, 소의 제기는 사전의 확정절차의 개시에 좌우되지 않는다.

(6) 신청 및 진술은 대리인의 참여 없이 서면으로 제출되거나 또는 민원실의 조서에 기록되도록 진술될 수 있다. 민사소송법 제129a조가 준용된다. 수권에는 기초가 되는 절차에 적용되는 절차법의 규정이 준용된다.

(7) 소의 제기와 마찬가지로 보수 확정의 신청에 의하여 소멸시효가 정지된다.

(8) 제1항 내지 7항은 오직 최저수임료가 청구되거나 또는 의뢰인이 수임료의 수준에 명백히 동의하였을 때에만 총괄수임료에 적용된다. 변호사의 신청에 의한 확정은 그가 의뢰인의 동의의사표시를 신청서와 함께 제출하지 않으며 기각된다.

제12조 소송비용지원에 관한 규정의 적용

소송비용지원에 의하여 국선변호인으로 선임된 변호사와 소송비용지원절차에 관한 이 법의 규정은 노동법원법 제11a조 및 도산법 제4a조의 사건에 준용된다. 소송비용지원의 승인은 도산법 제4a조에 따른 지급유예와 동등하다.

제12a조 법적 심문권 침해 시의 구제

(1) 다음의 경우에는 이 법에 따른 결정에 의하여 부담을 지는 소송참가자의 이의신청에 의하여 절차가 속행된다:

1. 결정에 대한 상소나 또는 다른 이의신청이 없고,
2. 법원이 그 소송참가자의 법적 심문권을 결정에 있어서 현저하게 침해하였을 때.

(2) 이의신청은 법적 심문권의 침해를 안 때로부터 2주일 내에 하여야 한다; 알게 된 시점은 소명하여야 한다. 공격받는 결정이 고지된 날로부터 1년이 경과된 후에는 이의신청을 할 수 없다. 불요식적으로 통지된 결정은 우체국에 교부한 날로부터 3일이 지나면 고지된 것으로 간주된다. 이의신청은 공격받는 결정을 한 법원에

제기하여야 한다; 제33조 제7항 첫째 문장과 둘째 문장은 준용된다. 이의신청은 공격되는 결정을 표시하고, 제1항 제2호에 언급된 전제 요건을 진술하여야 한다.

(3) 그 밖의 소송참가자에게 필요에 따라서 입장표명을 할 기회를 주어야 한다.

(4) 법원은 이의신청이 그 자체로 허용될 수 있는지 여부와 법적인 형식과 기간을 준수하여 제출되었는지를 직권으로 심사한다. 이의신청이 이러한 요건의 하나를 결한 경우에는 허용될 수 없어 기각되어야 한다. 이의신청에 근거가 없으면, 법원은 그것을 기각하여야 한다. 취소할 수 없는 결정에 의하여 선고된다. 결정에는 간략하게 근거가 밝혀져야 한다.

(5) 이의신청에 근거가 있으면, 법원은 이의신청을 근거로 절차를 속행할 수 있는 한 그렇게 함으로써 그것을 인용한다.

(6) 비용은 상환되지 않는다.

제12b조 전자기록, 전자문서

(1) 변호사가 보수를 받는 절차의 전자기록 및 법원의 전자문서에 관한 규정이 적용되어야 한다. 상담지원의 경우에 민사소송법의 상응하는 규정이 적용되어야 한다.

(2) 변호사가 보수를 받는 절차에서 신청 및 진술을 위해서 전자문서로 기록함으로써 충분한 한, 이 형식은 역시 이 법에 따른 신청 및 진술을 위해서도 충분하다. 민사소송법의 규정에 따라서 전자문서로 기록함으로써 충분하면, 상담지원의 경우에도 마찬가지이다. 책임을 지는 자는 문서에 서명법에 따라서 자격 있는 전자서명을 해야 한다. 송부된 전자문서가 법원이 취급하기에 적합하지 않으면, 이는 현재의 기술적 제반 조건의 언급 하에 발신인에게 지체 없이 통지되어야 한다.

(3) 전자문서는 수신을 위하여 정하여진 법원의 시설이 그것을 기록하는 즉시 제출된다.

제2절 수임료규정

제13조 가액수임료

수임료가 목적물가액을 기준으로 하면, 수임료는 목적물가액 300유로까지는 25유로이다. 수임료는 다음과 같이 증가한다:

소송물가액 … 유로까지	각각 새로 시작되는 추가적 액수 … 유로에 대하여	… 유로만큼
1,500	300	20
5,000	500	28
10,000	1,000	37
25,000	3,000	40
50,000	5,000	72
200,000	15,000	77
500,000	30,000	150
500,000 초과	50,000	150

소송물가액 500,000유로까지의 수임료일람표가 이 법에 부록 2로 첨부되어 있다.
(2) 최소 수임료액은 10유로이다.

제14조 총괄수임료

(1) 총괄수임료에서는 변호사가 개개의 경우에 모든 사정, 무엇보다도 변호사 활동의 범위와 난이도, 사건의 의미 및 의뢰인의 소득과 재산상태를 고려하여, 정당한 재량에 의하여 수임료를 결정한다. 변호사의 특별한 책임위험이 산정에 반영될 수 있다. 목적물가액을 표준으로 하지 않는 총괄수임료의 경우에는 책임위험이 고려되어야 한다. 수임료가 제3자에 의해서 상환되어야 하면, 변호사에 의하여 내려진 결정은 그것이 부당한 때에는 구속력이 없다.

(2) 수임료 수준이 다투어지는 한, 법원은 소송에서 변호사회 이사회의 감정을 얻어야 한다; 이는 민사소송법 제495a조에 따른 절차에서도 역시 적용된다. 감정은 무료로 한다.

제15조 수임료의 보상 범위

(1) 수임료는, 이 법이 다르게 규정하지 않는 한, 사건의 위임에서부터 종결까지 변호사의 전체 활동을 보상한다.

(2) 변호사는 동일한 사건에서는 오직 한 번만 수임료를 청구할 수 있다. 소송절차에서는 변호사는 각 심급마다 수임료를 청구할 수 있다.

(3) 소송물의 부분마다 상이한 수임료율이 적용되면, 부분마다 별도로 산정된 수임료가 발생하는데, 그러나 이는 부분가액의 총액으로부터 최고 수임료율에 의하여

산정된 수임료를 초과하지 않는다.

(4) 이 법이 다르게 규정하지 않는 한, 사건이 예정보다 일찍 종결되거나, 또는 사건이 종결되기 전에 위임이 종료하는 경우, 이미 발생한 수임료에는 아무런 영향이 없다.

(5) 변호사가 한 사건에서 활동을 한 후에 동일한 사건에서 계속 활동하도록 위임을 받으면, 변호사는 처음부터 이것을 위임받았더라면 받았을 수임료를 초과해서 받지 않는다. 앞의 위임이 종결된 지 2년이 경과하였으면, 계속되는 활동은 새로운 사건으로 간주되며, 이 법에서 규정된 수임료의 산입은 하지 않는다.

(6) 변호사가 개별적 행위 또는 제19조에 따라서 심급 또는 소송절차에 속하는 활동을 위임받았으면, 그는 전체 사건을 위임받은 변호사가 동일한 활동에 대하여 받았을 수임료보다 많이 받지 않는다.

제15a조 수임료의 산입

(1) 이 법이 어느 수임료의 다른 수임료에의 산입을 규정하고 있으면, 변호사는 양쪽 수임료를 청구할 수 있지만, 그러나 산입액만큼 감액된 양쪽 수임료의 총액을 넘지 못한다.

(2) 제3자는, 그가 양쪽 중 하나의 수임료에 대한 청구권을 변제하였거나, 이 청구권들 중 하나 때문에 그에 대하여 집행권원이 존재하거나 또는 양쪽 수임료가 동일한 소송절차에서 그에 대하여 청구되는 한, 산입을 주장할 수 있다.

제3절 사건

제16조 동일한 사건

동일한 사건은 다음과 같다:

1. 즉시집행 정지 또는 명령에 대한 행정절차 및 제3자의 권리를 보존하기 위한 가처분에 관한 행정절차와 언급된 사건에서 변경 및 취소에 대한 모든 행정절차
2. 소송비용지원에 관한 절차와 소송비용지원이 신청된 절차
3. 동일한 심급에서 소송비용지원에 관한 복수의 절차
4. 이혼사건 또는 생활동반자관계의 해소에 관한 절차와 그 후속사건
5. 가압류명령신청, 가처분신청, 잠정명령의 발부신청, 정지효력의 명령 또는 원상회복신청, 행정행위의 집행취소 또는 즉시집행명령의 신청에 관한 절차와 그 변경에

또는 취소에 대한 모든 절차
6. 민사 및 상사사건에서 법원재판, 화해 및 공정증서의 상호 인정 및 집행에 관한 독일과 오스트리아 간의 1959년 6월 6일자 협정의 실행을 위한 법(연방관보 제3부, 분류번호 319-12에 공표된 수정본, 최근 2001년 7월 27일자 법의 제23조에 따라서 변경됨: 연방관보 I S. 1887)의 제3조 제1항에 따른 절차와 언급된 법의 제3조 제2항에 따른 절차
7. 임시처분 또는 보전처분의 집행의 허가에 관한 절차 및 집행의 허가에 관한 결정의 취소신청 또는 변경신청에 관한 절차(민사소송법 제1041조)
8. 중재재판절차와 중재재판관 또는 대체중재재판관의 임명에 있어서, 중재재판관의 기피에 관하여 또는 중재재판관직의 종료에 관하여, 증거조사 또는 그 밖의 법관으로서의 행위의 수행을 뒷받침하기 위한 소송절차
9. 중재재판절차와 기간의 결정(노동법원법 제102조 제3항), 중재재판관의 기피(노동법원법 제103조 제3항) 또는 증거조사의 수행 또는 변호(노동법원법 제106조 제2항)에 관한 소송절차
10. 한편으로는 비용확정절차에서와 다른 한편으로는 비용책정절차에서 각각 a) 이의, b) 동일한 항고심급에서의 항고에 관한 복수의 절차,
11. 상소절차와 상소허가절차; 이는 상소의 불허가에 대한 항고절차에는 적용되지 않는다;
12. 사인(私人)소추에 관한 절차와 반소 (더욱이 또한 형사소송법 제388조 제2항의 경우) 그리고
13. 제1심 소송절차와 투자자-표본소송법에 따른 표본소송의 첫 번째 심급

제17조 상이한 사건

상이한 사건은 다음과 같다.
1. 각각 행정절차, 소송절차에 선행하고 행정행위의 검사에 이용되는 그 밖의 행정절차(이의심리절차, 이의신청절차, 항고절차, 구제절차), 항고 및 군사항고법에 따른 재항고절차, 즉시집행의 정지 또는 명령에 대한 행정절차 및 제3자 권리의 보전을 위한 가처분에 관한 행정절차와 소송절차
2. 독촉절차와 쟁송절차
3. 미성년자부양에 관한 간이절차와 쟁송절차
4. 본안절차와 다음 사항의 신청에 관한 절차:
   a) 가압류명령
   b) 가처분 또는 잠정명령의 발부

c) 정지효력의 명령 또는 원상회복, 행정행위의 집행의 취소 또는 즉시집행명령 및
d) 알파벳 a 내지 c에 따른 절차에서 내려진 결정의 변경 또는 취소
5. 증서소송 또는 어음소송과 그 소송의 포기 후에 또는 유보판결 후에 계속 계류되는 통상절차(민사소송법 제596, 600조)
6. 중재절차와 임시조치 또는 보전조치의 집행의 허가에 관한 절차 및 집행의 허가에 관한 결정의 취소 또는 변경 신청에 관한 절차
7. 소송절차와 선행하는 다음 절차
   a) 주 사법행정에 의하여 설치된 또는 인정된 화해기관(민사소송법 제794조 제1항 첫째 문장)에서의 절차 또는, 분쟁해결을 추구하는 화해기관에서 당사자가 일치하여 합의시도를 꾀할 때(민사소송법시행법 제15a조 제3항)
   b) 노동법원법 제111조 제2항에서 기술된 종류의 위원회에서의 절차
   c) 노동사건의 임시결정을 위한 선원재판소에서의 절차
   d) 그 밖의 법에 의해 설치된 임금문제 중재기관, 화해기관 또는 중재기관에서의 절차
8. 가사사건 및 비송사건절차에 관한 법률 제165조에 따른 조정절차와 그에 이어지는 소송절차
9. 상소에 관한 절차와 상소의 불허가에 대한 항고에 관한 절차
10. 형사상 수사절차와 그 정지 후에 이어지는 과태료부과절차
11. 형사절차와 판결에서 유보된 보호감호절차 그리고
12. 수임료가 수임료일람표의 제4장 또는 제5장을 기준으로 할 때, 재심절차와 재개되는 절차

제18조 특별한 사건

(1) 특별한 사건은 다음과 같다:
   1. 채권자의 만족에 이를 때까지의 모든 집행조치와 그 집행조치로 준비된 그 밖의 집행행위; 이는 행정강제절차에 준용된다(행정집행절차);
   2. 송달에 한정되지 않는, 가압류 또는 가처분의 집행에서의 모든 집행처분(민사소송법 제928조 내지 제934조 및 제936조)
   3. 제16조 10호에서 달리 밝혀지지 않으면, 수임료가 수임료일람표 제3장을 기준으로 정해지는 사건에서 사법보좌관의 결정에 대한 모든 항고절차와 이의절차;
   4. 민사소송법 제732조가 적용되는 집행문의 부여에 대한 이의에 관한 절차;
   5. 그 밖의 집행정본의 부여에 대한 절차;

6. 민사소송법 제765a조, 제813b조, 제851a조 또는 제851b조에 따른 신청에 관한 모든 절차와 결정된 명령의 변경 또는 취소신청에 관한 모든 절차 및 민사소송법 제1084조 제1항에 따른 신청에 관한 절차(민사소송법 제1096조 또는 제1109조와 결합한 경우도 포함);
7. 대체입질의 허가에 대한 절차(민사소송법 제811a조);
8. 민사소송법 제825조에 따른 신청에 관한 절차;
9. 행정에 의하여 입질된 재산권의 강제집행의 실시(민사소송법 제857조 제4항);
10. 배당절차(민사소송법 제858조 제5항, 제872조 내지 제877조, 제882조);
11. 강제저당권의 등기절차(민사소송법 제867조, 제870a조);
12. 행위의 실행에 의해서 발생하는 비용을 채무자가 선불하도록 판결한 재판의 집행(민사소송법 제887조 제2항);
13. 강제수단에 의하여 행위 실행의 강제집행을 실시하기 위한 절차(민사소송법 제888조);
14. 민사소송법 제890조 제1항에 따른 모든 질서벌금 판결(민사소송법 제890조 제1항);
15. 민사소송법 제890조 제3항의 경우에 담보 설정 판결(민사소송법 제890조 제3항);
16. 선서를 대신하는 담보를 세우기 위한 절차(민사소송법 제900조 및 제901조);
17. 채무자목록에의 등록의 말소절차(민사소송법 제915a조);
18. 공고권한의 행사;
19. 해운법관련배당법 제17조 제4항에 따른 강제집행의 허가 신청에 관한 절차;
20. 집행수단의 취소신청에 관한 절차(해운법관련배당법 제8조 제5항 및 제41조) 그리고
21. 가사사건 및 비송사건절차에 관한 법률 제35조에 따른 결정에 의한 강제조치의 명령을 위한 절차

(2) 제1항은 가사사건 및 비송사건절차에 관한 법률의 규정에 따라서 1. 가압류의 집행(Vollziehung) 및 2. 집행(Vollstreckung)의 경우에 준용된다.

제19조 심급; 절차와 관련된 활동

(1) 어떤 활동이 제18조에 따른 특별한 사건이 아니면, 모든 예비 활동, 부수 활동 및 청산 활동 그리고 심급 또는 절차와 관련 있는 절차는 심급 또는 절차에 속한다. 특히 다음의 것들이 이에 속한다.

1. 특별히 어떤 소송절차 또는 관청절차가 행해지지 않는 한, 소, 신청 또는 변호

의 준비;
2. 재판 외의 협상;
3. 중간쟁송, 관할법원의 결정, 본안의 관할법원에 의한 소송대리인의 임명, 법관, 사법보좌관, 민원실의 법원서기 또는 전문가의 기피, 쟁송 또는 거래가액의 확정;
4. 수명법관 또는 수탁판사 앞에서의 절차;
5. 이의절차(민사소송법 제573조), 법적 심문권의 침해를 이유로 한 이의신청절차 및 소액 채권을 위한 유럽의 절차를 시행하기 위한 2007년 6월 13일의 유럽의회와 유럽위원회의 명령 (EG) Nr. 861/2007의 제18조에 따른 절차와 유럽 독촉절차를 시행하기 위한 2006년 12월 12일의 유럽의회와 위원회의 명령 Nr. 1896/2006 제20조에 따른 절차;
6. 재판 또는 그의 구성 요건의 정정 및 보충;
7. 담보의 반환을 이유로 한 절차;
8. 외국에서의 청구를 위하여 규정된 재판의 완벽한 보충 및 연동된 부양권원의 (액수)추정;
9. 재판 또는 상소장의 송달 또는 수령 및 그것의 위임인에 대한 통지, 비상상고 또는 비상항고의 제기의 동의, 비용부담 의무에 관한 결정의 신청, 특별한 신청에 의한 판결집행력의 사후적 선고, 불변기간증명서 및 기판력증명서의 부여, 국제가족법절차법 제48조 또는 승인 및 집행시행법 제56조에 따른 증명서의 교부, 민사소송법 제1079조에 따른 확인의 정정 또는 철회;
10. 수임료가 수임료일람표 제4장, 제5장 또는 제6장을 기준으로 하는 소송에서 동일한 심급법원에 상소의 제기; 새로운 변호사에 의한 상소의 제기는 상소심급에 속한다;
11. 분리된 구두 심리가 행해지지 않은 때에는, 강제집행의 임시적 정지, 제한 또는 취소;
12. 이를 위하여 특별한 법정 개정일이 없었으면, 집행의 잠정적 정지 또는 제한 및 집행조치가 취소되어야 한다는 명령(가사 사건 및 비송사건 절차에 관한 법률 제93조 제1항);
13. 그 때문에 소가 제기되지 않으면, 집행문의 첫 번째 부여;
14. 비용확정 및 보수의 청구;
15. (삭제)
16. 집행권원, 집행문 및 민사소송법 제750조에 언급된 그 밖의 증서의 송달 그리고

17. 소송기록의 인도 또는 다른 변호사에 대한 송부

(2) 특히 다음의 것들은 제18조 제1항 제1호 및 제2호에 언급된 절차에 속한다.

1. 민사소송법 제758a조에 따른 법원의 명령 및 가사 및 비송사건절차에 관한 법률 제90조 및 제91조 제1항에 따른 명령
2. 민사소송법 제766조에 따른 이의
3. 집행관(민사소송법 제827조 제1항 및 제854조 제1항) 또는 압류재산관리인(민사소송법 제848조 및 제855조)의 결정
4. 공법상의 법인에 대하여 강제집행을 하겠다는 의도의 고지
5. 판결에 선행하는 질서벌금부과의 위협 그리고
6. 집행조치의 취소

제20조 이송, 이관

사건이 다른 법원에 이송 또는 이관되는 한, 이송하는 또는 이관하는 법원에서의 절차와 인수하는 법원에서의 절차는 하나의 심급이다. 사건이 낮은 심급의 법원으로 이송 또는 이관되면, 그 법원에서 계속되는 절차는 새로운 심급이다.

제21조 환송, 독립적 가사사건으로서의 후속사건의 속행

(1) 사건이 하급 법원으로 환송되면, 이 법원에서의 계속되는 절차는 새로운 심급이다.

(2) 가사사건 및 비송사건절차에 관한 법률 제146조의 사건(가사사건 및 비송사건절차에 관한 법률 제270조와 관련한 경우도 포함)에서는, 가정법원에서 계속되는 절차는 이전의 절차와 함께 하나의 심급을 이룬다.

(3) 후속사건이 독립된 가사사건으로서 속행되면, 속행된 절차와 이전의 절차는 동일한 사건이다.

제4절 목적물가액

제22조 원칙

(1) 동일한 사건에서는 복수의 목적물의 가액은 합산한다.

(2) 법에 더 낮은 최고가가 정해지지 않은 한, 동일한 사건에서는 가액은 최대한 3,000만 유로이다. 동일한 사건에 복수의 사람이 위임인이면, 각 사람에 대한 가액은 최대한 3,000만 유로이며, 합계 1억 유로를 넘지 못한다.

第23조 일반적 가액규정

(1) 재판수수료가 가액을 표준으로 하는 한, 재판절차에서 목적물가액은 재판수수료에 적용되는 가액규정에 따라서 결정된다. 비용이 재판비용법(Gerichtskostengesetz) 또는 가사사건에서의 재판비용에 관한 법률에 따라서 징수되는 절차에서는, 그 절차에 아무런 재판비용 또는 고정수임료가 정해져 있지 않으면, 각각의 비용법률의 가액규정이 준용되어야 한다. 이 가액규정은, 활동의 목적물이 또한 소송절차의 목적물이 될 수 있는 때에는, 소송절차 외에서의 활동에 준용된다. 제22조 제2항 둘째 문장은 영향을 받지 않는다.

(2) 재판수수료가 절차의 결과에 관계없이 징수되지 않는 또는 가액을 표준으로 하지 않는 항고절차에서는, 이 법에서 다르게 정하지 않는 한, 제3항 둘째 문장에 따라서 항고인의 이해관계를 고려하여 가액이 정해져야 한다. 목적물가액은 기초가 되는 절차의 가액에 의하여 한정된다. 이의절차 또는 법정에서의 법적 심문권의 침해를 이유로 한 이의신청절차에서는 가액은 항고절차에 적용되는 규정에 따른다.

(3) 이 법에서 다르게 정하지 않는 한, 다른 사건에서는 목적물가액에 비용법(Kostenordnung)[10] 제18조 제2항, 제24조 제1항, 제2항, 제4항과 제5항, 제25조, 제39조 제2항과 제3항 및 제46조 제4항이 준용된다. 목적물가액이 이 법으로부터 밝혀지지 않고, 또한 그 외에 확정되어 있지 않으면, 목적물가액은 정당한 재량에 따라 결정되어야 한다; 산정을 위한 충분한 사실적 근거가 없는 때 그리고 비재산권적 목적물의 경우에는 4,000유로, 사건의 사정에 따라 높거나 낮거나, 그러나 500,000유로를 넘지 않는 목적물가액이 추정되어야 한다.

第23a조 투자자-표본소송법에 따른 표본소송에서의 목적물가액

투자자-표본소송법에 따른 표본소송에서는 소송물가액은 청구권이 표본소송의 목적물인 한, 소송절차에서 의뢰인으로부터 또는 의뢰인에 대하여 행사된 청구권의 수준에 따라 결정된다.

第24조 신용기관회생법에 따른 회생 및 정리절차에서의 목적물가액

채권자로부터 회생 및 정리절차에서의 위임을 받으면, 청구의 액면액에 따라 가액이 결정된다.

---

10) 역주: 비송사건에서의 비용에 관한 법률(Gesetz über die Kosten in Angelegenheiten der freiwilligen Gerichtsbarkeit)

第25조 강제집행에서의 목적물가액

(1) 강제집행에서 목적물가액은 다음과 같이 결정된다:

1. 부수적 채권을 포함하여 집행되어야 할 금전채권의 액수에 따른다; 특정 목적물이 입질되어야 하고 더 작은 가액을 가지면, 더 작은 가액이 표준이 된다; 민사소송법 제 850d조 제3항에 따른 장래에 만기가 도래하는 근로소득이 입질되면, 아직 만기가 도래하지 않은 청구권은 가사사건의 재판비용에 관한 법률 제51조 제1항 첫째 문장과 재판비용법 제42조 제1항에 따라 평가되어야 한다; 배당절차(민사소송법 제858조 제5항, 제872조 내지 제877조 그리고 제882조)에서는 배당되어야 할 금액이 표준이 된다;
2. 반환되거나 또는 급부되어야 할 물건의 가액에 따른다; 목적물가액은 반환청구권 또는 명도청구권이 재판비용의 산정에 표준이 되는 규정에 따라 평가되는 가액을 넘어서는 안 된다.
3. 성취되어야 할 작위, 수인(受忍) 또는 부작위가 채권자에게 갖는 가치에 따른다.
4. 민사소송법 제807조에 따른 선서에 갈음하는 담보의 인수신청절차에서는 부수적 채권을 포함하여 집행권원으로부터 아직 채무를 지는 액수에 따른다; 그러나 가액은 최대 1,500유로이다.

(2) 채무자의 신청에 관한 절차에서는 가액은 상당한 재량에 따라 신청인의 이해관계에 따라 결정되어야 한다.

第26조 강제경매에서의 목적물가액

강제경매에서는 목적물가액은 다음과 같이 결정된다:

1. 채권자 또는 강제경매와 강제관리에 관한 법률 제9조 제1호 및 제2호에 따른 다른 소송참가자의 대리의 경우에는 채권자 또는 소송참가자에게 권한이 있는 권리의 가액에 따른다. 절차가 부분채권 때문에 수행되면, 강제경매 및 강제관리에 관한 법률 제10조 제1항 5호에 따라 만족되어야 하는 청구권인 때에만, 부분가액이 표준이 된다; 부수적 채권은 합산하여야 한다; 강제경매의 목적물의 가액(강제경매 및 강제관리에 관한 법률 제66조 제1항, 제74a조 제5항)은, 배당되는 경락대금의 배당절차에서, 더 작을 때에만 표준이 된다;
2. 다른 소송참가자, 특히 채무자를 대리하는 경우에는, 강제경매의 목적물의 가액, 배당절차에서는 배당되는 경락대금; 공동소유자 또는 그 밖의 공동권리자의 경우에는 지분이 표준이 된다;
3. 소송참가자가 아닌 경매인을 대리하는 경우에는 의뢰인에게 제시된 가장 높은 매

수청구의 액수에 따르고, 그러한 매수청구가 없었으면, 강제경매 목적물의 가액에 따른다.

제27조 강제관리에서의 목적물가액

강제관리에서 신청인을 대리하는 경우에는 그 때문에 절차가 신청된 청구권에 따라 목적물가액이 정해진다; 부수적 청구권은 합산되어야 한다; 정기금 청구권의 경우에는 1년의 급부의 가액이 표준이 된다; 채무자를 대리하는 경우에는 목적물가액은 그 때문에 절차가 신청된 모든 청구권의 합산된 가액에 따르고, 그 밖의 소송참가자를 대리하는 경우에는 제23조 제3항 둘째 문장에 따라서 결정된다.

제28조 도산절차에서의 목적물가액

(1) 수임료일람표의 3313호, 3317호 및 도산절차개시에 관한 결정에 대한 항고의 경우에 3500호와 3513호의 수임료는, 채무자로부터 위임받은 때에는, 도산재단의 가액(재판비용법 제58조)에 의하여 계산된다. 그러나 수임료일람표 3313호의 경우에는 목적물가액이 최소한 4,000유로이다.

(2) 도산채권자로부터 위임받으면, 제1항에 언급된 수임료와 3314호에 따른 수임료는 채권의 액면가에 의하여 산정된다. 부수적 채권은 합산되어야 한다.

(3) 그 밖에 도산절차에서의 목적물가액은 위임인이 절차에서 추구하는 경제적 이해관계를 고려하여 제23조 제3항 둘째 문장에 따라서 결정되어야 한다.

제29조 해운법관련배당법(Schifffahrtsrechtlichen Verteilungsordnung)[11]에 따른 배당절차에서의 목적물가액

항해법 상의 배당규칙에 따른 절차에서는 도산재단의 가액 대신에 확정된 책임액이 들어가는 조건으로 제28조가 준용된다.

제30조 망명절차법에 따른 재판절차에서의 목적물가액

망명절차법에 따른 쟁송에서 목적물가액은, 체류법 제60조 제1항에 따른 요건의 확인을 포함한 망명인정과 추방장애사유의 확인에 관한 소송절차에서는 3,000유로, 그 밖의 소송절차에서는 1,500유로이다. 망명법에 따른 체류종료처분을 이유로 한 잠정적

11) 역주: 해양 및 국내해운에서 책임제한을 위한 기금의 설립 및 배당 절차에 관한 법률(Gesetz über das Verfahren bei der Errichtung und Verteilung eines Fonds zur Beschränkung der Haftung in der See-und Binnenschifffahrt)

권리보호절차에서는 목적물가액은 1,500유로, 그 밖에는 본안의 가액의 절반이다. 복수의 자연인이 동일한 절차에 관여되면, 가액은 추가되는 각 사람에 대하여 소송절차에서는 900유로만큼, 잠정적 권리보호절차에서는 600유로만큼 인상된다.

제31조 판정절차법(Spruchverfahrensgesetz)에 따른 재판절차에서의 목적물가액

(1) 판정절차법에 따른 절차에서 변호사가 복수의 신청인들 중 하나를 대리하면, 목적물가액은 모든 신청인 지분의 총 개수에 대한 의뢰인 지분의 개수의 비율로부터 나타나는 재판수수료에 적용되는 목적물가액의 몫에 따라서 결정된다. 개개의 신청인의 몫이 되는 지분 개수의 결정에 있어서 표준이 되는 시점은 각각의 신청시점이다. 어느 신청인의 몫이 되는 지분의 개수가 법원에 알려지지 않으면, 그 신청인은 하나의 지분을 갖고 있다고 추정된다. 가액은 최소한 5,000유로이다.

(2) 변호사가 복수의 신청인으로부터 위임받으면, 개개의 신청인의 몫이 되는 가액은 합산되어야 한다; 그런 경우 수임료일람표의 1008호는 적용되지 않는다.

제31a조 유가증권취득 및 인수법에 따른 제권절차

변호사가 유가증권취득 및 인수법 제39b조에 따른 제권절차에서 한 의뢰인을 대리하면, 신칭시점에 의뢰인에게 속하는 주식의 가액에 따라서 목적물가치가 결정된다. 제31조 제1항 둘째 내지 넷째 문장과 제2항이 준용된다.

제32조 재판수수료를 위한 가액확정

(1) 재판수수료의 기준이 되는 가액이 재판상 확정되면, 이 확정은 변호사의 수임료에도 기준이 된다.

(2) 변호사는 자기의 권리로서 가액의 확정을 신청할 수 있으며, 확정에 대한 상소를 제기할 수 있다. 변호사는 가액확정이 이행되지 않은 때에 존재하는 불복신청을 자기의 권리로서 제기할 수 있다.

제33조 변호사수임료를 위한 가액확정

(1) 소송절차에서 수임료가 재판수수료의 기준이 되는 가액에 의해서 산정되지 않거나 또는 그런 가액이 없다면, 그 심급의 법원은 신청에 따라 결정에 의하여 변호사 활동의 목적물의 가액을 독립적으로 확정한다.

(2) 신청은 보수의 변제기가 되어야 비로소 허가된다. 신청권이 있는 자는 변호사, 의

뢰인, 상환의무가 있는 상대방 그리고 제45조의 경우에는 국고이다.

(3) 항고목적물가액이 200유로를 초과하는 때에는, 신청권자는 제1항의 결정에 대하여 항고를 제기할 수 있다. 이의가 제기된 재판을 선고한 법원이 재판을 받게 된 문제의 근본적인 의미 때문에 허용하는 때에는, 항고가 또한 허용된다. 항고는 재판이 송달된 후 2주일 내에 제기될 때에만 허용된다.

(4) 항고가 허용되고 근거가 있다고 법원이 판단하는 한, 법원은 항고를 인용하여야 한다; 그 밖에 항고는 지체 없이 항고법원에 제출되어야 한다. 항고법원은 바로 다음의 상급법원이며, 법원조직법 제119조 제1항 제1호에 지칭된 종류의 민사사건에서는 고등법원이다. 연방최고법원에 대한 항고는 없다. 항고법원은 항고의 허가에 구속된다; 불허가는 다툴 수 없다.

(5) 항고인이 그의 귀책사유 없이 기간을 준수하지 못했으면, 항고인이 장애가 제거된 후 2주일 내에 항고를 제기하고, 원상회복을 근거 짓는 사실관계에 관하여 항고에 대하여 재판하는 법원에 심증을 갖게 하면, 신청에 의하여 그에게 이전의 상태로의 원상회복이 허용될 수 있다. 지체된 기간의 종료로부터 계산하여 1년이 지난 후에는 원상회복은 더 이상 신청될 수 없다. 원상회복의 거부에 대하여 항고를 할 수 있다. 항고는 2주일 이내에 제기될 때에만 허용된다. 기간은 재판의 송달 시에 시작된다. 제4항 첫째 문장 내지 셋째 문장이 준용된다.

(6) 지방법원이 항고법원으로 재판하고, 재판을 받게 된 문제의 근본적인 의미 때문에 항고를 허가한 때에만 재항고가 허용된다. 항고는 오직 재판이 법의 위반에 기인한다는 것만을 근거로 할 수 있다; 민사소송법 제546조와 547조가 준용된다. 재항고에 대하여는 고등법원이 재판한다. 제3항 셋째 문장, 제4항 첫째 문장과 넷째 문장 그리고 제5항이 준용된다.

(7) 신청과 진술은 대리인의 참여 없이 서면에 의해 제출되거나 또는 민원실의 조서에 기록되도록 진술될 수 있다; 민사소송법 제129a조가 준용된다. 수권에는 기초가 되는 절차에 적용되는 절차법의 규정이 준용된다. 항고는 이의가 제기된 재판을 한 법원에 제기하여야 한다.

(8) 법원은 신청에 관하여 단독판사로서 그 구성원 중의 하나에 의하여 재판한다; 이의가 제기된 재판이 단독판사 또는 사법보좌관에 의하여 선고된 때에는, 항고에 대하여도 역시 이것이 적용된다. 사건이 사실적 또는 법리적인 종류의 특별한 어려움을 제시하거나 또는 법률문제가 근본적인 의미를 갖는 때에는, 단독판사는 절차를 합의체(Kammer)나 부(Senat)로 이송한다. 그러나 법원은 항상 명예 법관의 참여 없이 재판한다. 상소는 이송되거나 되지 않은 것에 근거할 수 없다.

(9) 신청에 관한 절차는 수임료가 없다. 비용은 상환되지 않는다; 이는 항고에 관한 절차에도 역시 적용된다.

제5절 재판 외의 상담과 대리

제34조 상담, 감정 및 조정

(1) 변호사는, 수임료일람표 제2장 제2절에 아무런 수임료가 규정되어 있지 않으면, 다른 수임료를 지급해야 하는 활동과 관련되지 않은, 구두 또는 서면에 의한 조언 또는 정보제공(상담), 감정서/의견서의 작성 그리고 조정인으로서의 활동에 대한 수임료를 합의하도록 노력하여야 한다. 아무런 합의를 이루지 못하면, 변호사는 민법의 규정에 따른 수임료를 취득한다. 둘째 문장의 경우 의뢰인이 소비자이면, 상담이나 감정서/의견서의 작성에 대한 수임료는 각각 최고 250유로이다; 제14조 제1항이 준용된다; 그러나 최초의 상담에 대한 수임료는 최고 190유로이다.

(2) 달리 합의되지 않으면, 상담수임료는 상담과 관련 있는 그 밖의 활동에 대한 수임료에 합산된다.

제35조 조세사건에서의 조력제공

일반적 납세의무의 이행 및 조세상의 부기 및 기록의무의 이행에 있어서의 조력제공에는 세무사수임료규칙 제23조 내지 제39조가 세무사수임료규칙 제10조와 제13조와 결합하여 준용된다.

제36조 중재재판절차와 중재재판소에서의 절차

(1) 수임료일람표 제3장 제1절 및 2절은 다음의 소송외의 절차에 준용된다:

1. 민사소송법 10권에 따른 중재재판절차 그리고
2. 중재재판소에서의 절차(노동재판소법 제104조)

(2) 제1항 제1호에 의한 절차에서는 중재판정이 구두심리 없이 선고되는 때에도 변호사는 기일수임료(Termingebühr)도 받는다.

제6절 소송절차

제37조 헌법재판소에서의 절차

수임료일람표 제4장 제1절 제3소절의 상소에 관한 규정은 연방헌법재판소 또는 주헌법재판소(Verfassungsgericht: Verfassungsgerichtshof, Staatsgerichtshof)에서의 다음과 같은 절차에 준용된다:

1. 기본권의 실효, 선거권의 상실, 선거와 투표로부터의 배제에 관한 절차,
2. 정당의 위헌에 관한 절차,
3. 연방대통령, 주정부 구성원 또는 국회의원이나 법관에 대한 기소절차
4. 형사절차와 유사한 절차에서 취급되는 그 밖의 대상에 관한 절차

(2) 연방헌법재판소 또는 주헌법재판소에서의 그 밖의 절차에는 수임료일람표 제3장 제2절 제2소절의 규정이 준용된다. 목적물가액은 제14조 제1항에 언급된 사정을 고려하여 상당한 재량에 따라서 결정되어야 한다; 목적물가액은 최소한 4,000유로이다.

제38조 유럽공동체법원에서의 절차

(1) 유럽공동체법원에서의 선결적 재판절차에는 수임료일람표 제3장 제2절의 규정이 준용된다. 목적물가액은 제출이 이루어진 절차의 재판수수료에 적용되는 가액규정에 따라 결정된다. 제출한 법원은 신청에 따라 결정을 통하여 목적물가액을 확정한다. 제33조 제2항 내지 9항까지 준용된다.

(2) 수임료가 수임료일람표 제4장, 5장 또는 6장에 따라 결정되는 절차에서 의뢰가 되었으면, 선결적 재판절차 수임료일람표의 4130호와 4132호가 준용된다.

(3) 절차법에 규정된 유럽공동체법원에 대한 서면에 의한 입장표명이 되지 않은 때에는, 제출이 이루어진 절차의 절차수임료는 유럽연합법원에서의 절차의 절차수임료에 합산된다.

제39조 이혼사건과 생활동반자사건에서 국선변호인으로 선임된 변호사

가사사건과 비송사건절차에 관한 법률 제138조에 따라, 또한 가사사건과 비송사건절차에 관한 법률 제270조와 결합하여서도, 피신청인에게 국선변호인으로 배정된 변호사는 피신청인으로부터 소송대리인으로 임명된 변호사의 보수와 선불을 청구할 수 있다.

제40조 공동대리인으로 임명된 변호사

변호사는 그를 위하여 행정법원법 제67a조 제1항 둘째 문장에 따라 임명된 사람으로부터 복수의 위임인으로부터 소송대리인으로 임명된 변호사의 보수와 선불을 청구할 수 있다.

제41조 소송후견인

민사소송법 제57조 또는 제58조에 따라서 피고의 대리인으로 임명된 변호사는 이 피고로부터 소송대리인으로 임명된 변호사의 보수를 청구할 수 있다. 그는 피고로부터 선불을 청구할 수 없다. 민사소송법 제126조가 준용된다.

제7절 형사사건 및 과태료부과사건

제42조 총괄수임료의 확정

(1) 형사사건, 재판에 의한 과태료부과사건, 형사사건에 있어서의 국제적인 사법공조에 관한 법률에 따른 절차 그리고 국제형사재판소법에 따른 절차에서는, 특별한 범위 또는 특별한 어려움 때문에 수임료일람표 제4장 내지 제6장에 규정된 선택변호사(Wahlanwalt)의 수임료가 기대될 수 없는 때에는, 그의 관할구역에 1심 법원을 둔 고등법원은 변호사의 신청에 따라, 취소할 수 없는 결정을 통하여 전체 절차 또는 개개의 절차부분에 대하여 총괄수임료를 확정한다. 가액수임료가 발생하는 때에는, 이는 적용되지 않는다. 확정이 개개의 절차부분에 한정되면, 그 대신에 총괄수임료가 들어가야 하는 수임료일람표에 의한 수임료가 표시되어야 한다. 총괄수임료는 수임료일람표 제4장 내지 제6장에 따른 선택변호사의 수임료에 적용되는 최고액의 두 배를 넘어서는 안 된다. 연방대법원이 그 절차에 대하여 관할권을 갖는 심급에 대하여는 연방대법원이 신청에 대한 재판에 대하여도 관할권이 있다.

(2) 신청은 절차비용에 관한 재판이 기판력을 갖게 된 때에 허용된다. 법원에 의해 임명된 또는 국선변호인으로 임명된 변호사는 오직 제52조 제1항 첫째 문장, 제2항의 요건 하에서, 또한 제53조 제1항과 결합하여, 신청을 할 수 있다. 위임인, 제52조 제1항 첫째 문장의 경우 피의자, 나아가 국고 그리고 다른 참가자는, 절차비용이 그들에게 전부 또는 부분적으로 부과된 때에는, 심문되어야 한다.

(3) 고등법원의 형사부는 한 사람의 법관으로 구성된다. 일관성 있는 재판을 보장하기 위하여 필요한 때에는, 법관은 사건을 3인의 법관으로 구성된 부에 이송하여

야 한다.

(4) 확정은 비용확정절차, 보수확정절차(제11조)와 보수 지급에 대한 변호사의 쟁송에 대하여 구속력이 있다.

(5) 제1항 내지 제4항은 행정관청에서의 과태료부과절차에서 준용된다. 신청에 대하여는 행정관청이 결정한다. 결정에 대하여는 법원에 의한 재판이 신청될 수 있다. 절차에는 질서위반에 관한 법률 제62조가 적용된다.

제43조 비용상환청구권의 양도

(1) 피의자나 또는 이해관계인이 변호사에 대한 필요비용으로서 변호사비용을 상환받을 국고에 대한 청구권을 양도하면, 국고가 피의자 또는 이해관계인에 대하여 표시한 상계는, 그것이 변호사의 청구권을 좌절시키거나 침해하는 한, 무효이다. 그러나 이것은 오직, 상계시점에 양도에 관한 증서나 또는 피의자나 이해관계인의 양도에 관한 고지가 소송기록에 존재할 때에만 적용된다.

제8절 국선변호인으로 선임된 또는 임명된 변호사, 상담지원

제44조 법률상담지원에서의 보수청구권

상담소에서의 활동에 대하여 상담지원법 제3조 제1항에 따라서 특별한 합의가 이루어지지 않은 한, 변호사는 상담지원의 범위 내에서의 활동에 대하여 이 법에 따라서 국고로부터 보수를 받는다. 상담지원수임료(수임료일람표 2500호)는 오직 권리를 찾으려는 자만이 부담한다.

제45조 국선변호인으로 선임 또는 임명된 변호사의 보수청구권

(1) 소송비용지원에 의하여 국선변호인으로 선임된 또는 민사소송법 제57조 또는 58조에 따라서 소송후견인으로 임명된 변호사는 이 절에 다르게 규정되어 있지 않으면, 연방법원의 절차에서는 연방금고(Bundeskasse)로부터, 주법원의 절차에서는 주금고(Landeskasse)로부터 법정보수를 받는다.

(2) 가사사건 및 비송사건절차에 관한 법률 제138조에 따라서, 또한 가사사건 및 비송사건절차에 관한 법률 제270조와 결합하여서도, 국선변호인으로 선임되었거나 또는 행정법원법 제67a조 제1항 둘째 문장에 따라서 임명된 변호사는, 변제의무자(제39조 또는 제40조)가 보수의 변제를 지체하고 있으면, 보수를 주금고에게 청

구할 수 있다.

(3) 변호사가 그 외에 법원에 의해 임명되거나 또는 국선변호인으로 선임되었으면, 변호사는 주법원이 변호사를 임명하거나 또는 국선변호인으로 선임하였으면 주금고에서, 그 외에는 연방금고에서 보수를 받는다. 먼저 연방법원이 그리고 이어서 주법원이 변호사를 임명하거나 또는 국선변호인으로 선임하면, 연방금고는 그 변호사가 임명 또는 국선변호인으로서의 선임이 지속한 동안에 연방법원을 통하여 벌어들인 보수를 지급하고, 주금고는 그것을 넘어서 변호사에게 귀속하는 보수를 지급한다. 이는 먼저 주법원이 그리고 이어서 연방법원이 변호사를 임명하거나 또는 국선변호인으로 선임한 경우에 준용한다.

(4) 변호사가 재심신청의 제출을 단념하도록 조언한 경우, 변호사는 오직 형사소송법 제364조 제1항 첫째 문장에 따라 임명되었거나 또는 법원이 형사소송법 제364b조 제1항 둘째 문장에 따라서 확인을 한 경우에만 국고에 대하여 청구권을 갖는다. 이는 법원에 의한 과태료부과절차에도 적용된다(질서위반에 관한 법률 제85조 제1항).

(5) 제3항은 행정관청의 과태료부과절차에 준용된다. 법원의 자리에 행정관청이 들어간다.

제46조 비용과 지출

(1) 비용, 특히 여비는 그것이 사건의 적절한 수행에 필요하지 않았던 때에는 보수가 지급되지 않는다.

(2) 법원이 여행의 시작 전에 변호사의 신청에 의하여 여행이 필요하다고 확인하는 때에는, 이 확인은 확정절차(제55조)에 구속력이 있다. 행정관청에서의 과태료부과절차에서 법원의 자리에 행정관청이 들어간다. 지출(민법 제670조)에 관하여는 제1항과 첫째 문장 및 둘째 문장이 준용된다; 상환되어야 할 동시통역 또는 번역가의 투입 비용의 수준은 사법보수및배상법(Justizvergütungs-und-entschädingungsgesetz)에 따라 지급되어야 할 액수로 한정된다.

(3) 형사소송법의 규정이 적용되는 재심절차의 준비를 위한 조사에 의해서 발생한 비용은 오직 변호사가 형사소송법 제364조 제1항 첫째 문장에 따라서 임명되었거나 또는 법원이 형사소송법 제364b조 제1항 둘째 문장에 따른 확인을 한 경우에만 보수가 지급된다(질서위반에 관한 법률 제85조 제1항).

제47조 선불

보수로 인하여 국고에 대한 청구권이 변호사에게 귀속하는 경우에, 변호사는 발생한 수임료와 발생한 그리고 아마도 발생할 비용에 대하여 국고로부터 적당한 선불을 요구할 수 있다. 가사사건 및 비송사건절차에 관한 법률 제138조에 따라, 또한 가사사건 및 비송사건절차에 관한 법률 제270조와 결합하여서, 국선변호인으로 선임되었거나 또는 행정법원법 제67a조 제1항 둘째 문장에 따라서 임명된 변호사는 지급의무자(제39조 또는 제40조)가 선불의 지급을 지체하고 있는 경우에만 선불을 요구할 수 있다.

(2) 상담지원의 경우에는 변호사는 선불을 청구할 수 없다.

제48조 청구권의 범위와 국선변호인선임의 범위

(1) 보수청구권은 소송비용지원을 승인하고, 변호사를 국선변호인으로 선임 또는 임명하는 결정에 따라서 정해진다.

(2) 수임료일람표 제3장에 따라 수임료가 결정되고, 국선변호인선임이 항소나 상고에 관한 것인 사건에서는 국고로부터의 보수는 또한 부대항소나 부대상고에 대한 변호를 위하여 제공되고, 변호사가 가압류, 가처분 또는 잠정명령의 성취를 위해서 국선변호인으로 선임된 경우에는 또한 그 집행을 위해서도 제공된다. 이는 국선변호인선임결정이 명백히 다르게 규정한 때에는 적용되지 않는다.

(3) 혼인사건에서의 국선변호인선임은 부부의 상호적인 부양, 부부 상호간의 관계에서 자녀에 대한 양육, 공동의 미성년 자녀의 인격의 보호, 자녀와의 대인관계 규정, 부부살림집과 가재도구 그리고 부부간의 재산에 관한 법으로부터의 청구권에 관한, 수임료일람표 1000호의 의미에서의 계약의 체결에까지 미친다. 첫째 문장은 가사사건 및 비송사건절차에 관한 법률 제269조 제1항 제1호 및 제2호에 따른 생활동반자관계사건에서의 국선변호인선임의 경우에도 적용된다.

(4) 본안절차를 위해서 국선변호인으로 선임된 변호사는, 본안절차와 단지 관련만 있는 다른 사건에서는 그가 또한 명백히 이 사건을 위하여 국선변호인으로 선임된 경우에만 국고로부터 보수를 받는다. 이는 특히 다음의 경우에 적용된다.

1. 강제집행, 집행 그리고 행정강제;
2. 가압류에 관한 절차, 가처분 그리고 잠정명령;
3. 독립적 증거절차;
4. 가사사건 및 비송사건절차에 관한 법률 제269조 제1항 제1호 및 제2호에 따른 혼인사건과 생활동반자관계사건에서의 반소신청에 대한 변호를 제외한, 반소에 관한 절차.

(5) 변호사가 수임료일람표 제4장 내지 제6장에 따른 사건 제1심에서 임명되거나 또는 국선변호인으로 선임되면, 그는 형사사건에서는 공소제기 전의 활동을 포함하

여, 과태료부과사건에서는 행정관청에서의 활동을 포함하여, 그의 임명 시점 이전의 활동에 대하여도 보수를 받는다. 변호사가 다른 심급에서 국선변호인으로 선임되면, 그는 이 심급에서 그의 임명 시점 이전의 활동에 대하여도 역시 보수를 받는다. 절차가 병합되면, 법원은 또한 병합 이전에 아무런 국선변호인선임이나 임명이 뒤따르지 않았던 절차에도 첫째 문장의 효력을 확장할 수 있다.

제49조 국고로부터의 가액수임료

수임료가 목적물가액에 따라 결정되면, 목적물가액 3,000유로를 초과하는 목적물가액에 대하여는 제13조 제1항에 따른 수임료 대신에 다음의 수임료가 지급된다:

목적물가액 … 유로까지	수임료 … 유로
3,500	195
4,000	204
4,500	212
5,000	219
6,000	225
7,000	230
8,000	234
9,000	238
10,000	242
13,000	246
16,000	257
19,000	272
22,000	293
25,000	318
30,000	354
30,000 초과	391

제50조 소송비용지원에서의 그 밖의 보수

(1) 민사소송법 제122조 제1항 제1호에 기술된 비용과 청구권의 전보 후에 국고는, 민사소송법의 규정에 따라서 그리고 법원이 한 결정에 따라서 허용되면, 제49조의 수임료를 넘어서 그 밖의 액수를 제13조에 의한 수임료의 수준까지 포함시킨다. 절차가 기판력 있는 재판에 의해서 또는 그 밖의 방법으로 종료되고, 당사자

에 의해서 지급되어야 할 액수가 조정되었거나 또는 이 액수 때문에 당사자의 동산에 대한 강제집행이 성공하지 못하였거나 또는 가망이 없어 보일 때에는, 그 밖의 보수가 확정되어야 한다.

(2) 국선변호인으로 선임된 변호사는 그의 통상적 보수의 산정을 지체 없이 소송기록에 기록하도록 통보하여야 한다.

(3) 복수의 변호사가 국선변호인으로 선임되었으면, 개개의 변호사의 몫이 되는 액수는 제49조에 따른 수임료와 통상적 수임료 간의 각각의 차액의 비율에 따라 산정된다; 이때 제58조에 따라 차액에 산입되어야 하는 지급은 이로부터 차감하여야 한다.

제51조 형사사건 및 과태료부과사건에서의 총괄수임료의 확정

(1) 형사사건 및 과태료부과사건, 형사사건에서의 국제적 사법공조에 관한 법률에 따른 절차, 그리고 국제형사재판소법에 따른 절차에서는 수임료일람표 제4장 내지 제6장에 규정된 수임료가 특별한 범위나 특별한 어려움 때문에 기대할 수 없는 때에는, 법원에 의하여 임명된 또는 국선변호인으로 선임된 변호사에게, 전체의 절차 또는 개개의 절차부분에 대하여, 신청에 따라 수임료일람표에 따른 수임료를 초과하는 총괄수임료를 승인하여야 한다. 이는 가액수임료가 발생하는 한에는 적용되지 않는다. 승인이 개개의 절차부분에 한정되면, 그 대신에 총괄수임료가 들어가야 하는 수임료일람표에 따른 수임료가 표시되어야 한다. 총괄수임료는 제48조 제5항에 따른 청구권이 존재하는 그런 활동에 대하여도 지급될 수 있다. 특히 긴 절차의 지속기간과 기대할 수 있는 총괄수임료의 수준 때문에 총괄수임료의 확정을 기다리는 것을 변호사에게 기대할 수 없는 때에는, 신청에 따라 변호사에게 상당한 선불을 승인하여야 한다.

(2) 신청에 관하여는 그의 관할구역에 1심 법원을 둔 고등법원이, 연락담당변호사(Kontaktperson)(법원조직법시행법 제34a조)를 국선변호인으로 선임한 경우에는 그의 관할구역에 교도소가 있는 고등법원이 취소할 수 없는 결정에 의하여 결정한다. 연방대법원은 그가 변호사를 임명한 한에는 결정할 권한이 있다. 절차에서는 국고를 심문하여야 한다. 제42조 제3항이 준용된다.

(3) 제1항은 행정관청에서의 과태료부과절차에 준용된다. 제1항 첫 번째 내지 세 번째 문장에 따른 신청에 관하여는 보수의 확정과 동시에 행정관청이 결정한다.

제52조 피의자 또는 이해관계인에 대한 청구권

(1) 법원에 의하여 임명된 변호사는 피의자에게 선택변호사 수임료의 지급을 요구할 수 있다; 그러나 그는 선불을 청구할 수 없다. 국고가 수임료를 지급하면 피의자에 대한 청구권은 떨어져 나간다.

(2) 청구권은 피의자에게 국고에 대한 상환청구권이 있거나 또는 1심 법원이, 변호인의 신청에 따라, 피의자가 그와 그의 가족에 필요한 생계비를 제약받지 않고 변제나 이자의 지급을 할 수 있다는 것을 확인한 경우에만 행사될 수 있다. 소송 계속이 되지 않은 경우에는, 변호사를 임명한 법원이 결정한다.

(3) 제2항 첫째 문장에 따른 신청이 있으면, 법원은 피의자에게 그의 개인적 및 경제적인 상황에 대하여 설명하기 위한 기간을 정하여 준다; 민사소송법 제117조 제2항 내지 제4항이 준용된다. 피의자가 그 기간 내에 의사표시를 하지 않으면, 제2항 첫째 문장의 의미에서의 지급 능력이 있다고 추정된다.

(4) 제2항의 결정에 대하여는 형사소송법 제304조 내지 제311a조의 규정에 따른 즉시항고가 허용된다.

(5) 소멸시효의 진행에 기준이 되는 시점은 절차를 종결하는 법원의 재판의 기판력, 그런 것이 없으면 절차의 종료와 동시에 시작된다. 변호인의 신청은 소멸시효의 진행을 정지시킨다. 정지는 신청에 대한 법원의 결정의 기판력이 발생한 지 6개월 후에 종료된다.

(6) 제1항 내지 제3항 및 제5항은 과태료부과절차에 준용된다. 행정관청에서의 과태료부과절차에서는 법원의 자리에 행정관청이 들어간다.

제53조 의뢰인에 대한 청구권, 소송보조인으로 임명된 변호사의 유죄판결을 받은 자에 대한 청구권

(1) 사인소추의 기소자(Privatkläger), 부대소송신청인(Nebenkläger), 기소강제절차(Klageerzwingungsverfahren)에서의 신청자 또는 그 밖에 수임료일람표 제4장, 제5장 또는 제6장에 따라서 수임료가 정해지는 사건에서 국선변호인으로 선임된 변호사의 그의 의뢰인에 대한 청구권에는 제52조가 준용된다.

(2) 부대소송신청인, 부대소송권이 있는 피해자 또는 증인에게 소송보조인으로 임명된 변호사는 선택변호사의 수임료를 오직 유죄판결을 받은 자로부터 요구할 수 있다. 국고가 수임료를 지급하면 청구권은 떨어져 나간다.

(3) 제2항 첫째 문장에 언급된 변호사는, 1심 법원이, 그의 신청에 따라, 부대소송신청인, 부대소송권이 있는 피해자 또는 증인이 합의의 체결 시점에 단지 그의 개인

적 및 경제적 상황 때문에 민사쟁송에서의 소송비용지원의 승인조건을 충족하지 못했을 것이라는 것을 확인한 때에만 보수 합의에 따른 청구권을 행사할 수 있다. 소송계속이 되지 않은 경우에는, 변호사를 소송보조인으로 임명한 법원이 결정한다. 제52조 제3항 내지 제5항이 준용된다.

제54조 국선변호인으로 선임 또는 임명된 변호사의 책임

국선변호인으로 선임 또는 임명된 변호사가 책임 있는 행위로 다른 변호사의 국선변호인으로의 선임 또는 임명을 유발하였으면, 그는 다른 변호사를 위해서도 발생한 수임료를 청구할 수 없다.

제55조 국고로부터 지급되어야 할 보수와 선불의 확정

(1) 국고로부터 지급되어야 할 보수와 이에 대한 선불은 변호사의 신청에 따라 1심 법원 민원실의 법원서기에 의하여 확정된다. 소송이 계속되지 않은 경우에는, 확정은 변호인을 임명한 법원의 민원실의 법원서기에 의해서 수행된다.

(2) 수임료일람표 제3장에 따라서 수임료가 결정되는 사건에서는 확정은 그 절차가 기판력 있는 재판 또는 그 밖의 방법으로 종료되지 않은 한, 심급 법원의 법원서기에 의하여 수행된다.

(3) 연락담당변호사(Kontactperson)(법원조직법시행법 제34a조)를 국선변호인으로 선임하는 경우에는 확정은 교도소를 관할구역 내에 가지고 있는 지방법원의 민원실의 법원서기에 의하여 수행된다.

(4) 상담지원의 경우에는 보수는 상담지원법 제4조 제1항에 규정된 법원의 민원실의 법원서기에 의하여 확정된다.

(5) 민사소송법 제104조 제2항이 준용된다. 신청은 변호사가 신청일까지 지급을 받았는지, 무슨 지급을 받았는지에 관한 설명을 포함해야 한다. 산입해야 하는 수임료에 대한 지급의 경우에는 그 지급, 요율 또는 수임료액수, 그리고 가액수임료의 경우에는 또한 기초가 되는 가액을 진술하여야 한다. 변호사가 신청 이후에 받은 지급은 지체 없이 신고하여야 한다.

(6) 법원서기는 그 밖의 보수(제50조)를 확정하기 전에 변호사에게 일 개월의 기간 내에 법원서기가 속한 법원의 민원실에 국고에 대한 청구권이 그에게 귀속된 보수의 확정 신청을 제출하거나 또는 수령한 지급(제5항 둘째 문장)을 밝히도록 요구할 수 있다. 변호사가 요구에 응하지 않으면, 국고에 대한 그의 청구권은 소멸한다.

(7) 제1항과 제5항은 행정관청에서의 과태료부과절차에 준용된다. 민원실의 법원서기

의 자리에 행정관청이 들어간다.

第56조 이의와 항고

(1) 제55조에 따른 확정에 대한 변호사와 국고의 이의에 관해서는 확정이 수행된 심급의 법원이 결정에 의하여 재판한다. 제55조 제3항의 경우에는 지방법원의 형사부가 재판한다. 상담지원의 경우에는 상담지원법 제4조 제1항에 따라 관할권이 있는 법원이 재판한다.
(2) 이의절차에는 제33조 제4항 첫째 문장, 제7항 및 제8항 그리고 이의에 관한 결정에 대한 항고절차에서는 제33조 제3항 내지 제8항이 준용된다. 이의에 관한 절차와 항고에 관한 절차는 수임료가 없다. 비용은 상환되지 않는다.

第57조 행정관청의 과태료부과사건에서의 권리구제

이 절의 규정에 따른 과태료부과절차에서의 행정관청의 결정에 대하여는 법원에 의한 재판이 신청될 수 있다. 그 절차에는 질서위반에 관한 법률 제62조가 준용된다.

第58조 선불과 지급의 산입

(1) 상담지원법 제9조에 따라서 변호사가 받은 지급은 주금고로부터 지급되어야 할 보수에 산입된다.
(2) 수임료가 수임료일람표 제3장에 따라서 결정되는 사건에서는 변호사가 국선변호인 선임의 전후에 받은 선불과 지급은, 그에 대하여 국고에 대한 청구권이 존재하지 않거나 또는 제50조의 요건 하에서만 존재하는 보수에 맨 먼저 산입되어야 한다.
(3) 수임료가 수임료일람표 제4장 내지 6장에 따라서 결정되는 사건에서는, 변호사가 법원에 의한 임명 또는 국선변호인선임 전후에 특정한 절차부분에서의 활동에 대하여 받은 선불과 지급은 이 절차부분에 대하여 국고로부터 지급되어야 할 수임료에 산입되어야 한다. 변호사가 국고로부터 수임료를 받은 후에 지급을 받았으면, 그는 국고에 상환해야 할 의무가 있다. 산입 또는 상환은 오직 변호사가 지급에 의하여 제51조를 고려하지 않고 국고로부터 그에게 귀속되는 수임료의 총 두 배를 넘는 액수를 받게 되는 한에만 수행된다.

第59조 청구권의 국고에의 이전

(1) 소송비용지원에 의해 또는 가사사건 및 비송사건절차에 관한 법률 제138조에 따라서, 또한 가사사건 및 비송사건절차에 관한 법률 제270조와 결합하여서도, 국선

변호인으로 선임된 또는 행정법원법 제67a조 제1항 둘째 문장에 따라 임명된 변호사에게 그의 보수 때문에 당사자 또는 상환 의무가 있는 상대방에 대한 청구권이 귀속하는 경우, 그 청구권은 국고가 변호사에게 변제함과 동시에 국고로 이전한다. 이전은 변호사에게 불리하게 행할 수 없다.

(2) 청구권의 행사에 대하여는 소송절차비용의 징수에 관한 규정들이 준용된다. 국고의 청구권은 1심 법원에 맡겨진다. 1심 법원이 주법원이고, 청구권이 연방금고로 이전되었으면, 청구권은 그 한도에서는 각각의 연방최고법원에 맡겨진다. 계산항목에 대하여 제기된 이의절차와 항고절차에 관한 재판에 대하여는 재판비용법 제66조가 준용된다.

(3) 제1항은 상담지원에 준용된다.

제59a조 개정의 공지 (역주: 생략)

제9절 경과규정 및 종결규정

제60조 경과규정 (역주: 생략)

제61조 이 법의 효력발생을 계기로 한 경과규정 (역주: 생략)

제62조 치료수용법에 따른 절차 (역주: 생략)

부록1 (제2조 제2항에 대하여) 수임료일람표 (역주: 생략)

부록2 (제13조 제1항에 대하여) (역주: 생략)

III. 직무규칙
(Berufsordnung)

2011년 3월 1일 판[12)]

12) 마지막으로 2009년 6월 15일의 정관회의의 결의-BRAK-Mitt. 2010, 253에 의해서 개정됨.

제15조 위임의 변경
제16조 소송비용지원 및 상담지원
제16a조 상담지원의 거절
제17조 서류철의 유치
제18조 중개, 중재 또는 조정 활동

제4절 법원과 관청에 대한 특별한 직무상의 의무
제19조 장부열람
제20조 직무복장

제5절 보수의 합의와 청산에 있어서의 특별한 직무상의 의무
제21조 사례의 합의
제22조 보수의 분배 및 사례의 분배
제23조 청산 방법

제6절 변호사회, 그 회원 및 직원에 대한 특별한 직무상의 의무
제24조 변호사회에 대한 의무
제25조 동료에 대한 이의제기
제26조 변호사 및 다른 직원의 고용
제27조 제3자의 참가
제28조 직업교육관계

제7절 국경간 법률관계교류에 있어서의 특별한 직무상의 의무
제29조 직무규칙과 유럽변호사 행위규범

제8절 직무상 협력에 있어서의 특별한 직무상의 의무
제30조 다른 직업에 속하는 사람들과의 협력
제31조 (삭제)
제32조 직무상 협력의 종료
제33조 직무상 협력에 있어서의 직무규칙의 적용

제9절 적용범위
제34조 변호사회의 그 밖의 구성원, 외국 변호사

제3부 종결규정
제35조 효력발생 및 작성

제1부 직무수행의 자유

제1조 변호사 직의 자유

(1) 변호사는, 법률 또는 직무규칙이 그에게 특별히 의무를 지우지 않는 한, 자유롭고, 자율적으로 그리고 규제 받지 않고 자기의 직무를 수행한다.
(2) 변호사의 자유권은 시민의 법에 대한 참여를 보장한다. 그의 활동은 법치국가의 실현에 이바지한다.
(3) 변호사는 모든 법률사건에 있어서 독립적 상담자 및 대리인으로서 그의 의뢰인을 권리의 상실로부터 보호하고, 법 형성적으로, 갈등 예방적으로 그리고 분쟁 중재적으로 동반하며, 법원과 관청에 의한 잘못된 결정으로부터 보호하고, 위헌적인 침해나 국가의 월권으로부터 보호한다.

제2부 직무수행에 있어서의 의무

제1절 일반적인 직무상의 의무 및 기본 의무

제2조 비밀유지

(1) 변호사는 비밀유지의 권리가 있고 의무를 진다.
(2) 비밀유지의 권리와 의무는 그가 직무수행에서 알게 된 모든 것에 관련되며, 수임의 종료 후에도 존속한다.
(3) 비밀유지 의무는, 이 직무규칙이나 다른 법령이 예외를 허용하거나 수임관계 청구권의 실행 또는 방어 상 또는 변호사 자신의 사건에서 자신의 변호 상 공개가 필요한 때에는, 적용되지 않는다.
(4) 변호사는 그의 직무활동에 참여하는 그의 직원과 그 밖의 모든 사람에 대하여 명백하게 비밀유지(연방변호사법 제43조 제2항)를 의무 지우고, 독려해야 한다.

제3조 충돌하는 이익, 직무활동의 거절

(1) 변호사는 그가 이미 동일 법률사건에서 이익이 충돌되는 다른 당사자를 상담했거

나 대리한 때 또는 연방변호사법 제45조, 제46조의 의미에서의 그 밖의 방식으로 이 법률사건에 직무상 관여되었던 때에는 활동할 수 없다.

(2) 제1항의 금지는 어떤 법률형태나 조직형태이든 간에 동일한 직무수행공동체나 합동사무소에서 변호사와 제휴한 모든 변호사에도 적용된다. 충돌되는 위임을 한 해당 의뢰인이 충분한 정보를 제공받은 후에 대리에 동의하는 의사표시를 명백히 하고, 사법의 이익이 배치되지 않는 때에는 첫째 문장은 적용되지 않는다. 정보제공 및 동의의 의사표시는 문서로 행하여야 한다.

(3) 제1항 및 제2항은 변호사가 어느 직무수행공동체나 합동사무소에서 다른 직무수행공동체나 합동사무소로 옮기는 경우에도 역시 적용된다.

(4) 제1항부터 제3항까지에 위반하고 있음을 인지한 사람은 지체 없이 자기의 의뢰인에게 그에 관해서 통지하고, 동일한 법률사건에서의 모든 수임사무를 종료하여야 한다.

(5) 위의 규정들은 비밀유지의무에 영향을 미치지 않는다.

제4조 타인의 금전과 다른 재산가치

(1) 타인 소유 금전의 관리를 위해서 변호사는 연방변호사법 제43a조 제5항의 의무를 이행하여 신탁계정을 설치하여야 한다.

(2) 타인 소유 금전 및 그 밖의 재산가치, 특히 유가증권과 금전가치가 있는 다른 증서는 지체 없이 권리자에게 전달되어야 한다. 이것이 가능하지 않은 때에는, 타인 소유 금전은 신탁계정에 관리하여야 한다; 신탁계정은 일반적으로 개별신탁계정이다. 개별 의뢰인 당 15,000유로 이상의 금액은 1개월을 초과하여 혼합신탁계정에 관리하여서는 안 된다. 그 밖의 재산가치는 분리하여 보관하여야 한다. 앞의 규정은 문서로 달리 합의되는 한 적용되지 않는다. 타인 소유 금전은 즉시, 늦어도 의뢰관계의 종료와 함께 청산되어야 한다.

(3) 의뢰인 이외의 다른 사람에게 지급하도록 용도가 정해진 금전으로 자신의 채권을 청산하여서는 안 된다.

제5조 법률사무소와 분사무소

변호사는 그의 직무수행을 위하여 필요한 물적, 인적 그리고 조직적인 전제조건을 법률사무소와 분사무소에 갖출 의무가 있다.

제2절 광고와 관련된 특별한 직무상의 의무

제6조 광고

(1) 변호사는 진술이 객관적으로 정보를 제공하고 직무에 관련되는 한, 그의 직무수행과 신상에 관하여 정보를 제공할 수 있다.
(2) 성공 및 소득통계의 제시는 허용되지 않는다. 수임사무와 의뢰인에 관한 언급은 의뢰인이 명시적으로 동의한 때에만 허용된다.
(3) 변호사는 그 자신에게 금지된 광고를 그를 위하여 제3자가 하는 것에 관여하면 안 된다.

제7조 직무활동의 부분영역의 지정

(1) 교육과정에서, 직무활동, 출간을 통하여 또는 그 밖의 방식으로 획득되고 진술 내용에 상응하는 지식을 증명할 수 있는 사람만이 전문변호사명칭과 별도로 직무활동의 부분영역을 지정할 수 있다. 자격을 요하는 부가명칭을 사용하는 변호사는 추가적으로 그에 상응하는 법 이론적 지식을 소유하여야 하며, 지정된 분야에서 현저하게 활동하였어야 한다.
(2) 제1항에 의한 지정은 그것이 전문변호사와의 혼동의 위험을 초래하거나 또는 그 외에 오도할 수 있는 경우에는 허용되지 않는다.
(3) 위의 규정들은 제9조에 의한 직무수행공동체에 준용된다.

제7a조 조정인

적합한 교육을 통하여 그가 조정(調停)절차의 기본 원칙을 통달했다는 것을 증명할 수 있는 자는 자신을 조정인으로 지칭할 수 있다.

제8조 공동의 직무수행과 직무상 협력의 광고

연방변호사법 제59a조에 열거된 직업을 가진 사람들과 조합(Sozietät) 기타 방법으로 행하는 경우에만, 공동의 직무수행을 위한 결합에 대하여 표시할 수 있다. 다른 형태의 직무상 협력의 광고는 공동의 직무수행의 인상을 일으키지 않는 한 허용된다.

제9조 약칭

약칭은 통일적으로 사용되어야 한다.

제10조 편지지

(1) 변호사는 편지지에 그의 사무소 주소를 표시하여야 한다. 복수의 사무소, 하나 또는 복수의 분사무소가 운영되는 경우에는, 편지지에 거명된 모든 변호사에 대하여 그의 사무소 주소(연방변호사법 제31조)를 표시하여야 한다.

(2) 약칭을 사용하는 경우에는 편지지에 최소한 하나의 단축하지 않은 이름을 포함하여 전체 사원의 이름을 표기하여야 한다. 제9조에 따라서 약칭에 포함된 다른 사람의 이름의 경우에도 같다. 최소한 약칭에 부합하는 숫자의 사원, 직원 또는 프리랜서의 이름이 편지지에 표기되어야 한다.

(3) 다른 직업에 속하는 사람과 직무상 협력하는 경우에는 각각의 직업명칭이 표기되어야 한다.

(4) 퇴사 또는 퇴임한 법률사무소 소유자, 사원, 직원 또는 프리랜서는 오직 그 퇴사/퇴임을 표시할 때만 계속해서 편지지에 표기될 수 있다.

제3절 위임의 승낙, 수행 및 종료에 있어서의 특별한 직무상의 의무

제11조 의뢰인에 대한 통지

(1) 의뢰인은 사건의 진행에 대한 모든 중요한 경과와 조치에 관하여 통지 받아야 한다. 특히 보내고 받은 모든 중요한 서류에 관하여 그에게 알려야 한다.

(2) 의뢰인의 문의는 지체 없이 대답되어야 한다.

제12조 상대 변호사의 회피

(1) 변호사는 다른 관계자의 변호사 동의 없이는 직접적으로 그 관계자와 접촉하거나 협상하면 안 된다.

(2) 이 금지는 지체하면 위험한 경우에는 적용되지 않는다. 다른 관계자의 변호사에게 지체 없이 통지하여야 한다; 그에게 서면에 의한 통지의 사본을 지체 없이 송달하여야 한다.

제13조 (삭제)

제14조 송달

변호사는 규정에 맞는 송달을 수령하여야 하며, 날짜를 명기한 수령증명서를 지체 없이 교부하여야 한다. 변호사가 규정에 맞지 않는 송달에 대하여 협력을 거부하는 때에는, 발신자에게 지체 없이 이를 통지하여야 한다.

제15조 위임의 변경

(1) 다른 변호사에게 위임된 사건을 수임하는 변호사는 이전에 활동하던 변호사가 그 사건 수임에 대하여 지체 없이 통보 받도록 확실하게 하여야 한다.
(2) 다른 변호사와 병행하여 사건을 수임하는 변호사는 그 다른 변호사에게 사건 수임에 관하여 통보하여야 한다.
(3) 제1항 및 제2항은 변호사가 상담활동만 하는 때에는 적용되지 않는다.

제16조 소송비용지원 및 상담지원

(1) 변호사는 근거 있는 이유가 있는 때에는 상담지원 및 소송비용지원의 가능성에 대하여 언급해야 할 의무가 있다.
(2) 변호사는 소송비용지원이 승인된 이후 또는 상담지원을 이용한 경우에는, 의뢰인이나 제3자가 그러한 급부를 할 의무가 없다는 사실을 알고 자발적으로 하는 지급이나 급부를 의뢰인이나 제3자로부터 수령할 수 있다.

제16a조 상담지원의 거절

(1) (삭제)
(2) 변호사는 상담지원 신청을 할 의무가 없다.
(3) 변호사는 개개의 경우에 중대한 사유를 근거로 상담지원을 거절하거나 종료할 수 있다. 중대한 사유는 변호사 자신의 신상 또는 의뢰인의 신상 또는 태도에 있을 수 있다. 중대한 사유는 또한 상담지원 승인이 상담지원법의 요건에 부합하지 않는다는 것에 있을 수 있다. 중대한 사유는 특히 다음의 경우에 존재한다:
  a) 변호사가 질병 또는 직무상의 과부담 때문에 상담/대리에 장애가 발생한 경우;
  b) (삭제)
  c) 상담지원 권리자인 의뢰인이 위임사건처리에 필요한 협력을 거부하는 경우;
  d) 변호사와 의뢰인 간의 신뢰관계가 의뢰인의 태도 또는 신상 때문에 심각하게 손상된 경우;
  e) 의뢰인의 소득 및/또는 재산상태가 상담지원 승인을 정당화하지 못한다는 사실이 밝혀지는 경우;
  f) (삭제)
  g) (삭제)

제17조 서류철의 유치

서류철의 인도(연방변호사법 제50조 제3항 및 제4항)를 거부하는 사람은, 의뢰인의 정당한 이익이 바로 원본의 인도에 있지 않은 한, 사본을 양도함으로써 인도에 대한 의뢰인의 정당한 이익을 고려할 수 있다. 의뢰인의 정당한 이익이 원본의 인도에 있는 경우 변호사는 원본을 의뢰인으로부터 위임된 변호사에게 신탁적으로 인도함으로써 의뢰인의 정당한 이익이 고려되는 경우에는 그렇게 인도할 것을 제안할 수 있다.

제18조 중개, 중재 및 조정 활동

변호사가 중개인, 중재인 또는 조정인으로서 활동하면, 직무법의 규칙들의 적용을 받는다.

제4절 법원과 관청에 대한 특별한 직무상의 의무

제19조 장부열람

(1) 열람을 위해서 법원 및 관청의 원본서류를 인수하는 사람은 그것을 오직 직원에게만 인도할 수 있다. 이것은 법률사무소 내의 모든 서류의 인도에 적용된다. 서류는 주의 깊게 보관되고 지체 없이 반환되어야 한다. 서류의 복사나 복제 시에는 권한이 없는 자가 알지 못하도록 확실히 하여야 한다.

(2) 복사서류나 복제서류는 의뢰인에게 양도될 수 있다. 그러나 법률의 규정이나 서류교부처에 의해 적법하게 공포된 명령이 서류열람을 제한하는 때에는, 변호사는 서류 내용을 의뢰인이나 다른 사람에게 전달함에 있어서 이 제한을 준수해야 한다.

제20조 직무복장

변호사는, 그것이 관례적인 한, 법정에서 직무복장으로서 법복을 착용해야 한다. 지방법원(Amtsgericht) 민사부에서는 법복을 입고 출두해야 할 직무상의 의무가 없다.

제5절 보수의 합의와 청산에 있어서의 특별한 직무상의 의무

제21조 사례의 합의

(1) 법으로 정해진 것보다 적은 보수의 요구 또는 합의의 금지는 의뢰인 대신에 또는 의뢰인과 병행하여 보수의 지급을 인수하거나, 또는 발생하는 보수로부터 의뢰인을 면제시킬 의무를 의뢰인에 대하여 지는 제3자와의 관계에서도 역시 적용된다.

(2) (삭제)

제22조 보수의 분배 및 사례의 분배

일반적으로, 그 상환 능력을 고려하지 않을 때, 발생하는 모든 법정 보수의 절반을 연방변호사법 제49b조 제3항 둘째 및 셋째 문장의 의미에서의 적절한 사례(謝禮)로 간주한다.

제23조 청산 방법

변호사는 늦어도 위임의 종료와 더불어 의뢰인 및/또는 보수채무자에 대하여 사례선급금을 지체 없이 청산해야 한다.

제6절 변호사회, 그 회원 및 직원에 대한 특별한 직무상의 의무

제24조 변호사회에 대한 의무

(1) 변호사는 요구 받지 않더라도 지체 없이 변호사회의 이사회에 다음 각호의 사항을 신고하여야 한다:

1. 이름의 변경
2. 법률사무소, 분사무소와 거주지의 설치 및 변경
3. 법률사무소와 분사무소의 각각의 통신수단과 번호
4. 조합, 조합원회사(Partnerschaftsgesellschaft) 또는 공동의 직무수행을 위한 그 밖의 결합의 설립 및 해산
5. 변호사와의 고용관계의 체결과 종료

(2) 연방변호사법 제56조의 정보제공의무의 이행을 위하여 변호사회의 이사회에 정보를 완전히 제공하고, 요구하면 원본을 제출하여야 한다.

제25조 동료에 대한 이의제기

변호사가 다른 변호사에게 그가 직무상의 의무를 위반한다는 것을 언급하려면, 의뢰인의 이익이나 또는 자기 자신의 이익 때문에 다른 방식으로 반응할 필요가 있지 않는 한, 이는 오직 비밀로 행해져야 한다.

제26조 변호사 및 다른 직원의 고용

(1) 변호사는 오직 적절한 조건으로 고용될 수 있다. 적절한 조건은 다음과 같다.
  a) 피고용인의 지식 및 경험과 고용하는 변호사의 책임위험을 고려하여 타당한 위임사무의 처리를 가능하게 하고,
  b) 피고용인의 자격, 성과 및 활동범위와 고용하는 변호사가 이 활동으로부터 얻는 이득에 상응하는 보수를 보장하고,
  c) 요구에 따라 연수교육을 위하여 피고용 변호사에게 적절한 시간을 허용하며
  d) 경쟁금지의 합의를 하는 경우에 적절한 보상을 마련해 두어야 한다.

(2) 변호사는 다른 직원과 실습생을 부적절한 조건으로 고용해서는 안 된다.

제27조 제3자의 참가

공동의 직무수행을 위하여 변호사와 결합되지 않은 제3자는 변호사 활동의 경제적 성과에 참가할 수 없다. 이는 직원보수, 생계지원소득, 법률사무소의 인수에 내한 보수 및 직무상의 협력관계의 정리 또는 청산의 과정에서 제공하는 급부에 대하여는 적용되지 않는다.

제28조 직업교육관계

변호사는 법률사무소에서의 실습생의 활동이 실습교육목표의 달성을 지향하도록 보장하여야 한다.

제7절 국경간 법률관계교류에 있어서의 특별한 직무상의 의무

제29조 직무규칙과 유럽변호사 행위규범

(1) 1998년 11월 28일자 유럽변호사 행위규범(CCBE) (이 직무규칙의 부록) 1.5조에 정한 의미에서의 국경간 활동의 경우에는, 유럽공동체법 또는 독일 헌법, 성문법 또는 행정입법이 우선권을 갖지 않는 한, 이 직무규칙 대신에 유럽변호사 행위규범

이 적용된다. 유럽변호사 행위규범이 적용될 수 있는 경우, 변호사는 지체 없이 외국변호사에게 유럽공동체법 및 독일 헌법, 성문법 또는 행정입법의 우선권에 대하여 언급하여야 한다; 이는 특히 유럽변호사 행위규범 5.3조의 적용 시 고려된다.

(2) 그 밖의 국경간 변호사 활동은 이 규칙의 적용을 받는다.

제8절 직무상 협력에 있어서의 특별한 직무상의 의무

제30조 다른 직업에 속하는 사람들과의 협력

변호사는 연방변호사법 제59a조 제1항에 의한 조합 능력이 있는 다른 직업에 속하는 사람들이 그 활동에 있어서 역시 변호사직무규칙을 준수할 때에만, 공동의 직무수행을 위하여 조합 기타 방식으로 또는 합동사무소로 이들과 결합할 수 있다. 연방변호사법 제59a조 제3항에 의한 조합 능력이 있는 다른 직업에 속하는 사람이 독일연방 내에서 활동하고 있는 한, 이들과의 결합의 경우에도 같다.

제31조 (삭제)

제32조 직무상 협력의 종료

(1) 조합의 해산에 있어서는 조합변호사는 계약에 의한 다른 규정이 없는 경우에는 각각의 의뢰인에게 누가 장래에 그의 현안 사건을 처리하여야 할 것인가에 관하여 의견을 물어야 한다. 그때까지의 조합 변호사들이 의견조사의 방법에 관하여 합의하지 못하면, 의견조사는 공동의 회람을 통하여 실행되어야 한다. 이러한 회람에 대하여 그때까지의 조합 변호사들의 의견일치가 성취되지 않으면, 각 변호사는 일방적으로 의뢰인의 결정을 얻을 수 있다. 탈퇴하는 변호사는 기존의 법률사무소 소재지에 그의 이전에 관한 언급을 1년 동안 부착할 수 있다. 잔류하는 변호사는 이 기간 동안에 문의가 있으면 탈퇴한 변호사의 법률사무소 주소, 전화번호 및 팩스번호를 알려 주어야 한다.

(2) 변호사가 조합으로부터 탈퇴하는 경우 탈퇴하는 변호사가 탈퇴시점에 그의 현안 사건을 처리하고 있었거나 또는 탈퇴 이전에 그를 위해서 규칙적으로 활동을 하고 있었던 의뢰인에 관하여도 제1항이 적용된다. 조합으로부터의 탈퇴를 모든 의뢰인에게 알릴 수 있는 그의 권리는 영향을 받지 않는다.

(3) 제1항과 제2항의 규정은 그 밖의 방식의 직무상 협력관계가 외부적으로 법무조합으로 나타났던 때에는, 그 협력관계의 종료에도 준용된다.

제33조 직무상 협력에 있어서의 직무규칙의 적용

(1) 이 직무규칙의 규정이 직무상 협력의 형태로서의 조합에 관하여 변호사의 권리와 의무를 규정하고 있는 한, 그 규정은 직무상 협력의 모든 다른 법적 형태의 의미에 맞게 적용된다.

(2) 어느 형태이든 상관없이 직무상 협력의 경우에 각 변호사는 이 직무규칙이 조직체에 의해서도 역시 준수되도록 보장하여야 한다.

제9절 적용범위

제34조 변호사회의 그 밖의 구성원, 외국 변호사

(1) 유럽변호사법 제1조 이하의 의미에서의 유럽변호사에 대하여는 독일연방공화국에서의 그들의 활동에 관하여 제1조 내지 제33조 및 부록이 준용된다.

(2) 유럽변호사법 제25조 이하에 의하여 잠정적으로 독일연방공화국에서 활동을 하는 유럽변호사에 대하여는 유럽변호사법 제27조에 따라 제1조 내지 제33조가 준용된다.

(3) 연방변호사법 제206조, 제207조의 의미에서의 변호사회의 구성원인 다른 국가의 변호사에 대하여는 그의 독일연방공화국에서의 활동에 관하여 제1조 내지 제33조 및 부록이 준용된다.

(4) 법률상담법에 의한 허가의 소유자인 변호사회 회원에 대하여는 제2조 내지 제13조, 제15조 내지 제19조, 제21조 내지 제33조 및 부록이 준용된다.

제3부 종결규정

제35조 효력발생 및 작성

(1) 이 직무규칙은, 연방법무부가 규약 또는 그 일부를 폐지하지 않는 한, 연방법무부에 이송된 지 3개월 후에, 그러나 아무리 빨라도 연방변호사회공보에 의한 공고에 뒤따르는 세 번째 달의 첫 번째 날에, 효력이 발생한다.

(2) 효력발생의 시점은 연방변호사회공보에 공고된다.

(3) 직무규칙은 정관총회의 의장과 기록담당자에 의하여 작성된다.

IV. 전문분야 변호사규칙
(Fachanwaltsordnung)

2011년 1월 1일 판[13)]

13) 마지막으로 2009년 6월 15일의 정관회의의 결의-BRAK-Mitt. 2009, 279에 의하여 개정됨.

제14b조 의료법 분야에서 증명하여야 할 특별한 지식
제14c조 임대차법 및 주택소유권법 분야에서 증명하여야 할 특별한 지식
제14d조 교통법 분야에서 증명하여야 할 특별한 지식
제14e조 건축법 및 건축사법 분야에서 증명하여야 할 특별한 지식
제14f조 상속법 분야에서 증명하여야 할 특별한 지식
제14g조 운송법 및 운송주선업법 분야에서 증명하여야 할 특별한 지식
제14h조 산업재산권보호 분야에서 증명하여야 할 특별한 지식
제14i조 상법 및 회사법 분야에서 증명하여야 할 특별한 지식
제14j조 저작권법 및 미디어법 분야에서 증명하여야 할 특별한 지식
제14k조 정보기술법 분야에서 증명하여야 할 특별한 지식
제14l조 은행법 및 자본시장법 분야에서 증명하여야 할 특별한 지식
제14m조 농업법에서 증명하여야 할 특별한 지식
제15조 연수
제16조 경과규정

제2장 절차규정

제17조 위원회의 구성
제18조 공동위원회
제19조 위원의 임명
제20조 임기 만료 진의 퇴임
제21조 배상
제22조 신청
제23조 참여 금지
제24조 그 밖의 절차
제25조 취하 및 철회

제3장 종결규정

제26조 효력발생 및 작성

제1장 전문변호사

제1절 전문분야

제1조 허용된 전문변호사 명칭

전문변호사명칭은 연방변호사법 제43c조 제1항 둘째 문장에 따라서 행정법, 세법, 노동법 및 사회법 분야에 수여될 수 있다. 그 밖의 전문변호사명칭은 가족법, 형법, 도산법, 보험법, 의료법, 임대차법 및 주택소유권법, 교통법, 건축법 및 건축사법, 상속법, 운송법 및 운송주선업법, 산업재산권보호, 상법 및 회사법, 저작권법 및 미디어법, 정보기술법, 은행법 및 자본시장법 그리고 농업법에 대하여 부여될 수 있다.

제2절 부여요건

제2조 특별한 지식과 경험

(1) 신청인은 전문변호사명칭 부여를 위하여 다음 규정의 조건에 따라 특별한 이론적 지식 및 특별한 실무적 경험을 증명하여야 한다.

(2) 특별한 이론적 지식과 특별한 실무적 경험은, 이것들이 직업상의 교육과 직업에서의 실무적 경험을 통하여 일반적으로 전수되는 것의 표준을 현저하게 초과할 때 존재한다.

(3) 특별한 이론적 지식은 전문분야의 헌법 및 유럽법적인 관련 부분을 포함하여야 한다.

제3조 변호사 활동 요건

전문변호사명칭 부여요건은 신청 이전 최근 6년 이내에 3년간의 변호사 허가 및 활동이다.

제4조 특별한 이론적 지식의 획득

(1) 특별한 이론적 지식의 획득은, 일반적으로 신청인이 전문분야의 모든 관계 영역을 포함하는, 전문명칭을 준비하는 변호사 특유의 교육과정에 참가하였을 것을 전제로 한다. 교육과정의 총 기간은 성적검사를 합산하지 않고 최소한 120시간이 되어야 한다. 세법 전문분야에서는 부기와 회계에 관하여 40시간이 추가된다. 도산 전문분야에서는 경영학 기초에 관하여 60시간이 추가된다.

(2) 교육이 시작된 역년에 전문변호사 자격부여 신청이 되지 않으면, 이 해로부터 전문변호사규칙 제15조의 방식과 범위의 연수를 증명하여야 한다. 교육기간은 합산한다.

(3) 교육과정 외에서 획득된 특별한 이론적 지식은 각각의 전문교육과정에서 전수되는 지식에 상응하여야 한다. 제4조 제2항이 준용된다.

제4a조 필기성적시험

(1) 신청인은 상이한 교육과정영역 중 적어도 3과목의 필기성적시험(감독시험)에 응시하여, 합격하였어야 한다.

(2) 성적시험은 적어도 한 시간을 채워야 하며, 5시간을 초과하여서는 안 된다. 합격한 성적시험의 총 지속시간은 15시간을 초과하여서는 안 된다.

제5조 특별한 실무경험의 획득

(1) 특별한 실무경험의 획득은 신청 전 최근의 3년 이내에 신청인이 전문분야에서 변호사로서 개인적으로 그리고 지시를 받지 않고 이하 각 호의 사항을 취급하였을 것을 전제로 한다:

a) 행정법: 80건의 사건, 그중 최소한 30건의 소송절차. 최소한 60건은 행정법 각론의 3분야의 상이한 영역에 관련된 것이어야 하며, 이때 이들 각각의 3분야의 영역마다 최소한 5건이 관련되어야 한다. 3분야 중 하나는 제8조 제2호에 열거된 분야에 속해야 한다.

b) 세법: 제9조에 언급된 모든 분야의 사건 50건. 이때 제9조 제3호에 언급된 모든 세금의 종류가 각각 최소한 5건씩 포함되어야 한다. 최소한 10건은 법정형식적 절차(이의신청절차 또는 소송절차)이어야 한다.

c) 노동법: 제10조 제1호 a)부터 e)까지 그리고 제2호 a)와 b)에 규정된 모든 분야의 사건 100건, 그중 최소한 5건은 제10조 제2호의 분야 그리고 최소한 절반은 소송절차 또는 법정형식적 절차. 단체노동법이 경미하지 않은 역할을 하는 개별노동법 사건도 단체노동법 사건으로 간주한다. 결정절차는 불필요하다.

d) 사회법: 제11조 제2호에 규정된 분야 중 3영역의 사건 60건, 그중 최소한 20건은 소송절차.

e) 가족법: 120건. 최소한 사건의 60건은 소송절차이어야 한다; 이때 임의적 소송병합절차 및 가명령과의 필요적 병합절차는 2배로 계산한다.

f) 형법: 60건, 이때 참심법원이나 또는 상급법원에서의 40공판일

g) 도산법:
   1. 파산관재인으로서 도산법 제1장 내지 제6장의 개시된 절차 최소한 5건; 2건의 절차에서 채무자가 개시 시에 5명을 초과하는 근로자를 고용해야 한다;
   2. 제14조 제1호 및 제2호에 규정된 분야 중에서 최소한 7영역의 60건.
   3. 제1호에 지칭된 절차는 다음과 같이 대체될 수 있다:
      a) 근로자가 5명을 초과하는 모든 절차는 도산법 제270조에 의한 관리인으로서나, 임시 파산관재인 또는 소비자파산절차에서 소송절차의 종료 시까지 채무자의 대리인으로서 3건의 절차에 의해서.
      b) 그 밖의 모든 다른 절차는 알파벳 a)에서 언급된 절차 중 2건의 절차에 의해서.
   4. 그 밖에 각각의 대체될 수 있는 절차의 경우에 추가적으로 제14조 제1호 및 제2호에 규정된 영역의 사건 8건을 증명하여야 한다.

   파산절차, 통합집행절차 및 화해절차의 관리인은 파산관재인과 동등하다.

h) 보험법: 80건의 사건, 그중 최소한 10건의 소송절차. 사건은 최소한 제14a조의 상이한 3분야에 관련되어야 하며, 이때 최소한 5건이 각각 이 3분야에 관련되어야 한다.

i) 의료법: 60건의 사건, 그중 최소한 15건의 법정형식적 절차(그중 최소한 12건의 소송절차). 사건은 최소한 제14b조 제1호부터 제8호까지의 상이한 3분야에 관련되어야 하며, 이때 최소한 3건이 각각 이 3분야에 관련되어야 한다.

j) 임대차법 및 주택소유권법: 120건의 사건, 그중 최소한 60건이 소송절차. 최소한 60건의 사건이 제14c조 제1호부터 제3호에 규정된 분야에 관련되어야 하며, 이때 최소한 5건의 사건이 각각 이 3분야에 관련되어야 한다.

k) 교통법: 160건의 사건, 그중 최소한 60건의 소송절차. 이 사건들은 최소한 제14d조 제1호부터 제4호까지의 3개의 상이한 분야에 관련되어야 하며, 이때 최소한 5건의 사건이 각각의 이 3분야에 관련되어야 한다.

l) 건축법 및 건축사법: 80건의 사건, 그중 최소한 40건의 소송절차 (그중 최소한 6건의 독립적 입증절차). 최소한 각각 5건의 사건이 제14e조 제1호 및 제2호의 분야에 관련되어야 한다.

m) 상속법: 80건의 사건, 그중 최소한 20건이 법정형식적 절차(그중 최고 10건의 비송사건절차). 사건은 제14f조 제1호부터 제5호까지 규정된 모든 분야에 관련되어야 하며, 그때 3분야로부터 최소한 각각 5건의 사건.

n) 운송법 및 운송주선업법: 80건의 사건, 그중 최소한 20건의 소송절차 또는 중재절차. 사건은 제14g조 제1호에 규정된 분야 및 최소한 제2호에서 제8호까

지의 그 밖의 2 분야와 관련되어야 하며, 이때 최소한 3건의 사건이 각각의 이 3분야와 관련되어야 한다.

o) 산업재산권보호: 최소한 제14h조 제1호에서 제5호까지의 상이한 3분야의 사건 80건. 이때 이 각각의 3분야로부터 각각 최소한 5건. 최대 5건의 사건이 보호법등록이어도 되며, 이때 일괄등록은 하나의 등록으로 계산된다. 최소한 30건은 법정형식적인 것이어야 하며, 그중 최소한 15건은 소송절차여야 한다.

p) 상법 및 회사법: 제14i조 제1호 및 제2호의 최소한 3개의 상이한 영역의 사건 80건, 그중 법정형식적 절차 최소한 20건 및 회사계약의 설계 또는 회사의 설립 또는 조직변경을 대상으로 하는 사건 최소한 20건. 법정형식적 절차 중 5건은 중요한 상법적 그리고 5건은 중요한 회사법적인 관련성을 보여야 한다; 최대 10건의 사건이 비송사건이어도 된다.

q) 지적재산권 및 미디어법: 제14j조 제1호부터 제6호까지의 모든 분야의 사건 80건. 이 사건들 중 최소한 각각 5건이 제14j조 제1호부터 제3호에 언급된 분야에 관련되어야 한다. 최소한 20건이 소송절차이어야 한다.

r) 정보기술법 (IT-법): 제14k조에 언급된 모든 분야의 사건 50건. 사건은 제14k조 제1호와 제2호의 분야 및 제14k조의 그 밖의 분야에 관련되어야 하며, 이때 최소한 3건의 사건이 각각의 이 3분야에 관련되어야 한다. 최소한 10건의 사건이 법정형식적 절차(예를 들면, 소송절차, 행정절차, 조정 또는 중재절차)이어야 한다. 국제적 기관에서의 바로 그런 절차는 합산된다.

s) 은행법 및 자본시장법: 60건의 사건, 그중에서 최소한 30건의 법정형식적 절차. 사건은 제14l조 제1호부터 제9호까지의 분야 중 최소한 3가지의 상이한 분야에 관련되어야 하며, 이때 3분야마다 각각 최소한 5건이 관련되어야 한다.

t) 농업법: 80건의 사건. 이 사건들 중 최소한 10건이 각각 제14m조 제1호와 제2호에 언급된 분야에 관련된 것이어야 한다. 최소한 20건이 법정형식적 절차(소송절차, 재판외의 이의신청절차, 조정 또는 중재절차)이어야 한다.

(2) 변호사가 변호사공증인으로서 취급했던 사건도, 그것이 공증인이 아닌 변호사에 의해서도 취급될 수 있었던 것인 한, 제1항의 의미에서의 사건으로 간주된다.

(3) 제5조 제1항의 기간은 다음과 같이 연장된다:

a) 모성보호법규에 따른 취업금지 기간만큼

b) 육아휴가의 청구기간만큼

c) 신청인이 특별한 어려움 때문에 그의 변호사 활동이 제한되었던 기간만큼. 어려운 상황은 신청을 하고, 그에 상응하게 입증되면 고려되어야 한다.

연장은 36개월로 한정된다.

(4) 개개의 사건의 의미, 범위 그리고 난이도에 따라 더 높거나 낮은 가중을 한다.

제6조 서류에 의한 증명

(1) 제4조에 의한 요건을 검사하기 위하여 성적증명서, 증명서 또는 다른 적당한 서류를 제출하여야 한다.

(2) 특별한 이론적 지식이 성공적인 교육과정 참가(제4조 제1항, 제4a조)에 의하여 명시되어야 하는 한, 신청인은 통틀어서 다음의 증명을 포함해야 하는 교육과정 주최자의 증명서를 제출하여야 한다:

a) 제4조 제1항 및 제4a조의 요건이 충족되었다는 것,

b) 제2조 제3항, 제8조 내지 제14m조의 전문분야에 관한 모든 영역이 강의되었으며, 언제, 누구에 의해서 강의되었는지,

c) 감독과제물과 그 평가.

(3) 제5조에 의한 전제조건을 검사하기 위하여 다음 사항을 포함하는 사건목록을 제출하여야 한다: 서류번호, 대상, 시간, 활동 방법 및 범위, 절차의 상태. 나아가 전문분야위원회의 요구에 따라서 익명의 과제물표본을 제출하여야 한다.

제7조 전문분야 구두시험

(1) 특별한 이론적 지식이나 실무경험을 증명하기 위하여 위원회는 전문분야 구두시험을 시행한다. 그러나 위원회가 전문분야 구두시험이 없이도 제출된 성적증명서와 문서자료의 전체적 인상에 의하여 특별한 이론 지식이나 특별한 실무경험에 관하여 이사회에 입장표명을 할 수 있으면, 위원회는 전문분야 구두시험을 면제할 수 있다.

(2) 전문분야 구두시험을 위한 소환 시에는 전문분야 구두시험의 대상이 될 분야를 알려 주어야 한다. 논제는 실무상 이 분야에서 주로 발생하는 사건에 방향을 맞춰야 한다. 개별적인 신청인에 할당되는 질문시간은 45분 이상, 60분 이내로 한다. 전문분야 구두시험에 관하여는 의사록을 작성하여야 한다.

제8조 행정법 분야에서 증명하여야 할 특별한 지식

행정법 전문분야에서는 다음의 사항이 증명되어야 한다:

1. 다음 영역에서의 특별한 지식
   a) 행정법 총론
   b) 절차법
   c) 공법상의 보상법

2. 행정법 각론의 두 영역에서의 특별한 지식, 그중 다음의 분야에서 하나를 선택해야 한다:
   a) 공공 건축법
   b) 행정법원의 관할이 있는 한, 공과금법
   c) 경제행정법(영업법, 수공업법, 경제지원법, 숙박업소법, 광산법 및 에너지법)
   d) 환경법(환경보호법, 폐기물법, 수법, 자연 및 경관보호법)
   e) 공공 직무법

제9조 세법 분야에서 증명하여야 할 특별한 지식

세법 전문분야에서는 다음 영역에서 특별한 지식을 증명하여야 한다:

1. 부기법과 결산법을 포함한 부기와 회계
2. 평가법과 절차법을 포함한 조세법 총론
3. 다음 영역의 특별 조세법 및 공과금법:
   a) 소득세법, 법인세법 및 영업세법
   b) 거래세법 및 부동산취득세법
   c) 상속세법 및 증여세법
4. 조세형법 및 소비세법 그리고 관세법을 포함한 국제세법의 개요

제10조 노동법 분야에서 증명하여야 할 특별한 지식

노동법 전문분야에서는 다음 영역에서 특별한 지식을 증명하여야 한다:

1. 개별노동법
   a) 근로계약 및 직업훈련계약의 체결 및 변경
   b) 해고보호를 포함한 근로관계 및 직업교육관계의 내용과 종료
   c) 기업의 노인복지의 개요
   d) 특별한 그룹의 사람들, 특히 임산부와 모성, 중장애자와 청소년의 보호
   e) 근로진흥법 및 사회보장법의 개요
2. 집단노동법
   a) 임금협약법
   b) 직원대표법 및 경영규약법
   c) 노동쟁의법 및 공동결정법의 개요
3. 절차법

제11조 사회법 분야에서 증명하여야 할 특별한 지식

사회법 전문분야에서는 다음 영역에서 특별한 지식을 증명하여야 한다:

1. 절차법을 포함한 사회법 총론
2. 사회법 각론
   a) 근로진흥법 및 사회보장법(의료보험, 재해보험, 연금보험, 간호보험)
   b) 건강침해 시의 사회적 배상법
   c) 자녀양육보조금법
   d) 장애자편입법
   e) 사회부조법
   f) 직업교육진흥법

제12조 가족법 분야에서 증명하여야 할 특별한 지식

가족법 전문분야에서는 다음 영역에서 특별한 지식을 증명하여야 한다:

1. 상속법, 회사법, 사회법, 채권법, 조세법 및 집행법 그리고 공법에 대한 가족법적인 관계, 혼인 외의 생활공동체 및 등록된 생활동반자관계를 포함한 실체법적인 혼인법, 가족법 및 친자관계법
2. 가족법상의 절차법 및 비용법
3. 가족법상의 국제사법
4. 가족법적인 위임사무취급 및 계약설계의 이론과 실무

제13조 형법 분야에서 증명하여야 할 특별한 지식

형법 전문분야에서는 다음 영역에서 특별한 지식을 증명하여야 한다:

1. 형사변호 방법론과 법 및 결정적인 보조학문의 개요
2. 청소년형법, 마약형법, 교통형법, 경제형법 및 조세형법을 포함한 실체적 형법
3. 청소년형사절차와 질서위반절차 및 형벌집행법과 행형법을 포함한 형사소송법

제14조 도산법 분야에서 증명하여야 할 특별한 지식

도산법 전문분야에서는 다음 영역에서 특별한 지식을 증명하여야 한다:

1. 실체적 도산법
   a) 도산원인 및 도산신청의 효력
   b) 절차개시의 효력
   c) 임시 파산관재인 또는 파산관재인의 직
   d) 도산재단의 보전 및 관리

e) 도산절차에서 환취권, 별제권 및 상계권
f) 계약관계의 청산
g) 도산채권자
h) 도산폐지
i) 도산절차에서의 노동법 및 사회법
j) 도산절차에서의 세법
k) 도산절차에서의 회사법
l) 도산형법
m) 국제도산법의 개요

2. 도산절차법
a) 도산개시절차
b) 통상절차
c) 계획절차
d) 소비자도산
e) 잔여채무면제절차(개인회생절차)
f) 특별도산

3. 경영학적 기초
a) 부기, 결산 및 결산분석
b) 도산절차에서 회계보고
c) 도산계획(회생), 양도회생, 청산의 경영학적 문제

제14a조 보험법 분야에서 증명하여야 할 특별한 지식

보험법 전문분야에서는 다음 영역에서 특별한 지식을 증명하여야 한다:

1. 보험계약법 총론과 소송진행의 특수성
2. 보험감독법
3. 국제보험법의 개요
4. 운송보험법 및 운송주선보험법
5. 대물보험법(특히 자동차보험법, 건물보험법, 가재손상보험, 수하물보험, 화재보험, 주거침입절도보험 및 건축보험법)
6. 사적 인보험법(특히 생명보험법, 건강보험법, 여행해약보험, 상해보험 및 직업수행불능보험)
7. 책임보험법(특히 강제보험법, 사적 책임보험법, 영업책임보험법, 자유직업의 책임보험법, 환경책임 및 제조물책임, 건축보험법)

8. 권리보호보험법
9. 신용손해보험 및 신용보험의 개요

제14b조 의료법 분야에서 증명하여야 할 특별한 지식

의료법 전문분야에서는 다음 영역에서 특별한 지식을 증명하여야 한다:

1. 의료상의 치료법, 특히
   a) 민사법상 책임
   b) 형사법상 책임
2. 사적 및 법률상의 건강보험법, 특히 계약의사법 및 계약치과의사법, 그리고 간호보험의 개요
3. 치료직업의 직업법, 특히
   a) 의사 직업법
   b) 그 밖의 치료직업의 직업법의 개요
4. 계약의 설계를 포함한 치료직업의 계약법 및 회사법
5. 치료직업의 보수법
6. 수요계획, 재정조달 및 수석의사계약법을 포함한 병원법
7. 의약품법 및 의료제품법
8. 약국법
9. 절차법 및 소송법의 특수성

제14c조 임대차법 및 주택소유권법 분야에서 증명하여야 할 특별한 지식

임대차법 및 주택소유권법 전문분야에서는 다음 영역에서 특별한 지식을 증명하여야 한다:

1. 주거공간임대차관계법
2. 영업공간임대차관계법 및 차지법
3. 주택소유권법
4. 부동산중개인법, 상린관계법 및 부동산법의 개요
5. 세법을 포함한 공법에 대한 임대차법 및 주택소유권법적인 관련성
6. 절차법 및 집행법의 임대차법 및 주택소유권법적인 특수성

제14d조 교통법 분야에서 증명하여야 할 특별한 지식

교통법 전문분야에서는 다음 영역에서 특별한 지식이 증명되어야 한다:

1. 교통민사법, 특히 교통책임법 및 교통계약법

2. 보험법, 특히 자동차보험법, 차량보험법 및 인보험의 개요
3. 교통형법 및 질서위반법
4. 운전면허법
5. 절차진행 및 소송진행의 특수성

제14e조 건축법 및 건축사법 분야에서 증명하여야 할 특별한 지식

건축법 및 건축사법 전문분야에서는 다음 영역에서 특별한 지식을 증명하여야 한다:

1. 건축계약법
2. 건축사 및 기술자법
3. 건축위탁의 공공적 수여법
4. 건축공법의 개요
5. 절차진행 및 소송진행의 특수성

제14f조 상속법 분야에서 증명하여야 할 특별한 지식

상속법 전문분야에서는 다음 영역에서 특수한 지식을 증명하여야 한다:

1. 채권법, 가족법, 회사법, 재단법 및 사회법에 대한 상속법적인 관련성을 포함하 실체적 상속법
2. 상속법 분야에서 국제사법
3. 선취된 상속, 계약 및 유언의 설계
4. 유언집행, 상속재산관리, 상속재산도산 및 상속재산후견
5. 상속법에 대한 세법적 관련성
6. 절차진행 및 소송진행의 특수성

제14g조 운송법 및 운송주선업법 분야에서 증명하여야 할 특별한 지식

운송법 및 운송주선업법의 전문분야에서는 다음 영역에서 특별한 지식을 증명하여야 한다:

1. 일반거래약관법 및 운송보험약관법을 포함한 국내 및 국경간 도로운송법
2. 국내 및 국경간 해상운송법, 철도운송법 및 항공운송법
3. 복합운송법
4. 관련 형벌규정 및 과태료규정을 포함한 위험물운송법
5. 운송보험법
6. 창고법
7. 국제사법

8. 관세법, 국경간 거래에서의 관세청산 및 거래세
9. 소송진행의 특수성과 중재재판권

제14h조 산업재산권보호 분야에서 증명하여야 할 특별한 지식

산업재산권보호 전문분야에서는 다음 영역에서 특별한 지식을 증명하여야 한다:

1. 특허법, 실용신안법, 의장법 및 품종보호법
2. 상표권 및 그 밖의 표장
3. 불공정경쟁방지법
4. 유럽 특허법, 상표법, 의장법 및 유럽 품종보호법
5. 산업재산권보호의 저작권법적인 관련성
6. 절차법 및 소송법의 특수성

제14i조 상법 및 회사법 분야에서 증명하여야 할 특별한 지식

상법 및 회사법 전문분야에서는 다음 영역에서 특별한 지식을 증명하여야 한다:

1. 실체적 상법
   a) 상인의 지위법(상법(HGB) 제1조에서 제104조까지)
   b) 상행위법(상법 제343조에서 제 406조까지)
   c) 국제매매법, 특히 UN매매법
2. 실체적 회사법, 특히
   a) 인적회사법
   b) 물적회사법
   c) 국제회사법, 특히 유럽회사법 및 유럽주식회사의 개요
   d) 기업집단법, 특히 기업결합법
   e) 조직변경법
   f) 결산법 및 세법의 개요
   g) 고용계약법 및 공동결정법의 개요
3. 노동법, 카르텔법, 수공업법 및 영업법, 상속법 및 가족법 그리고 도산법 및 형법에 대한 상법 및 회사법의 관련성
4. 절차진행 및 소송진행의 특수성

제14j조 저작권 및 미디어법 분야에서 증명하여야 할 특별한 지식

저작권 및 미디어법 전문분야에서는 다음 영역에서 특별한 지식을 증명하여야 한다:

1. 관리회사, 저작물보호권, 저작계약법, 국제저작권협약

2. 음악출판권을 포함한 출판권
3. 음성보도 및 영상보도법
4. 방송법
5. 저작권법 및 미디어법, 저작명칭보호의 경쟁법적 및 광고법적 관련성
6. 미디어서비스법, 전신전화서비스법 및 통신법의 개요, 오락행사법 및 문화행사법의 개요 그리고 독일 및 유럽의 문화진흥법의 개요
7. 절차법 및 소송법의 특수성

제14k조 정보기술법 분야에서 증명하여야 할 특별한 지식

정보기술법 전문분야에서는 다음 영역에서 특별한 지식을 증명하여야 한다:
1. 개별적 계약 및 일반거래약관의 설계를 포함한 정보기술의 계약법
2. 공급자계약 및 사용조건의 설계를 포함한 전자거래법(온라인/모바일 사업)
3. 정보기술영역에서의 무형재산권법의 개요, 표장법, 특히 도메인법에 대한 관련성
4. 정보보호에 관한 법 그리고 암호화와 서명 및 그 직업 특유의 특수성을 포함한 정보기술의 안전에 관한 법
5. 통신망 및 통신서비스에 관한 법, 특히 통신 및 그 서비스에 관한 법
6. 유럽 및 독일의 카르텔법과 관련성을 가진 정보기술급부의 공공발주(정부 포함)
7. 국제사법을 포함한 국제적 관련성
8. 정보기술영역에서의 형법의 특수성
9. 절차진행 및 소송진행의 특수성

제14l조 은행법 및 자본시장법에서 증명하여야 할 특별한 지식

은행법 및 자본시장법 전문분야에서는 다음 영역에서 특별한 지식을 증명하여야 한다:
1. 은행과 고객 간의 거래관계, 특히
   a) 일반거래약관
   b) 은행계약법
   c) 계좌 및 그 특수형태
2. 대외거래를 포함한 신용계약법 및 신용담보
3. 지급거래, 특히
   a) 계좌이체거래, 자동이체거래, 어음거래 및 수표거래
   b) EC카드 및 전자/인터넷 뱅킹
   c) 신용카드거래
4. 대외거래를 포함한 유가증권거래, 예탁거래, 투자거래, 컨소시움거래/발행거래

5. 재산관리, 재산수탁
6. 팩토링/리스
7. 자금세탁, 정보보호, 은행수수료
8. 은행감독법, 유럽공동체의 은행법 및 카르텔법
9. 은행법과 자본시장법에 대한 세법적 관련성
10. 절차진행 및 소송진행의 특수성

제14m조 농업법에서 증명하여야 할 특별한 지식

농업법 전문분야에서는 다음 영역에서 특별한 지식을 증명하여야 한다:

1. 농업 특유의 민사법
   a) 채권법 각론 상의 농업 특유의 문제(예를 들어 토지임대법)
   b) 식료품법의 개요와 관련하여 제조물책임법
   c) 수렵법 및 수렵임대법
   d) 상속법 및 가족법의 특수성
   e) 계약설계의 특수성과 특별한 계약유형(예를 들어 농업에서의 협동, 기구공동체, 일반거래약관을 포함한 판매 및 구매계약, 회사, 이용계약, 농업기업의 취득)
   f) 노동법의 특수성
2. 농업 특유의 행정법
   a) 허가절차법(예를 들어 연방환경보호법, 건축법, 다시 자라나는 원료의 가공시설 그리고 재생 가능한 에너지의 농업적인 특수성)
   b) 환경법의 개요
   c) 자연 및 식물보호법
   d) 비료 및 파종용 씨앗거래법, 품종보호법
   e) 동물보호, 사육 및 전염병법
   f) 경작지정화법과 경작지재배치법
   g) 토지거래 및 토지임대거래법
   h) 포도주법, 임업법, 수렵 및 어업법
   i) 농업 세법
   j) 사회보장보험법의 특수성
   k) 국가보조금법, 농업보조금법, 교차준수의무
3. 농업 특유의 경범죄 및 형법
4. 농업 특유의 유럽연합(EU)법 및 내국법으로의 전환
   a) 유럽공동체조약(농업, 환경)

b) 유럽공동체 경쟁법, 카르텔법

c) 유럽연합(EU) 명령(Verordnungen), 지침(Richtlinien)

5. 농업 특유의 소송법

a) 농업소송법

b) 유럽연합(EU) 재판권의 개요

제15조 연수

(1) 전문변호사 명칭을 사용하는 사람은 역년마다 이 분야에서 학문적인 글을 발표하거나 또는 청강을 하거나 강의를 하는 방식으로 연수과정에 참가해야 한다. 출석의 형태로 실행되지 않는 연수과정의 경우에는, 연수과정의 기간 동안에 강의자와 참가자 간 및 참가자 서로 간의 상호작용의 기회가 보장되어야 하고, 일반적인 참가의 증명이 제출되어야 한다.

(2) 연수의 총 기간은 각각의 전문분야 당 10시간에 미달하여서는 안 된다.

(3) 연수의무의 이행은 자발적으로 변호사회에 보고되어야 한다.

제16조 경과규정

(1) 신청서는, 신청인에게 유리하면, 신청서 제출 시점에 유효한 법에 의하여 결정하여야 한다. 2006년 4월 3일자의 제4조 제2항의 연수규정은 2007년 1월 1일부터 효력을 발생한다. 2009년 6월 15일자의 제4조 제2항 및 제4조 제3항 둘째 문장의 연수규정은 발효에 뒤따르는 역년의 1월 1일부터 효력을 발생한다.

(2) 전문변호사규칙의 효력발생 또는 새로운 전문변호사 명칭의 도입 이전에 수료한 전문변호사교육과정 또는 성과시험이 이 전문변호사규칙의 전제조건을 충족하지 못하면, 특별한 이론적 지식의 증명은 견줄 만한 성과시험이 있는 보충교육과정에 성공적으로 참가하는 것에 의하여 또는 성과시험에 의해서 증명되지 않은 영역에 대한 추가로 이행된 감독과제에 의하여 이행될 수 있다.

제2장 절차규정

제17조 위원회의 구성

(1) 변호사회의 이사회는 각각의 전문분야마다 최소한 하나의 위원회를 구성하며, 그 위원 및 대리위원을 임명한다.

(2) 복수의 변호사회가 공동위원회를 구성하면, 각 변호사회는 각 위원회에서 최소한 한 명의 위원에 의해서 대표되어야 한다.

(3) 각 위원회는 최소한 3명의 위원 및 최대한 3명의 대리위원으로 구성된다.

(4) 위원회는 그 위원 중에서 위원장, 한 명의 부위원장 그리고 한 명의 서기를 선출한다.

(5) 위원장은 대표상황을 확인한다.

(6) 위원회는 특히 보고자의 임명절차 및 표결절차를 규율하는 업무규정을 제정한다.

제18조 공동위원회

복수의 변호사회가 공동위원회를 구성하려면, 이에 관하여 서면에 의한, 변호사회장이 서명한 합의가 이루어져야 한다. 합의는 각 변호사회의 업무규정에 따라 공포되어야 한다. 합의에는 최소한 다음의 사항이 규정되어야 한다:

a) 공동위원회를 구성할 전문분야.

b) 위원회의 위원 및 그 대리인의 수.

c) 위원, 그 대리인 및 위원장의 선정 권한.

d) 위원 및 위원장을 공동으로 임명하는 대신, 합의로 계약체결한 변호사회 중 하나에게 단독 책임하에 위원 및 위원장을 임명할 권한을 부여할 수 있다.

e) 그 사무소가 위원회의 사무집행을 맡는 변호사회의 명칭.

f) 연방변호사법 제103조 제4항과 다른 규칙이 규정되어 있는 한, 위원의 배상에 관한 규정.

g) 합의를 해지할 권리에 대한 규정.

제19조 위원의 임명

(1) 연방변호사법 제65조 내지 제68조 제1항이 준용된다.

(2) 한 위원회의 위원이나 대리위원에는 일반적으로 오직 각 전문분야의 전문변호사 명칭을 사용할 권한이 있는 자만이 임명될 수 있다.

(3) 위원이나 대리위원이 임기 만료 전에 퇴임하면, 퇴임한 사람의 남은 임기 동안 신규임명한다.

제20조 임기 만료 전의 퇴임

위원은 다음의 경우에 위원회로부터 퇴임한다:

(1) 그가 더 이상 변호사회의 회원이 아니거나, 연방변호사법 제66조 제1호와 제4호에 정해진 사유로 피임명자격을 상실한 경우;

(2) 그가 직무를 사임하는 경우;

(3) 그가 어떤 변호사회를 위해서 임명된 경우 그 변호사회의 이사회로부터 소환되는 경우.

제21조 배상

위원회의 위원 및 대리위원은 그의 변호사회로부터 비용배상을 받을 수 있다.

제22조 신청

(1) 전문변호사 명칭 사용 허용 신청은 신청인이 소속변호사회에 제출하여야 한다.

(2) 신청서에는 제6조에 의하여 필요한 서류를 첨부하여야 한다.

(3) 변호사회는 신청을 받으면 신청인에게 위원회의 구성 및 그 변경을 문서에 의해 통지해야 한다.

제23조 참여 금지

(1) 신청인에 의한 위원의 제척 및 기피에는 민사소송법 제41조 제2호 및 제3호, 제42조 제1항 및 제2항이 준용된다. 그것을 넘어서 위원이 신청인과 조합에서 또는 그 밖의 방법으로 공동의 직무수행을 위해서 또는 하나의 사무실공동체로 결합된 경우, 또는 신청 전 최근 5년 이내에 결합되었던 경우에는, 그 위원은 참여로부터 배제된다. 제6조 제2항 알파벳 c에 따른 평가에 참여하였던 사람도 역시 배제된다.

(2) 기피신청은 위원회 구성에 관한 통지의 도달 후 2주 내에 하여야 하고, 그 밖의 절차에서는 기피사유의 알게 된 후 지체 없이 하여야 한다.

(3) 변호사회의 이사회 또는 담당 부서는 위원과 신청인의 심문 후에 기피신청 및 회피의 정당성에 대하여 결정한다. 결정은 취소할 수 없다.

제24조 그 밖의 절차

(1) 의장은 변호사회로부터 그에게 보내진 신청서류가 완비되었는지 여부를 검토한다.

(2) 보고자는 증거의 형식적 및 내용적 검토 후에 신청인이 특별한 이론적 지식과 실무경험을 증명하였는지, 전문구두시험이 불필요한지 또는 보고자가 그 밖의 증거가 필요하다고 생각하는지의 여부에 대하여 근거 있는 입장표명을 하여야 한다. 보고자의 입장은 각각 문서에 의한 입장표명을 위하여 다른 위원과 이어서 의장에게 전달되어야 한다; 제4항이 준용된다.

(3) 구두에 의한 상담의 경우에는 위원의 투표와 그 중요한 근거를 그대로 옮기는 내용의사록을 작성하여야 한다.

(4) 위원회가 사건을 신청인에게 불리하게 가중치를 두어 평가하는 경우에는, 위원회는 신청인에게 사건을 추가신청할 기회를 신청인에게 주어야 한다. 그 밖에 위원회는 신청인에게 신청근거를 보충할 수 있도록 의무를 부과할 수 있다. 신청자가 적당한 제척기간 내에 아무런 사건도 추가신청을 하지 않거나 또는 신청자가 부담을 이행하지 않으면, 위원회는 서류심사에 의한 입장표명을 할 수 있다. 기간설정에 있어서 신청인에게 이 법률효과를 언급하여야 한다.

(5) 의장은 제7조 제2항을 고려하여 최소한 1개월의 기간을 주어 신청인을 전문구두시험에 소환한다.

(6) 전문구두시험은 공개되지 않는다. 변호사회의 이사회 구성원과 위원회 대리위원은 전문구두시험과 심의에 방청인으로 참석할 수 있다.

(7) 신청자가 충분한 면책사유 없이 원칙에 따라 소환된 두 번의 전문구두시험 기일에 참석하지 않으며, 위원회는 서류심사에 의하여 결정한다.

(8) 위원회는 그 의결권의 과반수로 그의 최종적 입장을 결의한다. 가부 동수인 경우에는 의장의 투표가 결정한다.

(9) 의장은 신청인을 담당하는 변호사회의 이사회에 위원회의 최종적 입장을 문서로 통지한다. 이사회가 요구하면 의장 또는 그의 대리인은 구두로 입장을 설명한다.

(10) 절차에 대하여 행정수임료(연방변호사법 제89조 제2항 제2호)를 징수한다.

제25조 취하 및 철회

(1) 허가의 취하 및 철회는 그 결정 시에 변호사가 속하는 변호사회의 이사회가 관할한다.

(2) 취하와 철회는 이를 정당화하는 사실을 변호사회의 이사회가 알게 된 이후 1년 이내에만 허용된다.

(3) 결정 전에 변호사를 심문하여야 한다. 결정에는 근거를 붙여야 한다. 결정은 변호사에게 송달되어야 한다.

제3장 종결규정

제26조 효력발생 및 작성

(1) 이 전문변호사규칙은, 연방법무부가 규약 또는 그 일부분을 폐지하지 않는 한, 연방법무부에 이송된 지 3개월 후에, 그러나 빨라도 연방변호사회공보에 의한 공고에 뒤따르는 세 번째 달의 첫 번째 날에, 효력이 발생한다.

(2) 효력발생의 시점은 연방변호사회공보에 공고된다.

(3) 전문변호사규칙은 정관총회의 의장과 기록담당자에 의하여 작성된다.

제3부 프랑스

변호사 직무에 관한 전국적 내부규칙
(Règlement Intérieur National de la profession d'avocat)

변호사회 전국평의회(le Conseil national des barreaux)

서문

입법부는 변호사회 전국평의회에 대하여 포괄적인 규정을 제정하여 변호사 직무수행과 관련된 규칙과 관행을 일원화하도록 하는 임무를 부여하였다(2004년 2월 11일 개정된 1971. 12. 31자 법률 제21-1조).

이전부터 존재하던 통합 내부규칙(Règlement Intérieur Harmonisé), 통일 내부규칙(Règlement Intérieur Unifié)을 계승하여, 변호사회 전국평의회는 제2005-003호 규범적 결정에 의하여 변호사 직무의 공통된 직업윤리의 기반을 마련하는 본 전국적 내부규칙을 채택하였다. 본 규칙은 또한 유럽변호사협회협의회(CCBE)의 의결을 거쳐 탄생한 유럽변호사 행위규범을 통합한다.

현재 시행중인 본 규칙은 2007년 4월 28일 규범적 결정 제2007-001호, 2008년 12월 12일 규범적 결정 제2008-002호, 2009년 4월 4일 규범적 결정 제2009-001호, 2009년 5월 16일 규범적 결정 제2009-002호, 2010년 4월 10일 규범적 결정 제2010-001호, 2010년 5월 8일 규범적 결정 제2010-002호, 2010년 9월 24일 규범적 결정 제2010-003호, 그리고 2011년 2월 12일 규범적 결정 제2011-001호를 통하여 확정된 것이다.

제1절 총칙

제1조 변호사 직무의 핵심 원칙들
제1조의 1 예의상의 방문
제2조 직무상 비밀유지 의무
제2조의 1 수사와 증거조사 관련 비밀유지 의무
제3조 변호사간 통신의 비밀유지
제4조 이익충돌
제5조 대심 원칙의 준수

제2절 활동

제6조 변호사의 직무상 활동 영역
제7조 법률문서의 작성
제8조 상대방과의 관계
제9조 동일 사건기록에 대한 변호사간의 승계
제10조 광고
제11조 보수-수당-지출-보수 지급방식
제12조 법원 경매와 관련된 변호사의 직업윤리와 업무수행
제13조 명예변호사의 지위

제3절 업무수행과 조직

제14조 자유직 또는 임금제 협력 변호사의 지위
제15조 지점
제16조 직종간 연합체 등
제17조 다른 변호사회에 속하는 변호사들에 의한 업무수행 조직

제4절 직종간 협력

제18조 직종간 협력

제5절 상 · 하원의원 보좌관직에 종사하는 변호사

제19조 상 · 하원의원 보좌관직에 종사하는 변호사

제6절 서로 다른 변호사회에 소속된 변호사들 간의 관계

제20조 서로 다른 변호사회에 소속된 변호사들 간의 분쟁의 해결
제21조 유럽변호사 행위규범

제1절 총칙

제1조 변호사 직무의 핵심 원칙들

자유롭고 독립적인 직무

제1.1조 변호사가 어떤 형태로 그 직무를 수행하는지를 불문하고 변호사의 직무는 항상 자유롭고 독립적인 것이다.

제1.2조 각 변호사는 변호사회 평의회(un conseil de l'Ordre)에 의하여 운영되는 변호사회(barreaux)에 소속된다.

규칙의 준수와 해석

제1.3조 변호사는 모든 상황에 있어서 직무상 핵심 원칙들을 지키고 따라야 한다.

변호사는 자신이 선서한 바에 따라 품위, 양심, 독립성, 성실함과 자비로움을 갖추고 직무를 수행한다.

또한, 변호사는 직무를 수행함에 있어 명예, 신의, 공평, 우의, 신중, 그리고 정중함의 원칙을 준수한다.

변호사는 의뢰인에 대하여 능력과 헌신, 성실성과 신중함을 발휘하여야 한다.

징계

제1.4조 이러한 원칙, 규칙 및 의무 중 어느 하나에 대한 위반이라도, 1991년 11월 27일자 행정명령(décret) 제183조의 적용에 따라 징계처분의 사유가 될 수 있다.

제1조의 1 예의상의 방문

정중함(courtoisie)의 원칙에 따라, 변호사는 자신이 소속된 변호사회의 관할 외부 지역의 법정에서 변론하게 될 경우, 검찰청의 장과 검사(magistrat), 해당 지역의 변호사 회장과 상대방 측의 변호인을 방문하여 자신을 소개하여야 한다.

제2조 직무상 비밀유지 의무

원칙

제2.1조 변호사는 의뢰인의 비밀을 유지하여야 한다.

변호사의 직무상 비밀유지 의무는 공서양속(l'ordre public)에 해당하고, 포괄적이고 절대적이며 영구적이다.

직무상 반드시 필요한 법원에서의 변호 활동, 법률에 의해 규정되거나 허여된 진술 및 정보 제공의 경우를 제외하고는, 변호사는 어떤 경우에 있어서도 직무상 비밀유지 의무를 위반하여 의뢰인의 비밀을 누설하여서는 안 된다.

직무상 비밀유지 의무의 범위

제2.2조 직무상 비밀유지 의무는 자문이나 변호 활동 영역 모두를 아우르며 매체를 불문(문서, 팩스, 전자적 매체 등)하고 적용된다.

- ○ 의뢰인에게 송부되거나 발송될 의견서
- ○ 의뢰인과 변호사 간, 변호사들 간에 교환된 통신 내역(단, 후자 가운데 공식적 성격을 띤 것을 제외)
- ○ 면담기록, 더욱 일반적으로는 사건기록(dossier)에 속한 모든 자료 및 변호사가 직무수행 과정에서 지득한 모든 정보와 기밀사항
- ○ 의뢰인의 성명과 변호사의 개인 기록(agenda)
- ○ 1971년 12월 31일자 법률 제27조 제2항의 적용에 있어서, 자금 결제 내역 및 소요자금 관리 내역
- ○ 회계사 및 모든 제3자에 의해서 요청된 정보(변호사가 그 의뢰인에게만 제공할 수 있는 정보들)

공/사 경쟁 입찰절차 또는 공공조달계약(marchés publics)에서의 계약자 지정(attribution)에 있어서, 변호사는 의뢰인의 명시적 · 사전적 동의하에 의뢰인의 성명을 기재할 수 있다.

만약 서류상 기재된 성명이 최근 2년 내에 종료된 변호사사무소와의 협력 관계(collaborateur) 또는 그 사무소의 소속 변호사(associé)의 자격에 기하여 담당해온 의뢰인의 것이라면, 변호사는 해당 변호사사무소에 대하여 그 의뢰인에게 명시적 동의를

구하였다는 점을 통고하는 동시에, 경쟁 입찰 신청서에 자신이 해당 의뢰인에 대한 업무 경험을 취득한 변호사사무소명을 명기하여야 한다.

형사소송법 제56-1조의 요건을 충족한 경우를 제외하고, 변호사사무소 또는 변호사의 주소지에서 증거 자료에 대한 열람 또는 압수는 행해질 수 없다.

직무수행 조직, 직무수행 형태와 직무상 비밀유지 의무

제2.3조 변호사는 자신이 소속된 변호사사무소의 직원을 비롯하여 직무수행상 협력관계에 있는 모든 사람들로 하여금 직무상 지득한 비밀을 유지하도록 해야 한다. 변호사는 이들에 의한 직무상 비밀유지 의무 위반에 대하여 책임을 진다.

변호사가 집단적으로 직무를 수행하거나 동업관계에 참여하게 되는 경우, 직무상 비밀유지 의무는 그가 소속된 집단의 구성원이나, 동업관계에 있는 모든 변호사들에게도 확대 적용된다.

제2조의 1 수사와 증거조사 관련 비밀유지 의무

변호사는 형사사건에 있어서 수사와 증거 조사 관련 비밀을 유지해야 한다. 변호사는 방어권을 행사하는 경우를 제외하고는, 소송기록(dossier)에서 알아낸 정보를 타인에게 제공하거나, 현재 진행중인 수사 또는 증거조사와 관련된 증거 기록, 소송 자료 또는 서면을 공표하는 것을 삼가야 한다.

변호사는 형사소송법 제114조의 요건이 충족되는 경우에만 의뢰인이나 제3자에게 소송기록 서류 사본을 전달할 수 있다.

제3조 변호사간 통신의 비밀유지

원칙

제3.1조 변호사간의 구두 또는 서면에 의한 교신은 그 수단(문서, 팩스, 전자적 매체 등)을 불문하고 비밀로서 보호되어야 한다.

변호사간의 통신은, 그 수단 여하를 불문하고 어떠한 경우에도 법원에 증거로서 제출될 수 없으며, 비밀유지 의무 면제의 대상이 될 수도 없다.

예외

제3.2조 아래의 변호사간 통신의 경우에는, 1971년 12월 31일자 법률 제66-5조의 취지에 따라, 알려진 사실을 기재할 수 있고, 직무상 비밀보호 의무의 대상에서 제외된다.

○ 소송행위의 의미를 갖는 통신
○ 비밀과 관련된 어떠한 표현, 내용 또는 과거의 정보도 언급하지 않는 통신

이러한 통신의 경우에도 본 규칙의 제1조에서 정의된 직무상 핵심 원칙들을 준수해야만 한다.

유럽연합 각국 변호사들과의 관계

제3.3조 유럽연합 각 회원국의 변호사회에 등록된 변호사들과의 관계에 있어서, 변호사는 아래 제21조상의 유럽변호사 행위규범 제5-3조의 규정을 준수해야 한다.

유럽연합 역외 변호사들과의 관계

제3.4조 유럽연합 역외 국가의 변호사회에 등록된 변호사들과의 관계에 있어서, 변호사는 비밀유지 의무의 대상이 되는 정보를 교환하기에 앞서서 해당 변호사의 국가에 통신의 비밀유지 의무를 보장하는 법규범이 존재하는지 확인하고, 그렇지 않을 경우에는 비밀유지 의무에 관한 협약을 체결하거나, 의뢰인에게 비밀이 보장되지 않는 정보교환의 위험을 수인하겠는지 여부를 문의해야 한다.

제4조 이익충돌

원칙

제4.1조 변호사는 의뢰인 간 이익이 충돌하거나 그러한 충돌의 심각한 위험이 존재할 때에는, 당사자들이 동의하는 경우를 제외하고, 같은 사건에서 한 명 이상의 의뢰인을 자문하거나 그 대리인 또는 변호인이 될 수 없다.

당사자들의 서면 동의가 있는 경우를 제외하고는, 이익충돌의 문제가 발생하거나, 직무상 비밀유지 의무를 위반할 위험이 있거나 또는 독립성을 보전할 수 없을 위험에 처하게 될 때에는, 변호사는 관련된 모든 의뢰인들의 사건 수임을 삼가야 한다.

이전의 의뢰인으로부터 입수한 비밀정보를 누설할 위험이 있거나, 그 사건의 변호사

로서 지득한 내용이 새로운 의뢰인에게 유리하게 작용할 위험이 있는 경우, 변호사는 새로운 의뢰인의 사건을 수임할 수 없다.

변호사가 집단적으로 업무를 수행할 경우에는, 전항의 규정들은 해당 집단 전체 및 구성원 개개인에게 적용된다. 이러한 규정은 동업관계로 직무를 수행하는 변호사들 간에도, 직무상 비밀유지 의무 위반의 위험이 존재하는 이상 적용된다.

협력 변호사(l'avocat collaborateur)와 그의 협력 대상이 되는 변호사 및 업무수행 조직 간에 있어서도, 협력 변호사 자신의 사건기록(dossier)에 대해서는 같은 규범이 적용된다.

제4.2조 정의

이익충돌

이익충돌이란 다음과 같다.

- ○ 법률 자문을 함에 있어서, 수임(saisine) 시점에서, 의뢰인에게 완전하고, 충실하고, 제한 없는 정보를 제공해야 할 의무를 부담하는 변호사가, 현재 상황의 분석 자체로 또는 필요한 법률적 수단의 이용에 의하여 또는 의뢰인이 추구하는 결과의 실현으로 인하여 또는 기타 이유로 하나 또는 다수의 당사자들의 이익을 해하지 않고서는 자신의 임무를 수행할 수 없게 되는 경우
- ○ 소송대리나 변호인의 역할을 수행함에 있어서, 수임(saisine) 시점에서, 다수 당사자를 대리하거나 변호하는 결과로 인하여 특히 그 이유나 주장이나 목적에 있어서, 어느 한 당사자만의 이익을 대변하였더라면 자신이 수행하였을 변론의 내용과는 배치되는 내용의 변론을 하게 되는 경우
- ○ 수임 당시의 사정이 변경된 결과 변호사가 상기 문제 상황에 처하게 되는 경우

이익충돌의 위험

수임 당시의 사정이 변경되거나 사정의 예정된 전개로 인하여, 변호사가 상기 문제 상황에 처할 우려가 있는 경우에는 이익충돌의 심각한 위험이 존재한다.

제5조 대심 원칙(principe de contradictoire)의 준수

원칙

제5.1조 변호사는 공평한 소송의 요청에 부응하여야 한다. 그는 상대편 당사자에 대하여 공정하게 행동해야 한다. 그는 상대방의 방어할 권리와 대심 원칙을 준수한다.

사실에 관한 주장(moyen de fait), 증거방법 및 법률에 관한 주장(moyens de droit)의 쌍방간 완전한 교환은 자발적으로, 적절한 시기에, 소송법상 정해진 방식대로 이루어져야 한다.

변호사는 상대방 변호사와 전자적 매체를 이용하여 통신할 수 있으며, 이러한 경우에는 상대방이 공식 서류상 기재한 주소를 이용한다.

제5.2조 이 규범은 아래 경우의 변호사에게 적용된다.

○ 변호사 수임이 강제되지 않거나, 구술주의 원칙이 적용되는 경우를 포함하여, 모든 법원에서 직무를 수행하는 변호사
○ 은행위원회(la Commission Bancaire)에서 직무를 수행하는 변호사
○ 금융시장청(l'Autorité des Marchés Financiers)에서 직무를 수행하는 변호사
○ 일반적으로, 그 성격을 불문하고 사법적인 권한을 지닌 기관 또는 조직에서 직무를 수행하는 변호사

형사 소송절차에 적용되는 규정

제5.3조 형사법원에 기소된 사건의 경우, 변호사는 법률 및 사실 주장, 증거 자료를 검찰과 다른 당사자들의 변호인에게 늦어도 공판절차에서 증거조사가 종결될 때까지는 제출해야 한다.

만약 형사소송절차에서 피의자(la prévenu) 또는 피고인(l'accusé)이 항변(une exception)을 제기하거나 또는 소 각하 판결의 선고(fin de non-recevoir)를 신청하는 경우, 변호사는 상대방 측이 이에 대하여 적시에 항변할 수 있도록 지체 없이 주장 및 자료를 제출해야 한다. 단 이러한 제출로 인하여 제시하는 주장이 영향을 받는 경우는 예외로 한다. 이러한 경우에는 피의자 또는 피고인의 변호사가 준수하여야 할 상기 일반적 규범이 적용된다.

소송 상대방과의 관계

제5.4조 소송절차를 개시하는 변호사가 상대방의 대리인을 알고 있을 경우에는, 자신의 의뢰인의 이익을 해하지 않는 범위 내에서 상대방 대리인인 변호사에게 사전에 통지하여야 한다.

소송계속중에는, 변호사와 상대방 변호사와의 관계는 변호사 직무에 요구되는 정중함, 성실함, 그리고 동료애를 발휘하여야 한다.

형사법원의 판결에 대하여 항소하는 변호사는 이를 즉시 소송에 관련된 상대방 변호사들에게 통지하여야 한다. 판결의 무효신청(les requêtes en nullité)에 있어서도 마찬가지이다.

이는 모든 민사사건에서의 항소절차에서뿐만 아니라, 더욱 일반적으로는 모든 상소제기절차 및 사실상의 모든 재판절차에서도 마찬가지로 적용된다.

소송서류(les pièces)의 송부

제5.5조 소송서류의 송부는 원본 또는 복사본에 의한다.

소송서류에는 일련번호를 매기고, 변호사가 날인하여야 하며, 변호사가 날짜를 적고 서명한 명세서를 동봉하여야 한다.

소송서류는 아래와 같은 조건 하에 송부된다.

- ○ 소송서류 가운데, 외국어로 쓰인 것은 비공식 번역본을 첨부하여야 하며, 이의신청이 있을 경우에는 법정에서 선서한 번역사에게 의뢰될 것이다.
- ○ 앞에서 언급된 사실 주장 및 법률 주장은 준비서면(notice, conclusion) 또는 변론서(dossier de plaidoirie)의 형식으로 제출될 수 있다.
- ○ 판례와 학설은 공간되지 않은 경우라도 심리를 위한 자료로 제출될 수 있고, 공간된 경우라면, 상세한 출전(出典)이 상대방 변호사 측에게 전달되어야 한다.

소송서류는 전자적 매체를 이용하거나 디지털정보저장 장치(stockage de données numériques)를 인도하는 방식으로 송부될 수 있으며, 수취인으로부터 수신 여부가 확인되는 경우에는 전자우편 발송을 통해서도 가능하다.

제2절 활동

제6조 변호사의 직무상 활동 영역

활동 영역의 정의

제6.1조 사법의 조력자이자, 법의 보편적 실행을 위한 주요 행위자로서, 변호사는 전문가로서, 시민들의 경제생활, 사회생활에 참여할 소명을 지니며, 그러한 경우 직무수행상 요구되는 핵심 원칙들을 준수하여야 한다.

변호사는 임무를 수행하는 데 다양한 역량을 결집할 필요가 있을 경우, 다른 직종 종사자들과 협력할 수 있다. 이는 한시적이고, 명확하게 범위가 규정된 활동의 일환으로도 가능하며, 여러 직종이 결합한 조직이나 단체에 참여하는 방식으로도 가능하다.

임무

제6.2조 변호사는 재판절차에 있어서, 그리고 모든 행정부 또는 공무를 수탁 받은 사인과의 관계에 있어서 법률이나 행정명령에서 사전에 규정한 경우를 제외하고는 위임장을 제시하지 않고서도 의뢰인을 조력하고, 대리한다.

변호사는 의뢰인에게 법규범의 적용, 문서 작성, 협상 및 계약관계의 점검 등을 주요한 또는 부차적 목적으로 하는 자문 및 협력을 제공한다.

변호사는 사법적인 직무(mission de justice)를 담당할 수 있다.

변호사는 자연인 또는 조직을 갖추어 활동하는 법인이나 신탁재산 또는 상속재산관리기구(tout instrument de gestion d'un patrimoine d'affectation)를 위하여 임무를 수행할 수 있다.

변호사는 또한 중재인, 감정인, 조정인, 화해인, 공탁재산 관리자(séquestre), 합의절차에 의한 청산인, 유언 집행자에 선임될 수 있다.

중재인의 임무를 담당할 경우, 그는 특히 중재절차를 규율하는 특별 규범들을 준수하도록 유의하여야 한다. 그는 특별히 절차상 기한을 준수하고 심의의 비밀을 유지해야 하며, 스스로 이러한 규범들을 준수할 뿐만이 아니라 중재에 참여한 당사자들에게 대심 원칙과 공평 원칙을 지키도록 해야 한다.

이러한 임무를 완수함에 있어서, 그는 계속해서 변호사 직무수행의 핵심 원칙들에 복종해야 하며, 특별히 독립성을 확보해야 한다.

제6.2.1조 수탁자(fiduciaire)로서의 활동

원칙

제6.2.1.1조 수탁자로 활동하는 변호사는 임무를 수행함에 있어서 선서상의 의무와 변호사 직무상 핵심 원칙과, 더욱 일반적으로는, 이 전국적 내부규칙의 모든 규정들을 준수해야 한다.

수탁자의 직무를 수행하는 한, 변호사는 1991년 11월 27일자 행정명령 제111조 이하의 규정의 취지에 따라, 이러한 직무와 양립할 수 없는 활동을 병행할 수 없다.

변호사협회(l'Ordre)에의 신고

제6.2.1.2조 수탁자로서 활동하고자 하는 변호사는 개별적으로 직무수행상 민사책임은 물론 임무수행과 관련된 금전, 주식, 채권, 어음의 반환을 보증해 줄 특별보험에 가입하여야 한다. 그는 변호사협회장(bâtonnier)에게 특별보험 가입을 증명하는 신고서를 제출하여야 한다.

변호사협회장은 지체 없이 신고서의 수령을 통지하여야 한다.

변호사는 매년 보험 가입이 유지되고 있음을 변호사협회장(bâtonnier)에게 증명하여야 한다.

통신

제6.2.1.3조 변호사가 엄밀한 의미에서의 수탁자의 임무로서 서한을 작성할 경우에는, 그 서한의 매체를 불문하고, 수탁자로서의 자격을 명시적으로 언급하여야 한다. 변호사는 수탁자의 자격으로서 교환하는 서한 내용의 비밀이 신탁의 감독기구와의 관계에서는 유지되지 않음을 수신자에게 환기시켜 주어야 한다.

수탁자로서의 임무수행 사실을 모르는 동료 변호사가 수탁자로서의 임무를 수행하는 변호사에게 보낸, '공개 가능'이라는 명시적 표시가 없는 통신의 내용은 본 규범 제3조 및 1971년 12월 31일자 법률 제66-5조에 따라 직무상 비밀유지 의무의 대상이 된다.

직무상 비밀의 보호

제6.2.1.4조 수탁자로서 활동하는 변호사는 직무상 비밀유지 의무를 준수해야 하며, 한편으로는 사법, 행정 및 해당 분야의 당국이 그 분야의 법률과 규칙에서 규정한 대로 감독 활동을 할 수 있도록 조치를 취해야 한다. 다만 이러한 조치는 직무상 비밀유지 의무와 소속 변호사사무소 및 자신의 다른 활동과 관련된 통신 내용의 비밀유지 의무를 해하지 않는 범위 내에서 이루어져야 한다.

그는 특히 구별되는 서한용지를 사용하여야 하며, 신탁 관련 서류들을 다른 서류와는 별도로 분철함으로써, 명확하고 구체적으로 식별되도록 하여야 한다. 마찬가지로 수탁자로서의 활동과 관련된 모든 보관장치 또는 시설은 해당 활동에만 사용되어야 하며, 분명하게 식별될 수 있어야 한다.

수탁자로서 활동하는 변호사의 구체적 의무

제6.2.1.5조

당사자의 신원 확인

변호사는 계약당사자들과 계약의 실질적 수익자의 신원을 확인하여야 한다. 변호사는 이들에게 본 규칙 제6.2.1.1조 및 이하의 규정들의 내용을 알려주어야 한다.

이익충돌의 문제는 계약당사자 및 수익자와 관련하여 파악되어야 한다. 계약당사자가 민법 제2017조에 의거하여 제3자로 지정한 변호사는 수탁자 임무를 수행하는 변호사의 업무수행 조직에만 소속될 수 있다

보수

신탁계약에서, 변호사의 보수는 다른 당사자들의 보수와는 구별되어야 한다.

회계

수탁자로서 변호사의 활동은 변호사의 업무 관련 계좌, 개인적 계좌, 그리고 변호사결제기금(CARPA, Caisse de règlement professionnel des avocats) 상의 계좌와는 구별하여 관리되어야 한다. 수탁자로서의 활동은 1971년 12월 31일자 법률 제17-9조에 따라 회

계 감사의 대상이 될 수 있다.

신탁재산은 변호사의 회계 내역 내에서도 특정적이고 명시적으로 구별 가능한 계정으로 관리되어야 한다.

전문성 확보 의무
변호사는 수탁자로서의 업무수행과 관련된 분야에서 요구되는 특별 교육을 이수하여야 한다.

제6.2.2조 개인정보 보호 활동

제6.2.2.1조 원칙
개인정보 보호 활동에 있어서, 변호사는 직무상 비밀유지 의무 및 이익충돌 관련 규범을 준수해야 한다.

제6.2.2.2조 의무
개인정보 보호를 담당하는 변호사는 만일 임무를 수행할 수 없다고 판단하는 경우, 관련 담당자에게 필요한 조치를 사전에 통지하고 실행한 후 그 임무를 종료하여야 한다. 어떠한 경우에도 변호사는 의뢰인을 고발할 수 없다.

제6.3조 위임
위의 임무들과는 독립적으로, 변호사는 의뢰인들로부터 이하에 규정된 요건 하에서 위임을 받을 수 있다.

변호사는 법률이나 규칙에 의하여 그 존재가 추정되는 경우를 제외하고는 위임장을 제시하여야 한다.

그는 협상을 하거나, 소송을 수행하거나, 의뢰인의 명의로, 의뢰인을 위하여 서명하도록 위임받을 수 있다. 그러한 위임은 특정되어야 하며 따라서 포괄적 위임은 허용되지 않는다.

그는 의뢰인의 세무대리인으로 지정받을 수 있다.

그는 또한 주주총회 의결 또는 합의기구 소집 시 의뢰인을 조력하거나 대리할 수 있다. 이러한 경우 변호사는 사전에 법인의 변호사에게, 변호사가 없는 경우에는 법적 대리인이나 소집인에게 그러한 사실을 통지하여야 한다.

그는 수탁을 받거나 합의 또는 재판에 의한 공탁재산 관리자(séquestre)로서의 임무를 위임받을 수 있다.

그는 수탁자 또는 공탁재산 관리자의 자격에서 명백한 불법 또는 기망행위를 거부해야 한다.

위임장은 변호사 임무의 성격, 범위, 기간과 조건 및 임무수행방식 그리고 보수 지급방법을 규정하고 있어야 한다.

변호사가 유가증권, 어음, 채권 등의 보관인 또는 공탁재산 관리자가 되는 경우, 그는 그러한 재산을 지체 없이 변호사결제기금(CARPA) 상의 계좌 또는 변호사협회장(bâtonnier)의 '공탁재산 관리' 계좌에 예치하여야 하며, 그때 보관계약 또는 공탁재산 관리계약서 사본을 함께 제출하여야 한다.

변호사는 사전에 그가 위임받은 활동의 적법성을 확인하여야 한다. 그는 위임의 목적을 존중하고, 사정상 권한이 확대될 필요가 있는 경우 위임인에게 요청하여야 한다. 만일 부여받은 임무 완수가 불가능한 경우, 변호사는 위임인에게 지체 없이 그 사실을 통지하여야 한다.

위임과 관련된 의무 및 금지사항들

제6.4조 변호사는 위임인이 구체적인 범위를 정하여 서면으로 수권하지 않는 한, 위임인을 대리하여 위임인의 명의로 합의를 할 수 없으며, 어떠한 제안이나 청약에 의하여 위임인이 확정적으로 책임을 부담하도록 할 수 없다.

변호사는 만일 위임장에서 그 점이 명시되거나, 그렇지 않더라도 위임인이 서면에 의하여 특별히 수권한 경우가 아니라면, 위임인의 유가증권, 채권, 어음 등을 처분하거나 그의 재산을 양도할 수 없다.

변호사는 명의를 대여하거나 중개업 및 그 직무의 수행과 양립할 수 없는 상업적 성격의 모든 활동을 하지 못한다. 변호사는 보조적이고 한시적으로만, 그리고 그 사실을 변호사협회장에게 통지한 이후에야 유가증권 또는 부동산 관리 업무를 수임할 수 있다.

교육-연수
제6.5조 변호사는 교육 및 연수 활동을 조직할 수 있고, 그러한 활동에 참여할 수 있다.

제6.6조 전자사법서비스

전자사법서비스
제6.6.1조 전자통신을 이용한 변호사의 사법서비스 제공이라 함은, 기존 또는 신규 의뢰인 개인별로 제공되는 서비스를 의미한다.

이는 2005년 7월 12일자 명령 제15조의 규정에 따라 제공될 수 있다. 전자사법서비스 제공계약 체결에 앞서 담당 변호사의 이름이 이용자에게 제시되어야 한다.

담당 변호사의 신원 확인
제6.6.2조 사법서비스 이용자가 변호사에게 전자상으로 문의하거나 요청할 경우, 변호사는 답변 상대방에게 신원과 인적 사항을 확인해 주어야 한다. 이는 직무상 비밀을 유지하고, 이익충돌을 회피하고, 문의사항에 적합한 정보를 제공하기 위한 의무이다. 답변을 수행하는 변호사는 항상 신원이 확인 가능하여야 한다.

의뢰인과의 통신
제6.6.3조 전자사법서비스를 제공하는 변호사는 항상 서비스 이용자와 개인적으로, 그리고 직접적으로 연락될 수 있어야 한다. 왜냐하면, 특히 서비스 이용자의 문의 내용이 미흡하거나 불충분한 경우, 변호사가 이용자에게 직접 필요한 질문을 하거나 적절한 서비스를 제공하기 위한 제안을 할 수 있어야 하기 때문이다.

제6.6.4조 서비스의 보수

전자사법서비스 인터넷 웹사이트 제작 변호사
제6.6.4.1조 변호사가 단독으로, 또는 동료들과 함께 전자사법서비스 인터넷 웹사이트를 제작, 개발하거나 그 과정에 주도적으로 참여하였다면, 그는 그 웹사이트 이용자로부터 자유롭게 보수를 수령할 수 있다. 그는 필요한 경우 의뢰인의 신원이 확인

될 수만 있다면 전자적인 방법으로의 보수 지급의 안전을 보장해줄 금융기관을 통하여 보수를 수령할 수도 있다.

전자사법서비스의 웹사이트에서 조회된 변호사

제6.6.4.2조 전자사법서비스의 웹사이트에서 조회된 변호사는 해당 웹사이트 운영비용의 부담으로, 도급의 방식으로 참여할 수 있다. 다만, 해당 웹사이트를 통해 관계를 맺은 의뢰인들이 그 변호사에게 지불하는 사례금으로서 이미 책정된 모든 보수는 그 예외이다.

인터넷 웹사이트를 통하여 서비스를 제공하는 변호사

제6.6.4.3조 정보통신 업체를 통하여 의뢰인들에게 전자사법서비스를 제공하는 변호사는 동 서비스는 사법 관련 정보의 영역에만 한정된다는 점을 확인하여야 한다.

만일 그가 1971년 12월 31자 법률의 개정안 제2절(Titre II)에 의거하여 자문을 제공하는 경우에는, 직무상 비밀유지 의무와 이익충돌 관련 규범들을 준수하여야 한다. 그는 정보통신 업체에게 보수 수령을 위임할 수 있다. 이러한 경우, 상기 업체와 지불에 대하여 합의가 이루어진 총비용은 보수로부터 공제될 수 있다.

모든 경우에 제3자의 인터넷 웹시이트에 참여하거나, 그 웹사이트에서 조회되거나, 하이퍼링크에 의하여 연결되어 업무를 수행하는 변호사는 그 내용이 직무상 원칙을 따르는 것인지 확인하여 소속 변호사협회(Ordre)에 통지하여야 한다. 그렇지 않다면 그 업무수행을 중지하여야 한다.

제7조 법률문서(actes)의 작성

법률문서 작성인의 정의

제7.1조 변호사는 법률문서 작성인의 자격으로서, 단독으로 또는 다른 전문가와 함께, 자문을 받거나 받지 않는 1인 또는 수인의 당사자를 위하여, 법률문서를 작성하고 그 문서에 서명을 받는다.

변호사가 법률 문서를 기안하였더라도, 그 문서에 대한 서명이 행하여진 시점에는 해당 변호사가 부재중이었던 경우에는, 기안 사실만으로는 해당 변호사에 대해 법률문서 작성인의 자격이 추정되지는 않는다.

변호사가 자신이 작성한 문서, 또는 자신이 작성에 참여한 문서에 관하여 그 스스로를 저작권자라고 생각하는 경우에는 그 문서에 자신의 성명과 자격을 기재할 수 있다. 이와 같이 기재하는 경우에는 본조의 규정이 빠짐없이 적용된다.

법률문서 작성인의 의무

제7.2조 법률문서 작성인으로서, 변호사는 당사자들이 정한 바에 따른 법률문서의 유효성과 완전한 실효성(efficacité)을 보장한다. 그는 명백하게 불법적이거나 기망에 의한 법률문서 또는 계약의 작성을 거부한다. 당사자들에 의해 면제된 경우가 아니라면, 그는 해당 법률문서에 필요한 법률 또는 규칙상의 절차를 이행하고 관련 비용의 사전 납부를 요구할 책임이 있다.

변호사가 단독으로 법률문서 작성인이 되는 경우 당사자들의 이해관계가 균형을 이루도록 하여야 한다. 그가 한 당사자 측과 먼저 접촉하였다면, 상대방 측에 대하여 그가 먼저 접촉한 당사자 측에 조언을 해주었을 가능성이 있음을 통지하고, 상대방 측도 다른 변호사에게 조력을 받도록 알려주어야 한다.

이의 제기

제7.3조 변호사가 단독 법률문서 작성인이라고 하더라도 법률문서에 서명한 모든 당사자들의 대리인이었던 것으로 추정되지는 않는다.

변호사는 자신이 대리하는 의뢰인들 외에 다른 당사자들이 변호사 또는 변호사 아닌 자로부터 조력을 받는 시점으로부터 더 이상 단독 법률문서 작성인이 아니다.

변호사는 모든 당사자들의 대리인으로서 단독 법률문서 작성인이 된다면, 그는 제3자가 이의를 제기한 경우를 제외하고는, 스스로 작성한 법률문서의 유효성, 이행, 그리고 해석에 관한 소송을 제기하거나 변호할 수 없다.

만일 변호사가 단독 법률문서 작성인이지만 모든 당사자들의 대리인이 아닌 경우, 또는 법률문서의 작성에는 참여하였으나 단독 법률문서 작성인은 아닌 경우에는 자신이 작성하였거나 작성에 참여한 법률문서의 이행이나 해석에 관하여 소송을 제기하거나 변호할 수 있다. 또한 그 문서의 유효성에 관하여도 변호할 수 있다.

제8조 상대방과의 관계

원칙

제8.1조 모든 사람은 변호사에게 자문을 받거나 변호를 맡길 권리가 있다.

합의에 의한 분쟁 해결

제8.2조 분쟁이 절차 개시 이전에, 심지어 이미 법원에 소송이 계류되어 있을 때에라도 합의를 통해서 해결될 가능성이 있을 경우, 변호사는 의뢰인의 동의하에서만 상대방과 접촉하거나 연락할 수 있다. 이 경우, 그는 상대방에게 변호사의 자문을 구할 수 있는 권한이 있음을 환기시키고, 그의 성명을 자신에게 알려주도록 권고한다. 변호사는 상대방에 대하여 사정에 반하는 어떠한 설명이나 일체의 위협을 해서는 안 되지만, 소송의 가능성에 대해서 언급할 수는 있다.

변호사는, 수임인의 자격으로, 상대방에게 명령하거나 최고할 수 있다.

상대방과의 접촉은 서한을 통해서만 이루어질 수 있다. 서한은 전자적 매체를 통하여 발송될 수 있는데, 사전에 수신인의 주소를 확인하고, 변호사의 자문을 구할 권한이 있음을 환기시키고, 그 경우 변호사의 이름을 통보해주도록 권고한다.

이 규칙은 유선 접촉에 있어서도 마찬가지로 적용되며, 그러한 경우 변호사는 주도적으로 절차를 개시할 수 없다.

소송

제8.3조 소송이 예정되어 있거나 진행중인 경우, 변호사는 의견을 교환하기에 앞서 상대방에 대하여 변호사의 조언을 구할 권한이 있음을 알려주어야 한다.

만약 상대방이 변호사의 조언을 구할 의도를 알려올 경우, 상대방 측 변호사에 대하여 모든 회합에 참여하도록 권고하여야 한다.

소송에서 상대방이 변호사를 선임하지 않았거나 변호사가 재판에 출석하지 않았다면, 변호사는 수임인의 자격으로 상대방에 대하여 일체의 명령, 최고를 하거나 답변할 수 있다.

상대방이 변호사를 선임하였거나 변호사가 재판에 출석한 경우에, 변호사는 상대방 측 변호사와만 접촉할 수 있다.

그럼에도 불구하고, 법률의 규정 또는 구체적 소송절차에서 예정되어 있는 경우에는, 변호사는 상대방 측 변호사를 공동 수신인으로 한다는 요건 하에 상대방에게 직접 소송서류에 해당하는 문서들을 보낼 수 있다.

협상

제8.4조 협상에서 의뢰인에 조력할 임무를 담당하는 변호사는 의뢰인의 입회하에, 또는 의뢰인의 동의를 얻은 연후에 협상을 진행할 수 있다.

변호사의 조력을 받는 상대방과의 협상에 임할 경우, 그는 상대방 변호사의 사전 동의를 얻은 연후에야 상대방과 직접 연락을 취할 수 있다.

제9조 동일 사건기록(dossier)에 대한 변호사간의 승계

승계 받는 변호사

제9.1조 사건기록을 제공받은 변호사는 다른 변호사들이 사전에 변호인 또는 대리인으로서 해당 사건기록을 담당하였었는지 확인해보아야 한다.

다른 변호사로부터 사건 및 사건기록(dossier)을 승계 받는 변호사는 최우선적으로 전임 변호사에게 서면으로 통지하고 그에게 지급되어야 할 보수에 대하여 문의하여야 한다.

해임된 변호사

제9.2조 해임된 변호사는, 어떠한 유치할 권리도 보유하지 않으며, 그 사건기록을 완전히 이해하는 데 필요한 모든 정보들을 지체 없이 전달해 주어야 한다.

제9.3조 만약 변호사협회장(bâtonnier)의 사전 동의가 없다면, 다른 변호사로부터 사건기록을 승계 받는 변호사는 전임 변호사에 대항하여 의뢰인의 이익을 위하여 변호할 수 없다.

새로운 변호사는 의뢰인으로 하여금 전임 담당 변호사에게 종국적으로 귀속되어야 할 보수를 지불하도록 요구한다. 만약 전임자의 미수금이 남아 있음에도 불구하고 의뢰인으로부터 보수를 수령한 경우에는, 그 사실을 변호사협회장(bâtonnier)에게 알려야 한다.

변호사가 법률구조 활동을 하는 동료 변호사로부터 사건을 승계하는 경우에는, 의뢰인이 명시적으로 법률구조의 혜택을 포기한 연후에야 자신의 보수를 청구할 수 있다. 변호사는 우선적으로 의뢰인에 대하여 법률구조의 혜택을 포기하는 결과에 대하여 설명해 주어야 한다. 또한, 그는 자신의 전임자와 법률구조 당국 및 변호사협회장에 대하여 자신이 임무에 착수하였음을 알려야 한다.

전임 변호사에 대한 보수 지급 및 전임 변호사로부터의 사건기록 반환과 관련된 분쟁의 해결은 변호사협회장에게 위임된다.

제10조 광고

원칙

제10.1조 변호사 직무와 변호사협회(les Ordres)를 선전하는 광고는 직무를 대표하는 기관의 권한에 속한다.

변호사는 공공에게 정보를 제공하고, 직무수행의 핵심 원칙들을 준수하는 범위 내에서 광고를 실시할 수 있다.

광고는 변호사가 제공하는 서비스를 설명하는 정보의 전파를 포함하는데, 이는 호별방문(démarchage)의 형식이 일절 허용되지 않기 때문이다.

이러한 광고는 진실한 것이어야 하고, 직무상 비밀보호 의무를 준수하여야 하며, 품위 있고 신중하게 실시되어야 한다. 광고는 시행에 앞서 변호사협회(l'Ordre)에 신고되어야 한다.

금지된 광고

제10.2조 1972년 8월 25일자 행정명령 제 1조에 규정된 바대로, 변호사의 호별방문행위는 그 영역을 불문하고 금지된다.

특정 잠재적 의뢰인에 대한 개별적인 서비스의 제안은 금지된다.

변호사는 전단지, 게시물, 영상물, 라디오 및 텔레비전 방송을 통하여 개인적인 광고를 하여서는 안 된다.

이용되는 광고의 형식을 불문하고, 아래와 같은 광고는 금지된다.

○ 허위 광고 및 부정확하거나 오해를 불러일으킬 우려가 있는 내용을 포함하는 광고
○ 자찬(自讚)하거나 다른 변호사와 비교하는 내용의 기재
○ 공인되지 않은 직무 관련 자격을 갖춘 것으로 해석될 수 있는 내용의 기재
○ 공중으로 하여금 존재하지 않는 업무수행 조직을 갖추었다고 믿게 하는 것으로 해석될 수 있는 내용의 기재
○ 변호사 직무수행과 무관한 임무 또는 활동에 대한 언급
○ 직무상 비밀을 침해하는 것으로 해석될 수 있는 내용의 기재
○ 법률에 위반되는 내용

광고의 형식

제10.3조 변호사는 본조의 규정을 준수하는 한, 모든 합법적인 수단을 이용하여 개인적인 광고를 실시할 수 있다.

아래와 같은 광고는 특히 허락된다.

○ 변호사사무소 및 그 활동 내역, 법률과 판례에 관한 일반적인 정보를 제공하는 우편물 또는 전자우편물의 발송
○ 변호사가 새로운 지역에 개업하거나, 새로운 구성원을 영입하거나, 인가 단체에 가입하거나, 또는 지점을 개설하는 것과 같이 일시적이고 기술적인 정보를 전파할 목적으로 전단지 및 안내문을 내는 것
○ 그 형식이나 배치, 또는 내용이 공중을 기망하거나 부당경쟁행위에 해당하지 않는 한, 연감 또는 신문 등에 간지(間紙) 광고를 하는 것
○ 변호사사무소를 소개하는 내용의 소책자를 배포하는 것
○ 변호사사무소의 설립 사실을 나타내는 간판 또는 기타 매체를 건물 입구에 합리적인 크기로 설치하는 것

간지(間紙) 광고 및 소책자에 관련된 계획은 출간 및 배포에 앞서 변호사회 평의회(conseil de l'Ordre)에 제출되어야 한다.

광고의 내용

제10.4.1조 통신이나 변호사의 개인적 광고를 목적으로 하는 모든 문서에는, 즉시 눈에 띄거나 접근이 가능한 방식으로, 변호사의 신원, 연락처, 변호사사무소의 위치, 등록 변호사회 및 필요한 경우에는 소속 업무수행 조직과 가입 단체가 무엇인지를 알 수 있도록 하는 내용이 기재되어야 한다.

통신 목적의 문서

제10.4.2조 변호사의 통신을 목적으로 하는 모든 문서에는 아래와 같은 내용을 기재할 수 있다.

- ○ 변호사사무소에서 함께 업무를 수행하는 다른 변호사들의 성명; 그와 구별하여, 이전에 해당 사무소에서 업무를 수행하였던 변호사들의 성명
- ○ 본인의 동의를 조건으로, 변호사사무소 내에서 정규적으로 중요한 임무를 수행하는 비변호사 전문직 종사자들의 이름과 수행 업무
- ○ 대학 등 학위 증명서, 프랑스 및 외국에서의 고등 교육 수행 내역
- ○ 구사할 수 있는 외국어
- ○ 현재 및 과거의 직무상 수임 내역
- ○ 법률규정에 따른 사법 활동수행 경력
- ○ 외국 법령에 의거하여 취득한, 프랑스에서 변호사 직무수행을 허가하는 자격증
- ○ 변호사가 정규적으로 취득하고 유효한 자격증을 보유한 하나 또는 그 이상의 전문분야
- ○ 전술한 경우, 전문분야의 자격을 표상하기 위하여 변호사회 전국위원회가 만든 로고 또는 식별 표지
- ○ 하나 또는 그 이상의 소속 변호사회 및 지점 또는 자회사의 설립 사실
- ○ 그 내용이 직무수행의 실제 상황 및 변호사협회(l'Ordre)에 제출된 협약(conventions)의 내용과 일치한다는 요건 하에, 동업관계, 경제이익단체(GIE-Groupement d'intérêt économique, GEIE-Groupement européen d'intérêt économique) 및 연락망(correspondances organiques)에의 가입 사실
- ○ 변호사사무소의 내부 조직 및 구조
- ○ 변호사사무소나 변호사 직역을 표상하는 로고 또는 변호사회장(bâtonnier)의 동의를 얻을 경우 소속 변호사회(barreau d'appartenance)의 로고
- ○ 국제표준화기구(ISO) 기준 및 채택된 표준에 의거할 경우에만 허용되는 '품질 관리' 인증서, 인증기관의 로고와 명칭, 그 기관이 부여한 등록 번호

광고 목적의 문서

제10.4.3조 변호사의 개인적 광고 목적의 문서에는 통신 목적의 문서에 허용되는 사항 외에도 아래의 내용을 기재할 수 있다.

- ㅇ 변호사사무소 내에서 직무를 수행하는 각 변호사들의 재직연수
- ㅇ 사법 제도 전반과 관련되어 실제로 수행하고 있는 활동 영역, 취급 업무 및 필요한 경우에 한하여 '전문가'(spécialiste), '전문화'(spécialisé), '전문성'(spécialité), '전문분야'(spécialisation)와 같은 단어('전문가 등'); 전술한 바와 같이 변호사가 정규적으로 취득하고 유효한 전문분야 자격증을 소지한 분야의 활동 영역에 관하여 위 '전문가 등'의 단어와 관련된 상징
- ㅇ 보수 결정방식
- ㅇ 사법 및 직무 관련 교육 활동에 대한 참여
- ㅇ 변호사회 및 지점의 목록, 변호사 협회에 제출된 협약의 내용과 일치하는 외국의 연락사무소 목록

직무 연감과 관련된 보충 규정들

제10.5조 모든 변호사는 상업적으로 발간되는 직무 연감의 일반 항목에 등재될 수 있으며, 필요한 경우에는 정규적으로 취득하고 유효한 자격증을 소지한 전문분야의 해당 항목 편에도 실릴 수 있다.

변호사 또는 변호사사무소는 그 주사무소가 위치한 도(道, département) 또는 필요한 경우 지점이 위치한 도(道)의 연감에 등재될 수 있다.

변호사회간 연합체에 소속된 변호사라도 개인 자격으로 등록한 변호사회에 해당하는 항목에만 개별적으로 등재될 수 있다.

인터넷을 통한 광고와 관련된 보충적 규정들

제10.6조 인터넷 웹사이트를 개설하거나 수정하는 변호사는 그 사실을 변호사회 평의회(le conseil de l'Ordre)에 지체 없이 알려야 하고, 접속 가능한 도메인 이름을 통보해 주어야 한다.

도메인 이름은 변호사의 이름이나 변호사사무소의 정확한 명칭을 포함하여야 하며, 그 앞뒤에 '변호사'(avocat)라는 단어를 표기할 수 있다.

변호사 직위 자체, 또는 혼동을 일으킬 수 있는 자격, 법률의 한 분야, 또는 변호사의 활동 영역을 연상시키는 도메인 이름의 사용은 금지된다.

인터넷 사이트의 내용은 제10.4조의 내용에 부합하여야 한다.

변호사의 인터넷 웹사이트에는 직무와 관련된 것이 아닌 어떠한 상품이나 서비스에 대한 광고 문구나 배너도 실을 수 없다.

변호사의 인터넷 웹사이트에는 변호사의 직무수행상의 핵심 원칙들과 배치되는 내용의 다른 사이트로 직간접적으로 연결될 수 있는 하이퍼링크를 설정할 수 없다. 변호사는 자신의 웹사이트 상의 하이퍼링크를 통하여 접속이 가능한 다른 웹사이트 및 웹페이지들을 정기적으로 방문하여야 하며, 해당 웹사이트의 내용이 변호사의 직무수행상의 핵심 원칙들과 배치되는 것으로 드러나는 경우, 즉각적으로 삭제를 위한 모든 조치를 취하여야 한다.

변호사는 그가 구축하고자 하는 모든 하이퍼링크에 대하여 사전에 변호사회 평의회(le conseil de l'Ordre)에 신고하여야 한다.

블로그 또는 소셜네트워크 서비스를 이용하는 변호사는 직무수행상의 핵심 원칙들 및 본조의 모든 규정들을 준수하여야 한다.

제11조 보수(honoraires) - 수당(émoluments) - 지출(débours) - 보수 지급방식

보수의 결정

제11.1조 변호사와 의뢰인 간에 별도의 계약이 존재하지 않을 경우에, 보수는 관행, 의뢰인의 재산, 사건의 난이도, 변호사에 의해 제시된 비용, 변호사의 평판과 성실성을 고려하여 결정된다. 사건기록(dossier)을 담당하는 변호사는 분쟁 해결 이전에 해임되더라도 완성된 일의 정도에 따라 의뢰인에게 보수를 요구할 수 있다.

의뢰인에 대한 정보 제공

제11.2조 변호사는 수임 시부터 보수 결정방식 및 총액의 변동 가능성에 대한 정보를 의뢰인에 대하여 정식으로 제공해야 한다. 필요한 경우에는, 이러한 정보들은 보수 지급약정에 기재된다. 변호사가 법원의 절차에 관하여 긴급하게 개입하는 경우를 제외하고는, 변호사 비용 보증보험계약에 따라서 변호사가 전부 또는 일부의 보수를 지급받을 때에는 이와 같은 약정은 필수적으로 체결되어야 한다.

보수의 구성

변호사에 대한 보수는 관행에 따라 특히 아래의 요소들로 이루어진다.

- ㅇ 사건에 할애된 시간
- ㅇ 법률정보 조사에 소요된 노력
- ㅇ 사건의 성격과 난이도
- ㅇ 해당 이해관계의 중요성
- ㅇ 소요 비용 및 소속 사무소에 대한 부담
- ㅇ 변호사의 명성, 지위, 재직연수, 경력, 자격을 소지한 전공 분야
- ㅇ 변호사의 노력에 의하여 의뢰인에게 유리하게 취득된 이익 및 결과, 변호사가 제공한 서비스
- ㅇ 의뢰인의 재산

제11.3조 보수 결정방식

허용된 방식

보수의 일괄 지급은 합의될 수 있다. 변호사는 보수를 정기적으로 수령할 수도 있고, 일괄적으로 수령할 수도 있다.

금지된 방식

변호사가 성공보수계약에 따라 보수를 책정하는 것은 금지된다.

성공보수계약이란, 법원의 확정 판결 이전에 변호사와 의뢰인 간에 약정을 체결하여, 금전이나 여타의 재산 또는 가치의 총합으로 구성되는 보수의 총액이 오로지 사건에 대한 법원의 판결 결과에 따라서 결정되도록 하는 것이다.

변호사는 의뢰인이나 그의 수임인으로부터만 보수를 수령할 수 있다.

사건 소개의 대가로 보수(la rémunération d'apports d'affaires)를 지급하는 것은 금지된다.

비용과 보수에 대한 선불금

제11.4조 사건기록(dossier)을 담당하는 변호사는 의뢰인에게 비용과 보수에 대하여 선불금을 납입하도록 요구할 수 있다.

선불금은 사건기록으로부터 예상되는 보수와 지출의 합리적인 범위를 초과하지 못한다.

요청된 선불금이 지급되지 않은 경우, 변호사는 2005년 7월 12일자 행정명령 제13조에 규정된 요건 하에 수임을 철회할 수 있다. 변호사는 이에 관하여 의뢰인에게 필요한 모든 정보를 제공하여야 한다.

제11.5조 보수의 분배

의뢰한 변호사

변호사가 의뢰인을 다른 변호사와 연결시켜주는 데 그치지 않고 다른 변호사에게 사건기록을 교부(confier un dossier)하거나 그의 자문을 구하는 경우, 자신이 요청한 업무를 수행한 데 대한 급부로서, 해당 변호사에게 합당한 보수 및 소요된 비용을 개인적으로 지급해 주어야 한다. 그럼에도 불구하고 관련 변호사들은 처음부터 서면으로 달리 합의할 수 있다. 나아가 의뢰한 변호사는 언제라도, 서면으로, 미래에 자신의 책임을 면하는 때에는 지불되어야 할 보수에 대한 요구를 제한할 수 있다.

반대되는 규정이 없는 경우에는 위 내용은 변호사가 자문을 구하거나 임무를 의뢰한 다른 모든 이들과의 관계에 있어서도 적용된다.

법률문서의 공동 작성

법률문서의 작성과 관련하여, 문서가 다수의 변호사에 의해 공동으로 작성되는 경우, 참여한 각 변호사들의 자문과 조력에 대한 보수는 의뢰인 본인 또는 의뢰인의 지시에 따르거나 의뢰인을 대리하는 제3자에 의해서만 지불될 수 있다.

문서 작성에 대한 보수는 한쪽 당사자가 전적으로 부담하고 문서에서 그 점을 명시적으로 규정하는 것이 관례인 경우, 반대되는 내용의 약정이 존재하지 않는다면 문서 작성에 참여한 변호사들에 대한 보수는 균등하게 분배되어야 한다.

보수 분배의 금지

변호사가 보수를 변호사가 아닌 자연인 또는 법인과 분배하는 것은 그 형식을 불문하고 허용되지 않는다.

보수의 결제방식

제11.6조 보수는 법률 또는 규칙에 따라, 특히 현금, 수표, 계좌이체, 약속어음 및 신용카드에 의해서 지불된다.

변호사는 어음으로 보수를 지급받을 수 있는데, 단 이 경우에는 어음이 의뢰인에 의하여 인수되어야 한다.

배서는 오로지 어음금 지급의 목적으로, 변호사의 은행에 대하여만 가능하다.

변호사가 어음을 소지하였음에도 어음금을 지급받지 못한 경우 상사법원에 소를 제기할 수 있다. 그런 한편, 보수금 채권에 대한 분쟁이 존재하는 경우, 변호사는 변호사협회장(bâtonnier)에게 소송비용의 사정(査定)을 의뢰하고 상사법원에 대하여 판결의 유예를 요청할 수도 있다.

최종 상세 청구서

11.7조 변호사는 일괄 지급의 경우를 제외하고는 언제나 사건기록(dossier)별로 보수, 수령한 금액 및 책정된 금액에 대한 정확하고 구별되는 회계를 유지하여야 한다.

최종 정산에 앞서, 변호사는 상세 내역이 기재된 청구서를 의뢰인에게 전달한다. 이 청구서 상에는 비용과 기지출 금액, 시간당 요율에 따른 금액 및 정액의 보수금이 구별되어 현출되어야 한다. 또한 사전에 수령한 선불금 기타 비용들도 기재되어야 한다.

전항의 규정에 따라 작성된 청구서는 의뢰인 및 변호사협회장에게 각자의 요청에 따라 발급되며, 변호사 보수, 비용 또는 소송비용의 산정과 관련된 분쟁을 담당하는 지방법원 또는 고등법원의 재판장에 의하여 요구될 경우에도 마찬가지이다.

제12조 법원 경매와 관련된 변호사의 직업윤리와 업무수행

공통 조항

제12.1조 변호사는 압류 부동산에 관한 경매 신청서(cahier des conditions de vente) 또는 공유재산에 관한 경매 신청서(cahier des charges et de condition de vente)를 작성

하거나, 법원에 의한 청산절차와 관련하여 법원에 제출할 목적으로 문서를 작성할 경우, 해당 서류에 규정되어야 할 일반적 내용들을 담고 있는 이 규칙의 부록상의 모범 기재례들을 사용하여야 한다. 단 이러한 기재례들은 사건의 성격, 당사자들의 지위, 재산의 상황과 관련된 특수성으로 인하여 필요한 경우에는 수정되어 사용될 수 있다.

입찰(enchères)
제12.2조 변호사는 의뢰인의 신원 및 그의 법적 상황을 확인하여야 하고, 법인의 경우라면 법인의 실제 존재 여부와 회사의 목적의 범위, 그리고 대표자의 권한을 확인하여야 한다.

변호사는 상호 이익충돌이 있는 자들을 위하여 입찰을 수행할 수 없다.

특히 변호사는 다수 당사자들을 위하여 동일한 목적물에 대한 입찰을 수행할 수 없다.

변호사가 어느 한 의뢰인을 대리하여 낙찰을 받는 경우, 그 의뢰인의 서면 동의 없이 당해 경매절차에서 또 다른 입찰자의 명의로 더 높은 가격을 제시하여 입찰할 수 없다.

공유재산의 지분을 낙찰 받을 경우에 낙찰자의 변호사는 그 사실을 공유재산 관리인에게 통보해 주어야 한다.

제13조 명예변호사의 지위

명예변호사는 변호사 선서에 따른 의무에 복종하여야 한다.

지위의 획득
제13.1조 명예변호사의 지위는 당사자의 요청에 따라, 변호사협회 평의회(le conseil de l'Ordre)를 거쳐, 명부(tableaux)의 자연인 난에 등재되고 20년 이상 변호사 업무를 수행하였거나, 지방법원 또는 사법적 성격을 갖는 위원회에서 소송대리인(avoué)의 업무를 수행한 자에게 부여된다.

어떠한 경우에도, 변호사 직무의 핵심 원칙들을 해하거나 해하였을 가능성이 있는 자는 명예변호사의 지위를 획득하거나, 유지할 수 없다.

명예변호사의 지위는, 이를 신청한 자 또는 이미 그 지위를 보유한 자가 변호사협회 평의회(le conseil de l'Ordre)에 정식으로 소환되지 않고는 거부되거나 박탈될 수 없다.

지위 박탈의 원인이 해소된 경우, 해당인은 변호사협회 평의회(le conseil de l'Ordre)에 신규로 신청서를 제출할 수 있다.

특전

제13.2조 명예변호사는, 변호사협회(l'Ordre)의 회원으로서, 변호사회(barreaux)의 명예변호사 특별 명부에 등재된다.

명예변호사는 선거 및 공식 행사에서 법복을 착용할 권리가 있다.

명예변호사는 총회에 참석하여 의결권을 행사한다.

명예변호사는 변호사협회장(le bâtonnier), 변호사협회 평의회(conseil de l'Ordre) 및 전국 변호사회 평의회의 위원 선출권을 가진다.

명예변호사는 도서관 및 변호사협회(l'Ordre)가 제공하는 서비스를 이용할 수 있다.

변호사협회(l'Ordre)는 명예변호사에게 명예변호사증을 교부할 수 있다.

활동과 임무

제13.3조 변호사협회장(le bâtonnier) 또는 변호사협회 평의회(conseil de l'Ordre)는 명예변호사에게 그 구성원의 이익 및 변호사직의 전체 이익을 위하여 변호사협회(l'Ordre)의 행정과 관련된 모든 임무 또는 활동을 맡길 수 있다.

명예변호사는 변호사협회장(le bâtonnier)의 허가를 얻은 자문 및 법률문서 작성을 제외하고는 어떠한 변호사의 직무도 수행할 수 없다.

명예변호사는 재판관, 중재인, 감정인 또는 조정인의 임무를 수락할 수 있다. 그는 또한 행정부의 위원회 또는 시험이나 경연의 심사위원회에 참여할 수도 있다.

제3절 업무수행과 조직

제14조 자유직 또는 임금제 협력 변호사의 지위

자유직 또는 임금제 협력의 정의

제14.1조 자유직 협력이란, 종속적 관계없이 한 변호사가 활동의 일부를 한 명 또는 다수의 변호사로 구성된 변호사사무소에 대하여 제공하는 업무수행방식을 의미한다.

자유직 협력 변호사는 직업교육(formation) 과정을 완전히 이수한 후 스스로 의뢰인 관계를 형성하고 발전시킬 수 있다.

임금제 협력이란 근로조건의 결정에 있어서만 종속관계에 놓여 있는 직무수행방식을 의미한다.

임금제 변호사는 개인적인 의뢰인을 보유할 수 없다. 단 변호사회장에 의하여 지정된 법률구조 업무수행에 있어서는 그러하지 아니하다.

임금제 변호사의 근로계약이 1971년 12월 31일자 법률과 1991년 11월 27일사 행정명령과는 다른 내용을 포함할 경우, 노동법 및 1995년 2월 17일 체결된 단체 협약 그리고 직무수행의 핵심 원칙에 의하여 규율된다.

제14.2조 지도원리

자유직 또는 임금제 협력계약 체결조건

변호사들 간의 자유직 또는 임금제 협력계약서는 서명 후 15일 이내에 자유직 또는 임금제 협력 변호사가 등록된 소속 변호사회 평의회(conseil de l'Ordre)에 심사를 위하여 제출되어야 한다.

계약의 갱신 또는 수정 등의 변동사항이 있는 경우에도 마찬가지이다.

변호사협회 평의회(le conseil de l'Ordre)는 1개월 내의 기간을 정하여 변호사로 하여금 직무와 관련된 규범을 준수하는 내용으로 협력계약을 수정하도록 최고할 수 있다.

계약의 구조

자유직 또는 임금제 협력 변호사의 계약에는 아래의 내용을 보장하는 조건들이 포함되어야 한다.

- ○ 지속적 직업교육, 특히 전문성 확보를 위한 직업교육을 받을 권리
- ○ 변호사 선서에 포함된 직무상 비밀유지 및 독립성
- ○ 양심에 반하는 임무를 담당하지 않도록 요구할 수 있는 권한
- ○ 자유직 협력 변호사의 경우 대가를 지불하지 않고서도 개인적 의뢰인을 형성하고 발전시킬 수 있는 가능성

계약의 내용에는 아래의 내용 또한 포함되어야 한다.

- ○ 업무수행의 기간과 방식: 갱신기간을 포함하여 3개월을 초과하지 않는 견습 기간, 제14.4조에서 규정된 계약파기 시의 예고 기간, 임금제 협력 변호사에게 보장된 단체협약상의 휴가 기간과 자유직 협력 변호사에게 보장된 유급 휴가 기간(그 이상으로 정하는 합의가 존재하지 않는다면, 5주로 한다)
- ○ 보수 지급방식 및 변호사사무소를 위하여 지출된 업무 비용의 상환방식
- ○ 자유직 또는 임금제 협력 변호사의 병가 또는 출산휴가에 대한 비용부담방식

계약의 내용에는 아래와 같은 내용의 조항들이 포함될 수 없다.

- ○ 의무 조항의 적용을 사전에 포기시키는 내용의 조항
- ○ 사후 영업의 자유를 제한하는 조항
- ○ 법률구조와 관련된 직업상 책임을 제한하는 조항
- ○ 자유직 협력 변호사가 직무수행 최초 5년간 개인적 의뢰인 관계를 발전시키는 데 소요되는 비용을 부담시키는 조항
- ○ 변호사 선서에 따른 직무상 독립성을 해칠 수 있는 조항

변호사협회장(bâtonnier)은 업무수행, 독립성 및 비밀보호의 조건들이 모두 보장됨을 확인한 후, 자유직 협력 변호사가 복수의 협력계약을 중첩적으로 체결하는 것을 허용할 수 있다.

자유직 협력 변호사와의 계약 체결 시에는 변호사협회장(bâtonnier)의 조정에 의하여 분쟁을 해결하도록 하는 조항을 의무적으로 포함시켜야 한다.

자유직 협력계약기간의 장단을 불문하고, 계약당사자들은 어느 한 측의 요청에 의하

여 적어도 1년에 한 번은 회합하여 관계의 잠재적 변화 가능성에 관하여 검토하여야 한다.

제14.3조 계약

독립성

변호사사무소와 자유직 협력 변호사는 협력 변호사의 업무에 대한 구체적인 계획의 내용을 확정한다. 그러한 경우 자유직 협력 변호사가 개인적 의뢰인의 업무를 처리하는 데 필요한 시간과 유효한 수단을 고려하여야 한다.

위의 내용에는 협력 변호사에게 맡겨진 사건기록에 대한 법적 접근이 포함된다.

자유직 또는 임금제 협력 변호사는 법률상 주장을 전개하거나 자문을 제공함에 있어 주도권을 행사한다.

만약 협력 변호사의 법률상 주장이 그가 협력하는 변호사의 그것과 배치될 경우 실제로 그러한 주장을 제시하기 전에 그 사실을 협력하는 변호사에게 알려주어야 한다.

불일치가 지속되는 경우에는, 신뢰, 성실과 신중함의 원칙을 존중하여 자유직 또는 임금제 협력 변호사는 그 사건기록(dossier)을 반환하여야 한다.

모든 서류, 서신, 초안, 또는 의견에 대하여 이중으로 서명하거나 직인을 찍을 수 있다.

양심에 따른 업무 거부

자유직 또는 임금제 협력 변호사는 협력 상대방 변호사 또는 고용주에게 자신의 양심에 반하거나 독립성을 해할 가능성이 있다고 판단되는 직무를 담당하지 않게 해주도록 요청할 수 있다.

업무 거부의 요청은 소송사건 처리의 진척에 해가 되지 않도록, 충분한 시간을 두고 제기되어야 한다.

변호사사무소의 방침의 중요한 변화를 이유로 하지 않는 한, 전면적인 업무 거부를 내용으로 하는 업무거부권의 남용의 당부는 변호사 회장의 판단에 맡겨져야 한다.

개인적 의뢰인

자유직 협력 변호사는 개인적 의뢰인 관계를 형성하고 발전시킬 수 있다.

자유직 협력 변호사는 자신이 협력하는 변호사사무소의 의뢰인과 충돌하는 이익을 가진 당사자를 위해 조력하거나 그를 대리할 수 없다.

자유직 협력 변호사와 협력하는 변호사는, 자유직 협력 변호사가 협력 업무를 수행하는 데에 필요하거나 또는 개인적 의뢰인과의 관계를 발전시키는 데 요구되는 실질적 수단들을 그의 재량에 맡겨야 한다.

직무수행 최초 5년간은 자유직 협력 변호사의 개인적 의뢰인의 업무 처리에 따라 발생하는 비용을 이유로 하여, 자유직 협력 변호사에게 재정적 부담(contribution financière)을 지울 수 없다.

임금제 협력 변호사는 개인적 의뢰인을 형성하거나 그 관계를 발전시킬 수 없다. 그는 근로계약 실행 기간중에는 그에게 맡겨진 사건기록의 처리만을 담당하여야 하며, 그 외에는 자신에게 배정된 법률구조 활동과 국선변호인 활동만을 수행할 수 있다.

직업교육

직업윤리 및 직무수행에 대한 교육은 자유직 또는 임금제 협력 변호사의 권리이자 의무이며, 변호사사무소는 이를 존중해야 한다.

협력 변호사에 대한 지속적 교육 의무의 요청에 따라, 협력 변호사는 개정된 1991년 11월 28자 행정명령 제85조에서 규정된 사항들 가운데에서 자신이 선택한 직업교육을 완수하기 위하여 필요한 시간을 사용할 수 있어야 한다.

자유직 또는 임금제 협력 변호사는, 특히 변호사 선서 이후 최초의 수 년 간 업무수행기간에는, 변호사사무소 측으로부터 맡겨지는 사건에 적합한 교육을 제공받을 수 있다.

이러한 교육은, 전술한 1991년 11월 27일자 행정명령 제85조를 적용하여 전국 변호사회의 결정에 의해 정해진 방식에 따라 이행된다면, 필수적 · 지속적 교육 의무의 이행으로서 유효한 것으로 될 수 있다.

자유직 협력 변호사는 자신이 협력하는 변호사사무소에 대하여 자신이 이수하고자 하는 외부 교육 과정을 늦어도 시작하기 15일 전에는 알려주어야 한다.

전문성

자유직 또는 임금제 협력 변호사는 전문성을 확보하는 데 필요한 직업교육 과정을 이수하는 데 필요한 충분한 시간을 할당받을 수 있다.

변호사사무소는 계약에 규정된 조건에 따라, 만약 자유직 또는 임금제 협력 변호사가 1991년 11월 27일자 행정명령 제88조의 규정 범위 내에서 전문성을 확보하기를 희망한다면, 그가 추구하는 전문분야와 관련된 업무를 맡기도록 노력해야 한다.

계약의 해지와 교육(Dédit-formation)

원칙적으로는 변호사사무소 외부에서의, 변호사사무소에 의하여 비용이 부담된 교육 기회를 이용한 이후에 계약을 해지하고자 하는 자유직 또는 임금제 협력 변호사에게 교육비용에 관한 손해배상을 요구할 수 없다.

그럼에도 불구하고, 이수한 교육의 기간이나 비용이 예외적인 성격을 띠는 경우에는, 계약상 그러한 배상금의 지급을 미리 규정할 수 있다. 그러한 경우에도, 자유직 또는 임금제 협력 변호사는 배상금이 과도할 경우 그 경감을 요구하거나, 그것이 사후 영업의 자유에 장애가 되는 성격의 것이라면 완전한 면제를 요청할 수 있다.

배상금은 교육 이수 후 최대 2년의 기간 동안 청구될 수 있다.

보수의 보전(Rétrocession), 법률구조 및 국선변호 활동의 보수와 수당

자유직 협력 변호사

○ 보수의 보전

변호사사무소가 자유직 협력 변호사에게 지불하는 보수는 고정액일 수도 있고, 일부는 고정액으로 하고 다른 일부는 가변적인 것으로 정할 수도 있다.

직무수행 최초 2년 동안은, 자유직 협력 변호사는 소속 변호사회 평의회에서 정한 최저 기준에 미달하지 않는 보수를 보전 받도록 하여야 한다.

○ 법률구조에 대한 보수
자유직 협력 변호사는 개인적 의뢰인 관계에 의해서 수행되거나, 변호사협회장의 지정에 따라 수행한 법률구조 활동에 대하여 지급되는 보수를 보유한다.

○ 병가
자유직 협력 변호사가 질병 휴직을 하게 된 경우, 그는 최대 2개월 동안은 통상적 보수를 지급받는다. 이때 변호사회(barreaux)가 제공하거나 또는 의무적인 개별적 공제 제도에 의하여 지급된 일급은 그 보수로부터 공제된다.

○ 출산휴가(여성 변호사, Maternité)
임신한 여성 자유직 협력 변호사는 최소 16주 동안은 협력 업무의 수행을 중지할 수 있다. 휴가를 출산 이전과 출산 이후로 분산하는 것은 본인의 선택에 따를 것이나, 출산 이후 최소 6주간의 휴가는 보장되어야 한다.

임신한 여성 자유직 협력 변호사는 위 16주의 휴가기간 중, 통상적인 보수를 지급받는다. 이때 변호사회(barreux)가 제공하거나 혹은 의무적인 개별적 공제 제도에 의해서 지급된 금액만이 보수로부터 공제된다.

○ 출산휴가(남성 변호사, Paternité)
(남성)자유직 협력 변호사는 출산 또는 입양일 이후 4개월 이내의 기간 중의 기산일로부터 연속하여 11일간 협력 업무의 수행을 중지할 수 있다. 또 두 명 이상의 아이를 출산하거나 입양할 경우에는 그 기간은 연속 18일까지 연장될 수 있다.

그는 그러한 사실을 자신이 협력하는 변호사사무소에 대하여 1개월 이전에 사전 통지하여야 한다.

자유직 협력 변호사는 위 업무 수행 중지 기간 동안 통상적인 보수를 지급받는다. 이때 자유 전문직종 건강 보험 제도에 의해 지급되는 보상금액만이 그 한도 내에서 공제될 수 있다.

임금제 협력 변호사
단체협약은 최저임금과 병가, 또는 출산휴가 시의 비용부담에 관한 조건을 정한다.

근로계약은 변호사협회장의 지정에 따라 임금제 협력 변호사가 수행한 법률구조 활동에 대한 수당이 임금제 협력 변호사의 보수에 더하여 추가적으로 지급될 것을 규정할 수 있다.

또한 근로시간 외에 수행중인 업무를 담당하는 변호사를 조력한 데 대한 수당도 비용지불의 일환으로 임금제 협력 변호사가 보유할 수 있다.

근로계약상 특별한 규정이 없는 경우, 임금제 협력 변호사는 공익 임무를 수행함에 따라 직접 지불받는 보수와 당사자 간 합의한 보수를 이중으로 수령할 수 있다.

사후 개업의 자유

사후 개업의 자유를 제한하는 모든 규정은 금지된다.

계약의 종료 이후 2년 동안 자유직 또는 임금제 협력 변호사는 자신이 협력하였던 변호사사무소의 의뢰인을 위하여 업무를 수행하기에 앞서, 해당 사무소에 그 사실을 통지해야 한다.

과거에 자유직 또는 임금제 협력 변호사로서 관계를 맺었던 의뢰인은 개업 시 그의 의뢰인이 될 수 있다.

구 자유직 또는 임금제 협력 변호사는 관계를 맺었던 변호사사무소에 대하여 부당한 경쟁행위(concurrence déloyale)를 하여서는 안 된다.

제14.4조 계약의 종료

자유직 협력 변호사

특별한 합의가 존재하지 않는다면, 각 당사자는 적어도 3개월 전에 상대방에게 통지함으로써 협력계약을 해지할 수 있다.

만 3년 이상 근무한 경우, 상기 기간은 1년에 1개월씩 연장되며, 도합 6개월을 초과할 수는 없다.

직무상 규범을 중대하고 명백하게 위반하였을 경우 상기 기간은 준수되지 않을 수 있다.

견습기간중 계약 해지시의 예고기간은 8일이다.

해지를 통지하기 전에 사용하지 못했던 유급휴가 일수는 예고기간중에 사용될 수 있다.

임신 사실을 밝힌 날부터 출산으로 인한 계약 중단기간이 만료될 때까지는, 임신 사실과는 무관하게 직무상 규범을 중대하고 명백하게 위반한 경우가 아니라면, 자유직 협력 변호사와의 계약은 파기될 수 없다.

임금제 협력 변호사

해고에 관한 법률은 절차 및 내용 모든 면에 있어서 임금제 협력 변호사에게 적용된다.

단체협약은 예고기간과 해고 수당에 관하여 근로계약 종료의 조건들을 규정한다.

계약 종료 후의 거소

계약관계를 중단하게 된 사유를 불문하고, 자유직 또는 임금제 협력 변호사는 최대 3개월간, 변호사협회(l'Ordre)에 새로운 업무수행조건을 통지하기 전까지는 종전의 변호사 사무소에 머무를 수 있다.

그 기간 이후에라도, 우편물은 정상적으로 전달되어야 하고 새로운 연락처나 전화번호는 이를 요청하는 자에게 안내되어야 한다.

분쟁해결절차

제14.5조 자유직 또는 임금제 협력 변호사가 등록된 장소의 변호사협회장(bâtonnier)은 임금제 또는 비임금제 협력계약의 이행 또는 파기를 계기로 발생한 분쟁을 관할한다.

변호사협회장 또는 그로부터 위임을 받은 자는 필요한 경우 자문위원회의 도움을 받아 최대한 단시일 내에 각 당사자들의 의견을 청취한다.

조정이 이루어지지 않을 경우에는 1991년 11월 27일자 행정명령 제142조 이하의 규정에 따라 절차를 진행한다.

제15조 지점

정의

제15.1조 지점은 주사무소와는 구분되는 직무수행을 위한 상설 영업소이다.

다른 변호사회에 소속된 변호사들이 주사무소 소재지 외의 지역에서 그 구성원들(associés) 중 1인이라도 명부(tableau)에 등재하지 않고서 설립하는 사무소는 1971년 12월 31일자 법률 제8-1조의 취지에 따른 지점으로 볼 수 없다.

원칙

제15.2조 프랑스 내에서 또는 외국에서의 하나 또는 복수의 지점의 개설은 모두 합법적이지만, 1971년 12월 31일자 법률 개정안 제8.II조에서 규정된 제한을 받는다.

지점은 직업적 장소(domicile professionel)로서의 일반적인 조건들에 합당하여야 하며, 유효한 업무수행이 가능한 곳이어야 한다.

지점의 개설

제15.3조 지점 개설을 희망하는 변호사는 그 사실을 변호사협회 평의회(le conseil de l'Ordre)에 알려야 하며 지점의 폐쇄에 대해서도 마찬가지로 통지하여야 한다.

프랑스 내의 지점

변호사는 지점 개설 예정 지역을 관할하는 변호사협회 평의회(le conseil de l'Ordre)에 허가를 신청해야 한다.

허가신청서는 지점 담당 변호사협회 평의회(le conseil de l'Ordre)가 직무상 활동을 수행하는 상황과, 특히 그 지점에서 업무를 직접 수행하는 변호사들의 이름을 확인하는 데에 필요한 모든 사항들을 포함하여야 한다.

허가신청서는 임금제 협력 변호사들의 근로계약서 사본 및 지점에서 업무를 수행하는 변호사들과의 협력계약서 사본을 포함하여야 한다. 허가신청서는 수령확인 통지를 첨부한 등기우편으로, 지점 담당 변호사협회 평의회(le conseil de l'Ordre) 및 자신이 소속된 변호사협회 평의회(le conseil de l'Ordre)에 대하여 발송되어야 한다.

지점 담당 변호사협회 평의회는 허가신청의 수리 여부를 3개월 내에 결정한다. 별도의 결정이 없을 경우에는 허가가 이루어진 것으로 간주된다. 이러한 경우, 변호사는 지점 담당 변호사협회 평의회 및 자신이 소속된 변호사협회 평의회(le conseil de l'Ordre)에 대하여 지점의 유효한 개설 사실을 알려야 한다.

또한, 그는 자신이 소속된 변호사협회 평의회(le conseil de l'Ordre)에 대하여 지점의 폐쇄, 지점 담당 변호사회(barreau)와의 관계에서 발생하는 모든 문제들을 포함하여 지점에서의 업무수행과 관련된 모든 변동사항을 통지하여야 한다.

외국에 설립된 지점

○ 유럽연합 내에서의 지점 개설

유럽연합 회원국 내에 지점을 개설하는 변호사는 소속 변호사협회 평의회에 통지해야 한다.

○ 유럽연합 역외에서의 지점의 개설

유럽연합 역외 국가에서 지점을 개설하고자 하는 변호사는 소속 변호사협회 평의회의 사전 허가를 신청하여야 한다. 위 평의회는 허가신청의 수리 여부를 3개월 내에 결정해 주어야 한다. 그러한 결정이 없을 경우에는 허가가 이루어진 것으로 간주된다.

변호사는 지점 개설 희망 국가에 대한 신청서, 그 국가의 권한 있는 기관에 의한 허가 및 외국에서의 활동에 대한 민사상 책임을 보장해주는 보험 가입 사실을 증명하는 일체의 서류를 변호사협회 평의회(le conseil de l'Ordre)에 제출한다.

광고

제15.4조 유효하게 업무를 수행하는 지점 개설 허가를 얻은 변호사는 그 사실을 서신용지 및 허용된 모든 광고 매체에 기재할 수 있다.

분담금

제15.5조 프랑스 내에서, 자신의 소속 변호사회(barreaux)의 관할지역 이외의 지역에서 지점 개설 허가를 얻은 변호사는 지점 관할 변호사협회 평의회에서 매년 결정하는 분담금을 납부할 의무를 부담한다.

보수와 관련된 분쟁

제15.6조 보수와 관련된 분쟁은 변호사가 소속된 변호사회(barreau)의 변호사협회장(bâtonnier)의 관할에 속한다.

제재

제15.7조 변호사는 지점 내에서의 직무상 활동과 관련하여 소속 변호사협회(l'Ordre)의 규율에 따른다.

그는 지점 내에서의 활동과 관련하여, 지점 관할 변호사회(barreaux)의 내부 규율을 준수한다. 지점 관할 변호사회는 개설 허가를 철회할 수 있으며, 이에 대해서는 1991년 11월 27일자 행정명령 제16조의 규정에 따라 불복이 가능하다.

다른 유럽 연합 회원국 내에서 업무를 수행하는, 프랑스변호사회에 등록된 변호사는 소속 변호사회(barreau)의 규율에 따른다.

제16조 직종간 연합체 등

직종간 연합체의 정의

제16.1조 변호사는 본조에 규정된 요건 하에서 직종간 연합체의 정회원 또는 통신회원(correspondant)이 될 수 있다.

프랑스의 현행 법률에 의하여 금지된 경우라면, 변호사는 전문직종간 공동의 업무수행을 그 목적 또는 실질적인 활동 내용으로 삼는 조직 또는 단체에 가입할 수 없다.

본 조항을 적용함에 있어서, 직종간 연합체는 체계적 조직을 갖추었는지 여부, 그 연합이 공식적인지 것인지 여부, 변호사들과 다른 전문직 종사자들 사이에서 상당 기간 지속된 것인지 여부, 그 연합이 법률에 근거를 든 것인지 또는 영리를 목적으로 하는 것인지 여부를 불문하고, 공동으로 발전시켜온 의뢰인에 대한 관계에 있어서 상호 보완적인 업무수행을 용이하게 할 목적으로 구성된 모든 조직을 포함한다.

변호사 업무수행에 관한 프랑스 법의 관점에서 그러한 직종간 연합체의 존재는 구성원들 간의 공동의 경제적 이해관계를 전제로 한다. 아래에 규정된 기준들 중 적어도 하나가 입증되는 경우 직종 간 연합체가 설립된 것으로 간주된다.

○ 명칭 또는 로고 및 광고 문양 등 기타 모든 식별 표지의 공동 사용
○ 단체 또는 개별 구성원을 소개하고 직종간 연합체의 역량에 대해 기재한 일반인 대상 자료의 출간 및 이용
○ 공동의 경영방식의 채택, 또는 그로 인한 직무수행상 상당한 영향력의 행사
○ 상호 추천에 의한 상당수의 공동 고객의 존재
○ 기술, 금융, 또는 마케팅 협력 협약

'변호사'라는 용어는 외국변호사회에 소속된 변호사, 또는 그 본국에서 변호사에 상당하는 것으로 인정된 자격을 소지한 자를 포함한다.

원칙

제16.2조 직종 간 연합체의 구성원인 변호사 또는 변호사 조직은 연합체의 활동이 변호사의 직무상 핵심 원칙 및 변호사에게 적용되는 법률 및 명령의 규정을 위반하지 않음을 확인해야 한다. 그렇지 않을 경우 변호사는 연합체에서 탈퇴하여야 한다.

어떠한 경우에도, 연합체의 활동은, 특히 변호사의 독립성을 해할 수 없으며, 변호사는 마땅히 직무상 독립성의 원칙이 유효하게 적용될 수 있도록 유의하여야 한다.

특히 다음의 사항들은 직간접적으로 변호사의 독립성에 위해가 된다.
○ 프랑스 또는 외국에서 변호사 아닌 자와의 사이에서 이익의 할당이나 분배 또는 보수의 재분배를 낳는 구조에의 참여를 수락하는 것
○ 변호사 아닌 자들, 특히 상업적 활동을 하는 사람들에 의하여 종속적 관계 또는 임무수행의 위계적 통제 구조에 편입되는 것

직종간 연합체의 구성원인 변호사는, 보수를 청구하는 경우에는 어느 경우에나 그것이 자신이 수행한 업무의 가치에 구체적으로 상응하는 것이 되도록 유의하여야 한다.

직무상 비밀유지

제16.3조 직종간 연합체의 구성원인 변호사는 소속 변호사협회장(bâtonnier)의 모든 요청에 대하여 연합체 조직이 직무상 비밀유지 의무의 존재에 이의를 제기하지 않음을 증명할 수 있어야 한다.

이익충돌

제16.4조 직종간 연합체에 가입한 변호사는 이익충돌의 판명 및 관리를 위한 적정 절차가 적용될 수 있도록 유의하여야 한다.

일반적으로, 직종간 연합회의 구성원인 변호사는 이익충돌에 관한 본 규칙 제4조의 모든 규정들을 준수하여야 한다.

변호사에게 부과되는 이익충돌 관련 규범의 준수 여부는, 제4조의 규정을 적용함에 있어서, 오로지 변호사사무소뿐만이 아니라 연합체 전체를 기준으로 하여 평가되어야 한다.

명칭

제16.5조 연합체에 참여하는 직무수행 단체의 구성원인 변호사는 단체의 명칭 또는 상호의 이용과 관련된 법령상의 규정을 준수하여야 한다.

연합체에 참여하는 직무수행 단체의 구성원인 변호사는 단체의 명칭 또는 상호의 이용과 관련된 법령상의 규정을 준수하여야 한다.

공중에게 완전한 정보를 제공하기 위하여, 변호사 자신의 명칭이나 상호는 단체의 것과 구별되어야 하며, 그 단체에 소속되었음을 별도로 표시해야 한다.

범위

제16.6조 변호사는 본조에서 정하는 요건에 따라, 법령의 규율을 받는(réglementé) 전문직 종사자들로만 전적으로 구성된 직종간 연합체에 가입할 수 있다.

변호사가 법령의 규율을 받는 전문직 종사자들로만 전적으로 구성되지 않은 직종간 연합체에 가입할 경우에는, 그 사실을 사전에 자신이 등록된 변호사협회(l'Ordre)에 신고하여야 하고 이때 제16.8조에 따른 정보와 자료를 첨부해야 한다.

변호사협회(l'Ordre)는 신고를 수리한 이후 2개월 이내에 그 견해를 표명하여야 한다.

양립 불가능성

제16.7조 연합체의 구성원인 변호사는 변호사 직무수행과 모든 상업적 활동의 양립 불가능성의 원칙에 관한 1991년 11월 27일자 제91-1197호 행정명령 제111조의 규정을 직접적으로나 중간에 게재된 타인을 통하여서나 위반하여서는 안 된다.

변호사가 상기 제16.1조의 정의에 부합하고 자문 이외의 업무를 수행하는 국내적 또는 국제적 연합체에 가입할 경우, 만약 회계사 또는 유사 자격을 보유한 연합체의 다른 구성원이 그 의뢰인의 회계를 법에 의해 감사하고 확인하고 있다면, 해당 변호사는 의뢰인에 대한 임무를 수행함에 앞서서 자신의 개입 사실을 통지함으로써 그 회계사 등이 상법 제822-11조 및 적용되는 법조문의 규정을 준수할 수 있도록 하여야 한다.

이는 위 회계사 등이 회계 감사를 담당하고 있는 상법 제233-3조의 I과 II 상의 지배관계에 있는 자를 위하여 서비스를 제공하는 경우에도 마찬가지이다.

투명성

제16.8조 직종간 연합체의 구성원인 변호사 또는 변호사사무소는 변호사협회(l'Ordre)에 대하여 아래 규정된 내용을 담은 연합체의 협약 및 관련 자료를 제출해야 한다. 그에 따라 변호사협회는 적용되는 법률의 존재 여부 및 소속 국가를 불문하고, 필요한 경우에 연합체의 법적, 경제적, 재정적 구조 전반에 대한 요긴하고 적절한 정보를 이용할 수 있게 된다.

○ 연합체를 구성하는 단체 및 구성원들 간의 동업 협약이 표기된 연합체의 전체 조직도
○ 위 구성 단체 및 구성원들 간의 협약이 수행하는 역할에 대한 이해를 돕는 요약보고서
○ 연합체 구성원들이 속한 직종 및 직업에 대한 간단한 설명
○ 연합체의 의사결정기구에 대한 설명
  - 각각의 경우에 따라, 국가별 조직(연합체에 가입한 서로 다른 직종 종사자들이 프랑스 내에서 어떻게 조직되어 있는가), 직업별 국가간 조직(서로 다른 나라의 변호사들이 어떻게 조직되어 있는가), 그리고 국제적 조직의 각각에 관한 별도의 의사결정기구도
  - 서로 다른 의사결정기구들: 선거방식, 임기 및 실질적 권한
○ 비용과 이익의 분배방식에 대한 설명
  - 연합체 구성원들이 직간접적으로 프랑스변호사사무소의 자금 조달에 참여하는 방식(예시: 자기자본, 대부, 서비스에 대한 부과금의 납부, 변호사사무소에 대한 출자자의 부담 인수)과, 상호적으로, 프랑스변호사사무소가 연합체의 다른 구성원들의 자금조달에 참여하는 방식

- 프랑스변호사사무소의 소속 변호사가 연합체의 다른 변호사 단체의 이익 분배에 직간접적으로 참여하는 방식(업무 조직을 통한 수익의 할당, 참여에 대한 평가, 퇴직 연금, 특히 자문계약의 형식을 빌리는 경우)
- 데이터베이스에 수록된 정보 및 접근절차에 대한 설명

○ 직무윤리규범 준수를 위한 내부적 통제를 보장하기 위한 조치들에 대한 설명(예시: 이익충돌, 독립성을 해할 위험, 다른 구성원들의 활동으로부터 수동적으로 이익을 얻는 것을 금하기 위한 수단)

○ 직무수행 상의 민사적 책임에 대한 개인보험 또는 단체보험 가입 사실에 관한 증명 (단, 연합체 내의 다른 직종 종사자들간의 연대책임은 원칙적으로 제외한다).

제17조 다른 변호사회(barreaux)에 속하는 변호사들에 의한 업무수행 조직

형식

제17.1조 다른 변호사회에 속하는 변호사들에 의한 업무수행 조직(les structures d'exercise inter-barreaux, 이하 '변호사회간 업무수행 조직')은 서로 다른 변호사회에 소속된 변호사들로 구성된 단체(association)나 회사(société)의 형식을 취한다.

소송대리

제17.2조 변호사회간 업무수행 조직은 해당 법원을 관할하는 변호사회에 등록된 구성원들 중 일인으로 하여금 그 법원에 계속한 소송을 수행하도록 한다.

등록

제17.3조 변호사회간 업무수행 조직은 그 주사무소 소재지의 변호사회의 명부와 그 소속된 변호사들이 소송을 수행하는 지역의 각 변호사회의 명부 부속서(l'annexe)에 등록된다.

근로계약

제17.4조 임금제 변호사의 근로계약서는 임금제 변호사가 소속된 변호사회 및 위 업무수행 조직의 주사무소 소재지의 변호사협회(l'Ordre)에 대하여 수령확인 통지가 첨부된 등기우편으로 발송되어야 한다.

분쟁

제17.5조 분쟁 발생 시에 임금제 변호사가 소속된 변호사협회 평의회(le conseil de

l'Ordre)는 위 업무수행 조직의 주사무소 소재지의 변호사협회 평의회의 의견을 청취한 연후에야 이에 관한 결정을 내릴 수 있다.

회계 감사

제17.6조 변호사회간 업무수행 조직의 회계에 대한 감사는 그 주사무소 소재지에서 실시된다.

제4절 직종간 협력

제18조 직종간 협력

일반 원칙

제18.1조 변호사 자격을 보유하지 않은 직종의 종사자들과 협력하여 다양한 전문성이 요구되는 임무를 수행함에 있어서, 변호사는 협력 당사자들 및 공동의 의뢰인과의 사이에서 협력의 방식을 정하는 협약을 체결할 수 있다.

본 절에 규정된 취지에 따라, '다른 직종'이라는 용어는 그것을 규율하는 법률 규정의 존재 여부를 막론하고 다른 자유직(une profession libérale)에 종사하는 모든 자연인 또는 업무수행 조직을 지칭한다.

직종간 직무

제18.2조 관련된 직종 종사자들이 다음에 서술된 원칙을 역시 채택하였기 때문에 발생하는 상호성(réciprocité) 원칙의 제한을 받는 범위에서, 변호사는 다른 직종과의 관계에 있어서도 동료애, 성실함과 그 직종 내부에서 통용되는 예의범절의 규범을 지킬 의무가 있다.

특히 변호사는 사전에 해당 다른 직종 종사자의 견해를 청취함 없이, 그에 의해서 제공되는 역무의 내용이나 품질에 대하여 공동의 의뢰인 또는 제3자에게 비판적 견해를 표명할 수 없다.

같은 제한을 받는 범위에서, 하나 또는 복수의 다른 직종 종사자들과 협력하는 변호사는 자신의 행동이나 처신으로 인하여 협력관계에 있는 다른 직종 종사자들이 그들의 직무윤리를 위반하거나, 직무윤리를 준수하기 곤란한 상황에 처하지 않도록 노력해야 한다.

변호사는 다른 직종 종사자들이 그들의 직종을 규율하는 법령에 의하여 배타적 권한을 보유하고 있는 영역에는 참여할 수 없다. 그럼에도 불구하고, 변호사는 모든 문제를 그에 관하여 가장 전문적 역량을 보유한 직종의 종사자가 처리하게 하는 방법으로, 의뢰인의 이해관계에 따라 역할을 분담하여 임무수행에서의 협조관계를 구축할 수 있다.

독립성과 양립 불가능성

제18.3조. 상이한 직종 구성원들 간의 협력은 관련된 각 직종에 적용되는 독립성의 원칙을 존중하는 범위 내에서만 가능하다. 변호사는 업무수행에 있어서 다른 직종에 의한 위계적 통제 질서에 편입되지 않으며, 협력하는 다른 직종 종사자 측은 변호사 사무소의 조직이나 활동에 간섭할 수도 없다.

직종간 연합의 성격을 갖는(pluridisciplinaire) 임무수행에 대한 참여를 수락함에 있어서, 변호사는 자신이 처하게 될 조건이 직무를 규율하는 법규상의 독립성에 관한 규범을 위반할 가능성이 없음을 확인하여야 한다. 그리고 이는 다른 참가자들에 대하여서나, 공동의 임무를 맡긴 의뢰인에 대해서도 마찬가지이다.

그는 제3자가 제안한 상업적 성격의 서비스나 상품을 의뢰인에게 제공하도록 권하는 어떠한 교섭(démarche)에도 직간접적으로 참여하지 않도록 유의하여야 한다.

그는 변호사 직무에 특정된 양립 불가능성에 대한 규범 및 다른 직종에 적용되는 해당 규범을 모두 준수하여야 한다.

통신의 비밀유지

제18.4조 다른 직종 종사자와 비밀 내용을 담은 의견을 교환하기에 앞서, 변호사는 상대방으로부터 그러한 성격을 보유한 통신의 비밀을 유지할 것을 보장한다는 약속을 받도록 유의하여야 한다.

변호사는 어떤 경우에 있어서도 다른 직종 종사자로부터 받은 통신에 봉인으로 '비밀'(confidentielle)임이 명시되어 있는 이상, 그 비밀유지 의무를 준수하여야 한다.

따라서 그는 공동으로 임무를 수행중인 다른 직종 종사자로부터 수신한 통신이 그 작성자에 의하여 비밀로 분류된 이상, 그 사본을 누구에게도 제시할 수 없다. 나아가 그는 비밀이 아닌 문서에서 비밀 통신에 대하여 언급할 수 없다.

이러한 규범은 통신 그 자체에 대해서뿐 아니라 그 통신에 동봉되는 문서에 대해서도 반대의 내용이 명시적으로 언급되지 않는 한 적용된다. 다만 통신 및 전달된 문서에 포함된 비밀이 아닌(non confidenteille) 정보를 구두로 인용하는 것까지 금지하는 것은 아니다.

직무상 비밀유지 의무

제18.5조 다른 직종 종사자들과 협력하여 공동의 임무를 수행하는 변호사는 어떠한 방식으로도 직무상 비밀유지 의무를 위반하여서는 안 된다.

특히, 비밀정보가 직무상 비밀유지 의무를 부담하는 여러 사람에게 알려졌다고 하더라도, 관련 직종 종사자들이 제3자에 대하여 비밀을 누설하지 않을 의무를 당연히 면하는 것은 아니다.

그리고 또한 공동 임무의 범위 내에서 제출되고 수집되었으며 임무수행에 필요한 정보는, 공동으로 임무를 수행하는 전문직 종사자들(professionels) 간에, 오로지 그들 사이에서만 교환될 수 있다.

만약 변호사가 판단컨대, 의뢰인이 어떠한 정보에 비밀로서의 성격을 부여한 결과 공동 임무의 수행에 장애가 존재한다면, 그는 그러한 상황에서도 업무를 계속할지 여부를 평가하여야 하며, 의뢰인에게도 그에 관하여 사전에 통지하여야 한다.

직무수행과 관련된 민사책임

제18.6조 변호사는 공동 임무의 일환으로 직무를 수행함에 있어서, 직무수행과 관련된 민사책임에 대한 보험계약을 체결하여 실질적인 보장을 받을 수 있도록 해야 한다.

그는 임무수행 참여자들의 연대책임을 규정한 조항을 포함하는 공동 임무수행에 관한 계약을 체결할 수 없다. 임무수행에 참여한 각자는 그 역할과 주의의무(diligence)에 따른 책임만을 개별적으로 부담한다.

다른 직종 종사자들 각각은 공동 임무수행을 수락하기에 앞서, 직무수행과 관련된 책임에 대한 보험금의 액수와 보험회사의 연락처를 교환하여야 한다.

보수의 투명성

제18.7조 변호사는 자신이 수행한 직무에 대한 정당한 보수만을 수령할 수 있으며, 이러한 보수에서 다른 참여자들의 업무에 상응하는 부분은 먼저 공제되어야 한다.

서로 다른 참여자들에 의해 완수된 직무와 관련된 청구서의 투명성을 보장하기 위해서, 참여자 각각에 대한 보수는 개인별로 구분하여 의뢰인에게 통지되어야 한다.

변호사는 다른 참여자들에 대한 보수 지급에 대하여 보증할 수 없고, 채권 추심을 대행(procéder à recouvrement pour compte)할 수 없다.

제5절 상 · 하원의원 보좌관직에 종사하는 변호사

제19조 상 · 하원의원 보좌관직에 종사하는 변호사

상 · 하원의원의 보좌관(collaborateur de député ou assisstant de sénateur)의 임무를 수행하는 변호사는 그 직무수행 과정에서 만나는 사람들을 위하여 변호사 직무상의 어떠한 활동도 수행할 수 없다.

제6절 서로 다른 변호사회에 소속된 변호사들 간의 관계

제20조 서로 다른 변호사회에 소속된 변호사들 간의 분쟁의 해결

제20.1조 직업윤리 관련 분쟁의 해결

서로 다른 변호사회 소속 변호사들 사이에서 직업윤리와 관련된 분쟁이 발생하였으나 각 소속 변호사협회장들의 합의에 의해 4주 내에 해결되지 못한 경우, 각 소속 변호사협회장들은 8일 이내에 제3의 변호사협회장에게 분쟁을 의뢰한다.

위 제3의 변호사협회장의 선임에 대한 합의가 이루어지지 않는 경우, 전국변호사회장은 가장 성실한 해당 변호사협회장의 요청에 따라 1인을 지명한다.

합의에 의하여 선임되거나 전국변호사회장에 의하여 지명된 제3의 변호사협회장은 4주 내로 해당 변호사들이나 그 의견의 적용을 감독하게 될 변호사협회장에게 자신의 의견을 문서로 알리고, 필요한 경우에는 징계절차를 개시한다.

상기 기간은 최초로 분쟁을 접수한 변호사협회장에 의하여 사안의 긴급성이 명백하게 강조된 경우에는 절반으로 감축된다.

당사자의 변호사협회장(bâtonnier)들은 위와 같이 합의된 견해에 따라 분쟁이 해결되도록 노력하여야 한다.

제20.2조 직무수행 관련 분쟁에 대한 규율

변호사의 직무수행과 관련된 분쟁은, 조정이 이루어지지 않을 경우에는 1991년 11월 27일자 행정명령 제179-1조 및 그 이하에 규정된 절차에 회부된다.

제21조 유럽변호사 행위규범

유럽변호사협회협의회(le Conseil des barreaux européens)는 1988년 10월 10일 스트라스부르에서 유럽변호사 행위규범(le Code de déontologie)을 채택하였으며, 1998년 11월 28일 리용에서, 2002년 12월 6일 더블린에서, 그리고 2006년 6월 19일 포르투에서 이를 개정하였다. 해당 규범의 원문은 뒷부분에 수록되었다.

이 규범은 유럽경제공동체 지침(la directive) 제77/249호 및 유럽공동체 지침 제98/5호에서 규정된 유럽연합의 변호사에 적용된다.

프랑스의 변호사는 유럽연합변호사들과의 관계에서 사법과 관련된 또는 기타 법률적인 활동을 수행함에 있어, 그 활동이 유럽연합 역내 또는 역외에서 수행되는지 막론하고 이 규범의 적용을 받는다. 단, 그 변호사들이 공식적으로 이 규범의 적용을 받는 변호사회(barreau)에 소속된 경우에 한한다.

그 관계에 있어서, 서로 다른 유럽연합 회원국의 변호사회에 소속된 동료 변호사간의 통신에 관련된 아래 유럽변호사 행위규범 제21.5.3조는 다른 모든 규칙들에 배타적으로 적용된다.

프랑스 국적을 가진 어느 변호사가 프랑스변호사회에 소속되어 있고, 다른 프랑스 국적의 변호사가 프랑스를 제외한 유럽연합 회원국의 변호사회에 배타적으로 소속되어 있는 경우에도, 그들 간의 통신에 대해서 같은 규칙이 적용된다.

유럽변호사 행위규범(역주: 생략)

제4부 EU

유럽변호사 행위규범
(The Code of Conduct for European Lawyers)

3.4. 보수의 규제
3.5. 선지급
3.6. 비(非)변호사와의 보수 분배
3.7. 소송비용과 법률구조의 이용 가능성
3.8. 의뢰인 자금(Client Funds)
3.9. 전문직 배상책임보험

4. 법원과의 관계

4.1. 법원에서의 행위규칙
4.2. 공정한 소송수행
4.3. 법원에서의 품행
4.4. 허위정보 또는 오해를 유발하는 정보
4.5. 중재인 등으로의 확장

5. 변호사들 사이의 관계

5.1. 전문직의 단결정신
5.2. 서로 다른 회원국 변호사들 사이의 협력
5.3. 변호사 사이의 교신
5.4. 소개비
5.5. 상대방 당사자와의 의사소통
5.6. (삭제)
5.7. 보수에 대한 책임
5.8. 지속적인 전문직업적 계발
5.9. 서로 다른 회원국 변호사들 사이의 분쟁

주석(Explanatory Memorandum)

이 유럽변호사 행위규범은 원래 1988. 10. 28. 개최된 유럽변호사협회협의회(CCBE: Conseil des barreaux européens-Council of Bars and Law Societies of Europe) 총회에서 채택되었고, 1998. 11. 28., 2002. 12. 6. 및 2006. 5. 19. 각 개최된 CCBE 총회에서 개정되었다. 또한 이 규범은 2007. 8. 20. CCBE 특별총회에서 공식적으로 승인된 CCBE법규의 개정을 고려하였다.

1. 前文

1.1. 사회에서의 변호사의 기능

법의 지배에 대한 존중을 기반으로 하는 사회에서 변호사는 특별한 역할을 수행한다. 법이 허용하는 한도에서 위임받은 사무를 충실히 하는 것이 변호사 "임무"(duties)의 처음과 끝은 아니다. 변호사는 자신에게 권리와 자유를 주장하고 방어하도록 위임한 사람의 이익뿐 아니라 정의의 이익에도 봉사하여야 하며, 의뢰인의 주장을 대변하는 것뿐만 아니라 의뢰인에게 조언을 해주는 것도 변호사의 임무이다. 변호사의 "직업적인 기능"(professional function)을 존중하는 것은 법의 지배와 민주주의가 사회에 뿌리내리기 위한 필수조건이다.

이러한 변호사의 기능으로 인해 변호사는 다양한(때로는 서로 상충하는 것으로 보이는) 법적 · 도덕적 의무들을 아래와 같은 자들을 상대로 진다:

- 의뢰인;
- 법원 기타 기관—그 앞에서 변호사가 의뢰인의 주장을 대변하거나 의뢰인을 대리하여 행위함;
- 법조계 일반 및 그 각 동료 구성원;
- 공중(公衆)—자율적인 규칙의 존중에 의하여 결속되는 자유롭고 독립적인 전문직의 존재가 이들을 위하여 국가권력 기타 사회의 이해관계로부터 인권을 수호하는 데 필수적인 수단이 됨.

1.2. 직무행위규칙(Rules of Professional Conduct)[14]의 성질

1.2.1. 직무행위규칙은 당해 규범이 적용되는 피수범자들이 기꺼이 이를 수용함으로써, 모든 문명사회에서 필수적이라고 여겨지는 기능을 변호사가 제대로 이행하도록 보장하기 위해 제정된 것이다. 변호사가 이를 준수하지 않을 때에는 징계를 받을 수 있다.

1.2.2. 각 변호사회[Bar or Law Society]의 개별 규칙들은 각자의 전통에 기반한다. 그것들은 당해 회원국 법조의 조직과 활동 범위, 사법절차와 행정절차, 그리고 국내법규에 맞추어진 것이다. 위 개별 규칙들을 그 처한 상황에서 유리시키는 것이나 원래 일반적 적용을 할 수 없는 규칙들을 일반적으로 적용하려고 하는 것은 가능하지도 바람직하지도 아니하다.

그러나 각 변호사회의 개별 규칙들은 동일한 가치에 기반을 두고 있고 대부분의 경우 그 기초는 공통된다고 할 수 있다.

1.3. 규범의 목적

1.3.1. 유럽연합(European Union) 및 유럽경제지역(European Economic Area)이 지속적으로 통합되고 유럽경제지역 내에서 변호사들의 국경간 활동이 늘어나게 되면서, 그들의 국경간 업무와 관련하여 어느 변호사회에 소속되어 있든지 모든 유럽경제지역 변호사들에게 적용되는 공통적인 규칙을 제정하는 것이 불가피한 공공의 관심사가 되었다. 이 규칙을 제정하는 구체적인 목적은, EEC 지침 77/249/(Directive 77/249/EEC) 제4조와 제7.2조 및 EC 지침 98/5(Directive 98/5/EC) 제6조와 제7조에 명시된 "이중적 의무(double deontology)"[15]의 적용으로 인해 나타나는 어려움을 해결하는 데 있다.

1.3.2. 유럽변호사협회협의회(CCBE: Council of Bars and Law Societies of Europe)를 통해 법조인들을 대표하는 조직들은 이하 각 조항에 조문화된 규칙들이 다음과 같이 될 것을 제안한다.

- 이 규칙들이 현재 유럽연합과 유럽경제지역의 모든 변호사회의 합의의 표현으로 인정될 것;

---

14) 역주: 이하 "code"는 규범, "rules"는 규칙, "Code of Conduct"는 행위규범, "rules of professional conduct"는 직무행위규칙, "provision"은 규정으로 번역하였다.

15) 역주: 2.4조 주석에서 그 의미를 설명하고 있다.

- 유럽연합과 유럽경제지역에서의 변호사의 국경간 활동과 관련한 국내절차 또는 EEA 절차에 따라 이 규칙들을 가능한 한 신속하게 구속력 있는 규칙으로 채택될 것;
- 이중의무 또는 변호사 업무에 관한 국내법규를 개정하는 모든 경우에 전향적인 조화를 이루도록 이 규칙들을 고려할 것

나아가 위 조직들은, 이중의무 또는 변호사 업무에 관한 국내규칙은 가능하다면 언제나 본 규범의 규칙들과 일관성 있게 해석되고 적용되어야 한다는 바람을 표현하는 바이다.

변호사의 국경간 활동과 관련하여 본 규범의 규칙들이 구속력 있는 규칙으로 채택된 이후에는, 변호사는 본 규범의 규칙들과 일관성 있는 한도에서 소속 변호사회의 규칙을 따를 의무가 있다.

1.4. 인적 적용 범위(Ratione Personae)

본 규범은 EEC 지침 77/249(Directive 77/249/EEC)와 EC 지침 98/5(Directive 98/5/EC)에 정의된 변호사들과 CCBE의 옵서버 회원국가의 변호사들에 대해 적용된다.

1.5. 물적 적용 범위(Ratione Materiae)

이하의 규칙들은 유럽연합과 유럽경제지역 내에서의 변호사의 국경간 활동에 대하여 적용되되, 각 회원국 내에서만 적용되는 이중의무 또는 변호사 업무와 관련되는 국내법규의 전향적인 조화를 추구하는 것을 해하지 아니한다. 국경간 활동이라 함은 다음을 의미한다:

(a) 변호사 자신의 국가 이외의 회원국 변호사와의 모든 업무상 접촉
(b) 변호사가 당해 회원국에 현실적으로 체류하는지 여부를 묻지 아니하고, 변호사가 자신의 국가 외의 회원국에서 행하는 모든 업무상 활동.

1.6. 정의

본 규범에서:

"회원국"(Member State)이라 함은 유럽연합의 회원국 또는 그 법조 직역이 제1.4조에 포함된 모든 국가를 의미한다.

"본국"(Home Member State)이라 함은 변호사가 그의 직업적 자격을 획득한

회원국을 의미한다.
"주재국"(Host Member State)이라 함은 변호사가 국경간 활동을 하게 되는 본국 이외의 회원국을 의미한다.
"소관기관"(Competent Authority)이라 함은 전문직행위규칙 제정과 변호사 징계처리 권한이 있는 관련 회원국의 전문직 조직 또는 관청을 의미한다.
"EEC 지침 77/249"(Directive 77/249/EEC)라 함은 용역제공의 자유를 변호사들이 효과적으로 행사할 수 있도록 장려하는 취지에서 제정된 1977. 3. 22의 EEC 이사회 지침 77/249(Council Directive 77/249/EEC of 22 March 1977)를 의미한다.
"EC 지침 98/5"(Directive 98/5/EC)라 함은 변호사가 자격을 획득한 국가 이외의 회원국에서 영구적으로 변호사 업무를 할 수 있도록 하는 취지에서 제정된 1998. 2. 16의 유럽의회 및 이사회의 유럽공동체 지침 98/5 (Directive 98/5/EC of the European Parliament and of the Council of 16 February 1998)를 의미한다.

2. 총칙

2.1. 독립성

2.1.1. 변호사의 많은 의무는, 변호사의 절대적 독립, 다른 모든 영향력으로부터 특히 자신의 개인적인 이익이나 외부의 압력으로부터의 독립을 필요로 한다. 그러한 독립은 사법절차에서의 신뢰에 대하여 법관의 공정성만큼이나 필수적이다. 따라서 변호사는 자신의 독립성을 손상시키는 어떠한 행위도 피해야 하며, 의뢰인이나 법원, 제3자의 비위를 맞추기 위해서 자신의 직업적 기준을 양보해서는 안 된다.

2.1.2. 이러한 독립성은 소송에서뿐 아니라 비분쟁적 사안에서도 필요하다. 만약 변호사가 단지 환심을 사기 위해서, 그의 개인적인 이익을 위해서 또는 외압에 영향을 받아 의뢰인에게 조언을 한 경우에는 그러한 조언은 가치가 없다.

2.2. 신뢰와 개인적 청렴성

변호사의 개인적인 명예와 정직, 청렴성에 대해 의심의 여지가 없을 때에만 신뢰관계가 존재할 수 있다. 변호사에게 이러한 전통적 덕목들은 직업적인 의무이다.

2.3. 비밀유지

2.3.1. 변호사의 필수적인 기능 중 하나가 바로 의뢰인으로부터 변호사가 아닌 사람에 대해서는 말하지 않았을 사항을 듣는 것, 그리고 신임을 기반으로 하여 기타 정보의 수령자가 되는 것이다. 비밀유지에 대한 확실성이 없이는 신뢰가 있을 수 없다. 그러므로 비밀유지는 변호사의 일차적이고도 기본적인 권리이자 의무이다.

변호사의 비밀유지 의무는 의뢰인의 이익뿐 아니라 사법제도운영의 이익에도 봉사한다. 따라서 이는 국가로부터 특별한 보호를 받을 자격이 있다.

2.3.2. 변호사는 직무 활동중에 지득한 모든 정보의 비밀을 유지하여야 한다.

2.3.3. 비밀유지의 의무는 시간적으로 한계가 없다.

2.3.4. 변호사는 그의 동료와 직원 및 기타 직무 활동을 하면서 관련시킨 사람들에 대해서도 위와 같은 비밀유지 의무를 준수할 것을 요구하여야 한다.

2.4. 다른 변호사회의 규칙에 대한 존중

국경간 활동을 할 때에는, 다른 회원국 출신의 변호사는 주재국의 윤리규범을 준수할 의무를 질 수 있다. 변호사들은 자신의 특정한 활동을 수행함에 있어서 적용되는 규범들에 대해 알고 있을 의무가 있다.

CCBE의 회원 조직들은 CCBE 사무국에 자신들의 행위규범을 제출하여 어떤 변호사라도 그 사본을 입수할 수 있도록 할 의무가 있다.

2.5. 겸직금지

2.5.1. 적정한 독립성을 가지고 또한 사법제도운영에 참여할 의무에 부합되는 방식으로 그 기능을 수행하기 위하여, 변호사는 일정한 직업을 가지는 것이 금지될 수 있다.

2.5.2. 주재국 내의 법적 절차 또는 공공기관의 절차에서 의뢰인을 대리·변호하는 변호사는 주재국의 변호사들에게 적용되는 겸직금지 관련 규칙을 준수하여야 한다.

2.5.3. 주재국에 기반을 둔 변호사가 주재국에서 법률사무와 연관되지 않는 상업적

또는 기타 활동에 직접 참여하려는 경우에는 그 주재국의 변호사들에게 적용되는 겸직금지 관련 규칙을 존중하여야 한다.

2.6. 개인적 광고

2.6.1. 제공하는 정보가 정확하고 오도하지 않으며 비밀유지 의무와 기타 변호사의 핵심적인 덕목을 존중하는 것이라면, 변호사는 자신의 업무에 대하여 공중에게 알릴 권한이 있다.

2.6.2. 출판, 라디오, 텔레비전, 상업적인 전자통신 등 어떤 종류의 매체에 의하든지 변호사의 개인적 광고는 2.6.1조의 요건을 준수하는 범위 내에서만 허용된다.

2.7. 의뢰인의 이익

법 규정과 직무행위 규칙을 준수하는 것을 전제로, 변호사는 의뢰인의 최선의 이익을 위하여야 하며 의뢰인의 이익을 변호사 자신이나 동료 법조인들의 이익보다 우선하여야 한다.

2.8. 의뢰인에 대한 변호사의 책임 제한

본국과 주재국의 법에서 허용하는 범위 내에서, 변호사는 자신에게 적용되는 직업적 규칙에 따라 의뢰인에 대한 자신의 책임을 제한할 수 있다.

3. 의뢰인과의 관계

3.1. 수임요청(Instructions)의 승낙과 종료

3.1.1. 변호사는 당사자의 수임요청 없이는 그 당사자의 분쟁을 다룰 수 없다. 그러나 당사자를 대리하는 다른 변호사로부터 수임요청을 받거나 권한 있는 단체로부터 배정받은 사건에 있어서는 가능하다.

변호사는 자신에게 사건을 위임한 사람이나 기관의 신원, 능력 및 권한이 불확실하다고 생각되는 특별한 사정이 존재하는 경우 그 신원, 능력 및 권한을 확인하는 데 합리적인 노력을 기울여야 한다.

3.1.2. 변호사는 신속하면서도 양심적이고 성실하게 의뢰인에게 조언하고 대리하여야 한다. 변호사는 의뢰인의 위임사항을 수행함에 있어서 개인적인 책임을 져야 하며, 수임 받은 업무의 진행에 대하여 의뢰인에게 계속 알려주어야 한다.

3.1.3. 변호사는, 사건을 처리할 능력이 있는 다른 변호사와 협력하지 않는 한, 자신이 처리할 능력이 없음을 알거나 알아야 하는 사안을 다룰 수 없다.

변호사는, 다른 업무의 양을 고려할 때 위임사무를 자신이 신속하게 수행할 수 있는 경우가 아닌 한, 수임요청을 승낙하지 아니하여야 한다.

3.1.4. 의뢰인이 손해를 입지 않고 적시에 다른 법적 조력을 찾을 수 없는 방법으로 또는 그러한 상황에서는 변호사는 사임할 권리를 행사할 수 없다.

3.2. 이익충돌

3.2.1. 변호사는 둘 이상의 의뢰인의 이익이 충돌하거나 그러할 심각한 위험이 있는 경우에는, 그 둘 이상의 당사자들에게 조언하거나 그들을 대리할 수 없다.

3.2.2. 변호사는 의뢰인들 사이에 이익충돌이 발생하는 경우에는 그들 모두를 위하여 활동하는 것을 중지하여야 하며, 신뢰가 깨어질 위험이 있는 때 또는 변호사의 독립성이 침해될 가능성이 있는 경우에도 같다.

3.2.3. 변호사는 또한 기존 의뢰인으로부터의 신뢰를 깨뜨릴 위험이 있거나 기존 의뢰인의 사건으로부터 얻은 지식이 새로운 의뢰인에게 부당한 이익을 줄 경우에는, 그 새로운 의뢰인을 위해 활동하는 것을 삼가야만 한다.

3.2.4. 변호사들이 조합(association)을 이루어 활동하는 경우에는, 위 3.2.1조 내지 3.2.3조는 그 조합과 구성원 모두에게 적용된다.

3.3. 승소액비례보수약정(*Pactum de Quota Litis*)

3.3.1. 변호사는 승소액비례보수약정을 할 수 없다.

3.3.2. 승소액비례보수약정이란 의뢰인이 당사자인 사건의 최종 결론이 나기 이전에 체결된 변호사와 의뢰인 사이의 약정으로서, 의뢰인이 그 결론에 따라 결과물(금전으로 표시되든 의뢰인이 얻은 기타 이익으로 표시되든 상관없음)의 일정 비율을 변호사에게 지급하기로 약속하는 내용의 약정을 의미한다.

3.3.3. 변호사가 다루는 사건의 가치에 비례하여 보수를 정하는 약정은, 그것이 공식적으로 승인된 보수표에 따르거나 그 변호사를 관할하는 소관 기관의 통제 하에 있다면, 승소액비례보수약정에 포함되지 아니한다.

3.4. 보수의 규제

변호사에 대한 보수는 의뢰인에게 완전히 공개되어야 하고, 공정하고 합리적이야 하며, 그 변호사에게 적용되는 법과 직무규칙에 합치하여야 한다.

3.5. 선지급

변호사가 보수 또는/그리고 비용에 대해 선불을 요구하는 경우, 그 선불금은 합리적인 보수 예상액 및 상당성 있는 관련 비용의 액수를 초과하지 않아야 한다.
위와 같은 지급이 이루어지지 아니한 경우 변호사는 사임하거나 업무를 거절할 수 있다. 다만 언제나 위 3.1.4조에 따라야 한다.

3.6. 비(非)변호사와의 보수 분배

3.6.1. 변호사는, 그에게 적용되는 법과 직무규칙에 의해 허용되는 변호사와 비변호사 사이의 조합의 경우를 제외하고는, 그의 보수를 비변호사와 분배할 수 없다.
3.6.2. 위 3.6.1조는, 사망하거나 은퇴한 다른 변호사의 사무 인수와 관련하여, 변호사가 그 사망한 변호사의 상속인이나 은퇴한 변호사에게 보수, 수수료 기타 보상금을 지급하는 것을 금지하지 않는다.

3.7. 소송비용과 법률구조의 이용 가능성

3.7.1. 변호사는 어느 시점에서든 의뢰인의 분쟁에 대하여 가장 비용 효율적인 해결책을 찾기 위해 노력하여야 하며, 적절한 단계에서 의뢰인에게 화해 그리고/또는 재판외 분쟁해결(ADR)을 시도하는 것이 바람직하다는 조언을 하여야 한다.
3.7.2. 변호사는, 의뢰인이 이에 해당하는 경우, 의뢰인에게 법률구조를 받을 수 있음을 알려주어야 한다.

3.8. 의뢰인 자금(Client Funds)

3.8.1. 의뢰인이나 제3자를 대리하여 자금{이하 "의뢰인 자금"(Client Funds)이라 한다}을

보유하게 된 변호사들은 이를 공적 기관의 감독을 받는 은행이나 기타 유사한 기관의 계좌(이하 "의뢰인 계좌"(client account)라 한다)에 예치하여야 한다. 의뢰인 계좌는 변호사의 다른 모든 계좌로부터 분리되어야 한다. 변호사가 받은 모든 의뢰인 자금은 자금소유자가 달리 동의하지 않는 한 위와 같은 계좌에 예치되어야 한다.

3.8.2. 변호사는 의뢰인 자금과 관련된 그의 모든 거래를 나타내고 의뢰인 자금을 그가 보유한 다른 자금과 구별 짓는 완전하고 정확한 기록을 남겨야 한다. 기록은 국내규칙에 따라 일정 기간 동안 보존되어야 할 수 있다.

3.8.3. 국내규칙에서 명시적으로 허용되거나 은행 수수료로 인한 경우 등 변호사가 영향을 끼칠 수 없는 예외적인 경우가 아니면 의뢰인 계좌는 초과인출 될 수 없다. 그러한 계좌는 어떠한 사유로든 보증이나 담보로 이용될 수 없다. 의뢰인 계좌와 다른 은행 계좌 사이에 어떠한 상계나 권리의 혼동이 있어서는 아니 되며, 의뢰인 계좌 안의 의뢰인 자금으로 은행에 대한 변호사의 채무를 상환하여서도 안 된다.

3.8.4. 의뢰인 자금은 최단기간 내에 또는 자금 소유자가 승인한 조건에 따라 소유자에게 양도되어야 한다.

3.8.5. 의뢰인에게 서면으로 알리지 않는 한 변호사는 자신의 보수 추심을 위해 의뢰인 계좌로부터 자신의 계좌로 자금을 이체시킬 수 없다.

3.8.6. 회원국의 소관 기관은 적용되는 비밀유지 또는 법률전문가 특권(legal professional privilege)을 존중하는 한 의뢰인 자금에 관련된 어떠한 문서라도 이를 확인하고 조사할 권한이 있다.

3.9. 전문직 배상책임보험

3.9.1. 변호사의 업무 활동에 의해 초래되는 위험의 성질과 크기를 고려하여 합리적인 범위 내에서, 변호사는 법률 업무로부터 발생하는 민사책임에 대비하여 보험에 가입하여야 한다.

3.9.2. 만약 이것이 불가능하다고 증명된다면, 변호사는 의뢰인에게 그 상황 및 예상되는 결과에 대해 반드시 알려야 한다.

4. 법원과의 관계

4.1. 법원에서의 행위규칙

법원 또는 심판소(tribunal)에 출석하거나 그곳에서 사건을 담당하는 변호사는, 그 법원 또는 심판소에서 적용되는 행위규칙을 반드시 따라야 한다.

4.2. 공정한 소송수행

변호사는 소송수행을 공정하게 하도록 언제나 주의하여야 한다.

4.3. 법원에서의 품행

변호사는 법원에 대해 적절한 존중과 예의를 유지하면서도, 자신의 이익 또는 자신이나 제3자에게 끼칠 영향을 고려함이 없이 고결하고 용감하게 의뢰인의 이익을 변호하여야 한다.

4.4. 허위정보 또는 오해를 유발하는 정보

변호사는 고의로 허위정보 또는 오해를 유발하는 정보를 법원에 제공하여서는 절대 안 된다.

4.5. 중재인 등으로의 확장

변호사의 법원과의 관계를 규율하는 규칙은 중재인 기타 사법적 내지 준사법적 기능을 담당하는 사람(임시적인 경우도 포함한다)과 변호사 사이의 관계에 대해서도 적용된다.

5. 변호사들 사이의 관계

5.1. 전문직의 단결정신

5.1.1. 전문직의 단결정신은 변호사들 사이의 신의와 협력을 요구하는데, 이는 의뢰인의 이익을 위한 것이며 또한 불필요한 소송 기타 변호사 직업의 명예를 저해하는 행동들을 피하기 위한 것이다. 그러나 이로써 의뢰인의 이익에 반하여 변호사 직업의 이익을 추구하는 것을 결코 정당화할 수 없다.

5.1.2. 변호사는 회원국의 다른 모든 변호사들을 직업적인 동료로 인정하고 그들에게 공정하고 예의 바르게 행동하여야 한다.

5.2. 서로 다른 회원국 변호사들 사이의 협력

5.2.1. 자신이 수행할 능력이 되지 않는 사건에 대하여는 수임요청을 승낙하지 않는 것이 다른 회원국의 동료로부터 연락을 받은 변호사의 의무이다. 그러한 경우 그 변호사는 그 동료가 당해 사무를 수행할 능력이 있는 다른 변호사를 찾는데 필요한 정보를 얻도록 흔쾌히 도와주어야 한다.

5.2.2. 서로 다른 회원국의 변호사들이 협동 작업을 하는 경우, 그 변호사들은 각 관련 회원국의 법체계 및 법조 조직, 변호사 자격 및 의무에 있어서 존재할 수 있는 차이를 고려할 일반적인 의무가 있다.

5.3. 변호사 사이의 교신

5.3.1. 변호사가 다른 회원국의 변호사에게 서신을 보내려 하는데 그 내용을 대외비(confidential)로 하거나 기득권을 손상하지 않도록(without prejudice) 하고자 한다면, 그는 문서를 보내기 전에 그 취지를 분명하게 밝혀야 한다.

5.3.2. 당해 의사소통의 수신인이 그 의사소통의 비밀유지나 기득권 손상방지를 보장할 수 없는 경우라면, 수신인은 이를 송신인에게 지체 없이 알려야 한다.

5.4. 소개비

5.4.1. 변호사는 다른 변호사나 기타 누구에 대해서든지, 그 변호사를 의뢰인에게 소개 또는 추천해준 데 대한 보수, 수수료 기타 어떠한 형태의 보상도 요구하거

나 수령하여서는 안 된다.

5.4.2. 변호사는 자신에게 의뢰인을 소개해준 대가로 누구에게든 보수, 수수료, 기타 어떠한 형태의 보상도 지급하여서는 안 된다.

5.5. 상대방 당사자와의 의사소통

변호사는 특정한 사건이나 사안에 관하여 다른 변호사가 대리하거나 조언하고 있다고 알고 있는 사람과는 누구라도 직접 의사소통하여서는 안 된다. 다만 그 다른 변호사의 동의를 받고 그 다른 변호사에게 그러한 의사소통을 계속 알려준 경우에는 그러하지 아니하다.

5.6. (2002. 12. 6의 Dublin 총회에서의 결정으로 삭제됨)

5.7. 보수에 대한 책임

서로 다른 회원국 변호사들 사이의 직업적 관계에 있어서, 변호사가 단지 의뢰인에게 다른 변호사를 추천하거나 소개하는 데 그치지 않고, 그 자신이 스스로 상대 변호사에게 특정 사건을 위임하거나 상대 변호사의 조언을 구하는 경우에는, "사건을 맡기는 변호사"(instructing lawyer)는 의뢰인이 파산하였더라도 그 외국 상대 변호사가 지급받을 보수와 비용, 경비를 지급할 개인적인 책임이 있다. 다만 관련 변호사들은 그들 간의 관계 개시 시점에 이에 관하여 특약을 맺을 수 있다. 나아가 사건을 맡기는 변호사는 언제든지 자신의 책임을, 그가 외국 상대 변호사에게 장래의 책임을 면한다는 통지를 하기 전에 발생한 보수와 비용, 경비의 액수로 제한할 수 있다.

5.8. 지속적인 전문직업적 계발

변호사는 그 직무의 유럽적 차원을 고려하면서 전문지식과 기술을 유지하고 발전시켜야 한다.

5.9. 서로 다른 회원국 변호사들 사이의 분쟁

5.9.1. 만약 다른 회원국의 동료가 직무행위규칙에 위반하여 행동한 것으로 생각된다

면, 변호사는 그 문제를 그 동료에게 알려 주의를 환기시켜야 한다.

5.9.2. 서로 다른 회원국 변호사들 사이에서 직무와 관련한 개인적 분쟁이 발생한 경우 그들은 가능하면 우선 우호적인 방법으로 분쟁을 해결하도록 노력하여야 한다.

5.9.3. 변호사가 위 5.9.1조 또는 5.9.2조에 언급된 문제에 관하여 다른 회원국에 있는 동료변호사를 상대로 어떠한 형태이든지 소송을 제기하기 위해서는, 먼저 양자가 속하는 변호사회가 화해를 주선할 기회를 가질 수 있도록 양 변호사회에 통지하여야 한다.

주석(Explanatory Memorandum)

이 주석은 유럽변호사협회협의회(CCBE) 상임위원회의 요청으로 CCBE "변호사윤리 작업반"(deontology working party)이 작성하였는데, 이 작업반은 본 행위규범 제정안의 기초를 담당한 바 있다. 이 주석은 본 행위규범의 규정들의 기원을 설명하고, 규정들이 해결하고자 한 문제들, 특히 국경간 활동과 관련한 문제들을 예시하며, 회원국 내 소관 기관이 본 행위규범을 적용함에 있어 도움을 주려는 의도로 작성되었다. 이 주석은 본 행위규범의 해석에 있어 어떠한 구속력도 없다.
이 주석은 1988. 10. 28 채택되었고 2006. 5. 19. CCBE 총회에서 개정되었다. 이 주석은 2007. 8. 20. CCBE 특별총회에서 공식적으로 승인된 CCBE법규의 개정을 고려하였다. 1.4조에 관한 주석에 있는 전문직의 목록은 변경될 수 있다.

본 행위규범의 원본은 프랑스어와 영어로 작성되어 있다. 다른 언어로의 번역본은 각국 대표단의 권한 하에서 작성된 것이다.

1.1조에 관한 주석–사회에서의 변호사의 기능

1977년 CCBE 총회에서 채택된 페루자(Perugia) 선언에서는 유럽공동체(EC) 전역에서 변호사에게 적용될 수 있는 직무행위의 근본 원칙을 정하였다. 1.1조의 조항들은 사회에서의 변호사의 기능에 관한 페루자 선언을 재확인한 것인바, 위 선언은 그 기능 수행을 규율하는 규칙들의 기초를 형성한다.

1.2조에 관한 주석–직무행위규칙의 성질

이 규정들은, 직무행위규칙의 성질이 무엇인지 및 특정 규칙이 얼마나 특정한 지역상황에 의존하면서도 공통의 가치에 기초하고 있는지에 관한 페루자 선언에서의 설명을 실질적으로 재선언한 것이다.

1.3조에 관한 주석–규범의 목적

이 규정들은, 페루자 선언의 원칙들이, 특히 변호사들의 국경간 활동(1.5조에서 정의됨)과 관련하여 유럽연합(EU)과 유럽경제지역(EEA) 전역의 변호사들 및 CCBE 옵서버 회원국의 변호사들에 대한 구체적인 행위규범으로 발전한 것을 소개한다. 1.3.2조의 규정은 본 행위규범의 실체적 조항들에 대한 CCBE의 구체적인 의도를 나타낸다.

1.4조에 관한 주석—인적 적용 범위

이 규칙들은 '1977년의 변호사서비스지침'(Lawyers Services Directive of 1977)과 '1998년의 변호사설립지침'(Lawyers Establishment Directive of 1998)에서 정의된 바에 따른 모든 변호사들과 CCBE의 준회원 및 옵서버 회원국의 변호사들에게 적용된다. 여기에는 후에 위 지침들에 가입하여 지침들의 개정으로 국명이 추가된 국가의 변호사들을 포함한다. 따라서 본 규범은 정회원이든 준회원이든 옵서버회원(회원의 명단은 아래와 같음)이든 CCBE에 대표가 참여하는 모든 변호사들에게 적용된다.

(역자주: 회원국 목록 생략)

또한 본 규범이 유럽 및 기타 지역의 비회원국의 법조에도 받아들여질 수 있어서 비회원국간 및 비회원국과 회원국 간의 적절한 협약에 의하여 적용될 수 있기를 희망한다.

1.5조에 관한 주석—물적 적용 범위

본 행위규범은 유럽연합(EU), 유럽경제지역(EEA)과 스위스 내의 변호사들 및 CCBE의 준회원과 옵서버 회원국의 변호사들의 "국경간 활동"(정의된 바와 같음)에 대해서만 직접 적용된다—위 1.4조에 관한 주석 및 1.6조에서의 "회원국"에 관한 정의규정을 참조(또한 향후 다른 국가의 변호사들에게 확장될 가능성에 관하여 위 주석 참조). 예컨대 A국 내에서 A국 국내법 문제에 관하여 A국 변호사와 B국 변호사가 접촉하는 경우는 국경간 활동의 개념에 포함되고; B국에서 일어난 문제에 관하여 A국 변호사들 사이에서 접촉하는 경우는 그 업무 활동이 B국에서 이루어지는 것이 아니라면 국경간 활동의 개념에 포함되지 아니하며; 단지 A국에서 B국으로 서신을 보내는 형태인 경우라도 A국 변호사가 B국에서 하는 활동이라면 국경간 활동의 개념에 포함된다.

1.6조에 관한 주석—정의

이 규정은 "회원국", "본국", "주재국", "소관기관", "EEC 지침 77/24"(Directive 77/249/EEC), "EC 지침 98/5"(Directive 98/5/EC) 등 본 규범에서 사용된 용어들을 정의하고 있다.

"변호사가 국경간 활동을 하게 되는"이라는 문구는 1.5조에서의 "국경간 활동"의 정의에 비추어 해석되어야 한다.

2.1조에 관한 주석—독립성

이 규정은 페루자 선언의 일반적 원칙을 실질적으로 재확인한 것이다.

2.2조에 관한 주석—신뢰와 개인적 청렴성

이 규정 역시 페루자 선언에 담긴 일반적 원칙을 다시 규정한 것이다.

2.3조에 관한 주석—비밀유지

이 규정은, 2.3.1조에서 우선 페루자 선언에서 정해지고 유럽사법재판소(ECJ)가 AM&S 사건(157/79)에서 인정한 일반적 원칙들을 재확인하고 있다. 그러고 나서 2.3.2조 내지 2.3.4조에서, 그것들을 비밀보호에 관한 구체적인 규칙으로 발전시키고 있다. 2.3.2조는 비밀유지의 존중을 요구하는 기본 규칙을 담고 있다. 2.3.3조는 변호사가 문제된 의뢰인을 위한 활동을 중지한 이후에도 비밀유지 의무가 존속함을 확인하고 있다. 2.3.4조는 변호사가 자기 자신이 비밀유지 의무를 존중할 뿐 아니라 자신의 사무실의 모든 동료들과 직원들에 대해서도 비밀유지 의무를 존중하도록 요구하여야 함을 규정하고 있다.

2.4조에 관한 주석—다른 변호사회의 규칙에 대한 존중

변호사서비스지침 제4조는 통합EC조약 제49조에 의해 한 회원국의 변호사가 다른 회원국에서 가끔씩 또는 일시적인 업무 활동을 함에 있어 준수해야 할 규칙에 관한 조항들을 담고 있는데, 그 내용은 다음과 같다.

(a) 소송이나 공공기관의 절차에서 의뢰인을 대리하는 것과 관련된 활동들은 각 주재국에서는 주재국 소속 변호사들에 부과되는 조건에 따라 이루어져야 하나, 다만 주재국에 거주하거나 주재국의 법조 조직(a professional organisation)에 등록할 것을 요구하는 조건은 제외한다.

(b) 그러한 활동들을 하고자 하는 변호사는 주재국의 직무행위규칙을 준수하여야 하며, 동시에 그 변호사의 출신 회원국에서 정한 변호사 의무도 준수하여야 한다.

(c) 영국(UK)에서 그러한 활동들을 하고자 하는 경우에 있어서 위 "주재국의 직무행위규칙"이라 함은, 그 활동이 법정변호사와 소송대리변호사(barristers and advocates)만 할 수 있는 활동이 아닌 한 사무변호사(solicitors)에게 적용되는 직무행위규칙을 의미한다. 법정변호사와 소송대리변호사(barristers and advocates)만 할 수 있는 활동인 경우에는 그들에게 적용되는 직무행위규칙을 의미한다. 그러나 아일랜드 출신의 법정변호사는 항상 영국 법정변호사와 소송대리변호사에게 적용되는 직무행위규칙의 적용을 받는다. 만약 그러한 활동들을 아일랜드에서 행하고자 하는 경우에는, 위 "주재국의 직무행위규칙"은 그것이 법정에서의 구술변론을 관장하는 것인 한에서는 법정변호사에게 적용되는 직무행위규칙을 말한다. 다른 모든 경우에는 사무변호사를 위한 직무행위규칙을 의미한다. 그러나 영국 출신의 법정변호

사와 소송대리변호사는 아일랜드에서 법정변호사에게 적용되는 직무행위규칙의 적용을 받는다; 그리고,

(d) 변호사가 위 (a)항에서 규정된 것이 아닌 활동을 하고자 하는 경우에는, 출신 회원국에서 정한 직무수행의 조건과 규칙의 적용을 받게 되는데, 그는 동시에 그 원천이 무엇이든 주재국의 변호사를 규율하는 규칙, 특히 주재국에서 다른 활동을 할 때 변호사가 할 수 없는 활동, 직업적 비밀유지, 다른 변호사와의 관계, 같은 변호사가 서로 이익충돌하는 당사자들 대리금지, 그리고 광고에 관한 것들을 존중해야 한다. 이러한 주재국의 변호사를 규율하는 규칙은, 주재국에 기초를 두지 않은 변호사가 이를 준수할 수 있으며 이를 준수하는 것이 변호사의 정당한 활동과 직업적 평판 그리고 겸직금지에 관한 규칙에 대한 존중을 보장하는 것을 객관적으로 정당화할 때에만, 적용될 수 있다.

변호사설립지침은 EC 통합조약 제43조에 따라 어느 한 회원국 출신의 변호사가 다른 회원국에서 영구적인 기반을 가지고 업무를 수행하는 경우에 지켜야 할 규칙에 관한 조항을 포함하고 있는데, 그 내용은 다음과 같다.

(a) 본국의 변호사자격으로 업무를 하는 변호사가 주재국의 영역 내에서 하는 모든 활동에 대하여는, 그 변호사에게 적용되는 본국의 직무행위규칙 여하에 관계없이, 주재국의 관련 변호사자격으로 업무하는 변호사와 같은 직무행위규칙이 적용된다(6.1조);

(b) 주재국은 본국의 변호사자격으로 활동하는 변호사에 대하여 그 주재국의 영역 내에서의 직업 활동에 대해 정하는 규칙에 따라 전문직책임보험이나 전문직보증기금에 가입하도록 요구할 수 있다.

그러나 본국의 변호사자격으로 활동하는 변호사는 본국의 규칙에 따라 가입한 보험이나 보증에 의하여 보장됨을 증명함으로써 위 요구를 면할 수 있는데, 다만 이는 그러한 보험이나 보증이 보장조건 및 범위에서 동등한 한도에서만 그러하다. 일부만이 보장된 경우에는 주재국의 소관 기관은 본국의 규칙에 따라 체결한 보험이나 보증에 의하여 보장되지 않는 나머지 부분을 보장하기 위하여 추가적인 보험이나 보증계약체결을 요구할 수 있다(6.3조); 그리고

(c) 본국의 변호사자격으로 주재국에 등록한 변호사는 주재국이 자국의 변호사가 등록한 경우에 허용하는 범위 내에서 다른 개인 변호사, 변호사연합이나 또는 로펌, 공기업 또는 사기업의 유급 고용변호사로서 업무를 할 수 있다.

위 두 지침에 의하여 규율되지 않거나 이들 지침의 요건을 넘어서는 경우에 있어서,

변호사가 유럽공동체법에 따라 다른 변호사회의 규칙을 준수할 의무는 가령 전자상거래에 관한 지침(Directive on Electronic Commerce, 2001/31/EC)과 같은 관련 규정을 해석하여 판단할 문제이다. 본 규범의 주된 목적은 이중적 의무(double deontology), 즉 어느 특정의 상황에 있어서 잠재적으로 충돌하는 두 가지 이상의 국내규칙이 적용되는 데서 발생하는 문제를 최소화하고 가능하다면 모두 없애는 것이다(1.3.1조 참조).

2.5조에 관한 주석—겸직금지

가령 상업적 활동에 관한 예에서와 같이, 변호사가 어디까지 다른 직업을 영위할 수 있는지에 관하여는 회원국 사이에서뿐 아니라 회원국 내에서도 차이가 존재한다. 변호사의 겸직을 금지하는 규칙들의 일반적인 목적은, 변호사의 독립성과 사법제도운영에서의 변호사의 역할을 침해할 여지가 있는 외압으로부터 그를 보호하는 데 있다. 이러한 규칙들의 차이는 서로 다른 지역적 조건의 차이나 변호사의 적정한 기능에 대한 인식의 차이 내지는 규칙 제정 기술의 차이를 반영하는 것이다. 가령 열거된 특정 직업에 관여하는 것을 완전히 금지하는 경우가 있는가 하면, 일반적으로 다른 겸직을 허용하면서 다만 변호사의 독립성을 보호할 수 있는 구체적인 안전장치들을 준수하도록 하는 경우가 있다.

2.5.2조와 2.5.3조는 한 회원국의 변호사가 주재국에서의 법조구성원이 아닌 상태에서 주재국 내에서 국경간 활동(1.5조에서 정의된 바에 따름)을 하는 경우에 발생할 수 있는 다양한 상황들에 대해 규정을 두고 있다.

2.5.2조는 변호사가 주재국에서 국내의 소송절차 또는 국내의 공공기관절차에서 활동하는 경우에, 주재국의 겸직 금지에 관한 규칙을 모두 준수할 의무를 부과한다. 이는 그 변호사가 주재국에서 개업을 하였는지 여부를 불문하고 적용된다.

반면 2.5.3조는 그 외의 경우에 있어서 주재국의 겸직 금지에 관한 규칙을 "존중"할 것을 규정하고 있는데, 이는 다만 그 변호사가 주재국에서 개업하고서 법률사무의 수행과는 무관한 상업적 또는 기타의 활동에 직접 참여하고자 하는 경우에 한정된다.

2.6조에 관한 주석—개인적 광고

"개인적 광고"라는 용어는, 개인변호사뿐 아니라 로펌에 의한 광고까지도 포함하는 것으로서, 변호사회가 구성원 전체를 위하여 하는 공동의 광고에 반대되는 의미이다. 변호사의 개인적 광고를 규율하는 규칙은 회원국마다 매우 다양하다. 2.6조는 국경간 활동에 있어서 개인적 광고가 특별히 금지되지는 아니함을 명시하고 있다. 그러나 변호사들은 본국의 직무규칙에서 정하고 있는 금지 · 제한의 적용을 받으며, 동시에 변호사서비스지침이나 변호사설립지침에 의해 그 변호사에 대해 구속력을 가지는 주재국의 금지 · 제한 규정의 적용도 받는다.

2.7조에 관한 주석—의뢰인의 이익

이 규정은 변호사가 자신의 이익이나 동료 법조인의 이익보다 항상 의뢰인의 이익을 우선시켜야 한다는 일반적인 원칙을 강조하고 있다.

2.8조에 관한 주석—의뢰인에 대한 변호사의 책임 제한

이 규정은 계약에 의하거나 유한책임회사(limited company), 합자조합(limited partnership), 유한책임조합(limited liability partnership)을 사용하는 방법에 의해서든 변호사가 국경간 업무에 관하여 의뢰인에 대한 자신의 책임을 제한하는 것을 특별히 금지하지 않고 있음을 분명히 하고 있다. 그러나 이 규정은 그러한 책임제한은 관계법과 관계 행위규칙이 이를 허용하고 있을 때에만 가능함을 밝히고 있으며, 실제로 많은 국가에서 법 또는 직무규칙은 그러한 책임제한을 금지하거나 제한하고 있다.

3.1조에 관한 주석—수임요청의 승낙과 종료

3.1.1조의 규정들은, 변호사와 의뢰인 사이에서 관계가 유지되도록 하고 나아가 정당한 권한 있는 중개인을 통하는 경우라도 변호사가 실제로 의뢰인으로부터 위임을 받는 것을 확실히 하기 위한 것이다. 중개인의 권한과 의뢰인의 의사를 확인하는 일은 변호사 자신의 책임이다.

3.1.2조는 변호사가 자신의 의무를 이행하는 방법에 관하여 규정하고 있다. 변호사가 의뢰인의 위임사항을 수행함에 있어서 개인적인 책임을 진다는 것은 변호사가 그 업무를 타인에게 재위임함으로써 책임을 회피할 수 없음을 의미한다. 관계법 내지 직무규칙이 허용하는 한도에서 변호사가 자신의 책임을 제한하는 것이 금지되는 것은 아니다—2.8조 참조.

3.1.3조는 가령 관련된 법이나 실무에 대해서 익숙하지 않을 타국의 변호사나 의뢰인을 대리하여 사건을 다루도록 요청받은 경우 또는 자신이 익숙하지 않은 외국의 법과 관련된 사건을 다루도록 요청받은 경우와 같이, 국경간 활동을 함에 있어서 특히 유의미한 원칙을 규정하고 있다.

일반적으로 변호사는 애초에 수임을 거절할 수 있는 권리가 있으나, 3.1.4조에 의하면 일단 이를 승낙한 후에는 변호사는 의뢰인의 이익보호를 확실히 하지 않는 한 승낙을 철회하지 않을 의무가 있다.

3.2조에 관한 주석—이익충돌

3.2.1조의 규정들은, 의뢰인들의 이익이 실제로 충돌하지 않고 그러할 특별한 가능성이 있지 않은 경우라면, 변호사가 동일 사건에서 둘 이상의 의뢰인을 위하여 사무를 수행하는 것을 금지하지 않는다. 만약 변호사가 위와 같이 둘 이상의 의뢰인을 위해 사무를 수행하는데, 이익충돌의 상황 내지 비밀이 깨어질 위험, 기타 변호사의 독립성이 침해될 상황이 발생하면, 변호사는 그 의뢰인들 모두를 위한 사무수행을 중지하여야 한다.

그러나 같은 변호사가 맡은 둘 이상의 의뢰인 사이에 의견 차이가 나타나 그 변호사가 중재자의 역할을 시도하는 것이 적절한 경우가 있을 수 있다. 그러한 경우 이익충돌이 있어서 자신이 더 이상 사무를 수행하는 것을 중지해야 하는지 여부를 판단하는 것은 변호사 자신의 몫이다. 만약 이익충돌의 경우는 아니라고 판단한다면, 변호사는, 의뢰인들에게 그 상황을 설명하고 동의를 얻어 중재자로서 의견 차이를 해결하고자 시도하고, 그러한 시도가 실패한 경우에만 그들을 위한 사무수행을 중지하는 것이 적절한지 여부를 고려할 수 있다.

3.2.4조는 연합하여 활동하는 변호사들에 대해서도 제3조의 각 규정을 적용한다. 가령 로펌의 두 의뢰인 사이에 이익충돌이 발생하면, 로펌 내의 서로 다른 변호사가 각각의 의뢰인을 담당하고 있더라도 로펌은 그 사무수행을 중지하여야 한다. 반면 예외적으로 잉글랜드 법정변호사에 의해 이용되는 "체임버" 형태의 연합(각각의 변호사가 의뢰인을 개별적으로 대리하는 형태를 말한다)의 경우에는, 동일한 연합의 서로 다른 변호사가 이익이 충돌되는 의뢰인들을 각각 담당하는 것이 가능하다.

3.3조에 관한 주석—승소액비례보수약정(Pactum de Quota Litis)

이 규정들은 규제되지 않은 "성공보수"(contingency fees, pactum de quota litis)는 투기적인 소송을 조장하고 남용의 우려가 있기 때문에 올바른 사법제도운영에 방해가 된다는 모든 회원국의 공통적인 입장을 반영한 것이다. 그러나 의뢰인의 보호와 올바른 사법제도운영을 위하여 충분한 규제와 감독 하에 있는 경우까지 변호사에게 결과에 따라 보수를 지급하거나 성공한 경우에만 보수를 지급하기로 하는 합의를 유지하거나 새로이 체결하는 것을 막고자 하는 것은 아니다.

3.4조에 관한 주석—보수의 규제

3.4조는 다음 세 가지 요건을 정하고 있다: 변호사의 보수를 의뢰인에게 고지하는 것에 대한 일반적인 기준, 금액이 공정하고 합리적이어야 한다는 점, 관련법과 직무규칙에 부합하여야 한다는 점.

변호사 감독기관의 재결 권한에 의하든 또는 다른 방법에 의하든 국내법이나 행위규범에 의하여 변호사의 보수를 규제하는 장치가 존재하는 회원국이 많다. 변호사설립지침이 적용되는 상황에서, 변호사가 본국 규범뿐만 아니라 주재국 규칙의 적용을 받게 되는 경우, 보수청구의 근거는 두 규칙 모두에 부합하여야 할 것이다.

3.5조에 관한 주석—선지급

3.5조는 변호사가 보수 및/또는 지출금을 선지급받을 수 있음을 전제로 하고 있으나, 합리적인 예상이라는 기준에 의한 제한을 두고 있다. 또한 사임할 수 있는 권리와 관련하여서는 3.1.4조를 볼 것.

3.6조에 관한 주석—비(非)변호사와의 보수 분배

일부 회원국에서는 변호사가 법조인이든 아니든 다른 인가된 전문직과 연합하여 업무하는 것이 허용된다. 3.6.1조의 규정들이 그와 같이 허용된 형태의 연합에서 보수를 분배하는 것을 막는 것은 아니다. 또한 본 규범이 적용되는(위 1.4조 참조) 변호사들이 다른 "변호사", 예를 들어 비 회원국의 변호사들 또는 회원국의 다른 법조 직역 종사자들(예컨대 공증인)과 보수를 분배하는 것을 막는 것도 아니다.

3.7조에 관한 주석—소송비용과 법률 구조의 가능성

3.7.1조는 의뢰인에게 비용 효율적인 방법으로 분쟁을 해결하려 하는 것(협상을 시도할지 여부 그리고 재판외 분쟁해결절차로의 이행신청을 할지 여부 등에 관한 조언을 포함한다)이 중요하다는 것을 강조하고 있다.

3.7.2조는 변호사로 하여금 적용 가능한 법률구조의 이용 가능성에 대하여 의뢰인에게 알리도록 하고 있다. 법률구조의 가능성에 관하여는 각 회원국마다 다양한 규정을 두고 있다. 국경간 활동에 있어서 변호사는 자신이 익숙지 않은 나라의 국내법의 법률구조규정이 적용될 수 있음을 염두에 두고 있어야 한다.

3.8조에 관한 주석—의뢰인 자금

3.8조의 규정들은, 유럽공동체 내부에서 변호사들이 보유하고 있는 의뢰인들의 자금에 대한 적절한 관리와 처분을 규율하는 최소한의 규정을 작성하고 시행할 필요에서 1985년 11월 브뤼셀(Brussel)에서 CCBE가 채택한 권고를 반영하였다. 3.8조는 최소한의 기준만을 정하고 있으며, 의뢰인자금에 대해 보다 강력한 보호를 부여하는 각국 제도의 상세한 부분에는 개입하지 않고 있다.

의뢰인 자금을 보유하고 있는 변호사는 그것이 국경간 활동에서 보유하게 된 것이라 할지라도 그에 관한 본국의 변호사규칙을 준수하여야 한다. 변호사로서는 하나 이상의 회원국의 규칙이 적용되는 데서 나타날 수 있는 문제를 염두에 두고 있어야 하며, 이는 특히 변호사가 변호사설립지침에 의하여 주재국에서 개업을 한 경우에 그러하다.

3.9조에 관한 주석—전문직 배상책임보험

3.9.1조는, 유럽공동체 내의 모든 변호사들이 자신의 직업적 과실에 의해 민사책임을 지게 될 위험에 대비하여 보험에 들도록 할 필요에서 이루어지고 1985. 11에 CCBE 브뤼셀 회의에서 채택된 권고사항을 반영하였다. 3.9.2조는 3.9.1조에 기반하여 보험에 들 수 없는 상황을 다루고 있다.

4.1조에 관한 주석—법원에서의 행위규칙

이 규정은 변호사가 자신이 활동하거나 나타나는 법원 또는 심판소의 규칙을 지킬 의무가 있다는 원칙을 적용하고 있다.

4.2조에 관한 주석—공정한 소송수행

이 규정은 변호사가 양자대립적인 소송절차에서 상대방을 부당하게 이용해서는 안 된다는 일반적인 원칙을 적용한 것이다. 변호사는 가령 관계 소송법에서 허용하고 있는 것이 아닌 한, 상대방 변호사에게 알리기 전에 판사와 접촉해서는 안 되며, 적시에 상대방 변호사에게 알리지 않고 판사에게 증거물이나 메모, 문서 등을 제출하여서는 안 된다. 법에 의해 금지되지 않는 한도에서, 변호사는 상대방 당사자나 변호사가 제안한 화해에 대하여 상대방 측의 명시적 동의를 얻지 않고 판사에게 그 내용을 알려주거나 제출할 수 없다. 아래 4.5조도 참조.

4.3조에 관한 주석—법원에서의 품행

이 규정은 법원과 법에 대한 존중이라는 측면과 의뢰인의 최대이익을 추구하여야 한다는 측면 사이의 균형이 필요함을 반영한다.

4.4조에 관한 주석 — 허위정보 또는 오해를 유발하는 정보

이 규정은 변호사가 고의적으로 법원을 오도해서는 안 된다는 원칙을 적용한 것이다. 법원과 법조인 간에 신뢰가 있어야 한다면 이는 필수적이다.

4.5조에 관한 주석 — 중재인 등으로의 확장

이 규정은 앞의 규정들의 적용 범위를 사법적인 또는 준사법적인 기능을 수행하는 법원과 기타 단체들에게까지 넓히고 있다.

5.1조에 관한 주석 — 전문직의 단결정신

이 규정들은 페루자 선언을 기반으로 한 것으로서, 법조계가 그 구성원 사이에 신뢰와 협동의 관계를 유지하는 것이 공공의 이익을 위한 것이라는 점을 강조하고 있다. 그러나 이것이 직업적 이익이 정의의 이익이나 의뢰인의 이익에 대립되도록 하는 것을 정당화하는 것은 아니다(2.7조도 참조).

5.2조에 관한 주석 — 서로 다른 회원국 변호사들 사이의 협력

이 규정은 서로 다른 회원국의 변호사 사이의 오해를 피하기 위한다는 관점에서 페루자 선언의 원칙을 발전시키고 있다.

5.3조에 관한 주석 — 변호사 사이의 교신

일부 회원국에서는 변호사 사이의 교신(서면으로든 구두로든)은 그 변호사들 사이의 비밀로 유지되도록 하고 있다. 이는 그러한 교신의 내용이 타인에게 공개될 수 없고, 통상적으로 그 변호사들의 의뢰인들에게 전달될 수도 없으며, 어떤 경우든지 법정에 제출될 수 없다는 점을 의미한다. 다른 회원국에서는 그러한 교신에 "대외비"(confidential)라는 단서가 붙어 있는 경우에만 같은 결과가 된다.

또 다른 회원국에서는, 변호사가 상대방 당사자를 위해 활동하는 동료와의 교신으로부터 얻은 모든 정보를 의뢰인에게 공개하여야 하며 서신에 "대외비"라고 표기하는 것은 단지 그것이 수취인인 변호사 및 그의 의뢰인만을 위한 법적인 자료이고 제3자에 의하여 오용되어서는 안 된다는 것을 의미할 뿐이다.

몇몇 회원국에서는, 만약 변호사가 분쟁을 해결하려는 시도에서 서신을 보내는 것이고 법정에 제출되어서는 안 된다는 점을 지시하고자 원한다면, 서신에 "기득권을 손상하지 않음"(without prejudice)이라고 표기하여야 한다.

이처럼 국가 사이에 중요한 차이가 있기 때문에 많은 오해들이 발생한다. 이는 변호사가 국경간 교신을 함에 있어서 큰 주의를 기울여야 하는 이유이다.

변호사가 다른 회원국의 직업적 동료에게 변호사들 사이의 비밀 또는 "기득권을 손상하지 않음"을 조건으로 서신을 보내고자 하는 경우에는 언제나 그러한 조건하에 서신을 수령할 수 있는지를 미리 문의하여야 한다. 그러한 조건하에서 교신이 수령되기를 원하는 변호사는 그 교신의 서두나 표지서신에 이를 명시하여야 한다.

그러한 통신의 수령인이 될 변호사는, 만약 위와 같은 조건을 지킬 수 없거나 지킬 수 있다는 보장을 할 수 없는 경우라면, 발신인에게 즉시 이를 알림으로써 발신하지 않도록 하여야 한다. 만약 이미 수신된 경우라면, 수령자는 이를 개봉하지 않거나 기타 내용을 누설하지 않는 방법으로 즉시 발신인에게 되돌려 보내야 한다. 만약 수령인의 국내법 또는 규칙이 이러한 요구에 따르는 것을 금지하고 있다면 그러한 점을 발신인에게 즉시 알려야 한다.

5.4조에 관한 주석―소개비(Referral Fees)

이 규정은 변호사가 순전히 의뢰인 소개에 대한 대가로 금액을 지급하거나 수령하여서는 안 된다는 원칙을 반영하고 있는데, 그러한 소개비를 주고받는 것은 의뢰인의 자유로운 변호사 선택권 내지는 최고의 이용 가능한 서비스를 소개받을 의뢰인의 이익을 침해할 우려가 있다. 이것이 정당한 근거를 가진 변호사간의 보수 분배 합의를 하지 못하도록 하는 것은 아니다(위 3.6조 참조).

몇몇 회원국에서는 의뢰인의 최선의 이익이 보장되고 의뢰인에게 완전히 공개되며 의뢰인이 그러한 수수료에 동의함을 전제로 특정한 경우에 변호사가 수수료를 받는 것을 허용하고 있다. 그러한 경우에 수수료를 받는 것은 변호사가 의뢰인에게 제공하는 서비스에 대한 보수 중 일부를 이루는 것이며, 변호사가 비밀리에 이윤을 얻는 것을 막고자 하는 소개비 금지제도의 범위 밖에 있다.

5.5조에 관한 주석―상대방 당사자와의 교신

이 규정은 일반적으로 받아들여지는 원칙을 반영한 것이며, 변호사 사이의 순조로운 업무수행 활동을 장려하고 다른 변호사의 의뢰인을 이용하고자 하는 어떤 시도도 막기 위한 의도에서 제정된 것이다.

5.6조에 관한 주석－변호사의 교체

5.6조는 변호사의 교체에 대하여 다루고 있었다. 2002. 12. 6에 삭제됨.

5.7조에 관한 주석－보수에 대한 책임

이 규정들은 실질적으로 페루자 선언에 담겨 있던 규정들을 재확인한 것이다. 서로 다른 회원국의 변호사 사이의 차이의 통상적인 원인은 미지급된 보수에 대한 책임에 관한 오해에서 발생하는 만큼, 외국 동료의 보수에 대한 개인적인 책임을 배제하거나 제한하고자 하는 변호사는 거래를 시작할 때부터 이에 관한 분명한 약정을 하여 두는 것이 중요하다.

5.8조에 관한 주석－지속적인 전문직업적 계발

법의 발전에 발맞추어 나아가는 것은 직업적인 의무이다. 특히 변호사는 자신의 직역에서 커져가는 유럽법의 영향을 염두에 두는 것이 필수적이다.

5.9조에 관한 주석－서로 다른 회원국 출신의 변호사들 사이의 분쟁

변호사는 다른 회원국의 동료에 대해 모든 법적·비법적인 구제책을 행사할 권리가 있다. 그러나 그 분쟁이 직무행위규칙 위반이나 직업적 성질이 관련된 경우라면, 그러한 구제책을 행사하기 전에 우선 우호적인 화해의 수단을 모두 사용해 보아야 하고, 이때 필요하다면 변호사회의 도움을 얻어 그러한 화해를 도모하여야 한다.

제5부 일본

변호사 직무 기본규정
(弁護士職務基本規程)

일본변호사연합회

2004년 11월 10일 會規 제70호

변호사는 기본적 인권의 옹호와 사회 정의의 실현을 사명으로 한다.
그 사명의 달성을 위하여, 변호사에게는 직무의 자유와 독립이 요청되고, 고도의 자치가 보장되고 있다.
변호사는 그 사명을 자각하고, 자신의 행동을 규율하는 사회적 책임을 진다.
따라서, 변호사의 직무에 관한 윤리와 행위규범을 명확히 하기 위하여 변호사 직무기본규정을 제정한다.

제1장 기본 윤리

제1조 (사명의 자각)

변호사는 그의 사명이 기본적 인권의 옹호와 사회 정의의 실현에 있음을 자각하고, 그 사명의 달성에 노력한다.

제2조 (자유와 독립)

변호사는 직무의 자유와 독립을 소중히 한다.

제3조 (변호사 자치)

변호사는 변호사 자치의 의의를 자각하고 그 유지 발전을 위하여 노력한다.

제4조 (사법독립의 옹호)

변호사는 사법의 독립을 옹호하고, 사법제도의 건전한 발전에 기여하도록 노력한다.

제5조 (신의성실)

변호사는 진실을 존중하고 신의에 따르며 성실하고 공정하게 직무를 수행해야 한다.

제6조 (명예와 신용)

변호사는 명예를 소중히 하고 신용을 유지함과 함께 염결(廉潔)을 유지하고 항상 품위를 높이도록 노력한다.

제7조 (연찬)

변호사는 교양을 쌓고 법령 및 법률사무에 정통하기 위하여 연찬(研鑽)에 노력한다.

제8조 (공익활동의 실천)

변호사는 그 사명에 어울리는 공익활동에 참가하고 이를 실천하도록 노력한다.

제2장 일반 규율

제9조 (광고 및 선전)

① 변호사는 광고 또는 선전을 할 때는 허위 또는 오도(誤導)하는 정보를 제공하여서는 안 된다.

② 변호사는 품위를 손상하는 광고 또는 선전을 하여서는 안 된다.

제10조 (의뢰의 권유 등)

변호사는 부당한 목적을 위하여 또는 품위를 손상하는 방법에 의하여, 사건의 의뢰를 권유하거나, 사건을 유발시켜서는 안 된다.

제11조 (비변호사와의 제휴)

변호사는 변호사법 제72조 내지 제74조의 규정에 위반하는 자 또는 이러한 규정에 위반한다고 의심하기에 족한 상당한 이유가 있는 자로부터 의뢰인의 소개를 받거나, 이러한 자를 이용하거나 또는 이러한 자에게 자신의 명의를 이용하도록 해서는 안 된다.

제12조 (보수 분배의 제한)

변호사는 그 직무에 관한 보수를 변호사 또는 변호사법인이 아닌 자와의 사이에서 분배하여서는 안 된다. 다만, 법령 또는 본 협회, 소속 변호사회가 정하는 회칙에 별도의 규정이 있는 경우, 그 밖에 정당한 사유가 있는 경우는 제외한다.

제13조 (의뢰인 소개의 대가)

① 변호사는 의뢰인의 소개를 받는 것에 대한 사례 기타 대가를 지불하여서는 안 된다.

② 변호사는 의뢰인을 소개한 것에 대한 사례 기타 대가를 수취하여서는 안 된다.

제14조 (위법행위의 조장)

변호사는 사기성 거래, 폭력 기타 위법 또는 부정당한 행위를 조장하거나 또는 이러한 행위를 이용하여서는 안 된다.

제15조 (품위를 손상시키는 사업에의 참가)

변호사는 공서양속에 반하는 사업 기타 품위를 손상시키는 사업을 영위하거나, 또는 이러한 사업에 가담하거나 이러한 사업에 자기의 명의를 이용하게 해서는 안 된다.

제16조 (영리업무 종사에 있어서의 품위유지)

변호사는 스스로 영리를 목적으로 하는 업무를 영위할 때 또는 영리를 목적으로 업무를 영위하는 자의 이사, 집행임원 기타 업무를 집행하는 임원 또는 사용인이 될 때에는 영리를 추구하는 것에 얽매여 품위를 손상시키는 행위를 하여서는 안 된다.

제17조 (계쟁목적물의 양수)

변호사는 계쟁목적물을 양도받아서는 안 된다.

제18조 (사건기록의 보관 등)

변호사는 사건기록을 보관 또는 폐기함에 있어서는 비밀 및 프라이버시에 관한 정보가 누설되지 않도록 주의해야 한다.

제19조 (사무직원 등에 대한 지도 감독)

변호사는 사무직원, 사법수습생 기타 자신의 직무에 관여시킨 자가 그 자의 업무에 관하여 위법 또는 부당한 행위에 이르거나, 또는 그의 법률사무소의 업무에 관하여 지득한 비밀을 누설하거나 또는 이용함이 없도록 지도하고 감독해야 한다.

제3장 의뢰인과의 관계에 관한 규율

제1절 통칙

제20조 (의뢰인과의 관계에 있어서의 자유와 독립)

변호사는 사건의 수임 및 처리에 있어서 자유와 독립의 입장을 유지하도록 노력한다.

제21조 (정당한 이익의 실현)

변호사는 양심에 따르고 의뢰인의 권리 및 정당한 이익을 실현하도록 노력한다.

제22조 (의뢰인 의사의 존중)

① 변호사는 위임의 취지에 관한 의뢰인의 의사를 존중하여 직무를 행해야 한다.

② 변호사는 의뢰인이 질병 또는 기타의 사정 때문에 그의 의사를 충분히 표명할 수 없을 경우에는 적절한 방법을 강구하여 의뢰인의 의사를 확인하기 위해 노력한다.

제23조 (비밀의 유지)

변호사는 정당한 이유 없이 의뢰인에 관하여 직무상 지득한 비밀을 타인에게 누설하거나 이용해서는 안 된다.

제24조 (변호사 보수)

변호사는 경제적 이익, 사건의 난이, 시간과 노력 그 밖의 사정에 비추어 적정하고 타당한 변호사 보수를 제시해야 한다.

제25조 (의뢰인과의 금전대차 등)

변호사는 특별한 사정이 없는 한 의뢰인과 금전대차를 하거나 또는 자신의 채무에 관하여 의뢰인에게 보증을 의뢰하거나 의뢰인의 채무에 관하여 보증을 해서는 안 된다.

제26조 (의뢰인과의 분쟁)

변호사는 의뢰인과의 신뢰관계를 유지하고 분쟁이 발생하지 않도록 노력하며, 분쟁이 발생한 때에는 소속 변호사회의 분쟁조정으로 해결하도록 노력한다.

제2절 직무를 행할 수 없는 사건에 관한 규율

제27조 (직무를 행할 수 없는 사건)

변호사는 다음 각 호의 하나에 해당하는 사건에 관하여는 그의 직무를 행해서는 안 된다. 다만, 제3호에 규정한 사건에 관하여는 수임하고 있는 사건의 의뢰인이 동의한 경우는 그러하지 아니하다.

1. 상대방의 협의를 받아 찬조(贊助)하거나 그의 의뢰를 승낙한 사건;

2. 상대방의 협의를 받은 사건으로 그 협의의 정도 및 방법이 신뢰관계에 기초한다고 인정되는 사건;
3. 수임하고 있는 사건의 상대방이 의뢰하는 다른 사건;
4. 공무원으로서 직무상 취급했던 사건;
5. 중재, 조정, 화해주선 및 기타 재판 외 분쟁해결절차기관의 절차 실시자로서 취급했던 사건.

제28조 (전 조와 동일)

변호사는 전 조에 규정한 것 외에 다음 각 호의 하나에 해당하는 사건에 관하여는 그의 직무를 행해서는 안 된다. 다만, 제1호 및 제4호의 사건에 관하여 그 의뢰인이 동의한 경우와 제2호의 사건에 관하여 그 의뢰인 및 상대방이 동의한 경우, 그리고 제3호의 사건에 관하여 그 의뢰인 및 다른 의뢰인 모두가 동의한 경우는 제외한다.

1. 상대방이 배우자, 직계 친족, 형제자매 또는 동거하는 친족인 경우의 사건;
2. 수임하고 있는 다른 사건의 의뢰인 또는 계속적인 법률사무의 제공을 약속하고 있는 자를 상대방으로 하는 사건;
3. 의뢰인의 이익과 다른 의뢰인의 이익이 상반되는 사건;
4. 의뢰인의 이익과 자기의 경제적 이익이 상반되는 사건.

제3절 사건 수임 시의 규율

제29조 (수임 시의 설명 등)

① 변호사는 사건을 수임할 때 의뢰인으로부터 얻은 정보에 기초하여 사건의 전망, 처리방법, 그리고 변호사 보수 및 비용에 관하여 적절한 설명을 해야 한다.
② 변호사는 사건에 관하여 의뢰인에게 유리한 결과로 될 것을 책임지거나 보증하여서는 안 된다.
③ 변호사는 의뢰인이 기대하는 결과를 얻을 수 있는 가망이 없음에도 불구하고 가망이 있는 것처럼 꾸며 사건을 수임해서는 안 된다.

제30조 (위임계약서의 작성)

① 변호사는 사건을 수임할 때 변호사 보수에 관한 사항을 포함한 위임계약서를 작성해야 한다. 다만, 위임계약서를 작성함에 곤란한 사유가 있는 때에는 그 사유가 없어진 후 작성한다.

② 전 항의 규정에 불구하고, 수임하는 사건이 법률상담, 간단한 서면의 작성 또는 고문계약 및 기타 계속적인 계약에 기초한 것일 경우와 기타 합리적인 이유가 있을 경우에는 위임계약서의 작성을 필요로 하지 않는다.

제31조 (부당한 사건의 수임)

변호사는 의뢰의 목적 또는 사건 처리의 방법이 명백하게 부당한 사건을 수임해서는 안 된다.

제32조 (불이익사항의 설명)

변호사는 동일한 사건에 관하여 복수의 의뢰인이 있고 그들 상호간에 이해의 대립이 발생할 우려가 있을 경우에는 사건을 수임할 때 의뢰인 각자에 대하여 사임의 가능성 기타 불이익을 미칠 우려가 있음을 설명해야 한다.

제33조 (법률부조제도 등의 설명)

변호사는 의뢰인에 대하여 사안에 따라 법률부조제도, 소송구조제도 기타 자력이 부족한 자의 권리 보호를 위한 제도를 설명하고 재판을 받을 권리가 보장되도록 노력한다.

제34조 (수임 승낙 여부의 통지)

변호사는 사건의 의뢰가 있을 때에는 신속하게 그 승낙 여부를 의뢰인에게 통지하여야 한다.

제4절 사건의 처리에 대한 규율

제35조 (사건의 처리)

변호사는 사건을 수임한 때는 신속하게 착수하고 지체 없이 처리해야 한다.

제36조 (사건 처리의 보고 및 협의)

변호사는 필요에 따라 의뢰인에 대하여 사건의 경과 및 사건의 귀추에 영향을 미치는 사항을 보고하고 의뢰인과 협의하면서 사건의 처리를 진행해야 한다.

제37조 (법령 등의 조사)

① 변호사는 사건을 처리함에 있어서 필요한 법령의 조사를 태만해서는 안 된다.

② 변호사는 사건을 처리함에 있어서 필요하고 가능한 사실관계의 조사를 진행하도록 노력한다.

제38조 (예탁금의 보관)

변호사는 사건에 관하여 의뢰인, 상대방 또는 기타 이해관계자로부터 금원을 맡은 때에는 자기의 금원과 구분하고 예탁금인 사실을 명확하게 하는 방법으로 보관하며 그 상황을 기록해야 한다.

제39조 (예탁물의 보관)

변호사는 사건에 관하여 의뢰인, 상대방 또는 기타 이해관계인으로부터 서류 및 기타 물품을 맡은 때에는 선량한 관리자의 주의를 가지고 보관해야 한다.

제40조 (다른 변호사의 참가)

변호사는 수임하고 있는 사건에 관하여 의뢰인이 다른 변호사 또는 변호사법인에 의뢰를 하려 할 경우에는 정당한 이유 없이 이를 방해해서는 안 된다.

제41조 (수임변호사 간의 의견 불일치)

변호사는 동일한 사건을 수임하고 있는 다른 변호사 또는 변호사법인과의 사이에 사건의 처리에 관하여 의견이 일치하지 않고 이에 의하여 의뢰인에게 불이익을 미칠 우려가 있을 때에는 의뢰인에 대하여 그 사정을 설명해야 한다.

제42조 (수임 후의 이해 대립)

변호사는, 복수의 의뢰인이 있고 그 상호간에 이해의 대립이 발생할 우려가 있는 사건을 수임한 후 의뢰인 상호간에 현실적으로 이해의 대립이 발생한 경우에는, 의뢰인 각자에 대하여 신속하게 그 사정을 알리고 사임 기타 사안에 따른 적절한 조치를 취해야 한다.

제43조 (신뢰관계의 상실)

변호사는, 수임한 사건에 관하여 의뢰인과의 사이에 신뢰관계가 없어지고 또한 그 회복이 곤란한 때는 그 뜻을 설명하고 사임 기타 사안에 따른 적절한 조치를 취해야 한다.

제5절 사건 종료 시의 규율

제44조 (처리 결과의 설명)

변호사는, 위임의 종료 시에, 사건 처리의 상황 또는 그 결과에 관하여 필요에 따라 법적 조언을 붙여 의뢰인에게 설명해야 한다.

제45조 (예탁금 등의 반환)

변호사는, 위임의 종료 시에, 위임계약에 따라 금전을 청산한 후 예탁금과 예탁물을 지체 없이 반환해야 한다.

제4장 형사변호에 관한 규율

제46조 (형사변호의 마음가짐)

변호사는 피의자 및 피고인의 방어권이 보장되고 있는 점에 비추어 그 권리 및 이익의 옹호를 위하여 최선의 변호 활동을 위하여 노력한다.

제47조 (접견의 확보와 신체 구속으로부터의 해방)

변호사는 신체의 구속을 받고 있는 피의자 및 피고인에 관하여 필요한 접견 기회의 확보 및 신체 구속으로부터의 해방을 위하여 노력한다.

제48조 (방어권의 설명 등)

변호사는 피의자 및 피고인에 대하여 묵비권 및 기타의 방어권에 관하여 적절한 설명 및 조언을 진행하고 방어권과 변호권에 대한 위법 또는 부당한 제한에 대하여 필요한 대항 조치를 취하도록 노력한다.

제49조 (국선변호에 관한 대가의 수령 등)

① 변호사는 국선변호인으로 선임된 사건에 관하여 명목을 불문하고 피고인 또는 기타 관계자로부터 보수 기타의 대가를 수령하여서는 안 된다.

② 변호사는 전항의 사건에 관하여 피고인 및 기타의 관계자에 대하여 그 사건의 사선(私選)변호인으로 선임하도록 부추겨서는 안 된다. 다만 본 협회 또는 소속 변호사회의 회칙에 별도의 규정이 있는 경우에는 그러하지 아니하다.

제5장 조직 내 변호사에 관한 규율

제50조 (자유와 독립)

관공서 또는 공사 단체(변호사법인을 제외. 이하 이들을 합하여 "조직"이라 함)에서 직원 또는 사용인이 되거나 이사 기타의 임원이 되어 있는 변호사(이하 "조직 내 변호사"라 함)는 변호사의 사명 및 변호사의 본질인 자유와 독립을 자각하고 양심에 따라 직무를 수행하도록 노력한다.

제51조 (위법행위에 대한 조치)

조직 내 변호사는 그가 담당하는 직무에 관하여 그 조직에 속하는 자가 업무 상 법령에 위반하는 행위를 하거나 또는 하고자 하는 사실을 알게 된 경우에는 그 자와 자신이 소속된 부서의 장 또는 그 조직의 장, 이사회 기타의 상급 기관에 대한 설명, 권고 기타 그 조직 내에 있어서 적절한 조치를 취해야 한다.

제6장 사건 상대방과의 관계에 관한 규율

제52조 (상대방 본인과의 직접 교섭)

변호사는 상대방이 법령상의 자격을 가지는 대리인을 선임하였을 경우에는 정당한 사유 없이는 그 대리인의 승낙을 받지 않고 직접 상대방과 교섭해서는 안 된다.

제53조 (상대방으로부터 받는 이익의 제공)

변호사는 수임하고 있는 사건에 관하여 상대방으로부터 이익의 제공, 향응을 받거나 또는 이를 요구하거나 약속을 해서는 안 된다.

제54조 (상대방에 대한 이익의 제공)

변호사는 수임하고 있는 사건에 관하여 상대방에 대하여 이익 또는 향응을 제공하거나 이를 신청해서는 안 된다.

제7장 공동사무소에 관한 규율

第55조 (준수를 위한 조치)

복수의 변호사가 법률사무소(변호사법인의 법률사무소인 경우를 제외)를 공동으로 영위할 경우(이하 동 법률사무소를 "공동사무소"라 함), 그 공동사무소에 소속되는 변호사(이하 "소속 변호사"라 함)에 대한 감독 권한이 있는 변호사는 소속 변호사가 동 규정을 준수하기 위한 필요한 조치를 취하도록 노력한다.

第56조 (비밀의 유지)

소속 변호사는 다른 소속 변호사의 의뢰인에 관하여 업무상 지득한 비밀을 정당한 사유 없이 타인에게 누설하거나 이용해서는 안 된다. 그 공동사무소의 소속 변호사가 아니게 된 후에도 마찬가지이다.

第57조 (직무를 행할 수 없는 사건)

소속 변호사는 다른 소속 변호사(소속 변호사였던 경우를 포함)가 제27조 또는 제28조의 규정에 의하여 직무를 수행할 수 없는 사건에 관하여 직무를 행해서는 안 된다. 다만, 직무의 공정을 유지할 수 있는 사유가 있는 경우에는 그러하지 아니하다.

第58조 (전 조와 동일—수임 후)

소속 변호사가 사건을 수임한 후에 전 조에 해당하는 사유가 있는 것을 알게 된 때는 신속하게 의뢰인에게 그 사정을 알리고 사임 기타 사안에 따른 적절한 조치를 취해야 한다.

第59조 (사건정보의 기록 등)

소속 변호사는 직무를 행할 수 없는 사건의 수임을 방지하기 위하여 다른 소속 변호사와 공동으로, 취급하는 사건의 의뢰인, 상대방 및 사건명의 기록 기타 조치를 취하도록 노력한다.

第60조 (준용)

본 장의 규정은 변호사가 외국법사무변호사와 사무소를 공동으로 영위할 경우에 준용한다. 이 경우에 있어서, 제55조의 "복수의 변호사가"는 "변호사 및 외국법사무변호사가"로, "공동사무소에 소속된 변호사(이하 "소속 변호사"라 함)"는 "공동사무소에 소속된 외국법사무변호사(이하 "소속외국법사무변호사"라 함)"으로, "소속 변호사가"는 "소속 외국법사무변호사가"로, 제56조 내지 제59조 규정 중의 "다른 소속 변호사"는 "소속 외국법사무변호사"로, 제57조의 "제27조 또는 제28조"는 "外國特別會員基本規程 제30조의 2에서 준용하는 제27조 또는 제28조"로 바꿔 읽는 것으로 한다.

제8장 변호사법인에 관한 규율

제61조 (준수를 위한 조치)

변호사법인의 사원인 변호사는 그 변호사법인의 사원 또는 사용인인 변호사(이하 "사원 등") 및 사용인인 외국법사무변호사가 이 규정을 준수하기 위한 필요한 조치를 취하도록 노력한다.

제62조 (비밀의 유지)

사원 등은 그 변호사법인, 다른 사원 등 또는 사용인인 외국법사무변호사의 의뢰인에 관하여 업무상 지득한 비밀을 정당한 사유 없이 타인에게 누설하거나 이용해서는 안 된다. 사원 등이 아니게 된 후에도 마찬가지이다.

제63조 (직무를 행할 수 없는 사건)

사원 등(제1호 및 제2호의 경우에는 사원 등이었던 자를 포함)은 이하의 사건에 관하여는 직무를 행해서는 안 된다. 다만, 제4호의 사건에 관하여는 그 변호사법인이 수임하고 있는 사건의 의뢰인의 동의가 있는 경우에는 그러하지 아니하다.

1. 사원 등이었던 기간 내에 그 변호사법인이 상대방의 협의를 받아 찬조하거나 또는 그의 의뢰를 승낙한 사건으로서 직접 이에 관여했던 사건;
2. 사원 등이었던 기간 내에 그 변호사법인이 상대방의 협의를 받은 사건으로서 그 협의의 정도 및 방법이 신뢰관계에 기초한다고 인정되고, 직접 이에 관여했던 사건;
3. 그 변호사법인이 상대방으로부터 수임하고 있는 사건;
4. 그 변호사법인이 수임하고 있는 사건(당해 사원 등이 직접 관여하고 있는 것에 한정)의 상대방이 의뢰하는 다른 사건.

제64조 (다른 사원 등과의 관계에서 직무를 행할 수 없는 사건)

① 사원 등은, 다른 사원 등이 제27조, 제28조 또는 제63조 제1호나 제2호의 규정

중의 하나에 의하여 직무를 행할 수 없는 사건에 관하여는 직무를 행하여서는 안 된다. 다만 직무의 공정을 유지할 수 있는 사유가 있는 경우에는 그러하지 아니하다.

② 사원 등은, 사용인인 외국법사무변호사가 외국특별회원기본규정 제30조의 2에서 준용하는 제27조, 제28조 또는 제63조 제1호나 제2호 규정 중의 하나에 의하여 직무를 수행할 수 없는 사건에 관하여는 직무를 수행하여서는 안 된다. 다만 직무의 공정을 유지할 수 있는 사유가 있는 경우에는 그러하지 아니하다.

第65조 (업무를 행할 수 없는 사건)

변호사법인은 다음 각 호의 하나에 해당하는 사건에 관하여는 그 업무를 행하여서는 안 된다. 다만, 제3호에 규정한 사건에 관하여는 수임하고 있는 사건의 의뢰인의 동의가 있는 경우, 제5호에 규정한 사건에 관하여는 그 직무를 수행할 수 없는 사원이 그 변호사법인 사원 총수의 절반 미만이고 또한 그 변호사법인에게 업무의 공정을 유지할 수 있는 사유가 있는 경우에는 그러하지 아니하다.

1. 상대방의 협의를 받아 찬조하거나 또는 그의 의뢰를 승낙한 사건;
2. 상대방의 협의를 받은 사건으로 그 협의의 정도 및 방법이 신뢰관계에 기초한다고 인정되는 사건;
3. 수임하고 있는 사건의 상대방이 의뢰하는 다른 사건;
4. 사원 등 또는 사용인인 외국법사무변호사가 상대방으로부터 수임하고 있는 사건;
5. 사원이 제27조, 제28조 또는 제63조 제1호나 제2호의 규정 중 하나에 의하여 직무를 행할 수 없는 사건.

第66조 (전 조와 동일)

변호사법인은 전 조에 규정한 것 외에 다음 각 호의 하나에 해당하는 사건에 관하여는 그 업무를 행하여서는 안 된다. 다만, 제1호의 사건에 관하여 그 의뢰인 및 상대방이 동의한 경우, 제2호의 사건에 관하여 그 의뢰인 및 다른 의뢰인 모두가 동의한 경우, 제3호의 사건에 관하여 그 의뢰인이 동의한 경우에는 그러하지 아니하다.

1. 수임하고 있는 다른 사건의 의뢰인 또는 계속적인 법률사무의 제공을 약속하고 있는 자를 상대방으로 하는 사건;
2. 의뢰인의 이익과 다른 의뢰인의 이익이 상반되는 사건;

3. 의뢰인의 이익과 그 변호사법인의 경제적 이익이 상반되는 사건.

제67조 (전 조와 동일—수임 후)

① 사원 등은, 사건을 수임한 후에 제63조 제3호의 규정에 해당하는 사유가 있다는 것을 알게 된 때에는 신속하게 의뢰인에게 그 사정을 알리고 사임 기타 사안에 따른 적절한 조치를 취해야 한다.

② 변호사법인은, 사건을 수임한 후에 제65조 제4호 또는 제5호의 규정에 해당하는 사유가 있다는 것을 알게 된 때에는 신속하게 의뢰인에게 그 사정을 알리고 사임 기타 사안에 따른 기타 적절한 조치를 취해야 한다.

제68조 (사건정보의 기록 등)

변호사법인은 업무가 제한되고 있는 사건을 수임하거나 그 사원 등 또는 사용인인 외국법사무변호사가 직무를 행할 수 없는 사건을 수임하는 것을 방지하기 위하여 그 변호사법인, 사원 등 및 사용인인 외국법사무변호사가 취급하는 사건의 의뢰인, 상대방 및 사건명의 기록 기타의 조치를 취하도록 노력한다.

제69조 (준용)

제1장 내지 제3장(제16조, 제19조, 제23조 및 제3장 중 제2절을 제외), 제6장, 제9장 내지 제12장의 규정은 변호사법인에 준용한다.

제9장 타 변호사와의 관계에 관한 규율

제70조 (명예의 존중)

변호사는 타 변호사, 변호사법인 및 외국법사무변호사(이하 "변호사 등")와의 관계에 있어서 서로 명예와 신의를 소중히 한다.

제71조 (변호사에 대한 불이익행위)

변호사는 신의에 반하여 다른 변호사 등을 불이익에 빠뜨려서는 안 된다.

제72조 (다른 사건에의 부당한 개입)

변호사는 다른 변호사 등이 수임하고 있는 사건에 부당하게 개입하여서는 안 된다.

제73조 (변호사 간의 분쟁)

변호사는 다른 변호사 등과의 분쟁에 관하여는 협의 또는 변호사회의 분쟁조정에 의하여 원만하게 해결할 수 있도록 노력한다.

제10장 재판의 관계에 관한 규율

제74조 (재판의 공정과 적정 절차)

변호사는 재판의 공정 및 적정 절차의 실현을 위하여 노력한다.

제75조 (위증의 교사)

변호사는 위증 또는 허위의 진술을 교사하거나 허위임을 알면서 그 증거를 제출하여서는 안 된다.

제76조 (재판절차의 지연)

변호사는 태만에 의하여 또는 부당한 목적을 위하여 재판절차를 지연시켜서는 안 된다.

제77조 (법관 등과의 사적 관계의 부당이용)

변호사는 그의 직무를 수행함에 있어서 법관, 검사 기타 재판절차에 관한 공직에 있는 자와의 연고 및 기타 사적 관계를 부당하게 이용하여서는 안 된다.

제11장 변호사회와의 관계에 관한 규율

제78조 (변호사법 등의 준수)

변호사는 변호사법 및 본 협회와 소속 변호사회의 회칙을 준수하여야 한다.

제79조 (위촉사항의 부당거절)

변호사는 정당한 사유 없이 회칙의 규정에 의하여 본 협회, 그리고 소속 변호사회 및 소속 변호사회가 변호사법 제44조의 규정에 의하여 설치한 변호사회연합회로부터 위촉 받은 사항을 수행하는 것을 거절하여서는 안 된다.

제12장 관공서와의 관계에 관한 규율

제80조 (위촉사항의 부당거절)

변호사는 정당한 사유 없이 법령에 의하여 관공서로부터 위촉 받은 사항을 행하는 것을 거절하여서는 안 된다.

제81조 (수탁의 제한)

변호사는 법령에 의하여 관공서로부터 위탁받은 사항에 관하여 직무의 공정을 유지할 수 없는 사유가 있을 경우에는 그 위촉을 받아서는 안 된다.

제13장 해석적용지침

제82조 (해석적용지침)

① 본 규정은 변호사 직무의 다양성과 개별성에 비추어 그 자유와 독립을 부당하게 침해하는 일이 없도록 실질적으로 해석하고 적용하여야 한다. 제5조의 해석 적용에 있어서, 형사변호에 있어서는 피의자 또는 피고인의 방어권과 함께 변호인의 변호권을 침해하는 일이 없도록 유의해야 한다.

② 제1장, 제20조 내지 제22조, 제26조, 제33조, 제37조 제2항, 제46조 내지 제48조, 제50조, 제55조, 제59조, 제61조, 제68조, 제70조, 제73조 내지 제74조의 규정은 변호사의 직무의 행동지침 또는 노력 목표를 규정한 것으로 해석, 적용해야 한다.

부칙

본 규정은 2005년 4월 1일부터 시행한다.

찾아보기

[ㅁ]

[ㅂ]

옮긴이 약력

박 준

1977년 서울대 법대 졸업
1979년 사법연수원 제9기 수료
1988년 미국 하버드 법대(LL.M)
1982년-2007년 변호사
2007년-현재 서울대 법대 교수

이상원

1984년 서울대 법대 졸업
1986년 서울대 대학원(법학석사)
2002년 미국 UC Berkeley(LL.M)
2004년 서울대 대학원(법학박사)
1992년-2008년 판사
2008년-현재 서울대 법대 부교수

이효원

1987년 서울대 법대 졸업
1990년 서울대 대학원(법학석사)
2006년 서울대 대학원(법학박사)
1994년-2007년 검사
2007년-현재 서울대 법대 부교수

박준석

1994년 서울대 법대 졸업
1996년 사법연수원 제25기 수료
1997년 서울대 대학원(법학석사)
2005년 서울대 대학원(법학박사)
1999년-2008년 판사
2008년-현재 서울대 법대 조교수

윤지현

1994년 서울대 법대 졸업
1996년 사법연수원 제25기 수료
2000년 서울대 대학원(법학석사)
2005년 미국 Georgetown University Law Center(LL.M)
1999년-2007년 변호사
2008년-현재 서울대 법대 조교수

주요 국가의 변호사 윤리규범
— 영국 · 독일 · 프랑스 · EU · 일본 —

초판발행: 2011년 8월 16일

옮긴이: 박 준 이상원 이효원 박준석 윤지현
발행인: 고화숙
발행처: 도서출판 소화
등 록: 제13-412호
주 소: 서울시 영등포구 영등포동 94-97
전 화: 02) 2677-5890
팩 스: 02) 2636-6393
홈페이지: www.sowha.com

ISBN 978-89-8410-414-3 93360

값 40,000원